21 世纪交通版高等学校教材

隧道与地下工程灾害防护

张庆贺　廖少明　胡向东　主　编

杨林德　主　审

人民交通出版社

内 容 提 要

　　本书为同济大学"十五"规划教材，介绍了隧道及地下工程在施工建设和使用全过程常遇到的灾害风险分析与评价、火灾的防护、工程抗震设计、防水排水、战争的防护、地下工程事故灾害的防护等内容。

　　本书可作为土木工程专业隧道及地下工程专业方向研究生和高年级本科生开设的必修或选修课教材，也可以用作防灾及减灾工程、岩土工程、铁路工程、道路工程、桥梁与隧道工程、民防及防护工程、重大市政建筑工程业主、监理和保险等专业科技工作者及大专院校师生参考书，还可用于土木工程风险分析、灾害评价防护的辅助教材。

图书在版编目（CIP）数据

隧道与地下工程灾害防护/张庆贺等主编．—北京：人民交通出版社，2009.9
　ISBN 978－7－114－07876－7

　Ⅰ．隧…　Ⅱ．张…　Ⅲ.①隧道工程—灾害防治—高等学校—教材②地下工程—灾害防治—高等学校—教材
Ⅳ.U456.3　TU94

中国版本图书馆 CIP 数据核字（2009）第 110560 号

　　　21 世纪交通版高等学校教材
　　　Suidao yu Dixia Gongcheng Zaihai Fanghu
书　　名：隧道与地下工程灾害防护
著 作 者：张庆贺　廖少明　胡向东
责任编辑：曲　乐　丁润铎
出版发行：人民交通出版社
地　　址：（100011）北京市朝阳区安定门外外馆斜街 3 号
网　　址：http：//www.ccpcl.com.cn
销售电话：（010）59757973
总 经 销：人民交通出版社发行部
经　　销：各地新华书店
印　　刷：北京虎彩文化传播有限公司
开　　本：787×1092　1/16
印　　张：27.25
字　　数：690 千
版　　次：2009 年 9 月　第 1 版
印　　次：2024 年 6 月　第 12 次印刷
书　　号：ISBN 978－7－114－07876－7
定　　价：45.00 元

（如有印刷、装订质量问题的图书由本社负责调换）

前　　言

本书得到同济大学教材、学术著作出版基金委员会资助，为同济大学"十五"规划教材。

本书可作为土木工程专业隧道及地下工程专业方向研究生和高年级本科生的必修或选修课教材，也可以用作防灾及减灾工程、岩土工程、铁路工程、道路工程、桥梁与隧道工程、民防及防护工程、重大市政建筑工程，以及监理和保险等专业科技工作者及大专院校师生参考书，还可用于土木工程风险分析、灾害评价防护的辅助教材。

本书第一章概略介绍了隧道及地下工程在施工建设和使用全过程常遇到的风险及灾害分类、特点、通常对策及土木工程防灾减灾新的理论及技术。

第二章介绍隧道及地下工程风险特征、规律，风险致灾机理过程，风险灾害评价方法，并结合近年来城市地铁工程出现的若干灾害案例进行了定性或定量评价，提出减少风险及灾害的有效对策和方法。

第三章介绍了火灾对地下工程破坏的特点，论述了地下工程火灾烟雾扩展的数据模型，以及地下工程防火和防灾设计方法。

第四章结合国内外工程实例简略介绍了地震成因及对地下工程破坏的特点，论述地下工程抗震动力分析的方法实用性及工程抗震设计构造措施。

第五章总结阐述了水体对地下工程危害、防水标准和防水设计基本原则，介绍了当前地下工程防水的新材料、新工艺、新技术。

第六章介绍了现代战争的特点，以及常规武器、核武器、生化武器和"恐怖活动"破坏特点及防护方法，举例说明民防部设计方法。

第七章介绍各种地下工程施工期灾害成因、危害及多媒体监控方法，并按不同工法举例论述隧道地下工程施工阶段灾害特点及对策。

本书由同济大学张庆贺、廖少明、胡向东主编，杨林德主审。第一、二章由同济大学张庆贺、柳献执笔；第三、四章由同济大学廖少明执笔，闫治国和柳献作了修改和补充；第五章由同济大学马险峰执笔；第六章由上海市地下建筑设计研究院于晓音、郭莉、熊诚执笔；第七章由同济大学胡向东、赖允瑾、张庆贺执笔，上海市政设计研究院高卫平执笔编写沉管隧道施工及灾害防护一节，重庆交通大学韦良文为盾构进出洞土体加固提供工程实例。全书由张庆贺统稿和校对。同济大学土木工程学院地下建筑与工程系许多老师为本书编写提出指导和建议。人民交通出版社的编辑、校审人员为本书出版付出辛勤劳动。此外，研究生原华、王海平、郭海柱、赵天石等为本书打印、校对、编排做了许多工作。为此，在本书付梓之日，作者向为本书编写、出版给予支持和帮助的所有同志表示衷心感谢。

编　者

2009 年 5 月

目　录

第一章 绪 论

所有地层表面以下建筑物及构筑物统称为地下工程,也称为岩土工程。隧道是地下工程的一个重要分支,它是铁路、道路、水渠、各类管道(给排水、供电、供热、供气、动力及通信电缆等)遇到岩土、水体等障碍物时开凿的穿过山体或水体的内部通道,是"生命线"工程。铁路隧道、公路隧道和地铁区间隧道属于交通隧道,是主要的隧道类型。各类市政管道集中在一起置于一个较大隧道断面内,又称之为城市的共同沟。按照使用功能,地下工程还包括地下工业建筑、地下民用建筑、地下军事工程、地下仓储工程、地下文化娱乐和体育设施等。随着我国城市化的加快,城市建设快速发展,城市规模不断扩大,城市人口急剧膨胀,许多城市不同程度地显现了建筑用地紧张,生存空间拥挤,交通阻塞,生态失衡,环境恶化等问题,被称之为"城市病",给人类居住条件带来很大影响,也制约了经济和社会的进一步发展,成为现代城市可持续发展的障碍。对于人口和经济高度集中的城市,无论是战争或是自然灾害,都会给城市带来大量人员伤亡、道路和建筑物的破坏、城市功能瘫痪等重大灾难性的后果。1991 年至 2000 年 10 年间世界各地发生的灾害与前 10 年相比并无明显差异,然而因灾害造成的损失增加了 3 倍,比 20 世纪 60 年代增加近 10 倍。造成灾害损失迅速增加的重要原因是城市化进程的加速。众所周知,地下工程具有良好的抗震、防空袭和防生化武器等多种功能,是人们抵抗自然灾害和战争危险的重要场所。当今发达国家的城市已把地下空间开发利用作为解决城市人口、环境、资源三大危机的重要设施和医治"城市综合征"、实施可持续发展的重要途径。

截至 2003 年 5 月,我国大陆现有运营铁路隧道约 5 700 多座,累计总长 2 800km。中国铁路隧道占世界铁路隧道总长的 1/5,居世界第一位。公路隧道近 2 000 座,总长度约 835km。我国大陆现有北京、上海、广州、深圳、天津和南京等城市地下铁道系统投入运营,共计约250km。正在建设城市轨道交通的城市有北京、上海、广州、天津、南京、深圳、大连、武汉、重庆、长春等,共计约 300km。合肥、成都、杭州、苏州、西安、沈阳、哈尔滨、宁波、无锡等也在积极筹备建设城市地铁。全国各城市以地铁为主的快速轨道交通网规划已达数千公里。城市地下空间开发应做好立体规划,分层开发。地下第一层 3~5m,布置市政公共事业管网的干线支线、共同沟。地下二层深度 6~10m,布置地下步行商业街,地下停车场,地铁车站,地下文化娱乐设施等。地下三层 10~30m,配置地下铁道的区间隧道,物流管道,地下河(排水、引水沟渠),立型地下停车场,地下垃圾收集站,加工厂。放射性和有毒的固体垃圾,应存放在 100m以下坚硬不透水的地层中。为了解决市区中心地段停车难,大量利用高层建筑箱形基础修建地下停车库是发展方向。自 20 世纪 80 年代以来,我国城市地下空间开发执行平战结合,与城市建设相结合,以地下铁道工程为主体,陆续建成一批经济效益和社会效益明显的地下商场和地下综合体。上海地铁 1 号线修建的人民广场、徐家汇地下商业街,既疏散了客流,又方便了居民的购物。沈阳新客站综合开发体,鞍山、西安、石家庄、郑州、武汉、洛阳、大连、长沙等铁路站前广场综合体,西安、吉林、长春、哈尔滨和成都的地下商业街初具规模。哈尔滨市若干地下商业街连成一体,形成面积为 25 万 m² 的地下城。

我国使用沉管法相继建成广州珠江隧道、宁波甬江常虹隧道和上海黄浦江外环线越江隧道。其中黄浦江越江隧道为双向八车道水下公路交通沉管隧道,工程全长 2 870.127m,沉管管段横断面为 9.55m×43m,共设七节管段,每节长 100~108m 不等,最大埋深 33m,设计时速 80km/h,其规模位于全国之首,亚洲第一,总造价 19 亿元。上海外环隧道规模大,工期紧,技术复杂,是集多领域新技术于一体的综合性系统工程。

上海市自 20 世纪 60 年代以来,用盾构法先后建成打浦路隧道、延安路隧道、大连路隧道、翔殷路隧道、复兴路隧道等共七条跨越黄浦江的公路隧道。此外,武汉和南京市跨长江公路隧道,沪崇苏越江通道(南隧北桥)相继开工。南京纬七路长江隧道工程是长江上长度最长,工程难度最高,挑战性最大的工程之一。北起浦口新市区的浦珠路,经梅子洲跨长江后,向南与河西新城纬七路相接,工程线路全长 5 724m,设计时速 80km/h,总投资达 30 亿元,预计 2009 年建成通车。上海长江口的沪—崇—苏大通道自浦东竹园口穿越长江主航道到达长兴岛,再经过崇明,到江北江苏启东,工程总投资 200 多亿元人民币,南线主航道下的盾构法隧道总长达 7.5km,盾构直径达到 15.43m,其施工难度,工程的艰巨、复杂是罕见的。举世瞩目的南水北调工程,在东、中、西三条线中,有许多长距离山岭隧道,跨黄河江底隧道,工程地质条件均十分复杂,施工风险大。

正在建设的厦门海底公路隧道、青岛跨胶州湾海底隧道,正在设计规划的连接香港—澳门—珠海的珠江口隧道,跨越琼州海峡海底隧道,其工程规模,施工难度是空前的。海峡隧道以其全天候、大运输量、低能耗、安全高效等优点,越来越引起各国工程界的重视。特别受日本青函隧道、东京湾隧道和英法海底隧道等工程的鼓舞,在世界范围内兴起修建海底隧道热。我国不少有识之士提出跨越渤海湾的南桥北隧联络通道,甚至有人提出兴建把大陆与台湾连接起来的台湾海峡隧道。

进入 20 世纪 90 年代以来,随着建设规模的不断扩大,我国建筑行业生产力得到迅速的发展,施工能力不断提高,超高层、大跨度房屋施工技术,大跨度预应力张拉技术,悬索桥梁施工技术,大型复杂配套设备安装技术等都达到或接近国际先进水平,并依靠自己的力量相继建成一大批大型工程项目和基础设施项目。如号称世界第一拱桥黄浦江上卢浦大桥(跨径 550m),润扬长江大桥(世界第三,主跨 1 490m),上海上中路隧道(当今世界最大直径的双层隧道),广州会展中心和哈尔滨会展中心,南京奥体中心,全长 18.46km 的秦岭双线铁路隧道。战胜高地应力、高地热、多瓦斯、多处塌方,地质条件恶劣,号称天下"第一险洞"的南昆铁路安竹青隧道,海拔最高,气候环境十分恶劣,全长达 4 160m 的川藏公路二郎山隧道等。上述许多工程项目突破现行技术标准,超大、超长、超深、超厚结构不断涌现。外观新颖,风格独特,结构体系复杂,新技术、新工艺、新材料层出不穷,技术风险突出,对于确保工程质量提出了新的挑战。

然而,一些工程项目盲目追求新颖,结构体系不合理,缺少必要的试验检验和论证分析,存在潜在的技术风险。人们对于客观规律认识不足,管理不善,酿成重大工程事故。如上海轨道交通 4 号线工程,在地处 30m 以下地层采用冻结法加固暗挖法施工区间隧道联络通道。某日凌晨,大量水和砂从作业面涌入隧道,引起隧道部分结构损坏及周边地区地面沉降,造成三栋高层建筑严重倾斜,防汛大堤局部倒塌,防汛墙围堰管涌,直接经济损失估计为 1.5 亿人民币。再如,哈尔滨"人和世纪广场"基坑垮塌事故。2004 年 8 月 16 日 19 时 30 分,哈尔滨市南岗区奋斗路和花园街交叉口处,正在施工的"人和世纪广场"地下商业街工程发生坍塌事故,塌陷面积近百平方米,深度 17m 左右。塌陷事故引起地下自来水管道破裂。由于塌陷区正处于繁华地段人行道上,导致多名施工人员和路人遇险,造成 15 人死亡,8 人受伤的特大事故,直接经济损失 415.2 万元。

第一节 灾害的概念、类型与特点

所谓灾害,一般指那些可以造成人畜伤亡和物质财富毁损的自然或社会事件,它们源于天体、地球、生物圈等方面以及人类自身的失误,形成超越本地区防救力量的大量伤亡和物质的毁损。根据联合国灾情调查报告,世界性大灾在过去 30 年内增加了数倍,主要灾害有:雪崩、寒流、干旱、疫病、地震、饥饿、火灾、洪水、滑坡、热浪、暴风、海啸、火山爆发、战乱、恐怖活动 15 类。实际上,灾害的种类可达数百种之多,但一般灾害成因可概括为自然灾害和人为灾害两大类。

一、自然灾害

自然灾害(Natural disaster)是指由于自然力的作用给人类造成的灾难。由于我国土地辽阔,人口众多,环境复杂,自然变异强烈,而经济基础和减灾能力又相对比较薄弱,所以我国的自然灾害强度大,分布广,种类多,是世界上自然灾害最严重的国家之一。新中国成立以来,每年仅气象、洪水、海洋、地质、农作物病虫害、森林灾害等 7 大类自然灾害造成的直接经济损失(折算成 1990 年不变价),在 20 世纪 50 年代平均约 480 亿元,60 年代平均约 570 亿元,70 年代平均约 590 亿元,80 年代平均约 690 亿元,90 年代前五年平均约 1 190 亿元,其中 1994 年直接经济损失高达 1 800 多亿元。其损失约占工农业总产值的 5%~25%,平均每年有 1 万~2 万人死于各种自然灾害。

1. 自然灾害成因

(1)由大气圈变异活动引起的气象灾害和洪水;

(2)由水圈变异活动引起的海洋灾害及海岸带灾害;

(3)由岩石圈变异活动引起的地震及地质灾害;

(4)由生物圈变异活动引起的农、林、病虫、草、鼠害;

(5)由人类活动引起的自然灾害。

2. 灾害的特点

(1)气象灾害:包括干旱、雨涝、暴雨、热带气旋、寒潮、冷害、冻害、寒害、风灾、雹灾、暴风雨、龙卷风、干热风、沙尘暴、雷暴等。随着全球变暖趋势的进一步加剧,气象灾害已成为人类社会面临的最严重的自然灾害。风灾是自然灾害中影响最大的灾种之一。在 1960 年至 1990 年三十年间,世界范围内主要风暴的次数明显增加,导致经济损失直线上升。1994 年的 9415 号台风侵袭浙江温州,经济损失达 177.6 亿元,其中房屋倒塌 80 多万间,由此引起的死亡人数 1 100 多人,损失十分严重。2008 年初,一场半个世纪以来最为严重的冰雪灾害席卷锦绣江南大半个中国。冰雪发生在我国传统佳节——春节到来前夕。近 15 000 万农民工返乡过节,各大专院校学生纷纷放假回家,客运量急增。运往各大城市的过节蔬菜、瓜果等农副产品,煤电用量也处于高峰。然而低温雨雪天气使南方多数输电线路被破坏,机场、高速公路关闭,火车被迫停运,大量旅客滞留车站、机场,甚至被围困在回家途中。一棵棵大树不堪冰挂重负,无一例外断臂折腰。电线杆上手指粗的电线,被冰冻层层严密包裹,变成像胳膊一样粗的冰棒。高大的电塔拦腰截断,钢架像麻花一样垂了下来。据不完全统计,灾区有 6 905 条输电线路停运,834 座变电站停运,110V 以上的输电线杆塔倒 1 574 座,波及 90 个县市,2 259 万人。冰雪致使通信部门的基站几乎瘫痪,电脑无法上网,手机无信号,交通又中断,有 3 000 个村庄成了一个个"孤岛"。这场低温雨雪冰冻灾害造成直接经济损失约折合人民币 1 516.5 亿元。由于森林成片倒伏,大片草本植物冰冻枯死,大批野生动物和昆虫冻死,对灾区生态环境造成的结构性创伤更为严重,影响更深远。

(2)海洋灾害:包括风暴潮、海啸、海浪、海水入侵、赤潮、潮灾、海平面上升和海水倒灌等。2004 年 12 月 26 日印度尼西亚苏门答腊岛西北部(3.037°N,95.94°E)海底 40km 发生里氏 9.0 级地震。地震引发的海啸造成 20 万人死亡,60 万人无家可归。海啸产生几米到几十米高的"水墙"快速涌向海岸,巨大的冲击压力使房屋瞬间倒塌,将室内人员压埋在废墟之下,或受伤后被海浪冲走。海啸带来的倒塌建筑木料、汽车、其他密度小的固体物向陆地高速推进,这些固体物对人体的冲击是人员直接伤亡的另一个原因。海啸冲击使房屋、桥梁倒塌,海水倒灌使地下供水、排水、通信、电力、地铁、交通隧道等基础设施破坏,增加了灾后重建难度。

(3)洪水灾害:包括洪涝灾害和江河的泛滥等。

(4)地质灾害:包括崩塌、滑坡、泥石流、地裂缝、塌陷、火山、矿山突水(瓦斯)、冻融、地面沉降、土地的沙漠化、水土流失、土地盐碱化等。

上海所处的地层是由长江冲积携带的泥沙堆积而形成的厚达 300m 的软土层结构,含水丰富,孔隙大,像一块海绵,非常容易变形。1921 年至 1965 年短短 40 余年,上海市地面平均沉降 1.69m,年平均下沉 37.6mm。据我国国家海洋局 1989 年公布的数据,近年来中国海平面平均上升率为 0.14cm/a,而上海地区海平面平均上升率则为 0.20cm/a。观测资料显示海平面上升的趋势在加快。沉降中心区累计最大沉降达 2.63m。由此造成排水不畅,污水外溢,暴雨形成内涝,建筑物倾斜下沉,地下设施和地下管道不能发挥作用。苏州河的外滩至真北路的 21 座桥桥身下沉,桥下净空缩小,影响船只通航。黄浦江几处越江隧道地坪开裂,坑坑洼洼不平。据推算到 2050 年吴淞口地面沉降 0.25m,地壳下沉 0.06m,海平面上升 0.21m,防汛墙需增高 0.46m。

(5)地震灾害:包括由地震直接引起的各种灾害以及由地震诱发的各种次生灾害,如沙土液化、喷沙冒水、基础设施破坏、河流及水库决堤等。我国是世界上的多地震国家之一。近十年来,我国地震活动较为频繁,据统计,我国每年发生五级以上地震 18 次左右。到 2008 年 9 月 4 号止,除汶川大地震及强余震外,中国内地已发生 21 次五级地震。2008 年 5 月 12 日 14 时 28 分四川省汶川县发生里氏 8.0 级强烈地震。震中在龙门山断裂带上的汶川县映秀镇,北纬 31.01°,东经 103.38°。震源深 15km,属浅源地震,发生在地壳脆韧能转换带,破坏性大。它是印度板块向亚欧板块俯冲、逆转、右旋、挤压、碰撞引起的。2008 年 9 月 4 号国家测绘局和中国地震局联合公布汶川地震地形变化监测结果表明,汶川地震引起震中区域监测点水平位移达 238cm,沉降量达 70cm,隆起量达 30cm。龙门断裂带西侧块体向东偏南运动,位移达 20~70cm;东侧块体向西偏北运动,位移达 20~238cm。东西块体上下错位达 30~70cm。陕西南部区域向西北方向运动,最大位移达 4cm;甘肃陇南区域向东北运动,最大位移达 5cm。青藏高原珠峰地区监测点向西偏南运动,水平与垂直方向位移分别达到 2cm 和 3cm。汶川地震是 1949 年以来破坏性最强,波及范围最大的一次地震。陕西、甘肃、重庆、云南等地震感强烈;湖南、湖北、河南、江苏、广西、广东、青海、西藏、北京、上海等几乎所有省及直辖市,甚至整个东南亚和东亚地区都有震感。仅四川省受灾面积就达 25.2 万 km^2。

(6)农作物灾害:包括农作物病虫害、鼠害、农业气象灾害、农业环境灾害等。

(7)森林灾害:包括森林病虫害、鼠害、森林火灾等。

我国的自然灾害种类繁多,而且灾害的强度大,频次高,危害面广,破坏性大以及具有韵律性、群发性、转移性、继发性和相互制约性等特点。

二、人为灾害

人为灾害也称技术灾害(Technological disaster),是由于人们行为失控和不恰当的改造自然行为,打破了人与自然和谐的动态平衡,导致了科技、经济和社会系统的不协调而引起的灾害。它是人类认识的有限与无限,科技发展和欠发展等矛盾的必然表现形式,有时也是人和人所在的社会集团的有意行为。

人为灾害主要分为:战争、恐怖袭击、空难、海难、车祸、火灾、爆炸、噪声、水土流失、沙漠化、核泄漏、核污染、土地退化、酸雨、毒雪以及生态环境的日益退化等。

(1)战争。在我国古代称为"兵灾"或"兵祸",它对于城市基础设施、人类生活物资财富的破坏力量最大。当今世界,国际恐怖活动日益盛行,成为危害国家安全和社会安定的"毒瘤"。恐怖分子利用高新技术手段,对城市地铁等基础设施的破坏以及对人类生存的威胁是人类灾害防护课题面临的新挑战。

(2)人类对于大自然资源的过量开采,超过了大自然的承受能力。由于人类在科技、经济、社会关系上处理不当,在运用新的科研成果和开发新资源与新能源,利用新技术时出现失误,引起人与自然关系失调,造成重大的人力、物力和自然资源的损坏。

上述人为灾害,若按人的活动范围和行为主体分,可以概括为四类。

(1)生产活动型:人类为了生存、繁衍和发展要从事各种各样的生产性活动,限于人的生理和心理特征,科技文化素质,生产技能水平,对事物的判断能力的限制,难免产生人为失误。这些失误无论是技术性的、生理性的还是心理性的,都可能使灾害风险在生产及其经营活动中诱发成灾难,如噪声、化学事故(核泄漏)、土地退化、建筑结构老化、酸雨、职业病等。我国安全生产的形势非常严峻,2004 年生产事故人员伤亡 15 万人,伤残70 万人,经济损失 2 500 亿元。在建筑业、危险有毒化工产品生产行业、地方小煤窑采煤业、烟花爆竹业、铁路公路水上交通五大高危险生产行业中,仍不时出现群死群伤特大灾害事故。例如 2008 年 9 月接连发生三起煤矿灾害事故,先是 9 月 8 日山西省临汾市襄汾县塔山矿区新塔矿业公司的尾矿库溃坝,随后 9 月 20 日黑龙江省鹤岗市富华煤矿突发火灾事故,紧接着 9 月 21 日河南省登封市郑州广贤有限公司新丰二矿发生煤与瓦斯突出矿井灾害事故。

(2)社交活动型:也称非生产活动型,指在人类生存活动的领域,由于个人和群体的失误,破坏了社会活动的正常秩序,危害了和谐的生存环境而诱发的社会性灾害,如车祸、空难、海难、环境污染、疾病的流行等。

(3)人为致灾型:也称人祸天灾型或天灾人祸型,它是因为人为因素而引发的灾害,如战争、核污染、火灾、通信信息病毒等。

(4)次生灾害型:火是人类文明的发源,但是若火失去了控制就形成火灾,将给人类的生命财产和社会的资源造成极大的损失。近年来我国每年发生数万起火灾，死亡人数逾千人，直接经济损失以十亿元人民币计。其中个别严重的案例，一次火灾就使数百人死亡。火灾可能因为雷电、地震等自然灾害引发，也有可能因为生产和生活中违章作业，设备的老化，电器的短路等生产事故引起，甚至因战时敌人炸弹空袭，核弹袭击光辐射，恐怖分子引爆引燃爆破装置、易燃易爆产品而发生。

根据国家安全生产监督管理局统计资料，2003 年全国共发生各类灾害事故 963 976 起，死亡 136 340 人，与上年同比分别下降 10.5％和 1.9％。其中工矿企业发生的伤亡事故 15 597 起，死亡 17 315 人，同比分别上升 10.2％和 16.0％；消防火灾事故 25 4811 起，死亡 2 497 人，同比分别下降 1.4％和 4.0％；道路交通事故 667 507 起，死亡 104 372 人，同比下降 13.7％和 4.6％；水上交通事故 634 起，死亡和失踪 498 人，同比下降 6.8％和上升 7.6％；铁路路线伤亡事故 12 640 起，死亡 8 530 人，同比分别上升 6.0％和 3.8％。

第二节　隧道及地下工程常遇灾害及对策

地下工程在施工和运营期间可能发生的灾害大致分为两大类：自然灾害和人为灾害。自然灾害主要有洪涝、水淹、地震、雪灾、台风、泥石流、滑坡等；人为灾害主要有战争（炮弹、炸弹、核弹、生化武器）、交通事故、火灾、泄毒、化学爆炸、环境污染、工程事故［靠近地铁车站或隧道打（压）桩、开挖深大基坑、抽取地下水等］和运营事故等。大的灾害往往同时伴随一种或几种次生灾害，如大的地震往往伴随着大范围火灾、暴雨；核武器爆炸将引起火灾、放射性灾害。对资源的过度开采，违反客观规律的大型工程活动，也会导致自然灾害频率增加，例如泥石流、滑坡、局部地表沉陷等地质灾害大都与不合理采石开矿有关联。地下工程四周为围岩介质包裹，对来自外部的灾害防御能力好，对来自内部的灾害抵御能力差。在地下狭小空间里，人员和设备高度密集，一旦发生灾害，疏散和抢救十分困难。从世界地铁 100 多年的历史教训看，地铁灾害中发生频率最高，造成损失最大的是火灾。地下工程常遇灾害及防治对策见表 1-1。

地下工程常遇灾害及防治对策

表 1-1

灾害分类		破坏特点	灾害成因	防护对策
自然灾害	气象灾害	暴雨、涝灾、海啸潮水倒灌淹没车站、隧道设施，冲垮高架桥墩，台风卷走高架桥、接触网、供电设备，雷电击穿通信、信号、供电系统，雪掩埋地面高架轨道设施等	大气内部的动力和热力过程演变，温带和热带气旋，海洋低气压热带风暴，对流强烈的积雨云系	1.有效排洪涝泵站设备； 2.出入口、风口汛期封堵措施； 3.增加高架桥系统的抗风安全度
	地震灾害	强烈的垂直、水平震动，地面突沉开裂，使高架桥墩台剪坏，梁板塌垮，隧道车站开裂，渗漏水，甚至倒塌，引起次生火灾等	地球板块挤压、运动	1.按抗震规范设计、施工； 2.特殊重点部位做好基础隔震减震； 3.增加结构抗震安全度
	地质灾害	泥石流、滑坡毁坏掩埋地铁车站、隧道、桥梁等	干旱、风化、不合理采伐	合理采伐，绿化护坡，对危险地段长期监控

灾害分类		破坏特点	灾害成因	防护对策
人为灾害	战争灾害	炮、炸弹、核弹冲击、爆炸、震塌地铁车站、隧道桥梁,地下设施中放毒气或其他生化武器,电子干扰通信、指挥、管理硬软件系统等	政治、经济、民族矛盾冲突激化	按人防工程要求等级设计,做好平战功能转换,预留技术储备
	运营事故	调度指挥失误,碰撞、追尾交通事故,设备老化引起火灾,停电,地面地下水渗漏,设备故障泄漏电等	管理、维修不合理,监控系统不完善	严格规章制度,加强管理,建立自动监测、报警系统,设置处理预案
	工程事故	打(压)桩,深大基坑开挖,大面积抽取地下水,采石、采矿,隧道平行交叉施工,已有地铁隧道车站、高架桥开裂、坍塌,轨道倾斜弯曲等	野蛮施工,缺少监督机制	制订地铁工程施工保护技术规程,加强施工监控

各类灾害表现形式不同,其共同的特点是空间分布有限性,潜在性,突发性,发生灾害的时间、空间及强度随机性。对其发展发生的规律、机理,人们还缺少充分认识,因此无法避免灾害的发生。随着人们认识的提高,许多自然灾害在未来将逐步得到抑制,相反人为造成的灾害往往因失控而增长。各种自然灾害之间,人类活动与灾害之间,原生灾害、次生灾害、衍生灾害之间有着必然的联系。灾害作用和破坏极其复杂,而我国抗灾减灾经验不足,特别是地下工程防灾方面技术相对落后,相关的研究远不适应我国迅速发展的城市地下空间开发规模。地下工程的灾害防护在今后相当长时间内应予以足够重视。

各种灾害对地下工程人员、设备等的破坏状况见表1-2。

灾害对地下工程破坏程度

表1-2

分类	灾害名称	土建工程				设备安装工程					人员
		地下工程	隧道	高架桥	轨道结构	车辆	电气	环卫	通信	信号	
自然灾害	地震	○	○	◇	□	□	○	○	○	○	◇
	洪涝	○	○	◇	○	○	◇	◇	◇	◇	○
	暴风	△	△	◇	△	△	△	△	△	△	□
	雷击	△	△	△	△	△	○	△	○	○	△
	泥石流、滑坡	○	◇	◇	○	△	△	△	△	△	○
	沼气瓦斯	○	○	△	△	△	△	△	△	△	◇
战争灾害	核武器	◇	◇	◇	◇	◇	◇	◇	◇	◇	◇
	常规武器	○	○	◇	□	◇	◇	◇	◇	◇	◇
	生化武器	◇	◇	△	△	△	△	△	△	△	◇
工程事故	火灾	△	△	△	□	◇	◇	◇	◇	◇	◇
	交通事故(碰撞追尾)	△	△	△	○	◇	□	□	□	□	◇
	环境扰动(打桩、基坑、降水)	○	○	◇	○	△	△	△	△	△	△
	渗漏水	○	○	△	□	□	◇	◇	◇	◇	□
备注	◇—产生严重破坏　　○——一般性损坏　　□—轻微损坏　　△—基本无损坏										

第三节 防灾、减灾技术理论新进展

一、完善管理机制

建筑工程安全生产管理必须坚持"安全第一,预防为主"的方针,建立健全安全生产的责任制度和群防群治制度。20世纪初,美国的钢铁工业受宏观经济萧条的影响很不景气,企业的生产事故经常发生。1906年,美国钢铁公司总经理在修改公司的经营方针时,把原来的"质量第一,产量第二"修改为"安全第一,质量第二,产量第三"。经营方针改变后,安全措施取得成功,事故减少了,质量与产量也提高了,在欧美国家实业界产生了强烈反响。1912年美国芝加哥创立了"全美安全协会",研究制订有关安全的法律草案。1917年英国伦敦也成立了安全协会。从此,"安全第一"的口号为西方国家很多企业和管理部门所接受。直到现在日本企业的安全管理,仍提倡这一口号。

对已建和在建隧道及地下工程,要有明确的灾害防护的责任人,制订完善的灾害预防控制及安全生产的规章制度。建立健全安全生产管理体制,班组设安全员,项目部设安全组,公司设安全科,安全生产管理贯穿整个工程全时段,全方位,不留死角;每一重要地下工程一旦灾害事故发生,应立即向上级主管部门和专业对口指导部门汇报,并与消防、公安部门、民防办公室、医疗卫生部门联系,取得救灾减灾方面技术指导。地下工程的重大灾害事故,例如,越江隧道内连环撞车伴随火灾爆炸,地铁车站受到恐怖分子泄毒或引燃爆炸装置,因施工引起大面积地面沉降、山体滑坡及大范围内停水停电、中断交通等重大灾害事故,均应有当地政府主管领导调动全市救灾技术装备、物资储备,请求部队支援,迅速制止灾害蔓延,尽快恢复居民正常生活,组织生产自救,将灾害损失减少到最小程度。

二、加深对地下工程灾害发展规律性认识

(1)调研隧道及地下工程灾害发生的特点,总结防灾减灾经验教训。

(2)对重大工程风险灾害进行风险分析、风险评价,制订防灾减灾预案。

(3)依托国家级防灾减灾试验室,组织产学研结合攻关队伍,针对地下工程常遇重大灾害进行各类模拟对比试验,逐步认识灾害发生发展的机理和规律,给防灾减灾提供理论支持和技术指导。

(4)通过计算机进行防灾减灾数值模拟分析,包括预测灾害发生规律,灾害损失定量分析,应对措施的减灾效果等。已经初步建立并得到一定应用的神经网络,模糊数学,智能控制,专家系统,可靠度理论等计算方法和模型有待进一步完善和进行更多工程实践检验。

(5)加强国际交流。国内还处于大量建设隧道及地下工程阶段,对于地下工程风险管理及灾害防护研究落后于西方发达国家及日本,通过交流及时吸收发达国家灾害防护先进成果,可以促进我国在该领域里迅速接近、赶超世界先进水平。

(6)加强城市防灾减灾立法建设,使此项工作逐步有法可依。建立灾难恢复系统,制定灾难恢复评价参数。加强防灾救灾专用队伍的建设和训练,作为防灾救灾的物质储备。

三、提高风险防范意识和安全生产管理

(1)对参与工程建设与管理的所有员工定期进行安全生产教育,新员工上岗要进行操作规程及安全生产培训,持证上岗。

（2）安全生产的社会监理是指社会建设监理单位受建设单位（或称业主）委托,依据法规、合同对工程实施阶段建设行为的监理。安全监理是建设监理的重要组成部分,是建设安全管理的重要内容,是促进施工现场安全管理水平提高的有效办法,也是建设管理体制改革中加强安全管理,控制重大伤亡事故的一种新模式。

（3）实行定期不定期安全生产检查,发现违反操作规程野蛮施工的不安全隐患,视情节严重程度,进行批评教育,纪律处分;情节严重造成重大人员伤亡和经济损失的,则要按司法程序追究刑事责任。

（4）随时接受政府主管部门,例如质量监督站和安全生产监督站的领导和检查,参与省（市）行业检查评比,创建安全文明生产工地（企业）。

（5）实行重大工程施工及运营期保险管理制度,如建筑施工企业购买的建筑工程一切保险,安装企业购买的安装工程一切保险,监理公司购买的工程监理责任保险等。

四、先进防灾救灾技术及装备

（1）建立地下工程防灾安全设计的新理念,制订新的抗震、防火、防水及人防等规范规程。

（2）编制不同时期的隧道及地下工程安全生产专项施工组织和防灾减灾预案。

（3）建立地下工程各设施数据库查询管理系统,及时了解灾害发生地点及灾害程度并应采取对策。

（4）配备先进的通信指挥系统。

（5）研发先进的适合地下工程抢险救灾新装备,如适合地下工程中使用的消防机器人,具备可无人驾驶,在充满烟雾漆黑一团的情况下,上下楼梯、绕越障碍、耐高温等优越性能。

（6）针对易受恐怖分子袭击的场所,如重大集会场馆,人流密集交通枢纽,重要经济、政治、军事、科技机构,重要危害和危险品储藏库等的建筑结构特点,结合恐怖活动特征,如隐蔽性、突发性、爆炸手段多样性（定时、定向、遥控、触发、投掷、人体、汽车、舰船、飞机炸弹）,采取设置防止炸弹袭击的障碍物,对隧道和地下结构出入口加强隐蔽遮挡和保卫,加固内部梁板柱承重构件,内部临空面粘贴悬挂高强织物等措施。

思 考 题

1.人类经常遇到的自然灾害和人为灾害有哪些？怎么防御？

2.对隧道及地下工程产生破坏的主要灾害有哪些？其有何特点？怎样减少灾害造成的损失？

3.简述隧道及地下工程防灾减灾的新理念及新技术。

第二章　灾害风险分析与评价

　　由于自然力作用或者人的行为失控或不恰当的改造自然的行为,打破了人与自然的动态平衡,引起灾害事故。灾害的发生,使得人类生命财产遭受损失。国际隧道协会(ITA)将风险定义为"风险是灾害事故对人身安全及健康可能造成损伤的概率。"有人认为"风险就是某一种事件预期后果中较为不利的一面。"也有人认为"风险是指实际结果与预期目标差异程度,差异越大,风险越大;反之越小。"那么究竟如何定义风险呢? 这个问题应该是所有风险分析及风险评价理论的基础,明确风险的定义其实也就是明确研究的目的。由于系统的复杂性,时至今日仍然在学术界存在很大的争议,无论是文字描述还是数学表述上的差异都非常大。将风险分析及评价的理论引入隧道及地下工程的灾害防护学科,能对灾害发生引起损伤进行定性和定量两方面评估,对于揭示灾害发生发展过程、灾害的预防机制、减灾及防灾的基本原理有十分重要的意义;有利于减少灾害事故的发生,帮助决策者进行科学化的灾害风险管理,更有效控制投资的膨胀及抑制投保费率的攀升。

第一节　灾害风险的概论

一、风险的属性

1. 自然属性

　　自然界中的规律运动为人类的存在和发展提供了条件,然而它的不规则运动给人类带来了损失,只有与人们的生命财产联系在一起才构成了风险(Risk or Venture)。地震、洪水、泥石流、海啸是威胁人类的自然灾害风险,同时也是对隧道及地下工程产生最大破坏的自然灾害风险。虽然它们也遵循一定的自然规律,但人们对其认识相当有限,难以预测,无法采取措施控制这一类破坏力极大的灾害的发生。所有这些,均构成了风险的自然属性。根据欧盟委员会提供的数字,由于气候变暖,20多年来全球的自然灾害成倍地增长。1980年以来,欧洲64%的灾害是由于洪水、风暴、干旱、酷暑等极端天气造成的,由此导致的经济损失高达143亿欧元(约合177亿美元),比20年前增加了3倍。2004年全世界自然灾害支付的保险金总额高达300亿欧元,其中还不包括2004年年底东南亚海啸灾难支付的保险费用,创下历史的最高记录。触目惊心的数字说明一个事实,气候变暖是人类面临的最为严重的环境问题之一,它对经济的发展乃至人类的生存已经构成非常严重的威胁。

2. 社会属性

　　随着人口的增多,人类对资源的需求越来越多。由于过度向大自然索取土地、矿产、森林、淡水资源,不合理地处置、堆弃有害废物以及日益增多的不合理的工程建设活动,致使地球环境日益恶化,人类社会不但与自然界失去和谐,而且转为对抗关系,甚至产生恶性循环,由此导致灾害风险的增多,如水污染、火灾的频发且洪灾、干旱、核泄漏日益严重。由于民族及宗教信仰的矛盾,边界冲突,水、土、石油资源的争夺,生存空间的不均衡,引发局部的战争。此外,风险的社会属性还体现在风险的结果往往由整个社会来承担。

3. 经济属性

因为灾害风险事件造成人员伤亡和国家、社会与个人的财产损失,必然对经济造成破坏,这就表现出一定的经济属性。

二、风险的特征

1. 客观性

无论是自然界的地震、台风、洪水等风险,还是社会领域战争、瘟疫、冲突、生产和工程的事故等,在一定的条件下都是不可避免的。它们是独立于人的意识之外客观存在的。因为自然界的物质运动与社会发展规律都是由事物内部的因素所决定,由超越人们的主观意识而存在的客观规律决定。

2. 普遍性

宇宙万物虽然有其遵循的运动规律,其事物之间却又相互影响,相互制约,其形态瞬息万变,关系错综复杂。人们置身于这种不确定的自然环境和社会环境中,必然面临着各种各样的风险。

3. 随机性

灾难引发风险,灾难和风险都是客观存在的。但是每一个灾害事故发生,每一个灾害事故引发的风险事件的发展是随机的。目前,人们无法准确地预测风险发生的时间和后果。因为任何一个风险事件的发生是诸多风险因素共同作用的结果,而且每一个因素作用的时间、作用地点、作用方向、作用强度等都必须满足一定的条件才能导致事件的发生;风险事件中每一个因素的出现,其本身就是偶然的。风险发生的随机性意味着在时间上具有突发性,在后果上具有灾难性。

4. 规律性

个别风险事件的发生是随机的,无序的。然而通过对大量风险事件的观察和综合分析,却能发现其规律性。因此,在一定的条件下,对大量独立的风险事件的观察、综合分析和统计处理,其结果可以用一个模型较准确地反映其风险的规律性。大量风险事件发生的规律性,使人们可以利用概率论和数理统计方法去计算其发生的概率和造成的损失,从而对风险实施有意识的控制与管理。

5. 动态性

风险的动态性是指在一定的条件下风险可变化的特性。世界上任何事物之间都互相联系、互相依存、互相制约,而任何事物都处在变化之中,这些变化必然会引起风险的变化。随着科学技术的进步和社会的发展,一方面人们面临的风险越来越多;另一方面,人们认识与抗御风险的能力随之增强,可以避害趋利,逐步实现在一定程度上对某些风险的控制和利用。

三、灾害风险发生的机理

灾害的发生,使得人们的生命和财产受到威胁,预期的生产或工程建设的目标发生偏离,即所谓风险。风险是灾害事故引发的,两者是相互关联相互依存的。任何灾害事故都离不开致灾因子、孕灾环境、灾害事故和承灾体四个方面。下面以隧道和地下工程灾害风险发生的过程分别加以阐述。

1. 致灾因子

致灾因子是灾害事故产生的直接原因,它与孕灾环境一起构成灾害风险的两种必备要素。如果说孕灾环境是风险的基础,是一个火药桶,那么致灾因子就是导火索,可以说是灾害风险的外因。上海轨道交通 R4 号线越江区间隧道位于浦西董家渡附近,隧道埋深达二十几米,两条区间隧道之间的联络通道上方是通风井,附近地面以上有三幢高层建筑物和几栋多层混合结构老房子,地下各种管线复杂,又邻近黄浦江防汛墙,地下水十分丰富,遇到砂质粉土及粉细砂存在流沙管涌可能性。总之,孕灾环境十分恶劣、危险,且施工管理不善。在冻结时间短、冻结强度不足的情况下,贸然开挖是导致这一特大灾害事故的直接因素。

2. 孕灾环境

所谓孕灾环境,指可能产生灾害事故的区域、环境。灾害的产生条件,是客观存在的内在因素。隧道和地下工程是在一定深度的地层施工的,地层是一个非匀质、各向异性的半无限体,内部存在着节理、裂隙、破碎带,不同程度存在上层的滞水、下层的承压水。如利用新奥法进行隧道施工,遇到大的裂隙、破碎带,客观存在塌方事故的风险。城市软地层进行深大基坑的开挖,存在着流沙、管涌、基坑围护结构塌垮的风险。盾构法隧道施工,因土体开挖引起工作面不平衡,土体损失,破坏了地应力自然平衡状态,引起地面沉陷、道路破裂、管线损坏、建筑物倾斜破坏是很难避免的。孕灾环境是灾害风险发生的客观基础,是决定风险因素是否发生的根本因素,也可以称为灾害风险的内因。在设计施工阶段,应充分了解客观存在的地质条件和复杂的环境因素,使用正确设计方法精心设计,采取科学的施工方案和合理的支护措施,就可以避开孕灾环境,使得风险得到有效控制。

3. 灾害事故

灾害事故是在孕灾环境和致灾因子共同作用下,发生的偏离工程目标的事件。工程项目中灾害事故常常给工程项目带来损失,如工期的延误,人员的伤亡,经济的损失,工程丧失设计功能,达不到投资的效益。地下工程的灾害事故常遇到的有:基坑垮塌,流沙、管涌引起整体失稳,洪水淹没,隧道施工中的塌方,衬砌的断裂,工作面涌水,盾构隧道进出工作井的高程与设计不符,隧道上浮和下沉引起轴线偏离超标,管片碎裂错台,过大的地面沉降,接缝漏砂漏水等。

4. 承灾体

承灾体是指承担风险的对象,如机械运营设备、隧道结构、建筑物(构筑物)、路面系统、地下管线,包括社会群体(建设单位、施工单位、设计单位、监理及监测单位、材料供应商等),生态环境等。如承灾体脆弱,抵抗突变风险能力差,突然发生灾害,最终灾情造成的损失就大,影响面就广。在灾害发生之前,对工程所在区域孕灾环境的稳定性,孕灾因子的风险性,承灾体的脆弱性进行科学的评估,对可能发生的灾害有效预测,并以此作为判定灾害预案的基础,编制应急预案,做好应急救灾物资储备和人员部署,就可能使灾害造成的风险损失降低到最小。

第二节　灾害风险分析

隧道及地下工程在施工期间,塌方、瓦斯有毒可燃气体爆炸、地下水突然涌入等事故造成结构衬砌局部、大部坍塌,部分完全失去使用功能;使洞室内的机器、人员被掩埋,造成人员伤亡和经济损失。在运营使用阶段,隧道工程受地下水渗入、冻胀、高温燃烧使隧道钢筋混凝土剥落、耐久性丧失;列车追尾造成机电设备损坏、人员伤亡,交通阻塞,使用功能丧失,并造成经济财产损失,引起社会及环境不良影响。灾害事件是随机发生的,灾害的风险及损害也是不确定的,人们常以概率统计方法对灾害风险分析作出定量的判断。灾害对地下工程结构强度、刚度、耐久性产生影响,使其无法完成预定的设计基准期内应该达到的功能。对于结构工程的安全性评价,人们常用可靠度的理论去定性和定量的描述。可靠度研究与风险的分析有许多共同点,例如都是以参数或目标的不确定性作为研究对象,并都作概率分析等。但风险分析与可靠度理论也有很大不同,可靠度理论应用时一般都是以安全分析为核心,不以经济指标为研究重点;而风险分析恰恰可以弥补这一不足,可以实现技术、经济与环境三者的均衡。

风险分析的具体工作内容很多,主要可以分为风险的识别、风险的估计、风险的评价、风险处理、风险决策五个方面。

一、风险识别

风险的识别又称风险的辨识,是风险分析的第一步。风险识别就是从系统的观点出发,横观工程项目所涉及的各个方面,纵观项目建设发展过程中遇到的潜在的或客观存在的各种风险,并对其进行连续地系统地识别与归类,还要分析产生风险灾害的原因和过程。风险的识别是整个风险分析管理系统的基础。能否正确地识别风险,对风险分析能否取得较好的效果有极为重要的影响。风险识别的目的是帮助决策者发现风险和识别风险,提高决策的科学性、安全性和稳定性,从而减轻决策的风险损失。为了做好风险识别的工作,必须有认真的态度和科学的方法。

风险识别一般分三步进行:第一步收集资料,主要包括工程项目环境方面的数据资料,类似工程的历史经验及教训数据,工程设计文件及外界部门的风险信息等;第二步估计项目风险形势;第三步根据直接或间接的症状将潜在的风险识别出来。

一般性的风险识别方法有:检查表法、头脑风暴法、流程图法、层次分析法(包括层次分解和决策树)、SWOT 分析法、情景分析法、事件树法、事故树法、专家调查法(包括智爆法和德尔菲法)及幕景分析方法。每一种方法都有其适用的范围,各有优缺点,在实际操作中究竟采用何种方法,需视其具体情况而定。需要集中各学科有经验的专家进行系统分析,结合具体工程项目综合比较选择其中一种或几种方法组合起来应用。

1. 检查表法

检查表是按照系统工程的分析方法,在对一个系统进行科学分析的基础上,找出各种可能存在的风险因素,然后以提问的方式将这些风险因素列成一种表格。它不仅是发现风险因素的一种有效手段,而且也是分析事故的一种方法。

2. 流程图法

流程图法是一种根据工程实施过程,或工程某一部分管理过程,或某一部分结构的施工过程,进行罗列,再结合地铁工程的具体情况,辨识本工程存在哪些风险的方法。借助于流程图可以帮助辨识人员去分析和了解工程风险所处的具体环节、各个环节之间存在的风险以及风险的起因和影响。通过对工程流程的分析,可以发现和辨识地铁风险可能发生在工程的哪个环节或哪个地方,以及工程流程中各个环节对风险影响的大小。

3. SWOT 分析法

SWOT 分析法是一种环境分析方法,SWOT 是英文 STRENGTH(优势)、WEAKNESS

（劣势）、OPPORTUNITY（机遇）和 THREAT（威胁）的简写。SWOT 分析的基准点是对企业内部环境之优劣势的分析，在了解企业自身特点的基础之上，判明企业外部的机会和威胁，然后对环境作出准确的判断，进而制订企业发展的战略和策略，最后借用到项目管理中进行项目战略决策和系统分析。

4. 事件树分析法

事件树分析（Event Tree Analysis，简称 ETA）是我国国家标准局规定的事故分析的两种技术方法之一。它的实质是利用逻辑思维的规律和形式，从宏观的角度去分析事故形成的过程。它从事件的起始状态出发，用逻辑推理的方法，设想事故的发展过程。根据这个过程，按事件发生先后顺序和系统构成要素的状态（成功或失败两个状态），并将要素的状态与系统的状态（也是成功或失败）联系起来，以确定系统的最后状态，从而了解事故发生的原因和发生的条件。事件树分析法是对人、机、环境、法等各方面进行综合分析，对事物发展的各个环节进行判断而得出系统发生的各种可能结果。这种宏观地分析事故发展过程的方法，对掌握事故的发生规律，控制事故的发生是非常有益的。

5. 事故树分析法

事故树分析法（FTA，Fault Trees Analysis）是分析系统事故和原因之间关系的因果逻辑模型，它是一种演绎的分析方法。即从某一特定的事故（如基坑坍塌）开始，运用逻辑推理的方法，找出各种可能引起事故的原因，也就是辨识出各种潜在的风险因素。事故树分析法能辨识系统的风险因素，求出事故发生的概率，并能提供各种控制风险因素的方案。它可作定性分析，又可进行定量分析。它具有应用广泛、逻辑性强、形象化等特点；其分析结果具有系统性、准确性和预测性；同时，它有固定的分析流程，可以用计算机来辅助建模和分析，大大提高风险分析与管理的效率。

6. 层次分解法（Analytical Hierarchy Process，简称 AHP）和风险树法

层次分解法是 20 世纪 70 年代美国运筹学家 A. L. Saaty 提出的，经过多年的发展已成为较为成熟的方法。基本原理是将要评价系统的有关替代方案的各种要素分解成目标、准则、方案等层次，在此基础上进行定性和定量分析的决策。这种方法的特点是在对复杂的问题的本质、影响因素及其内在联系进行分析的基础上，利用较少的定量的信息把决策者的决策思维过程数学化，从而为多目标、多准则或无结构性的复杂的决策提供简便的决策手段。该方法对灾害分析的步骤为：建立层次结构模型、构建成比较矩阵、计算对应权向量、作出一致性的检验。层次分解法是人们研究复杂事物时常用的一般方法。这种方法的主要特点就是把复杂的风险问题分解为各个组成因素，将这些因素按支配关系分组形成有序的梯阶层次结构，通过两两比较的方式确定层次中诸因素的相对重要性，然后结合人的判断以决定评价诸因素对于重要性的顺序。层次分解法体现了人们的决策思维的基本特征，即分解、判断、综合。

在复杂的系统中，由于不确定性的广泛存在而引起风险的因素很多，研究中不能把所有的风险因素杂乱无章地罗列在一起，这样会使分析无法着手。利用层次分解法可以使风险识别的工作有条不紊地分层次地逐步深入下去，可以分析各种因素之间的因果关系，并便于分别识别各个层次的主要风险因素。

层次分解法可以用直观的图形即"树"的形式来表示。"树"的用途很广，用于决策分析的称决策树，用于概率分析的称概率树，用于风险分析的称为风险树。

利用风险树进行风险识别要注意以下问题。

（1）风险树可以根据风险分析工作的实际需要，分层次向下分枝。在风险树中，上一层的

分枝点表示某类风险问题,从该点出发各个分枝末端点,则表示引起该类风险问题的各种风险因素。通过绘制风险树,可以表示出引起风险的各种因素,从而看清各类风险问题和各种风险因素之间的关系。

(2)在绘制风险树时,并不是分枝越多、层次越多越好。如分枝过多,把所有的风险因素都罗列出来,只会使人陷入迷雾之中,难以深入研究。绘制风险树时要根据系统的实际情况,明确所要研究的主要问题。使风险树能突出重点,便于深入研究。分清主次,对影响重大的风险因素要深入细分,对一般问题则不要过多分枝,对不重要的因素则应该用剪枝的方法将该因素删除。

(3)在风险分析时,有时并不需要对各个方面的风险问题作全面地分析,可以把有关的某个重要的风险问题单独提出来,绘制该问题的风险树。

(4)如果在绘制风险树时,能对各种风险因素的概率作出估计,则可将估计的概率数值标注于该分枝的旁边。

7. 专家调查法

在风险识别工作中很难采用试验分析及建立数学模型来进行理论上的推导,主要还是依靠实际经验和采用推断的方法。为了克服个别分析者经验上的局限性,采用集中一些专家意见的专家调查法在风险识别阶段是很有用的。

专家调查法的方法很多,并没有固定的模式,工作中可以根据实际情况灵活地采用或根据需要创造新的方法。下面只简单地介绍两种专家调查法。

(1)Brainstorming

其直译为"头脑风暴法",又称"智暴法"。这是一种集体开发创造性思维的方法。它的原理是强化信息刺激,促进思维者展开想像,引起思维扩散,在短期内产生大量设想,并进一步诱发创造性设想。这种方法的特点是采用召开小型的专家讨论会的形式,参加会议的要有熟悉本问题的、不同专业领域的专家,人数不要多。用这种方法进行某项事业的风险识别时,要求与会者从不同角度提出该项事业可能遇到哪些风险,造成这些风险的因素是什么,会引起什么后果等。要鼓励发表新思想和新意见,对少数有独特见解的意见,不能进行非难、歧视,更不能施加压力,要求与会者充分听取别人的意见,通过互相启发,互相切磋,产生新的思想。由于某些重要的风险问题在常规的分析研究中常被掩盖,未被一般人所发现,有时只有少数人对它有一些初步的、比较模糊的认识。通过智暴会议,大家敞开思想,畅所欲言,可能把这类问题发掘出来,通过相互探讨、切磋,可能使这类未被发现的或比较模糊的问题变得比较明朗,形成新的思想和意见。

要开好这类会议是很不容易的,要求会议主持人决不能带着主观的框框,而要活跃会场气氛,要善于捕捉新的思想,欢迎发表新思想,善于从新思想中提出有启发性的问题。如果对某些特殊见解或初看似乎不合理的见解加以辩驳,则会造成压力,不能畅所欲言,使会议气氛沉闷,不利于产生新的思想。

(2)Delphi Method

德尔菲法是美国兰德公司的 O. 赫尔默和 N. 达尔基首先提出的,先是用它来研究美国空军委托该公司研究的一个典型的风险识别问题:若前苏联对美国发动核袭击,其袭击目标将选在什么地方? 后果如何? 由于这种课题无法用数学模型进行描述和定量计算,研究中便采用了这种专家调查法。为了保密而将此课题命名为德尔菲法。德尔菲是古希腊阿波罗神殿所在地,因此德尔菲有象征聪明智慧之意。以后,这种方法被许多领域广泛采用。因此,德尔菲表示集中许多人的聪明智慧进行预测的一种方法。和上述智暴法不同,德尔菲法不是采用会议相互启发的方式,而是采用书面调查、反复征询专家意见的形式。德尔菲法有以下特点:

①调查采用书面填写调查表的方式。被调查的专家之间互相匿名,单独填写自己的意见。在汇总意见并反馈给各专家时,只提观点、意见,不提该观点的专家姓名。这样做是为了减少发表独特意见的压力,以利于各种意见能够充分发表出来,并可以减少少数"权威"人士的意见对其他人的影响。

②多次反馈。每次调查表收回后,经过整理、统计以后,将情况反馈给参加咨询的各个专家,对少数独特观点,希望其进一步阐明理由,以便其他专家能理解。多次反馈可为每个专家提供了解他人意见和修改自己意见的机会,并且无损于自己的威信。

③经过多次反馈(一般不超过 4 次),使意见比较集中后,即可停止。

德尔菲法是较常用的一种专家调查法,它能对大量非技术性的、无法定量分析的因素作出预测及概率统计。但它也有一些不足之处,如受主持者本人主观因素的影响较大(特别是在拟订调查项目、选定专家成员、整理汇总专家意见等方面)。这种方法实质上还是集中多数人的意见,它只能保证所集中的意见是正确的,即少数人所持的新见解可能被忽视。在实际应用这种方法时,可以结合具体情况有所创新和发展。

8. 幕景分析法(Sceneries Analysis)

它是一种研究、辨识引起风险的关键因素及其影响程度的方法。一个幕景就是对某个风险事件未来某种状态的描绘。这种描绘可以在计算机上进行计算和显示,可用数据、图表、曲线等进行描述。由于计算复杂、方案众多,一般都在计算机上进行。研究的重点是:当某种因素变化时,整个情况会怎样变化? 会有什么危险? 像电影一幕一幕的场景一样,供人们进行研究比较。

幕景分析的结果,都以易懂的方式表示出来,大致可分两类:一类对未来某种状态的描述;另一类是描述一个发展过程,即未来若干年某种情况的变化链。例如,它可以向决策者提供一个最优的防洪减灾方案、最有可能发生的和最坏的情景及在这三种不同情况下可能发生的事件和风险,供决策时参考。

幕景分析方法对以下情况特别有用:

(1)提醒决策者注意某种措施或政策可能引起的风险或危机性的后果;

(2)建议需要进行监视的风险范围;

(3)研究某些关键性因素对未来过程的影响;

(4)在科学技术飞速发展的今天,提醒人们注意某种科技的发展会给人民生活带来风险;

(5)当有多种互相矛盾的幕景时,幕景分析就显得格外有用,一般在 2～6 个幕景中进行选择,通常把中间两个最可能的情况选作基本情况。

综上所述,幕景分析是扩展决策者视野、增强其精确分析未来的能力的一种思维程序。但这种方法也有很大的局限性,即存在所谓"隧道眼光(Tunnel Vision)"现象——好像从隧道中观察外界事物一样看不到全面情况。所有幕景分析都是围绕着分析者目前的考虑、价值观和信息水平进行的,因此就可能出现偏差。这一点要求分析与决策者保持清醒的认识,且与其他方法结合使用。

层次分解法、专家调查法和幕景分析法,是几种常用的行之有效的方法。由于各种实际问题中存在大量不确定因素,并且这些因素相互作用十分复杂,加上风险识别的理论和方法还不成熟,所以现有的各种风险识别方法都不能保证风险识别的可靠性,亦即仍然可能会遗漏一些严重的风险因素。

二、风险估计分析方法

常用的隧道与地下工程风险估计方法,大体可分为两大类:风险估计的定性分析法和风险估计的定量分析法。

风险估计的定性分析方法是运用风险估计者的知识、经验,理智地对工程项目风险作出主观判断的方法。常用的定性分析方法有集合意见法、德尔菲法、层次分析法和事故树分析法、主要风险障碍分析,以及领先—落后指标分析等。集合意见法、德尔菲法、层次分析法和事故树分析法属于定性分析法的分析形式;主要风险障碍分析法、领先—落后指标分析法属于定性分析法的分析技巧。在采用集合意见法、德尔菲法、直接调查法等形式时,可运用主要风险障碍分析法、领先—落后指标分析法等技巧进行历史类推、直接类推、类比类推等。定性分析法的优点是在缺乏完整系统的风险资料时,可以充分运用风险估计者的思维能力和远见卓识,对地下工程风险作出预测;缺点是缺乏客观资料和较准确的数据为基础,加之参入风险估计人员的经验、智力以及对风险的偏好存在较大差异,作出的风险估计很难评估准确。因此,运用定性分析法时,要选好估计人员,尽量运用数据,以求准确、可靠。

风险估计的定量分析法是根据过去实际的风险数据,如风险成本、风险损失、风险收益、风险概率、风险事件发生次数等,运用统计方法和数学模型进行计算,对工程项目的风险作出定量估算。衡量地下工程风险的定量方法很多:①风险指数法;②概率方法,包括主观概率法、随机方法(包括随机模拟法、二阶矩法、随机模型数值分析法)、蒙特卡罗法等;③模糊论方法,包括模糊概率法、模糊参数回归分析法、模糊矩阵分析法等;还有移动平均法、指数平滑法、因果关系预测法、方差和协方差矩阵方法、历史性模拟方法等其他方法。定量分析方法的优点是,利用历史数据、运用数学方法进行估算,估算值不受估算人员主观意见左右,比较客观。它的缺点是用历史的趋势代替未来,不能包括未来发生的异常变化。

地下工程的风险估计,不仅有定性的方面,也有定量的方面,而定性方法和定量方法各有优缺点。这就是说,风险估计是否有用,不仅是依靠历史数据和数学公式,还要靠直观能力和远见卓识的判断。两类方法有紧密的关系,没有定量分析则定性估计难以准确,而定量分析要以定性估计作指导,否则定量分析的数据毫无意义和价值。因此,两类方法最好结合在一起运用,这样,可以提高对地下工程管理风险事件预见的准确率。

1. 风险的测度

在风险分析中,对风险的测度有两类指标,即平均指标和变异指标。平均指标反映了风险变量的集中趋势,而变异指标则表达了风险变量的离散趋势。常用的平均指标为期望值,变异指标则为标准差和变异系数。标准差体现了在灾难状态下的风险损失和风险损失期望值的离散程度,是风险测度的绝对指标;变异系数(也称为风险度)是标准差与期望值之比,为风险测度的相对指标,是对标准差的补充。

(1)期望值

$$E(x) = \sum_{i=1}^{n} x_i P_i \tag{2-1}$$

$$E(x) = \int_a^b x f(x) \mathrm{d}x \tag{2-2}$$

式中：x_i、$P_i(i=1,2,\cdots,n)$——离散型风险变量及相应的概率；

a、b——x 取值的上、下限；

$f(x)$——连续型风险变量的密度函数。

（2）标准差

$$\sigma = \sqrt{D(x)} = \sqrt{E(x-\overline{x})^2} \tag{2-3}$$

式中：$E(x-\overline{x})^2$——$(x-\overline{x})$ 的数学期望值。

（3）风险度

$$FD = \frac{\sigma}{E(x)} \tag{2-4}$$

风险度愈大，就表示对将来愈没有把握，风险也就愈大。例如，有两个随机变量系列：第一个为 100、200、300、400、500、600、700、800、900，期望值 $x_1=500$；另一个系列为 2 100、2 200、2 300、2 400、2 500、2 600、2 700、2 800、2 900，期望值 $x_2=2\ 500$。这两个系列的标准差 $\left[\frac{1}{9}(400^2+300^2+200^2+100^2)\right]^2=258.2$，风险度分别为 $FD_1=\frac{\sigma_1}{x_1}=\frac{258.2}{500}=0.516$，$FD_2=\frac{258.2}{2\ 500}=0.103$。可见，$FD_1>FD_2$，表示第一系列的相对离散程度比第二系列的大，即风险损失变化的相对值较大。

2. 风险变量的概率分析

主要包括风险变量的概率估计，给出风险出现的大小及其可能性。风险估计方法有主观估计和宏观估计两种方法：主观估计是专家根据长期积累的各方面的经验及当时搜集到的信息所作的估计；宏观估计是依据现有的各种数据和资料对未来事件发生的可能性进行预测。无论是主观估计还是宏观估计，都要给出风险变量的概率分布。用概率分布来描述各风险变量的变化规律，是进行风险分析的一种较完善方法。风险估计中常用的概率分布有阶梯长方形分布、梯形分布、三角形分布、理论概率分布。

（1）阶梯长方形分布

其概率密度分布如图 2-1 所示。

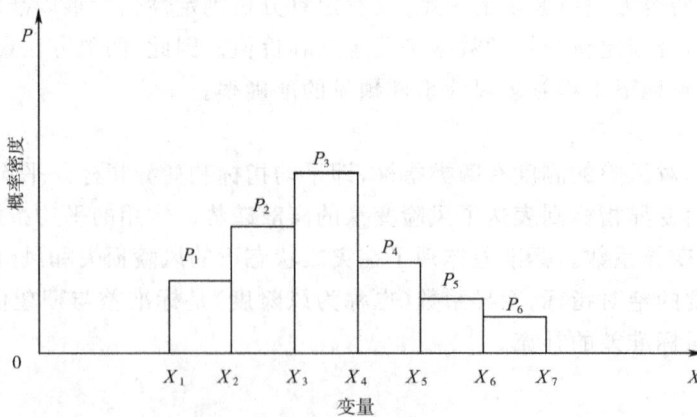

图 2-1　阶梯长方形分布

这种分布可以充分利用所获得的信息，并且有多少信息就用多少信息，不苛求更多的信息。估计者可根据要求将所获得信息分成任意几个区间，画出大致概率分布图。由于这种分

布、分段取常值,故其均值 $E(x)$ 和方差 $D(x)$ 分别按式(2-5)和式(2-6)计算:

$$E(x) = \sum_{i=1}^{6} P_i \cdot \frac{x_{i+1}^2 - x_i^2}{2} \qquad (2-5)$$

$$D(x) = \sum_{i=1}^{6} P_i \cdot \frac{[x_{i+1} - E(x)]^3 - [x_i - E(x)]^3}{3} \qquad (2-6)$$

(2)梯形分布

如图 2-2 所示。此时对变量的最可能值有所估计,且又估计不准。只是知道一个区间及相应于在此正常情况下的取值。另外又估计出在极端情况下的最小值和最大值(x_1 和 x_4)。极端情况与正常情况之间即属于不正常情况,发生的概率要比正常情况下小,这里用直线相连。可以看出,很多主观概率分布都比较符合梯形分布。其均值与方差分别按式(2-7)和式(2-8)计算:

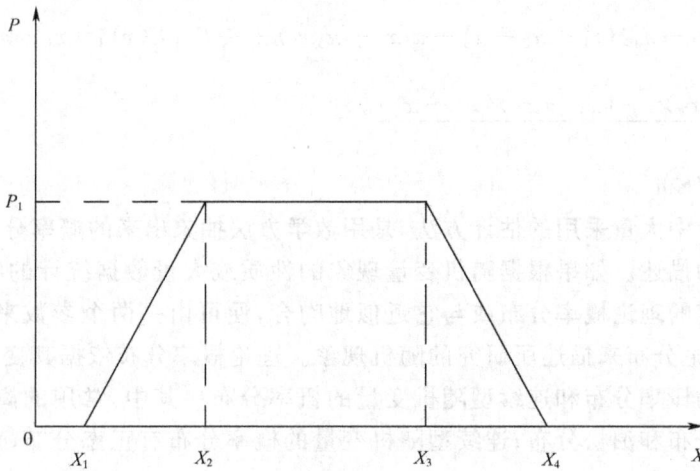

图 2-2　梯形分布

$$E(x) = \frac{1}{6} P_1 [(x_3^2 + x_3 x_4 + x_4^2) - (x_1^2 + x_1 x_2 + x_2^2)]$$

$$= \frac{1}{3}(x_1 + x_2 + x_3 + x_4) + \frac{x_1 x_2 - x_3 x_4}{x_3 + x_4 - x_1 x_2} \qquad (2-7)$$

$$D(x) = \frac{1}{12} P_1 [(x_3^2 + x_4^2)(x_3 + x_4) - (x_1^2 + x_2^2)(x_1 + x_2)] +$$

$$\frac{1}{2} P_1 [E(x)]^2 (x_3 + x_4 - x_1 - x_2) - 2 [E(x)]^2$$

$$= \frac{1}{6} \cdot \frac{1}{x_3 + x_4 - x_1 - x_2} [(x_3 + x_4)(x_3^2 + x_4^2) - (x_1 + x_2)(x_1^2 + x_2^2)] - [E(x)]^2 \qquad (2-8)$$

(3)三角形分布

如图 2-3 所示为梯形分布的一种特殊情况——三角形分布,在主观估计中最为常用。该分布的一个突出优点是对所论风险变量只需专家提供最小值、最可能值和最大值三个特征的估计值,则三角形分布的均值及方差分别按式(2-9)和式(2-10)计算:

$$E(x) = \frac{1}{6} P_1 (x_3 - x_1)(x_1 + x_2 + x_3) = \frac{x_1 + x_2 + x_3}{3} \qquad (2-9)$$

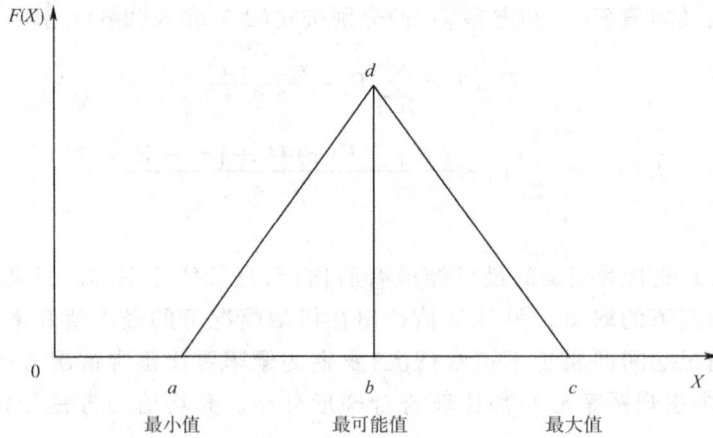

图 2-3　三角形分布

$$D(x) = \frac{1}{12}P_1(x_3 - x_1)(x_1^2 + x_2^2 + x_3^2 + x_1 x_2 + x_3 x_1) + \frac{1}{2}P_1[E(x)]^2(x_3 - x_1) - 2[E(x)]^2$$

$$= \frac{(x_3 - x_1)^2 + (x_1 - x_2)(x_2 - x_3)}{18} \tag{2-10}$$

（4）理论概率分布

它是风险估计中大量采用的估计方法，是用数学方法抽象出来的概率分布规律，并用数学表达式进行精确的描述。如果根据随机变量现象的性质或大量数据统计的结果，且看出这些随机现象符合一定的理论概率分布或与它近似地吻合，便可由一两个参数来确定整个变量的分布，并用一些理论分布来描述所研究的随机现象。理论概率分布依据其变量的形式，可分为离散型随机变量的概率分布和连续型随机变量的概率分布。其中，常用的离散型随机变量的概率分布有二项分布和泊松分布；连续型随机变量的概率分布有正态分布、对数正态分布、皮尔逊Ⅲ型分布和极值分布。

3. 概率树

"树"是一种在系统分析中对大系统分解的简单直观的常用方法，它把所研究的系统作为树的主干，把第一层次分解的各个问题作为主干上的第一层分枝，第二层子问题则是由第一层分枝上分出的第二层分枝，这样逐层分枝下去，就像树的生长形态一样，故这类分层次的图形分解法统称为"树"。一般的概率树如图 2-4 所示，把所研究的对象作为初始事件 E，它有一些可能的后果 $C_{ij\cdots k}$。

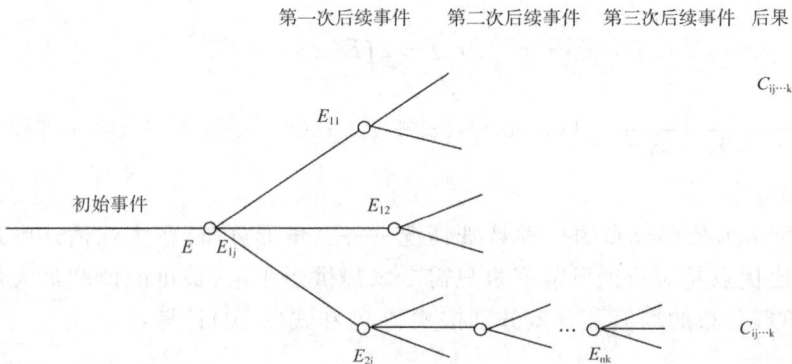

图 2-4　概率树的结构

可以看出,某一特定后果取决于初始事件后面的后续事件,即出现的某一给定的后果,在概率树中必然会出现一个序列的后续事件或途径;而给定一初始事件,就可能随后有几个"第一次后续事件"。显然,这些后续事件是互斥的;假定某一项第一次后续事件,则可能出现一组互斥的"第二次后续事件"。所以,概率树的每条途径表示某项指定的后续时间序列,并产生某种特定后果;某一特定途径发生的概率,就是该条途径上所有事件概率的乘积,由图 2-4 得:

$$P(C_{ij\cdots k}\backslash E) = P(E_{1i}\backslash E) \cdot P(E_{2j}\backslash E_{1i}E)\cdots P(E_{nk}\backslash E_{1i}E_{2j}\cdots E) \qquad (2\text{-}11)$$

4. 风险概率估算

风险概率估算是对某一风险事件,在一定时间内发生多少次,或在多长时间内发生一次的预估,即分析和估计风险事件发生的概率,也就是风险事件发生可能性的大小,这有助于工程项目管理人员判断风险损益的大小,是工程项目风险分析估计中最为重要的一项工作。但是由于和风险事件相关的系列数据的搜集相当困难,而且不同工程项目差异性较大,用类似工程项目数据推断当前工程项目风险事件发生的概率,其误差可能较大,所以这常常也是最困难的一项工作。

风险概率的估计有主观估计和客观估计之分,客观估计建立在充分的信息之上,需要足够的数据和对项目风险的足够理解,根据大量统计数据或概率的古典意义进行计算。主观估计是指在工程实践中,风险管理人员常常缺乏风险数据,而做大量的试验又很不现实,所以只能由决策者、风险顾问和有关专业人员,根据合理的判断、搜集到的信息及过去长期的工程经验进行主观估计。

风险分析过程中,估算地下工程风险概率有两种方法:相对比较法和概率分布法。

相对比较法将风险概率定义为一种风险事件最可能发生的概率,如表 2-1 所示。

风险概率分级表 表 2-1

等级	频率	概率(%)	等级	频率	概率(%)
1	罕见的	<1	4	预期的	>50
2	偶见的	>1	5	频繁的	>90
3	可能的	>10			

概率分布法是求出损失量的概率分布。它与相对比较法相比,能更全面地衡量项目风险,但只适用于有充分数据或经验积累的项目风险的衡量。这种方法需要考虑两个方面:第一是历史资料或数据的搜集,要搜集在同类工程项目的建设中,各种潜在损失在过去已经发生的次数,估计出每一可能风险事件的概率。第二是理论分布,根据项目风险的性质分析或大量数据统计的结果,如果看出这些损失值符合一定的理论概率分布或与其近似吻合,便可由特定的几个参数来确定损失值的概率分布。

5. 风险损失估计

地下工程风险损失的类别,根据承险体的不同,可分为五大类,包括直接经济损失、工期损失、环境损失、信誉损失、人员伤亡损失。

(1)直接经济损失是指业主的经济损失和第三方财产损失。由于勘察设计失误,施工质量事故,工期延误等,都将给业主造成经济上的损失。工程的总预算额有大有小,我国对风险引起的业主经济损失无确切的指标,根据损失占工程总预算额的百分比将风险损失分为五级,大于工程预算的 50％损失将是灾难性的;大于工程预算的 10％,对业主是重大的损失。欧洲共同体则将大于 3 000 万欧元看作灾难性的损失;300 万～3 000 万欧元为重大经济损失;30 万～300 万欧元为严重经济损失;3 万～30 万欧元为中等经济损失;小于 3 万欧元为轻微经济损失。由于施工方法不当,野蛮施工,如地铁车站深基坑附近地下管线、建筑物、街道等因为地基变形引起塌陷,造成第三方财产(单位或者个人)损失。这一类损失按照欧洲共同体的标准,大于等于 300 万欧元则为灾难性损失;30 万～300 万欧元为重大的第三方损失;3 万～30 万欧元为严重的第三方损失;0.3 万～3 万欧元为中等第三方经济损失;小于 0.3 万欧元对于第三方经济损失为轻微的。

(2)工期损失指由于各种工程事故产生后,事故处理、返工及重建造成的对工期的延误。地下工程(如一座地铁车站或一条地铁区间隧道)工期损失将影响一条地铁线路的通车运营,甚至影响城市的地铁网络形成,事关城市居民出行条件的改善。工期的损失必将影响业主投资的回收,贷款的归还,资金的积累和发展。因此,工期的损失与经济损失,对业主和承包人信誉有较大的影响。以两年工期的地铁车站或区间隧道工程为例,进度影响总工期的 50％即 12 个月,为灾难性不可接受的;工期损失延误 1.2 个月为中等程度损失。

(3)人员伤亡损失包括参建单位员工的伤亡,第三方人员伤亡。人的生命是最可贵的,必须以人为本,完善安全生产的岗位责任制和安全管理网。2004 年全国 GDP 达 13.6 万亿元,同时有 13.6 万人死于安全事故,同年 70 万人因安全事故导致伤残。再加上职业病伤亡人数达 100 余万人,也就是 100 多万个家庭因安全事故造成不幸。我国煤炭产量占世界的 31％,但我国煤矿的死亡人数占世界煤矿死亡人数的 79％。我国高瓦斯煤矿多,去年百万吨煤死亡为 3 人,这个数字为美国的 100 倍,为波兰与南非的 10 倍。

(4)信誉损失是指风险事故产生不良的社会影响,致使企业的形象受损,企业的业务受到影响。信誉是一个企业实力的体现,是企业持续健康发展的保证。信誉损失不但会导致企业的形象在本地本系统内遭损坏,业务受影响,一些严重的风险事故甚至会产生全国乃至世界范围内的不良影响。

(5)环境损失是指地铁工程风险事故对自然环境和人民生活、健康等产生危害。自然资源是不可再生资源,都是经过漫长的岁月沉积下来,是大自然留给人类的宝贵财富。自然资源破坏了,就很难再恢复。现在,国家越来越注重环境保护,并提出发展不能以环境为代价,要追求一种可持续性发展。比较严重的环境损失会对企业的形象造成不良的社会影响,损害企业的信誉,阻碍企业的可持续健康发展。环境损失根据风险事故对自然环境及公共健康的破坏严重程度,分为五个层次,如果重大环境事件,导致不可恢复的环境影响,危害公共健康或被保护的自然资源,则对承险体是灾难性的。

根据风险事故发生对经济损失、工期损失、人员伤亡损失、信誉损失、环境损失等影响程度的严重性,可将风险损失分为五个等级,如表 2-2 所示。

灾害风险损失程度估计分级　　　　　　　　　　　　　　　　表 2-2

等级	程度	经济	工期	信誉	人员伤亡	环境
1	轻微	可忽略的	可忽略	可忽略	可忽略	可忽略
2	中等	大于工程预算 1％	对进度影响 >5％	在本地范围内对公司形象及业务关系有轻微影响	轻伤	轻度环境损伤

等级	程度	经济	工期	信誉	人员伤亡	环境
3	严重	大于工程预算5%	对进度影响>10%	本地媒体曝光,对业务关系有影响	重伤	环境影响明显
4	重大	大于工程预算10%	对进度影响>25%	全国范围内媒体曝光,对业务关系影响较大	人员死亡	环境事件引起居民的抗议行为
5	灾难性	大于工程预算50%	对进度影响>50%	全国范围内媒体曝光,对业务关系影响巨大	较多人员伤亡	重大环境事件,导致不可恢复的环境影响,危害公共健康或被保护的自然资源

三、风险评价与决策

1. 风险评价方法

在地下工程风险评价中,常用的风险评价方法包括:层次分析法、模糊数学法、一次二阶矩法、敏感性分析法、道氏指数法、计划评审技术(PERT法)、影响图法。

(1)层次分析法

层次分析法(Analytical Hierarchy Process,简称AHP)是一种定性分析和定量分析相结合的评价方法。其在地铁工程风险评价中运用灵活、易于理解,而又具有一定的精度。它的基本思路是:把复杂的风险问题分解为各个组成因素,将这些因素按支配关系分组形成有序的递阶层次结构,通过两两比较的方式确定层次中诸因素的相对重要性,然后综合人的判断以决定评价诸因素相对重要性总的顺序。AHP体现了人们决策思维的基本特征,即分解、判断、综合。该方法既可以用于评价自然灾害风险、施工风险等单项风险水平,又可用于评价地铁工程不同方案等综合风险水平。

(2)模糊数学法

地铁工程中隐含的各种风险因素很大一部分难以用数字来准确地加以定量描述,但都可以利用历史经验或专家知识,用语言生动地描述出它们的性质及其可能的影响结果。并且,现有的绝大多数风险分析模型都是基于需要数字的定量技术,而与风险分析相关的大部分信息却是很难用数字表示的,但易于用文字或句子来描述,这种性质最适合于采用模糊数学模型来解决问题。模糊数学处理非数字化、模糊、难定含义的变量有独到之处,并能提供合理的数学规则去解决变量问题,相应得出的数学结果又能通过一定的方法转为语言描述。这一特性极适于解决地铁工程中普遍存在的潜在风险。

(3)敏感性分析法

敏感性分析是地铁工程风险评价中常用的一种分析方法。影响地铁工程目标的诸多风险因素的未来状况处于不确定的变化之中。出于评价的需要,测定并分析其中一个或多个风险因素的变化对目标的影响程度,以判定各个风险因素的变化对工程的重要性就是敏感性分析。具体说,它是在确定性的基础上,重复分析假定某些风险因素发生变化时,将对工程影响的程度。敏感性是指由于特定风险因素变动而引起的评价指标的变动幅度或极限变化。敏感性分析的目的是:研究风险因素的变动将引起的工程目标的变动范围;找出影响工程的最关键风险因素,并进一步分析与之有关的可能产生不确定性的根源;通过敏感性大小对比和可能出现的最有利与最不利的范围分析,用以寻找替代方案或对原方案采取某些控制措施的方法,来确定工程的风险大小。

(4)道氏指数法

对于风险特别大,且价值又较高的系统;风险虽不大,但一旦发生事故将无法补救的系统,要在定性评价的基础上再进行定量评价。定量风险评价中的一种是指数法,定量风险评价指数法通常运用较普遍的有道氏化学公司火灾爆炸指数评价法。这种评价方法以物质系数为基础,再考虑特殊物质,一般工艺或特定工艺的风险修正系数,求出火灾、爆炸指数,再根据指数的大小分为四个等级,然后根据不同等级确定在建筑结构、消防设备、电气防爆、检测仪表、控制方法等方面的控制措施。指数法的特点是使用简单,不需要统计资料,但精度较差。

(5)PERT 法

PERT (Program Evaluation and Review Technique) 是一种进度计划评审技术。它用于解决这样一类工程问题:该工程由各项活动组成,实施每项活动有一定的逻辑关系,但完成每项活动所需的时间十分复杂,具有不确定性;此外,又需要合理地确定完成项目的时间。地铁工程施工过程中,根据施工的工艺要求和施工组织的要求,每个施工活动的逻辑关系是确定的,而且在合同管理的环境下,这种逻辑关系是不允许改变的;工程施工活动的时间是不确定的,但完成工程的工期是规定的。因此盲目追求工程施工进度存在着风险。

(6)影响图法

影响图是由结点和有向弧组成的无环路的有向图,其中结点代表所研究问题中的主要变量,有向弧表示变量间的各种相互关系。影响图是根据评价者对风险问题的描述,结合专家的知识表示问题结构的一种直观图形,在图中明确地揭示出变量间的关系,尤其是变量间的条件独立和信息流向。利用影响图可表示工程风险作用关系、组合关系。影响图中的每一个节点都有一个数据框架文件。这个文件包括:该风险与紧前风险节点的复合关系或依存关系和联合概率分布或条件分布。影响图从数学模型角度看是以多元联合分布函数的图解表示。当影响图绘出来时,被称为结构级影响图;当具有了所有节点的数据框架文件时,称之为函数级影响图。在风险评价实践中,通常因问题的特殊性,在未进行具体评价前,并不知道所有的数据文件,数据文件的完善是随风险评价的进展而不断补充的;而且在某些情况下,并不需要知道所有的数据文件,也能对风险问题进行分析。

(7)可靠性风险评价法

可靠性风险评价就是对事件发生的风险率进行比较。其基本步骤是:先计算出风险率,然后把风险率与安全指标相比较。若风险率大于安全指标,系统处于危险状态,两数据相差越大,系统越危险,对于危险系统需要采取控制措施。若风险率小于安全指标,则认为系统是安全的,没有必要或暂时没有必要采取措施控制。

安全指标是经过多年的经验积累,以及考虑当时科学技术水平、社会经济情况和人们的心理因素,为公众所能接受的最低风险率。在这一风险率下,人们认为能满足安全的需求,故称这种最低风险率为安全指标。如果水库承担使下游某城市的防洪安全标准达到百年一遇的任务,则城市安全指标为百年一遇,即保证水库洪水不超过百年一遇的情况下该城市的防洪安全。在水库实际运行中,该水库的真正防洪标准只达到 70 年一遇,则说明水库实际防洪能力小于设计防洪标准,风险较大,要通过某种措施加大水库的防洪能力;相反,若水库对下游保护区的实际防洪能力大约是110年一遇,比设计标准100年一遇略高,说明该水库在实际运行中发挥了应有的防洪作用,并有提高汛限水位、蓄水兴利的可能。

2. 风险评价矩阵

风险评价(Risk Assessment),又称安全评价(Safety Assessment),是指在风险辨识和风险估计的基础上,把风险发生的概率、损失严重程度,结合其他因素综合起来考虑,得出地下工程发生风险的可能性及其危害程度;并与公认的安全指标比较,确定工程的危险等级;然后根据工程的危险等级,决定是否需要采取控制措施,以及控制措施采取到什么程度。

目前国际上通用的风险水平的定级方法,是根据 $R = P \times C$ 模型(R 是风险水平,P 是风险发生概率,C 是风险后果)建立风险矩阵(表 2-3),从而评定地下工程的风险水平等级。

地下工程风险水平评定矩阵 表 2-3

概率＼损失 程度		轻微	中等	严重	重大	灾害性的
频率		1	2	3	4	5
罕见的	1	n	n	n	n	t
偶见的	2	n	n	t	t	s
可能的	3	n	t	t	s	s
预期的	4	n	t	s	s	i
频繁的	5	n	s	s	i	i
n—可以忽略的;t—可以忍受的;s—严重的;i—不能忍受的						

根据风险矩阵的评定,联合有关各方,作出最优的风险控制措施。对表 2-3 中"i"型风险,是不可接受的,必须采取措施排除或转移风险;"s"型风险是不希望发生的,因此也必须采取措施降低风险或转移风险;对"t"型的风险,是可以接受的,但是仍需采取措施加强对风险的控制和管理;对于"n"型的风险,可以接受,并且不必采取特别的措施处理它。

3. 风险评价指标

人们通常采用传统方法——期望值法作为评价某一系统规划与管理优劣的标准。随着科技的进步,人们不仅需要获得最大的期望效益,也需要知道在获得效益的过程中其他更多的信息,如系统可能破坏的情况等。例如,在防洪系统规划与调度管理中,尽管所获得的期望防洪效益最大或下游防洪区的损失期望值最小,但可能在分洪过程中历时很长或破坏过于集中。这些都是决策者和防护区所不希望的,也是难以接受的。有些模型虽已考虑系统遭受破坏的历时长短,但其效果究竟如何,也需要有一定数量的指标来衡量,并引入系统特性的评价指标来进行洪灾风险评价。

(1)可靠性

指系统在一定时间、条件下,某一期望事件发生的概率。可靠性的概念与人们在水资源系统规划与管理中常用的保证率的概率是一致的,不同的是前者更具一般性。

可靠性的计算方法,用数学式描述如下:

设 S 为系统满意状态集;U 为系统不满意状态集;x_i 为 i 时段状态,表示系统是否遭受破坏,当 x_i 属于满意状态集时,即为系统处于正常工作而未受到破坏。

令:

$$a_i = \begin{cases} 1, & x_i \in S \\ 0, & x_i \in U \end{cases} \qquad (2\text{-}12)$$

在有 n 个时段的时期内,系统处于满意状态的总历时为 $\sum\limits_{i=1}^{n} a_i$ 由此可得出可靠性 P,计算式为:

$$P = \lim_{n \to \infty} \frac{1}{n} \sum_{i=1}^{n} a_i \qquad (2\text{-}13)$$

可靠性 P 用来衡量系统正常工作(系统不遭受破坏)的历时特性,它可以从一个方面反映系统管理调度的好坏和效果。对于某项工程或系统,可靠性和风险性是相互对立的事件,如果它的可靠性为 P,那么它同时冒着风险率为 $(1-P)$ 的风险。从这一点来说,任一系统都具有两重性。它既是可靠的又是冒险的,其程度取决于他们各自值的大小。可靠性和风险性的概率都没有描绘出失事的严重性和可能的结果,因此还应该引入其他性能指标。

(2)回弹性

指系统一旦发生破坏,恢复到满意状态或正常状态的历时特性。系统在遭受一次破坏中,如果破坏历时长,系统则恢复的慢,还可能对系统产生更严重的后果。

回弹性系数是衡量回弹性优劣的一种测度,它表示系统平均的恢复率,可用数学式来表述:

令 b_i 表示系统从满意状态到不满意状态的一次转移:

$$b_i = \begin{cases} 1 & x_i \in S, x_{i+1} \in U \\ 0 & \text{其他} \end{cases} \qquad (2\text{-}14)$$

它记录的是系统遭到破坏的次数,尽管连续几个时段都产生破坏,但只记录一次。这样,在 n 个时段内,系统由满意状态转移到不满意状态的总次数为 $\sum\limits_{i=1}^{n} b_i$,则此事件出现的概率为:

$$\rho = \rho\{x_i \in S, x_{i+1} \in U\} = \lim_{n \to \infty} \frac{1}{n} \sum_{i=1}^{n} b_i \qquad (2\text{-}15)$$

由式(2-1),可得到系统长期工作处于不满意状态的概率为:

$$\lim_{n \to \infty} \frac{1}{n} \sum_{i=1}^{n} (1 - a_i) = 1 - P \qquad (2\text{-}16)$$

再设 T_p 为系统平均每次遭到破坏后维持不满意状态的时间长短,那么它的期望历时为:

$$E(T_p) = \lim_{n \to \infty} \frac{\sum\limits_{i=1}^{n} (1 - a_i)}{\sum\limits_{i=1}^{n} b_i} = \lim_{n \to \infty} \frac{\sum\limits_{i=1}^{n} (1 - a_i) / n}{\sum\limits_{i=1}^{n} b_i / n} = \frac{1 - P}{\rho} \qquad (2\text{-}17)$$

回弹性就是系统每次遭到破坏的期望历时的倒数,用回弹系数 γ 来表示:

$$\gamma = \frac{1}{E(T_\mathrm{p})} = \frac{\rho}{1-P} \qquad (2\text{-}18)$$

式中:E——期望值符号。

由此可见,回弹系数 γ 越大,表示系统遭到破坏后恢复正常工作越快,破坏的历时越短。

(3)脆弱性

它是衡量系统遭到破坏强度大小的指标。对于某些系统的破坏,虽然破坏的历时不长,但破坏的深度过大,超过了系统承受的能力,也就是通常所说的集中破坏的方式;这同样要造成非常不利的后果。

4. 回避风险的方法

回避风险是指人们放弃某些有风险性的事件,割断其与风险的联系,将风险的影响降低到最低限度,因而也不用将它与其他风险或获利情况作比较讨论。

回避风险是最彻底的也是最消极的方法。因为它是通过放弃某种事件而回避该事件可能遇到的风险,但同时也失去了因为从事该项事件而可能得到利益的机会。例如,办企业、开发新技术都是有风险的,如果人人都回避这种风险,则人类社会就不可能发展,甚至无法生存。因此,回避风险方法一般是指对某种计划或行动而言。例如,原计划拟在某处修建一座水坝,但通过分析研究,发现该坝址处地质条件较差、建坝有较大风险,因此可以采取回避风险的方法,放弃该坝址而另选坝址;但新坝址也将会有其他风险存在。可以说,风险存在着普遍性,人们在生产和生活中想要完全回避任何风险是不可能的,而只能回避其中某一部分具体的风险。地下工程的风险回避无外乎是风险的转移与自留。风险转移就是通过保险,以及分包等形式将风险转移出去,通俗地说,就是花钱买平安。但是,目前国内有关地下工程方面保险费率确定并不合理,业主与工程承包人对此缺少认识。近几年国内地铁工程建设屡屡发生大的工程事故,保险公司缺少工程方面专家,加之工程保险法律法规不健全,造成保险公司亏损,以至于一些国际保险公司不敢承接国内地铁及隧道高风险工程。

对自留风险,应采取相应措施进行防治,尤其是那些会造成人员伤亡或重大事故的风险,要尽可能地消除。如隧道及地下工程施工引起的地面下沉,道路管线和建筑物断裂,可预先采取控制措施。聘请同行业专家对施工方案咨询,选择好的施工方法及工程机具,分部分层按时效原理开挖,超前锚杆支护或超前管棚注浆加固地基,优化施工参数,加强施工监测,实行信息化反馈指导施工等。在采取这些措施前,要进行科学性、可行性、经济性的论证和优化,使自留的风险在合理的经济指标下达到最小。

对风险的回避就是宁肯获取较小的利益或付出更大的代价而换取减少风险的愿望,它与风险发生的概率及后果的大小没有直接关系。

5. 减少风险的费用—效益分析

为了减少风险,就需要采取措施,付出一定的代价。付出多大费用,能取得多大的效益,这就是费用—效益分析所要解决的问题。

费用—效益分析是公用事业项目经济评价的基本方法。在防洪建设中,人们通过防洪工程及非工程措施来达到消除或减轻洪灾损失的目的。因此,针对洪灾风险,费用—效益分析是研究工程所耗费的投资费用和能获得的经济效益两个方面的得失关系,以作为防洪工程方案或工程规模决策的经济依据。减少风险是要在付出代价的同时亦可获得效益,采用费用—效益分析,即可筛选出经济上有利的方案。

第三节　减灾决策

一、减灾决策的特点

减灾决策就是在对未来灾害的危险性及其灾情预测的基础上,为防止灾害发生及蔓延,减少灾害的损失,而制订相应方案的决策。由于减灾决策的研究对象是"人—自然—社会"所组成的复杂的系统工程;隧道和地下铁道大多是一个国家、地区或城市生命线工程;引起施工和运营风险的因素十分复杂,人们对其灾害风险发生的规律性还没有足够的认识,因此灾害的发生有时候是无法避免的,减灾决策也是十分必要的。重大地下工程的减灾决策具有如下鲜明特征。

1. 风险大

由于目前人类对自然界的认识和预测还没有达到完全清晰和准确无误的程度,所以减灾决策不可避免地面临较大风险。

2. 投资大

亦即任何一项减灾措施都要耗费巨大的人力、财力和时间。

3. 与人民生命安全紧密相关

由于灾害随时随地都可能造成人类生命财产的毁灭与损失,所以减灾决策也直接与人民生命安全相关联。从而也对决策者或决策机构提出了较高的要求,要求决策者或决策机构高瞻远瞩、统领全局、处事果断。

应用自然信息、经济信息和社会信息,实施超前分析,设法避免或减轻灾害对未来可能产生的影响;同时使每次减灾决策所产生的减灾效益在所有选择方案中是最优的,这也是减灾决策中的核心问题。目前,决策科学为这一问题的解决提供了很好的理论基础,而 GIS、Internet技术等则为这一问题的解决提供了强有力的技术手段。

二、减灾决策的过程

通常,人们决策行为模型主要包括:建立目标、设计方案、方案评价、选择方案与决策、反馈与控制;这一过程如图 2-5 所示。

1. 建立目标的原则

选择和建立正确的目标是减灾决策的基础。减灾决策的目标,首先是确保或尽量减少生命损失,其次是尽量减少财产损失。具体而言,应考虑以下几条原则。

（1）信息完备原则

决策必须以信息为根据,准确、全面、及时、适时的信息是决策的基础。减灾决策的信息主要来自对自然规律的认识、对自然现象的观测和对自然灾害及其受灾地区的人身、财产情况的预测。减灾决策要求决策者或决策机构尽可能全面、及时地获取以上信息,然后才能作出正确的决策。

（2）可行性原则

它是衡量决策正确性的标志。为了确保决策方案在实践中切

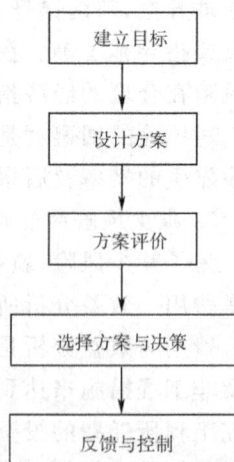

建立目标

设计方案

方案评价

选择方案与决策

反馈与控制

图 2-5　减灾决策流程示意图

实可行,决策者或决策机构必须事先对客观条件与主观条件进行充分分析,综合考虑人力、财力、条件等各种情况,并预测可能发生的种种变化及决策实施后的利弊等;然后经过慎重论证、周密评估,确定其可行性。例如,对于减少灾害损失的决策,如若根据中、长期预报,便决定把可能灾区的人员、财产等迁出,这显然是不可行的;而若能根据短期预报果断决定,则是可行的。

（3）人身安全第一原则

由于灾害随时影响人身安全,故在选择减灾方案时,要始终把人身安全放在第一位。在有可能危及人身安全时,选择减灾方案要加大安全系数,不能只从经济利益出发考虑问题。

（4）减灾效益原则

减灾效益是灾害经济学的基本原则,也是减灾决策最基本的经济依据。对灾害的预防和灾后减损可以设计出多种措施和方案。在选择这些减灾方案时,会碰到三个量,即减灾投入（又称减灾成本）、减灾收益和减灾效益。减灾投入指在减灾过程中的经济投入,其中人力投入也应折合成经济指标。减灾收益是指由于实施了减灾措施后少造成的损失部分,这里不考虑成本问题,即减灾收益与减灾投入无关。减灾效益是指实施减灾措施之后的实际经济效益,与减灾投入有着直接的关系。三者之间的关系,可用以下两个公式表示。

①减灾收益＝灾害能够造成的经济损失－实施减灾措施后的实际经济损失。它表明,实施减灾措施后的实际经济损失越小,则减灾收益越大,即减灾措施作用越大。

②减灾效益＝减灾收益－减灾成本。当减灾效益＞0 时,说明收益＞成本,此种减灾方案可以采用;当减灾效益≤0 时,说明收益≤成本,没有必要采取此种方案。

依据以上两个公式,综合考虑成本、收益、效益三因素的相互关系,以效益是否大于零为减灾方案的取舍依据。若各方案都大于零,则选取效益值较大的方案。当然,若灾害可能危及人身安全时,效益原则应放在其后。

减灾决策所面临的是一个复杂多变的大系统。因此,在资料和信息的搜集过程中,利用计算机建立信息系统,可以大大减少信息的失真,并可节省决策时间。

2. 设计方案

当建立目标,并取得一定的资料、信息后,就可以设计出多种预选方案,以供决策者或决策机构进行选择。

3. 方案评价

当方案设计完后,要利用定性、定量、定时的分析方法,对各预选方案进行评价。它包括:所搜集的资料和信息是否正确和完善,方案设计中使用的方法是否科学,方案的经济性、手段等方面是否可行,是否违法等。

常用的定量评价方法有:边际分析、费用—效益分析、价值分析等。

4. 方案选择与决策

此阶段是减灾过程中最为关键的环节。决策者或决策机构要对各种方案从必要性、可行性、经济性等方面进行比较论证,然后选择最满意的方案拍板定夺。

5. 反馈与控制

此阶段的任务在于准确而迅速地把减灾决策实施过程中所出现的问题反馈给决策者或决策机构,使其能够及时根据客观情况的变化,对决策方案进行相应的调整与修正。

三、减灾决策方法

减灾决策的研究方法可分为硬决策与软决策两种。

硬决策也称为数学决策,一般方法是先建立方程式、不等式、逻辑式或概率分布函数来反映减灾决策问题,然后直接用数学手段求解,找出最优方案。它所应用的数学工具主要是运筹学,其中包括线性规则、非线性规则、整数规则、动态规则、排队论、对策论、更新论、搜索论、统筹论、优选论、投入产出法、蒙特卡洛法和价值工程等。另外,也常常用到系统分析、系统工程、网络工程、网络图论等。当然,这些问题的求解大都是在计算机的帮助下完成的。

软决策又称为专家决策,主要指"专家决策"的推广和科学化,当然也包括一些硬决策的软化工作。软决策可以通过所谓"专家法"把心理学、社会学、行为科学和思维科学等各门科学的成就应用到减灾决策中来,并通过各种有效的方式使专家在不受干扰的情况下充分发表见解(其代表性方法是专家预测法、头脑风暴法、德尔菲法);此外,还有模糊决策、灰色决策、人工智能等方法。

1. 确定型减灾决策方法

确定型减灾决策是指未来情况的发生为已知条件下的决策,其常用的方法有:

(1)用微分方法求极值;

(2)用拉格朗日法求极值——条件极值;

(3)用线性规划与非线性规划求最优值;

(4)用动态规划求各阶段决策过程的期望值等。

2. 不确定型减灾决策方法

指未来的情况为未知条件下的决策,它是减灾决策中经常要遇到的决策问题。由于未来将要发生的灾害及可能造成的损失往往不能预先为决策者或决策机构所了解,所以决策者或决策机构常常面临着这一类型的决策问题。

在不确定型减灾决策的研究中主要是确定衡量方案优劣的原则。这个原则一旦确定,问题便不难得到解决。从不同的角度出发可以确定不同的优劣原则,从而得到各种不同的决策方法,其决策结果也不见得一样。至于在何种场合下应该应用哪种,要根据具体情况而定,不能一概而论。

(1)小中取大法则

又称悲观法则或 Wald 法则。这是一种保守的减灾决策方法,其特点是从不利的情况出发,按灾害可能造成的最大损失估计,选择最好的方案。这一法则尤其宜于对有可能危及人民生命的灾害制订防灾减灾方案时使用。

(2)大中取大法则

又称乐观法则。它是从各种自然状态下各方案的最大效益中选取最大效益的最大值,即选取各极大值中的最大值所对应的方案的实施方案。这是一种冒险的减灾决策方法,使用于灾害性质较轻的减灾决策问题;对于危及人身健康和可能造成重大财产损失的灾害则不可采取这种决策法则。

(3)大中取小法则

又称最小遗憾法则,一般指在最大损失中取最小损失方案。

(4)平均值中取最大法则

它是把每一方案在各种可能情况下的效益加以平均(假定每一种情况出现的可能性是一

样的),并进行比较,取其中最大的一种方案。

(5)折中法则

又称乐观系数法则。其特点是既不像小中取大法则那样保守,也不像大中取大法则那样冒险,而是从中找出一个折中的标准。即:首先根据历史数据的分析与经验判断方法确定一个乐观系数,用 a 表示,其值为 $0 \leqslant a \leqslant 1$。当 $a=0$ 时,便成为小中取大法则;当 $a=1$ 时,便成为大中取大法则。

另外,还有拉普拉斯法则、敏感性法则等。

3. 风险型减灾决策

它指决策因素中的未控制因素 Y_i 具有概率变化的决策。该决策中未来事件可能发生的概率为:

$$\sum_{i=1}^{n} P(Y_i) = 1 \qquad [0 \leqslant P(Y_i) \leqslant 1] \tag{2-19}$$

为了提高减灾决策的可靠性,可利用贝叶斯条件概率公式将风险型减灾决策转化为确定型减灾决策,贝叶斯公式用在减灾决策中意义是求出造成 B 事件发生原因 A_i 的概率;然后根据原因概率预测减灾经济效果,并进行决策,这样便可以把风险型减灾决策转换成确定型减灾决策,从而提高减灾决策的可靠性。

减灾工作中所遇到的决策问题大多是风险型问题。对于风险型问题,有以下两种常用的决策方法。

(1)最大可能法

根据概率论可知,一个事件的概率越大,事件发生的可能性也越大。基于这种思想,可在风险型减灾决策问题中选择一个概率最大的自然状态进行决策,而不管其他自然状态,这就使风险型问题变为确定型问题。

(2)期望值法

它是以决策问题构成的损益矩阵为基础,计算出每个减灾方案的期望值,即:

$$E(S) = \sum P_i S_i \tag{2-20}$$

式中:P_i——$S=S_i$ 的概率。

在各个决策方案中选择具有最大效益期望值或最小损失期望值的方案为最优,具体形式有表格计算法和决策树计算法两种。其中,表格法适用于单级决策问题,决策树法适用于多级决策问题。

4. 马尔可夫型减灾决策

马尔可夫型减灾决策与贝叶斯决策不同,贝叶斯决策是用历史资料进行预测和决策,而马尔可夫决策是用近期资料进行预测和决策。特别是对于洪水灾害,马尔可夫方法有着良好的应用前景。

第四节　隧道及地下结构受灾的可靠度分析

工程结构的可靠性的量化指标被称为可靠度,而可靠度一般用概率方式来体现。因而工程结构可靠度定义为:"工程结构在规定的时间内,在规定的条件下,完成预定功能的概率。"用概率来描述工程结构的可靠性,既科学合理,又能得出定量的指标。由于隧道及地下工程材料力学指标,结构所受的荷载的位置、大小都不是确定的,其四周的围岩地质构造参数千变万化,各类灾害发生的时间、地点、参数也是难以确定的,截面尺寸和计算假定也与实际情况有一定偏差。这些随机变量都给精确计算带来误差,难以用一个安全系数科学地反映地下结构受灾害影响的可靠性。

可靠度的理论产生于第二次世界大战期间。纳粹德国的一些武器专家采用概率论和数理统计的方法,研究导弹失灵问题,得出结论为导弹不失灵的概率是其各个组成部分不出现故障概率的乘积。美国的大批专家研究试验后,终于找到电子元件失效的普遍的规律。这些研究工作为可靠度理论的发展奠定了基础。20世纪50年代以来,工程结构可靠性问题开始在学术界和工程界备受关注。国内自20世纪70年代以来,在结构设计基本原则方面进行了多方面的研究,逐步从多系数极限状态设计的方法,向概率统计方法过渡。20世纪90年代初,钢筋混凝土地面结构开始应用可靠度的理论把保证结构安全性、适用性和耐久性的一些基本准则定量分析工作建立在概率论和数理统计的基础上,从而逐步摆脱半经验半统计的方法。从20世纪60年代开始,在历届土力学和基础工程学术会议上,都有一些关于概率论和数理统计学在岩土工程中应用的文章发表。前苏联曾提出毛洞可靠度评定方法,对地铁衬砌也作过可靠度分析。由松尾年编著,1984年出版的《基础工学》对边坡稳定性、挡土墙、板桩、地下埋管等阐述了以概率论为基础的设计方法。其中,对新奥法支护系统设计提出了"动态可靠度设计"的概念,国内许多学者尝试性地将可靠度理论用于基础支护系统、地铁车站、大型地下工程的稳定性、变形刚度及耐久性分析。由于地下工程分析的复杂性,可靠度理论至今还没有为广大学者认可。因此,隧道及地下工程是可靠度理论应用的重要领域,有着广泛的应用前景。

一、可靠度的概念

可靠度被定义为在规定的时间内和规定的条件下,结构完成预定功能的概率,称为可靠性概率,记为 P_s。工程界通常用可靠度的指标度量结构的可靠性。同时,人们将结构不能完成预定功能的概率称为结构的失效概率,记作 P_f。结构失效的概率,就是施工和使用阶段风险事件发生的概率。风险定义包含了损失的程度和相应发生的概率,风险可以表示为事件发生的概率和损失的函数。结构的风险分析比结构可靠度分析内涵更丰富。结构的可靠和失效的事件是两个互不相容的事件,用公式表示为:

$$P_s + P_f = 1 \tag{2-21}$$

按照结构可靠度的定义和概率论的基本原理,若影响结构可靠性的基本随机变量为 X_1, X_2, $\cdots$, X_n,相应的概率密度函数为 $f_X(x_1, x_2, \cdots, x_n)$,由这些随机变量表示的结构功能函数为 $Z = g(X_1, X_2, \cdots, X_n)$,则结构的失效概率可表示为:

$$P_f = P(Z < 0) = \iint_{Z<0} \cdots \int f_X(x_1, x_2, \cdots, x_n) \mathrm{d}x_1 \mathrm{d}x_2 \cdots \mathrm{d}x_n \tag{2-22}$$

若随机变量 X_1, X_2, $\cdots$, X_n 相互独立,则公式(2-22)可表述为:

$$P_f = P(Z < 0) = \iint_{Z<0} \cdots \int f_{X_1}(x_1) f_{X_2}(x_2) \cdots f_{X_n}(x_n) \mathrm{d}x_1 \mathrm{d}x_2 \cdots \mathrm{d}x_n \tag{2-23}$$

假定结构抗力的效应为 R,荷载效应为 S,与其相应的概率密度函数分别为 $f_R(r)$ 和 $f_S(s)$,概率分布函数分别为 $F_R(r)$ 和 $F_S(s)$,则结构功能函数为:

$$Z = g(R, S) = R - S \tag{2-24}$$

若 R 与 S 相互独立,则结构的失效概率为:

$$P_f = P(Z < 0) = \iint_{r<s} f_R(r)f_S(s)\mathrm{d}r\mathrm{d}s = \int_0^{+\infty} \left[\int_0^s f_R(r)\mathrm{d}r\right]f_S(s)\mathrm{d}s = \int_0^{+\infty} F_R(s)f_S(s)\mathrm{d}s \quad (2\text{-}25)$$

或：

$$P_f = P(Z < 0) = \int_0^{+\infty} \left[\int_r^{+\infty} f_S(s)\mathrm{d}s\right]f_R(r)\mathrm{d}r = \int_0^{+\infty} [1 - F_S(r)]f_R(r)\mathrm{d}r \quad (2\text{-}26)$$

图 2-6(a) 为在同一坐标系中绘出的 R 和 S 的概率密度函数曲线；图 2-6(b) 和图 2-6(c) 分别为在同一坐标系中绘出的 R 和 S 的概率密度曲线和概率分布函数曲线。在经典可靠度理论中，图 2-6(a) 中 R 和 S 的概率密度函数曲线的重叠部分称为干涉区。下面的推导可说明干涉区的面积与式 (2-25) 和式 (2-26) 表示的结构失效概率并非等同。

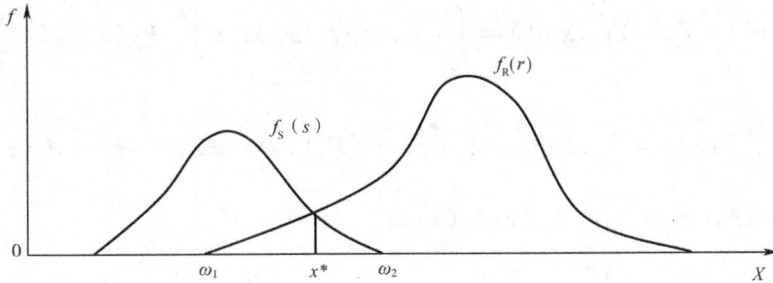

(a)

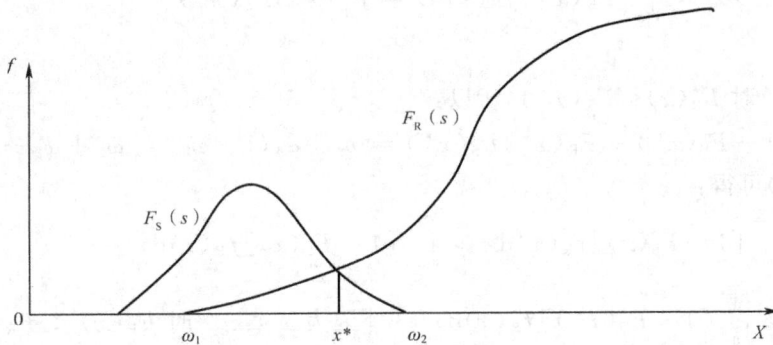

(b)

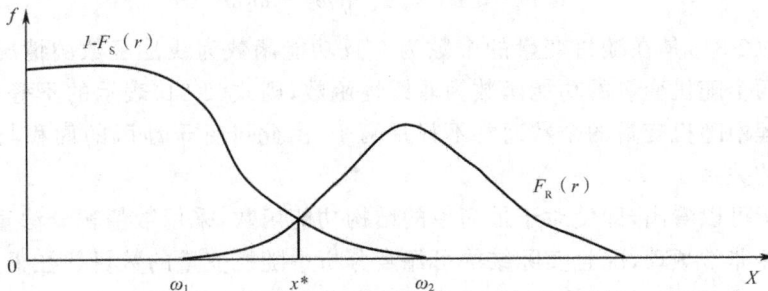

(c)

图 2-6　概率密度曲线的干涉区的几何描述

在图 2-6(a)中,将 R 和 S 的概率密度函数曲线的交点的横坐标记为 x^*,自交点作 X 轴的垂线,垂线与概率密度函数曲线 $f_R(x)$ 的左半部分围成区域的面积记为 ω_1,垂线与概率密度函数曲线 $f_S(x)$ 的右半部分围成的面积记为 ω_2,则:

$$\left.\begin{aligned}
\omega_1 &= \int_0^{x^*} f_R(x)\mathrm{d}x = F_R(x^*) \\
\omega_2 &= \int_{x^*}^{+\infty} f_S(x)\mathrm{d}x = 1 - \int_0^{x^*} f_S(x)\mathrm{d}x = 1 - F_S(x^*)
\end{aligned}\right\} \tag{2-27}$$

干涉区的面积为 $\omega_1 + \omega_2$。

由式(2-25),结构的失效概率另表示为:

$$P_f = \int_0^{+\infty} F_R(x)f_S(x)\mathrm{d}x = \int_{x^*}^{+\infty} F_R(x)f_S(x)\mathrm{d}x + \int_0^{x^*} F_R(x)f_S(x)\mathrm{d}x$$

而:

$$\int_{x^*}^{+\infty} F_R(x)f_S(x)\mathrm{d}x = \int_{x^*}^{+\infty} F_R(x)\mathrm{d}F_S(x) = [F_R(x)F_S(x)]_{x^*}^{+\infty} - \int_{x^*}^{+\infty} F_S(x)f_R(x)\mathrm{d}x$$

$$= 1 - F_R(x^*)F_S(x^*) - \int_{x^*}^{+\infty} F_S(x)f_R(x)\mathrm{d}x$$

$$< 1 - F_R(x^*)F_S(x^*) - \int_{x^*}^{+\infty} F_S(x^*)f_R(x)\mathrm{d}x \quad (\text{因为 } x > x^* \text{ 时 } F_S(x) > F_S(x^*))$$

$$= 1 - F_R(x^*)F_S(x^*) - F_S(x^*)[1 - F_R(x^*)] = 1 - F_S(x^*)$$

$$\int_0^{x^*} F_R(x)f_S(x)\mathrm{d}x < \int_0^{x^*} F_R(x^*)f_S(x)\mathrm{d}x = F_R(x^*)F_S(x^*)$$

$$\tag{2-28}$$

因为 $x < x^*$ 时 $F_R(x) < F_R(x^*)$,所以:

$$P_f < 1 - F_S(x^*) + F_R(x^*)F_S(x^*) = \omega_2 + \omega_1(1 - \omega_2) = \omega_1 + \omega_2 - \omega_1\omega_2 \tag{2-29}$$

由式(2-26)可得:

$$P_f = \int_0^{+\infty} [1 - F_S(x)]f_R(x)\mathrm{d}x > \int_0^{x^*} [1 - F_S(x)]f_R(x)\mathrm{d}x$$

$$> \int_0^{x^*} [1 - F_S(x^*)]f_R(x)\mathrm{d}x \quad [\text{因为 } x < x^* \text{ 时 } F_R(x) < F_R(x^*)] \tag{2-30}$$

$$= [1 - F_S(x^*)]F_R(x^*) = \omega_1\omega_2$$

可见结构失效概率 P_f 与面积 ω_1 和 ω_2 的关系式应为:

$$\omega_1\omega_2 < P_f < \omega_1 + \omega_2 - \omega_1\omega_2 \tag{2-31}$$

事实上,式(2-31)是在随机变量的个数为 2 且功能函数为线性函数的情况下得出的关系式。如果包括两个随机变量的功能函数为非线性函数,则式(2-31)表示的不等式不一定成立,更何况实际工程中随机变量的个数通常不只是两个,由此可见干涉区的面积与结构失效概率间不存在特定的关系。

由以上分析可以看出,即使对于最简单的结构功能函数,采用数值积分法直接计算结构的失效概率也必然非常烦琐,况且实际结构可靠度分析中随机变量的数目往往很多,功能函数也多属非线性函数。因而对于结构而言,直接通过积分计算失效概率一般难于实现。另一方面,由于问题的复杂性,目前尚难准确获得随机变量的统计参数(如标准差等),以及准确推断随机变量的分布模型,导致有些随机变量的统计参数和分布模型只能凭专家经验确定。再者,加上统计参数的变化和模型的选择对属于小概率事件的结构失效概率影响较敏感,因而即使能够采用直接数值积分法计算结构的失效概率,其结果也未必具有期望的精度。

二、结构可靠指标

鉴于直接应用数值积分方法计算结构的失效概率比较困难,工程设计中多采用结构可靠指标表示结构的可靠度。

在公式(2-24)表示的功能函数中,假定 R 和 S 均服从正态分布,其平均值和标准差分别为 μ_R、μ_S 和 σ_R、σ_S,则功能函数 $Z=R-S$ 也服从正态分布,其平均值和标准差分别为 $\mu_Z = \mu_R - \mu_S$ 及 $\sigma_Z = \sqrt{\sigma_S^2 + \sigma_R^2}$。图 2-7 表示随机变量 Z 的概率分布密度曲线。

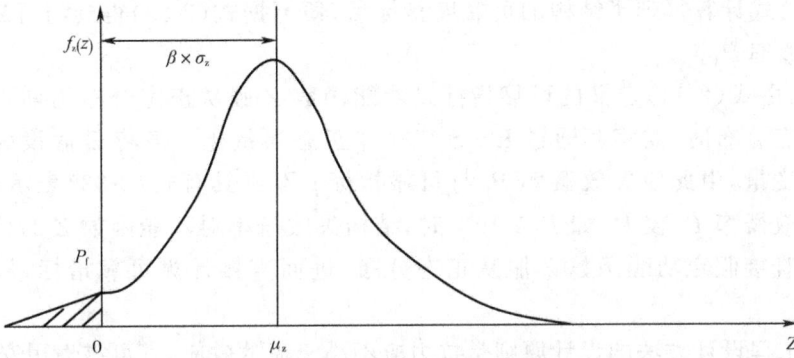

图 2-7　正态分布功能函数的概率密度曲线

图 2-7 中,$Z<0$ 时的概率为失效概率,即有 $P_f = P(Z<0)$ 其值等于图中阴影部分面积。由图 2-7 可见,由原点 0 到平均值 $\mu_Z = \beta\sigma_Z$,则 β 与 P_f 之间必然存在一对应关系,且存在规律:β 变小时 P_f 变大,β 变大时 P_f 变小。因此,β 与 P_f 一样,也可作为衡量结构可靠性指标,一般称为结构可靠度指标。

首先将图 2-7 失效概率表示为:

$$P_f = P(Z<0) = F_Z(0) = \int_{-\infty}^{0} \frac{1}{\sqrt{2\pi}\sigma_Z} \exp\left[-\frac{(z-\mu_Z)^2}{2\sigma_Z^2}\right] dZ \tag{2-32}$$

引入标准化随机变量 t,即令 $t = \dfrac{z-\mu_Z}{\sigma_Z}$,则上式可改写为:

$$P_f = P(Z<0) = F_Z(0) = \int_{-\infty}^{-\frac{\mu_Z}{\sigma_Z}} \frac{1}{\sqrt{2\pi}} \exp\left(-\frac{t^2}{2}\right) dt = \varphi(-\beta) \tag{2-33}$$

式中:$\varphi()$——标准正态分布函数值。

对于功能函数 $Z=R-S$,可靠度指标的表达式为:

$$\beta = \frac{\mu_Z}{\sigma_Z} = \frac{\mu_R - \mu_S}{\sqrt{\sigma_R^2 + \sigma_S^2}} \tag{2-34}$$

若 R 和 S 均服从对数正态分布,功能函数可表示为 $Z = \ln\left(\dfrac{R}{S}\right) = \ln(R) - \ln(S)$,$Z$ 服从正态分布,其平均值和方差分别为:

$$\mu_Z = \mu_{\ln(R)} - \mu_{\ln(S)} = \ln\left(\frac{\mu_R}{\sqrt{1+\delta_R^2}}\right) - \ln\left(\frac{\mu_S}{\sqrt{1+\delta_S^2}}\right) = \ln\left(\frac{\mu_R}{\mu_S}\sqrt{\frac{1+\delta_S^2}{1+\delta_R^2}}\right) \tag{2-35}$$

$$\sigma_Z^2 = \sigma_{\ln(R)}^2 + \sigma_{\ln(S)}^2 = \ln(1 + \delta_R^2) + \ln(1 + \delta_S^2) = \ln[(1 + \delta_R^2)(1 + \delta_S^2)] \qquad (2\text{-}36)$$

其中 δ_R 和 δ_S 分别为抗力和作用效应的变异系数。

结构可靠指标的表达式为：

$$\beta = \frac{\mu_{\ln(R)} - \mu_{\ln(S)}}{\sqrt{\sigma_{\ln(R)}^2 + \sigma_{\ln(S)}^2}} = \frac{\ln\left(\dfrac{\mu_R}{\mu_S}\sqrt{\dfrac{1 + \delta_S^2}{1 - \delta_R^2}}\right)}{\sqrt{\ln[(1 + \delta_R^2)(1 + \delta_S^2)]}} \qquad (2\text{-}37)$$

当 δ_R 和 δ_S 均小于 0.3 或者近似相等时，式(2-37)可进一步简化为：

$$\beta \approx \frac{\ln\left(\dfrac{\mu_R}{\mu_S}\right)}{\sqrt{\delta_R^2 + \delta_S^2}} \qquad (2\text{-}38)$$

根据上述公式计算得到了结构的可靠度指标后，便可据式(2-33)得到与可靠指标 β 相对应的结构失效概率 P_f。

需要注意：由式(2-34)定义的可靠指标以功能函数 Z 服从正态分布为前提。结构功能函数不服从正态分布时，需将其通过 $R \sim S$ 变换作正态当量化。若将 Z 假设为近似服从正态分布的随机变量，由此使失效概率 P_f 与可靠指标 β 不再具有式(2-33)表示的精确关系，但当结构的失效概率 P_f 较大，如 $P_f \geqslant 10^{-3}$ 时，结构失效概率对功能函数 Z 的分布概率不再敏感。这时可直接假定功能函数 Z 服从正态分布，进而直接计算可靠指标，从而避免烦琐的迭代计算。

传统地下工程设计方法的设计原则是抗力应不小于荷载效应，其可靠性用安全系数表示。例如，若将中心安全系数记为 K_0，则由平均值表达的单一平均安全系数可定义为：

$$K_0 = \frac{抗力平均值}{荷载效应平均值} = \frac{\mu_R}{\mu_S} \qquad (2\text{-}39)$$

相应的设计表达式为：

$$\mu_R \geqslant K_0 \mu_S \qquad (2\text{-}40)$$

假定抗力 R 和作用效应 S 均服从正态分布，相应的变异系数分别为 δ_R 和 δ_S，结构功能函数为 $Z = R - S$，则可利用前述的可靠度概念导出中心安全系数 K_0 与结构可靠指标 β 间的关系式，即：

$$\beta = \frac{\mu_R - \mu_S}{\sqrt{\sigma_R^2 + \sigma_S^2}} = \frac{\dfrac{\mu_R}{\mu_S} - 1}{\sqrt{\left(\dfrac{\mu_R}{\mu_S}\right)^2 \delta_R^2 + \delta_S^2}} = \frac{K_0 - 1}{\sqrt{K_0^2 \delta_R^2 + \delta_S^2}} \qquad (2\text{-}41)$$

$$K_0 = \frac{1 - \beta\sqrt{\delta_R^2 + \delta_S^2 - \beta^2 \delta_R^2 \delta_S^2}}{1 - \beta^2 \delta_S^2} \qquad (2\text{-}42)$$

若根据抗力 R 和作用效应 S 均服从对数正态分布，则由式(2-38)可得：

$$\beta = \frac{\ln(K_0)}{\sqrt{\delta_R^2 + \delta_S^2}} \qquad (2\text{-}43)$$

$$K_0 \approx \exp(\beta\sqrt{\delta_R^2 + \delta_S^2}) \qquad (2\text{-}44)$$

由以上各式可以看出，结构可靠指标 β 和中心安全系数 K_0 间的关系与随机变量 R 和 S 的变异系数——δ_R 和 δ_S 也有关，而式(2-39)定义的中心安全系数 μ_R/μ_S 只考虑了随机变量的平均值(一阶矩)，而没有考虑随机变量的变异系数(二阶矩)，即没有考虑 R 和 S 的离散程度。

而由式(2-41)可知,相同的中心安全系数 K_0,可因变异系数的不同,给出不同的可靠指标 β,因而可靠度不同。这就反映了采用可靠度指标进行地下结构设计的合理性。此外,式(2-39)的中心安全系数 K_0 是一个确定的值,并不包含概率破坏的含义,不能用数值概念反映结构的可靠度。因此有必要采用更加科学合理的可靠度分析方法进行结构设计和分析。

三、可靠度计算方法

结构系统的失效概率的求解方法是以概率论和数理统计为基础发展起来的,主要是围绕怎样描述和分析结构可靠程度,以及研究影响结构可靠性各基本随机变量的概率模型。该计算方法可以分为精确法和近似法两种。所谓精确法就是通过对失效事件的全概率密度函数 $f_{x_i}(x_i)$ 进行多重积分,进而求得事件的失效概率 P_f;所谓近似法就是指不需要得到失效事件的全概率密度函数,而只要知道随机变量的各阶矩,用数理统计的一些理论来求得失效事件的失效概率,如一次二阶矩法或高阶矩。一般而言精确法要求的全概率密度函数难以得到,并且多重积分求解比较困难,所以工程中难以采用;近似法只需要有基本的统计量就可以描述事件的基本统计特征,当功能函数为非线性时,按线性处理,并且可以将一个复杂的多重积分问题化为一个较为简单的数值计算问题,计算效率非常高,尽管得到的事件失效概率带有一定的近似性,但在一般情况下其精度足以满足工程要求,所以在工程上被广泛采用。

1. 一次二阶矩理论的中心点法

其基本思想是认为所有基本随机变量均服从正态分布,将基本变量经过统计与分析而得出各基本随机变量的平均值 μ 和标准差 σ,以此来代替其概率密度函数和计算失效概率,并将极限状态功能函数选在平均值处,用 Taylor 级数展开,使之线性化,然后求解可靠度。

设有 n 个基本随机变量,结构的功能函数表示为:

$$Z = g(X_1, X_2, \cdots, X_n) \tag{2-45}$$

其中,$X_1, X_2, \cdots, X_n$ 表示基本随机变量 $X_i (i = 1, 2, \cdots, n)$。

将 Z 在各基本随机变量平均值 μ_{x_i} 上展开 Taylor 级数,并近似取线性项,即:

$$Z \approx Z' = g(\mu_{X_1}, \mu_{X_2}, \cdots, \mu_{X_n}) + \sum_{i=1}^{n} \frac{\partial g}{\partial X_i}\Big|_{\mu_{X_i}} (X_i - \mu_{X_i}) \tag{2-46}$$

则极限状态方程为:

$$Z' = g(\mu_{X_1}, \mu_{X_2}, \cdots, \mu_{X_n}) + \sum_{i=1}^{n} \frac{\partial g}{\partial X_i}\Big|_{\mu_{X_i}} (X_i - \mu_{X_i}) = 0 \tag{2-47}$$

因此,Z' 的平均值为:

$$\mu_{Z'} = g(\mu_{X_1}, \mu_{X_2}, \cdots, \mu_{X_n}) \tag{2-48}$$

当各基本随机变量 X_i, X_j 之间相互独立时,Z' 的标准差为:

$$\sigma_{Z'} = \sqrt{\sum_{i=1}^{n} \left[\frac{\partial g}{\partial x_i}\Big|_{\mu_{X_i}} \cdot \sigma_{X_i} \right]^2} \tag{2-49}$$

如果近似取 $\mu_Z = \mu_{Z'}$,$\sigma_Z = \sigma_{Z'}$,则 Cornell C. A. 认为,在非线性问题中可近似按下式确定可靠度指标:

$$\beta = \frac{\mu_Z}{\sigma_Z} = \frac{g(\mu_{X_1}, \mu_{X_2}, \cdots, \mu_{X_n})}{\sqrt{\sum_{i=1}^{n} \left[\frac{\partial g}{\partial X_i}\Big|_{\mu_{X_i}} \sigma_{X_i} \right]^2}} \tag{2-50}$$

在这里,功能函数 $Z=g(X_1,X_2,\cdots,X_n)$ 是表示在 $n+1$ 维空间 $(Z,X_1,X_2,\cdots,X_n)$ 中的一个超曲面 Z,若取 $Z=0$ 则表示在 $n+1$ 维空间 $(Z,X_1,X_2,\cdots,X_n)$ 中的一个极限状态超曲面。经 Taylor 展开后的功能函数式则是指通过超曲面 Z 上的中心点的超切面 Z',相应的 $Z'=0$ 是超切平面 Z' 在 $n+1$ 维空间中相交的极限状态超平面。所谓的一次近似,就是用这个 $Z'=0$ 的极限状态超平面来近似极限状态超曲面 $Z=0$。Cornell C. A. 的一次二阶矩中心点方法,对于不同形式的等价功能函数,不能保证得出一致的计算结果。

2. 一次二阶矩理论的验算点法

针对一次二阶矩中心带内的主要缺点,Hasofer A. M. 和 Lind N. C. (1974 年)建议根据失效面而不是功能函数定义失效模式的可靠度指标 β,并以此提出了改进的一次二阶矩法(AFOSM),此法不会因为功能函数形式上的不同而得出不同的可靠度指标 β。

当功能函数 Z 为非线性时,不以通过中心点的超切平面作线性近似,而是将线性化点选在失效的边界 $Z=0$ 上,而且选在与结构最大可能失效概率对应的点 $P^*(X_1^*,X_2^*,\cdots,X_n^*)$ 上。然后在 P^* 点上用 Taylor 级数展开,使之线性化,求解结构的可靠度指标和失效概率,以避免中心点的误差。

设有 n 个服从状态分布的基本随机变量,结构的功能函数表示为:

$$Z=g(X_1,X_2,\cdots,X_n) \tag{2-51}$$

其中,$X_1,X_2,\cdots,X_n$ 表示基本随机变量,$X_i \sim N(\mu_{X_i},\sigma_{X_i})$,$i=1,2,\cdots,n$。对于非正态变量,可由 R-F 变换在设计验算点 P^* 处进行当量正态化,从而求得相应当量正态变量的均值和方差。当设计验算点选在 P^* 点,将其坐标点 $X_i^*(i=1,2,\cdots,n)$ 作为线性化点,即将极限状态功能函数用 Taylor 级数在 X_i^* 点上展开,近似地取一阶项,可得极限状态方程为:

$$Z=g(X_1^*,X_2^*,\cdots,X_n^*)+\sum_{i=1}^{n}\frac{\partial g}{\partial X_i}\bigg|_{P^*}(X_i-X_i^*)=0 \tag{2-52}$$

Z 的平均值为:

$$\mu_Z=g(X_1^*,X_2^*,\cdots,X_n^*)+\sum_{i=1}^{n}\frac{\partial g}{\partial X_i}\bigg|_{P^*}(\mu_{X_i}-X_i^*) \tag{2-53}$$

由于设计验算点就是失效边界点,所以有:

$$g(X_1^*,X_2^*,\cdots,X_n^*)=0 \tag{2-54}$$

$$Z=\sum_{i=1}^{n}\frac{\partial g}{\partial X_i}\bigg|_{P^*}(X_i-X_i^*) \tag{2-55}$$

当各基本随机变量 X_i、X_j 之间相互独立时,Z 的均值、标准差为:

$$\mu_Z=\sum_{i=1}^{n}\frac{\partial g}{\partial X_i}\bigg|_{P^*}(\mu_{X_i}-X_i^*) \tag{2-56}$$

$$\sigma_Z=\sqrt{\sum_{i=1}^{n}\left(\frac{\partial g}{\partial X_i}\bigg|_{P^*}\cdot\sigma_{X_i}\right)^2} \tag{2-57}$$

如果定义随机变量 X_i 对 σ_Z 的贡献的度量称为 X_i 的敏感系数 α_i,则 α_i 可以用下式表示:

$$\alpha_i=\frac{\partial g/\partial X_i|_{P^*}\cdot\sigma_{X_i}}{\sigma_Z}=\frac{\partial g/\partial X_i|_{P^*}\cdot\sigma_{X_i}}{\sqrt{\sum_{i=1}^{n}(\partial g/\partial X_i|_{P^*}\cdot\sigma_{X_i})^2}} \tag{2-58}$$

则可靠度指标 β 为：

$$\beta = \frac{\mu_Z}{\sigma_Z} \qquad (2\text{-}59)$$

这是验算点法求解可靠度指标 β 的一般公式，在式（2-59）中设计验算点 X_i^* 是未知数，可以用迭代法求解。在此以后，Rackwitz R. 和 Fiessler B.（1978）将 $H\text{-}L$ 算法（改进的一次二阶法 AFOSM）的适应条件由正态随机变量构成的功能函数推广到任意随机变量构成的功能函数。$R\text{-}F$ 法核心是将非正态随机变量在设计验算点处转换为正态随机变量，通过迭代计算，使两者在可靠度计算上近似等价。由于 $R\text{-}F$ 算法具有良好的普遍适应性，目前已被国际结构安全性联合委员会（JCSS）所采纳并正式命名为 JC 法。

对于对数正态变量 X_i，设其均值和方差分别为 μ_{X_i} 和 σ_{X_i}，其变异系数为 $\delta_{X_i} = \frac{\sigma_{X_i}}{\mu_{X_i}}$，通过 $R\text{-}F$ 变换，可以得到在设计验算点 X_i^* 的当量正态分布变量 X_i' 的均值和方差分别为：

$$\mu_{X_i'} = X_i^* \left[1 - \ln X_i^* + \ln\left(\frac{\mu_{X_i}}{\sqrt{1 + \delta_{X_i}^2}} \right) \right] \qquad (2\text{-}60)$$

$$\sigma_{X_i'} = X_i^* \sqrt{\ln(1 + \delta_{X_i}^2)} \qquad (2\text{-}61)$$

JC 法的实现过程为：

（1）先假定一个可靠度指标 β 值；

（2）对每个基本随机变量 X_i，令其设计验算点处的值 $X_i^* = \mu_{X_i}$；

（3）对每个基本随机变量 X_i，计算 $\frac{\partial g}{\partial X_i}$ 在设计验算点 $X_i^* = \mu_{X_i}$ 处的值；

（4）对于非正态变量 X_j，根据 $R\text{-}F$ 变换规则进行当量正态化，求得当量正态指标 $\mu_{X_j'}$、$\sigma_{X_j'}$；

（5）由式（2-57）计算功能函数 Z 标准差 σ_Z；

（6）由式（2-56）计算得到功能函数 Z 的平均值 μ_Z；

（7）由式（2-54）计算新的设计验算点 X_i^*；

（8）重复步骤（3）～（7）直到所计算得到的 X_i^* 稳定为止，即前后两次 X_i^* 之差满足收敛要求；

（9）由式（2-55）计算 $Z = \sum\limits_{i=1}^{n} \frac{\partial g}{\partial X_i}\bigg|_{P^*} (X_i - X_i^*)$ 的值；

（10）修正可靠度指标 β，重复步骤（3）～（9），直到 $Z = 0$ 为止迭代结束。

在程序实现迭代求解过程中，通常将各随机变量 $X_i (i = 1, 2, \cdots, n)$ 通过 $R\text{-}F$ 变换转换为当量正态随机变量，然后将当量正态变量变为标准正态变量 $Y_i (i = 1, 2, \cdots, n)$，这样可以简化计算过程。

$$Y_i = \frac{X_i - \mu_{X_i}}{\sigma_{X_i}} \sim N(0,1) \qquad (2\text{-}62)$$

这样结构功能函数 $Z = g(X_1, X_2, \cdots, X_n)$ 就转化为下列形式：

$$Z' = h(Y_1, Y_2, \cdots, Y_n) \qquad (2\text{-}63)$$

当设计验算点选在 P^* 点，将其坐标点 $Y_i^* (i = 1, 2, \cdots, n)$ 作为线性化点，即将极限状态功能函数用 Taylor 级数在 Y_i^* 点上展开，近似地取一阶项，可得极限状态方程为：

$$Z' = h(Y_1^*, Y_2^*, \cdots, Y_n^*) + \sum_{i=1}^{n} \frac{\partial h}{\partial Y_i}\bigg|_{P^*} (Y_i - Y_i^*) = 0 \tag{2-64}$$

Z' 的平均值为:

$$\mu_{Z'} = h(Y_1^*, Y_2^*, \cdots, Y_n^*) + \sum_{i=1}^{n} \frac{\partial h}{\partial Y_i}\bigg|_{P^*} (\mu_{Y_i} - Y_i^*) \tag{2-65}$$

由于设计验算点就是失效边界点,所以有:

$$h(Y_1^*, Y_2^*, \cdots, Y_n^*) = 0 \tag{2-66}$$

$$Z' = \sum_{i=1}^{n} \frac{\partial h}{\partial Y_i}\bigg|_{P^*} (Y_i - Y_i^*) \tag{2-67}$$

当各基本随机变量 X_i、X_j 之间相互独立时,Y_i、Y_j 也相互独立,Z' 的均值、标准差为:

$$\mu_{Z'} = -\sum_{i=1}^{n} \left(\frac{\partial h}{\partial Y_i}\bigg|_{P^*} \cdot Y_i^* \right) \tag{2-68}$$

$$\sigma_{Z'} = \sqrt{\sum_{i=1}^{n} \left(\frac{\partial h}{\partial Y_i}\bigg|_{P^*} \right)^2} \tag{2-69}$$

如果定义变量 Y_i 对 $\sigma_{Z'}$ 的贡献的度量为变量 Y_i 的敏感系数 α_i,则可以用下式表示:

$$\alpha_i = \frac{\frac{\partial h}{\partial Y_i}\bigg|_{P^*}}{\sigma_{Z'}} \tag{2-70}$$

则可靠度指标 β 为:

$$\beta = \frac{\mu_{Z'}}{\sigma_{Z'}} \tag{2-71}$$

结构可靠度指标的几何意义就是 $n+1$ 维标准正态空间 $(Z', Y_1, Y_2, \cdots, Y_n)$ 的坐标原点到极限状态超曲面 $Z'=0$ 的最短距离,见图 2-8。

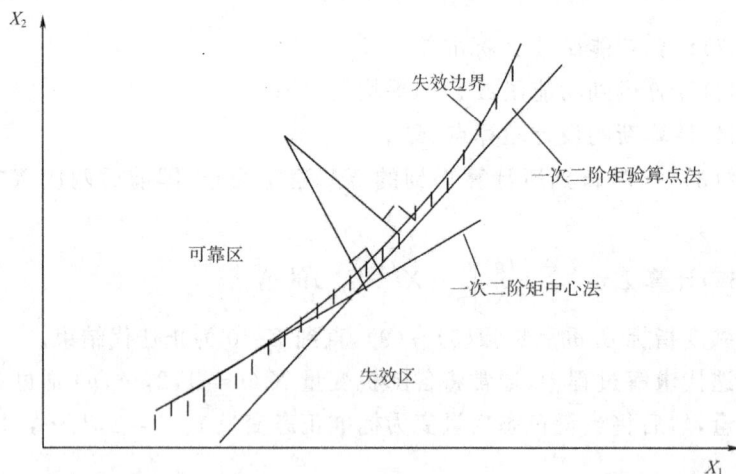

图 2-8　失效边界与中心点的关系

四、算例

【例题 1】　一个 L 形挡土墙如图 2-9 所示,填土重度 $\gamma = 17.4\mathrm{kN/m^3}$,内摩擦角服从正态分布,均值 $\mu_\varphi = 34°$,变异系数 $\delta_\varphi = 0.10$;基底与土的摩擦服从正态分布,均值 $\mu_\theta = 34°$,变异系数 $\delta_\theta = 0.10$;墙后填土的高度 6.7m。假设承载力失效可以忽略,并忽略挡土墙前被动土压力对倾覆稳定和滑移稳定的影响,试估计挡土墙整体的失效概率。

解:由主动土压力形成的倾覆力矩为:

$$M_0 = \frac{1}{2}\gamma\tan^2\left(45° - \frac{\varphi}{2}\right)H^2 d = 871\tan^2\left(45° - \frac{\varphi}{2}\right)$$

式中:d——倾覆力臂,$d = 2.23\text{m}$,假设 γ、H 和 d 都是确定的参数,只有内摩擦角 φ 是随机变量。

抵抗力矩已知为 $510\text{kN}\cdot\text{m}$。

因此,第一模式即倾覆模式的极限状态方程为:

$$g_1(x) = 510 - 871\tan^2\left(45° - \frac{\varphi}{2}\right)$$

驱使墙体发生滑动的水平力为:

$$F = \frac{1}{2}\gamma\tan^2\left(45° - \frac{\varphi}{2}\right)H^2 = 390.5\tan^2\left(45° - \frac{\varphi}{2}\right)$$

基底摩阻力为:

$$R = W\tan\theta$$

式中:W——基底总压力,$W = 296\text{kN/m}$。

第二模式即滑移模式的极限状态方程为:

$$g_2(x) = 296\tan\theta - 390.5\tan^2\left(45° - \frac{\varphi}{2}\right)$$

(1)求解第一模式的失效概率

初始验算点坐标:$\varphi^* = \mu_\varphi = 34°$　　　$\sigma_\varphi = \mu_\varphi \cdot \delta_\varphi = 34° \times 0.1 = 3.4°$

方向余弦:

$$\left. \frac{-\partial g_1}{\partial\varphi}\right|_{\varphi^*}\sigma_\varphi = -35.25$$

$$\alpha_\varphi = -1$$

验算点坐标:

$$\varphi^* = \mu_\varphi + \alpha_\varphi\beta_1\sigma_\varphi = 34 - 3.4\beta_1$$

代入极限状态方程:

$$g_1(x^*) = 510 - 871\tan^2\left[45° - \frac{1}{2}(34 - 3.4\beta_1)\right]$$

得:　　　　　　　　　$\beta_1 = 5.54$

$$p_{f1} = \Phi(-\beta) = \Phi(-5.54) = 0.3 \times 10^{-7}$$

(2)求解第二模式的失效概率

第一次迭代:

$$\varphi^* = \mu_\varphi = 34°　　　\sigma_\varphi = \mu_\varphi \cdot \delta_\varphi = 34° \times 0.1 = 3.4°$$

$$\theta^* = \mu_\theta = 30°　　　\sigma_\theta = \mu_\theta \cdot \delta_\theta = 30° \times 0.1 = 3.0°$$

$$\left. \frac{-\partial g_2}{\partial\varphi}\right|_{x^*}\cdot\sigma_\varphi = -\left[-390.5 \times 2\tan\left(45° - \frac{34°}{2}\right)\sec^2\left(45° - \frac{34°}{2}\right) \times \left(-\frac{1}{2}\right) \times \frac{3.4\pi}{180}\right] = -15.845$$

$$\left. \frac{-\partial g_2}{\partial\theta}\right|_{x^*}\cdot\sigma_\theta = -296\sec^2 30° \times \frac{3.0\pi}{180} = -20.6647$$

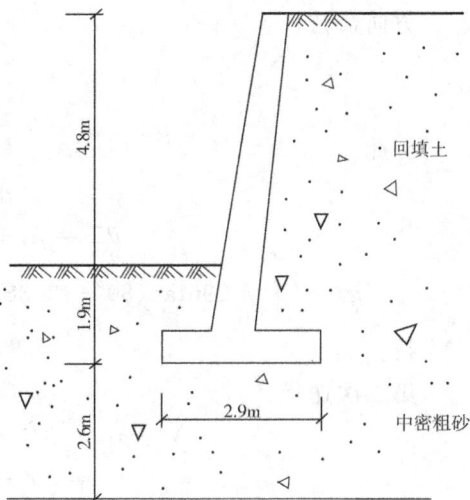

图 2-9　L形挡土墙

（图中标注：4.8m、1.9m、2.6m、2.9m、回填土、中密粗砂）

方向余弦：

$$\alpha_\varphi = -0.608$$

$$\alpha_\theta = -0.794$$

因此：

$$\varphi^* = \mu_\varphi + \alpha_\varphi \beta_1 \sigma_\varphi = 34° - 2.067\beta_1$$

$$\theta^* = \mu_\theta + \alpha_\theta \beta_1 \sigma_\theta = 30° - 2.382\beta_1$$

$$g_2(x^*) = 296\tan(30° - 2.382\beta_1) - 390.5\tan^2\left(45° - \frac{34° - 2.067\beta_1}{2}\right) = 0$$

得：

$$\beta_1 = 2.32$$

第二次迭代：

$$\varphi^* = 34° - 2.067 \times 2.32 = 29.205$$

$$\theta^* = 30° - 2.382 \times 2.32 = 24.474$$

$$\left.\frac{-\partial g_2}{\partial \varphi}\right|_{x^*} \cdot \sigma_\varphi = -18.319$$

$$\left.\frac{-\partial g_2}{\partial \theta}\right|_{x^*} \cdot \sigma_\theta = -18.709\ 6$$

方向余弦：

$$\alpha_\varphi = -0.699$$

$$\alpha_\theta = -0.715$$

验算点坐标：

$$\varphi^* = \mu_\varphi + \alpha_\varphi \beta_2 \sigma_\varphi = 34° - 2.377\beta_2$$

$$\theta^* = \mu_\theta + \alpha_\theta \beta_2 \sigma_\theta = 30° - 2.145\beta_2$$

代入极限状态方程：

$$g_2(x^*) = 296\tan(30° - 2.145\beta_2) - 390.5\tan^2\left(45° - \frac{34° - 2.377\beta_2}{2}\right) = 0$$

得：

$$\beta_2 = 2.31$$

$$p_{f2} = \Phi(-\beta_2) = 1 - \Phi(2.31) = 0.010\ 44$$

$$0.010\ 44 \leqslant pf \leqslant 0.010\ 44 + 0.3 \times 10^{-7}$$

【例题 2】 用一次二阶矩理论的验算点法验算盾构法施工的区间隧道结构可靠度。将圆形钢筋混凝土管片及连接件结构参数代入式(2-51)～式(2-59)，忽略计算过程，其结果如表 2-4、表 2-5 所示。

衬砌结构各断面的各项评估成果表　　　　　　　　　　　表 2-4

里程 \ 项目		K0+800.00	K2+300.00	K5+500.00	K7+300.00
接头纵/环向接缝张开量	可靠度指标 β	7.169	4.822	6.443	4.993
	失效概率 P_f	$<3.019\times10^{-7}$	7.120×10^{-7}	$<3.019\times10^{-7}$	$<3.019\times10^{-7}$
管片衬砌环直径变形	可靠度指标 β	7.225	3.537	4.555	3.005
	失效概率 P_f	$<3.019\times10^{-7}$	2.050×10^{-4}	2.630×10^{-6}	1.330×10^{-3}
接头纵/环向接缝强度	可靠度指标 β	10.442	9.012	9.316	9.313
	失效概率 P_f	$<3.019\times10^{-7}$	$<3.019\times10^{-7}$	$<3.019\times10^{-7}$	$<3.019\times10^{-7}$

灾害事件	环向接缝张开量不满足要求		环向接缝强度不满足要求	
评估参数	可靠度指标	失效概率	可靠度指标	失效概率
计算结果	3.503	2.326E−4	3.512	2.241E−4

第五节　地下铁道工程全寿命期风险管理实例

一、高速建设中的城市轨道交通

自1965年以来的四十几年中,京、津、沪、穗、深、宁、渝、长春、武汉9个城市的25条轨道交通线路建成并投入运营,累计里程达750余公里,其中一半为地铁,一半为地面和高架轻轨。目前有14个城市共计500余公里的二十几条线路在建。同时我国还有近30个城市正在规划建设轨道交通,初步规划55条轨道交通线路,总里程1 500多公里,总投资超过6 000亿元人民币。近年全国每年建成180km快速轨道交通,北京、上海和广州每年建成长度达30～50km,国外同类城市每年不足10km。我国为了迅速摆脱各大中城市交通拥挤困境,实现经济可持续发展,让城市生活更美好的目标,城市地铁和轻轨建设步入超常规快速发展阶段见表2-6、表2-7和表2-8。

运营中的轨道交通线路　　　　　　　　　　　　　　表2-6

序号	名　称	长度(km)	线路形式	开工时间	通车时间	车站(座)
1	北京地铁1号线	19	地下	1965-07	1969-9	12
2	北京地铁2号线	23	地下	1970-03	1984	18
3	上海地铁1号线	20.97	地下/地面	1988	1995	16
4	北京地铁复八线	13.5	地下/地面	1990	1999-9	11
5	广州地铁1号线	18.47	地下/高架/地面	1993-12	1999-6	16
6	上海地铁2号线	18.9	地下/地面	1996	2000	13
7	上海明珠线一期	24.97	高架/地面	1997	2000-12	19
8	广州地铁2号线	21.4	地下/高架	1999-12	2003	20
9	长春地铁一期工程	14.6	地面/高架/地下	2000	2002	17
10	上海莘闵线	17.1	高架/地面	2000	2003	11
11	北京城市铁路	40.9	地下/地面	2000-01	2003-1	22
12	武汉轻轨1号线	10.18	高架	2000-12	2004-7	10
13	重庆轨道交通2号线	18	高架	2000-12	2004-9	14
14	南京地铁1号线	21.65	地下/高架/地面		2005-5	16
15	大连快轨3号线	49.08	地面/高架	2000-08	2002-6	10
16	上海轨道交通5号线	17.2	高架	2000-08	2003-11	11
17	上海磁悬浮	33	高架	2001-01	2003	未计
18	北京八通线	18.96	地面	2001-12	2003-12	11
19	上海地铁1号线北延线	12.46	地下/高架/地面	2001-12	2004-12	9
20	天津津滨轻轨	45.41	高架/地面	2001-05	2003-01	14
	合计	458.75		(截至2005年5月)		

建设中的地铁与轻轨交通线路　　　　　　　　　表 2-7

序号	名　称	长度(km)	线路形式	开工时间	通车时间	车站(座)
1	深圳地铁一期工程	19.468	地下	1999-01	2004	18
2	北京地铁 5 号线	27.6	地下/高架/地面	2000-01	2006	22
3	上海市 M4 线	22	地下	2000-01	2006	17
4	天津市地铁 1 号线	26.2	地下/地面/高架	2001-01	2006	23
5	上海地铁 M8 线	31.2	地下	2001-12	2007	19
6	广州 3 号线	36.2	地下	2002	2004	18
7	上海明珠一期北延线	14	高架	2002	2005	9
8	上海地铁 M9 线	31	地下	2002-01	2007	12
9	广州 4 号线	68.96	地下/地面/高架	2003	2006	24
10	上海地铁 2 号线西延线	6.2	地下	2003	2006	4
11	上海地铁 M6 线	30.1	地下	2003	2007	26
12	天津地铁 2 号线	22.5	地下/地面	2004	2008	20
13	天津地铁 3 号线	28.4	地下/地面/高架	2004	2008	23
14	南京地铁 2 号线	25.3	地下/高架/地面	2004	2009	19
15	北京地铁 4 号线	42.5	地下	2004-01	2008	24
16	北京地铁 10 号线(奥运支线)	32.4	地下	2004-01	2008	25
17	南京地铁 1 号线南延线	17.1	高架	2005	2010	12
18	天津地铁 9 号线	6	地下/高架/地面	2005	2008	5
合计		458.75		(截至 2005 年 5 月)		

主要城市近期规划的地铁与轻轨交通线路　　　　　表 2-8

序号	城市	规划年度	线路条数	总长度(km)	总投资(亿元)
1	上海	2003～2010	10	389	1 439
2	北京	2003～2010	9	240	700
3	广州	2003～2014	6	130.9	505.53
4	深圳	2003～2010	5	120	355.8
5	天津	2003～2010	4	84.8	297.2
6	杭州	2004～2010	4	82.5	338.9
7	重庆	2003～2010	3	75	189
8	南京	2003～2010	2	64	210

序号	城市	规划年度	线路条数	总长度(km)	总投资(亿元)
9	武汉	2003～2010	3	57	237
10	成都	2004～2013	2	54.18	197.18
11	苏州	2003～2010	2	47.39	165
12	哈尔滨	2003～2013	2	45.53	163
13	西安	2005～2010	2	43.54	132.58
14	沈阳	2003～2010	2	40.85	171.8
15	长春	2003～2010	3	37.5	38.98

二、轨道交通工程的主要特点

（1）建设规模大

轨道交通只有成网才能发挥其最大效力。一个城市的轨道交通网往往包括几条甚至十几条线路，里程达百公里至数百公里。图 2-10、图 2-11 和图 2-12 分别为上海市、杭州市、北京市轨道交通规划路网图。

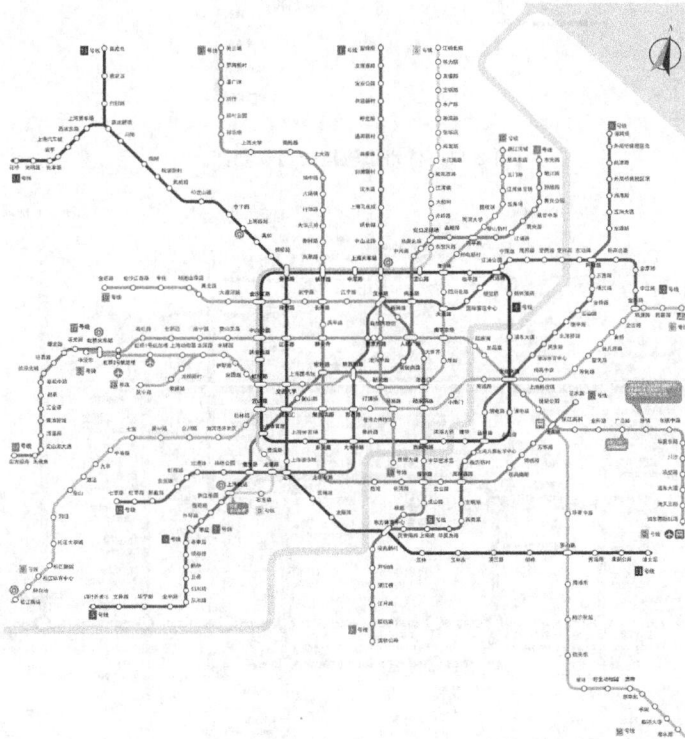

图 2-10　上海市轨道交通规划图

（2）系统复杂

轨道交通工程是一个复杂的系统工程，包括了土建工程、通信、讯号、自动控制、车辆、环境控制（通风、排烟、空调）、电气、给排水、防火防灾等方面。

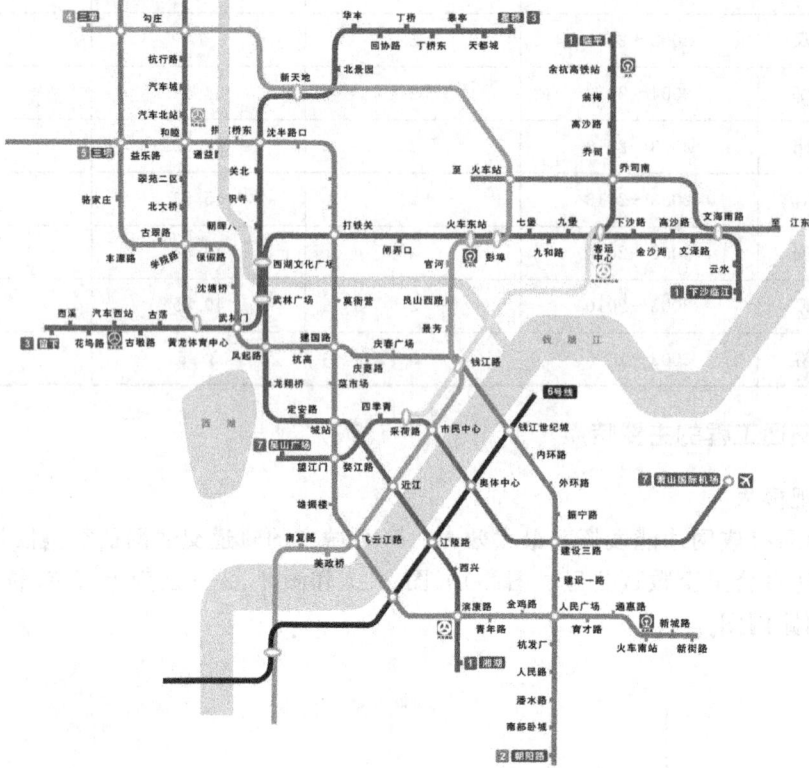

图 2-11 杭州市轨道交通规划图

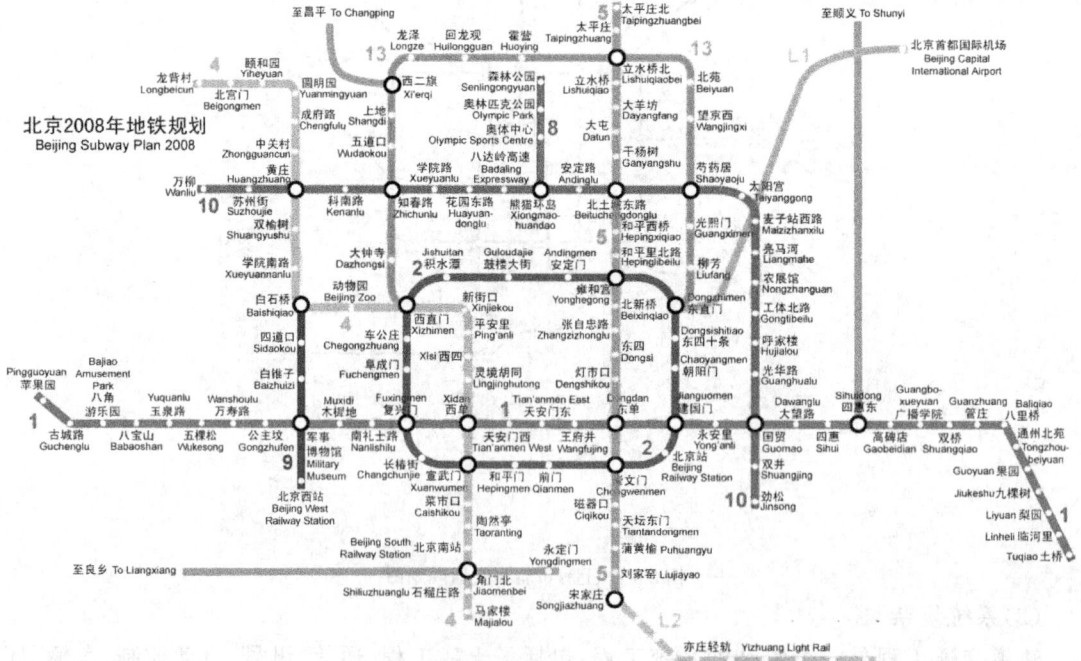

图 2-12 北京市轨道交通规划图

（3）技术要求高

几乎涉及现代土木工程、机电设备工程等的所有高新技术领域。

（4）建设周期长

20km 的轨道交通单线建设周期 4～5 年,而形成整个路网需要 30～50 年的时间。表 2-9 为已建主要轨道交通线的建设周期。

主要轨道交通线路建设周期　　　　　　　　　　　　　表 2-9

序号	名　称	开工时间	通车时间	工期（月）
1	北京地铁 1 号线	1965-07	1969-09	51
2	广州地铁 1 号线	1993-12	1999-06	67
3	北京城市铁路	2000-01	2003-01	3
4	武汉轻轨 1 号线	2000-12	2004-07	44
5	重庆轨道交通 2 号线	2000-12	2004-09	46
6	南京地铁 1 号线	2000-12	2005-05	54
7	大连快轨 3 号线	2000-08	2002-06	23
8	上海轨道交通 5 号线	2000-12	2003-11	40
9	北京八通线	2001-12	2003-12	37
10	上海地铁 1 号线北延线	2001-12	2004-12	37
11	天津津滨轻轨	2001-05	2003-01	28

（5）投资巨大

轨道交通工程每公里综合造价 3 亿～6 亿元,单线建设需数十亿元,完成一个城市的路网需要数百亿甚至上千亿元。表 2-10 为已建主要轨道交通线的造价表。

主要轨道交通线路单位造价　　　　　　　　　　　　　表 2-10

名　称	每公里综合造价（亿元）	名　称	每公里综合造价（亿元）
上海地铁 1 号线	3.07	广州地铁 1 号线	7.95
上海地铁 2 号线	6.31	南京地铁 1 号线	4.15
上海轨道交通 3 号线	3.38	天津地铁 1 号线	2.63
上海磁悬浮	2.97	南京地铁 2 号线	4.18
上海地铁 4 号线	6	沈阳地铁 1 号线	4.3
深圳地铁 1 期	5.43	天津津滨轻轨	1.28
北京地铁复八线	5.61	北京地铁 4 号线	5.34

（6）施工工法多

新技术、新工艺、新设备、新材料层出不穷。施工方法受到环境、地质、工期、设备条件制约,工法选择得当,风险小,事半功倍,造福人类;否则,风险大,事倍功半,给人民的生命、财产和环境带来重大损失。各工法优缺点,使用条件列于表 2-11。

序号	施工方法	环境场地要求	优点	缺点	发展方向
1	明挖法	市郊施工场地开阔，软岩和土体，如北京和天津地铁	进度快，工作面大，便于机械和大量劳动力投入	破坏环境生态，影响交通，带来尘土和噪声污染	1. 有效井点降水系统；2. 可靠的支撑系统；3. 大型土方机械，混凝土搅拌及运输机械
2	矿山法	岩石和坚硬土体，如青岛和重庆地铁	地面干扰小，造价低	进度慢，劳动强度高，风险大	1. 多臂钻孔台车，自动装药引爆装置；2. 光面爆破，喷锚支护，监控数据反馈指导设计和施工方法
3	暗挖法	埋深较浅对土体进行冻结、注浆、深层搅拌桩加固地基，棚管法加固，浅埋车站，如北京、哈尔滨等城市地铁	地面干扰小，造价低，便于土法上马	机械化程度低，劳动强度高，环境恶劣，风险大	1. 发展可靠的浅地层地基处理技术；2. 小型灵活的地下开挖机械；3. 可靠的临时支护措施和机具
4	盾构法和顶管法	城市软地层、深埋隧道，如上海、广州等城市地铁	地面影响小，机械化程度高，安全，工人劳动强度低，进度快	机械设备复杂，价格昂贵，施工工艺繁，专业施工队伍	1. 开发适用不同地质条件，自动更换刀盘的气压、土压泥水平衡盾构和顶管，超前探测排障技术；2. 钢纤维挤压混凝土衬砌；3. 三维仿真计算机管理系统，管理信息化、自动化；4. 自动导向，中途对接异型盾构
5	沉管法（连续沉井）	跨越江河湖海，软地基	造价低，速度快，隧道断面大	封锁水面，专门的驳运、下沉、对接的机具，水下作业，风险大	1. 大型涵管制作及驳运技术；2. 地下定位对接、防水技术
6	凿岩机法（TBM）	坚硬岩石地质，如广州地铁	速度快，机械化程度高，安全，地面无干扰	造价高，使用掌握复杂，刀具易磨损	1. 开发国产高性能 TBM；2. 改进高强合金刀具；3. 完善后配套系统；4. 超前不良地质探测系统

　　地铁工程建设规模大，建设周期长，系统复杂，技术含量高，投资巨大，加上大城市人口密集，地面建筑鳞次栉比，地下管线密如蛛网，施工事故除了直接经济损失外，还会对城市居民生活、交通、商贸造成很大的影响，具有较大的负面效应。运营中的地铁线路是城市客流运输大动脉，是城市生命线工程，一旦出现运营事故，特别是遭到恐怖分子破坏，必将给人民的生命财产造成极大的损失。因此，开展对城市地铁工程全寿命期风险管理，减少事故的损失，保证安全施工和运营意义重大。

三、轨道交通工程典型事故案例分析

1. 施工期工程事故案例分析

(1)近年来地下工程施工事故案例

由于我国地下空间开发历时较短,经验不足,在建设中存在着一些不容忽视的问题和灾害隐患,对潜在的技术风险缺乏必要的分析与论证,以及人们对客观规律认识不足,管理不到位,北京、上海、广州、南京、杭州、哈尔滨、成都和西安等城市在地下工程特别是地铁建设过程中都出现不同程度的灾害事故,严重威胁着城市的生产和生活,甚至造成了恶劣的社会影响,引起社会各界广泛关注。表 2-12 为能收集到的公开发表的近几年地铁施工引起的灾害事故案例。图 2-13~图 2-19 为近年隧道及地下工程出现的代表性的灾害事故照片。

城市地下铁道工程施工期典型事故案例 表 2-12

时 间		地点及原因	事 故
2003-10-8	北京	地铁 5 号线崇文门站区间隧道	钢管架倒塌
2001-5-25	深圳	地铁竹子林区间	塌方
2003-10-3	深圳	地铁 26 标(世界之窗附近)	塌方
2004-6-19	高雄	捷运工程(地铁)同盟路、博爱路路口	路面塌陷
2004-5-30	高雄	盐埕	塌陷
2004-9-25	广州	地铁 2 号线延长线琶洲塔至琶洲区间自来水管断裂大量水涌入基坑	地铁基坑塌方 400m²
2004-4-2	广州	地铁 3 号线沥滘站	连续墙塌方
2004-4-20	新加坡	地铁	围护结构倒塌
2003-7-3	南京	1 号线,新街口附近	两处路面塌陷
2004-7-1	上海	地铁 4 号线,浦西联络通道特大流沙、涌水直接经济损失约 1.5 亿元人民币	黄浦江大堤断裂,周边建筑物坍塌倾斜
2006-1-3	北京	地铁东 3 环路京广桥东南角,辅路污水管断裂,污水灌入地铁 10 号线正施工隧道工地	3 环路南北向部分主辅路坍塌,车辆绕行
2007-2-5	南京	牌楼巷与汉中路交叉路口北侧,地铁 2 号线施工引起天然气管道断裂爆炸	附近 5 000 多户居民停水停电停气,火苗使 8 楼以下窗户及室外挂机被炸坏
2007-3-28	北京	海淀南路的地铁 10 号线工程苏州街车站东南出入口塌方	地面较大范围发生塌陷,有 6 名工人死亡
2007-11-29	北京	西大望路地下通道施工发生塌方,该路南北向主路 4 条车道全部塌陷,隔离带和部分辅路塌陷	坍塌面积约 100m²,无人员伤亡
2008-11-15	杭州	杭州地铁 1 号线湘湖地铁站基坑塌方,萧山湘湖风岭大道 75m 坍塌,下陷 15m;北二基坑塌方长 120 m,宽 21m,深 16m;塌陷区周围地面开裂,裂缝宽 2~3 m;11 辆汽车坠入基坑	中国地铁建设史上伤亡最严重的事故,8 人死亡、13 人失踪、19 人住院治疗

图 2-13　2003 年 10 月北京地铁崇文门站
附近区间隧道管架倒塌事件

图 2-14　2003 年 10 月深圳地铁 26 标
（世界之窗附近）塌方事故

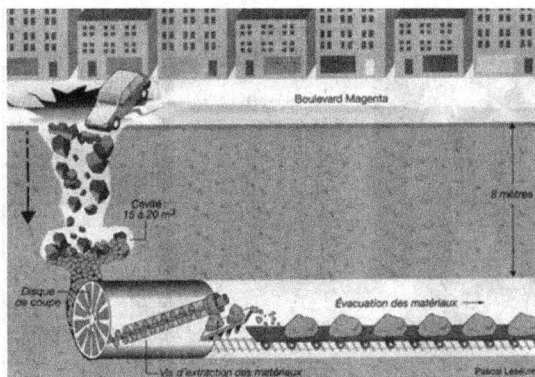

图 2-15　法国雷恩地铁施工事故

图 2-16　广州地铁塌方事故

图 2-17　新加坡地铁 Nicholl Highway（2004 年 4 月）

图 2-18　上海市地铁 4 号线工程事故

图 2-19　杭州市地铁 1 号线工程事故

（2）事故原因统计

对国内 150 多个地下工程施工阶段发生工程事故调查和分析表明：施工质量和施工管理因素产生工程事故占所有工程事故的 55％；另有 25％的事故是由于设计的失误引起的；勘察质量引发的事故达 3％；另外 17％的事故发生原因错综复杂，非单方面的。统计比例如图 2-20所示。如果设计支护出现失误，施工中应严格管理认真对待，及时发现问题，修改支护措施，事故可以避免。相反，设计方案有误，施工质量不能保证，一遇到灾害天气，工程事故的发生就无法避免了。

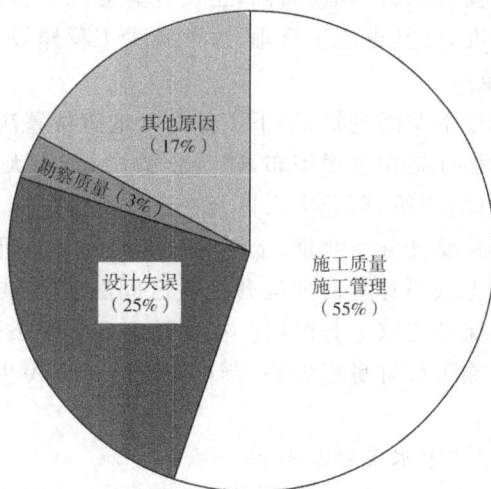

图 2-20　地下工程事故原因统计

（3）事故原因分析

①工程地质及水文地质条件十分复杂，且由于地下工程的隐蔽性，地质构造、土体结构、节理裂隙特征及组合规律、地下空洞及其他不良地质体等在开挖前，很难被精确地判明。地下工程设计和施工方案均依靠上述工程地质及水文地质基础资料分析计算，初始计算参数不准，往

51

往往导致设计施工方案措施错误,留下工程隐患。此外,城市地下工程埋深一般较浅,而表土层大多具有低强度、高含水率、高压缩性等不良工程特征,甚至有的土层呈流塑性状态,不能承受荷载。大量的试验统计结果表明,岩土体水文地质参数也是十分离散和不确定的,具有很高的空间变异性。地下承压水层隆起,高承压水引起的围护结构渗漏,流沙及管涌是经常发生的灾害事故。

②结构体系复杂

根据城市地下空间开发需要,地下工程建设面临着开挖断面不断增大,施工距离不断加长,结构形式日益复杂,结构埋深越来越浅或超深等技术难题。沪崇苏长江隧道盾构内径达15.7m,一次推进7.5km,江中段水深约40m,覆盖土层仅十几米。上海地铁4号线修复工程基坑开挖深超过40m。地铁车站、地下商场、地下停车库和地下仓库等地下工程,其跨度尺寸均达到10m甚至20m以上,特别是地铁多线换乘枢纽站,跨度达到40m以上。地下结构断面形式从圆形和矩形框架,到拱形、多圆连拱,再到各类组合结构,日趋复杂。地下结构初次支护及基坑围护结构各地都有不同形式,锚喷支护、土钉墙、连续墙、桩排墙、土体搅拌桩、咬合桩、钻孔桩等种类繁多,支撑材料和形式也是五花八门。在地下工程施工不同时段,由于初期支护跟进时间及空间变化,临时支护与永久支护之间结构传力体系不断变化,施工中力学转换频繁。地下工程施工力学是极为复杂也是十分重要的新学科。

③设计理论不完善

如上所述,地下工程地质条件异常复杂,结构形式多样,地下结构与周围岩土介质之间相互作用机理与规律至今不明确,致使各种设计计算方法和模型与工程实际有一定差距,有的误差达到工程上无法允许的程度。对于浅埋地下工程,不管离壁式、复合式,还是叠合式结构;对于隧道工程,不管是矿山法施工,还是盾构法施工,所采用的荷载结构模型及地层结构模型,传统结构力学方法和数值分析方法都存在计算假定,荷载确定,参数选择,边界条件等处理方面的不足。在大量工程实践,模型试验,现场监测,正反计算对比分析基础上,逐步修改地下工程的设计规范、设计准则和标准,使其更趋于合理,才能减少工程建设中的灾害事故。

④工程建设周边环境复杂

城市人口密集,地面和地下空间拥挤,地下工程所处地理位置决定了其建设过程中几乎不可能与周围环境完全隔离,往往是在管线密布,建筑物鳞次栉比,大车流和大人流的环境下施工。有的地铁车站紧靠已有的建筑,部分出入口开在已使用房屋下,对既有建筑物进行基础托换、安全保护成为工程建设首要任务。北京、上海和广州地铁逐步形成地下立体交通网,盾构近距离(有的净距不到1m)上或下穿越高速运营地铁区间隧道,穿越高层建筑桩群,穿越大口径上下水管或煤气管,环境保护要求十分严格。在这种客观环境条件下,决定城市地下工程施工特殊困难,一旦发生事故除工程自身损失外,严重影响城市居民生活工作,社会影响恶劣,后果将十分严重。

⑤施工队伍技术装备和技术水平参差不齐

城市地下工程建设队伍众多,有国家大型建筑企业,有地方建筑公司,还有乡镇企业和私人企业,在生产第一线熟练技术工人少,新上岗农民工多,普遍缺少有经验的项目经理,有的经理身兼几个项目。先进优良装备是完成地下工程的保障,地下工程专用施工机械装备如连续墙开槽机,土方挖掘机,泥浆及水泵送设备,盾构和顶管机,吊装提升设备等都是必备的。因为项目多,设备不能到场,起码的城市软土隧道施工的盾构机不是选型不合理,就是超期服役设备陈旧,无法保障施工安全。由于工程施工技术方案与工艺流程复杂,不同的工法又有不同的适用条件,因此同一个项目,不同的单位进行施工可能会达到完全不同的施工效果。施工装备差,操作技术水平低的队伍在施工中更容易发生意外灾害事故。

⑥工程建设决策及管理难度大

隧道与地下工程投资规模大,工期长,高风险,涉及的部门及单位多,决策管理和组织十分困难。从工程建设一开设,就会遇到如何合理选择工程地址、技术方案、施工队伍、监理单位、材料供应商,协商当地工程质量监督站、供水、供电、通信、消防、公安等部门,尽可能取得周边机关、学校、居民和政府部门配合,将对周围环境的影响减少到最小。建设方迫使施工单位低价中标,施工方偷工减料片面追求不正当利润,监理单位不秉公执法或执法不严,都可能给建设工程带来极大的隐患。建立以建设单位为主导,组织参建的施工、设计、监理和监测等单位组成强有力的管理机构,分工负责,互相支持,对质量事故和安全隐患管理实施全天候全方位管理。

2006 年 7 月统计,上海市同时施工的地铁车站就有 100 多座,其埋深达 24m 车站有 34座,施工难度和风险不断增加。上海申通地铁建设集团已开始建立轨道交通地下工程风险预防和监控体系,健全覆盖全市轨道交通在建地下工程监控网络。目前已初步实现对重点监控项目的测点数据和工况视频的实时动态传输,基本形成分级预警和专家远程分析指挥功能。在地下工程施工中,遵循相应的规范和标准,制订科学合理的安全控制标准,通过信息化施工实现灾害事故动态控制,一定可以大大降低隧道及地下工程建设中安全事故的发生率。

2. 运营期工程事故分析

轨道交通运营期间的典型事故见表 2-13。

轨道交通运营期间典型事故列表 表 2-13

时 间	地 点	事 故
1969-11-11	北京	地铁万寿路站至五棵松站之间	由于电动机车短路引起火灾,死亡 6 人,中毒 200 多人
1971-12	加拿大	蒙特利尔地铁车站	列车追尾撞毁,引起火灾,死亡 1 人
1983-8-16	日本	名古屋地铁站变电所	起火,3 名消防队员死亡,3 名救援队员受伤
1987-11-8	英国伦敦	十字街地铁站	火灾使 32 人丧生(包括一名消防员),100 多人受伤
1991	瑞士	苏黎世地铁总站	地铁机车电线短路发生火灾,火灾中有 58 人受重伤
1990-8	法国	巴黎	地铁车祸,43 人受伤
1991-6	德国	柏林	发生地铁火灾,18 人送医院急救
1991-8-28	美国	纽约	一地铁列车运行中脱轨(10 节车辆),引起火灾,造成 5 人死亡,155 人受伤
1995-3-20	日本	东京地铁车站	发生沙林毒气事件,造成 12 人死亡,5 000 多人受伤
1995-7	法国	巴黎地铁	多个车站连续发生爆炸,造成 8 人死亡,200 多人受伤
1995-10-28	阿塞拜疆	巴库地铁	车辆电气设备故障诱发火灾,558 人死亡,269 人受伤
1998 元旦	俄罗斯	莫斯科	发生地铁爆炸,造成 3 人受伤
1999-5	白俄罗斯	—	地铁车站人数过多发生意外,54 人被踩死

时 间	地 点		事 故
1999-6	俄罗斯	圣彼得堡地铁车站	发生爆炸,造成 6 人死亡
2000-3	日本	日比谷线	地铁列车发生出轨意外,造成 3 人死亡,44 人受伤
2000-6	美国	纽约	地铁列车出轨意外,89 位乘客受伤
2000-11-11	奥地利	萨尔茨堡州	地铁列车在隧道内运行中,由于列车上的电暖空调过热,使保护装置失灵引起火灾,死亡 155 人,受伤 18 人;由于通信指挥信号失控,正当这列上行线列车燃烧时,一列下行线列车驶来,在此相撞造成车毁人亡
2001-8	英国	伦敦	发生地铁爆炸事故,造成 6 人受伤
2003-1	英国	伦敦	地铁列车撞月台引发大火事故,至少造成 32 人受伤
2003-2-18	韩国	大邱市地铁 1 号线	发生人为纵火事件,198 人死亡,147 人受伤,289 人失踪的惨剧
2003-8-28	英国	伦敦和英格兰东南部部分地区	突然发生重大停电事故,伦敦近 2/3 地铁停运,大约 25 万人被困在伦敦地铁中
2004-2-6	俄罗斯	莫斯科	一地铁列车发生爆炸,造成至少 30 人丧生,70 人受伤
2005-8-7 凌晨	上海	地铁 1 号线常熟路至徐家汇	受麦莎台风影响,区间隧道发现积水,主要市区部分地面积水严重,来不及排水倒灌入隧道,列车无法正常运行
2006-3-3	西班牙	巴伦西亚地铁 1 号线	地铁列车脱轨,造成至少 41 人死亡,47 人受伤

地铁运营中的事故大部分是由以下几个方面原因造成:

①运营设备、线路老化短路引起火灾;

②年久失修,隧道地下工程渗漏、断裂、沉降、倒塌;

③操作失误,引发列车追尾、出轨。

近年来由于恐怖分子在地铁内安放爆炸装置、泄毒等成为主要事故原因之一。加强安全防范,如上海地铁应用警犬在几个主要地铁枢纽站巡逻值勤。莫斯科地铁 2005 年 7 月推出新的举措,整个莫斯科地铁拥有一个安全的通信系统。在地铁车站、列车车厢内全部安装监视器,这些监视器及时将场景图片传至监控中心。对土建工程实施动态的监控,及时维修。对重点设备、车辆、通信系统、信号装置进行定期的检查、更换,设置自动监测、自动更换修复设备,从而确保地铁工程万无一失。

四、全寿命期地铁工程风险管理

1. 风险致灾机理

风险管理是一个非常复杂的问题,应针对不同的问题采用不同的分析、评价模式。要想确定地铁工程的风险的定义模式,首先就要从地铁工程的风险运作机理上进行分析,研究风险究竟是怎么产生的。

在对风险管理进行描述之前,先对本节中用到的几个名词作如下解释。

（1）孕险环境（Risk-pregnant Environment）

所谓孕险环境，指可能会产生事故的区域和环境。在盾构施工中，存在不良地质状况的土层环境，地下水文情况，施工路段附近的路面、建筑物、管线等均构成了孕险环境。可以想象，如果地下水位足够低，盾构进出洞的事故发生率将下降很多。如果周围没有那么多建筑物，也就不会牵涉到那么多的环境影响问题。因此，可以说，孕险环境是风险的客观基础，是决定风险事故是否发生的根本性因素，也可以称之为风险的内因。如果能在施工前期，通过规划选线尽量避开孕险环境，那么风险自然可以得到控制。

（2）致险因子（Risk-inducing Factors）

致险因子是风险事故产生的直接原因，与孕险环境构成了风险事故的两个必备要素。如果说孕险环境是风险的基础，是一个火药桶，那么致险因子就可以说是风险的外因是导火索。例如，盾构推进中遇到障碍物，进出洞加固区加固效果欠佳，旁通道施工采用冻结法而产生的冻融、冻陷，以及机械故障等都是风险事故的致险因子。

（3）风险事故（Risk Events）

风险事故是在孕险环境和致险因子作用下，发生的偏离目标期望的事件。工程项目中，风险事故往往是指会给项目带来损失的事件。这些事件有时可能比较严重，会被称为工程事故，但更多的情况下，只是一些会造成损失的工程问题。风险一般用风险事故来命名，例如：盾构进出洞事故风险，工作面失稳风险等。

（4）承险体（Risk-affected Element）

承险体是指承担风险损失的对象，如机械设备，隧道结构，建筑物，路面系统，地下管线，包括社会群体、生态环境等。各类承险体构成了整个项目的承险体系统。

（5）易损性（Vulnerability）

承载体的易损性指承载体抵抗损失的能力，换句话说，就是风险一旦来临，可能发生的损坏程度。易损性分析的关键目标是得到承载体的最大损失可能。一般来说，把超越某损失值的概率小于5%的损失作为承载体的最大损失可能。对于承载体的损失分布，即0.95分位数值为最大损失。

（6）风险损失（Risk Loss）

风险损失是指风险事故发生后所产生的一系列问题，由于风险分析是事前进行，风险损失的分析就带有预测的成分。而且，风险损失也不一定就是一种，可能牵涉到承险体多方面的损失，例如工期、耐久性、环境影响。同一类风险事件在不同工程中所发生的风险损失往往带有很大的差异性。因此，风险损失的分析就变得异常复杂，也是影响风险分析的可信度的最重要因素。

风险损失可分为直接损失和间接损失。直接损失是指对正在进行的工程项目所造成的损失，这种损失并不一定会马上表现出来，比如耐久性的损失可能要过很长一段时间才能发现。而间接损失是指由于工程的建设、运营而造成的其他对象的损失，按照保险学里的观点，这属于第三者责任问题。

另外，在工程项目风险分析与管理中，决策者往往希望分析结果尽量简化，因此可能就需要将直接经济损失、工期损失、耐久性损失、环境影响损失、社会影响损失、生态环境破坏损失以及人员安全损失进行替换，以统一的标尺衡量各种风险损失。在这种情况下，假定项目是纯经济型的，不考虑政治影响等方面的价值，其中常用到的替代是以费用损失形式替代其他各项损失。这种替代可用转换系数或转换矩阵在数量上加以描述，如图2-21所示。

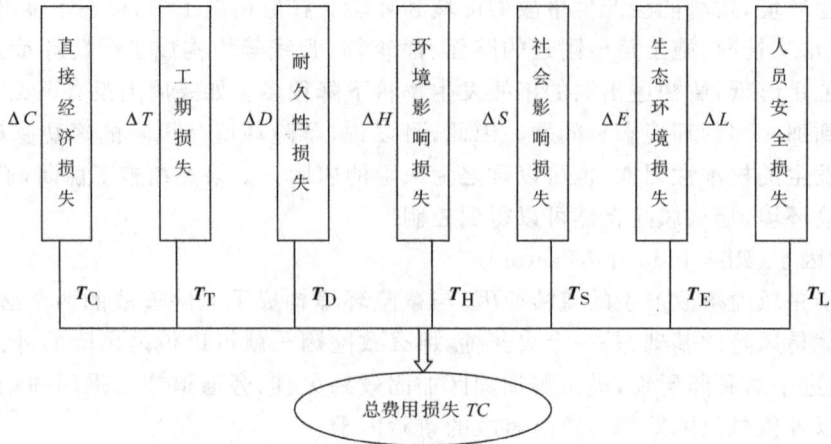

图 2-21　风险损失的替代

$$TC = T_C C_C + T_T C_T + T_D C_D + T_H C_H + T_S C_S + T_E C_E + T_L C_L \tag{2-72}$$

式中：

TC——项目总费用潜在损失；

C_C——直接经济损失；

C_T——工期损失；

C_D——耐久性损失；

C_H——环境影响损失；

C_S——社会影响损失；

C_E——生态环境影响损失；

C_L——人员安全损失；

T_C、T_T、T_D、T_H、T_S、T_E、T_L——各项损失的转换系数矩阵。

(7) 风险效益(Risk Benefit)

所谓风险效益是指对风险事故采取某项措施而产生的风险改善效果,也即风险的减小程度。风险效益的产生来自两方面的原因,一个是风险概率的降低,另一个是风险损失的减少。相对来说,后者比较难以控制。因此,风险效益主要来自对孕险环境和致险因子的控制,从而达到降低风险概率及风险损失的目的。

地铁工程的风险事故产生机理可以简单地描述为:由于孕险环境的存在,加上致险因子的诱导,就有可能引发风险事故的发生,进一步对各种承载体造成损失。风险事故的损失分析由于是在事故发生前进行的,对项目决策者来说属于潜在损失。而这种潜在损失是不确定的,同时随着工程项目的不断进展,这种潜在损失的状态也会随着外界情况的变化而产生波动。那么,这种潜在损失的发生、发展、变化过程也就可以认为是工程项目风险发生、发展、变化的过程。换句话说,风险分析就是以潜在损失为主体目标的研究。以软土地区盾构隧道工程施工风险为例,承险体包括盾构隧道、地面建筑物、路面系统、地下管线、已建隧道、社会群体和生态环境,其发生的损失模式也是不同的,可以用图 2-22 来表示这一过程。其中以盾构隧道和施工人员为承险体的损失为直接损失,即工期损失、直接经济损失、耐久性损失以及人员伤亡损失属于直接损失的范畴;而环境影响损失、社会影响损失和生态环境破坏损失均属于间接损失。

56

风险致灾机理

管理不善
野蛮施工
违章作业
设计失误
施工工艺落后
机具不可靠
恐怖活动
劣质产品构件

致灾因子
"有"

碰撞

孕灾环境
"存在"

地质条件复杂
房屋、管线密集
埋深大
自动化程度高
技术复杂
灾害性天气
地震等地质灾害
工期紧，低价中标

隧道的塌方冒顶
车站基坑坍塌
主体结构裂开
列车脱轨、追尾

事故灾害发生
"隐患"

通风、通信失控
火灾、爆炸
临近建筑等损坏
环境污染

物质设备
（可靠度、耐风险能力）

承载体损失
（经济、时间、人身、信誉、环境）
与承载能力有关

生态环境及社会效益
（可靠度、耐风险能力）

土建结构工程
建筑装演
车辆、轨道
设备
通信、信号
防灾

社会参与群体
（承载能力、实力、信誉度、经验）

建设方
施工方
设计方
监理方
监测方
材料商
其他

城市居民生活学习干扰健康

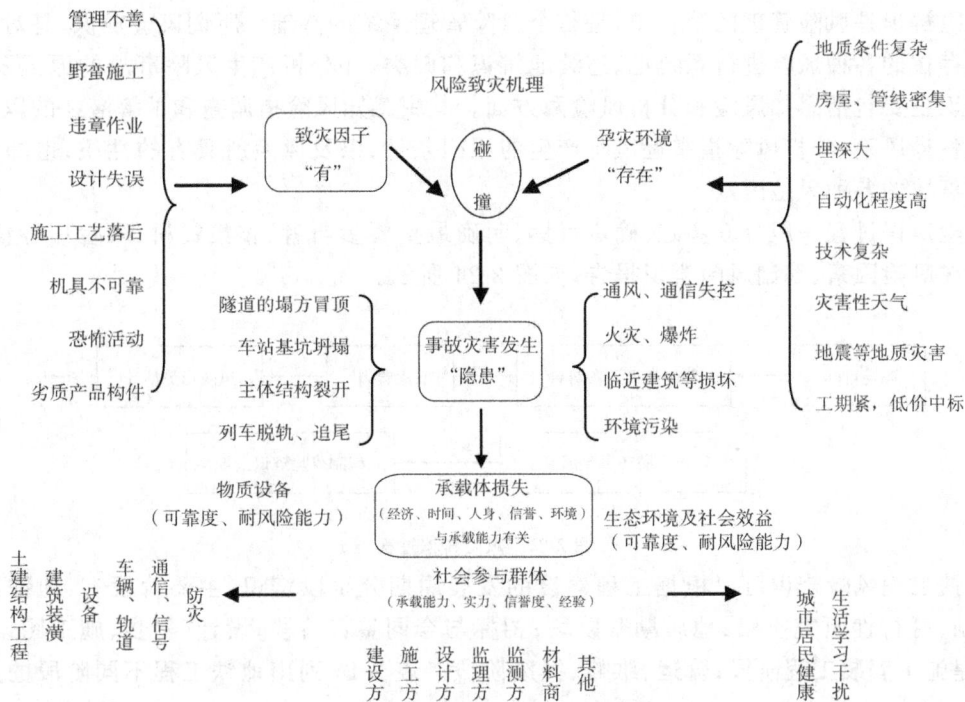

图 2-22　风险致灾机理示意图

2. 风险管理的基本流程

风险管理是研究风险发生规律和风险控制技术的一门新兴学科，指经济单位通过对风险的认识、衡量和分析，选择最有效的方式，主动地、有目的地、有计划地处理风险，以最小成本争取获得最大安全保证的管理方法。在地铁工程中，风险管理是一个系统的、动态的循环过程，包括风险辨识、风险估计、风险分析、风险评价、风险决策、风险管理技术实施等过程，如图 2-23。具体讲就是通过风险分解，全面地辨识出全寿命期地铁工程的风险，列出风险清单，再对辨识出的风险进行量化，在量化的基础上进行风险分析，从而对项目风险的大小及其相对重要性进行评价，然后根据风险管理的总体目标，从风险控制、风险自留、风险转移等风险管理技术中作出决策，选择一种或几种技术的组合，最后就是风险管理技术的实施和监控。

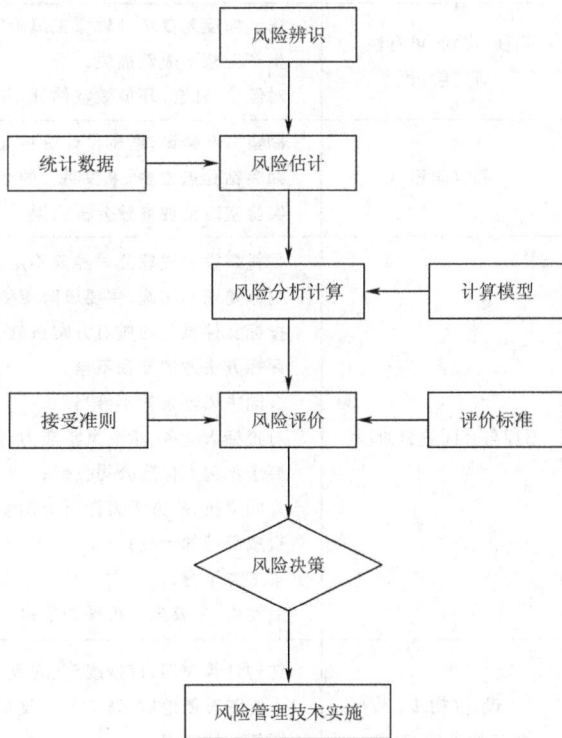

风险辨识

统计数据 → 风险估计

风险分析计算 ← 计算模型

接受准则 → 风险评价 ← 评价标准

风险决策

风险管理技术实施

图 2-23　风险管理的基本流程

3. 地铁工程风险辨识

风险辨识是风险管理的第一步,是整个风险管理系统的基础。所谓风险辨识,是对潜在的和客观存在的各种风险进行系统地、连续地辨识和归类,并分析产生风险事故的原因及过程。风险辨识主要包括感知风险和分析风险两方面。其中感知风险指调查和了解潜在的以及客观存在的各种风险;分析风险指掌握风险产生的原因条件,以及风险所具有的性质,也即分析引起风险事故的各种风险因素。

风险辨识过程一般分6步走:确定目标、明确最重要参与者、收集资料、风险形势估计、辨识出潜在风险因素、编制风险辨识报告,如图2-24所示。

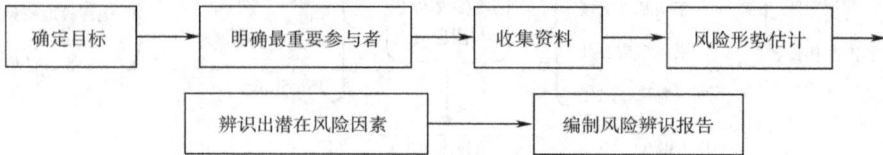

图 2-24　风险辨识过程

地铁工程风险辨识可以根据工程建设的发展周期分阶段辨识,主要阶段有:地铁工程列项、规划、可行性研究阶段;地质勘察阶段;招标与合同签订阶段;设计(初步、施工图设计)阶段;土建施工安装工程阶段;营运、维修、报废阶段。表2-14列出地铁工程不同阶段的主要风险源。

地铁工程各个环节的主要风险源

表 2-14

环　节	可能的工程风险
列项、规划、可行性研究阶段	选址的反复变更导致施工风险及损失; 生产工艺不成熟损失; 对经济、社会、环境效益估计不准确造成的损失
勘察阶段	勘察方案错误,勘察设计资料准确度、可信度风险; 勘察钻孔点位少,未探明大的断层、节理、裂隙、沼气等灾害性地质; 实验室对土性参数分析错误
招标与合同签订阶段	委托招投标代理公司经验不足,管理有漏洞; 招标要求不明确,主要风险源估计不足; 投标文件风险的应对方案条款失误; 评标方法邀请专家不当; 合同中风险条款不恰当; 对投标人业务、承受风险实力、债务、经验了解不充分; 要求承包人保险公司投保; 合同争执,一方无力偿付与制度上的漏洞; 权威部门的干扰; 第三方干扰; 劳动力、主要施工机械的争执
设计(初步、施工图设计)阶段	结构计算失误,依据规范、规程错误,计算方法、计算模型错误; 未能随时依地质、施工工况改变修改结构支护设计; 图纸标注错误; 构造措施、节点详图有误

环　节	可能的工程风险
土建施工安装工程阶段	施工组织设计,专项施工方案错误; 投入不当,片面追求利润; 原材料、配件供应检查不严密; 使用劣质原材料,不合格的产品、构件; 施工工艺落后,施工机械选择不当,主要设备损坏; 缺乏有经验的项目经理; 工人技术素质低下,野蛮施工; 管理不善,质量、安全、进度责任制不明确,网络不健全; 质量、进度、安全、投资三级自检网络未建立; 片面追求工期,慢吞吞地作业或者不能容忍地工作; 施工引发环境的灾害(沉降、粉尘、噪声、管线房屋的开裂等); 施工、监理、业主、设计、监测各方的责任、义务不明确,相互制约,联系渠道不畅通; 私自改变设计、施工方案,偷工减料; 层层分包,分包队伍资质、能力不够; 农民工素质差,未经培训,未安全、技术交底上岗; 监测信息不全、不确切,错误指导施工; 灾害天气、突发事故无应急预案和得力措施; 暴雨,地震,高温(低温)等自然灾害; 战争,动乱,恐怖活动
营运、维修、报废阶段	管理操作使用不当引起碰撞、火灾、爆炸等营运事故(碰撞、追尾); 地震、暴雨引起洪涝、泥石流、滑坡等地质灾害; 渗漏水引起环境恶化; 电线绝缘失灵,设备老化,鼠类虫类引起短路; 附近施工活动引起的扰动损伤; 低温管道爆裂,水淹没设备; 信号失控,追尾、碰撞; 列车脱轨,门启闭失控; 恐怖分子放火、放毒、安装爆炸物; 环控、消防设备失控; 土建结构开裂,大量渗漏水; 结构工程受酸、碱腐蚀性气体的侵蚀,耐久性降低

在地铁工程风险辨识过程中,一般要借助于一些风险辨识方法,不但可使辨识风险的效率提高,而且操作规范,不容易产生遗漏。在具体应用过程中要结合项目的具体情况,组合起来应用这些方法。常用的风险辨识方法包括:检查表法、头脑风暴法、流程图法、德尔菲法、SWOT分析法、幕景分析法、事件树法、事故树法。

4. 地铁工程风险估计

在辨识了地铁工程所面临的各种风险后,风险管理人员下一步的工作就是对风险进行估计,衡量潜在损失的规模和损失发生的可能性,即损失发生可能性的估算和严重性的估算,以便于评价各种潜在损失的相对重要性,从而为确定风险管理对策的最佳组合提供依据。风险估计就是要给出某一危险发生的概率以及其后果的严重程度,即在过去损失资料分析的基础上,运用概率论、数理统计、模糊数学等科学方法,对某一或某几个特定风险事故发生的概率和风险事故发生后可能造成损失的严重程度作出定性或定量分析。

5. 地铁工程风险评价

一个地铁工程的建设包括多个阶段,各阶段具体目标多种多样。因此,地铁工程风险安全指标的形式有:风险率、风险损失、风险量等。如施工进度风险常用风险率,即将不能按目标工期完工的概率,作为安全指标;质量风险可用质量事故发生后费用损失或工期损失作为安全指标;费用风险可用风险量作为安全指标。

地铁工程的实际风险水平和风险安全指标的比较可分单个风险水平和相应风险安全指标的比较、整体风险水平和相应风险安全指标的比较,以及综合性风险水平和相应风险安全指标的比较。一般而言,若整体风险不能接受,而且主要的一些单个风险也不能接受时,则该方案是不可行的;若整体风险能被接受,而且主要的一些单个风险也能被接受,则方案是可行的;若整体风险能被接受,而且并不是主要的单个风险不能被接受,此时,对方案可作适当调整就可实施;若整体风险能被接受,而主要的某些单个风险不能被接受,此时,就应通过保险的方式,转移这部分主要风险,确保地铁工程的安全稳定。

6. 地铁风险管理

风险管理决策(Risk Management Decision),是指根据风险管理的目标和宗旨,在科学的风险分析结果的基础上,合理选择风险管理工具,从而制订出处置风险的总体方案。风险管理决策主要解决如何从总体角度,根据风险管理目标、风险大小,综合选择各种风险管理方法,制订风险管理总体方案或总体计划。在地铁工程不同阶段,进行风险管理决策的方法也不尽相同。

(1)运营管理阶段

①对无法排除的潜在风险,通过购买保险、出具保函、担保等办法转移。

②其他风险则根据风险的大小,项目团队成员共同承担风险,合理分担。

(2)工程建设阶段

①在灾害发生前,对工程所在区域的孕灾环境稳定性、致灾因子风险性、承灾体的脆弱性进行系统、科学地分析。

②对可能发生的灾害进行有效地预测,编制灾害应急预案。

③减少损失,控制投资膨胀。

④在每个设计施工阶段进行工程风险评估,明确相关各方的风险在管理中的责任。

简要描述为达到风险目标,在不同工程阶段所需要的工作;制订单位工程综合风险计划,包括设计阶段建立审订审核签字一整套安全规范操作制度,施工阶段完整施工组织设计施工风险预案。组织该工程领域的有关专家就上述安全生产计划和风险预案进行讨论论证。各实施阶段遇到风险,均按初步计划预案处理。随时进行动态监测,对风险预案执行的过程及结果随时随地进行检查,发现问题及早纠正,将风险损失影响减少到最低。

思 考 题

1. 简述灾害风险的属性及特征。

2. 工程灾害发生机理有哪些?怎么分析工程灾害的风险?

3. 怎样进行工程风险概率分析和损失的评估?

4.怎样进行工程减灾决策？

5.怎样计算地下工程结构或构件的可靠度？

6.我国城市地铁轻轨工程建设中，经常出现工程事故，分析其产生原因及预防的措施。

7.怎样对正运营的隧道地下工程进行安全风险管理？

第三章 火灾的防护

与洪涝、泥石流、滑坡、台风、沙暴、冲击爆炸等灾害相比,火灾对地下工程的威胁比地面建筑更大。因此有人认为,扑灭地下工程火灾比扑灭高层建筑顶层火灾还要困难。引发地下工程火灾的原因,除了地下工程电气设备线路老化、短路外,还有机械碰撞、摩擦引起火花引燃车站和车厢易燃的装饰材料或其他化学药品,列车中乘客吸烟、携带易燃易爆的物品等。与此同时,地震和战争灾害的次生地下灾害也可产生火灾。

随着地下工程的建设,地下工程的规模不断扩大,用途也越来越广,功能越来越复杂。这些工程在给人们生产、生活带来便利的同时,由于消防设施的不完善以及其他方面因素的影响,使得地下工程存在严重火灾隐患。有的火灾事故造成了巨大的经济损失和极其不良的社会影响,例如1996年的英法海峡隧道火灾,1999年法国和意大利间的勃朗峰公路隧道火灾及奥地利托恩公路隧道火灾,2001年瑞士圣哥达公路隧道火灾,2003年韩国大邱地铁火灾等。因此,对于地下工程进行火灾防护是十分重要的。

第一节 火灾对地下工程的破坏特点

地下建筑是在地下通过挖掘、修筑而成的建筑空间,其外部有岩石或土层包围,只有内部空间,无外部空间,不能开设窗户;由于施工困难、建筑造价高等原因,与建筑外部相连的通道少,而且宽度、高度等尺寸较小。这样的构造对外部发生的各种灾害具有较强的防护能力,但是由于其是一种埋入地下的封闭式空间,对于发生在自身内部的灾害,因受到封闭环境的制约,要比地面上危险得多。同时,人们处于地下封闭式空间时方向感较差,由于对内部情况不太熟悉很容易迷路。因此,一旦发生灾情,混乱程度比在地面上严重得多,防护的难度也大得多,救援和紧急疏散都存在着极大的困难。

图3-1阐述了地下工程火灾的要素、产物、危害和后果。地下工程、可燃物、适当的通风(供氧)条件和足以引起燃烧的引火源成了地下工程火灾的主要要素。火灾的直接产物是热能、粉尘和有毒有害的气体,而热能传递的过程等是火灾的表现形式。火灾的直接危害是破坏地下工程中的风流结构和通风系统的风流状态,烧毁材料、设施、设备和工程建筑,引起瓦斯和粉尘爆炸,刺激人的感观,阻碍人的视线,使污染区域的人员被烧伤、患热病、中毒和窒息,破坏正常的生产、生活秩序。火灾的间接危害是造成人们的恐惧心理,降低人们的工作效率。

一、地下工程的火灾特点

1. 地下工程内部火灾的特性

(1)氧含量急剧下降

氧是生命生存的必要条件,因此它的含量对于人体非常重要。火灾发生时,由于地下工程的相对密闭性,大量的新鲜空气一时难以迅速补充,使空间中的氧气含量急剧下降。研究表明,当空气中氧含量降至15%时,人体肌肉活动能力下降;降至10%～14%时,人体四肢无力,判断能力低,易迷失方向;降至6%～10%时,人即刻晕倒,失去逃生的能力。因此,国际消防法规定,在空气中氧含量降到10%以前,人员应全部疏散。

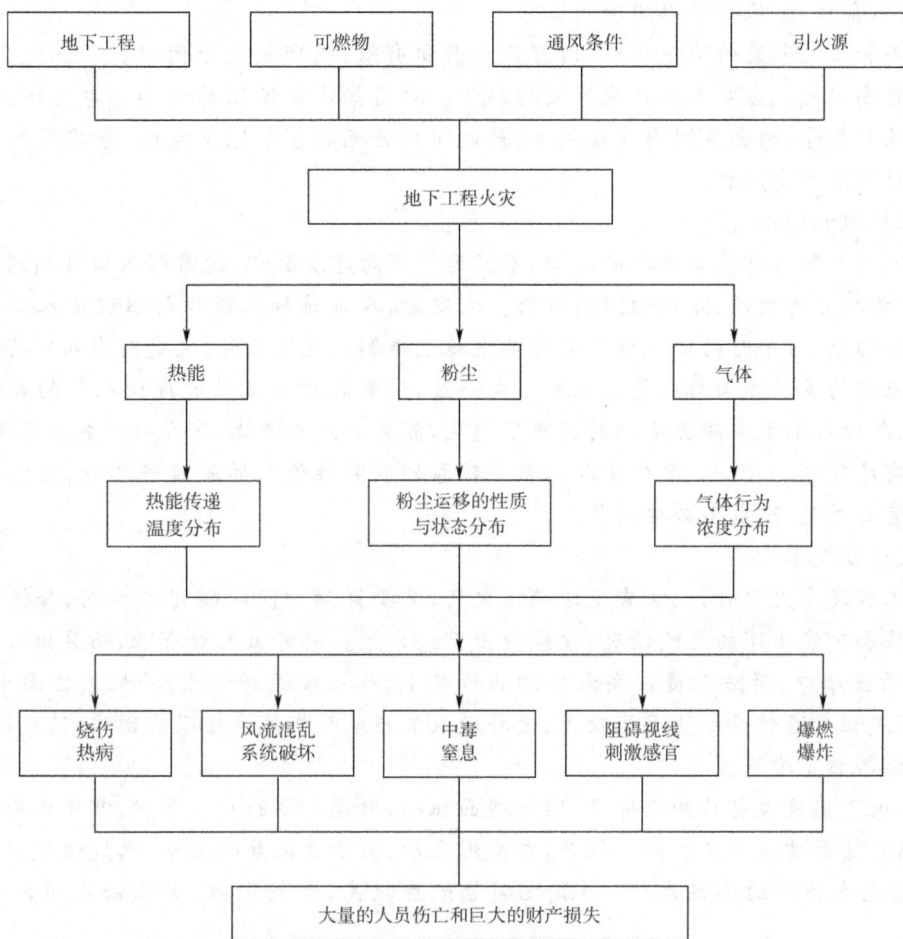

图 3-1　火灾危害示意图

(2)温度急剧升高

地面建筑有大量的门窗洞口,与大气相连通,发生火灾时,门窗玻璃当温度达到280℃时就会破碎,80%的烟热可以从窗口排出建筑外;同时,窗口下部还可以进入新鲜空气,使火灾持续燃烧。而地下建筑与外界连通的出口少,发生火灾后,烟热不能及时排出去,热量集聚,建筑空间温度上升快,可能较早地出现轰燃,使火灾房间温度很快升高到800℃以上,火源附近温度往往会更高,达1 000℃以上。但随着燃烧的进行,氧气含量降低之后就变成不完全燃烧,随之而来的是产生大量的烟气。

(3)产生烟气量大,火灾的危害大

因地下建筑出入口少,通风不足,燃烧不充分,一氧化碳、二氧化碳等有毒气体的浓度迅速增加,高温烟气的扩散流动,不仅使所到之处的可燃物蔓延延烧,更严重的会导致疏散通道能见距离降低,影响人员疏散和消防队员扑救火灾。

地下建筑发生火灾时,其燃烧状况,在一定意义上说,是由外界的通风所决定的。由于出入口数量少,特别是对于只有一个出入口的地下室,氧气供给不充分,发生不完全燃烧,烟雾浓度高,并逐步扩散,当烟雾充满整个地下室时,就会从出入口向外排烟。另一方面,还要通过这个出入口向地下建筑流进新鲜空气。因而出入口处就会出现中性面,其位置在火灾初期时较高,以后逐步降低,这对于人的疏散逃生非常不利。

(4)散热条件差,浓烟难以排除

被岩石和土壤包裹的地下工程,门窗开启面积有限,热交换十分困难。一旦发生火灾,由烟气形成的高温气流会对人体产生巨大的影响。对这些流动性强的烟和有毒气体,若不加以控制或不及时排除,则会在洞内四处流窜,短时间内将充满整个地下空间,给建筑物内的人员和救灾人员造成严重威胁。

(5)人员疏散困难

由于地下工程只有数量有限的洞口,而且为了节约建筑面积,通常将入口处的通道做得很狭窄,通道曲折并有坡度,疏散的距离较长。火灾时,人员疏散只能步行通过出入口或联络通道。最重要的是,当平时的出入口没有排烟设施或排烟设施较差时,火灾时出入口将成为喷烟口。高温浓烟的流动方向与人员逃生的方向一致,烟气的扩散流动速度比人群的疏散逃生速度快得多,所以人们就在高温浓烟的笼罩下逃生,能见度大大降低,使人心理更加恐慌。同时,烟气中的有些气体,如氨气、氟化氢和二氧化硫等的刺激性使人的眼睛睁不开,可能会使人瘫倒在地或盲目逃跑,造成不必要的伤亡。

(6)灭火救援难

地下工程发生火灾时,无法直观地确定火场,需要详细询问和研究工程图,分析可能发生火灾的部位和可能出现的危险情况,才能提出灭火方案。同时出入口有限,而且出入口又经常是火灾时的冒烟口,消防人员在高温浓烟的情况下,难以接近着火点,扑救工作面十分窄小。此外,地下工程对通信设备的干扰较大,使扑救人员与地面指挥通信联络困难,造成战机贻误,为消防扑救增添了障碍。

总之,地下建筑火灾的初期阶段,因燃烧面积小,燃烧需要的空气量少,空气供给相对比较充分,所以与地面建筑基本相同。但是,在轰燃之后,由于通风量的限制,燃烧速度较地面建筑慢,而且燃烧产物中的毒性成分、一氧化碳等浓度较高,散热困难,火场给人难以忍受的闷热感。

2.交通隧道的火灾特点

对于地铁和公路、铁路隧道等重要的交通要塞,发生火灾时,热烟气不能及时排除,热量聚集,内部温度上升快,可能较早出现轰燃。其火灾的破坏特点还体现在以下几个方面。

(1)隧道气流速度大,火势蔓延快

由于地下交通隧道的管道、地道、地沟及通道与地面大气相通,一旦发生火灾,隧道内气流速度快,火势常因气流速度大而迅速蔓延,加之燃烧释放出的热量不易散发,起火后热量迅速积累,隧道内温度骤升,导致火势迅猛发展。如果在发生火灾时未能及时控制通风设备,则更会加快火灾蔓延速度。

(2)通道狭长,高温浓烟聚集,人员和物资疏散困难

早期隧道列车设计,采用了大量的可燃性材料。当火灾发生时,地下可燃物燃烧会产生大量的高温烟雾。由于地下结构封闭,大量的烟雾在上升的同时随风流扩散并充满隧道而无法自然排出,导致能见度很快小于"危险视距3m"的规定,甚至不足1m,人员疏散困难。一般隧道仅有两个洞口,当隧道有一定长度时,人员往往来不及逃离洞口,可能会因为有毒的烟气而

窒息死亡。众多隧道火灾造成重大人员伤亡,足以说明安全疏散是很困难的。

(3)由于特殊火灾行为的影响,易加速火焰传播速度

如隧道纵向的坡度较大,一旦起火,很容易形成烟囱效应,温度和烟会迅速传播,它的大部分能量被用去加热流动通风的空气。此时,火源下游的温度可达到1 000℃以上。热烟气流流动过程中把它的热量传递到任何易燃的材料上,火就可以从一个燃烧源"跳跃"一个长度而到达下一个着火点。有关试验已经观察到这个"跳跃"的长度值可达隧道直径的50倍。

隧道火灾将极大地影响隧道内空气压力的分布,而隧道空气压力的变化可导致通风气流流动速度的变化,或加速,或减速,或者完全逆向流动。隧道火灾由于有强烈的热对流,所以只能从逆风端去救火。然而,烟的这种逆向流动将会阻碍救火工作的进行。

火灾在发生过程中,在隧道拱顶附近会形成一层远离火源的热烟流和气流,而支持燃烧的空气从热烟层下面向火源流动。同时,对纵向式通风系统,如果通风的风量充足,则将使所有的热气流流向下风向。如果风量不足,上层的热气流将相反于通风风流的方向流动,发生"回流现象"。

(4)障碍物多,疏散速度慢

由于地铁、铁路隧道两侧墙上密布电缆托架、信号机、消防箱等多种设备,地面上有行走轨、排水沟、消防水管等设备,再加上事故照明灯昏暗,乘客对地形不熟悉,又没有明显的疏散标志,必然造成疏散速度缓慢。

(5)火灾扑救亦非常困难

①隧道内的气流方向往往受自然风向的影响而发生变化,因此灭火人员难以确定火源的位置和火灾的状况;

②由于自然风的影响等,隧道的气流是单向的,烟也向一个方向流动,从下风侧进入的消防队员往往受浓烟侵袭而难以展开灭火战斗;

③从入口至火源的距离长,灭火战斗受各种条件制约程度较一般火灾现场大得多;

④在架线的电源切断以前,射水灭火会使消防队员有触电的危险,因此,队员进入隧道行动必须十分小心谨慎;

⑤灭火的线路长,通信又不方便,统一指挥灭火战斗有困难。绝大多数长隧道地处山区,人烟稀少,水源缺乏,交通不便,消防车到达的时间较长;

⑥火灾损失巨大,人员伤亡多。

火灾中常常造成重大人员伤亡,烧毁车辆、货物、隧道内各种固定设施甚至破坏隧道结构,使运输在较长的时间内中断,直接和间接经济损失巨大,并且造成极其不良的社会影响。如1979年的日本大坂隧道大火造成174辆车焚毁,7人死亡,2人受伤,修复隧道的费用加上停运两个月的收入损失共67亿日元。

二、地下工程的火灾易发地分析

普通地下工程火灾发生的地点多集中在堆积可燃物较多或存在超负荷电流作用的区域,以及经常有人员走动及用电的地方。不同用途的地下工程的火灾易发地点略有不同,但总体上是一致的。

对于隧道,火灾事故多发生在具有下列特点的隧道中。

1. 长隧道

隧道越长,车辆在隧道中逗留的时间就会越长,通风机等设备的工作环境就更为恶劣。几

次重大铁路隧道火灾均发生在较长的隧道中。如国内襄渝线梨子园隧道长1 137m；国外西班牙的凯格奇纳斯隧道全长1 800m，美国旧金山海湾隧道全长5 800m，均发生过不同程度的火灾事故。

2.地形较复杂的隧道

基本呈直线的隧道发生火灾的频率要远小于平面呈S形的隧道。在实际中，受线路走向和自然环境条件的影响，大多数长隧道有一定的坡度并且线路平面是S形。在火灾发生时会形成烟囱效应，并增加逃生的难度。

3.容易形成低扩散区的隧道

由于有的隧道呈S形或人字坡，很容易使挥发、漏洒的易燃易爆的碳氢化合物集中在隧道的某一个空间，加之隧道较长，通风不良，很容易形成一个低扩散区，使易燃气体积累并达到爆炸极限，遇到适当的条件即会一触即燃。

三、地下工程火灾的原因

1.违反电气安装和使用的安全规定进行操作

这是引发地下工程火灾的直接原因之一。例如：当输电线需要穿阻燃管时却仅仅用一般的绝缘管去代替，甚至更为严重的是不使用绝缘管，将线路裸露；当需要安装接线盒时，装了接线盒却不装盖子或连接线盒也省略掉了，从而极易引起短路。在实际生活中，有的工人用200W照明灯烤物品，或者将其挂在易燃装饰物的墙上，这样稍有不慎就会引起火灾。在隧道中，由于轨道灯的安装不当，灯具开关打火引爆可燃气体等火灾事故也时有发生，如1992年英国温莎堡装修工将聚光灯抬起烤燃窗帘，引起火灾，损失高达600万英镑。

2.电气焊割

由于地下结构经常需要检修，在检修过程中，当电器焊接和切割时，会产生大量火星和熔渣，这些残渣的温度非常高，一旦落在可燃物上，会立刻引起火灾。如北京地铁古城工区发生的火灾，就是由于电焊工在保温材料附近焊接，而没有对保温材料进行保护，结果导致火花掉落在可燃物上而引发火灾。火灾烧毁保温棚架260多米，混凝土搅拌房一间，搅拌机8台，水泥底板10节，不仅造成了100余万元的经济损失，而且严重影响了工程进度，间接经济损失更是不可估量。

3.吸烟及用火不慎

有的地下工程中拥有比较多的可燃物，而许多人没有安全防火意识，常常违反操作规程，在作业时吸烟及用火不慎，从而引起火灾。如青岛市中山路办事处地下干道发生火灾，烧毁赛璐珞和电线等物质，损失较大，事后发现起火原因就是由于吸烟不慎。

4.线路过负荷

为了节约原料费用或者贪图便利而导致线路长期过负荷，极有可能引起火灾。因为过多的电流从过负荷线路上流过，往往产生较多的热量，从而导致线路绝缘燃烧或使绝缘损坏失去绝缘能力，造成断路，引起火灾。如浙江某变电所地下电缆隧道因超负荷运转发生火灾，烧毁电缆数千米，迫使13个单位停电36个小时，造成重大间接经济损失。

5.爆炸所引起的火灾

在交通隧道中，不可避免的存在装有燃油和一些特殊化学物质的车辆通过。这些物质在遇到高温、碰撞等条件就会发生爆炸。爆炸后的次生灾害之一就是火灾，这种灾害往往是毁灭性的。

6.人为纵火或恐怖袭击

如2003年2月发生在韩国大邱市地铁的惨绝人寰的纵火案,造成近200人死亡。这类事故发生的概率虽然比较小,但是由于它是有预谋或者有组织性的人为破坏行为,所以一旦发生,其后果将会不堪设想。

7.列车故障或管理不善引发的铁路隧道火灾

(1)机车

对于内燃机车,因油管和燃油系统的漏油、排气系统的积炭或故障、司机随意丢弃的油棉丝成为可燃物等,遇到明火都可能会发生火灾。对于电力机车,因电网或电气系统故障产生电弧或火花接触到被润滑油或变压器油污染的部分,以及线路短路等均可导致火灾;蒸汽机车因防火性装置状态不良,司机随意倾倒灰渣等也会引起火灾。

(2)货物列车

货物列车的车辆由于管理不善、设备故障造成的灾害也时有发生,如:罐车破坏造成的油管漏泄遇火引燃;货物装卸、调车不符合规定,货物超限触及接触网,造成接触网损伤短路起火;装易燃货物的车辆门、窗、货口盖板密封不良火种进入起火;热轴高温起火;铸铁闸瓦摩擦火花点燃可燃物等。特别是运输危险货物,当违反了危险品运输规程,如押运人员用火不慎,采暖、照明不符合规定,调车作业速度过高以及其他事故(如列车相撞、颠覆等)都有可能造成火灾。

(3)旅客列车

旅客列车因电气故障、采暖设备状态不良、旅客违章携带危险品以及旅客吸烟不慎等都会引起火灾。由于车体、车内装饰、家具、卧具以及旅客携带行李物品属可燃及易燃物品,同时列车运行生成活塞风,风助火势,若未能及时发现,早期扑灭,往往车毁人亡。

(4)地下变配电站

变配电站的工作环境恶劣,配电器在潮湿的、多粉尘以及通风散热不良的环境下长期工作,也会导致设备故障而引发火灾事故。

第二节 隧道及地下工程的火灾模型

1995年10月28日夜里,阿塞拜疆首都巴库地铁,由于电动机车电路故障引发一起恶性地铁火灾惨剧。这场火灾造成558人死亡,269人受伤。据调查,死亡的558名乘客中大多数不是被高温烧死,而是被浓烟窒息而死。此外,对众多地铁火灾案例的统计结果表明,火灾中85%以上的死亡者是由于大量吸入了烟尘及有毒气体昏迷后而致死。为此,研究地下工程中的通风和排烟具有非常重要的科学和现实意义。这其中,火灾模型化,即用火灾模型描述燃烧过程本身是非常重要的组成部分。

一、火灾烟气的危害性

与地面建筑相比,隧道及地下建筑中的通风点少,火灾发生后的较短时间内会产生大量的烟气。

烟气的危害性主要体现在以下三个方面。

1.人体的危害

(1)对生理的危害

①一氧化碳中毒。一氧化碳被人吸收后与血液中的血红蛋白结合成一氧化碳血红蛋白,从而阻碍血液把氧输送到人体各部分。即使人体吸收的一氧化碳量不很多,也会导致因缺氧而发生头痛、无力及呕吐等症状,最终因不能及时逃离火场而死亡。

②二氧化碳过多。因为火灾的原因,空气中的二氧化碳浓度会迅速升高,随着其浓度的升高,可能会引起头晕,以致昏迷、呼吸困难甚至失去知觉,最终可能导致控制生命的神经中枢完全麻痹而死亡。

③烟气中毒。地下工程及隧道装饰材料及其他可燃的有机物燃烧后产生大量的有毒气体,对于人体的肺部、血液等造成严重的伤害,随着新型建筑材料及塑料的广泛使用,烟气的毒性会越来越大。

④缺氧。着火区域的空气中充满了一氧化碳、二氧化碳以及其他有毒气体,加之燃烧需要大量的氧气,这就造成空气的含氧量大大降低。发生爆炸时空气中含氧量甚至可以降到5%以下,此时人体会由于严重缺氧而死亡,其危害性不亚于一氧化碳。

⑤窒息。火灾时人员可能因头部烧伤或吸入高温烟气而使呼吸系统烫伤,导致口腔及喉头肿胀,器官受损,呼吸困难,以致引起呼吸道阻塞窒息。

在烟气对人体的危害中,以一氧化碳的增加和氧气的减少影响最大。但实际上,起火以后各种因素往往是相互混合地共同作用于人体的,这比某单一因素的影响更具有危险性。

(2)对视觉的危害

在着火区域的房间及疏散通道内,充满了大量的烟气,烟气中的某些成分会对眼睛产生强烈的刺激,使辨别疏散通道的视觉能力下降。

(3)对心理的危害

浓烟会造成极为异常的恐慌心理状态,使人们失去正常的行动能力和判断能力,导致无法及时疏散或产生异常举动。

2.疏散的危害

疏散路径上存在的含有大量一氧化碳及各种有害物质的热烟会给人员的疏散带来极大的困难。

3.扑救的危害

烟不仅会引起消防员中毒、窒息,而且弥漫的烟雾影响视线,使消防队员很难找到起火点,也不易辨别火势发展的方向,灭火行动难以有效地展开。同时,烟气中某些燃烧产物还有造成新的火源和促使火势发展的危险——高温的烟气会因气体的热对流和热辐射而引燃其他可燃物。一旦发生上述情况,将会导致火场扩大,加大了扑救工作的难度。

二、火灾燃烧及烟气流动特性

(一)地下建筑火灾时燃烧的特点

火灾的发展分为三个阶段,即火灾开始燃烧阶段、稳定燃烧阶段以及火灾熄灭阶段。

在火灾燃烧开始,隧道及地下工程内温度的变化有一个急剧增加的过程。一般,在起火后的2~10min内,最高温度即可达到1 000℃以上,这与洞外露天火灾是不同的。洞外露天火灾的火场温度是慢慢上升的,这主要是由于隧道及地下工程内散热条件差,热量迅速积聚,所以温升快,图3-2升温曲线反映了这两者的区别。

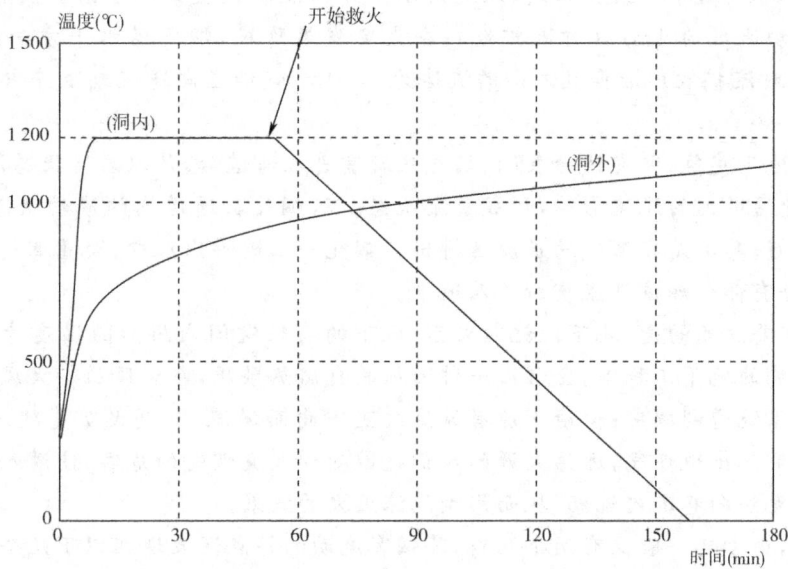

图 3-2　不同环境下火灾的升温曲线

　　火灾进入稳定燃烧阶段后,其持续时间随火灾规模、通风风速以及燃料自由表面积的大小而变化。在同等条件下,火灾规模越大,火灾的持续时间越长。同样,在同等条件下,燃料的自由表面积越大,燃烧速度越快,则火灾的持续时间越短。同时,在同等条件下,随着通风风速的增大,火灾的持续时间缩短。燃烧速度与通风风速之间的关系如图 3-3 所示。当风速小于某临界值 v_0 时,燃烧速度随通风风速的增大而增大;当风速达到 v_0 时,燃烧速度达到最大值之后,随着通风风速的增大,燃烧速度下降。其中最为主要的原因是当提高风速后,散热量增加很快;当风

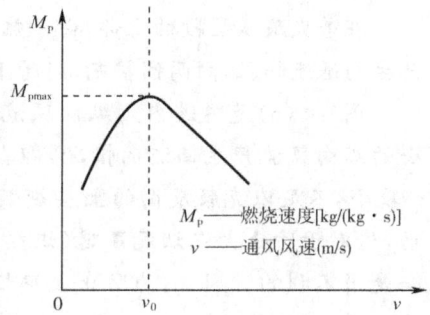

图 3-3　燃烧速度与通风风速的关系

速增大到一定程度后,风流的散热量会远大于燃烧的生成热,因此燃烧反应可能停止,火焰将会熄灭。

　　在火灾熄灭阶段,可能会出现阴燃,其温度虽已开始降低,但是仍然会很高。其降温速度随着持续时间的长短而有所不同。一般,持续时间在 1h 以下的,火灾温度下降速度大约是 $12℃/min$;当持续时间大于 1h 时,火灾温度下降速度大约是 $8℃/min$。

　　(二)地下建筑火灾烟气的流动特点

　　发生火灾时,随着温度的升高,空气密度会逐渐减小,热的空气将会不停地向上浮动。因此产生的热烟气会迅速地升腾,当遇到顶棚或其他障碍物时,会改变向上运动的特性而改向水平方向扩散。

　　当一个区域在一定时间内保持一个稳定的状态,则高温烟气就会与周围的冷空气明显地形成分离的层流,即形成热气在上层、冷气在下层的两个层流流动。但是,一般情况下烟气与周围墙面接触后就会慢慢被冷却下来,加上由于外部冷空气的混入,就会促使烟气温度下降,浓度降低。

　　同时,烟气的流动速度还与周围环境的温度、空调系统的气流干扰等因素有关。它的速度

分布情况大致如下：通常在火灾初期，烟气沿水平方向流动速度为 0.1m/s（阴燃，自然扩散）；沿垂直方向流动速度为 1m/s（对流扩散）；在火灾发展阶段，烟气沿水平方向的流动速度是 0.3～0.8m/s（对流扩散），沿垂直方向的流速为 3～4m/s（沿竖向通道或竖井中的流速），倾斜巷道流速是 1～3m/s。

对于普通地下建筑，火灾试验表明，烟气从洞室进入通道后，是以层流状态沿拱顶流动的，烟气下降后，受通道内的风流影响，形成紊流状态。从烟气在通道内的流动状态可知，在起火点附近排烟最好，其次是在烟气的层流区排出。烟气一旦进入出入口，大量烟气便会从出入口喷出，同时还会有部分烟被风流重新卷入地下。

另外，更需要注意的是，地下设施起火后，地下的有限空间内压力随温度升高而增大。特别是在具有纵坡的地下工程中，会形成一种附加的自然热风压，即火风压。火风压会使地下设施原有的通风系统遭到破坏；使地下原有风流改变方向而逆流，加剧火势蔓延；使那些原来属于安全的区域突然出现烟气，远离火源的人们也遭受到火灾烟气的危害；使灌入地下灭火的高倍泡沫灭火剂无法向巷道内流淌，从而影响泡沫灭火的效果。

对于隧道，由于其一般仅有两个洞口，其烟雾流动的特点还表现在以下几个方面（卢平等，2004 年）。

1. 火灾烟气的浮力效应与回流现象

在着火隧道区段的上部，由于热烟气上升而形成一定厚度的热烟气流层，随火点烟气的不断产生而迅速膨胀，向两侧扩充，同时下部冷空气流向火源，此时火场两侧形成对称的循环风流。

图 3-4(a)是隧道内无纵向风流的情况，烟气的状况呈两端对称的方式。图 3-4(b)为有较小的纵向风流产生回流的情况，即当有纵向通风时，火点两侧的烟气流将不对称，如纵向风速 v 较小，不足以克服反向的上层热烟气流时将产生回流现象，即火源上部的烟气会逆着风向流动，这对于防止火灾烟气蔓延（炽热烟气将点燃火源上风方向停留车辆）和对于消防队员的安全是很不利的。因此，为防止火灾烟气逆流，隧道纵向通风风速应大于一定的速度，当大于该速度后，烟气将不会逆流，这个速度称之为临界风速[图 3-4(c)]。这个速度对于隧道火灾烟气控制非常重要。临界速度的确定方法如下。

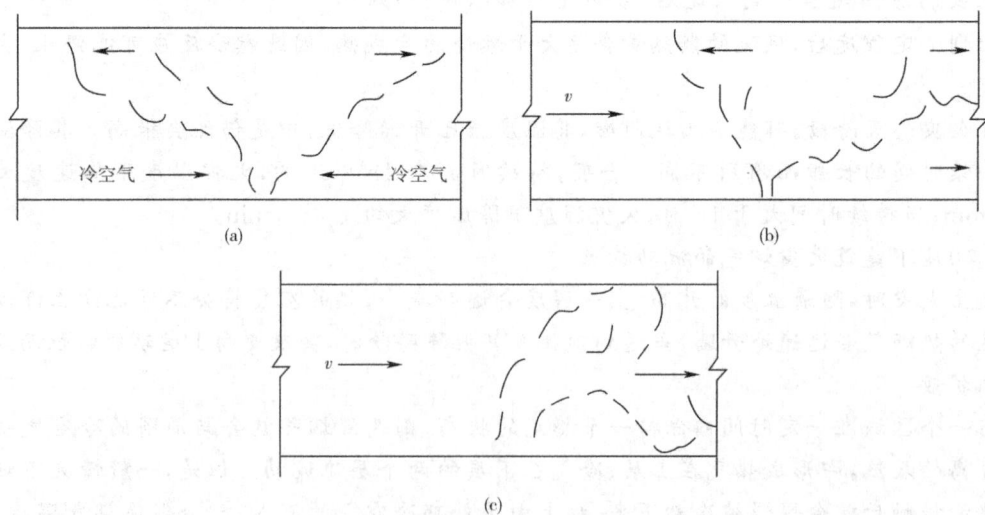

图 3-4 纵向通风隧道火灾烟气流动示意图
(a)无纵向风速；(b)较小的纵向风产生回流；(c)大于临界风速的纵向烟流

隧道发生火灾时,隧道内气流为紊流状态,气流浮力较大,气流的黏滞力可忽略不计,此时,可采用气流的浮力和输运力的比值,即用Froude数F_r来表征其运动状态。

$$F_r = \frac{gH(\rho - \rho_f)}{\rho v^2} \tag{3-1}$$

式中:ρ、ρ_f——正常状态和火灾状态下气流的密度,kg/m³;

$\quad H$——隧道高度,m;

$\quad g$——重力加速度,m/s²;

$\quad v$——隧道风流流速,m/s。

由于火灾烟气流动的压力变化不大,可视为定压不可压缩流动,则:

$$\frac{\rho_f}{\rho} = \frac{T}{T_f}$$

$$F_r = \frac{gH}{v^2}\left[1 - \frac{T}{T_f}\right] \tag{3-2}$$

式中:T、T_f——分别为正常状态和火灾状态下气流的平均温度,K。

假设火灾产生的烟气量与隧道风的流量相比可忽略不计,并不计气流与隧道壁面的热交换,则由能量守恒定律可知:

$$mc_p T + Q_w = mc_p T_f \tag{3-3}$$

代入相应参数求解式(3-3)得:

$$T_f = T + \frac{Q_w}{\rho c_p A V} \tag{3-4}$$

式中:m——通风气流质量流量,kg·m⁻²·s⁻¹;

$\quad c_p$——空气定压比热,kJ/(kg·K);

$\quad Q_w$——火灾功率,W;

$\quad A$——气流流通的环形面积,m²。

将式(3-4)代入式(3-2)中可得:

$$F_r = \frac{gHQ_w}{\rho c_p A T_f v^3} \tag{3-5}$$

Froude数越小,气体浮力越小。因此,只要控制Froude数小于某一特定值($F_{rc} \leqslant 4.5$),即隧道纵向风速大于某一特定值(称之为临界风速v_c),就可以控制烟气不产生回流。

由此可知,在临界状态下(即保证烟气不产生回流),临界Froude数F_{rc}和临界风速v_c的关系为:

$$v_c = k \cdot k_g \cdot \left[\frac{gHQ_w}{\rho c_p A T_f}\right]^{1/3} \tag{3-6}$$

式中:v_c——抑制回流的临界风速,m·s⁻¹;

$\quad k$——系数,$k = F_{rc}^{-1/3}$;

$\quad k_g$——坡度校正系数;其他参数意义同式(3-1)、式(3-4)。

通过这种方法就可以确定隧道的临界风速。

2. 火灾烟气流动的热阻效应

隧道常规通风要求风速应大于2m/s,因而空气的流动状态处于紊流状态,而且隧道火灾烟气的流动符合阻力平方定律。在火灾烟气流经的隧道中,由于风流温度的升高和燃烧生成物的加入,热烟气体积会迅速膨胀而使隧道中通风阻力增加,这种现象称为热阻效应。由通风理论可知,隧道的通风阻力为:

$$h = RQ^2 \tag{3-7}$$

式中:h——隧道阻力;

   Q——隧道风流的体积流量;

   R——以风流体积流量计算时的隧道风阻系数。

对地下工程通风网络系统任一节点,由于在风流汇合点的密度不同,流入和流出节点的体积流量的代数和不为零,但其质量流量守恒。因此,式(3-7)可改写成质量流量形式:

$$h = RQ^2 = \frac{\rho}{1.2} R_0 \left[\frac{M}{\rho} \right]^2 = \frac{R_0}{1.2\rho} M^2 = R_m M^2 \tag{3-8}$$

式中:R_m——以风流质量流量计算隧道通风阻力时的隧道风阻系数。

$R_m = R_0 / 1.2\rho$,它与风流的密度成反比:

$$R_{m_2} = R_{m_1} \frac{\rho_1}{\rho_2} = R_{m_1} \frac{T_2}{T_1} \tag{3-9}$$

通过分析上面的公式,可以知道:随着隧道火灾烟流温度的升高,风阻也随之增大,在风流质量流量不变时,隧道的通风阻力增加,相当于在隧道中增阻,对风流起"节流"作用。

3. 隧道风流状态的模拟分析方法

隧道风流状态的分析可以用图论的知识进行分析。

如图 3-5 所示的隧道通风网络,对网络图中的任一节点、回路和分支,存在风流质量平衡定

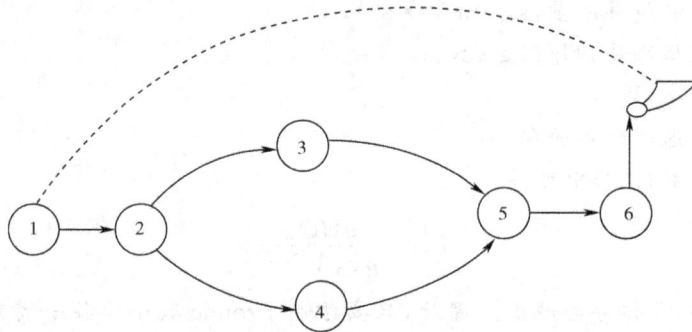

图 3-5 隧道通风网络示意图

律、能量守恒定律和分支阻力定律,可用下式表示:

$$\boldsymbol{B} \cdot \boldsymbol{M} = 0 \tag{3-10}$$

$$\boldsymbol{C} \cdot \boldsymbol{H} = 0 \tag{3-11}$$

$$h_i = R_i \cdot M_i^2 \tag{3-12}$$

式中:$\boldsymbol{B}$——网络的基本关联矩阵;

   $\boldsymbol{C}$——网络的基本回路矩阵;

   $\boldsymbol{H}$——分支风压向量矩阵的转置矩阵,$\boldsymbol{H} = [H_1, H_2, \cdots, H_n]^T$,$H_i = h_i - h_{Ni} - h_{fi}$;

   h_i——分支 i 的通风阻力;

   h_{Ni}——分支的位能差;

h_{fi}——分支 i 的风机风压；

R_{i}——分支风阻；

M_{i}——分支风量。

由图论知识可知，对于一个网络（分支 n，节点 m），其独立回路数（余数弦数）：$N=n-m+1$。式(3-11)的独立方程正好也是 N 个，由于该方程组是非线性的，可进行数值方法求解，求得 N 个余数枝的分支风量，继而可由式(3-10)得到网络其他分支的风量。

式(3-11)可改写为：

$$F=C\cdot R\cdot M\mid\cdot M-C\cdot H_{\text{f}}-C\cdot H_{\text{N}}=0 \qquad (3\text{-}13)$$

对式(3-13)进行 Taylor 展开，并忽略高阶小量，则：

$$\begin{cases} \Delta M_y^k = F(M_y^k)\cdot\left[\dfrac{\partial F}{\partial M_y}\right]^{-1}\bigg|_{M_y=M_y^k} \\ M_y^{k+1} = M_y^k + \Delta M_y^k \end{cases} \qquad (3\text{-}14)$$

式中：k——迭代次数；

y——第 y 个独立回路，$y=1,2,\cdots,b$。

式(3-13)、式(3-14)即为隧道通风网络模拟的迭代计算模型。

通过编写程序的方式就可以进行比较详细的分析。

三、火灾模型

所谓火灾模型，是指为了预测火灾发展过程而建立起的一组数理方程。通过对这组方程的解算，即可定量地描述火灾发展过程的各主要参数。对火灾进行模型化分析不仅能客观定量地预测火灾发展过程，从而减少人员伤亡、降低财产损失、改进灭火方法和灭火战术，而且对改进建筑防火和对建筑物进行火灾危险性评价也具有重大作用。它可用以对任何建筑物中的建筑结构或构件遭受实际火灾时的承载能力、完整性及隔热性能按预测的实际火灾时的受热情况加以分析计算，准确地确定其耐火能力，从而把建筑防火规范从选择耐火等级的原始状态提高到选择适当的火灾模型和结构热响应模型进行概率设计的更高水平，使建筑防火设计更合理、更经济、更准确。

（一）火灾模型概况

1.发展初期的火灾模型

19 世纪 50 年代末期是火灾模型发展的初始阶段，当时由日本建筑研究所的川越、关根等人根据当时的具体情况，提出并建立了一层区域内的火灾模型。利用该模型，可以确立火灾分区储存可燃物的燃烧速度及开口流量的计算方法；也可以更为深刻地理解影响地下结构通风和温度分区等火灾性状的基本因素。更加难能可贵的是，在没有计算机的情况下，也能用此计算出墙体内的热传导。直到现在，日本的耐火设计领域内仍然原封不动的使用了该模型。它的缺点是为了调整预测温度，采用了可燃物的完全燃烧率（其值假定为 0.6）这个意义不甚明确的参数。特别当采用通风控制火灾的方法时，考虑到散热速度受流动空气的制约，这一参数将失去它的作用。

1963 年，Thomas 等人开发出用于研究设置于屋顶上的排烟口排烟效果的模型，并引出了烟层与火灾气流概念，为火灾模型的新发展奠定了基础。20 世纪 70 年代后期盛行的二层区域模型就是受它的启发而产生的。

2.一层区域烟气流动预测模型

建筑物内的烟气流动预测要想将多数空间作为研究对象,不利用高速度的计算机几乎是不可能的。1968年,日本建筑研究所的若松,就在世界上率先发表了建筑物内的烟气流动预测方法。虽然当时各个领域内的计算机刚刚开始使用,其性能的局限性很大,但若松的烟气流动模型从火灾研究的方法方面来讲开拓了一个新的时代。他的模型在以后的日本千日百货大楼火灾烟气流动分析、新宿超高层建筑楼梯加压控烟效果的研讨等的烟气流动性状的分析中,发挥了威力。

3.二层区域火灾模型

随着研究的发展,人们对于火灾的认识越来越深刻,逐渐认识到火灾是与燃烧、热传播、气流等众多现象相互关联的复合现象;而且,火灾性状受火灾环境及建筑空间等的诸多条件影响很大。以前的研究分析模型,只能在简单的条件下抽取火灾现象的一个侧面进行调查。随着计算机的发展,具备了将与火灾有关的种种现象统统编入计算机后,再进行调查研究的能力。

近20年来,世界上火灾研究带来划时代变化的是二层区域模型和以耗氧法为依据的热释放量测定方法的开发。可以说,综合分析相互影响的、复杂的建筑火灾现象的尝试,与二层区域模型的开发步调一致。

(二)数值模型分类

众所周知,火灾的孕育、发生、发展和蔓延过程包含了流体流动、传热传质、化学反应和相变,涉及到质量、动量、能量和化学成分在复杂多变的环境条件下的相互作用,其形式是三维、多相、多尺度、非定常、非线性、非平衡态的动力学过程。开发火灾发生过程的数值模拟方法,已经成为势在必行的一种趋势。火灾的数值模拟主要有四种基本方法:即专家系统、场模拟、区域模拟和网络模拟。

1.专家系统

专家系统的研究方法是将试验研究的一些经验性模型或者将一些经过简化处理的半经验性模型再加上热物性数据编制成应用软件,供一些从事建筑消防工作的非研究人员使用。这种系统往往需要符合一定的条件才能使用,它的适用范围并非非常的广泛。

2.场模拟

场模拟是在计算流体力学和计算燃烧学的基础上发展起来的。它是以数值方法求解一系列与质量、动量、能量和反应生成物守恒有关的偏微分方程为基础而建立起来的。

场模型将空间划分为大量的、互相关联的二维或三维的小单元,在每个单元中解质量方程、动量方程和能量方程,用偏微分方程组解算这些有限元的各种物理参数与时间的关系,从而精确地反映出室内任意部位各瞬时的物理状况,包括浮力、热辐射和扰动等。用一些最基本的原理和方法直接描述速度场、温度场、浓度场的动态分布,从而给出建筑物某区域内火灾时各物理量分布。

从原理上讲,场模型能给出烟气流动的精确值,能在时间和空间上准确无误地模拟动态火灾烟气运动。但用数值方法分析实际燃烧过程时,还会遇到如何描述湍流流动以及湍流和燃烧相互作用等无法回避的困难。

目前用场模型方法来研究湍流问题主要有3种途径:湍流模式理论、直接模拟和大涡模拟。其中大涡流技术既克服了雷诺平均模拟只能得到流场的平均值而不能反应流体瞬时特性所带来的准确性较差的缺点,又可以通过相对较粗的网格划分减少数值模拟的巨额计算量,因此大涡模拟方法在工程实践中得到越来越大的重视。

随着高性能、高速 CPU 计算机资源的不断增加,大涡模拟程序也得到了有效地开发。由美国国家技术标准局研究发展的 FDS(Fire Dynamic Simulator)程序就是其中比较著名的一个。它以独特的快速算法和适当的网格密度,可以较为快速准确地分析复杂的三维火灾问题。它的原理是将被研究的试验空间分成许多小单元(就像数码照片是由几百万像素组成一样),每个单元都遵循质量、动量、反应生成物和能量守恒定律。通过燃烧可燃道具来模拟火灾的发展,用 FDS 程序来计算密度、燃烧速率、温度、压力和烟气浓度等。在模拟 1999 年 5 月 30 日华盛顿的大楼地下室火灾时取得良好的效果。但该程序也有其缺陷,由于所有的 FDS 计算必须定义在一个直线网格的矩形几何区域内,仅仅对矩形结构才能很方便地确定,对不规则建筑的边界进行计算时,结果很不理想,所以还需进一步对其完善。

由以上可知,场模型计算所得数据较细致,可以详细了解空间中各个点的数据分布情况。原则上场模型适用于分析任何类型的火灾,但由于目前还不能用数学模型完善地表达火灾湍流特性,因而无法计算复杂几何空间内的非稳定现象,并且场模型对计算机能力要求较高,对于结构复杂的空间,采用场模型将极为困难,需要较长的计算时间和强大的计算机性能。

3. 区域模拟

区域模型的基本思想是将所研究的空间首先划分为几个大的区域:上部热烟气层、下部冷空气层和烟柱气流层。在各区域内物理参数通常被假定为是均匀的,区域之间通过交界面交换质量和能量。也就是根据烟气与空气的分层现象,将一个空间分成上下两个区域,并假设每个区域内部各物理量均匀一致,各种交换只发生在区域与区域之间,将火灾过程看成由一系列松散耦合的分过程所组成,从而得到各区域的控制方程组,经过分析求解得到区域的物理参数随时间的变化过程。从数学上看,它是解常微分方程初值问题。区域模型注重整体效果,以适当的方程近似描述各个物理过程,忽略区域内部的运动过程,而只抓住火灾时烟气扩散的宏观特征。区域模型既可以在一定程度上了解火焰的成长过程,也可以分析火灾烟气的扩散过程。目前,区域模型在建筑室内火灾的计算机模拟中具有重要地位。如果无须了解各种物理量在空间上的详细分布以及随时间的演化过程,模型中的假设十分趋近于火灾过程的实际情况。对于工程应用,这种模型可以满足需要。

4. 网络模拟

网络模拟是一种较为简单的模型,该模型应做如下假设。

(1)各区域内空气混合均匀。将各区域分别视为节点,区域内温度、压力和污染物均匀一致,不考虑区域内的局部影响。

(2)忽略热影响。模拟过程不涉及各区域的传热分析,因为模型假定各区域温度在整个模拟过程中维持用户给定值;但模型能够计算烟囱效应造成的空气流动。

(3)定义空气流通路径。模型内为可能存在的多种空气流通路径提供了不同的非线性数学模型,来描述流量和压降的关系。

(4)准稳态流动。区域内的空气质量假定不随时间发生变化,为定值。模拟过程利用各种流通路径的数学模型,在每一个区域内根据质量平衡原理建立非线性代数方程,从而在多区域内构造非线性方程组,并最终求得各区域内压力和区域间流量。

(三)火灾模型的数学原理

虽然目前开发的火灾模型比较多,但它们的数学原理是通用的。它们都是应用流体力学的基本原理,通过边界条件建立起一系列的方程式来完成的(张兴凯,1997 年)。

1. 连续性方程

虽然假定隧道断面面积、周长、摩擦阻力系数等为定值，但仍然不失研究的一般性。在流体流动过程中，换热、摩擦及外界功并不能直接进入连续性方程中，而是直接进入质量添加效应。图 3-6 是有质量添加效应的一维非稳定流动模型示意图，虚线内为控制体。

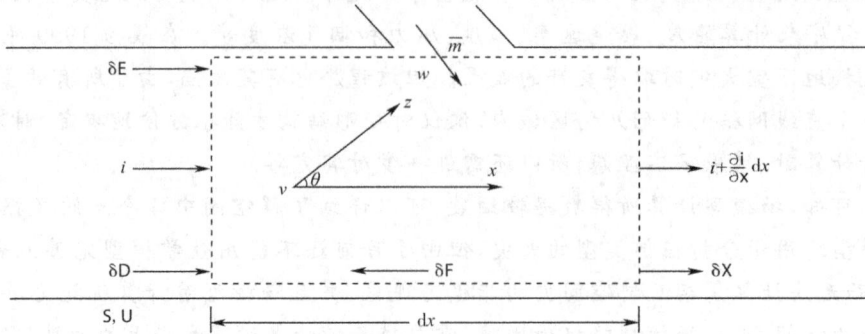

图 3-6 有外界质量添加的一维非稳定流动模型

根据质量守恒定律，可给出：

$$\frac{\partial}{\partial t}(S\rho g\,\mathrm{d}x) + \frac{\partial}{\partial x}(S\rho v)g\,\mathrm{d}x = \overline{m}g\,\mathrm{d}x \tag{3-15}$$

式中：$\overline{m}$——质量添加量，$\mathrm{kg/(mg \cdot s)}$。

整理式(3-15)，可得：

$$\rho_{t} + v\rho_{x} + \rho v_{x} = \frac{\overline{m}}{S} - \frac{\rho v\omega}{x} \tag{3-16}$$

式中：$\rho_{x} = \dfrac{\partial \rho}{\partial x}$；$\rho_{t} = \dfrac{\partial \rho}{\partial t}$；$v_{x} = \dfrac{\partial v}{\partial x}$；$\omega = \dfrac{\mathrm{d}(\ln S)}{\mathrm{d}x}gx$。

当断面面积不变时，$\omega/x = 0$，则流体连续方程可以简化为：

$$\rho_{t} + v\rho_{x} + \rho v_{x} = \frac{\overline{m}}{S} \tag{3-17}$$

在未污染区域、污染区域及可能污染区域，风流(烟流)流动过程中无外界质量的加入，则 $\overline{m} = 0$，所对应的连续方程为：

$$\rho_{t} + v\rho_{x} + \rho v_{x} = 0 \tag{3-18}$$

2. 动量方程

在动量方程中，质量添加效应、摩擦阻力损失以及外界功都得到反映，如图 3-6 所示的控制体，根据动量守恒定律，给出微分形式的动量方程：

$$\frac{\partial}{\partial t}(S\rho vg\,\mathrm{d}x) + \frac{\partial}{\partial x}(S\rho v^{2})g\,\mathrm{d}x =$$

$$pS + \left(p + \frac{\partial p}{\partial x}g\,\mathrm{d}x\right)S + \delta F + \delta X + \delta E + \delta D \tag{3-19}$$

式中：δF——风流流动的摩擦阻力，N；

δX——质量力，N；

δE——通风动力，N；

δD——质量添加效应产生的附加力，N。

而标准状况下单位长度风阻表示的摩擦阻力为：

$$\delta F = -\frac{R_b \rho S^3 v^2}{\rho_b} g \mathrm{d}x \tag{3-20}$$

式中：R_b——标准状况下的隧道风阻，$\mathrm{kg/m^3}$；

ρ_b——标准状况下的空气密度，$\rho_b = 1.2 \mathrm{kg/m^3}$。

作用于流体上的质量力只有重力，控制体流动的质量力为：

$$\delta X = -JgS\rho g \mathrm{d}x \tag{3-21}$$

风流受通风动力作用，则作用在控制体风流的机械通风动力为：

$$\delta E = \frac{h_F S}{L_F} g \mathrm{d}x \tag{3-22}$$

式中：h_F——机械通风动力风压，Pa；

L_F——机械通风动力风压作用长度，m。

在风流流动方向上，质量添加量 $\overline{m}$ 引起的附加力为：

$$\delta D = \overline{m}\omega \sin\theta g \mathrm{d}x \tag{3-23}$$

式中：ω——质量添加量 $\overline{m}$ 进入主风流的速度，m/s；

θ——添加流速 ω 与主流流速 v 的夹角。

将式(3-20)、式(3-21)、式(3-22)、式(3-23)代入式(3-19)，整理可得：

$$\left(v_t + vv_x + \frac{p_x}{\rho}\right)gS\rho + (\rho_t + v\rho_x + \rho v_x)gSv$$
$$= -\frac{R_b \rho S^3 v^2}{\rho_b} - JgS\rho + \frac{h_F S}{L_F} + \overline{m}\omega\sin\theta \tag{3-24}$$

式中：$v_t = \dfrac{\partial v}{\partial t}$，$p_x = \dfrac{\partial p}{\partial x}$。

将连续性方程代入式(3-24)，整理可得到风流流动的动量方程：

$$v_t + vv_x + \frac{p_x}{\rho} = -\frac{R_b(Sv)^2}{\rho_b} - Jg + \frac{h_F}{L_F\rho} - \frac{\overline{m}}{S\rho}(v - \omega\sin\theta) \tag{3-25}$$

在非火区，$\overline{m} = 0$，则对应的动量方程为：

$$v_t + vv_x + \frac{p_x}{\rho} = -\frac{R_b(Sv)^2}{\rho_b} - Jg + \frac{h_F}{L_F\rho} \tag{3-26}$$

3. 能量方程

风流流动过程中的摩擦阻力、外界加入的热量和质量、外界作用于风流的能量等都是风流总能量的一部分，它们都在能量方程中得到反映。图 3-7 为能量平衡的一维非稳态流动模型示意图。

对图 3-7 中虚线构成的控制体，应用能量守恒定律，可得：

$$\frac{\partial}{\partial t}\left[(S\rho g \mathrm{d}x)g\left(u + \frac{v^2}{2} + gz\right)\right] + \left[me + \frac{\partial}{\partial x}(me)g\mathrm{d}x\right]$$
$$= me + \overline{m}\left(h_i + \frac{w^2}{2} + gz\right) + \delta W_j + \delta Q + \delta W_z \tag{3-27}$$

式中:δQ——外界输入的总热量,J/s;

δW_j——沿风流流动方向的剪切功,J/s;

δW_z——外界对风流所做的功,J/s;

m——风流的质量流量,kg/s;

e——风流总能量,J/kg;

u——风流比内能,J/kg;

h_i——添加质量 $\overline{m}$ 具有的比焓,J/kg。

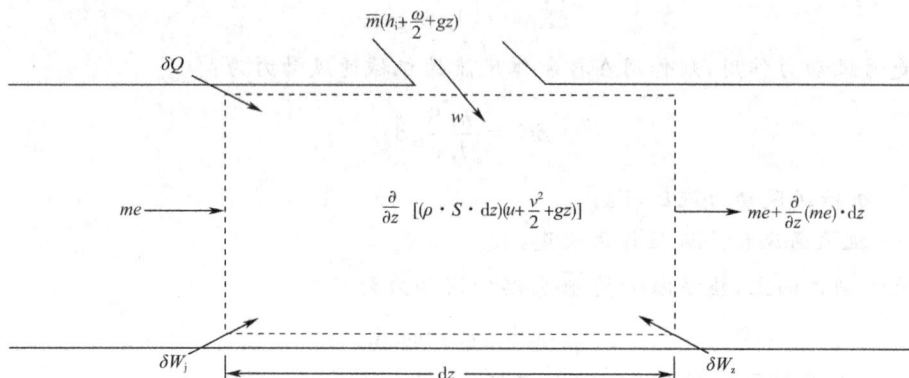

图 3-7　一维非稳定流动能量计算模型

流体流动过程中,在剪切力方向上没有位移,则剪切功为零,即:

$$\delta W_j = 0 \qquad (3\text{-}28)$$

当有风机时,风流总能量发生变化,则做功为:

$$\delta W_z = \frac{h_F S v}{L_F} g \mathrm{d}x \qquad (3\text{-}29)$$

外界加入控制体流体的总热量是火灾燃烧生成的热量和风流与围岩之间热换量的代数和,即:

$$\delta Q = \delta Q_r + \delta Q_h \qquad (3\text{-}30)$$

式中:δQ_r——燃烧生成热量,由式(3-31)给出:

$$\delta Q_r = q_r g \mathrm{d}x \qquad (3\text{-}31)$$

式中:q_r——单位长度火区燃烧生成的热量,J/(m·s);

δQ_h——流体与围岩之间的热换量,J/s。

流体与围岩之间的热换量由式(3-32)给出:

$$\delta Q_h = HU\Phi(t)(T_0 - T) g \mathrm{d}x \qquad (3\text{-}32)$$

流体质量流量为:

$$m = \rho S v \qquad (3\text{-}33)$$

单位质量流体的总能量是其比内能、比动能、比势能和比压能之和,即:

$$e = u + \frac{v^2}{2} + gz + \frac{p}{\rho} \qquad (3\text{-}34)$$

由于火灾烟流和风流的温度不太高,且静压较小,因此它们都遵循理想气体状态方程,其比内能可表示为：

$$u = \frac{p}{\rho(k-1)} \tag{3-35}$$

式中：k——理想气体的比热比。

将 m、e、u、δW_j、δQ、δW_z 的表达式代入控制体能量方程(3-27)，整理可得：

$$p_t + vp_x - c^2(\rho_t + v\rho_x)$$
$$= (1-k)(\rho_t + v\rho_x + \rho v_x)\left[gz + \frac{kp}{\rho(k-1)} + \frac{v^2}{2}\right] +$$
$$(k-1)\times\left[\frac{R_b\rho S^2 v^3}{\rho_b} + \frac{q_r}{S} + \frac{HU\Phi(t)(T_0-T)}{S} + \frac{\overline{m}}{S}\left(h_i + \frac{w^2}{2} + gz\right)\right] +$$
$$(k-1)\times\left[\left(v_t + vv_x + \frac{p_x}{\rho}\right)g\rho v - Jg\rho v\right] \tag{3-36}$$

式中：c——当地声速，由式 $c = \left(\dfrac{kp}{\rho}\right)^{\frac{1}{2}}$ 给出；

$p_t = \dfrac{\partial p}{\partial t}$。

将连续性方程、动量方程代入式(3-22)，整理可得到能量方程：

$$p_t + vp_x - c^2(\rho_t + v\rho_x) = (k-1)\left\{\frac{R_b\rho S^2 v^3}{\rho_b} + \frac{q_r}{S} + \frac{HU\Phi(t)(T_0-T)}{S} + \right.$$
$$\left. \frac{\overline{m}}{S}\left[h_i - \frac{kp}{\rho(k-1)} + \frac{w^2+v^2}{2} - wv\sin\beta\right]\right\} \tag{3-37}$$

对于非火区的隧道，风流流动过程中无外界质量加入，且燃烧生成的热量为零，则能量方程为：

$$p_t + vp_x - c^2(\rho_t + v\rho_x) = \frac{k-1}{S}g\left[\frac{R_b\rho(Sv)^3}{\rho_b} + HU\Phi(t)(T_0-T)\right] \tag{3-38}$$

4.状态方程

流体的状态方程为：

$$p = \rho R'T \tag{3-39}$$

式(3-39)中 R' 为流体气体常数。在标准状况下，空气的气体常数 $R' = 287.06\text{J}/(\text{kg} \cdot \text{K})$。为使式(3-39)适应火灾时期通风网络解算的需要，将气体常数表示为：

$$R' = \frac{R}{M} \tag{3-40}$$

式中：R——通用气体常数，$R = 8.314\ 34\text{J}/(\text{mol} \cdot \text{K})$；

M——流体（风流或烟流）的摩尔质量，kg/mol。

流体的气体组分及其浓度与摩尔质量的关系为：

$$M = \sum_{i=1}^{n_g} C_i M_i \tag{3-41}$$

式中：n_g——组成流体的气体种类数；

C_i——气体 i 的物质的量浓度,mol/m³;

M_i——气体 i 的摩尔质量,kg/mol。

由此给出状态方程:

$$p = \frac{\rho R T}{\sum\limits_{i=1}^{n} C_i M_i} \tag{3-42}$$

为了使上述基本方程在湍流条件下封闭而引入两方程模型:

5. 湍流动能 k 方程

$$\frac{\partial \rho k}{\partial t} + \frac{\partial}{\partial x_i}(\rho u_i k) = \frac{\partial}{\partial x_i}\left[\left(\mu_1 + \frac{\mu T}{\sigma_k}\right)\frac{\partial k}{\partial x_i}\right] + G_k + G_b - \rho\varepsilon \tag{3-43}$$

6. 湍流耗散率 ε 方程

$$\frac{\partial}{\partial t}(\rho\varepsilon) + \frac{\partial}{\partial x_i}(\rho u_i \varepsilon) = \frac{\partial}{\partial x_i}\left[\left(\mu_1 + \frac{\mu_T}{\sigma_\varepsilon}\right)\frac{\partial\varepsilon}{\partial x_i}\right] + \frac{\varepsilon}{k}\left[C_1(C_k + C_b) - C_2\rho\varepsilon\right] \tag{3-44}$$

第三节　隧道及地下工程防火设计

一、概述

防火设计应遵循以下原则:

(1)防火设计必须贯彻"预防为主,防消结合"的方针,从重视火灾的预防和扑救初期火灾的角度出发,制订正确的防火措施,设计比较完善的灭火设施;

(2)防火设计必须严格执行国家消防技术标准、工程建设标准及有关消防设计的规定,同时注意规范间的协调;

(3)防火设计应坚持安全性和经济性的统一。

防火设计最终应达到以下安全目标:

(1)防止起火及火势扩大,减少财产损失;

(2)保证安全疏散,确保生命安全;

(3)保护建筑结构不致因火灾而损坏或波及邻近建筑;

(4)为消防救援提供必要的设施。

建筑防火设计应采用的技术措施按工种划分,有以下五大方面内容:

(1)总平面布局和平面布置;

(2)建筑耐火设计;

(3)防火分区;

(4)室内装修防火设计;

(5)安全疏散设计。

二、总平面布局和平面布置

总平面布局和平面布置要求在总平面设计中,应根据建筑物的使用性质、火灾危险性等因素,进行合理布局,尽量避免建筑物相互之间构成火灾威胁和火灾爆发后出现严重后果,并且为消防车扑救火灾提供条件。

1.地下建筑的总平面设计

应根据城市的总体规划,与城市其他建设有机地结合起来,合理确定其位置、防火间距、消防车道和消防水源。

2.地下建筑要限制使用范围

为了保障安全,地下建筑一般只能使用于:一是商店、医院、旅馆、餐厅、展览馆、电影院、礼堂、旱冰场、体育馆、舞厅、图书馆资料库、档案库等;二是丙、丁、戊等的生产车间(如木工车间、针织品车间、服装加工车间、印刷车间、电子产品装配车间等)、库房(如纸张、棉、毛、丝、麻及其织物、粮食、电子产品、果品等仓库)。

有爆炸危险的车间、仓库不能设在附建的地下建筑内,以免发生爆炸时祸及上部建筑物。

鉴于地下建筑发生火灾时疏散十分困难,因此,要求商店、商业营业厅、医院的病房、旅馆的客房以及会议室、展览馆、餐厅、旱冰场、体育馆、舞厅、电子游艺场等宜设在地下一层。地下二层及以下各层,可根据不同的条件,分别设置停车场、仓库或地下车站等。

3.合理确定防火间距

防火间距是为了防止火灾大面积蔓延,而在建筑物与建筑物之间留出的防火安全距离。防火间距是总平面防火设计必须考虑的一个重要方面。

防火间距的大小主要是综合考虑建筑物使用的性质、功能、建筑的布置形式、耐火等级以及消防车扑救火灾的需要、节约用地等几个因素。

有采光窗井、排烟竖井的地下建筑与相邻地面建筑之间的防火间距不小于表3-1中的规定。

竖井与相邻地面建筑的防火间距(m)　　　　　　　　　　　　　　　表3-1

项 别 耐火等级 地下工程类别	单层、多层民用建筑			高层民用建筑		丙、丁、戊类厂房、库房			甲、乙类厂房、库房
	一、二级	三级	三级	一、二级		一、二级	三级	三级	一、二级
				主体	附属				
丙、丁、戊类生产车间、储存库房	10	12	14	13	6	10	12	14	25
其他地下建筑	6	7	9	13	6	10	12	14	25

注:1.防火间距按地下建筑有窗外墙或排烟井壁相邻地面建筑外墙的最近距离计算。
　　2.当相邻的地面建筑物外墙为防火墙时,其防火间距不限。

地下建筑的出入口与地面建筑或与周围建筑之间的防火间距应符合有关建筑设计防火规范的规定。

4.平面布置满足安全疏散的要求

地下建筑平面布置力求简捷,平面尽可能规整、划一,避免过多曲折;内部空间应保持完整,减少不必要的变化和高低错落,使人容易在其中熟悉所处环境,以免发生灾害后迷路。

三、耐火设计

建筑耐火设计的目的在于防止建筑物在火灾时倒塌和火灾蔓延,保障人员的避难安全并尽量减少财产的损失。它要求建筑物在火灾高温的持续作用下,建筑物能在一定时间内不破坏,不传播火灾,从而延缓和阻止火灾蔓延;为人员疏散提供必要的疏散时间,保证建筑物内人员安全脱险;为抢救物资、扑灭火灾以及为火灾后结构修复创造有利的条件。

1.耐火设计方法

目前大多数国家的建筑设计防火规范对建筑结构的耐火设计都采用耐火等级设计方法。这种耐火设计方法的原理如图 3-8 所示。

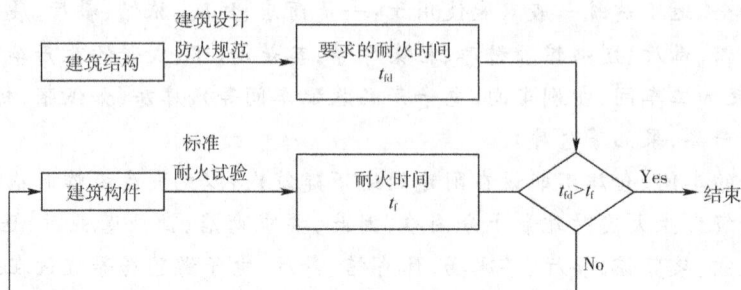

图 3-8 建筑耐火设计原理

2.建筑耐火等级

耐火等级是衡量建筑物耐火程度的分级标度。划分建筑物耐火等级是建筑设计防火规范规定的防火技术措施中最基本的措施。对于不同的建筑物,火灾的危险性是有差异的,因此在设计时应区别对待。根据建筑重要性、火灾的危险性、火灾荷载、扑救难度等因素,我国将建筑物的耐火等级划分为四个级别。地下建筑的耐火等级应为一级,其出入口地面建筑的耐火等级不应低于二级。

3.建筑材料的耐火性能

判断建筑材料在高温下性能的好坏须考虑下面几个因素。

(1)材料在高温下的物理性能。通过研究材料受火作用后,其力学性能(尤其是强度性能)随温度变化的关系,可以掌握各种材料(主要指无机材料)发生破坏时的强度性能,以及材料在火灾中所能承受的最高温度。

(2)材料的导热性能。研究材料一面受火后,背火一面的温度变化情况。如果材料具有较强的导热能力,即使是不燃烧材料,其防火性能也较差。

(3)材料的燃烧性能。材料的燃烧性能指材料的可燃程度及火焰的传播速度。材料的燃烧性能是评价材料防火性能的一项重要指标。

(4)材料的发烟性能。材料燃烧时会产生大量的烟,除了对人体造成危害之外,还严重妨碍人员的疏散行动和消防扑救工作的顺利进行。

(5)材料的潜在毒性。化工材料在燃烧或热分解中会产生大量毒性气体。

从材料的化学构成看,建筑用材料包括有机材料、无机材料和复合材料。常用的有机材料有木材、塑料、胶合板、纤维板等;常用的无机材料有混凝土、砖、石材、建筑陶瓷、建筑玻璃、石膏制品、建筑金属类等。有机材料一般为可燃性材料,在空气中受到火烧或高温作用时,会立即起火或微燃,且火源移走后,仍能继续燃烧或微燃。无机材料一般为不燃性材料,在火烧或高温作用时不起火、不微燃、不碳化,但在高温性能方面存在着导热、变形、爆裂、强度降低等问题。复合材料含有一定的可燃成分,如复合板材是由芯材和面材组成,其特点是质轻、隔热、高强度及经济等。从防火要求来说,面材应用耐火、难燃及导热性差的板材,芯材最好选用难燃、耐高温的材料。

4.建筑构件的耐火性能

建筑物的耐火程度的高低,直接取决于建筑构件在火灾高温作用下的防火性能,即建筑构件的燃烧性能和耐火极限。

由于建筑构件所使用的材料的燃烧性能不同,将不同建筑材料制成的建筑构件可分为三类。

(1)不燃烧体。不燃烧体即由不燃性材料制成的建筑构件,这种构件在空气中受到火烧或高温作用时,不起火、不燃烧、不碳化,如砖墙、砖柱、钢筋混凝土梁、板、柱、钢梁等。

(2)难燃烧体。难燃烧体是用难燃性材料制成的建筑构件,或用可燃性材料做基层,用不燃烧性材料做保护层的建筑构件。这类构件在空气中受到火烧或高温作用时,难起火、难燃烧、难碳化,当火源移走后,燃烧或微燃立即停止。

(3)燃烧体。燃烧体是用普通可燃性或易燃性材料制成的建筑构件。这类构件在明火或高温作用下能立即燃烧,且火源移走后仍能继续燃烧或微燃。

建筑构件的耐火极限是指构件在标准耐火试验中,从受到火的作用起到失去稳定性(支持能力)或完整性或绝热性为止所经历的时间,一般以小时计。耐火极限的判定根据构件类型分别进行。其中,构件类型分为:分隔构件、承重构件以及具有承重、分隔双重作用的承重分隔构件。

地下建筑的各建筑构件的燃烧性能和耐火极限均应不低于表 3-2 的要求。

地下建筑构件的燃烧性能和耐火极限 表 3-2

构件名称	燃烧性能和耐火极限(h)	构件名称	燃烧性能和耐火极限(h)
防火墙	不燃烧体,4.00	疏散走道两侧的墙	不燃烧体,1.00
承重墙、柱、楼梯间和电梯井的墙	不燃烧体,3.00	房间隔墙	不燃烧体,0.75
梁、顶部结构	不燃烧体,2.00	吊顶(包括吊顶格栅)	不燃烧体,0.25
楼板和疏散楼梯	不燃烧体,1.50		

建筑防火设计时,可采用以下方法提高建筑构件耐火极限和燃烧性能:

(1)适当增加构件的截面尺寸;

(2)对钢筋混凝土构件增加保护层厚度;

(3)在构件表面做耐火保护层;

(4)钢梁、钢屋架下做耐火吊顶;

(5)在构件表面涂覆防火涂料;

(6)进行合理的耐火构造设计。

四、防火分区

建筑物内发生火灾后,因热气体对流、辐射,热烟气流会从烧损处和门窗洞口向其他空间蔓延扩大开来,最后发展为整座建筑的火灾。因而,对于规模、面积较大的地下建筑,在一定时间内把火势控制在一定范围内是非常重要的。

所谓防火分区就是在建筑物中采用耐火性较好的分隔构件将建筑空间分隔成若干区域

（空间单元），一旦某一区域起火，则能够在一定时间内防止火灾向同一建筑的其他部分蔓延，从而把火灾控制在某一局部区域之中。防火分区按其功能可分为水平防火分区和竖向防火分区两类。

1. 划分防火分区的原则

建筑防火分区的划分，从消防角度讲，其分区越小越好，但从建筑的使用功能、建筑的美观要求以及建筑的经济性等方面考虑，则希望防火分区的面积能够大些。建筑防火分区的大小应根据建筑物的使用性质、火灾危险性、消防扑救能力等因素综合确定。划分防火分区时应遵循以下原则：

（1）发生火灾危险性大、火灾燃烧时间长的部分应与其他部分隔开；

（2）同一建筑的使用功能不同的部分、不同用户应进行防火分隔处理；

（3）作为避难用的安全通道和为扑救火灾而设置的消防通道，应确保其不受火灾侵害，并保证其通畅；

（4）特殊用房如医院的重点护理病房、贵重设备和物品储存间，在正常的防火分区内还应设置更小的防火单元；

（5）多层地下室在垂直方向应以每个楼层为单位划分防火单元。

地下建筑防火分区的面积应满足以下要求。

（1）地下民用建筑防火分区面积，应根据其使用性质区别对待。对于商店、医院、餐厅等，每个防火分区的最大允许使用面积不应超过 500m²；对于电影院、礼堂、体育馆、展览厅、舞厅、电子游艺场，每个防火分区的最大允许使用面积不应超过 1 000m²。但商店、医院、餐厅设有自动喷水灭火系统时，防火分区面积可增加一倍。

（2）丙、丁、戊类物品库房的防火分区最大允许面积不应超过表 3-3 的要求。

库房防火分区最大使用面积

表 3-3

储存物品类别		防火分区最大允许使用面积（m²）
丙类	闪点大于或等于 60℃ 的液体	500
	可燃固体	700
丁类		1 000
戊类		1 500

对于丙、丁、戊类生产车间，可按表 3-3 的要求适当放宽，但不得超过面积的 50%。

2. 防火分区的分隔物

防火分区的分隔物是指能保证在一定时间内阻燃的防火分区边缘构件，一般有防火墙、防火门、防火窗、防火卷帘、防火水幕带、耐火楼板、封闭和防烟楼梯间等。其中，防火墙、防火门、防火窗、防火卷帘和防火水幕带是水平方向划分防火分区的分隔物，而耐火楼板、封闭和防烟楼梯间则属于垂直方向划分防火分区的防火分隔物。

防火墙是建筑中采用最多的防火分隔构件，通常是水平防火分区的首选。防火墙应由非燃材料构成，耐火等级须满足现行规范要求。防火墙的设置在建筑构造上应满足以下要求：

（1）防火墙应直接设置在建筑的基础上或耐火性能符合设计规范要求的梁上，并注意其结

构强度和稳定性;

(2)可燃物构件不得穿过防火墙体;

(3)防火墙上通常不应开设门和窗,若必须设置时,应采用甲级防火门窗,且能自动关闭;

(4)若在靠近防火墙的两侧开设门和窗,为避免火灾时火苗的互串,要求防火墙两侧门窗间墙的距离应不小于 2m;若装有乙级防火窗时,其距离不受限制,如图 3-9 所示;

(5)建筑物的转角处应避免设置防火墙,若需设在转角处附近时,则必须保证在内转角两侧上的门、窗、洞口间最近边缘的水平距离不应小于 4m;如果相邻一侧设有乙级固定防火窗时,其距离不受限制,如图 3-9、图 3-10 所示。

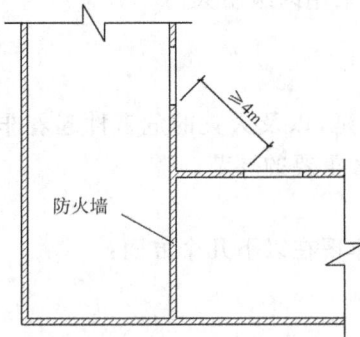

图 3-9　设在建筑物转角处的防火墙　　　　图 3-10　防火墙两侧门、窗、洞口之间的距离

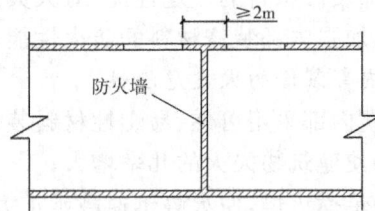

防火门是一种活动的防火分隔构件,除了具有一般门的功效外,还具有能保证一定时限的耐火、防烟隔火等特殊的功能。因此要求其具备较高的耐火极限,还应满足启闭、密闭性能好的特点。防火门按耐火极限可分为三种:甲级、乙级和丙级,见表 3-4。

防火门耐火极限及适用范围　　　　　　　　　　　　　　　　表 3-4

代　号	耐火极限(h)	适　用　范　围
甲	1.2	防火墙及防火分区的分隔设施
乙	0.9	疏散楼梯间、防烟楼梯间、通向楼梯间前室的门
丙	0.6	电缆井、管道井、排烟道等的检修门

防火窗是一种采用钢窗框、钢窗扇及防火玻璃制成的能隔离或阻止火势蔓延的窗。它具有一般窗的功能,同时具有隔火、隔烟的特殊功能。

按安装方法的不同可分为固定防火窗和活动防火窗两种。防火窗按耐火极限可分为甲级、乙级、丙级三种。防火窗的选用与防火门相同,凡是防火门带有窗处,均应选用级别与防火门相同的防火窗。

防火卷帘是一种不占空间、关闭严密、开启方便的较现代化的防火分隔物,它可以实现自动控制,并与报警系统联动。防火卷帘应具备必要的非燃烧性能、耐火极限和防烟性能。防火卷帘由帘板、导轨、传动装置、控制机构组成。

对于公共建筑中不便设置防火墙或防火分隔墙的地方,最好使用防火卷帘。当防火卷帘的耐火极限达不到防火墙的耐火极限时,需要加设自动喷水灭火系统保护。设在疏散通道和前室的防火卷帘,最好同时具有自动、手动和机械控制的功能。

3.楼梯间、电梯间、管道井等的耐火构造

楼梯间、电梯间、管道井等在火灾时是火灾蔓延的途径,因此是竖向防火分隔的关键,应当采取必要的防火措施。

(1)楼梯间、电梯井、各种管道井的墙壁或井壁应当符合规定的耐火极限要求。

(2)电梯井应独立设置,井内严禁敷设可燃气体和甲、乙、丙类液体管道,不应敷设与电梯无关的电缆、电线等,电梯井壁除开设电梯门洞和通气孔外,不应开设其他洞口,电梯门应当用金属门,不应当用栅栏门。

(3)各种竖向管道井应分别设置,井壁上的检查门应采用丙级防火门。

五、内部装修防火设计

内部装修材料的燃烧性能,对火灾的产生、膨胀和蔓延,以及火灾的危害性起着非常重要的作用,加强内部装修材料的防火性能是防火设计中非常重要的环节。

1.内部装修的火灾危险性

建筑内部采用可燃、易燃性材料装修的火灾危险性体现在以下几个方面:

(1)使建筑物失火的几率增大;

(2)传播火焰,使火势迅速蔓延扩大;

(3)造成室内轰然提前发生;

(4)增大了建筑物内的火灾荷载;

(5)严重影响人员安全疏散和扑救。

2.建筑内部装修材料的分级

《建筑内部装修设计防火规范》(GB 50222—95)将建筑内部装修材料按其燃烧性能划分为四级,见表3-5。

装修材料燃烧性能等级　　　　　　　　　　　表3-5

等　级	燃 烧 性 能	等　级	燃 烧 性 能
A	非燃性	B_2	可燃性
B_1	难燃性	B_3	易燃性

3.内部装修防火设计的原则

(1)建筑内部装修防火设计应妥善处理装修效果和使用安全的矛盾,积极采用不燃性材料和难燃性材料,避免采用在燃烧时能产生大量浓烟和有毒气体的材料,做到安全适用、技术先进、经济合理。

(2)在防火设计中应根据建筑物性质、规模,对建筑物的不同装修部位,采用相应燃烧性能的装修材料。

4.设计要求

地下民用建筑内部装修防火设计应符合以下的有关规定。

(1)基本规定。《建筑内部装修设计防火规范》对地下民用建筑内部各部位装修材料的燃烧性能等级作了专门规定,如表3-6所示。

地下民用建筑内部各部位装修材料的燃烧性能等级　　　　　　表 3-6

建筑物及场所	装修材料燃烧性能等级						
	顶棚	墙面	地面	隔断	固定家具	装饰织品	其他装饰材料
休息室和办公室等,旅馆的客房及公共活动用房等	A	B_1	B_1	B_1	B_1	B_1	B_2
娱乐场所、旱冰场等、舞厅、展览厅等,医院的病房、医疗用房等	A	A	B_1	B_1	B_1	B_1	B_2
电影院的观众厅,商场的营业厅	A	A	A	B_1	B_1	B_1	B_2
停车库,人行通道,图书资料室、档案库	A	A	A	A	A	—	—

　　规范对地下建筑物内部装修防火要求主要取决于人员的密度。对人员比较密集的商业营业厅、电影院观众厅等,应考虑的防火等级要高;而对旅馆客房、医院病房,以及各类建筑的办公用房,因其单位空间容纳的人员较少且有专人管理,所以对装修材料燃烧性能等级予以适当放宽;对于图书馆、资料类的库房,因其本身的可燃物数量已较大,所以要求全部采用非燃材料装修。

　　(2)疏散走道、封闭楼梯间、防烟楼梯间、自动扶梯,其墙和顶部的装修必须采用不燃烧材料(A 级)。

　　(3)对于单独建造的地下建筑的地上附属部分,由于相对的使用面积小且建在地面上,其火灾危险性比地下建筑部分要小,疏散扑救比较容易,因此规定,单独建造的地下民用建筑的地上部分,其门厅、休息室、办公室等内部装修材料的燃烧性能等级可在表 3-7 规定的基础上降低一级要求。

　　(4)地下商场、地下展览厅的售货柜台、固定货架、展览台等,应采用 A 级建筑装修材料。

　　(5)变形缝的基层和表面装饰层,应采用不燃烧材料,以防止通过变形缝扩大蔓延。

　　(6)严禁采用塑料类制品做装修材料(塑料壁纸除外)。因为塑料是高分子合成材料,燃烧时能产生浓烟和大量有毒气体,对人体危害极大。

　　地下工业厂房内部装修应符合表 3-7 的规定。

地下工业厂房各部位装修材料的燃烧性能等级　　　　　　表 3-7

地下工业厂房分类	装修材料燃烧性能等级			
	顶棚	墙面	地面	隔断
甲、乙类厂房、有明火的丁类厂房	A	A	A	A
丙类厂房	A	A	A	B_1
无明火的丁类厂房、戊类厂房	A	A	B_1	B_1

六、安全疏散设计

　　建筑物发生火灾时,为避免建筑物内人员由于火烧、烟熏中毒和建筑物倒塌而遭到伤害,必须尽快撤离;建筑物内的物资也需尽快抢救出来。由于地下工程具有封闭性的特点,在其防火设计中,疏散问题至关重要。

　　所谓安全疏散是指人们通过专门的设施和路线,安全地撤离着火的建筑。安全疏散设计的主要任务就是设定作为疏散和避难所使用的空间,争取疏散行动和避难的时间,确保人员和财物的伤亡与损失最小。

　　地下工程疏散设计首先应考虑的是疏散时间,其次还要考虑疏散路线和安全出口、疏散通道、疏散楼梯等疏散设施的宽度和数量。同时,做好事故照明、疏散指示标志和防排烟设施的设计。

安全疏散设计要着重体现以下原则:

(1)有最有效的疏散设施;

(2)有最安全的临时避难所;

(3)有最简明的疏散路线;

(4)有最畅通的安全出口。

1.疏散计算的理论模型

疏散计算的目的是预测所有人员全部疏散结束所需的条件和时间。近些年来国内外的一些专家对疏散的理论计算进行了大量的探索模拟工作。模拟的基本条件分为两大类:

(1)假定建筑物内的所有人员均能正常地按照设计师事先规划的路线和通道向安全地带转移,则理论模拟主要是解决疏散所需时间和人员状态的问题;

(2)当人员在火灾中受阻于烟气和火焰时,模拟人员当时的分布状况以及有可能出现的伤亡情况。

人员疏散模型基本上可以分成两种类型,即只考虑人运动的模型和综合考虑人的运动行为与环境相互关系的模型。

第一类模型是只考虑环境因素的模型。它将每个人都当作是只对外部新产生的自动响应的无意识的客体。在这类模型中,假定人逃离建筑时马上停止了其他一切活动;并且,疏散方向和疏散速度仅仅由物理因素决定,比如人群密度、出口疏散能力等,而忽略了人群中的个体特性,将人群的疏散作为一种整体运动。这些模型适用于大量的人群或将所有疏散人员当作一个共同特性的整体来考虑的情况。

第二类模型不仅考虑了建筑物的物理特性,而且将每个人当作一个主动因素,考虑它对各种火灾信号的响应及其个体行为,比如个体响应时间、如何选择出口等。

基于计算机的人员疏散分析可以采用三种不同的方法:优化法、风险评估法和模拟法。在研究人的行为方面,通常考虑人员在疏散时都有可能遇到三种不同的相互作用,即:人与人的相互作用、人与建筑物的作用以及人与环境的相互作用。这些作用会影响人员的行为,因此就有了决策的过程。其中人员与环境的相互作用可表现在三个方面:心理上的,即人员根据自身经历和个性对火灾作出的反应;社会上的,即建立在人员之间社会关系基础上的反应;生理上的,即人员对周围环境的生理反应。总之,疏散中对人员的行为模拟是最复杂最困难的。到目前为止还没有一个模型能够完全解决疏散行为的各个方面。目前,尽管各种理论模拟工作均未达到完善与实用阶段,但有一些理论成果已开始指导人们的设计和安全行为。

2.疏散时间

疏散时间是指需要疏散的人员自疏散开始到疏散结束所需要的时间。疏散时间是安全疏散设计的基本指标之一。到安全出口的最大步行距离、通道的宽度、出口数量,都必须从安全疏散时间的要求出发来确定。

影响疏散时间的因素有:疏散设施的形式、布局,疏散线路的合理性,人员的密集程度,内部装修材料耐火性能等。

地下工程的密封性较好,容易将烟气和高温控制在一定的范围内,故其疏散时间的确定重点考虑以下两个方面:一是从着火防火分区(危险区)向非着火防火分区(相对安全区)的疏散时间要短;二是非着火防火分区向地面(安全区)疏散的时间可长些。

对地下工程来说,由于烟热的危害性大,在考虑人员安全疏散时,其安全疏散时间与地面建筑的疏散时间相比,应从严控制。

3.疏散速度

目前,国内还没有火灾情况下地下建筑人员疏散的相关数据,我国人防工程战备演习疏散中的实测人员流通量(表 3-8)可供参考。

人防工程战备疏散流通量

表 3-8

序号	试验地点	参加人数	工事出口总数	出口形式	人流股数	通过时间(min)	流通能力(人/min)
1	某地道	3 700	18	阶梯式	单	10	20
2	某干道地道	23 000	112	阶梯式	单	10	20
3	某公司地道	1 800	8	阶梯式	单	10	22
4	某地道	10 000	85	阶梯式	单	6	20～30
5	某公司地道	700	2	斜坡式	单	7	50

注:单股人数按 0.6m 宽计算。

根据表 3-8 的流通能力,对于阶梯式出口的地下建筑,单股人流按 0.6m 宽计算时,一般可取 20～25 人/(股·min);水平出口和坡道出口的建筑,单股人流宽度按 0.6m 计算时,一般可取 40～50 人/(股·min)。

在参考上述数值时,应考虑地下建筑在无自然采光的条件下,疏散速度会小些,尤其火灾时,在正常电源中断、依靠事故照明的条件下,疏散速度会小得多。

4.疏散距离

根据上述考虑疏散时间的原则,则可得出相应的疏散距离的要求,即从着火防火分区向非着火防火分区的疏散距离要短;非着火防火分区向地面疏散的距离可长些,从而适应地下工程通道可能较长的特点。

5.疏散路线

在布置安全疏散路线时,必须充分考虑火灾时人们在异常心理状态下的行动特点,然后再在此基础上进行相应的设计,以达到确保疏散安全可靠的目的。安全疏散路线设计时应遵循以下原则:

(1)疏散路线要简要明了,便于寻找、辨别;

(2)疏散路线要做到步步安全;

(3)疏散路线要符合人们的习惯要求;

(4)尽量不使疏散路线和救援路线交叉,以避免相互干扰;

(5)疏散走道不要布置成不甚畅通的"S"形或"U"形,也不要有宽度变化,走道上方不能有防碍疏散的突出物,走道不能有突然改变地面高程的踏步;

(6)在建筑物内任何位置最好有两个或两个以上的疏散方向可供疏散;

(7)合理设置各种安全疏散设施,做好其构造等设计。如疏散楼梯,要确定好其数量、布置位置、形式等,其防火分隔、楼梯宽度和其他构造都要满足规范的有关要求。

6.疏散设施

地下工程的安全疏散设施主要包括安全出口、疏散通道、疏散楼梯、事故照明、疏散指示标志和防排烟设施等。一些大型的地下公共建筑,特别是地下改建工程,可以仿照高层建筑设置避难层那样在地下建筑中设置避难所(安全岛)。

　　安全出口应按防火分区之间的出入口和直通室外地面空间的出入口分别考虑。防火分区之间的出入口的总宽度可按地面建筑计算方法确定;直通地面的安全出口数量,应按建筑规模、性质、人数及人员疏散要求等统一考虑;直通地面的安全出口总宽度,则根据地下工程人员负荷、通行能力和人流股数进行计算确定。

　　安全出口应分散均匀布置,使每个出口所服务的面积大致相等;安全出口的宽度应与所服务面积的最大人流密度相适应,以保证人流在安全疏散时间内全部通过。同时,安全出口要易于寻找,并应设明显标志。

　　在疏散总人数(人员负荷)、疏散速度、允许疏散时间确定后,即可确定安全出口所需的总宽度。然后再按内部任何一点到达安全出口最大距离的规定,分配安全出口的数量和位置。

　　为了便于计算,一般以"百人宽度指标"B作为简洁的计算方法来确定安全出口的总宽度,设计时只要按使用人数乘以指标即可。

$$B = \frac{N}{A \times t} \times b \qquad (3\text{-}45)$$

式中:N——疏散总人数,取100;

　　　t——允许疏散时间,min;

　　　b——单股人流宽度,m,一般取0.5~0.7m;

　　　A——单股人流通行能力,人/min。

　　疏散通道的布置从防灾的角度看应满足两个要求:一是系统简单,最大限度地减少人们迷路的可能性;二是要有与最大密度的人数相适应的宽度,以保持足够的通行能力。

　　疏散楼梯的形式按照防烟火作用可分为:敞开楼梯、防烟楼梯和封闭楼梯。敞开楼梯在平面上三面有墙、一面无墙无门的楼梯间,其隔烟阻火作用最差。防烟楼梯是指在楼梯入口设有前室且通向前室和楼梯间的门均为乙级防火门的楼梯间。封闭楼梯是不带前室,只设有能阻挡烟气进入的双向弹簧门或防火门的楼梯间。疏散楼梯的宽度和防火性能需满足规范要求。

　　地下建筑安全疏散设施应满足以下要求。

　　(1)每个防火分区的安全出口数目不应少于两个,并且有一个直通地面的安全出口。当有多个防火分区时,则与相邻防火分区相连通的防火门可作为第二安全出口,如图3-11所示。

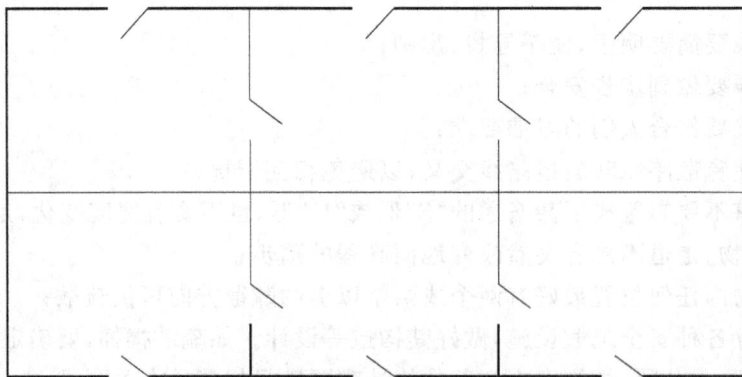

图3-11　与相邻防火分区连通的防火门可作为第二安全出口示意图

　　(2)电影院、礼堂、商场、展览厅、大餐厅、旱冰场、体育场、舞厅、电子游艺场,应设有两个直通地面的安全出口;坑道、地道必须设置两个或两个以上的安全出口。

(3)使用面积不超过 50m² 的地下建筑且经常停留的人数不超过 10 人时,可设一个直通地上的安全出口。

(4)安全出口应向不同方向分散均匀布置,且安全疏散距离应满足以下要求:

①房间内最远点到房门的距离不应超过 15m;

②房间门至最近安全出口的距离不应小于表 3-9 的要求。

安全疏散距离 表 3-9

房间名称	房门到最近安全出口的最大距离(m)	
	位于两个安全出口之间的房间	位于袋形走道两侧或尽端的房间
医院	24	12
旅馆	30	15
其他房间	40	20

(5)直接通向地面的门、楼梯的总宽度应按其通过人数每 100 人不小于 1m 计算;每层走道的宽度应按其通过人数每 100 人不小于 1m 计算。但最小净宽度不要小于表 3-10 的要求。

门、走道、楼梯的最小宽度 表 3-10

房间名称	直通地面的门、疏散楼梯净宽(m)	疏散走道净宽(m)	
		单面布置房间	双面布置房间
医院	1.30	1.50	1.80
旅馆	1.10	1.20	1.50
车间、仓库和其他房间	1.10	1.20	1.50

电影院、礼堂、商场、大餐厅、展览馆、体育场、旱冰场、舞厅、电子游艺场的直通地面出口净宽不应小于 1.80m,楼梯净宽不应小于 1.5m。

(6)电影院、礼堂的观众厅内走道的宽度应按其通过人数每 100 人不小于 0.6m 计算,边走道宽度不宜小于 0.8m,纵、横走道的净宽不宜小于 1m。

观众厅的座位布置:横走道之间的排数不宜超过 20 排,纵走道之间每排座位数不宜超过 22 个。当前后排的排距不小于 0.9m 时,可增至 44 个,仅一侧有纵走道时,其座位数要减半。

电影院、礼堂观众厅疏散出口的门应向外开启。靠近门口 1.4m 范围内,不应设置踏步。

(7)使用层在三层及三层以上或使用层与室外地坪高差超过 10m 的下列地下建筑,应设防烟楼梯间:

①电影院、礼堂;

②使用面积超过 500m² 的医院、旅馆;

③使用面积超过 1 000m² 的商场、展览厅、旱冰场、舞厅、电子游艺场、餐厅。

(8)凡附建地下室,其疏散楼梯间在地面建筑的底层要采用耐火极限不低于 3h 的隔离与其他部位隔开,并应直通室外;如必须在隔墙上开门时,应采用甲级防火门。

七、地下工程防火性能化设计

从 20 世纪初至 20 世纪中后期,近代的传统建筑防火设计思想已逐步形成。它是一种由指令性条文建立起的建筑防火规范化设计方法体系,是对长期以来火灾经验教训的总结。其防火设计思想是根据建筑分类,通过对建筑的防火等级、防火分区、安全疏散、消防给水、防排烟及报警等各方面提出具体要求,来保障建筑的消防安全。

传统防火设计方法主要依据有关规范进行,这种设计方法具有一定的实用性。规范的规定在一般情况下也许是适用的,但是在某些特定的环境中,有些目的和要求可能无法达到。例如,设计者也许可以控制人到建筑物外部的最大允许行走距离,但是却没有考虑最后一个使用者在逃离之前建筑物内烟气的扩散程度,因而安全疏散的目的能否完全实现也就值得怀疑。又例如,我国目前要进行的大型体育馆设计,许多体育场馆人数将超过10万人,如果按照传统的每百人所要求的宽度来进行疏散设计,那么即使将体育馆的所有外围全部开放,也未必能满足要求。此外,传统的设计方法将消防分散到各个独立的工种中进行,如由建筑、结构、电气、给排水、暖通等各专业人员对各自部分进行设计,最后的结果不是建筑造价大幅度的提高,就是由于某一环节出问题而导致建筑整体消防性能的降低。

1. 性能化设计的概念

针对传统防火设计方法存在的问题,近20年来,一些国家通过对火灾物理、火灾结构、火灾化学、人和火灾的相互作用、火灾探测、火灾统计和火灾危险分析以及消防灭火救援等方面的研究,逐步提出了性能化防火设计的思想。

性能化防火设计方法是"以性能为基础的防火设计方法"。这种方法运用消防安全工程学的原理和方法,考虑火灾本身发生、发展和蔓延的基本规律,结合实际火灾中积累的经验,通过对建筑物及其内部可燃物的火灾危险性进行综合分析和计算,从而确定性能指标和设计指标;然后再预设各种可能起火的条件和由此所造成的火、烟蔓延途径以及人员疏散情况,来选择相应的消防安全工程措施,并加以评估,核定预定的消防安全目标是否已达到;最后再视具体情况对设计方案作调整、优化。它的主要思想是在消防设计时仅提出建筑消防安全所需要的性能要求或指标,而不直接要求设计人员为此而必须采用某些特定的解决方法。如何达到这一指标要求,采取什么样的工程措施则由设计人员自己确定,但是设计人员最终要向审核人员证明其所选择的工程解决方法是安全可靠的。

与传统的防火设计相比,性能化防火设计具有以下优点:

(1)性能化防火设计体现了一座建筑的独特性能和用途,以及某个特定风险承担者的需要;

(2)性能化防火设计可以根据工程实际的需要,制订并选择替代消防设计方案,设计思想灵活;

(3)性能化防火设计通过安全水平和替代方案的对比,可以确定安全水平与成本之间的最佳结合点;

(4)性能化防火设计需要运用多种分析工具,从而使设计的准确性和优良性大大提高,并可以产生更有革新意义的设计;

(5)性能化防火设计把消防系统作为一个整体进行考虑,整座建筑的各个消防系统之间总体协调性好。

2. 性能化防火设计的特征

(1)设计目标的确定性。这种目标的确定性是指公众和整个社会要求的不同类型的建筑在火灾时应达到的基本安全水平。

(2)设计方法的灵活性。在建筑安全水平确定的前提下,设计者可以选择不同的方法来保证实现设计目标。通过对建筑平面布局、火灾负荷、消防设施情况、消防管理情况等综合考虑来提出不同的设计方法。

(3)必须对设计方案进行评估。由于性能化防火设计的目标确定性和设计方法的灵活性,所以必须对每个方案的正确性和可行性进行评估。一般通过较为成熟的数学模型进行评估。

3.性能化防火设计的步骤

性能化防火设计可分成若干过程,但各个过程之间相互联系并形成一个整体。总体来讲包括下述步骤。

(1)确定建筑的参数及具体的设计内容。通过了解工程各方面的信息,如建筑的使用功能、内部结构的特殊性、火灾负荷、特殊使用区域以及使用人员等来确定需要进行的性能化设计范围。

(2)确定消防安全需要达到的总体目标、功能目标和性能目标。总体目标通常用概括的语言来描述设计需要达到的保护人员生命财产安全、建筑物本身安全及起火建筑不威胁周围建筑的安全等方面的总体要求。通过对建筑材料、建筑构件、防灭火系统及建筑方法等的要求来满足性能目标,从而达到功能目标和总体目标的要求。

(3)确定设计目标。通过选用设计方法、建筑材料和构件等来达到性能目标要求。

(4)确定火灾场景。火灾场景是对火灾从发展到增长至最高峰和火灾造成的破坏的描述。通常通过概率因素和确定性因素来建立火灾场景。

(5)模拟设计火灾。设计火灾就是用热释放速率,火灾增长速率,燃烧产物、物质分解速率以及其他与火灾有关的可以计量、计算的参数来描述火灾场景的过程。通常采用火灾增长曲线、热释放速率曲线等来描述。

(6)提出和评估设计方案。通常提出多个设计方案并按照性能化设计规范进行评估。评估内容通常包括火灾发生和发展、烟气蔓延和控制、火灾蔓延和控制、火灾探测和灭火、通知建筑内人员和组织疏散、消防部门接警和施救等方面。

(7)编制设计报告和说明。通常设计报告和说明包括以下几个方面:制定设计目标的理由;所采用的方法及理由,设计中所作假设,采用的工具和理念;与设计有关的工程信息;性能评估指标;火灾场景的选择和火灾设计;设计方案的描述;消防安全管理说明;参考的资料和数据。

第四节　地下工程消防系统及设计要点

一、地下工程消防系统

建筑消防系统就是要为建筑物的火灾预防和火灾扑灭建立一套完整、有效的保障体系,以提高建筑物的安全水平。该系统涉及人的因素,又涉及物的因素,还与环境有密切的关系。对于人的因素来说,要进行消防培训和教育,提高其消防意识和技能;在日常工作和生活中养成良好的消防意识和习惯,减少火灾发生的隐患;发生火灾时能及时组织起来,正确使用消防设施,进行安全疏散等。对于物的因素来说,就是要建立起相应的安全保障设施和系统,既要能及时发现火灾,提供各种设备及时投入灭火行动,保证人员和重要物资快速、安全地疏散;又要尽量在火灾初期阶段将其扑灭,以减少人员伤亡和财产损失。

地下工程消防系统包含以下几个方面。

1.建筑防火

建筑防火的任务是在假想着火条件下,尽量抑制火情的发展,控制火势的传播和蔓延以保障建筑设施及内部人员和物资的安全。建筑防火应从以下几个方面考虑：总平面布置；建筑物耐火等级、建筑构件耐火极限和建筑材料的选择；防火分区；室内装修防火；安全疏散设施。

2.灭火系统

灭火就是破坏燃烧条件，使燃烧反应终止的措施。灭火方法可归纳为冷却、窒息、隔离和化学抑制四种。前三种灭火方法是通过物理过程进行灭火，后一种方法是通过化学过程灭火。灭火系统都是通过上述四种作用的一种或几种综合作用而扑灭火灾的。

3.防排烟系统

火灾时，伴随着物质的燃烧，将产生大量的有毒气体；弥漫的烟气将阻碍人的视线，易使人迷失逃离方向，加重人的恐惧心理；烟气还会通过呼吸对人体造成直接的威胁。国内外的火灾案例均表明，烟气是造成人员伤亡的最主要原因。因此，灭火的同时，必须考虑火灾现场的排烟和其他区域特别是疏散通道的防烟问题，以便人员的疏散。防排烟系统是人员生命安全的重要保证。

火势及烟气易沿着通风、空调系统的风管、水管管线缝隙四处传播，因此，设计通风空调系统时应考虑阻火隔烟措施。

4.火灾报警控制系统

火灾发生后，及早发现，是为灭火和安全疏散赢得宝贵时间的重要条件。火灾的监测可以通过火灾探测器、手动报警按钮等装置来实现，也可以通过人员直接报警来实现。

5.电气系统

电气系统包括：消防电源、火灾应急照明、紧急广播和疏散指示标志。

6.消防控制中心

前述的各个子系统在进行火灾的扑灭及安全疏散等工作时，需要一个统一的控制指挥中心，使子系统能紧密协调工作，发挥出最大的效能。消防控制中心是地下建筑内防火、灭火设施的显示和控制中心，是火灾时的扑救指挥中心，也是保障建筑安全的重要组成部分之一。

（一）消防给水、排水和灭火系统设计规定

消防给水、排水和灭火系统包括：消防栓灭火系统、自动喷水灭火系统和气体灭火系统等。

1.地下建筑消防给水、排水和灭火系统的选择

（1）下列地下建筑应设置室内消火栓给水系统：

①使用面积超过 300m² 的商场、医院、旅馆、展览厅、旱冰场、体育场、电子游艺场；

②使用面积超过 450m² 的餐厅，丙、丁类的房间、库房；

③电影院、礼堂。

（2）下列地下建筑除设置消火栓给水系统外，尚应设置自动喷水灭火系统：

①使用面积超过 1 000m² 的商场、医院、旅馆、餐厅、展览厅、旱冰场、体育场、舞厅、丙类生产车间，丙、丁类物品库房；

②超过 800 个座位的电影院、礼堂的观众厅。

对上述电影院、礼堂的舞台面积大于 200m² 时，应设雨淋喷水灭火系统。

（3）柴油发电机房，油浸电力变压器，电子计算机房，通信机房，重要的图书、资料、档案库，宜设卤代烷 1211 或卤代烷 1301、二氧化碳等固定灭火系统。

（4）消防排水。地下建筑与地面建筑不同，地面建筑消防废水可通过门、走道、楼梯间等孔洞自流排出，而地下建筑则不具备这样的条件。因此，必须设有机械排水设备，防止火灾后的"水灾"出现。消防排水设施可与生活污水排水设施合并设置，以节约设备和投资。

消防给水、排水和灭火系统设计要求根据建筑物的性质、具体情况，合理设置上述各系统，

做好各个系统的设计计算,合理选用系统的设备、配件等。

2.消防栓灭火系统

在以水为灭火剂的消防给水系统中,消防栓灭火系统在灭火效果和扑灭火灾的及时性方面不如自动喷水灭火系统,但其工程造价低、节省投资,目前仍然是我国建筑灭火采用的主要灭火系统。

消防栓灭火系统包括室外消防栓给水系统和室内消防栓给水系统。

室外消防栓给水系统设计包括用水量计算和给水管道、消防栓的布置。

室内消防栓给水系统由以下几部分组成。

(1)消防供水水源。消防用水可由城市给水管网、天然水源或消防水池供给。利用天然水源时,其保证率不应小于 97%,且应设置可靠的取水设施。

(2)消防供水设备。消防供水设备包括:主要供水设备——消防水泵;自动供水设备——消防水箱;临时供水设备——水泵结合器。

(3)室内消防给水管网,包括进水管,水平干管,消防竖管。

(4)室内消防栓,包括水枪、水带、消防栓。

室内消防栓给水系统设计包括确定消防给水设置范围、消防栓用水量计算、消防水压计算和给水管道、消防栓的布置等。

3.自动喷水灭火系统

自动喷水灭火系统主要组成部分有:喷头、管网、报警阀、水池、水泵、高位水箱、稳压设备、水流指示器、末端试验装置、水泵结合器等。

自动喷水灭火系统设计包括以下内容:

(1)确定设置范围;

(2)确定基本参数和要求;

(3)设计计算,包括喷头出水量计算、管段沿程水头损失计算、管道内平均流速计算、截流孔板计算、喷头布置、设计流量和管道水力计算。

对于有些地下建筑,难以设置整套自动喷水灭火系统时,也可以按防火分区,只设管网和开式喷水头,并在地面消防车方便停车的位置,设置给其提供消防用水的水泵接合器。一旦某一防火分区发生火灾,消防队到场后,只需将供水车接到水泵接合器上供水,就可以扑灭地下建筑火灾。这样,既节约投资,又便于火灾扑救,是一种经济简便的灭火方式。

4.气体灭火系统

气体灭火系统一般常用的有卤代烷灭火系统、二氧化碳灭火系统、蒸汽灭火系统、氮气灭火系统、烟雾灭火系统等。当前使用较为广泛的是卤代烷 1301 或卤代烷 1211 及二氧化碳灭火系统。

气体保护灭火系统灭火效率高,电绝缘性能好,化学性能稳定,对建筑内初期火灾灭火迅速,无损害,对于保护贵重物品或重要部位最为适用。其中,卤代烷气体虽然灭火性能优异,但它在大气中存在的时间较长,而且能与大气层中的臭氧反应造成臭氧层的破坏。我国已严格控制固定的卤代烷灭火设备的使用,能用二氧化碳、水喷雾、干粉、泡沫系统替代卤代烷系统时,应尽可能不采用卤代烷灭火系统。

(二)防烟、排烟系统设计

在设计防排烟系统时要根据建筑物性质、使用功能、规模等确定好设置范围,合理采用防排烟方式,划分防烟分区,做好系统设计计算,合理选用设备类型等。

防排烟系统的设计步骤如图 3-12 所示。

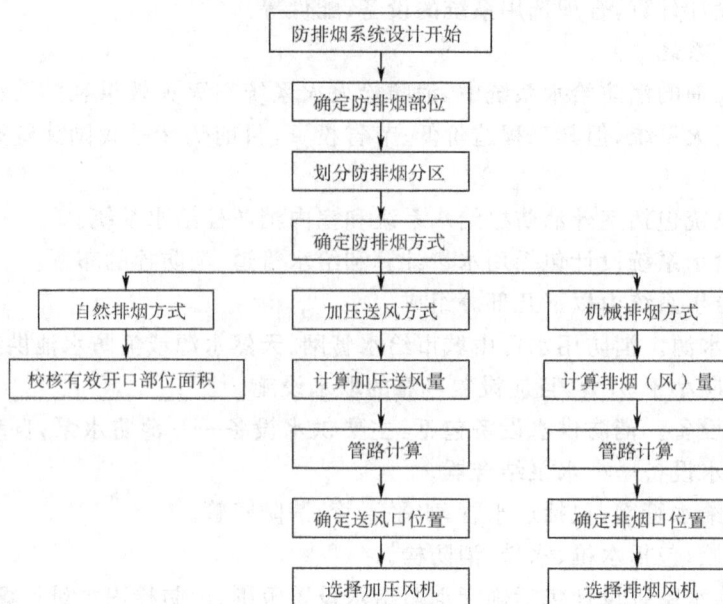

图 3-12　防排烟系统的设计步骤

1. 防烟、排烟设施设置的范围

下列地下建筑应设置防烟或排烟设施：

(1)使用面积超过 500m² 的地下街和独立设置的商场、医院、旅馆；

(2)不燃烧材料作装修且使用面积超过 1 000m² 的餐厅、展览厅、旱冰场、体育场、舞厅、电子游艺场，或使用难燃烧材料装修的上述房间，其使用面积超过 500m² 的；

(3)电影院、礼堂；

(4)使用面积超过 1 000m² 的图书、资料、档案库；

(5)设有防烟楼梯间的地下建筑。

2. 划分防烟分区

防烟分区是用挡烟构件将烟气控制在一定范围内，以便用排烟设施将其排出，保证人员安全疏散和便于消防灭火后工作顺利进行。防烟分区的形成一般有挡烟垂壁、防火门、送风排烟机械等。挡烟垂壁是防火卷帘、固定或活动的挡烟板的总称，应用非燃烧材料制作，具有良好的气密性。

地下建筑防烟分区的设计应结合防火分区的设计进行，一般来说，一个防火分区就可以作为一个防烟分区来设计。

防烟分区应满足以下要求：

(1)每个防烟分区的使用面积不应超过 500m²，但当顶棚(或顶板)高度在 6m 以上时，可不受此限制；

(2)防烟分区不得跨越防火分区；

(3)需设排烟设施的走道、净高不超过 6m 的房间，应采用挡烟垂壁、隔墙或从顶棚突出不小于 0.5m 的梁划分防烟分区，梁或垂直壁底至室内地面的高度不应小于 1.8m。

对于在地下商业街道等大型地下建筑的交叉道口，两条街道的防烟分区不得混合，如图 3-13 所示。这样不仅能提高相互交叉的地下街道的防烟安全性，还使防烟分区的形式简单，提高排烟效果。

96

研究表明,当火灾发展到轰燃期时,温度升高,发烟量剧增,防烟分区远远储藏不了剧增的烟量,此时最好能与感烟探测器联动的排烟设备配合使用。地下室的吊顶内部一般作为风道、电缆等管网的设置空间,为了避免烟、火随着管道、风道等传播蔓延,挡烟垂壁必须设置在屋顶结构底面。

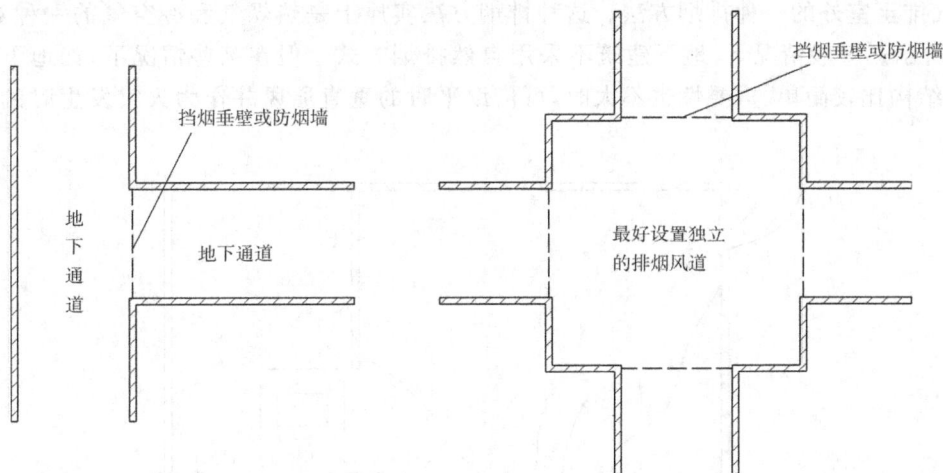

图 3-13　地下街交叉道口的防烟分区设计

在商业服务性地下建筑的吊顶上,大多设有广告、照明灯具、通风口等突出物,将会造成烟流紊乱,烟层下降,在使用中必须加强管理。

为了增强排烟效果,每个商店、餐厅、公共娱乐场所和通道的一段(每段不超过 60m),作为一个防火单元或防火分区,设置排烟口。

对单层的地下建筑,一般按面积进行水平分区,而对于多层的地下建筑,除了水平分区外,还应该进行垂直分区,排烟分区不允许跨越不同的层次。

3.防排烟方式的选择

地下建筑内的防烟措施有:建筑材料的非燃化、增加内部房间的密闭性、设置阻烟设备、加压送风等。地下建筑的排烟措施有自然排烟和机械排烟两种方式。

在建筑物发生火灾时,对着火区以外的被保护区域进行加压送风,使其保持一定的正压,以防止烟气侵入,这种做法称为加压送风防烟。加压送风主要有两种:

(1)在关闭的状态下,维持被保护区(避难区或疏散线路)内的压力高于外部压力,避免各种烟气通过各种缝隙侵入,见图 3-14(a);

(2)在门洞敞开的状态下,保证在门洞处形成一定风速,以阻止烟气侵入,见图 3-14(b)。

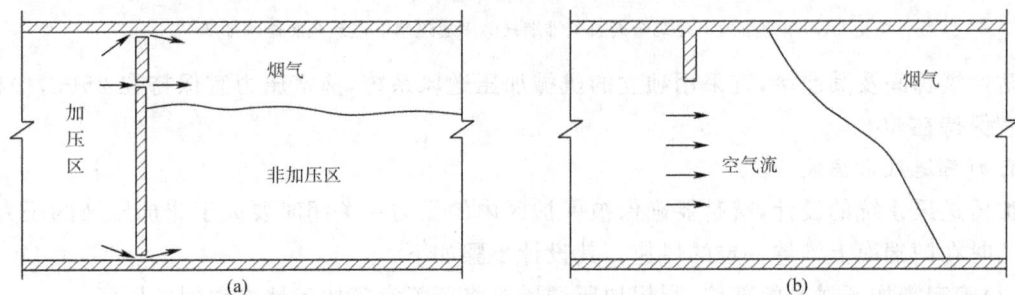

图 3-14　加压送风方式
(a)在关闭状态下加压送风防烟;(b)敞开门洞处加压送风防烟

为保证人员安全疏散,地下街与地面建筑相邻的疏散通道,宜设置正压送风装置,保持正压,将烟气堵在通道之外,保障人员安全疏散。

自然排烟是利用火灾时热气流的浮力和外部风力的作用,通过地下建筑物上部的开口部位把烟气排至室外的一种排烟方法。这种排烟方法实质上是热烟气和冷空气的一种对流,如图 3-15 所示。一般情况下,地下建筑不采用自然排烟方式。但在某些情况下,如地下建筑面积较小、结构比较简单、重要性也不大时,可借助平时的垂直通风井作为火灾发生时的自然排烟竖井。

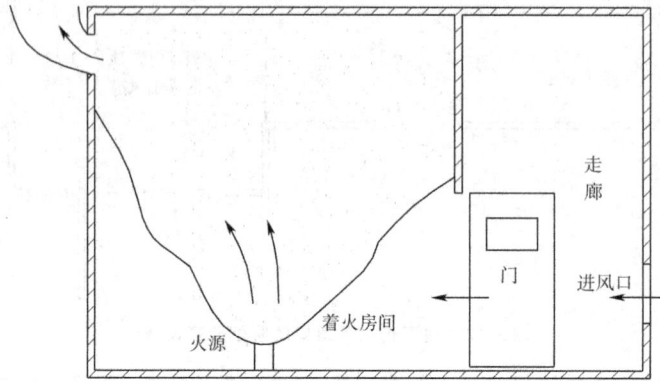

图 3-15　自然排烟方式

机械排烟是指利用各种排烟风机进行强制排烟,这种方式不受室外条件的限制,排烟比较稳定,效果较好。地下建筑一般采用机械排烟方式。为了取得较好的通风排烟效果,地下建筑的机械防排烟宜用全面通风排烟的方式,且排烟和进气必须形成一个良好的对流循环系统,如图 3-16 所示。

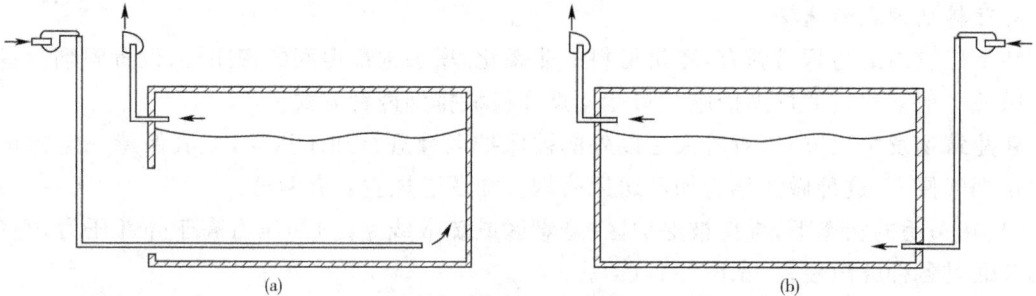

图 3-16　机械排烟方式
(a)单通道地下建筑全面通风排烟;(b)多通道地下建筑全面通风排烟

防烟楼梯间及其前室,宜采用独立的机械加压送风系统,前室压力宜保持在 25Pa,楼梯间压力宜保持在 50Pa。

4.加压送风系统设计

加压送风系统的设计,就是要确保被保护区内的压力在关闭时要大于非加压区的压力,而在开门时在门端面上维持一定的风速。其设计步骤如下:

(1)确定需加压送风的部位,利用加压送风机将新鲜空气均匀地输送到加压区;

(2)确定加压系统的加压值,确保加压区与非加压区间有一定的漏风通道,以保证加压区的压力大于非加压区的压力;

（3）计算加压区的漏风面积；

（4）计算加压区在关闭条件下的加压送风量；

（5）根据加压送风的部位，确定在门洞敞开条件下的风速要求，利用自然排烟或机械排烟，确保非加压区的空气和烟气能顺利排到建筑物外。

5.自然排烟系统设计

采用自然排烟时，在结构布置上，应注意将垂直通风井与防烟分区结合起来考虑，如图3-17所示。并且，位于同一防烟分区的垂直通风竖井的总流通截面面积不小于该排烟分区面积的1/50，自然排烟口底部距室内地坪不应小于 2m，并经常开启或保证发生火灾时能自动开启。

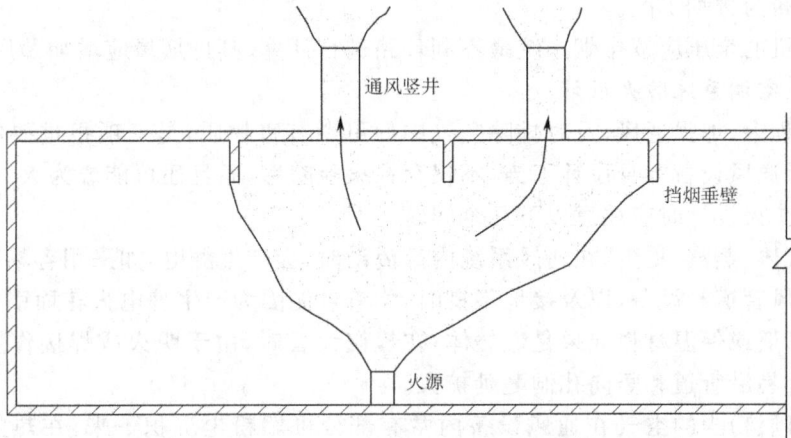

图 3-17　地下建筑利用通风竖井自然排烟

6.机械排烟系统设计

（1）确定排烟风量和送风量

①当排风机负担一个防烟分区排烟时，应按该防烟区面积每平方米不小于 60m³/h 计算。

②当担负两个及两个以上防烟分区排烟时，应按最大防烟分区面积每平方米不小于120m³/h 计算。

③设置机械排烟的地下室，应同时设置送风系统，送风量不宜小于排烟量的 50%。

（2）管路布置

排烟管道必须采用非燃烧材料制作。排烟和正压送风管道，必须采用不燃烧材料制作，当采用金属风管时，其风速不应大于 20m/s；当采用钢筋混凝土等非金属风道时，风速不应大于15m/s。

（3）排烟口设置

每个防烟分区内必须设置排烟口，排烟口应设置在该防烟分区居中位置的顶棚或墙面的上部，并应与疏散出口的水平距离在 2m 以上，且与该分区的水平距离不应大于 30m。排烟口可单独设置，也可与排风口合并设置。排烟口的风速不宜大于 10m/s；送风口的风速不宜大于 7m/s。

排烟口的开闭状态和控制应符合下列要求：

①单独设置的排烟口，平时应处于关闭状态，其控制方式可采用自动或手动开启方式；手动开启装置的位置应便于操作。

②排烟口和排风口合并设置时，应在排烟口或排风口所在支管设置自动阀门，该阀门必须具有防火功能，并与火灾自动报警系统联动；火灾时，着火分区的阀门仍处于开启状态，其他防

烟分区内的阀门应全部关闭。

（4）排烟风机

①排烟风机可单独设置，也可与排风机合并设置，当与排风机合并设置时，宜采用变速风机。当任何一个排烟口开启时，排烟风机总能自动启动。

②排烟风机宜采用离心风机或排烟轴流风机。排烟风机必须采用不燃材料制作，并在烟气温度280℃时能连续工作30min。

③排烟风机的安装位置，宜处于排烟分区的同层或上层。

④排烟风机宜与排烟口联动，当任何一个排烟口、排烟阀开启或排风口转化为排烟口时，排烟机应自动转为排烟工况。

⑤排烟风机的全压应按排烟系统最不利环路进行计算，其排烟量应增加漏风系数。

（三）通风、空调系统防火设计

在地下工程中，加强通风，及时排除空气中的可燃有害物质，是一项很重要的防火防爆措施。但是，如果通风设备本身设计不当，不仅存在火险隐患，而且还可能成为火灾蔓延的渠道。通风系统防火设计时应注意以下几个问题。

（1）可燃气体、蒸汽、粉尘，在通风系统内部流动时，会产生静电，如采用容易积聚静电的绝缘材料作为通风管道和设备，以及接地不良时，均有可能因为产生静电火花而引起火灾。

（2）通风管道或保温材料如果是燃烧体，在检修设备时，由于明火或焊接作业可能引起着火，而且烟火容易沿管道和竖向孔洞蔓延扩大。

（3）含有可燃粉尘的空气在通风设备内常有部分可燃粉尘沉积下来，在热空气长期作用下，可能自燃起火。

（4）通风、空气调节系统水平管道宜按防火分区设置。风管应采用不燃材料制作。考虑到某些部位的实际需要，如有腐蚀性气体的风管及柔性接头，可采用难燃材料制作。

（5）风管和设备的保温材料应用不燃烧材料，消声、过滤材料及黏合剂也应采用不燃烧材料或难燃烧材料。

（6）有下列情况之一的通风、空气调剂系统的送风管和回风管，应设防火阀：

①送、回风总管穿越通风机房的隔墙或楼板处；

②每层送、回风水平干管与垂直总管的交接处；

③通过火灾危险性较大或性质重要的房间的隔墙和楼板处。

（四）电气防火设计

1. 消防电源及其配电要求

地下工程的消防控制室、消防水泵、消防电梯、防排烟设施、火灾自动报警、自动灭火系统、应急照明、疏散指示标志和电动的防火门、窗卷帘、阀门等消防用电，都应按照《工业与民用供电系统设计规范》(CBJ 52—83)的规定设计。消防用电设备完全依靠城市电网供给电能，火灾时一旦失电，势必给早期报警、安全疏散、自动和手动灭火作业带来危害。所以，电源设计时，必须认真考虑火灾时消防用电设备的电能连续供给问题。典型的消防电源系统由电源、配电部分和消防用电设备三部分组成。消防对电源及配电的基本要求是：可靠、耐火、安全、有效、科学。

（1）消防负荷等级与供电方式

划分消防负荷等级并确定其供电方式应考虑的因素有：建筑物的结构、使用性质、火灾危险性、疏散和扑救难度、事故后果等。

（2）消防应急电源的种类、供电范围和容量应急电源一般有三种类型：城市电网电源、自备柴油发电机和蓄电池。对供电时间特别严格的地方，还可以采用不停电电源(UPS)作为应急电源。

实际设计表明，在一个特定的防火对象物中，应急电源种类并不是单一的，大多采用几个电源的组合方案。其供电范围和容量，一般是根据建筑负荷等级、供电质量、应急负荷数量和分布、负荷特性等因素确定的。

(3)电源切换方法

消防用电设备正常时由主电源供电，火灾时应由应急电源供电。当主电源在火灾中停电时，应急电源应能自动投入以保证消防用电的可靠性。

(4)消防用电设备配电线路

设置专用回路明显标志；根据消防设备在防火和灭火中的作用，其配线应采用耐火配线和耐热配线。

(5)设计要求

①地下街、大型地下商场，超过800个座位的电影院、体育馆，面积超过800m²的展览厅、电子游艺场，宜采用一级负荷供电；如有困难，当采用二级负荷供电时，应设自备发电设备。其他地下建筑可以不设自备发电设备。

②火灾事故照明和疏散指示标志灯可用蓄电池作为备用电源，其连续供电时间不应少于30min。

③设在地下建筑内的电力变压器应采用干式变压器，并应设在单独房间内，该房间的门窗、洞口要设有防动物进入的设施。

④为了保障安全，消防配电设备及其电缆、电线等要选用防潮防霉型产品，并且要选用铜芯的电缆、电线；蓄电池要采用密封型产品。

⑤消防用电设备的两路电源或两回路供电线路应在末级配电箱处自动切换。当采用柴油发电机组做备用电源时，应设有自动启动装置。为了保证消防用电安全，消防用电设备应采用单独的供电回路。

⑥消防用电设备的配电线路要穿越隔墙并应采用金属管保护(火灾自动报警系统的信号传输线路除外)，暗敷时要设在不燃烧体结构内，其保护层厚度不应小于3cm；明敷时必须在金属管外壁上采取防火措施。采用非延燃性绝缘护套电线时，可直接敷设在电缆沟(槽)内。

⑦消防用电设备、配电盘、配电箱要有明显标志。为了确保消防用电安全可靠，消防按钮(包括手动报警按钮、水泵启动按钮)应设有防止误操作的保护措施。

2. 火灾应急照明、紧急广播和疏散指示标志

(1)地下建筑的下列部位应设有火灾事故照明：

①疏散楼梯间、疏散走道和公共安全出口；

②观众厅、展览厅、餐厅、医院、旅馆、商场营业厅、舞厅、电子游艺场所等人员较密集的场所；

③消防控制室、消防水泵室、消火栓处、配电室、自备发电机房、通信机房、通风和排烟机房等。

(2)设置在疏散走道上的火灾事故照明，其地面最低照度不应小于0.5lx。消防控制室、消防水泵房、自备柴油机发电机房、变配电室、通风空气调节机房、排烟机房等房间的火灾事故照明，要保持最低工作照明的照度。

(3)紧急广播设备。为了在发生火灾时，指挥人员有秩序地、顺利地安全疏散，避免人们惊

慌失措,大型地下商场、地下街、地下电影院、地下体育馆等人员密集的场所以及疏散通道,应安装事故广播。地下街每个商店应设一个,地下电影院、体育馆、商场宜设2个或2个以上。

(4)地下建筑的疏散指示标志灯要符合以下要求:

①疏散走道及其交叉口、拐弯处、安全出口,应设置疏散指示标志灯;

②疏散指示标志灯的间距不应大于10m,距地面的高度宜为1~1.2m;标志灯正前方0.5m处的地面照度不应低于1lx;

③疏散指示标志灯和火灾事故照明,应采用玻璃或其他不燃烧材料制作的保护罩进行保护。

3. 火灾自动报警系统

下列地下建筑或房间,应设置火灾自动报警装置:

(1)面积超过1 000m²的商场、医院、旅馆、展览厅等;

(2)面积超过1 000m²的丙、丁类生产车间、库房;

(3)电影院、礼堂的舞台、放映室、观众厅、休息厅等火灾危险性较大的部位;

(4)变压器室、柴油发电机房、通信机房、图书室(或资料、档案库)。

要按照《火灾自动报警系统设计规范》(GB J116—88)的规定,合理选择相应种类的探测器。如商场,服装店,饭店,旅馆,楼梯间,走道,书库,资料或档案库,丙、丁类生产车间(库房),地下铁道站台,地下公路隧道等,宜选用离子感烟探测器或光电感烟探测器;饮食店、柴油发电机房、厨房、烘干车间、汽车停车库等,宜选用感温探测器。

4. 消防控制室

消防控制室可与地面建筑的消防控制室或地下建筑内的值班室、通信机房、配电室等房间合用,也可以设在采用耐火极限不小于3h的隔墙与其他部位隔开的单独房间内。

消防控制室需要具备以下功能:

(1)接收火灾报警,显示火灾报警部位;

(2)发出火警信号、火灾事故广播和安全疏散指令;

(3)启动消防水泵、固定灭火设备,控制通风、空调系统,开启防烟、排烟设施,关闭电动的防火门、防火阀和防火卷帘;

(4)显示各种消防用电设备的工作状态。

二、各类地下工程的消防设计特点

(一)城市地铁

随着社会的进步、城市的发展,地铁作为现代化的城市交通工具,担负着大量客流运输任务。同时,地铁的安全问题也开始受到普遍的关注,特别是地铁为人流密集的公共集散场所,一旦发生爆炸、毒气、火灾等突发事件,后果十分严重。与其他地下工程相比,地铁由于可燃物多,发烟量大,火势易蔓延,热量易积聚,出入口少,人员密集,使得地铁火灾中人员疏散非常困难。此外,发生火灾后,消防救援人员在高温、浓烟的环境下,救援工作也很难迅速、有效开展。地铁防火设计须执行《地铁设计规范》(GB 50157—2003)和其他现行的相关规范;对于站厅及与地铁联合开发的地下商业街等公共场所的防火设计,也应符合民用建筑设计防火规范的规定。

地铁防火设计主要应从以下几个方面考虑:建筑防火、电气设备防火、地铁车辆防火、防排烟与事故通风、消防给水和灭火装置、防灾通信、防灾用电、防火报警系统及控制、防灾救援和安全疏散。

1. 建筑防火

(1)平面布置

地下车站管理用房宜集中一端布置,管理用房区应有一个安全出口通向地面,该区内站厅和站台层间的人行楼梯应为封闭楼梯间。

(2)耐火等级和建筑结构非燃化

在车站装修中大量采用可燃性物质,是地铁发生严重火灾的重要原因。因此,有必要控制可燃材料和有毒材料的应用。

地下车站、区间隧道、出入口、通风亭及地面车站和高架桥结构的耐火等级为一级。上述结构的墙、地面及顶面的建筑装修材料,应采用不燃材料。地铁车站、隧道及所有车辆材料应全部选用经消防部门认证通过的防火材料;车辆的车厢、扶手、座位设备、管线及车站站台、墙、天花板等材料全部用不燃或阻燃材料;隧道内的设备、电缆、管道以及其他材料应为不燃或难燃的;人员疏散必经之路的疏散走道、封闭楼梯间、防烟楼梯间等部位的墙和顶的装饰材料必须采用非燃材料。禁止有毒材料的应用,以防火灾时产生大量的有毒气体。

(3)防火分区

地铁地下车站站台和站厅乘客疏散区应划分为一个防火分区。其他部位的防火分区面积不应超过 1 500m²。两个防火分区之间应采用耐火极限为 4h 的防火墙和甲级防火门分隔,当防火墙设有观察窗时,应采用 C 类甲级防火玻璃。

地下车站的行车值班室或车站控制室、变电所、配电室、通信及信号机房、通风和空调机房、消防泵房、灭火剂钢瓶室等重要设备用房,应采用耐火极限不低于 3h 的隔墙和耐火极限不低于 2h 的楼板与其他部位隔开,建筑吊顶应采用不燃材料。隔墙上的门窗应采用甲级防火门和甲级防火窗。

地下车站与地下商场等地下建筑的联络通道内,应设防火门或防火卷帘门。

2. 安全疏散设计

据测试,人们在地铁火灾事故中如果不能在 6min 内迅速有效地逃生,就很难有生还的可能性。因此,地铁配备良好完善的应急处理设施和保障安全疏散通道的畅通显得尤为重要。

(1)疏散设施

车站的布置和设计要以能够迅速疏散为原则,每一个车站要有两个相反方向的出口,发生火灾时乘客可以从不同方向疏散;车站的疏散能力,按 6min 内将列车上的所有乘客、站台候车乘客和车站工作人员全部疏散计算。出入口要有足够的宽度,应从区间救援疏散措施的考虑,根据不同情况,按一列电动客车在区间发生火灾,能满足乘客的疏散和抢救人员的灭火救援来设计。在地下车站之间的两条单线区间隧道之间最少设一处防灾联络通道,通道内设一道双向开关的防火门。

首先要保证安全出口的数量和宽度,禁止在通道上设置任何障碍,同时要提高疏散路线的安全系数。地下车站站厅乘客疏散、站台及疏散通道内不得设置商业场所。

安全出口门、楼梯、疏散通道的最小净宽应满足表 3-11 要求。

安全出口门、楼梯、疏散通道的最小净宽   表 3-11

名　称	安全出口门、楼梯(m)	疏散通道(m)	
		单面布置房间	双面布置房间
地铁车站设备、管理用房区	1.00	1.20	1.50
商场等公共场所	1.50	1.50	1.80

地下车站防火分区(有人区)安全出入口的设置应符合下列规定:

①车站站台和站厅防火分区,其安全出口不应少于两个,并应直通外部空间;

②其他防火分区安全出口的数量也不应少于两个,并应有一个安全出口直通外部空间,与相邻防火分区连通的防火门可作为第二个安全出口;竖井爬梯出入口和垂直电梯不得作为安全出口;

③与车站相连开发的地下商业街等公共场所,通向地面的安全出口应符合现行的《建筑设计防火规范》(GB 50016—2006)的规定。

站台公共区的任意一点距疏散楼梯口或通道口不得大于50m。在站台每端均应设置到达区间的楼梯。

设于公共区的付费区与非付费区的栅栏应设疏散门。

供人员疏散时使用的楼梯及自动扶梯,其疏散能力均按正常情况下的90%计算。

地下出入通道长度不宜超过100m,如超过时应采取措施满足人员疏散的消防要求。

在车站、隧道内设置事故应急照明和明显的安全疏散标志及通路引导标志,包括与出口路线一致的视觉信息,如标牌、照明以及布局图等,且标志间距不应太大,以使逃生人员能及时得到与疏散有关的信息,引导逃生人员以最简捷路线疏散。

(2)疏散程序

根据地铁发生火灾的不同地点,可划分为列车在区间隧道发生的火灾、列车在车站附近发生的火灾和车站内发生的火灾。

①列车在区间隧道内发生火灾。列车在运行过程中,在区间隧道内发生火灾时,应尽量驶入前方车站,利用前方车站来疏散乘客。如果列车不能驶入前方车站,停在区间隧道,必须紧急疏散乘客。车头着火时,乘客必须迅速从车尾下车后步行至后方的车站;列车中部着火时,乘客必须从两端下车后分别步行至前后方车站;车尾着火时,乘客必须从车头迅速下车后步行至前方车站。此时,隧道通风系统迅速启动排除烟气,并向乘客提供必要的新风,形成一定的迎面风速,诱导乘客安全撤离。本区间的列车运行立即中止,另一条隧道也应立即停止正常的行车。处理程序如图 3-18 所示。

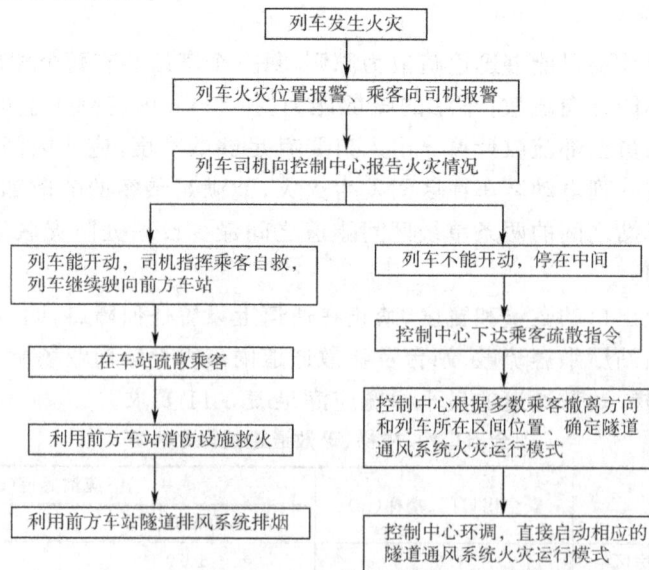

图 3-18　列车在区间隧道内发生火灾的安全疏散程序

②列车在车站附近发生火灾。如果列车在车站附近发生火灾,应该立即执行火灾紧急疏散计划,停止路线上的其他地铁运行和其他乘客进入火场,并利用车站楼梯、出入口疏散乘客。其疏散的具体程序基本同"车站内火灾的安全疏散"。

③车站内发生火灾。车站内火灾分为站台火灾和站厅火灾,无论何者都应该立即采取紧急措施,第一时间安全疏散乘客,同时停止车站空调系统,将地铁站的普通通风空调模式改为火灾情况下的通风模式。其疏散程序分别见表3-12和表3-13。

站台火灾紧急疏散程序　　　　　　　　　　　　　　　表3-12

职　责	值班站长	行车服务员	客运服务员	站台服务员	站厅服务员	售票员	其他人员
1. 发现火灾,向值班站长报告,并试图灭火		✓	✓	✓			✓
2. 报告控制中心,要求停止本站列车服务,并请求支援	✓						
3. 宣布执行火灾紧急疏散计划	✓						
4. 指示环控操作人员执行灭火排烟模式	✓						
5. 关掉广告灯箱电源	✓						
6. 担任事故处理主任,指挥疏散和灭火	✓						
7. 向控制中心报告火灾情况	✓						
8. 关停扶梯,设置闸机为自由释放状态	✓						
9. 指引乘客疏散出站		✓	✓	✓	✓		✓
10. 拦截乘客进站					✓	✓	
11. 引导消防员到火灾现场	✓						

注:所有员工在完成疏散工作后参加灭火。

站厅火灾紧急疏散程序　　　　　　　　　　　　　　　表3-13

职　责	值班站长	行车服务员	客运服务员	站台服务员	站厅服务员	售票员	其他人员
1. 发现火灾,向值班站长报告,并试图灭火		✓	✓				
2. 报告控制中心,要求停止本站列车服务,并请求支援	✓						
3. 宣布执行火灾紧急疏散计划	✓						
4. 指示环控操作人员执行灭火排烟模式		✓					
5. 关掉广告灯箱电源					✓		
6. 担任事故处理主任,指挥疏散和灭火	✓						
7. 向控制中心报告火灾情况	✓						
8. 关停扶梯,设置闸机为自由释放状态		✓	✓		✓	✓	
9. 指引乘客疏散出站							✓
10. 拦截乘客进站				✓	✓	✓	✓
11. 引导消防员到火灾现场	✓			✓			

3. 防排烟系统设计

(1)防排烟系统设置范围和功能

地下车站及区间隧道内应设防排烟系统和事故通风系统。地铁的下列场所应设置机械防烟、排烟设施：地下车站的站厅和站台；地下区间隧道。地铁的下列场所应设置机械排烟设施：同一个防火分区内的地下车站设备及管理用房的总面积超过 200m²，或面积超过 50m² 且经常有人停留的单个房间；最远点到地下车站公共区的直线距离超过 20m 的内走道；连续长度大于 60m 的地下通道和出入口通道。

防排烟系统与事故通风应具有以下功能：

①当车站站厅发生火灾时，能及时排烟，并防止烟气向出入口和站台层蔓延；

②当站台层发生火灾事故时，能及时排烟，并防止烟气向站厅、区间隧道蔓延；

③当区间隧道发生火灾时，能背着乘客疏散方向排烟，迎着乘客疏散方向送新风。

(2)运营模式转换功能

当防烟、排烟系统与事故通风和正常通风与空调系统合用时，通风与空调系统应采用可靠的防火措施，且应符合防烟、排烟系统的要求，并应具备事故工况下的快速转换功能。

①列车火灾时的运行模式。当列车在地下区间发生火灾停驶时，车站一端的事故风机向火灾区间送风，另一端的事故风机将烟雾经风井排至地面。控制中心确认火灾后，根据事故列车在区间的位置、列车火源位置等决定通风方向后，使乘客疏散的方向与气流方向相反，使疏散区始终处于新风带，以利于人员安全撤离。当发生火灾的列车进入地下车站停车时，启动设在车站两端的事故风机和排风机进行排烟，使乘客疏散方向与气流方向相反，以利于人员安全撤离。

②车站火灾时的运行模式。若车站站台发生火灾，应停止向站台送风，并关闭站厅的排烟设备，开启站台的排烟设备排烟，使站台楼梯口形成一个由站厅向站台的气流，乘客由站台向站厅撤离；若车站站厅发生火灾，应停止向站厅送风，并关闭站台的排烟设备，开启站厅的排烟设备排烟，乘客由出入口向地面撤离；若设备及管理用房火灾，开启火灾区域的排烟系统，将烟气经风井排至地面，同时由该区域的送风系统补风。地面及高架车站的防排烟系统设计按照地面建筑设计规范的规定执行。

(3)防烟分区

车站划分防烟分区，防烟分区的面积不超过 750m²，且防烟分区不应跨越防火分区。防烟分区可采用挡烟垂壁等设施实现。挡烟垂壁等设施的耐火极限不应小于 0.5h。站厅与站台间的楼梯口处宜设挡烟垂壁，挡烟垂壁下缘至楼梯踏步面的垂直距离不应小于 2.3m。

(4)排烟量

地下车站的排烟量，按每分钟每平方米建筑面积为 1m³ 计算。当排烟设备担负两个防烟分区时，其设备能力按同时排除两个防烟分区的烟量配置。当车站站台发生火灾时，保证站厅到站台的楼梯和自动扶梯口处具有 1.5m/s 的向下气流。

区间隧道火灾的排烟量，按单洞区间隧道断面的排烟流速不小于 2m/s 计算，但排烟流速度不得大于 11m/s。

列车阻塞在区间隧道时的送风量，按区间隧道断面风速不小于 2m/s 计算，并按控制列车顶部最不利点的隧道温度低于 45℃ 校核确定，但风速不得大于 11m/s。

(5)排烟口和排烟管道布置

排烟口的风速不宜大于 10m/s。当排烟干管采用金属管道时，管道内的风速不宜大于

106

20m/s,采用非金属管道时不应大于15m/s。

通风与空调系统下列部位风管应设置防火阀:

①穿越防火分区的防火墙及楼板处;

②每层水平干管与垂直总管的交接处;

③穿越变形缝且有隔断处。

(6)排烟风机

区间隧道排烟风机及烟气流经的辅助设备如风阀及消声器等,应保证在150℃时能连续有效工作1h。地下车站站厅、站台和设备及管理用房排烟风机及烟气流经的辅助设备如风阀及消声器等,应保证在250℃时能连续有效工作1h。

4.消防给水及灭火装置

地铁的消防工作必须重视火灾的预防和早期自救。要立足于完善地铁内部防火灭火设施的功能,如针对可能遇到的火灾,必须设立火灾自动报警系统;同时为了及时扑灭火灾应设置室内消火栓系统、自动喷水灭火系统或气体灭火装置等各种紧急救援设备。

(1)消防水源

地铁的消防水源应优先采用城市自来水,确保消防水源的可靠性。地铁消防给水系统的设计,宜采用生产、生活和消防分开的给水系统。

(2)室外消火栓和消防泵

在地铁的地下车站出入口或通风亭的口部等明显位置应设水泵结合器,并在15~40m范围内设置室外消火栓。

当自来水的供水量能满足消防要求,而供水压力不能满足消防要求时,应增设消防泵。

(3)消防栓用水量

地下车站不小于20L/s;地下折返线及地下区间隧道应不小于10L/s。

(4)消防给水管道

①地铁地下车站和区间的消防给水应设计为环状管网。

②每座地铁地下车站宜由城市两路自来水管各引一根消防给水管和车站环状管网相接。地下区间上下行线路隧道内各设置一根消防给水管,并宜在区间中部连通。在车站端部和车站环状管网相接的消防给水管的水力计算长度,为一座车站长度及车站前后区间给水管的连通管处的长度之和。区间连通管处宜设手动电动阀门。

③如果地面仅有一路城市自来水管,每座车站只可引入一根消防给水管,相邻地下车站再引一路消防给水管作为另一路消防给水水源。如果城市只有一路自来水,而且管径较大,供水管能满足消防要求,城市管网又构成环状,可以在自来水干管上增设阀门、在阀门两侧分设车站消防引入管,可不设消防水池,但应与消防部门和自来水公司协商。消防给水管的水力计算长度,为地下两个车站的长度及两站之间的区间长度之和。

(5)室内消防栓设置的范围和要求

地下车站站厅、站台、设备及管理用房区域、超过30m的人行通道、地下区间隧道应设室内消火栓,地面或高架车站室内消火栓的设置应符合现行国家标准《建筑设计防火规范》(GB 50016—2006)的规定。

①消火栓口径均为DN65,水枪喷嘴直径为19mm,每根水龙带长度为25m,栓口距地面或楼板高度应为1.1m。

②在车站的站厅层、站台层、设备用房及出入口等处,宜将消火栓与灭火器共箱设置,箱内

配备水龙带和水枪、自救式消防软管卷盘和灭火器。设双口双阀消火栓箱时,箱内可配一根25m的水龙带。

③消火栓的布置应保证有两只水枪的充实水柱同时达到室内的任何部位。水枪充实水柱不应小于10m。消火栓的间距,应按计算确定,单口单阀消火栓不应超过30m,双口双阀消火栓不应超过50m。地下区间隧道(单洞)内消火栓的间距不应超过50m,车站及地下区间的消火栓拟按单口单阀设置。

④消火栓的静水压力不应超过0.8MPa,消火栓口处出水压力不应超过0.5MPa,超过时宜采用减压稳压消火栓。消火栓口出水压力不得小于0.20MPa。

⑤地下区间隧道的消火栓,不设消火栓箱,不配水龙带。将水龙带放在邻近车站端部专用消火栓箱内。

⑥当车站设有消防泵房时,消火栓处应设水泵启动按钮。

(6)灭火器。地铁工程应按现行国家标准《建筑灭火器配置设计规范》(GB 50140—2005)的规定配置灭火器。

5.防灾用电和疏散指示标志

(1)电器设备

地铁电气设备数量多、用电量大、容易发生事故,电气设备火灾是地铁系统发生最多的火灾。地铁电气设备的基本要求是:消防用电设备的电源按一级负荷供电;地铁电气设备应选用无油型设备;应急照明的连续供电时间不应少于1h;防灾用电的配电设备应有明显标志;照明器标明的高温部位靠近可燃物时,应采取隔热、散热等防灾保护措施;可燃物品库房不应设置卤钨灯等高温照明器;地铁选用的电缆及电线应为无毒低烟阻燃电缆或耐火电缆。

(2)应急照明

地铁下列部位应设置疏散应急照明:

①站厅、站台、自动扶梯、自动人行道及楼梯口;

②疏散通道及安全出入口;

③区间隧道。

(3)疏散标志

地铁的下列部位应设置醒目的疏散指示标志(指示标志与地面的距离小于1m):

①站厅、站台、自动扶梯、自动人行道及楼梯口;

②人行疏散通道拐弯处、交叉口及安全出入口,通道每隔20m处;

③疏散走道和疏散门,均应设灯光疏散指示标志,并设有玻璃或其他非燃烧材料制作的保护罩;

④站台、站厅、疏散通道等人员密集部位的地面,宜设置保持视觉连续的发光疏散指示标志。

6.火灾自动报警系统(FAS)与环控监控系统(BAS)

火灾自动报警及控制系统(FAS)与环控监控系统(BAS)是两个各自独立但又相互联络的系统。火灾自动报警及控制系统(FAS)负责保护区域的火灾探测和全线消防设备的管理,用以及早发现火情,自动或协助消防人员手动对有关消防设备进行联动控制,指挥抢险救灾,引导乘客安全疏散。环控监控系统(BAS)负责对车站所有环控设施(包括通风、空调、给排水、照明、自动扶梯等)的日常运营进行自动化管理,在满足环境调控的同时尽量考虑节约能源。当灾害发生时,BAS通过信息传输接口接受FAS的指令执行救灾任务。

（1）火灾自动报警及控制系统(FAS)构成及功能

火灾自动报警及控制系统(FAS)分为控制中心(主控级)和车站(或车辆段)控制室(分控级)两级管理模式。

①控制中心：负责监视全线防灾设备的运营状态，接收报警信号，发布救灾指令并及时向有关部门报告灾情，协调指挥救援工作。FAS控制中心设在全线控制中心大楼内。

②车站控制室：对车站管辖区域进行火灾监视，及时接收并确认报警信号，向控制中心及有关部门联络；接收控制中心指令，联动消防设备，指挥人员疏散，进行抢险救灾。车站级消防值班室与行车、BAS等值班室统一设在车站综合控制室。

③防灾通信：除车站防灾专用对讲电话外，FAS系统利用通信系统的广播、调度电话、无线电话、CCTV等设备作为防救灾通信，不再重复设置。车站级火灾报警控制器与控制中心主机之间利用通信系统提供的全线公共传输系统组成全线FAS系统网络。

（2）环控监控系统(BAS)构成及功能

环控监控系统(BAS)也分为控制中心(主控级)和地下车站控制室(分控级)两级管理模式。由于地面高架车站建筑规模小，设备较简单，故不设车站级控制系统。车辆段不设BAS系统。

①控制中心：只作管理，平时不进行操作控制。监视全线环控设备的运营状态，接收本系统事故警报，组织修改全线空调系统等运营工况，集中管理记录和储存有关历史记录，提供维修报告等。

②车站控制室：负责对车站管理范围内的通风、空调、给排水、照明、自动扶梯等设备进行自动监控、自动控制、自动测量记录，并调节到最佳运营状态。发生灾害时，接收并执行防灾指令，负责信息传输接口处理。

7.防灾通信系统

地铁内应配备在发生火灾时供救援人员进行地上、地下联络的无线通信设施。地铁通信系统的设计，应具备火灾时能迅速转换为防灾通信的功能。地铁公用通信的程控电话，应具有火警时能自动转到市话网的"119"功能。

（1）无线通信系统

地铁控制中心设置无线控制台，列车司机室应设置防灾无线通话台，车站控制室、站长室、保安室及车辆段值班室应设无线通信设备。

（2）调度电话系统

控制中心处设防灾调度总机，各车站及车辆段设分机。

（3）广播系统

控制中心设广播控制台，车站控制室、车辆段值班室设广播控制台。

（4）闭路电视监视系统

控制中心防灾调度员处有监视器和控制键盘，供防灾调度员监视。

（二）公路隧道

公路隧道的火灾有以下特点：火灾蔓延快，温度上升快，烟雾大，疏散困难，扑救困难。

从近半个世纪以来国内外主要公路隧道火灾事故的实例资料分析可知，引发火灾事故的主要原因多为交通事故和汽车自身起火，其他有易燃物泄漏、爆炸、隧道内电气设备故障。引起火灾蔓延扩大的主要原因是火灾发生后预报慢、灭火措施不当、车辆的疏导不及时。

公路隧道火灾防范的基本原则有：

(1)公路隧道防火灾应贯彻"以防为主、防消结合"的原则,集中考虑人员的生命安全、财产保护及隧道使用的连续性这三方面的防火安全设计要求;

(2)隧道内应进行合理的防火分区,防火分区的设计应针对可能发生的最不利火灾,同时结合救援、排烟以及经济条件等因素统筹安排;

(3)建立完善的消防系统,消防系统的设计应采用固定式和移动式相结合的方案,同时满足不同火灾规模和火灾不同发展阶段的灭火需要;

(4)设置合理的逃生通道,逃生通道的布设应结合逃生和救援工作的需要综合考虑;

(5)合理的火灾通风形式是逃生、控制火情、排烟和救援的先决条件;

(6)隧道火灾报警系统应动作迅速、情报准确,并具有全自动装置,这是隧道内重要的安全设备之一。

1.公路隧道等级划分

(1)我国的建筑设计规范将单孔和双孔城市交通隧道按其封闭段长度及交通情况分为一、二、三、四类,见表3-14。

城市交通隧道分类 表3-14

用 途	隧道封闭段长度 L(m)			
	一类	二类	三类	四类
可通行危险化学品等机动车	$L>1\,500$	$500<L \leqslant 1\,500$	$L \leqslant 500$	—
仅限通行非危险化学品等机动车	$L>3\,000$	$1\,500<L \leqslant 3\,000$	$500<L \leqslant 1\,500$	$L \leqslant 500$
仅限人行或通行非机动车	—	—	$L>1\,500$	$L \leqslant 1\,500$

一类隧道内承重结构体的耐火极限不应低于2.00h;二类不应低于1.50h;三类不应低于1.00h;四类隧道的耐火极限不限。

(2)日本于1981年制定出隧道防火设施技术标准,根据隧道的交通量和长度将其划分为五个等级(AA,A,B,C,D)(图3-19),并据此设置相应的防火措施,五个等级的防火设施配备见表3-15。

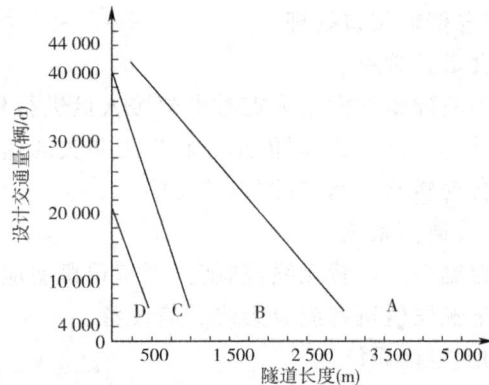

图3-19 日本隧道等级划分

日本各等级隧道的防火措施 表3-15

紧 急 设 施		配 备 原 则	隧 道 等 级				
			AA	A	B	C	D
通报警报设备	紧急电话	间隔200m	○	○	○	○	
	按钮式通报装置	50m间距	○	○	○	○	
	火灾检测器		○	△			
	紧急警报装置	距入口100~200	○	○	○	○	
灭火设备	灭火器	50m间距	○	○			
	消防栓	50m间距	○	○			

紧急设施		配备原则	隧道等级				
			AA	A	B	C	D
引导避难设备	引导指示板	200m 间距	○	○	○		
	排烟设备或避难通道	正洞之间间距 250m,正洞与避难通道之间间距 350m	○	△			
其他设备	给水栓		○	△			
	无线通信辅助设备或无线再播送设备		○	△			
	或扩声播送设备		○	△			
	喷水设备		○	△			
	监视装置		○	△			

注:表中"○"表示必须设置,"△"视情况设置。

2. 建筑防火设计

(1)隧道内建筑材料的选择

隧道内建筑材料的选用与隧道自身的防火性能密切相关。如隧道内选用了可燃、易燃性材料进行装修,将使隧道失火的几率增大;同时,会产生使火势迅速蔓延扩大,造成隧道内轰燃提前发生,增大隧道内火灾荷载,产生大量有毒烟气,严重影响人员安全疏散和扑救困难等严重后果。从防火的角度出发,隧道的结构物、内部装修等均应选用阻燃、耐温材料,在高温状态下,不能有大量的有毒气体产生,还必须有较高的耐火极限值,必要时还应在结构表面喷涂防火隔热材料。国际道路协会 PIARC 规定:在 1 200～1 320℃的条件下,隧道衬砌和防火涂料之间的界面温度应小于 380℃,衬砌内钢筋温度应小于 250℃,耐火时间为 1.5h。

(2)车道

为尽量减少因交通事故而引发火灾,车行道应有足够的宽度,隧道内设紧急停车带。紧急停车带是供故障车紧急避难或管理车辆临时停车所用,以防止因汽车故障而发生交通事故,引发火灾。日本的现行规范中规定的紧急停车带的设置间距为 1 000m。一般情况下,紧急停车带设在行车隧道和横通道的交叉处要扩大断面的位置。

(3)防火分区

在交通隧道中,火灾往往源自一个起火点,然后火势通过建筑构件或其他物质的燃烧以及风力的作用逐步扩散蔓延,最后形成大面积的火灾。如果在火灾发生的初期将火势控制在最小的范围内,就能将火灾的影响减小到最低程度。基于此种考虑,可以在隧道中划分若干防火区间。划分防火区间的依据是隧道的长度、消防设施等因素。在一个独立的防火区间内,有单独的内部消防设备,有单独的排烟系统和通风系统。并且在防火区间的两端,设置滑槽式防火门,一旦在某个防火区间内发生火灾,防火门将自动关闭,从而将火势控制在该防火区间的范围内,而不会使火势波及整条隧道。

我国现行的公路隧道规范推荐的防火区段为 1 000m 左右。在实际隧道的设计中,为了管线和灭火设施布置方便,防火区段的设置应与横通道相对应。防火区段之间宜采用水幕带的形式实现对烟气的隔断、降温和降尘。

3. 疏散和避难

(1)在隧道两侧分别设置安全疏散走道,该种方式安全性高,人员疏散快;但开挖空间大,投资较大。

(2)通过隧道地下电缆沟或其他夹层进行疏散,此种方式造价较低,较经济。

(3)对于受条件限制无法设置人行通道时,也可在隧道内设置避难所,以满足人员疏散要求。避难所的最低耐火极限与隧道结构应相匹配,同时安装独立的送风系统以隔绝高热和阻止烟气进入。

(4)对于双孔隧道,可设置横向联络通道。发生火灾情况时,人员可以通过横向联络通道安全地疏散到另一隧道内,救援人员亦可通过联络通道迅速进入事故现场。各国对联络通道设置间距的规定不一,且随隧道功能的不同也有所差异,但大多在100~500m之间。此外,在横向联络通道两端应设防火门保护。

同时,隧道内还应设置带蓄电池的事故照明灯、紧急广播、灯箱式疏散诱导标志等。

4. 防排烟

隧道防烟和排烟对人员疏散、灭火工作极为重要。一般可结合隧道的通风系统进行设计,在正常情况为通风功能,满足环保的要求;而在火灾情况下为排烟、控烟功能。其主要目的是为乘车人员创造一个安全的疏散路线和提供一个通往火场的洁净路线,帮助救火人员到达火灾现场。

(1)通风方式

隧道通风方式一般有全横向通风(图3-20)、半横向通风(图3-21)及纵向通风(图3-22)三种。必要时可采用半横向加纵向通风方式,短隧道可用自然通风方式。

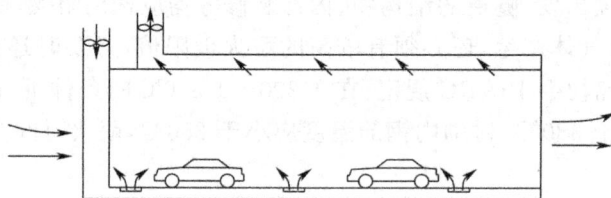

图 3-20 全横向通风示意图

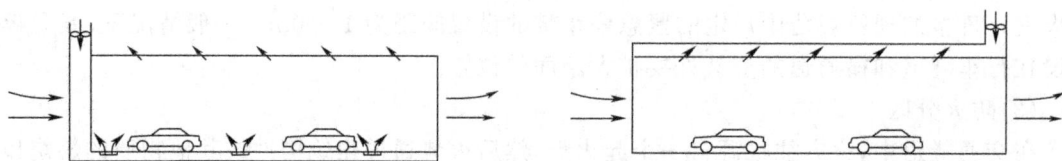

图 3-21 半横向通风示意图

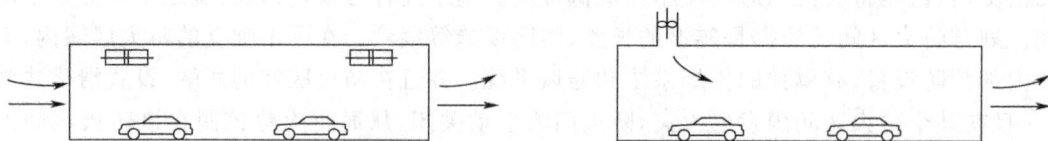

图 3-22 纵向通风示意图

横向式通风是沿隧道的整个长度持续均匀的送风或排风。全横向排烟方式具有正常交通运行时最好的通风效果和火灾时迅速排烟的安全性。此排烟方式一般是在隧道的顶部空间中建筑一个通道,其本身可以为预制混凝土结构的一部分,另一种就是安装铁皮风管系统。为防止火灾时隧道下部烟气因不受上部排烟道的排烟影响而迅速扩散的现象产生,在隧道的下部送入少量新风则有利于控制烟雾扩散。

由于横向通风的造价比较高并受空间利用的限制,纵向通风排烟作为一种较为经济和实用的方式被广泛采用。纵向通风方式就是在隧道内产生纵向风流。隧道顶部安装射流风机,此射流风机具有耐高温性且可以通过控制改变转向。此种方式是在火灾发生时通过控制烟气的流动方向,来确保人员的疏散以及消防队员的救援活动能安全进行。在设计中可以按隧道允许通行车辆的性质,确定火灾时控制烟气流所需的纵向风速并考虑火灾规模及隧道坡度的综合指标,从而来确定风机的功率及台数。

(2)通风量计算

一般情况下,分别按一氧化碳及烟雾浓度计算出每公里的标准通风量,然后根据隧道长度计算所需通风量。再依据行驶速度、坡度和不同车型一氧化碳的排放量进行修正而得出最终结果。同时要计算出阻塞火灾排烟时所需通风量,作为验算通风量的依据。

(3)通风排烟组织

对于双孔公路隧道,当其中一条隧道发生火灾时,隧道按火灾救援模式通风,另一隧道主风机按正常运营通风,用射流风机保证打开的联络通道处火灾隧道的风压小于正常运营隧道的风压,使火灾隧道的烟雾和高温气体不蔓延到另一隧道。火灾情况下的风流组织应视逃生和灭火救援工作的进度分阶段实施。当发生火灾后首先应调整风机运行状态,采用救援模式控制火灾的发展和烟气流动方向,待隧道内逃生人员完全安全撤离后,启动排烟通风组织系统。排烟通风组织系统的机械通风应根据火灾点的位置选择不同的通风方向,排烟的基本原则是使烟气沿较近的竖井排出。

5.消防给水和报警、灭火设施

(1)消防给水

隧道消防系统主要以水消防为主,辅以化学消防和其他的消防措施。消防能力设计一般按一处火灾延续 2h 计。使用水消防,动用火场附近两处双出口消防进行灭火,来计算消防水压、用水量和隧道内消防洞室间距的布置。对于长大隧道,一般采用两端高位水池保持一定的管压供水(火灾初期)和消防水泵后期补水的方式进行消防水系统的配置和设计。在消防送水管网中最好配置压力检测点,同时根据隧道所处的地理位置还必须对水管采取防冻措施。

消防给水系统设计应考虑以下几个方面:消防水源和供水系统;供水管道的管材选择和管道铺设;用水量;供水压力。消防水源可利用天然水源,也可利用市政自来水供水。在隧道进出口处设置由集水池、加压泵站、蓄水池和供水管网组成的给水系统。一般多利用地形设高位水池,也可设低位水池由水泵供水系统,无论哪种方式都必须确保消防用水量。同时,还应在隧道口设置室外地上消火栓,供专业消防队伍及消防车取水。隧道消防用水量因隧道规模不同,要求也不同,隧道消防用水量应不小于表 3-16 中的规定。

隧道用水量说明   表 3-16

隧道长度 L(m)	消火栓灭火用水量(L/s)	同时使用水枪数量(支)	供水延续时间(h)
500≤L<1 000	15	3	2
1 000≤L<3 000	20	4	4
L≥3 000	20	4	6

(2)灭火设施

灭火设施设计包括灭火器、消火栓、泡沫自动喷淋等灭火系统的设计。

①灭火器灭火系统。隧道内一侧墙上每隔 50m 设置一个泡沫灭火箱,用于扑救初起或零

星火灾。

②消火栓灭火系统。隧道内一侧墙上每隔50m设置一个消火栓箱并配有自救式消防卷盘。栓口离地面高度宜为1.1m,其出水方向宜与设置消火栓的墙面相垂直。

③泡沫自动喷淋灭火系统。系统处于备用状态时,管道内充满压力水,发生火灾时,输出控制器上的热敏元件(玻璃泡)破裂喷水,水流指示器动作,报警阀开启,同时压力水经过控制阀管道使泡沫液控制阀自动开启。

（3）火灾报警系统

一旦发生火灾,现场人员能够方便快速报警,并有条件进行自救,以减轻灾害程度,或等待救援。隧道内部有完善的自动检测、报警和灭火系统(图3-23),能自动捕捉检测区域内火灾初期的烟雾或热气,从而发出声、光报警信号,开动紧急广播和闭路电视监控系统,在联控系统的控制下启动消防灭火。

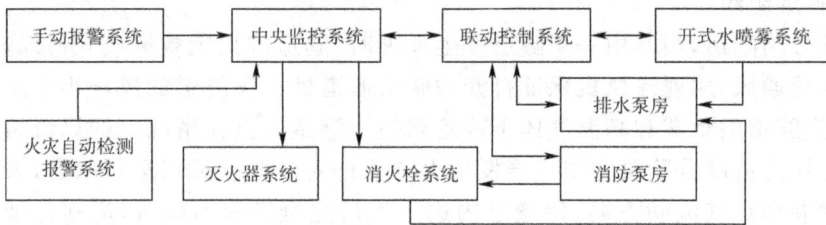

图3-23　典型隧道火灾自动报警及联动控制灭火系统

6.电气管线的布设

在隧道防火设计中,电缆布置的基本要求是:在救援、灭火过程中隧道内动力、照明以及通信用电保证不间断供应。基于以上基本原则,通常有以下两种布线方案,可根据具体的情况选用。

方案1:在上下行隧道之间修建独立电缆隧道,上下行隧道共用一条电缆隧道。

方案2:将照明、通信以及动力用电的主电缆埋置在隧道混凝土衬砌中,并实现隧道内分段供电。供电区段以横通道之间的隧道区间为单位设置较为合适。一般,电缆在隧道混凝土衬砌中的埋置深度达到20cm以上时即可满足防灾要求。同时灯具、电话箱和灭火箱等均采用非燃烧材料制成,电缆线应采用阻燃电缆或耐火电缆,各类电器线路应穿管保护。

7.交通管理和组织

公路隧道火灾多因交通事故和汽车自身起火引起,应通过检测器、巡逻车、紧急电话和图像信息,及时地掌握火灾地点交通情况,并向有关方面通报火灾的发生地点、性质及关联的交通状态等。

对火灾发生路段上下游交通提供诱导和控制管理,开启防止后续车辆驶入隧道的警报装置,进行车道、车速控制,使车辆以最佳运行速度运行,防止车辆发生首尾相撞等二次事故。同时,为救援交通提供最佳路径及沿途的交通控制和管理,保证救援通道的畅通。

为避免火灾发生时隧道内的交通混乱,在隧道出入口及隧道内设置警报提示(可变指示牌),每隔500m设一处。

火灾情况下的行车组织(以双洞单向交通隧道为例,图3-24)可按下述步骤进行:

（1）隧道内发出火警后两条隧道同时关闭,严禁车辆驶入;

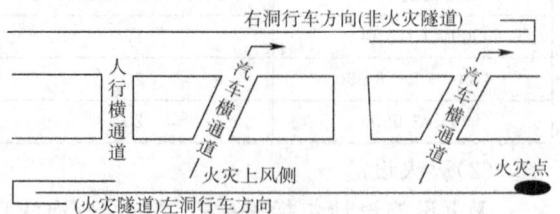

图3-24　火灾情况下的行车组织示意

（2）打开发生火灾隧道所有火灾点上风侧横通道；

（3）火灾下风侧的车辆快速有序地驶出事故隧道；

（4）火灾点上风侧车辆通过横通道安全疏散到另一座隧道；

（5）未发生火灾的隧道改为双向行车，同时行车速度限制在30km/h以内，并严禁超车。

（三）铁路隧道

目前我国铁路隧道近5 200座，总延长2 457km以上（2005年数据），但尚无完整严格的铁路隧道防火设计规范。铁路隧道内的火灾事故主要有三种类型，即：旅客列车在隧道中的各种意外着火事故、货物列车以及油罐列车在隧道内发生的重大火灾事故。

1.铁路隧道消防方法

铁路隧道消防方法主要有隔离法、降温法和降氧法三种。对于在隧道中着火且不能运行的列车火灾，一般采用降温和封堵隧道洞口降氧灭火的方法，主要灭火设备有固定式自动消防系统和移动式消防设备两种。固定式自动消防系统由火灾探测及报警系统、自动化喷淋系统、诱导疏散系统、通风排烟系统和消防控制中心等组成，可将火灾扑灭在萌芽状态。由于隧道火灾发生的地点、性质和火灾荷载都具有很大的随机性，因此，这些固定式消防设施的设备投入及日常维护管理费用都很高。移动式消防设备绝大多数以公路上行走的车载式消防车为主，由于消防车的机动性能，服务范围大，可以用少量人力、设备投入，为大范围内的隧道火灾服务。前苏联和德国铁路部门都曾研究设计制造了铁路隧道消防救援列车，它由消防灭火车、化学灭火车、工具车、救援车等组成。该消防救援列车可利用铁路行车集中调度、畅通无阻的优点，高速开到火场灭火。

2.隧道衬砌结构火灾损伤评定及加固措施

隧道衬砌结构火灾损伤程度的主要因素是高温。通过石油产品在隧道中起火燃烧的模拟试验可以发现，隧道火势极为猛烈，温度上升快并可达到1 300℃。高温下混凝土结构破坏严重，强度损失大，甚至可能丧失承载能力。破坏特征表现为表面剥落、强度降低、结构变形及开裂，损伤深度一般达10～25cm。通过试验和对现场火灾隧道的损伤调查结果表明，火灾后绝大部分隧道均能通过整治加固而重新使用。

3.火灾报警系统

特长隧道中（10km以上）一般都要设置固定式消防设施，火灾（手动和自动）报警系统是这一设施的"耳目"。手动报警采用有线、无线通信方式与消防控制室联系，特长隧道中设有线电话通信，供隧道维修人员使用；无线通信主要供司机和列车长使用。

4.危险货物泄漏监测系统

铁路经常运输有毒的、易燃的和易于发生化学反应的化学物质。这些物质在列车发生脱轨、冲突等事故时，有可能发生泄漏，从而导致环境污染，甚至发生火灾爆炸事故。为了避免危险货物泄漏引发重大铁路事故，国外铁路在危险货物泄漏监测方面，进行了大量的研究。

危险货物泄漏监测方式，主要有随车监测（独立于脱轨和其他铁路事故）、事故监测（发生较小事故后的泄漏检查）、行动小组监测（对重大事故后的危害及损害进行监测）以及固定地点监测器。

（四）地下商业空间

1.地下商业空间的火灾危险性

（1）营业厅面积较大，如防火分隔不到位，一旦发生火灾，很快蔓延至整个商场。

（2）可燃物多，火灾荷载大。如可燃商品、柜台、货架及建筑装饰材料等，一旦起火，燃烧迅速而猛烈。

(3)人员众多,一旦发生火灾,安全疏散困难,容易造成人员重大伤亡。

(4)电气设备多,如照明用霓虹灯、彩灯以及空调等。品种数量繁多,线路错综复杂,用电时间长,使用稍有不慎,即可引起火灾。

(5)为方便用户而附设的维修、加工、电热器具和商场内更新改造中的使用电动工具明火作业等,更易引起火灾事故。

2.地下商业空间的消防应满足的要求

(1)杜绝火源的发生。

(2)火情发生后能立即发出警报。

(3)保证所有人员在火势蔓延和烟气扩散之前能有秩序地安全疏散撤离。

(4)以最快速度扑灭明火,把物质损失控制在最低限度。

3.地下商业空间的消防设计

(1)地下空间面积一般较大,须严格按有关设计规范设置防火和防烟分区。对于一些大型的公共活动空间,当过小的分区影响到使用功能时,可采取一些措施来解决,例如改防火隔墙为防火卷帘,改商场式布置为商店街式布置等。在不同使用性质的空间相连通的部位和上下楼梯相连通的部位均应采取隔火和防烟措施。

(2)地下商业空间人员密度大,必须合理设计疏散设施和疏散路线;保证安全出口和安全通道有足够的数量和宽度,且布置合理;确保疏散路线简捷、无障碍;保证有足够的照明并设置明显的引导标志。

(3)建立完善的防排烟系统。

(4)建立完善的火灾探测和报警系统、广播系统、照明系统等消防系统。

(五)地下停车库

地下停车库防火设计的特殊性在于,由于行驶和停放的车辆都带有一定数量的燃油,因而发生火灾的可能性较大,且一旦发生火灾难以扑救。因此必须采用先进的防火和灭火设备,以确保安全。

引起地下停车库火灾和爆炸的主要原因有:车辆本身由于电路短路,化油器起火,排气管冒火,或与其他物体碰撞引起油料燃烧;室内空气油气含量达到临界点(1%~6%),遇明火后发生爆炸或燃烧;由室外因素引起的燃烧,如电线起火,雷击、金属碰撞发生火化,电器开关打火以及吸烟不慎等引起火灾或爆炸。

地下停车库火灾有以下特征:车辆燃烧产生的热量不大但烟多,排烟困难;空间规模大,通过斜坡与外界相通,因空气补充充足而燃烧时间长;汽车内部燃烧时,用灭火器喷射灭火几乎无效;由于产生大量的烟,阻碍早期灭火、撤退,加上空间规模大,使确认火源位置,搜索失踪人群,撤退引导等工作难以进行。

地下停车库的消防措施主要包括以下几方面内容。

(1)在停车库内划分成若干个防火分区,以及时隔绝火源,控制其蔓延。我国的《汽车库、修车库、停车场设计防火规范》(GB 50067—1998)规定地下停车库的防火分区面积为1 000m^2;有自动喷淋灭火设施时防火分区面积可增加一倍。

(2)设置安全出口。安全出口的位置应使库内任一位置的人员到达安全出口的距离不超过45m,当有自动喷淋灭火设施时该距离可增至60m,使库内人员在火灾报警后1~2min内撤出停车库。同时,安全出口处的楼梯应按防火楼梯设计。

（3）通过专设的排烟系统，将烟排走，以隔绝浓烟；但在人员完全撤离后，可停止排烟，因为烟对燃烧的明火起窒息作用。

（4）地下停车库的灭火主要靠内部的自动灭火系统，靠消防队员从外部进入灭火是相当困难的。在火灾初期使用自动喷雾设施，如初期火灾失控，可启用其他灭火系统，常用的有泡沫灭火系统、二氧化碳灭火系统、粉末灭火系统等。其中泡沫灭火系统对地下停车库更为合适，因为泡沫灭火方法对扑灭不溶性可燃液体的火灾更为有效，细小的泡沫覆盖油面后使之与空气隔绝，从而将火窒息。但是泡沫是在泡沫剂遇水后才能生成的，平时处于分离准备状态，故必须加强平时对系统的维护，保证随时都可启动。

思 考 题

1. 简述火灾对地下工程的破坏特点。
2. 论述火灾发生区的流体力学原理和火灾数学模型。
3. 论述火灾发生时，烟气流动特点。怎样保障地下工程内人员的安全疏散？
4. 地下工程内部防烟、防火分区怎么划分和分隔？
5. 怎样进行地下工程的防火设计？
6. 隧道与地下工程有哪些消防系统？进行消防设计应注意哪些方面？

第四章　地震灾害抗震设计

第一节　引　　言

在危害隧道及地下工程的各类灾害中,地震灾害是非常重要的一种灾害类型,其造成的灾害损失大,波及面广,影响也大,因而普遍受到关注。地下工程的防震减灾技术也是近年来地下空间开发领域中应重点进行研究的一个学科。自 20 世纪末以来,世界范围内发生的几次大地震,给隧道及地下工程带来了较为严重的灾害,也使得人们对于隧道及地下工程地震响应和震灾的认识有了进一步的加深。

地震产生的地层震动不但对各类地下结构物的主体部分带来危害,导致结构出现裂缝、错位甚至塌落,从而危及结构物的安全和正常使用;同时也会导致附属设施的损坏,从而影响其正常功能。上述这些破坏是直接的,通常称为一次性灾害。另外地震还可以间接地带来次生灾害,如引起火灾、导致涌水、有毒物质泄漏等。这些次生灾害也往往对人民生产生活产生很大的影响,造成严重的经济和社会损失。本章以地震带来的原生灾害,即一次性灾害为防御对象进行阐述,不讨论次生灾害。这是由于一方面本书的其他章节对这些次生灾害已经有论述;另一方面,地震引起的次生灾害往往可以通过对结构本身的有效设计防止原生灾害进而来抑制减轻次生灾害的发生和损害。

相对于地面建筑结构的抗震研究和实践,地下工程的抗震设计和研究起步较晚。早期的建设实践中由于地下工程数量少,形式简单,地震中经历的灾害较为少见,抗震设计经验不足,人们认为地下工程具有天生的抗震性能。最早的地下工程设计建造中不考虑抗震因素或者只简单地相应增加安全系数来笼统考虑。随着隧道及地下工程的发展,地面建筑中广泛使用的静力等效荷载理论开始用于地下结构的抗震设计。随着研究的进展,人们在对地下结构的地震响应特点及震害分析中发现,地下结构具有不同于地面结构的地震响应及震害特点。于是适合地下结构抗震设计的动力响应位移法得以出现,并广泛应用于一些国家的地下结构抗震设计中。经历过 1995 年日本神户地震后,世界各国对地下结构的抗震性能进行了重新审视和研究,日本修改了地下工程的抗震设计规范,美国也制定了新的规范。近年来,动力有限元,包括三维动力有限元方法在某些复杂地下结构抗震设计计算中得到了应用,还出现了不少精度较高也较为实用的新方法。

第二节　地震成因及对地下工程破坏特点

一、地震及断层

地震是一种由于地球内部物质快速运动或人为爆破造成地面振动的自然现象。在不同的国家对其有不同的分类。我国通常根据地震成因将地震分成天然地震和人工地震两大类。天然地震包括由于地下岩层错动而产生的构造地震,由于火山喷发引起的火山地震,以及由于矿山采空区塌落造成的陷落地震。人工地震包括地下核爆炸、石油勘探中的人工爆破,以及巨大工程倒塌引起的地面振动。在地震的多发国日本,也将地震按照发生地点分为"直下型地震"和"海洋型地震"。直下型地震是指在城市等陆地的正下方地层中产生的地震,而海洋型地震是指发生在大陆架边缘乃至近海海底的地震。这两种地震均为构造地震。

对于地面和地下工程而言,引起工程结构破坏的地震主要是构造地震。从物理学的角度讲,这类地震属于地下介质中巨大应变能的突然释放。正因为它的"巨大"和"突然",给工程安全带来很大的风险。而人工地震以及火山地震、陷落地震等无论从规模、释放能量、造成的破坏程度和范围等都远不及构造地震。

那么构造地震究竟是如何发生的?在地震发生的源头究竟发生了怎样的地质现象?要了解这些问题还是要从一个基本的地质学术语——断层开始谈起。实际上,有关地震发生的源头,也就是震源所在地,到底发生了怎样的现象,一直是地震学的一个重要课题。经过了几十年的争论,从20世纪的70年代开始,人们逐渐形成了较为统一的认识。首先地震的源头,即震源并非只是一个点,而是一个具有有限尺度的区域。在该区域会有一个面(也叫断层面)受到破坏,沿着该面,两侧的地层产生相互间的滑动。该滑动是平行于断层面的,也就是说在震源区域处发生了断层的滑动破坏(剪切破坏)。该滑动大致以每秒几十厘米的速度进行,在其作用下发生了地震波,该波动将沿着地层向四周传播,使地层深处乃至地表产生振动,这样地震也就由震源区域向远处传播,给较广范围内带来影响甚至破坏。

产生地震的断层有多种,如图4-1所示。当断层的错动方向基本上在水平方向时可称之为横向错动断层,如图4-1中的(c)和(d)。当错动方向接近于断层面的倾斜方向时,被称之为纵向错动断层,如图4-1中的(a)和(b)。水平错动断层中,当以断层的一侧为基准,另一侧沿顺时针方向错动时被称为顺时针水平断层;沿逆时针方向错动时称为逆时针水平断层。当断层的错动方向大致为断层倾角方向时该断层被称为竖向错动断层,此时,其断层面的上方一侧向下错动时,即沿着断层面向下方滑落时被称为正断层,相反则称为逆断层。实际上,断层会有水平及竖向两个方向滑动的较多,比如顺时针错动逆断层等。

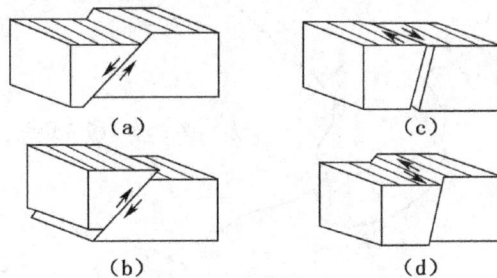

图4-1 断层的种类

(a)正断层;(b)逆断层;(c)水平断层(顺时针);(d)水平断层(逆时针)

断层运动实际上反映了作用在地层上的地层应力状态的不同(图4-2)。水平向错动断层,其最大压缩应力轴和最小压缩应力轴均为水平方向,而当最大压缩应力轴为竖向,最小压缩应力轴为水平方向时,就会发生正断层错动。发生大的地震后通过大地测量比较地震前后地面的变形,得出地层大致在哪个方向上受到压缩,在哪个方向上受到拉伸,从而可以推断出造成该次地震的断层属于何种类型的断层。传统的大地测量方法往往需要数月的时间才能大致判断出来,而最近随着测量技术的发展,通过 GPS 地球定位系统,可以较快地得出地面的变形。例如,1995 年日本阪神大地震后很快 GPS 的观测结果就出来了,得出最大压缩应力轴向大致成东西向,而最小压缩应力轴向大致为南北方向。而本次地震的断层为东北向西南方向延伸的顺时针水平向错动断层。

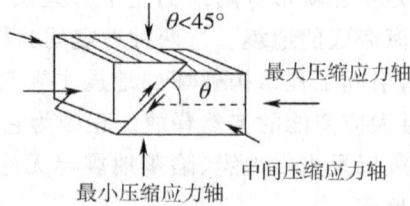

图 4-2 地壳应力

二、板块学说与地震

由上所述,构造地震是由于地层中的断层互相错位而引起的,可以说断层是引发地震的主要原因,而断层形成的更加深层的原因则是与板块学说密切相关的。

解释这一学说首先要从地球的构造说起。简单地说,地球的表面有一层厚度约 100km 的硬壳层,它是构成地壳的主要部分,地壳的下方为地幔,包括厚度数百公里的软流层。根据板块构造学说,硬壳层是由一些具有一定尺寸的板块构成的,这些板块位于软流层上方,并不断地运动。整个地球表面的板块间被一些活动的构造——海岭、岛弧、转换断层等所割裂,从而形成几块大的板块将地表覆盖,如亚欧板块、美洲板块、太平洋板块、印度洋板块、非洲板块和南极洲板块(图 4-3)。在板块相互接触的地方会产生碰撞、隆起、下沉等现象,而地震、火山喷发等地质现象均与此板块间的相互作用有关。

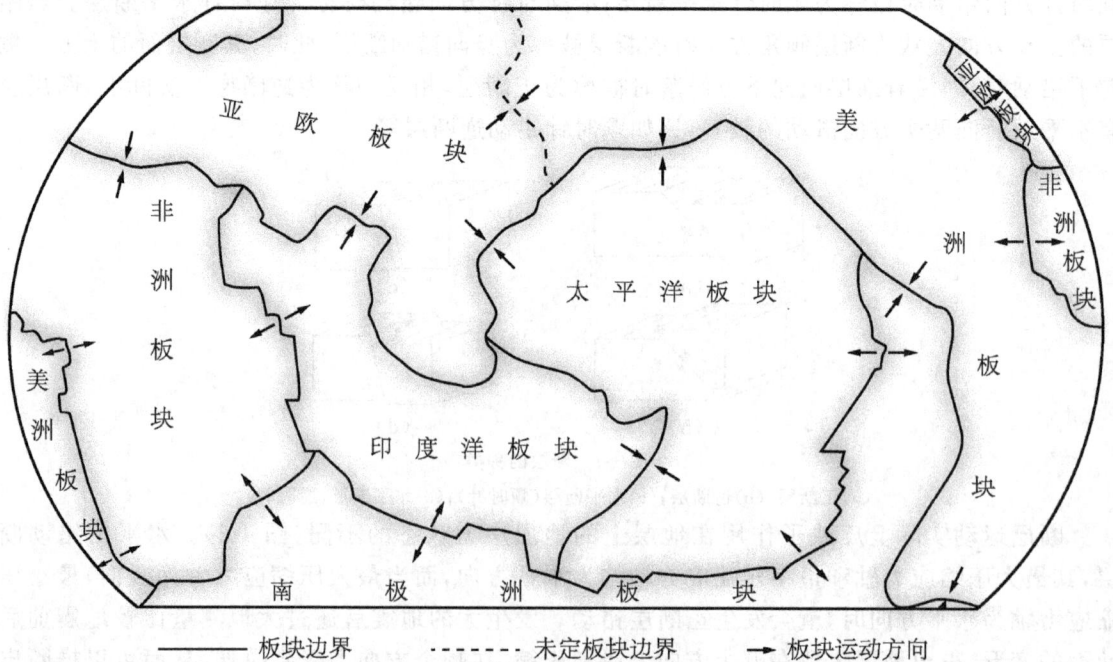

图 4-3 地球上主要板块示意图

具体说来，地震多发生在现代构造运动强烈的地区，如地中海—喜马拉雅地震活动带与环太平洋地震带所在的断裂带和岛弧地区。其原因也在于地球表面的海洋和各大陆的板块在地质时期内不是固定不变的，除了由地面的隆起与沉降的垂直运动外，更主要的是发生大规模的水平运动，其运动的形式如图 4-4 所示。

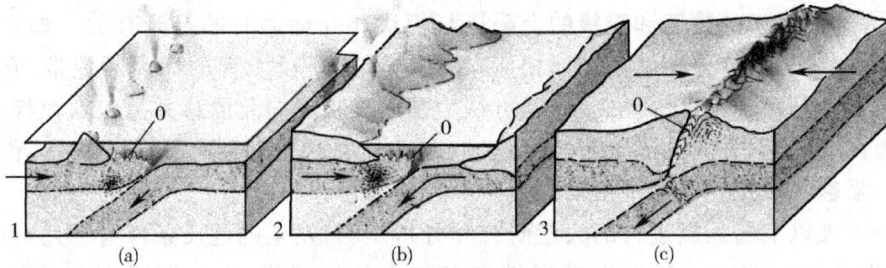

图 4-4　地壳和上地幔运动示意图

(a)地下岩浆运动引起的火山喷发；(b)上地幔软流层带动地壳向下俯冲；(c)岩层相互挤压而形成山体隆起

地壳运动最主要的动力是源于地幔物质的对流，对流的速度为每年 1 厘米到数厘米，主要发生在软流层内。海底是对流循环的顶端。地幔物质从海底的破裂带（海岭处）喷出，向两边扩张，形成新的海底；旧的海底则向前移动（每年约数厘米），再在某些地带，如岛弧地带又沉入软流层，从而完成对流的循环。这个循环系统的尺度可达几千公里。某些循环现在仍在流动，但某些则已停止。在地质年代里，对流循环的位置是有变化的，因此导致大地构造形态上的变化。但对流循环的形态是在地球内部进行的，与大陆的位置无关。大陆仿佛坐在传送带上一样，随岩石层一起流动。这就导致了大陆的漂移。当大陆达到对流的汇聚点时，因为较轻而停止不动。如果一个新的对流循环恰有一块大陆从下面上升，则大陆将被冲破而形成新的断裂（图 4-5）。

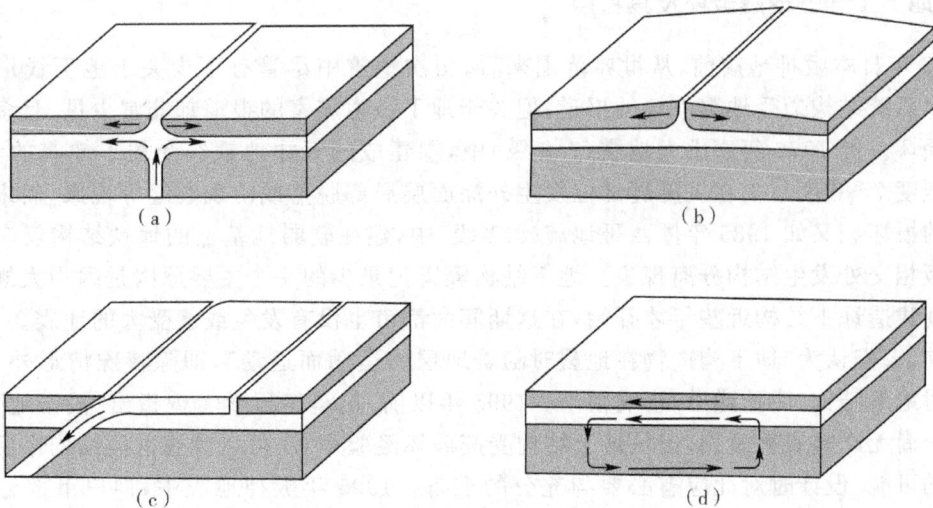

图 4-5　壳幔运动及大陆漂移机理示意图

(a)海底扩张型；(b)海底裂谷型；(c)俯冲（或称消减）带；(d)大陆水平漂移机理

在海岭、岛弧、转换断层三种形态之间的作用力有三种类型：海岭处主要是张力，常造成正断层；岛弧地区主要是挤压，造成逆掩断层；而剪切地区则形成转换断层，它是平移断层的一种。这些相互作用力就是地震发生的主要原因。可以看出,板块的划分与全球地震带的分布是一致的。在岛弧地区,地震发生的强度最大,最大震级达$M_S = 8.9$。这个地区浅震和深震活动连在一起,形成一个连续的、倾角约45°的"消减带",这是岩石层俯冲到软流层的结果,这样就解释了深震的成因。在海岭和转换断层上的地震数目占全球地震总数的9%。最大震级为$M_S = 8.4$。

另外,大地震发生的频度和震级的上限还与板块相互运动时的接触有关。如在大陆内部的板块边缘,由于板块漂移速度不同而相撞,往往也形成广泛发育的深大断裂带,它也是强震发生带。例如喜马拉雅山区的地震带,则可认为是印度板块向北漂移并撞入欧亚板块所造成。还可以认为,这些不同方向的深大断裂带,又把地壳分割成大小不等的构造块体,称为断块或断陷盆地。强震往往发生在这些活动断裂带的特殊部位。

对我国6级以上的强震进行的大量研究和分析表明,发生的地质条件有下述特征。

(1)发生于不同方向的活动性断裂带交汇复合处的强震,占与断裂有关的强震总数的50%。如1927年甘肃古浪8级地震发生在北西向祁连山北缘深断裂和古浪—昌北北西向断裂交汇区;1969年渤海7.4级地震发生在北北东向、庐深断裂河北西断裂带交汇区等。

(2)发生于活动性深大断裂或主干断裂带拐弯处的强震,占总数的15%。如1920年宁夏海原8.5级地震就发生在北西祁连山北缘深断裂向南南东方向拐弯地段。

(3)强震也常发生于活动性深大断裂的强烈活动地段及端部。强震数目约占总数的15%。如四川炉霍1923年7.25级和1973年7.9级地震发生在北西向鲜水河深断裂活动最为强烈的地段。

此外,还应具体考虑新断块的局部构造特征,该地区各种地球物理量的变化幅度、速度和梯度等。

总之,在地质条件变化极端的地方,亦为强震可能发生的地段。

三、地下工程的地震破坏及其特点

1995年日本阪神地震前,从世界范围来看,历次地震中尽管有不少关于地下线形结构及小型供水系统结构遭受地震破坏的报道,但关于地下铁道震害的报道却非常少见,且多属程度较轻的损坏。如1976年唐山大地震(7.8级)中,刚建成的天津地铁经受住了地震的考验(天津地震烈度7~8度),仅在沉降缝部位发生外涂面层局部脱落或出现裂缝等现象,而未发现其他形式的损坏。又如1985年墨西哥地震(8.1级)中,建在软弱地基上的地铁结构仅车站在侧墙与顶板相交处发生结构分离现象。地下结构震害记录少的一个主要原因是因为大规模利用地下空间建造地下结构近些年才开始,在这期间大都市也没有发生或遭受大的地震。

以前,人们认为"地下构造物在地震时随着地层的运动而运动",即除特殊情形外,一般认为地震对地下结构(明挖隧道)影响很小。1995年以前,抗震工程学者曾指出:关于地下结构,虽然迄今尚无严重震害事例,但从地上结构受震破坏经验来看,可以设想这类结构今后仍有出现震害的可能,设计时对此应有必要与充分的准备。1995年阪神地震中,神户市部分地铁车站和区间隧道受到了不同程度的破坏。其中大开站最为严重,一半以上的中柱完全倒塌,导致顶板坍塌和上覆土层大量沉降,最大沉降量达2.5m之多。破坏主要发生于7度烈度区域内。然而和地面结构相比较,地铁隧道的破坏仍属轻微,尤其是盾构隧道,破坏非常轻微。

地下管道在现代化工业生产和人民生活中占有重要的地位,并在输水、油、气(汽)、煤、排水以及通信、供电、交通运输等方面得到了广泛的应用。地下管道发生震害时,将给国计民生带来重大损失和人员伤亡。1906年美国旧金山地震时,三条主要输水管道遭到破坏,城市配水管网发生上千处破裂,导致消防水源断绝,以致由地震引起的火灾无法及时扑灭,大火燃烧了三天三夜,造成800人死亡,损失财产4亿美元。1923年日本关东地震时,东京市40%的损失是由地震引起的火灾而造成的。1933年长滩地震时,3月19日晚的19处大火中有7处被认为是由管道或煤气装置破坏引起。1971年2月美国圣菲尔南多市在发生的6.6级地震中,煤气管、水管等受到严重破坏;以该地震为契机,许多国家相继成立"生命线地震工程"研究机构,在此以后召开的世界性或地区性的地震会议上,有关生命线地震工程的论文如雨后春笋般勃然而起。1975年海城地震(7.3级)中,营口市(8度区)150多公里管道破坏达372处,配水管网大量漏水,正常供水量和水压均不能保证,有的甚至中断供水,平均震害率为2.4处/km,经一个多月抢修才恢复正常;盘锦地区(7度区)浅埋大口径钢管66.5km,焊口断裂21处,破坏率达0.31处/km;丝扣联结的小口径管道破坏率为16处/km;铸铁管道为0.8处/km。1976年唐山地震(7.8级)中,唐山市给水系统全部瘫痪,经一个月抢修才基本恢复供水;秦京输油管道发生5处破坏。1985年墨西哥地震(8.1级)中,不同材质的各种管道均有破坏(包括钢管道),其中煤气干管断裂引起煤气爆炸,市政管网煤气管道断裂引起火灾,且因供水管网损坏,救火很困难。1995年日本阪神地震(7.2级)中,神户市及阪神地区几座城市的供水系统和污水排放系统受到严重破坏,其中神户市供水系统完全破坏,并丧失基本功能。可见,地震对地下管道系统的破坏,不仅在高烈度区可对国计民生造成灾难性危害,在低烈度区也可对国民经济带来重大损失。

对隧道及地下工程地震灾害开展抗灾减灾研究,首先必须对以往的震害进行调查和总结,以把握其规律,才能有针对性地进行抗震救灾。

(一)地下铁道的震害

大地震中地铁系统的破坏的例子主要为1995年阪神地震中发生的神户地铁系统的震害。神户市内铁道设施主要包括JR、阪急、阪神、山阳、神户电气铁路,神户高速铁路,市营地下铁道和北神急行铁道等,其中穿越市区的地下铁道有阪神、山阳、神户电铁,神户高速铁路和市营地下铁道五条线路(表4-1)。地下部分线路总长度约为21.4km,车站总数为21座。

神户市地铁地下部分的线路长度和车站数　　　　　　　表4-1

名　称	建设时间	线路大概长度(km)	车站数
阪神电铁	1931～1936年	3.4	3
神户电铁	1962～1967年	0.4	1
神户高速铁路	1962～1967年	6.6	6
市营地下铁道	1972～1985年	9.5	9
山阳电铁	1982～1997年	1.5	2
合计	—	21.4	21

车站内部由兼作停车场的站台,有售、检票设施的中央大厅,风机房及电气室等组成。结构断面尺寸随层数、跨数不同而异,且差别很大。此外,车站前后设有上行和下行线路的换乘区间,其结构为不设中柱的大跨度地下结构。

1. 地铁车站的震害

神户市各铁道线路地下车站的受灾地点如图4-6所示。其中大开站和上泽站受灾最为严重,阪神电气铁路和神户电气铁路的地铁车站则基本未被破坏。

(1)神户高速铁路

神户高速铁路的六个地铁车站中,大开站和长田站受灾较严重,其他车站受灾较轻,仅混凝土结构出现裂缝。

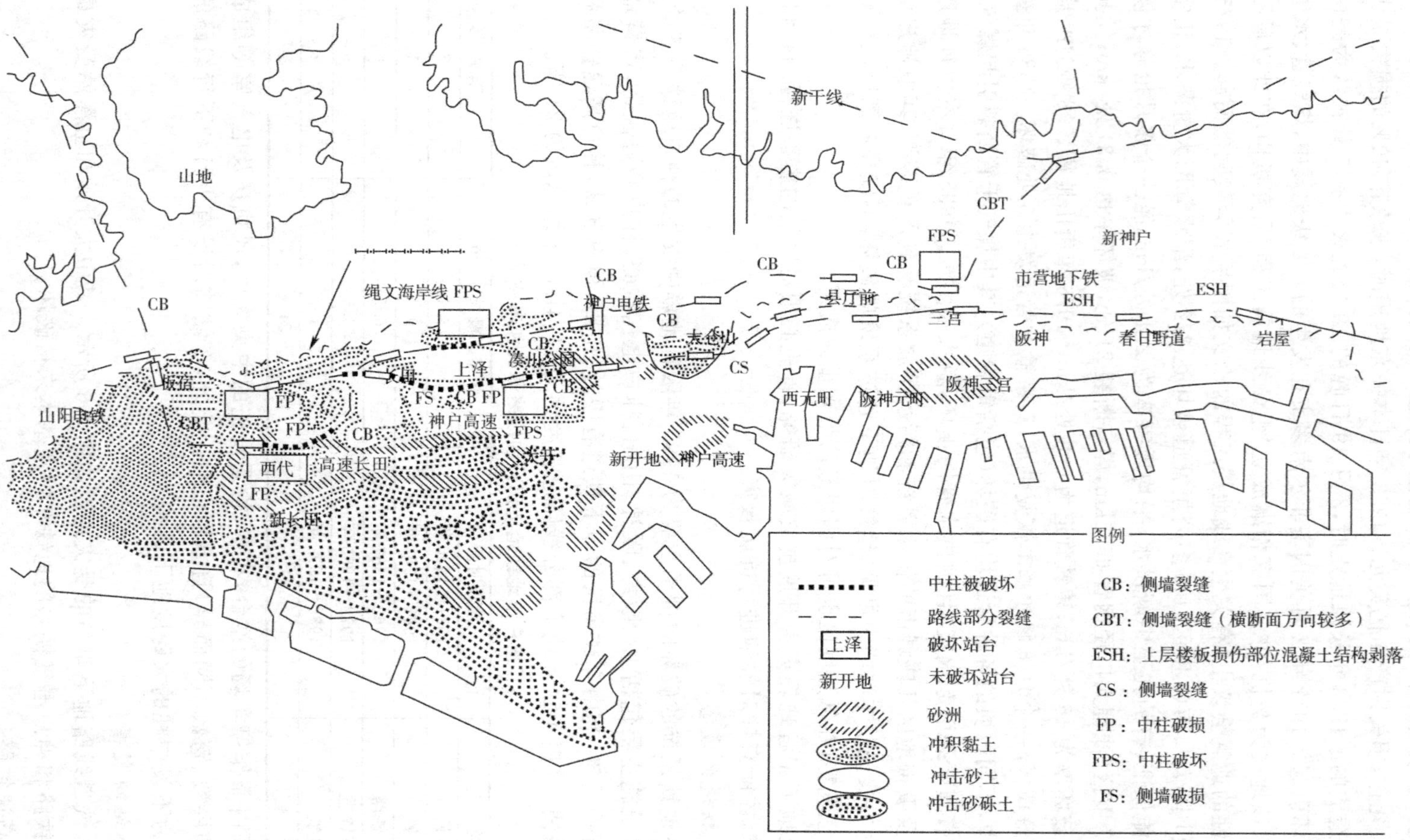

图4-6 神户地铁受灾地点

①大开站

大开站始建于 1962 年，用明挖法构建。长 120m，采用侧式站台。有两种断面类型：标准段断面 1—1 和中央大厅段断面 2—2（图 4-7 及表 4-2）。断面 1—1 为站台部分；断面 2—2 的地下一层是检票大厅，地下二层为站台。顶底板、侧墙和中柱均为现浇钢筋混凝土结构，中柱间距为 3.5m。覆土厚度：标准段为 4～5m，中央大厅段为 2m。地层主要组成为：表层为填土；第二层为淤泥质黏土，N 值小于 10；第三层为砂砾层及海相黏土，砂砾层的 N 值在 30～35 之间，海相黏土 N 值为 10 左右；15m 以下为 N 值大于 50 的更新世砾层，如图 4-8 所示。

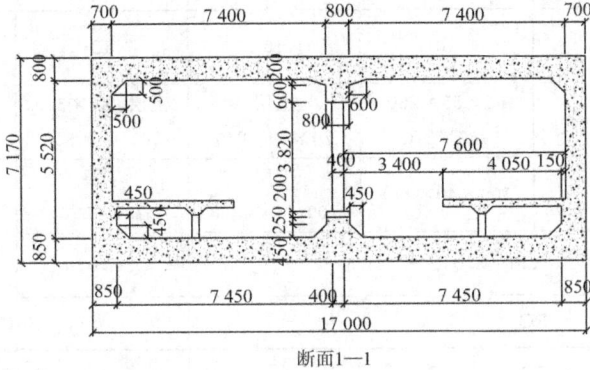

断面1—1

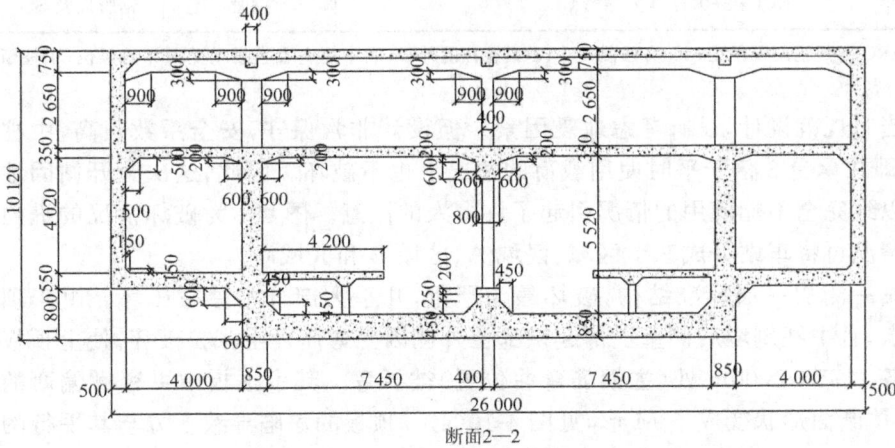

断面2—2

图 4-7　大开车站的典型断面（尺寸单位：mm）

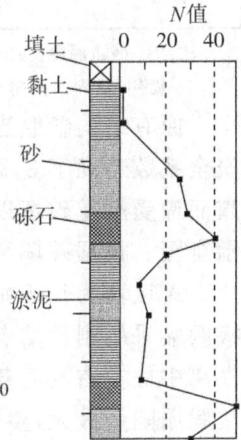

图 4-8　地质柱状图

神户高速铁路的结构

表 4-2

区间段	车站名				
	高速长田—大开			新开地	神户
	标准段	长田 中央大厅	大开 中央大厅	（东西）	
形式	1 层 2 跨	2 层 4 跨	2 层 4 跨	2 层下部 2 跨 上部 4 跨	2 层下部 2 跨 上部 6 跨
形状					

125

区间段		车 站 名				
		高速长田—大开			新开地	神户
		标准段	长田 中央大厅	大开 中央大厅	(东西)	
覆土(m)		2.5~5.5	4~5	2	2~3	2.5
外部尺寸	宽度 (m)	9.0	17	26	24	28
	高度 (m)	6.3	7.2	10	12	12.5
中柱	断面× 高度 (cm)	(50~80)×40× 490	(长田) 100×40×440 (大开) 100×40×380	55×55×280 φ60×270 上层 70×40×240 下层 100×40×380	上层 φ40×310 70×60×310 下层 φ50×570	上层 φ40×310 下层 φ50×510
	间隔 (m)	2.5	长田=3.0,大开=3.5		6.0	4.5
结构材料	底板	RC			SRC	
	侧墙	RC			SRC	
	中柱	RC(中央大厅部分钢管)			钢管	钢管以及 SC

注:RC-钢筋混凝土;SRC-高强钢筋混凝土;SC-高强混凝土;φ-钢管柱的外径;表中用空心字表示受损坏的部位;中柱断
面用(纵向×横向)表示。

原有结构参照当时规范设计,没有考虑地震因素。但设计非常保守,安全系数很高,中柱
安全系数达到了 3,即在承受 3 倍于平时使用载荷的情况下也不破坏。因此,这次大开站因地
震而遭受严重破坏以致完全不能使用的情况引起了许多人的注意。图 4-9 为破坏情况的纵向
示意图。根据破坏情况可将车站分成三个区域:区域 A、区域 B 和区域 C。

A 区域为长田站一侧的一层标准结构,破坏最为严重,几乎大部分中柱被压坏。由于顶
板两端采用刚性结点,且中柱倒塌后侧壁上部起拱部位外侧因受弯而发生张拉破坏,使上顶板
在离中柱左右两侧各 1.75~2.00m 处(主钢筋弯曲位置)被折弯。其中顶板中央稍微偏西的
位置塌陷量最大,整体断面形状变成了 M 形,见图 4-10(a)。顶板的塌陷导致上方与其平行的
一条地表主干道在长 90m 的范围内发生塌陷,最大塌陷值达 2.5m。顶板中线两侧 2m 距离
内,纵向裂缝宽达 150~250mm。被破坏的中柱有的保留着一部分水泥,相当一部分则已经破
碎脱落。间隔 35cm 配置的 φ9mm 箍筋有的一起脱落,有的则被压弯,见图 4-11。柱子在上
端、下端或两端附近发生破坏后,形状都像被压曲的灯笼,轴向钢筋呈左右大致对称状压曲,或
表现为向左或向右压曲,见图 4-11、图 4-12。侧壁上端加掖部的混凝土出现剥落。在一些位
置上侧壁内侧的主钢筋出现弯曲,使侧壁稍稍向内鼓出,可以见到明显的漏水现象。

B 区域为两层构造,见图 4-10(b),破坏最轻。在地下二层的 6 根中柱中,靠近 A 区域的 2
根和靠近 C 区域的 1 根被损坏,剩下 3 根只受到轻微损伤。由于这一部位的覆土仅为 1.9m,
且结构安全系数很大,故其发生破坏出乎人们的预料。

C 区域的结构形式与 A 区域相似,但破坏程度轻于 A 区域。在 C 区域,中柱下部发生剪
切破坏,轴向钢筋被压曲,见图 4-10(c),使上顶板下沉了 5cm 左右。在这一区域内,侧壁未见
有裂缝或混凝土脱落。

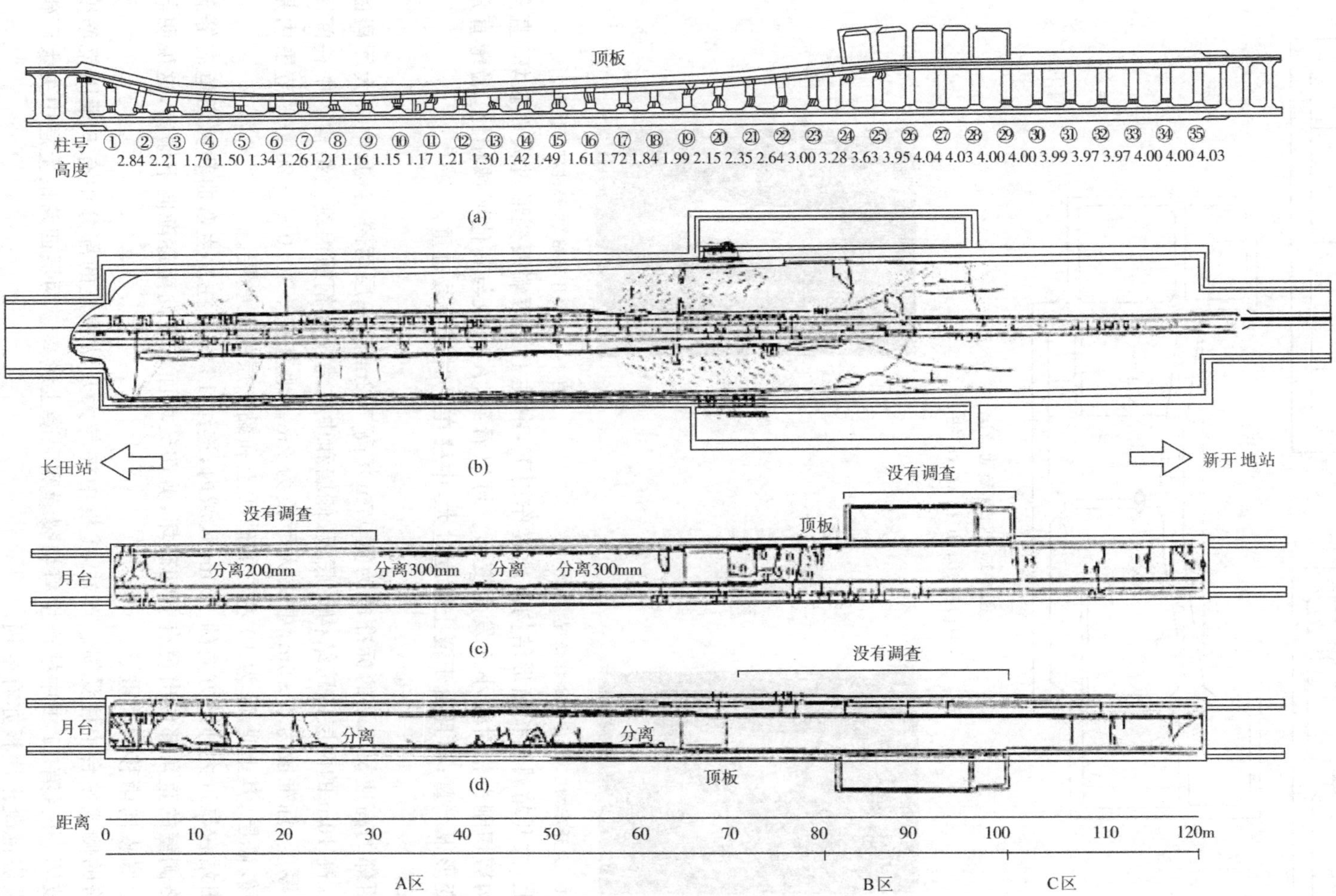
顶板
柱号 ① ② ③ ④ ⑤ ⑥ ⑦ ⑧ ⑨ ⑩ ⑪ ⑫ ⑬ ⑭ ⑮ ⑯ ⑰ ⑱ ⑲ ⑳ ㉑ ㉒ ㉓ ㉔ ㉕ ㉖ ㉗ ㉘ ㉙ ㉚ ㉛ ㉜ ㉝ ㉞ ㉟
高度 2.84 2.21 1.70 1.50 1.34 1.26 1.21 1.16 1.15 1.17 1.21 1.30 1.42 1.49 1.61 1.72 1.84 1.99 2.15 2.35 2.64 3.00 3.28 3.63 3.95 4.04 4.03 4.00 4.00 3.99 3.97 3.97 4.00 4.00 4.03
(a)
长田站
(b)
新开地站
没有调查
没有调查
顶板
月台
分离200mm
分离300mm
分离
分离300mm
(c)
没有调查
月台
分离
分离
顶板
(d)
距离
0
10
20
30
40
50
60
70
80
90
100
110
120m
A区
B区
C区

图4-9　大开车站破坏情况纵向示意图（尺寸单位：mm）

(a)中柱；(b)顶板（内侧）；(c)靠山方向的侧墙（内侧）；(d)靠海方向的侧墙（内侧）

注：图中数字表示裂缝宽度。

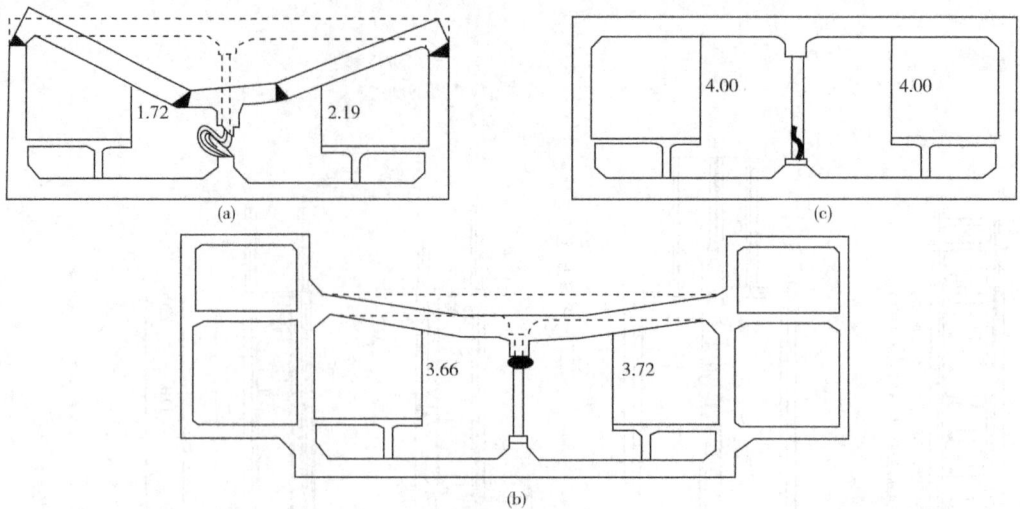

图 4-10 破坏断面情况
(a)柱 10；(b)柱 24；(c)柱 31

图 4-11 大开车站 20 号中柱破坏情况

图 4-12 大开车站 23 号柱破坏情况

　　在整体上，大开站属细长箱形结构。地震作用下，中柱上下两端因变形过大而破坏；直角部位也因结构剪切刚性相对较小而发生变形。可以看到，A 区域与其他区域相比，墙壁直角部位的剪切变形很严重；而且由于覆土厚度过大，中柱在平时就负载过重。

　　②长田站

　　大开站西邻的高速长田站的标准段为宽 17m×高 7.2m 的一层两跨结构，中央大厅段断面为宽 26m×高 10m 的两层四跨结构。底板、侧墙和中柱为现浇钢筋混凝土结构。中柱间距为 3m。覆土厚度：标准段为 4～5m，中央大厅段为 2m。地基在－30.0～－20.0m 范围内是 N 大于 50 的砂砾层，其上是 N 为 10 左右的砂质土和黏土层的互叠层。

　　高速长田站在靠近大开站方向的 120m 区域内，连续 16 根中柱发生弯曲和剪切龟裂等破坏。上行线路侧壁的直角部位出现有剪切破坏，剪切破坏面从北向南逐渐向下倾斜，这说明与下底板相比上底板向南移动严重。

　　一层两跨的侧式站台中柱受损。车站 41 根中柱与大开站相连的部分中有 5 根因钢筋变形导致剪断破坏，并且有 11 根中柱产生剪切裂缝和混凝土剥离。两层四跨的上层中央大厅钢构柱下的轨道层混凝土底板亦有受损。

　　(2)市营地下铁道

　　市营地下铁道车站的结构均为现浇钢筋混凝土结构。上泽站、新长田站和三宫站的站台及中央大厅的中柱采用钢构柱而未遭破坏,其他部位的混凝土中柱则损坏严重。其中上泽车站被破坏的混凝土中柱数量最多,三宫站次之,新长田站受灾最轻。

①新长田站

新长田站从西南到东北长 195m,外部断面尺寸为宽 17m×高 12m。基本构造为两层两跨,采用岛式站台。中柱间隔为 5.0m。覆土约 3～4m。离地表 5.0m 处是 N 值小于 5 的冲积黏土,再往下是 N 值为 30 的砂土。

车站东部受灾严重,大部分中柱由于剪切破坏出现裂缝,且有的中柱混凝土脱落露出钢筋。因上层为混凝土柱,下层为钢构柱,所以上层的混凝土柱有 9 根发生Ⅱ级破坏、有 6 根出现轻度的剪断裂缝;下层在大厅端部钢构柱向混凝土柱过渡部分处的中柱出现剪切裂缝(Ⅲ级)。新长田站共有 9 根中柱出现Ⅱ级破坏,有 39 根只有轻微裂缝(Ⅳ级)产生,受灾较轻。

注:中柱受灾程度定义:Ⅰ级——完全破坏;Ⅱ级——严重破损至破坏;Ⅲ级——产生剪断裂缝;Ⅳ级——有轻微裂缝。

②上泽站

上泽站全长 400m,横截面形式沿线路方向变化,有三层两跨和两层两跨两种形式(图 4-13、图 4-15 分别为三层两跨断面和两层两跨断面)。中央大厅为三层两跨,第一层为中央大厅,第二层为机械室和公共管道空间,第三层为轨道层,中柱左右对称;两层两跨区为只设电气室和通风机械室,第一层为机器室,第二层为站台层,两层的中柱均不在中央,而位于断面偏南侧的位置,造成两跨的跨度之比为 2:1。车站外轮廓宽约 17～19m,三层部分高约 15～18m,二层部分高约 13～14m。覆土在三层部分为 3～4m,在两层部分约为 4～6m。车站旁侧的地基为 N 值大于 50 的砂砾层,之上是砂砾层和砂土层及黏土层的交叠层,接近地表是数米厚的冲积黏土层。

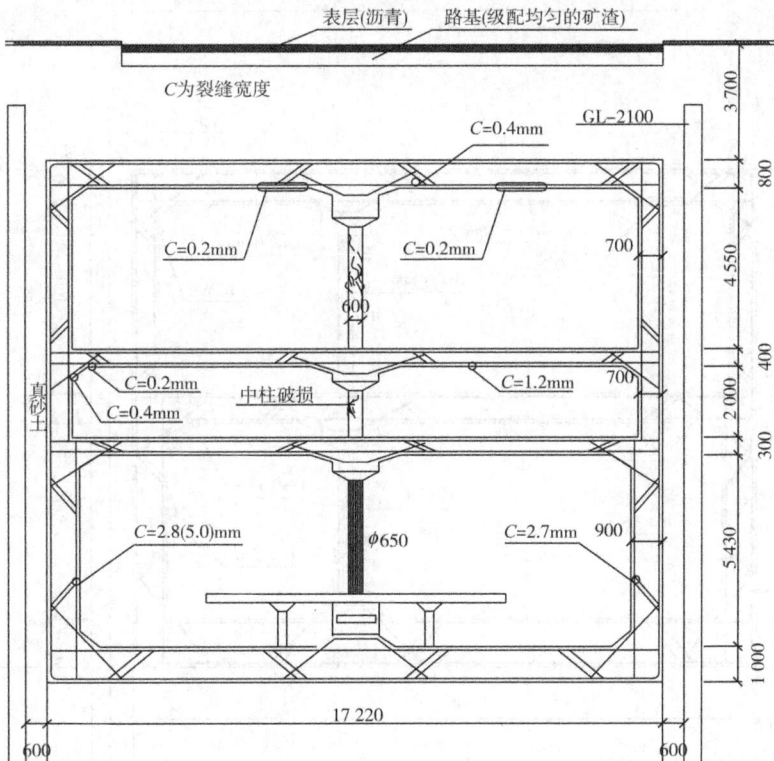

图 4-13 上泽车站三层断面破坏状况图(西侧面视图,C 为裂缝宽度,尺寸单位:mm)

129

震害情况中,两层结构和三层结构的上层受害程度都很严重,中柱均出现典型的剪切破坏和斜向龟裂。现象表明线路结构在侧壁直角部位(西北、东南方向)受到反复交替的剪切作用,使破坏形式都具有一定的方向性。下楼板相对于上楼板的位移向东西侧方向较大。在中柱受灾严重部位,上楼板及侧壁出现伴生裂缝。

　　三层两跨结构的第一层的中柱受损最为严重,剪切断面处混凝土剥落,钢筋出现较大弯曲。柱端沉降量因施工误差而无法确定,但由钢筋弯曲状态估计约为 2～3cm。该断面的受灾情况如图 4-14 所示。

　　两层两跨构造在车站西端,长约 130m。纵向以 5m 为间距设置的混凝土柱几乎全部受损。上层中柱受灾严重,27 根中柱有 21 根受灾程度达Ⅰ级(完全破坏)和Ⅱ级。下层有 2 根中柱破坏达Ⅱ级,其余均为Ⅲ级破坏。跨度较小一侧的顶板,在侧壁拐角部位出现了贯通顶板的铅直裂缝。受灾最严重的柱子下沉量为 10mm。该剖面的受灾状况,如图 4-15 所示。

图 4-14　上泽车站中柱毁坏情况

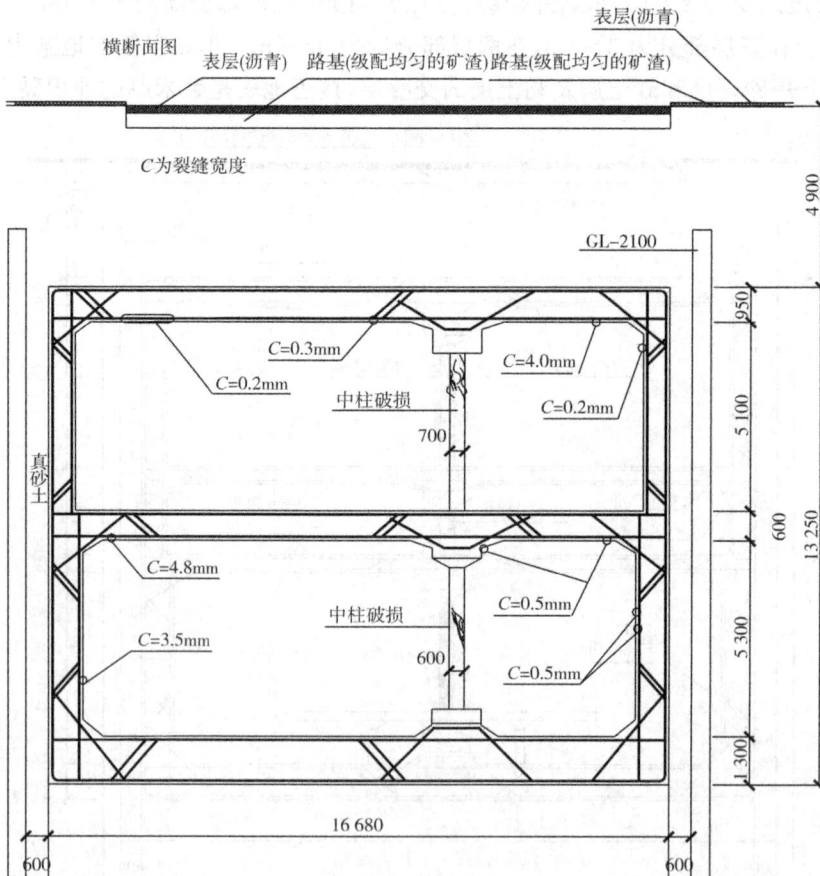

图 4-15　上泽车站 C 断面破坏状况图(西侧面视图,尺寸单位:mm)

③三宫车站

三宫车站全长306m,为三层两跨钢筋混凝土结构。外部断面尺寸为宽15～38m×高20～22m。由于换乘客多,故第一层的中央大厅较宽,为两跨。中央大厅下的两层为换气机械室。地下一层采用钢筋混凝土柱,地下二层与三层是钢管柱,中柱不是位于截面跨度的中央而是位于左右比约4:6的位置。覆土约为3～4m。在车站地下一层部分地基差不多都是冲积砂砾层。在车站的东侧部分,因直到19世纪中叶还是河道,故有很多卵石。

三宫站被损害的情况和上泽站的情况相似。以车站中央稍偏西的位置为中心100m左右的区间内,中柱的受损程度很高。42根较大直径的顶层中柱中有33根出现剪切裂缝,其中26根柱子的钢筋剪切变形量超过其直径,为Ⅰ级和Ⅱ级破坏。剖面破坏状况如图4-16所示。地下一层和二层的楼板为错断突出形式,顶层的错断突出为6柱距,第二层的错断突出为5柱距。第二层伸出平台的空调机房南侧的中柱出现剪裂缝破坏。27根RC柱中有12根是Ⅰ级破坏,3根是Ⅱ级破坏。此外,底层的中柱及支承二楼楼板的混凝土柱和第二层大部分柱子都发生剪裂缝,破坏等级为Ⅲ级或Ⅳ级。

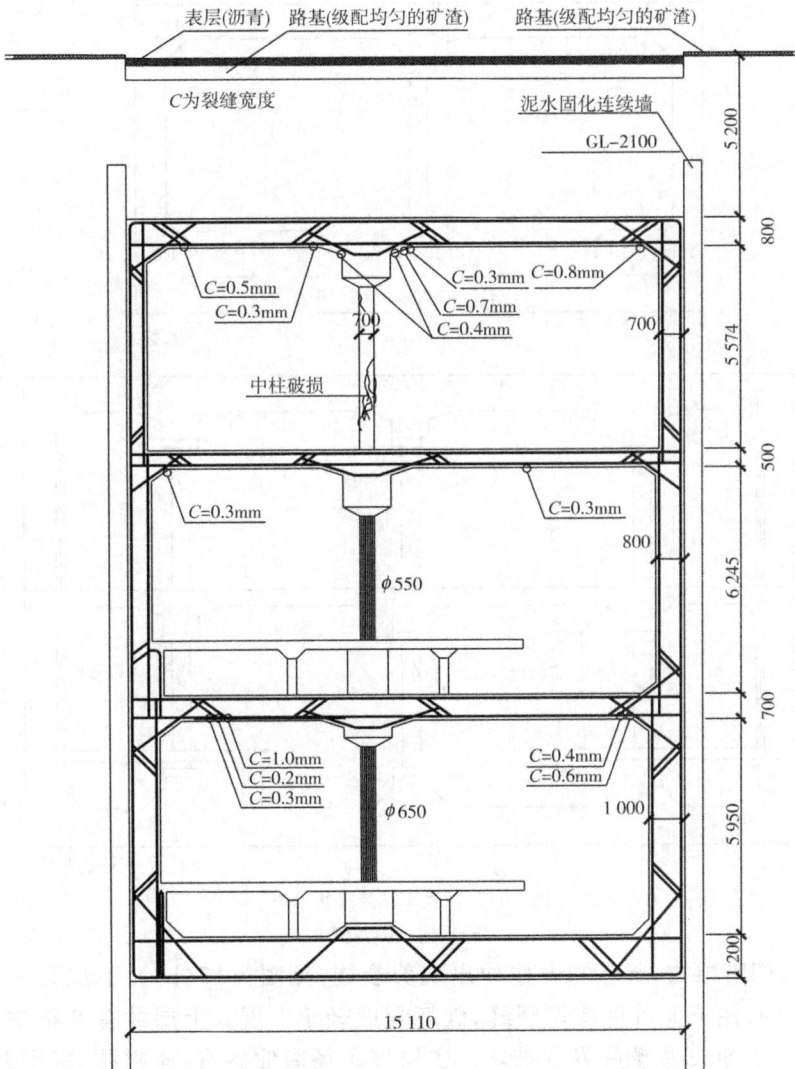

图4-16 三宫车站破坏状况图(西侧面视图,C为裂缝宽度,尺寸单位:mm)

在新长田和上泽站,如从线路的西南方向进行观察,中柱的剪切裂缝方向主要为左上至右下方向。三宫站的情况虽没有这两个车站显著,但大体上是从左上至右下方向的剪切裂缝数量上占优势。

(3)山阳电气化铁道

①西代站

西代车站总长180m,分一层段和二层段,其中东侧一层段结构长100m,西侧二层段结构长约80m。标准段为一层两跨的侧式站台,宽约17m,高约8m,覆土约为8~9m。中央大厅部为两层四跨,宽约25m,高约13m,覆土约4~8m。地基是砂土、黏土及砂砾土的复杂的交叠层,在车站深度附近有厚3~5m的非常致密的砂砾层,其上部为稍软的砂层。

东侧一层结构破坏较严重。间隔5m、高3.65m、断面为250cm×40cm的中柱共有17根,其中16根发生剪切破坏,混凝土脱落,钢筋暴露。在上下楼板两侧靠近突出平台处有垂直裂缝,见图4-17(a)。

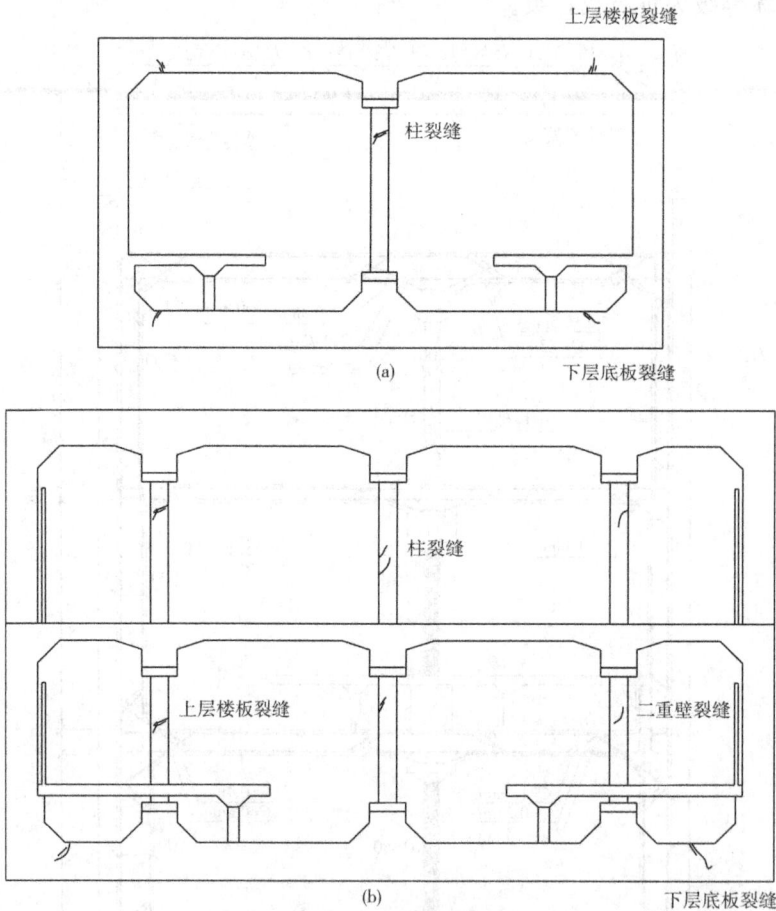

图 4-17 西代车站受灾状况图

(a)东侧;(b)西侧

西侧为两层四跨结构,所有的中柱均出现剪裂缝,见图4-17(b)。下层是一个停车场,仅在其四周房间内的柱子上可见剪切裂缝,破坏程度轻于上层。上层共有8根中柱和14根侧柱,其中有4根中柱和2根侧柱发生破坏。底层停车场南北各有14根柱,其中北侧1根和南侧8根发生破坏。

西代车站的破坏无论是上层还是下层,剪切裂缝多数都是以沿左上至右下走向。

②板宿站

板宿站全长 180m,采用三层四跨结构。外部断面尺寸为宽 22.3m×高 11.7m,覆土约 4～8m。地基是砂土、黏性土和砂砾土的交叠层。车站深度附近有厚 3～5m 的致密的砂砾层,其上部是平坦的砂层。

板宿站中央大厅的一层机械室有 1 根中柱出现裂缝;在下楼板的起拱附近有沿纵轴方向的裂缝;另外,在侧壁等处也有裂缝。

2.地铁区间隧道的震害

神户市盾构地铁隧道位于神户市营地铁的妙法寺站和板宿站之间,全长仅 0.4km。地基为洪积砂砾层,多处夹有厚 1～2m 的叶状黏土层。覆土厚 9～14m。盾构隧道(单线并列式)直径为:外径 φ=6 800mm;内径 φ=5 700mm。盾构顶进中,初始 50m 采用扇形铸铁管片,剩余部分为扇形钢筋混凝土 RC 管片。管片厚 300mm,宽 900mm。铸铁管片每 7 片为一环;RC 管片每 6 片为一环。二次衬砌只在 RC 管片上施作,为厚 250mm 的喷射混凝土。震后盾构隧道很快投入营运,因而只能从行驶的车辆内肉眼观察其损坏状况,结果表明隧道基本没有损坏。以下主要介绍神户市明挖地铁区间隧道的受灾情况,受灾地点见图 4-6。

(1)阪神电铁

阪神电铁区间隧道为宽 9～12m,高 6.5m 的单层双跨结构,见表 4-3,覆土厚度 5～6m,顶板、底板和侧墙均为现浇钢筋混凝土结构。中柱断面尺寸 50cm×40cm,施工时用 4 根厚 9mm、宽 50mm 的扁钢以 50cm 的间距将厚 15mm 的锚定板围成 35cm 的方柱形劲性骨架,然后浇筑混凝土。此外,中柱上部和下部的纵向桁架(桁架高约 90cm)同样为用锚定板和扁钢组成的劲性钢骨混凝土结构。地震发生后,线路(单线总长约 3 540m)侧壁与上楼板交汇部位的混凝土剥落,露出钢筋。覆土较浅(2～3m)的春日野道～岩屋间(约 1km)受灾特别显著,线路内的混凝土剥落成堆,且约 920 根中柱上下端部位的混凝土保护层剥离脱落。此外,混凝土结构的接缝和裂缝处可见漏水。

阪神电气铁路和神户电气铁路的结构 表 4-3

区间段		阪神电气铁路	神户电气铁路	
形式		1 层 2 跨	1 层 1 跨	1 层 2 跨
形状				
覆土(m)		5～6	1～4	5～7
外部尺寸	宽度(m)	9.3～11.8	11～12	9～12
	高度(m)	6.5	8～9	6.4～7
中柱	断面×高度(cm)	50×40×440	—	60×40×450～460
	间隔(m)	2	—	2.5
结构材料	底板	RC	SPC	RC
	侧墙	RC	SRC	RC
	中柱	SC	—	RC

注:RC-钢筋混凝土;SRC-高强钢筋混凝土;SC-高强混凝土;φ-钢管柱的外径;表中用空心字表示受损坏的部位;中柱断面用纵向×横向表示。

（2）神户电铁

神户电铁区间隧道为宽9～12m，高6.5m的单层双跨结构，见表4-3，覆土厚度5～7m。顶板、底板和侧墙为现浇钢筋混凝土结构。隧道入口部位为长约50m的单层单跨劲性钢骨混凝土结构，覆土厚度1～4m，宽约11m，高约8～9m。劲性钢骨为H型钢（700mm×400mm×12mm）、翻边板与厚16mm钢板刚性连接。

线路侧壁上部拐角处有裂缝出现，中柱上下端也可见轻微裂缝。

（3）神户高速铁路

神户高速区间隧道为宽9m，高6m的单层双跨结构（类似表4-3中的区间段），覆土厚度2.5～5.5m，顶板、底板、侧墙和中柱为现浇钢筋混凝土结构。

新开地站以西隧道的中柱、侧壁震害明显。新开地站以东和凑川站间南北线区间的侧壁上下端拐角处发生轻微裂缝。高速铁路神户与西本镇之间，高速铁路神户、阪急三宫之间及新开地、凑川站之间的隧道部分，都在侧壁的中央附近及其上下部位出现沿轴向宽0.2mm以上的弯曲裂缝。此外在构造接缝部分，一部分混凝土被压坏而露出钢筋，且有垂直向裂缝。

西代站～大开站间多数中柱破损，810根中破损中柱占709根。柱子上下端因受弯剪而出现裂缝，混凝土剥落或发生剪断破坏。

长田站～大开站之间长940m的隧道部分受到很大损伤。这部分隧道采用双线箱形截面，宽8.9×10.2m，高6.25×6.46m，覆土2.5×5.5m。间隔2.5m的中柱共375根，其中约2/3（249根）受到损伤。损伤主要形式有：弯曲破坏；柱子上下端水泥保护层被压坏和脱落；轴向钢筋弯曲；因剪切作用而出现斜向龟裂和破坏等。损伤程度从轻微龟裂到剪切破坏，其中靠近大开站方向损伤程度更严重。区间隧道南侧墙壁下部拐角因受压而产生较大变形，北侧下部拐角的中央和上部可见纵向裂缝。靠近大开站的相当长的地区有连续的断裂，裂缝最大宽度超过5mm，总长共计495m。以大开站车站尽头向西100m处为中心，约140m范围内上下楼板相对位移达6cm以上，最大达到20cm，南北两侧墙壁中央附近和上下部位附近出现轴向龟裂，龟裂宽度多数超过5mm。长田站一侧多数部位上下楼板相对变形量不到2cm。

大开站～新开地站之间的隧道，南侧、北侧及侧壁中央附近有多条沿纵向延伸的裂缝，裂缝宽度在大开站附近最大达12～17mm。从大开站东端130m处到391m处之间发生断裂的总长有100m。隧道侧壁向内一侧最大鼓出24mm。除此以外，中柱上下两端也受到损坏。

（4）市营地下铁道

市营地下铁道区间隧道标准段为单层双跨结构。县厅前站至三宫站的东行线和西行线上下重叠布置。两站的换乘通道均为长约300m的双层单跨结构。底板、侧墙和中柱为现浇钢筋混凝土结构。中柱断面尺寸80cm×40cm，柱中线间距2.5m。

单层双跨结构的建筑轮廓宽约10m，高约7m，覆土厚度约6～16m。双层单跨结构的建筑轮廓宽约6m，高约13m，覆土厚度约7～9m。

震害情况见表4-4。混凝土中柱受震害很普遍，主要集中在新长田站以东、上泽站以西以及三宫站附近（合计1.4km）。这三个区域的侧壁、顶板及中隔板都有沿纵向的裂缝。自新长田站往东250m处开始，在约170m的区间内受灾中柱约70根，见图4-18。从上泽站中心向西约300m处开始，长约90m的区间内有35根中柱受损。这两处中柱都出现剪切裂缝，柱的上下端受弯压损坏，使承载力明显不足。

表 4-4

场 所	中柱受灾级别统计					受灾程度简述
	Ⅰ	Ⅱ	Ⅲ	Ⅳ	合计	
板宿～新长田	—	—	—	4	4	中柱混凝土破坏,部分分离,钢筋露出(长 400m)
新长田～长田	—	6	55	13	74	
长田～上泽站	—	1	34	—	35	中柱混凝土破坏,部分分离,钢筋露出;一部分沿轴向的钢筋脱离;车站的上部楼板、侧壁等处裂缝产生
上泽～凑川公园	—	—	1	58	59	
凑川公园～大仓山	—	—	1	—	1	中柱混凝土破坏
大仓山～县厅站	—	—	—	2	2	
三宫～新神户	—	—	24	—	24	中柱混凝土破坏、部分分离、钢筋露出;部分沿轴向钢筋弯曲与钢筋混凝土分离;上部楼板、侧壁裂缝产生(延伸 310m)
中柱损坏合计		7	120	77	175	总柱数 1 961 根(钢管柱 0 根)

注:受灾程度定义:Ⅰ级-完全破坏;Ⅱ级-严重破损至破坏;Ⅲ级-产生剪断裂缝;Ⅳ级-有轻微裂缝。

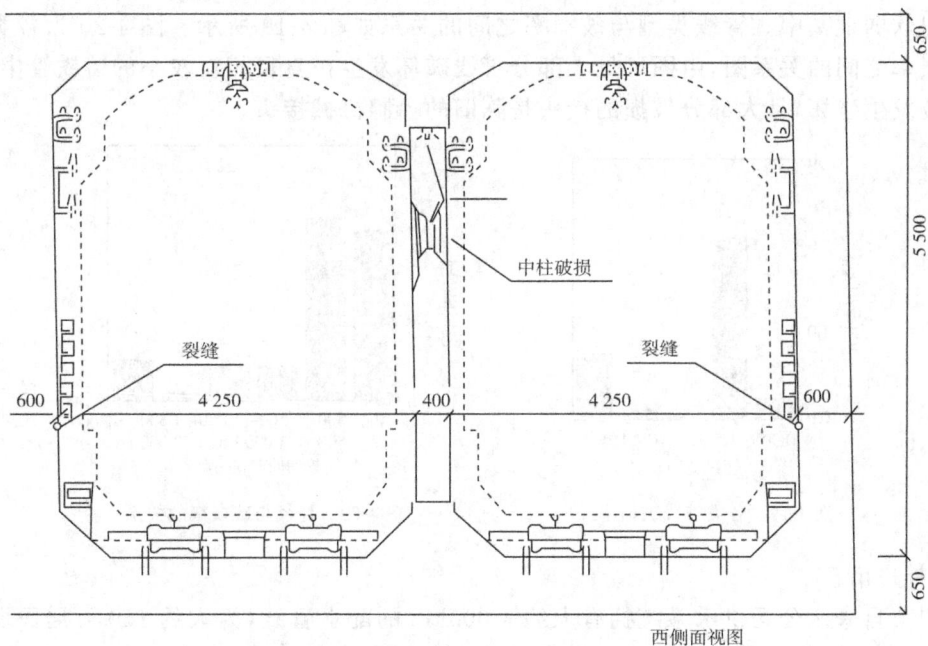

图 4-18 新长田站东边区间隧道受灾状况图(尺寸单位:mm)

(5)山阳电气铁路

山阳电气铁路区间隧道标准线路为单层双跨结构,宽约 10m,高约 7m,覆土 5～9m。西代～板宿段约有 300m 区间因上楼板两侧开裂而漏水。裂缝遍布上、下楼板及侧墙,且均是宽不足 1mm 的微裂隙。

对明挖地铁区间隧道受损情况作归纳,有以下共同点:

(1)离地表都较近,覆土厚度不到 10m;

135

（2）位于烈度为 7 的区域；

（3）表层地基比较柔软；

（4）除特殊地点外,建造时没有对区间隧道的抗震性作详细考虑；

（5）都是 RC 箱形构造,多数设有中柱；

（6）RC 中柱抗剪强度和抗变形能力低。

（二）地下管道震害

1.地下供水管线的震害

根据 1995 年兵库县南部地震中阪神地区供水管线破坏的情况,可知其破坏特点可归纳为：

（1）直径相对较小的管道多数容易发生破坏；

（2）石棉水泥管和聚乙烯管的破损率很高；

（3）接头脱位现象十分严重,其中铸铁管接头脱位通常在陈旧的铅制机械接头处发生；

（4）地层液化可导致管道严重破坏,然而带有抗震接头的延性铸铁管道即使在液化区也未遭到破坏,这类接头的抗震可靠性得到了验证；

（5）诸如阀门、消防栓等管道附件的破坏情况十分严重,可见应进一步提高管道附件的强度。

阪神供水局给水总管与配水管道共毁坏 120 处,破损率约 0.74 处/km。许多管线破坏发生在沿河软弱地基中。管线类型与破损率之间的关系如图 4-19 所示。图 4-20 为各类管道直径与破损率之间的关系图,由图可见大部分管线破坏发生在直径相对较小的铸铁管中,并多系接头部位发生破坏,且大部分破损的接头是陈旧的铅制机械接头。

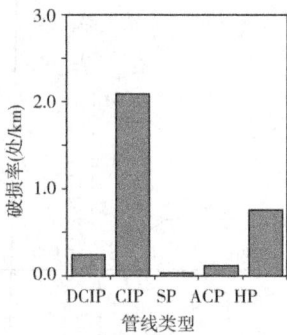

图 4-19　各类管线破损率　　　　图 4-20　管径与破损率的关系

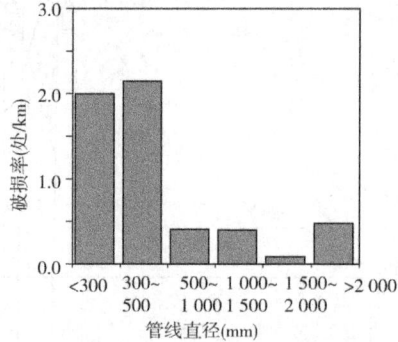

（1）神户市

神户市自来水公司供水系统拥有大约 4 000km 的配水管线,为大约 150 万居民服务。由于神户市内没有大的河流,因此神户市市政自来水公司大约 75% 的供水量来自阪神供水局。各类管线中,延性铸铁管大约占总管线长度的 86%,铸铁管占 8%,聚乙烯管占 3%,钢管占 3%。直径超过 400mm,具有抗震接头的延性铸铁管用于主要干线以及埋设在诸如耕地、大型路堤等软土地基中。抗震接头的膨胀压缩值为管道长度的 1%,其长度大约占管线总长度的 6%。

截至 1995 年 4 月 30 日,配水管线破坏总数为 1 610 个,破损率大约是 0.41 处/km。图 4-21 表示管道破坏类型百分比,大约 64% 的破坏发生在管线接头部位,而且管线接头脱位现象十分严重。图 4-22 表示破损率与不同管道直径破坏类型之间的关系,可知管线中诸如阀

136

门、消防栓等附件的破坏大多数发生在大直径管线上。显然,管线附件的强度不足以抵抗地震作用。然而,具有抗震接头的延性铸铁管线甚至在液化区里也没有遭到破坏。

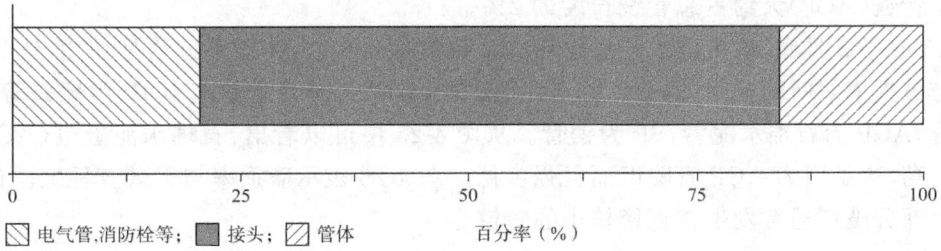

图 4-21　神户市管线破坏类型百分比

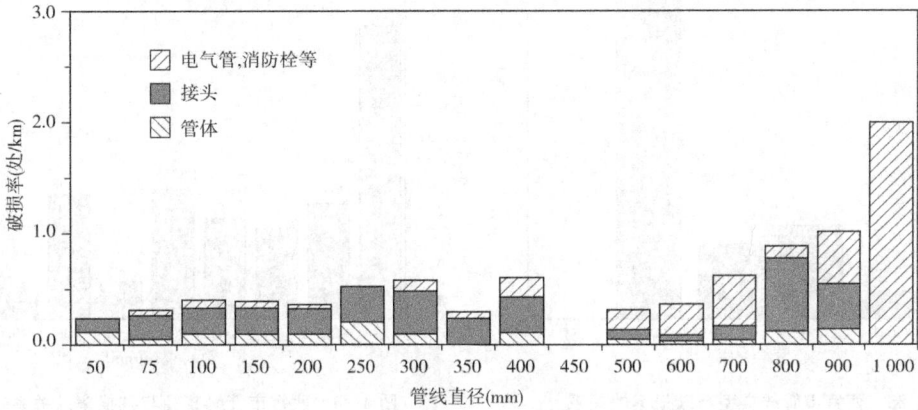

图 4-22　神户市管线破损率、管线直径和破坏类型的关系

（2）芦屋市

芦屋市供水系统拥有大约 183km 的配水管线,为大约 87 000 居民服务。该市的各类管线中,铸铁管大约占总管线长度的 49％,延性铸铁管占 38％,聚乙烯管占 12％,钢管占 1％。截至 1995 年 2 月 28 日,配水管线破坏总数为 340 个,破损率大约是 1.83 处/km,其中阀门部位破坏 112 处。图 4-23 表示管线类型与破损率之间的关系,从图中可以看出:聚乙烯管（VP）的破损率最高,其次是延性铸铁管（DCIP）。埋于耕地里的机械接头遭到破坏,但抗震接头却没有被损坏。图 4-24 表示破损率与管道直径之间的关系,显然大部分破坏发生在直径较小的管道上。

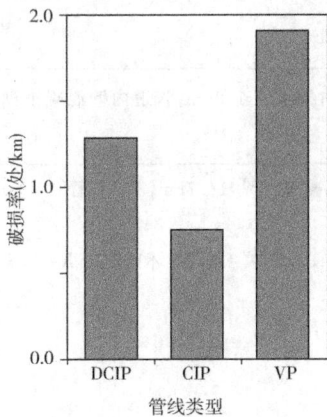

图 4-23　芦屋市管线类型与破损率的关系

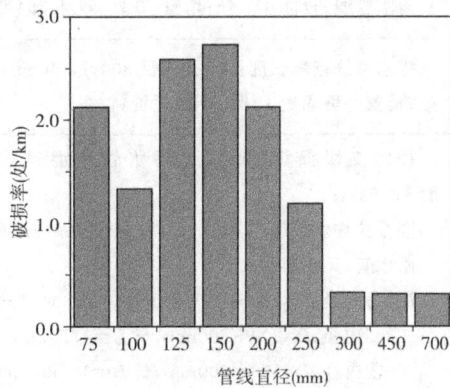

图 4-24　芦屋市管线直径与破损率关系

137

(3)西宫市

西宫市供水部的供水系统拥有大约 784km 的配水管线,为大约 422 000 居民服务。该市石棉水泥管道(ACP)大约占总管线长度的 2%。

到 1995 年 2 月底,该市配水管线毁坏的总数目是 530 个,破损率大约是 0.68 处/km。管线类型与破损率之间的关系如图 4-25 所示,图中 DCIP 为延性铸铁管,CIP 为铸铁管,VP 为聚乙烯管,ACP 为石棉水泥管,SP 为钢管。从图 4-25 中可以看出:石棉水泥管道(ACP)的破损率相当高,这是因为 ACP 管陈旧而且强度低。图 4-26 表示破损率与管道直径之间的关系,可见绝大部分破坏通常发生在直径较小的管道上。

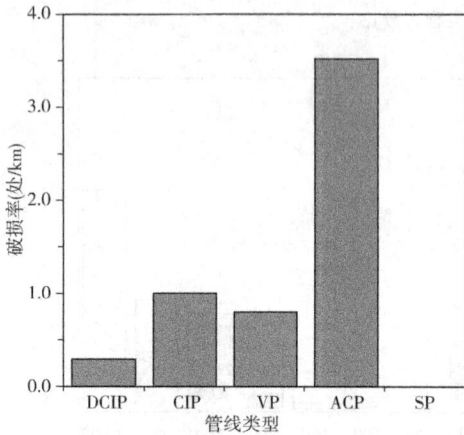

图 4-25　西宫市管线类型与破损率的关系

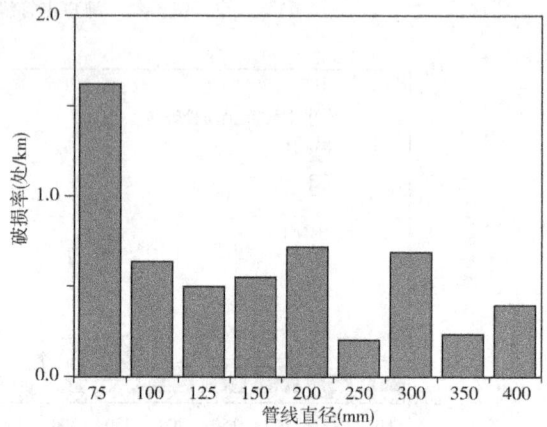

图 4-26　西宫市管线直径与破损率的关系

2. 地下排水管道的震害

通过对 1995 年阪神地震中阪神地区地下排水管道系统破坏情况的总结(表 4-5),发现破坏主要发生在排水支线上,管道损坏长度约达 138.4km,其中 33.3km 为排水干线。

阪神地区地下排水管线损坏情况　　　　　　　　　　　　　　　　　　表 4-5

城市名称	损坏情况
神户	污水管线:紧急抢修达 24 554 处;管道 284 处坍塌;毁坏 1 516 座检查井;侧向排水管 550 处毁坏;排水设施损坏 15 135 个;堵塞 1 899 处;其他情况 206 处; 污水管线损坏长度:支线 48.5km;干线 4.5km; 雨水管线:抢修 417 处;堵塞 50 处;毁坏 354 处;其他 13 处
大阪	排水系统损坏长度:支线(直径 300～500mm)1.7km;侧向排水管 1.8km;管道内壁混凝土剥落多达 400 处;检查井坍塌达 30 处;干线无资料
西宫	排污支线损坏 25.2km(污水管和混排式管路):混凝土管[①] 14.7km,PVC 管[②] 10.0km,FRPM 管[③] 0.5km; 混排式排水干线[④]损坏情况:在总长 49.9km 的干线中有 1.9km 被损坏(损坏比率为 $R=3.8\%$); 雨水管:无资料 注:①内径 $d=200\sim1\,950mm$,长 $L=304.1km$,$R=4.8\%$; 　　②内径 $d=200\sim600mm$,长 $L=452.2km$,$R=2.2\%$; 　　③内径 $d=500\sim900mm$,长 $L=1.5km$,$R=33.3\%$; 　　④混凝土管 $d=1\,650\sim2\,400mm$

城市名称	损 坏 情 况
尼崎	管线毁坏长度和破裂处:干线①26.9km,265处破裂;支线②20.1km,728处破裂; 280座检查井毁坏;侧向排水管损坏达982处。 　注:①盾构掘进的隧道d=4 200～2 000mm(混凝土内衬破裂),混凝土管道d=3 000～1 650mm,箱形 　　　涵洞3 800×3 800～2 150×2 700mm²; 　　②d=250～800mm,备用线路9.4km
宝冢	污水管损坏情况:管线2.9km(主要是PVC管),检查井66座,入水口241处,修理检查井井盖147处; 雨水管线损坏情况:混凝土管(d=900mm)102m,混凝土水道(U形和L形)4.2km,护坡(混凝土砌体和 内衬砌壁)2.1km

不同材质的管线的损坏情况为:

(1)黏土陶管管体塌落;

(2)混凝土管接头破裂,管体沿周向出现破裂和断裂,或沿轴线走向出现破裂;

(3)PVC管(聚氯乙烯管)管体坍塌,管体沿周向和纵向出现破裂,管体接头突出或脱落,侧向排水管伸入管路;

(4)FRPM管(纤维增强塑性胶砂管)管体塌落或在管体上出现螺旋形的破裂。

与此同时,许多管线的坡度亦发生了变化,并有大量液化土涌入管线。

排水系统的进水口和管线连接处的损坏情况也很严重。此外许多检查井被毁坏,主要特点为发生水平移动,砖砌体破裂或坍塌,混凝土底座塌陷,管道进入检查井,井壁被剪裂,钢制井盖发生水平移动等。位于液化区的检查井未见因地层液化而有大的水平移动,但因周围土壤液化沉降,检查井高出了地面。此次地震中地下排水管线破坏情况有如下新特点:

(1)许多干线被毁坏,导致排水中断;

(2)无论管径多大和埋置深度为多少,混凝土管和PVC管都有纵向破裂现象;

(3)盾构隧道的混凝土内衬和用顶管法安置的混凝土管路都有破裂现象;

(4)几乎所有穿过水道的吸虹管都发生了坍塌;

(5)检查井的砖砌体、管道和井盖各自发生移动,造成相互错位;

(6)用PVC和FRPM制成的柔性塑料管的毁坏程度与混凝土管的毁坏程度相当。

3.地下输油、输气管道的震害

1923年日本关东大地震中,仅东京地区就有4 000条输油管线破裂,多数破坏出现在铸铁管接头部位。东京地区管线破坏率为0.07处/km,小直径支线管道破坏比大直径管道严重。1964年日本新潟地震中,有140条输油铸铁管和焊接钢管破裂,破坏多数出现在有液化现象的地区。破坏管段的直径在100～300mm间,平均破坏率为1处/km。尤其引人注目的是氧炔焊接的钢管的破坏率比电弧焊钢管的破坏率高5倍。1971年美国圣费尔南多地震中,被破坏的焊接输油钢管支线多位于圣费尔南多峡谷的上盘,破裂多达80余处。破坏的管段中,多数是1930年以前安置的氧炔焊接钢管,总数达50余处。管线受到强烈的压力作用,管段表面有严重的起皱现象。与此相比较,位于同一区域的有较高强度的钢管和采用电弧焊的钢管管线的破坏情况则较轻。

根据对美国南加州地区近61年所发生的地震,即1933年Long Beach地震、1952年和1954年Kern County地震、1971年San Fernando地震、1979年Imperial Valley地震和1994

年 Northridge 地震中输送天然气管线的破坏情况的调查,发现焊接钢管管线的震害有如下特点。

(1)老式氧炔焊接钢管易受地震破坏,尤其在有液化、断层错动和滑坡现象的地区,破坏率非常高。根据现场调查,发现地震造成的地表移动和永久变形对氧炔焊接钢管的破坏的影响也很大。

(2)非保护电弧焊钢管管线受震害破坏较小,即使在地表出现永久变形的地区,其破坏率也较低。

(3)保护电弧焊钢管管线受震害破坏最小,仅在地表出现非常大的变形的区域,才可见其有破坏现象出现。

(4)破坏多数发生在焊接部位,钢管管段本身受震害破坏较小。

4.其他盾构隧道的震害

(1)排水盾构隧道

1995 年阪神地震后,许多钢制管片上的喷射混凝土内衬出现了破裂。神户市干线损坏长度达 10km 左右,约占神户市干线总长的 14%。

为把神户市 Hiashinada 区的混排式排水系统变成分排式排水系统,在 Naruo-Mikage 干线掘进了五条盾构隧道,总长 6km,如表 4-6 所示。5 条隧道均采用钢制管片,在内表面均有喷混凝土层。震前,除 5 号隧道的内衬混凝土层未完工外,其余隧道的施工已全部完毕。地震发生后,在 1 号～4 号隧道中,钢制管片上的喷射混凝土内衬均出现许多环向裂缝和纵向裂缝,并都漏水;周向裂缝多发生在管片接头处。但在尚未喷混凝土内衬的 5 号隧道中,却未出现损坏和渗漏现象。可见,因喷混凝土内衬使管片有柔性差异,地震时施作喷混凝土内衬反而使结构出现裂缝和在接头处出现渗漏,由此说明必须重新考虑这类构造形式的合理性。

Naruo-Mikage 干线五条隧道的情况 表 4-6

隧道号	长度(m)	直径①		覆盖层厚度		隧道穿过的土层②
		D(m)	d(m)	土层(m)	水(m)	
1	998	3.15	2.40	10～14	7～13	As($N=30\sim50$),部分为 Ds($N>50$)
2	1 272	2.95	2.20	14～29	13～20	1/2:As 和 Ds($N>50$),1/2:Dg($N>50$)
3	1 132	2.15	1.50	6～12	5～10	As($N=30\sim50$),部分为 Dg($N>50$)
4	960	2.15	1.50	6～8	5～7	As($N=30$)
5	1 774	2.75	2.00	8～18	5～17	As($N>50$),部分为 Ds($N>50$)

注:①D-外径、d-内径;
   ②As-冲积砂、Ds-沉积砂、Dg-沉积砂砾。

鸣尾御影排污盾构干线隧道由自阪神电力铁道御影站起至神江站附近为止的东西管路和自中间点起到东滩处理厂止的南北管路组成。采用气压盾构法施工,盾构直径 1 500～2 400mm,总长约 6km。一次衬砌为钢制扇形管片(厚 103mm),二次衬砌为喷射混凝土(厚 277mm)。覆土厚 10～20m,地下水位在地表以下 −5～−2m。东西管路穿越的土层主要是冲积砂土($N=10\sim25$)、冲积砂砾土($N>50$)和洪积砂砾土($N>50$),南北管路穿越的土层主要是冲积砂土($N=5\sim24$)和冲积黏性土($N=2\sim3$)。

东西管线全长范围内,二次衬砌喷混凝土断面的上下、左右和斜向部位在沿管轴方向上出现了裂缝(图 4-27)。裂缝宽度 0.2～1.0mm,很多地方渗水。沿管纵方向的裂缝派生出枝状裂缝,有的地方扩展很大。此外,有些地方也能见到沿环向展布的环状裂缝,宽0.2～0.3mm。在未进行二次衬砌的区间内,管道未见出现变形,但能看到管片接缝部位有破碎的迹象。

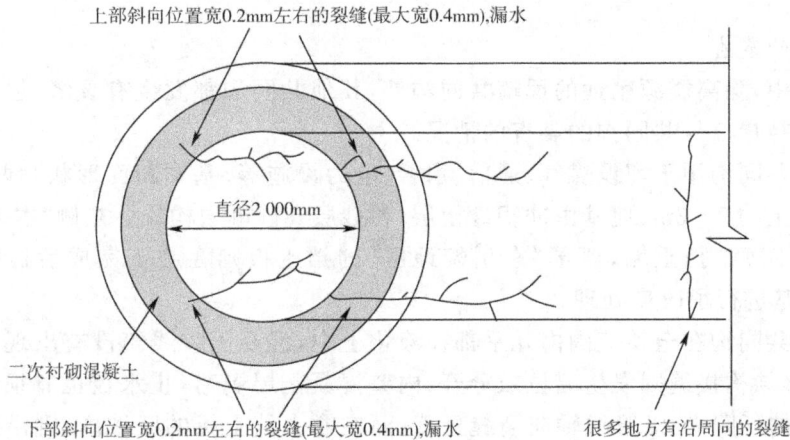

图 4-27　鸣尾御影排污盾构干线震害情况

南北管道沿管纵方向裂缝的发展和东西管路相同,区别为沿环向的环状裂缝更多,有的间隔仅1m(扇形管片的宽)。此外,裂缝宽度和管道漏水情况都比东西管道显著。自东滩处理厂竖井向北约 200m 范围内,管道下沉了约 10cm。竖井附近,$R=60m$ 长为 100m 的曲线区间中,环状裂缝(宽 2～5mm)很多,裂缝发生漏水的现象也多。曲线外周裂缝很宽,说明在坑口附近,二次衬砌混凝土沿管纵方向的裂缝始于钢制扇形管片的接头部位。

鸣尾御影污水盾构干线隧道震害的特点可归纳为:

①总体震害较轻;

②二次衬砌喷混凝土沿管纵轴方向在上下、左右和斜向部位出现宽 0.2～1.0mm 的裂缝,裂缝主要始于扇形管片的接头部位;

③二次衬砌喷混凝土上可见沿周向宽 0.2～0.3mm 的环形裂缝,裂缝主要出现在扇形管片的接头部位和混凝土施工缝的所在位置;

④钢制扇形管片未见有变形,但能看到地震时其曾出现轻微错位的痕迹,地震后恢复;

⑤地震时扇形管片接头部位出现了弹性错位,由此引起刚性二次衬砌喷混凝土出现裂缝;

⑥与东西方向管道相比,南北方向的管道裂缝较多;

⑦置于平缓的冲积砂土及冲积黏土中的隧道发生了最大值约 10cm 的不等量下沉,原因似与地层液化有关;

⑧曲线部分变形很大,且整个盾构隧道在水平方向上被弯曲。

(2)电力设施盾构隧道

1995 年阪神地震时,神户市正在修建直径为 4 000mm 的矶部通盾构隧道,用于铺设地下电力设施。施工地点位于第四纪冲积层和洪积层,盾构路线穿越的土层主要是 N 值大于 50、渗透系数为(2～3)×10^{-2}的砂砾层。

地震前隧道工程已经完成全线挖掘和扇形管片(一次衬砌)的拼装,正在进行二次衬砌。仰拱混凝土已打设到离初始面约 450m 的区间内;传递竖井厚 1m 的混凝土砌层已施作到地下5m 处。地震发生后,在已进行二次衬砌的区间内,沿隧道轴向几乎每隔 10m 就能看到宽

0.3～0.5mm的裂缝。此外在南北向隧道内,地震作用产生的压缩力,使隧道断面的上半部分,一次衬砌混凝土扇形管片的接缝部位出现了裂缝,但断面形状未见有变化;东西隧道区间内未见有这类现象。在采用 $R=20m$ 的钢制扇形管片区间内未见到破坏。在传递竖井的侧壁上能见到裂缝。

5. 共同沟的震害

阪神地震中,除离震源稍远的尼崎共同沟外,其他共同沟都发生有裂缝,但未出现大的毁坏。下面介绍神户2号共同沟的震害的情况。

神户2号共同沟用于埋设煤气、通信、水管、电力设施等,基本断面形状为两层两跨结构,总长900m,覆土约2～3m,地基由冲积砂土层、粉砂层和砂砾层构成。东侧"本天地区"保留了施工时建造的SMW挡土墙,西部"东川崎地区"的挡土板则在施工完成后拆除。施工时对7～9m深的地基进行了改良处理。

震后可见共同沟在全长范围内几乎都在液化土中,混凝土接线箱没有出现大的变形和破坏,管道内许多结构接缝则发生错位或分开,内壁混凝土层剥落,止水板也有损伤的痕迹。在残留有SMW的区间内,沿管线轴向裂缝显著;而在撤去挡土板的区域内,则沿断面周向的裂缝显著。在入口附近,一部分用于固定电缆的金属支撑绝缘子脱落。

6. 沉埋隧道的震害

大阪南港隧道是连接大阪港和南港的海底隧道,断面中央为铁路,两侧是公路。图4-28为其纵断面图及标准横断面图。断面结构采用钢和混凝土的复合结构。为能承受由地基下沉引起的位移,沉埋管段间、换气塔及沉埋管段间的结合均采用了可弯结构。

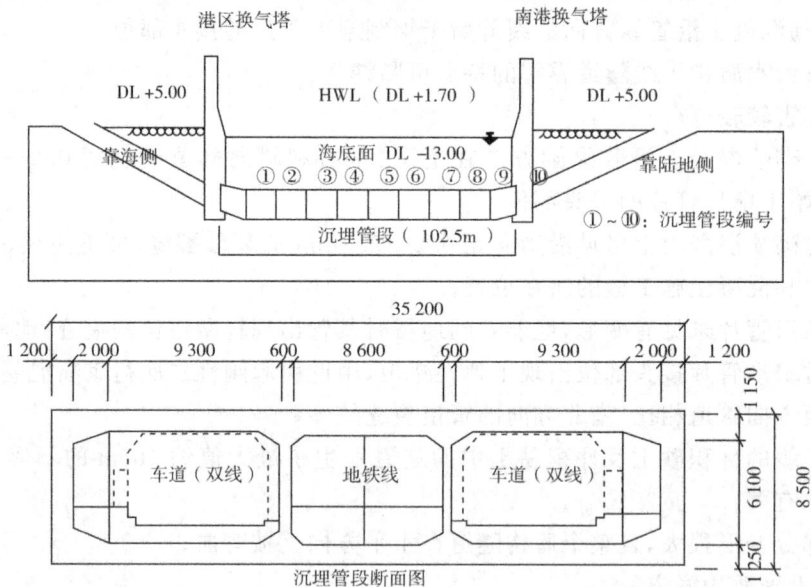

图4-28 大阪南港隧道纵断面图及标准断面图(尺寸单位:mm)

地震前已经完成自港区起1～6号管段的沉埋、1～6号管段底面混凝土的施工、1～5号接头二次止水橡胶的铺设、1～3号接头处水平剪切键的施作、1～5号管段的全部填埋工作,及6号管段2/3的填埋工作。

地震后立刻检查破坏状况,结果发现在气塔与沉管接合部分可见有发生移动的痕迹,但未危及隧道的安全性和正常使用。通过比较地震前后沉埋部分的测量结果,发现沉埋管段在横断面方向上产生了 5cm 的水平移动,沉埋隧道的总长则几乎没有变化。

7.地下管道震害的原因及抗震的构造措施

地下管道通常由管段和管道附件(弯头、三通和阀门等)组成,地震时一般有三种基本破坏类型:管道接口破坏;管段破坏;管道附件以及管道与其他地下结构连接的破坏。其中以管道接口(或接头)破坏居多。

与管段自身强度相比较,接口是抗震能力的薄弱环节。管道接口通常可分刚性接口和柔性接口两类。其中刚性接口有焊接、丝扣连接和用青铅、普通水泥、石棉水泥等作为填料的连接形式等。采用橡胶圈的承插式接口和法兰连接接口属于柔性接口。震害调查表明柔性接口的震害率明显低于刚性接口,原因是前者允许产生较大的变形,具有良好的延性。

接口破坏形式有接头拉开(或拔脱)、松动、剪裂、倒塌和承口掰裂等;管段破坏形式则有管段开裂(纵向裂缝、环向裂缝和剪切裂缝等)、折断、拉断、弯曲、爆裂、管体结构崩塌、管道侧壁内缩和管壁起皱等。

根据以往的经验,除管体自身性质外,地震引起地下管道破坏的原因可分为两类:由场地变化造成的破坏及由强烈的地震波的传播造成的破坏。场地变化导致破坏的直观原因有:大地的构造性运动,如断层滑动、地壳构造性上升或沉陷等;砂土液化、土的侧向移位、土体震密及土层震裂等。对由大地构造性运动造成的地壳构造性上升或沉陷及土的侧向移位扩散、土层震裂等,以往很少有文献报道及相应的试验或理论研究。

(1)地震烈度

大量震害资料表明地震烈度对地下结构的震害有显著影响。表 4-7 和表 4-8 分别给出了海城地震及唐山地震中在不同烈度区对管道平均震害率进行调查的结果。由表可见,在相同场地土条件下,平均震害率随地震烈度的增加而增加。一般情况下,地震烈度达到 7 度以上可对管道造成明显的破坏,如图 4-29 所示。美国地震学家 H. 利赫杰指出,在中等烈度的地震作用下,已锈蚀的管道也可能发生破坏。

海城地震(7.3 级)不同烈度区给水管道的震害率　　　　　　　　表 4-7

地点	烈度	场地土类	管径(mm)	平均震害率(处/km)	备注
鞍山市	7	Ⅱ	≥100	0.006	
盘山镇	7	Ⅲ	≥100	1.60	
营口市	8	Ⅲ	≥50	2.35	不包括输水管
营口大石桥	9	Ⅰ,Ⅱ	≥75	1.0	
海城市	9	Ⅲ	≥50	10.0	

唐山地震(7.8 级)不同烈度区管道的震害率　　　　　　　　表 4-8

地点	烈度	场地土类	管径(mm)	平均震害率(处/km)	备注
天津	7~8	Ⅲ	≥75	0.18	—
塘沽	8	Ⅲ	≥75	4.18	土壤地质条件比天津差
汉沽	9	Ⅲ	≥?	10.00	土壤地质条件比塘沽差
唐山	10~11	Ⅱ	≥?	4.0	—

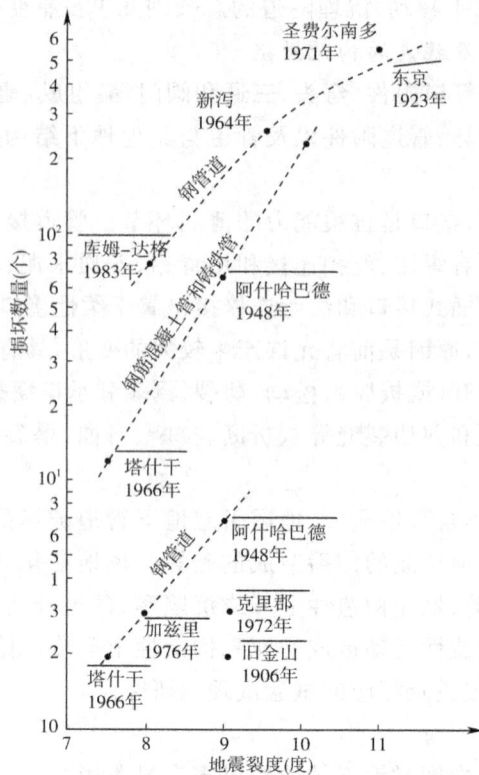

图 4-29　损坏数量与地震烈度的关系曲线

（2）地震波动效应

1971 年美国圣费尔南多地震中,多数地下管道的破坏是由地震波动效应造成。在历次大地震的震中区,地下管道由地震波动效应造成损坏是最常见的现象。对地下管道震害的分析表明:平行于地震波传播方向的地下管道比垂直于地震波传播方向的地下管道损坏严重。如 1964 日本新潟地震后,发现与地震作用方向平行的管道沿环向截面大量断裂。1971 圣费尔南多地区地震后,对 1 000 多例管道损坏和破坏的调查也证实了这种规律。

在地震波作用下,管道纵向应变常是控制因素。在直管段中,弯曲应变一般小于轴向拉压应变。在弯曲段,弯曲应变和轴向应变有同样的数量级。地震波在地下管道中引起的惯性力主要由周围土体承受,似可忽略自身惯性力对地下管道的影响。地下管道在地震波作用下损坏的原因,主要是管段两点之间的运动不同。导致管道两点间运动不同的原因,首先是沿管道土性不同和衰减作用等造成地震波形的改变;其次是地震波到达的时刻不同,两点的运动相位也不同。垂直于地震波传播方向的管道因相位基本相同,故震害较轻;平行于地震波传播方向的地下管道因有相位差,震害通常相对严重。

（3）埋深

多数情况下,地下管道的破坏随埋深的增加而减小,如 1966 年塔什干地震。但在某些情况下,地下管道的破坏与其埋深并不存在固定的关系,如 1948 年阿什哈巴德地震。从能量角度看,地下结构埋深越大,由地震面波导致的能量越小,震害应较轻。然因地层构成及管道结构对地震作用有影响,深埋地下管道有时也有可能出现破坏较严重的情况。

（4）场地土特性及地貌特征

场地土特性及地貌特征包括场地土分类、液化特性、塌陷区、构造地裂和断层滑移等。上述因素直接影响地震时管周土体对地下管道作用力的大小和方式（表 4-9），并对管道破坏的形式有决定性作用。图 4-30 显示了神户地震中神户市场地土特性对地下管道破坏率的影响。由图 4-30 可见填土层中的管道破坏最多，冲积层次之。软土地层中管道破坏现象广泛存在，由土质液化引起的破坏性也很大；基岩层中的管线的破坏比预想的要大。

场地土特性及地貌特征与作用力方式的关系   表 4-9

场地土特性及地貌特征	作用力方式
土体弹塑性变形	拉力、压力、弯矩
在管线所穿过的土中生成裂缝	剪力、弯矩
不均匀下陷和隆起（在拉力很大的管段）	拉力、弯矩
滑坡、地基液化、出现断层	拉力、压力、剪力、弯矩
沿纵轴位移、管道或管道连接的结构下陷或隆起	拉力、压力、剪力、弯矩

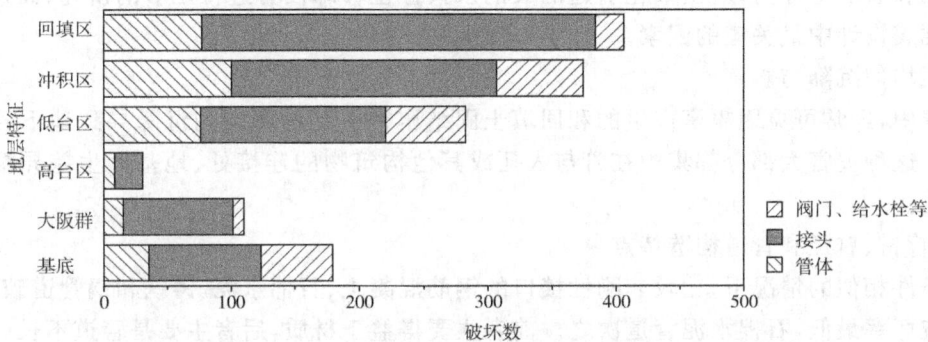

图 4-30 场地特性对地下管道破坏率的影响

资料表明场地条件对地下管道的震害率影响很大，在烈度较低的软弱场地中的管道的震害率甚至可大于烈度高的坚硬场地中的管道的震害率。如表 4-7 中烈度较低的盘山镇、营口市（烈度 7～8 度）的管道震害率大于烈度较高的大石桥（烈度 9 度）的震害率；表 4-8 中烈度较低的塘沽、汉沽（烈度 8～9 度）的管道震害率大于烈度较高的唐山市（烈度 10～11 度）的震害率。原因可能是软弱场地容易产生较大的相对位移，以及软弱场地在地震中容易产生场地破坏，由此加重地下管道的破坏。

①断层滑移与震害

1906 年美国旧金山地震、1940 年美国 Imperial Valley 地震、1952 年美国 Kern County 地震和 1971 年美国旧金山地震时都发生过由于断层滑移而造成地下管道破坏的情况。在 1952 年 Kern County 地震中，地下管道在跨过断层处发生由于压和拉而产生的断裂。1971 年旧金山地震中，由于断层滑动、滑坡和液化使地下管道损坏严重。其中 25% 的损坏发生在断层滑动区，而该次地震中，出现地面断裂的面积仅为受前述强烈地震动面积的 5%。1975 年唐山地震中，秦皇岛至北京的输油管有 4 处损坏，都发生在管道与活动断层相交的部位。

对于输油和输气管来说，它要通过广大的地区，会遇到不同的地震地质条件，在使用期内，它有可能遭遇到活动断层运动的袭击，因而对管线跨越滑动断层的性能研究是一项主要的课题。另外，断层运动时管道的变形、土的力学模型和管的破坏机制等与土体的侧向扩散以及构造性上升和沉陷时的情况有很多相似之处。管道在考虑断层运动时所建立的理论分析模型，可以为研究其他形式的土体运动的管道分析模型提供根据。

②砂土液化与震害

砂土液化时管道的性能试验和理论分析是近几年才开始的。在试验方面日本学者做了较多的工作。液化时管道和砂土的动力试验,一般采用振动砂箱在振动台上进行,主要目的是研究管道和周围的砂土在液化前后的性能。一些液化试验表明地下管道具有下列性能:在不完全液化土中的地下管道的加速度和弯曲应变值大于在完全液化土中的数值。这些数值说明,应变值最大值出现在液化现象开始发生的初期。管道内产生的弯曲应变可分为动应变(取决于地震动)和静应变(取决于管道的隆起)。管道的静应变大于动应变,管道在固定端部的弯曲应变大于自由端部的弯曲应变。完全液化前,管道隆起;完全液化和土沉陷压实后,管道沉降下来。

久保等人对1982年日本海中部地震时管道的震害得出结论:永久性位移对管线的损坏比土体由波动产生的相对位移(由地震波和沿管线长度方向土壤特性的不均匀引起)是更加直接的原因。目前,使用振动台研究液化砂土中管的动力特性,主要集中在管线在液化和不液化的边界区域和管的上浮力,对由液化引起的大的永久性位移却没有进行足够的研究,而这应被认为管线抗震设计中最关键的因素。

③不均匀沉降与震害

地震中,经常可见因震密产生的和回填土固结压密引起的不均匀沉降导致地下管线受损的实例。这种灾害大部分都集中在管与人孔或其他构筑物的连接处、地基产生差异沉降处和接头部位。

(5)管材、口径和管道构造特点

在条件相似的情况下,比较非刚性接口的钢筋混凝土、石棉水泥、铸铁和钢管道破坏,可见钢管道破坏率最低,石棉水泥管道次之。前者主要得益于材质,后者主要是管道不长。

大量震害资料表明,随着地震烈度的增加,不同材质的管道的损坏率将接近。如在地震烈度为10~11度时,铸铁管道和钢筋混凝土管道的破坏率和钢管的破坏率基本相等。

地下管道的抗震性在很大程度上取决于管道的口径,现有震害记录中80%以上的损坏或破坏发生在口径小于200mm的地下管道中。表4-7和表4-8所列的统计资料也可说明这一点。其原因,主要是小口径管道在土中受到约束作用比口径300mm以上的管道高得多。

地下管道震害中,因地基液化、沉陷、滑坡等产生的破坏占大多数。在日本,目前十分注意针对地基变形开展制订地下管道防震对策的研究。与此同时,地下管线抗震诊断法研究也很活跃。鉴于对面广量大的地下管道,使其在任何地震作用下都不遭受破坏是不可能的。建立能使地下管线抗震功能损失达到最小的管网系统和遭到破坏后系统功能恢复优化方法的计算机分析,目前也是较为热门的研究课题。

资料表明,在考虑地下管线抗震方面,应充分注意调查地质情况,包括分析地基稳定性、地基液化、存在断层与否等。应尽可能避开在地基不稳定之处设置管道。无选择余地时,应采取措施加固地基,或注意提高地下管线自身的抗震性。

(三)其他地下结构的震害

1.地下街的震害

在神户市内有三宫地下街等四条地下街。这些地下街在地震中虽然电气、空调、给排水等设备系统发生了某些破坏,但结构主体基本没受损,与其他地下结构相比破坏较少。

三宫地下街位于由三宫站往南伸延的花街的地下,是1957年建成的较早的地下街,地下一层平面如图4-31所示,截面如图4-32、图4-33所示。

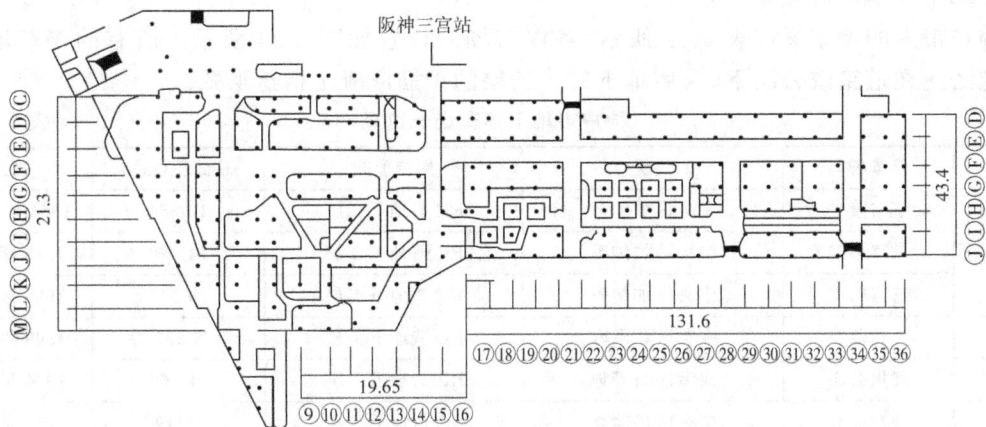

图 4-31 三宫地下街平面图(地下一层)(尺寸单位:m)

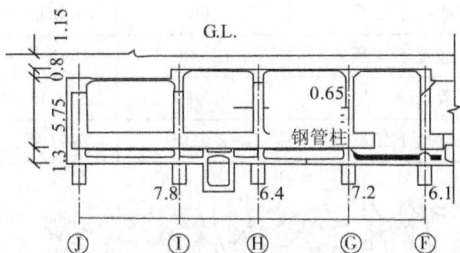

图 4-32 三宫地下街断面图(18 通道)(尺寸单位:m)

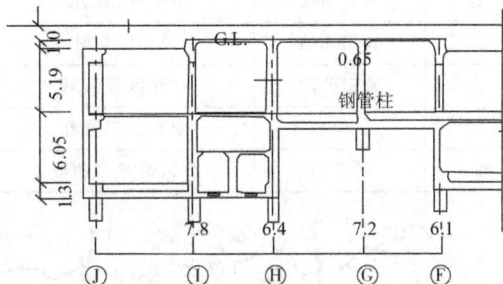

图 4-33 三宫地下街断面图(24 通道)(尺寸单位:m)

地下街地下一层部分为店铺和人行通道,地下二层部分为阪神电铁的车站和机械室等。采用梁、板和柱结构形式,柱以 5～8m 的间隔配置成格子状,全都是混凝土填充的 $\phi60cm$ 的钢管柱,覆土约为 1m。地下街的结构设计时采用的水平地震系数为 0.1。阪神地震后其破坏状况如表 4-10 所示,主要是与电气、空调、给排水和防灾的设备有关的破坏,而主体结构没有受到破坏。

三宫地下街受损概况 表 4-10

受损部位		受 损 情 况
设备	电器设备	高压电线杆倒塌:1 处
		灯具脱落:数处
	空调设备	冷却塔功能丧失:3 处(因房屋倒塌)
		空调机吸尘器、过滤器脱落:2 台
	给排水设备	给水管道折损:数处
		地上排水管折损:3 套
	防灾设备	喷水管折损:3 处
		火灾自动警报器脱落:数处
		防火防灾闸门变形:1 处
结构	地板、柱、墙	地板面砖裂纹:100m 左右
		柱、墙大理石脱落:约 200 片
	窗	玻璃破损:11 块
	顶棚面板	顶棚面板脱落:数处

147

2.地下停车场的震害

神户市内的停车场如表 4-11 所示,各停车场的位置如图 4-34 所示。所有的停车场都是用明挖法建在道路或公园下,采用地下二～三层的钢筋混凝土构造形式。

神户市地下停车场一览表   表 4-11

编号	停车场名	位置	构造形式	总面积(m²)	竣工
①	三宫第一	中央区加纳町	RC 造地下二层	10 384	1967 年 10 月
	三宫第二	中央区加纳町	RC 造地下二层	14 726	1973 年 8 月
	三宫第三	中央区加纳町	RC 造地下二层	19 348	1989 年 1 月
②	花隈	中央区花隈町	RC 造地下三层	8 997	1969 年 3 月
③	凑川公园	兵库区新开地	RC 造地下二层	11 469	1970 年 3 月
④	神户站北	中央区多闻路	RC 造地下二层	8 419	1971 年 9 月
⑤	新长田	长田区若松町	RC 造地下二层	9 414	1975 年 3 月
⑥	神户站南	中央区相生町	RC 造地下二层	10 593	1992 年 3 月
⑦	长田北站	长田区北町	RC 造地下二层	5 662	1993 年 12 月
⑧	荒田公园	兵库区荒田町	RC 造地下二层	12 980	1995 年 7 月
⑨	元町东	中央区三宫町	RC 造地下二层	14 969	1995 年 12 月
⑩	铃兰台	北区铃兰台西町	RC 造地下二层	3 939	1994 年 4 月

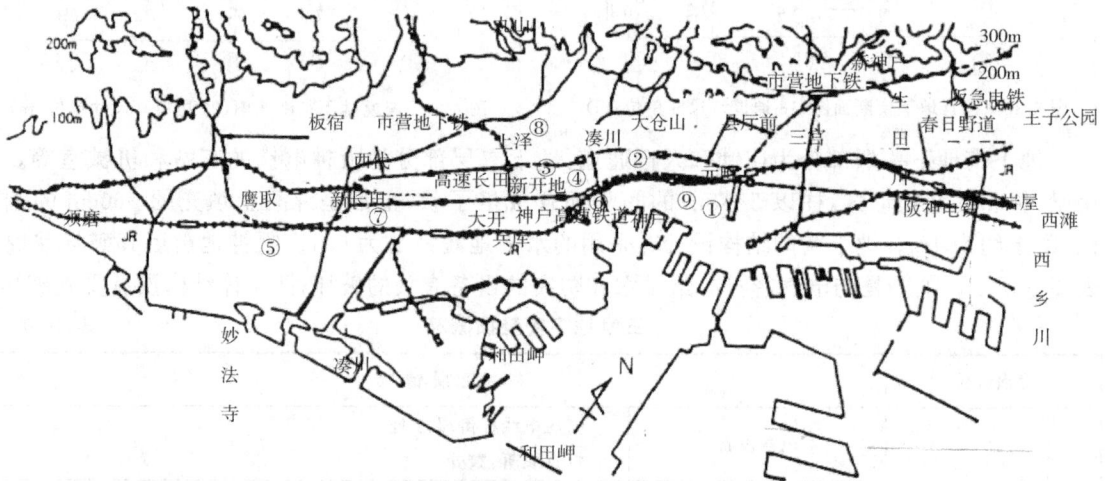

图 4-34 地下停车场位置图

表 4-12 列出了各地下停车场的受灾状况。三宫第二停车场的一部分发生混凝土剥落;而在其他的地下停车场,结构的墙面、楼板部位有裂缝。虽然当初建造时没有进行抗震设计,但总的说来破坏还是轻微的。

地下停车场受损概况   表 4-12

停车场名	结构受损情况	设备受损情况
三宫第一	墙面裂缝;通道石砌护面、楼梯室瓷砖面有裂缝和脱落现象;通风口内壁脱落	灯具破损;火灾报警器、车辆探测器不良;洒水器喷头破损
三宫第二	结构突出部分(换气塔、楼梯室)出现裂缝、断裂;装配件杆变形,门开关受阻	灯具、换气管道破损;火灾报警器、车辆探测器不良

148

停车场名	结构受损情况	设备受损情况
三宫第三	墙面、地板有裂缝;伸缩缝部位有裂缝;楼梯室挡土墙倾斜	灯具破损;火灾报警器、车辆探测器不良
花隈	无受损	没有受损
凑川公园	出入口墙面出现裂缝;顶棚剥落	通风道破损
神户站北	墙面、梁出现裂缝	火灾报警器破损;给排水设备、诱导灯、消防设备破损
新长田	墙面、梁有裂缝;出入车道的三合土地面破坏	灯具塌落、通风管及吊具塌落;火灾报警器、诱导灯、消防设备破损
神户站南	无受损	没有受损
长田北町	墙面、梁有裂缝	车辆探测器不良;灯具破损

三宫站第二停车场的位置如图 4-35 所示,平面图、截面图如图 4-36 所示,停车场主体部分尺寸为 120.4m×66.6m,构筑物深度达 GL-12.15m,覆土 1.5m。

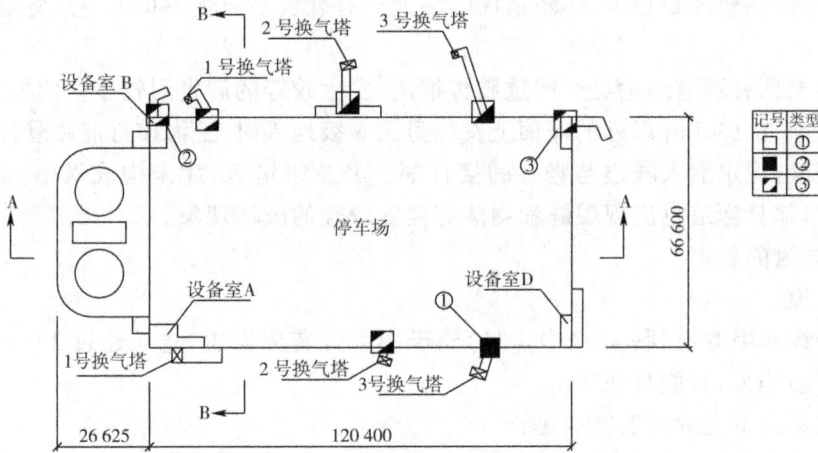

图 4-35　三宫第二停车场平面图(尺寸单位:mm)

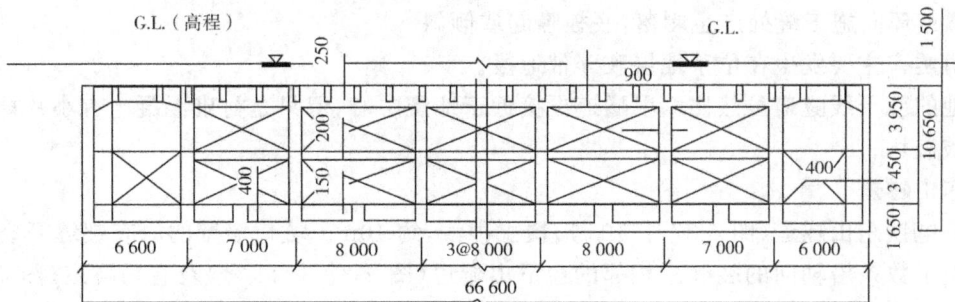

图 4-36　三宫第二停车场断面图(B—B 断面,尺寸单位:mm)

梁、柱构件的截面尺寸均为 90cm×90cm,柱在长度方向上的间距为 7～10m,宽度方向上的间距为 7～8m。另外,每隔 17.2m 有一座厚 30cm 的分隔墙,这样整个结构的刚度很高。采用厚 1.65m 的中空平板做基础的底板。

与三宫第二停车场临街的花街因位于原生河河谷,所以泛滥堆积物分布很广。三宫周围是有原生田河泛滥形成的扇形地带,扇形地及河川地由卵石层、砂砾层及砂层形成的,而且从扇顶往扇端颗粒直径越来越小。卵石层的分布可以在 JR 线三宫站上游看到,而下游则为砂砾土和砂土。三宫站南侧位于绳文海岸线位置,而神户市政府周围为沙洲地带。

虽然停车场主体结构地震后基本看不到变形,只不过在换气塔及楼梯间等部位,与主体构造的接合处出现混凝土的剥离和裂缝。最严重的破坏发生于第三换气塔,其一部分墙壁和顶板的混凝土发生脱落,露出钢筋。大部分钢筋发生变形,但混凝土还未达到裂缝开展的程度。在第二、第三换气塔,墙壁的混凝土发生剥离脱落,并可以看到很多裂缝。另外,在第三换气塔与停车场主体结构接合部位有宽 5~25cm 的裂缝。在第二换气塔、第一换气塔及 B 楼梯间发生了宽 1~5mm 的裂缝。

如上所述,破坏集中于停车场主体与换气塔、楼梯间的接合部位附近。这是由于刚度的差异造成不同的动态反应,从而在两者的接合部位发生相对位移。

3. 铁路、公路隧道的震害

隧道有山岭隧道和水底隧道等。隧道一般也被认为是一种抗震结构,然而隧道震害情况调研分析表明,隧道在遇到下述情况下,仍然会受到不同程度的地震损坏:①若隧道经历强烈地震;②隧道坐落在地震断裂带;③隧道周围场地土有软弱易液化不良地层或隧道结构本身有缺陷等。

现有资料未见有隧道结构经受严重震害报道,发生较轻的震害则较多。例如 1983 年 5 月 19 日震中距上海市 150km 以外的洋面上发生里氏 6 级地震时,上海市打浦路管片隧道里出现了 5 条可见裂缝,泥水漏入隧道与竖井的接合部。经及时堵塞,才未构成祸患。1995 年阪神地震中,神户市部分隧道也出现裂缝和剥落等程度较轻的破坏现象。

(1)铁路隧道的震害

①六甲隧道

山阳新干线六甲隧道(图 4-37 中 1 号)建于中生代花岗岩中,总长超过 16km。修建时遇到很多的断层破碎带,只能勉强完工。

六甲隧道震害情况的主要特点是:

a. 拱顶部产生剪切裂缝,尖端部分发生剥落;

b. 在拱、侧壁的施工缝部位有压缩性裂缝产生,且出现剥落;

c. 隧道环向施工缝处产生剥落,底板隆起或倾斜。

隧道震害主要发生在位于地层破碎带地段。

其他的新干线隧道虽然比六甲隧道更接近于地震中心,但只是衬砌混凝土有小片掉落,几乎没有被破坏。

②东山隧道

神户电铁东山隧道(图 4-37 中 10 号)覆土很浅,约 10m。坑口墙壁的原有裂缝开裂,在拱肩部产生了数条沿轴向的裂缝。相邻的会下山隧道(图 4-37 中 11 号)及有马隧道(图 4-37 中 12 号)也有轻微裂缝。为了提高抗震性,在震后对衬砌进行了改建。

北神特快的北神隧道(图 4-37 中 14 号)只在拱顶部位处产生有小规模的裂缝,一部分剥落。神户市营地铁的五条隧道和山阳电铁的两条隧道,几乎没有受地震影响。

(2)公路隧道的震害

①盘龙隧道

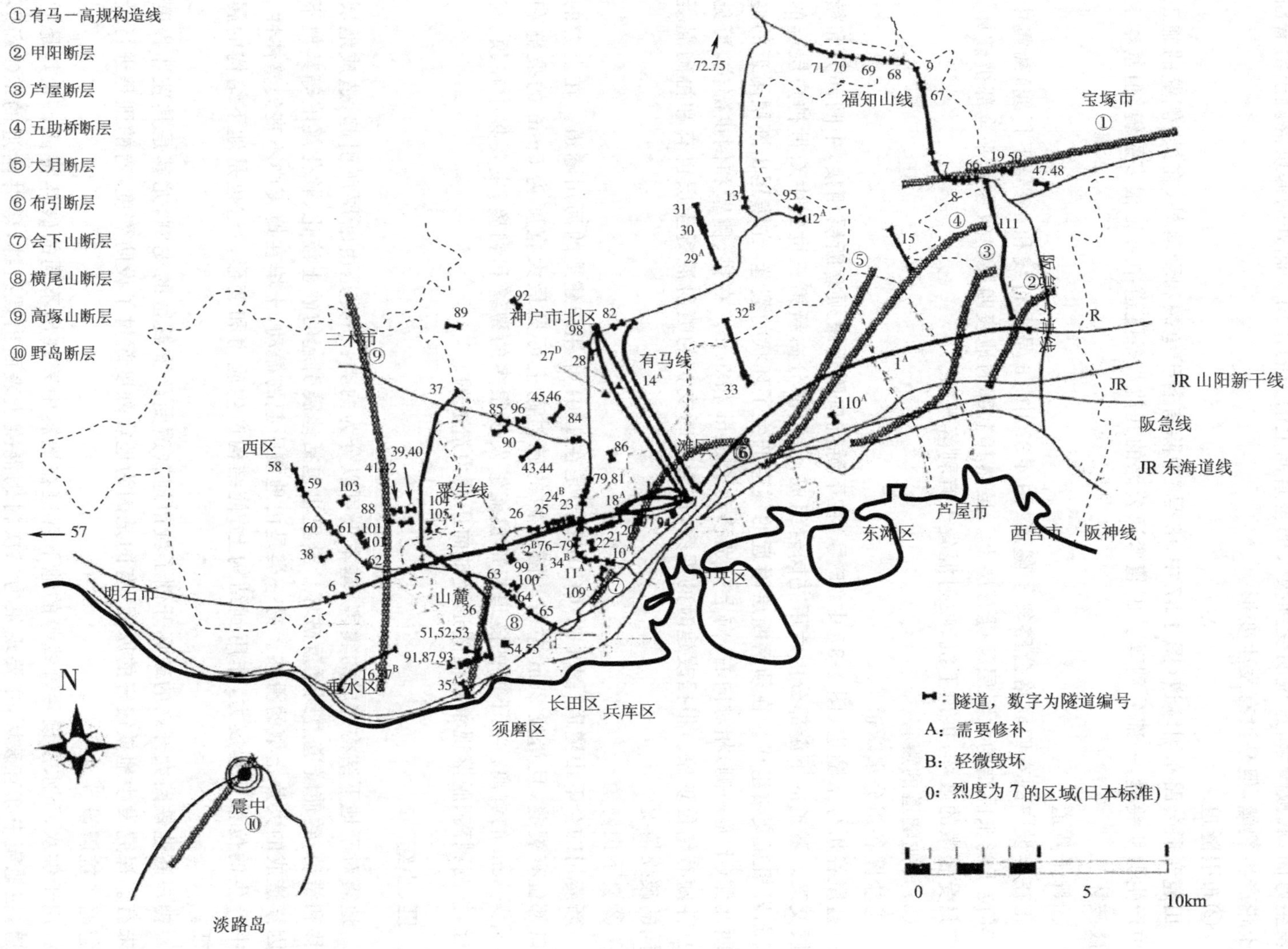
① 有马－高规构造线
② 甲阳断层
③ 芦屋断层
④ 五助桥断层
⑤ 大月断层
⑥ 布引断层
⑦ 会下山断层
⑧ 横尾山断层
⑨ 高塚山断层
⑩ 野岛断层
宝塚市
福知山线
有马线
粟生线
神户市北区
三木市
西区
明石市
垂水区
须磨区
长田区
兵库区
中央区
滩区
东滩区
芦屋市
西宫市
JR 山阳新干线
阪急线
JR 东海道线
阪神线
淡路岛
震中
N
：隧道，数字为隧道编号
A：需要修补
B：轻微毁坏
0：烈度为 7 的区域(日本标准)
0
5
10km

图4-37　山岭隧道震害位置图

六甲公路盘龙隧道(图 4-37 中 15 号)在施工时碰到断层黏土带的地方,拱顶和侧壁的混凝土破坏且出现剥落。另外,离此约 80m 的地方,也是在断层黏土带,侧壁的衬砌被压坏,钢筋发生弯曲,底板隆起,这说明受到很大的垂直向上的力的作用。此处的仰拱混凝土沿着断层黏土带产生裂缝,但是没有发生变形。

②布引隧道

山麓弯通公路布引隧道(图 4-37 中 18 号)中除有若干龟裂和剥落外,在拱、侧壁的施工缝部位产生剪切裂缝,一部分剥落。山麓弯通公路的其他八条隧道中可见很多裂缝,但基本上没有被破坏。

③舞子隧道

正在建设中的本四联络公路舞子隧道(图 4-37 中 16 号上行线和 17 号下行线)离震中最近,其位于尚未固结的大阪层群砾石层上。虽然其上部的地表四层建筑物几乎全部被破坏,但是它只受轻微的破坏,拱顶下沉,喷射混凝土有剥落现象。

(3)其他隧道的震害

①盐屋谷川分水隧道

盐屋谷川分水隧道(图 4-37 中 35 号)在下游坑口附近跟须磨断层相接,中间部分和横尾断层交叉。隧道的下游部分由六甲花岗岩组成,上游部分由新第三世纪中新世神户层群的砂岩、泥岩相互交错组成。在须磨断层附近的隧道产生了环状的裂缝,在横尾山断层附近的隧道的西北侧(上游一侧)相对向右、向上分别移动了 8cm 和 5cm。在拱、侧壁和倒拱部位,可见裂缝且伴随有错位现象。根据改建时的观察,作为临时支护的喷射混凝土层也有和衬砌混凝土相同的破损情况。

②会下山隧道

新凑川的会下山隧道(图 4-37 中 109 号)是在 1901 年用砖建造的河川隧道。在上游的隧道口部位有裂缝,且错位 2cm 左右。隧道内的砖衬砌上可见最大宽度为 5mm 的裂缝和宽5cm、深 3cm 的剥离。在下游的隧道口部位能够发现很多的裂缝和剥离,主要集中在顶、底部附近,推测剥离、脱落现象是因隧道受轴向压缩力造成的。

四、小结

地震对于地下结构造成的震害,基本上可以分为两类:一类是由断层所引起,造成地层的位移和错动,致使隧道遭到严重破坏。这里也包括地震引起的砂土液化、软化震陷等其他不稳定因素造成的大片土壤的滑移。另一类是由地震引起的振动,土壤在地震中不丧失整体性,地层中产生的位移和地震力,作用到结构上,使结构产生应力和变形。这也是地下结构的震害特征。

神户高速铁路大开站的破坏开创了城市地铁遭受严重震害的先例,尤其是其破坏程度前所未有。探究发生地铁震害的原因,有的是因为地震烈度超过了设防烈度,有的则是进行设计时忽略了抗震设计。

用于供水、下水及设置管线等的地下管道在地震中表现出不同的破坏特征。尤其是盾构隧道,在地震中亦有破坏,主要现象为二次衬砌混凝土表面出现裂缝,竖井附近的 RC 扇形管片发生破坏等。施工中的沉埋隧道几乎没有发生破坏。

地下街、地下停车场的主体结构在地震中损坏轻微,但在它和附属设施的接合部分、侧墙和顶板仍发生有混凝土剥落,并有露出钢筋的现象,但整体破坏仍较轻。

然而地下管线和地铁、隧道同属地下线形结构,前者的震害原因分析在理论上应对后两者震害原因的研究有一定的借鉴价值。地下管道震害因素有地震烈度、空间方位、埋深、场地土特性及地貌特征、管材、口径和管道构造特性等,对这些因素的分析对地铁和隧道震害的研究也基本适用。从地下管道震害原因分析可以知道,地下管道震害随管道口径和埋深增大而减小。若把地铁和隧道也看作管道,其口径和埋深显然一般情况下比地下管道大,其震害较小也符合上述规律。

由于目前对隧道地震作用机理还了解较少,通过理论分析和数值计算进行抗震设计尚无成熟方法,因而依据以往经验采取适当抗震措施目前仍是进行隧道抗震设计的主要手段。隧道抗震措施包括对隧道的选址、衬砌材料的选用和注意施工质量等方面的综合考虑,以及在必要时采取加固措施。

第三节 地下工程抗震设计

一、地下工程抗震计算方法发展及分类

1. 抗震设计方法演变

地下结构抗震设计的计算方法随着人们对地下结构动力响应特性认识的不断完善,并随着近年来历次地震中地下结构震害的调查、分析总结以及相关研究的不断深化而发展。20 世纪中期以前,地下空间还未得到较大规模的开发,地下结构的建设也未有大的发展,无论是单体规模还是总体数量,都处于一个较低的水平。与地面建筑相比,大地震中地下结构的破坏实例及调查研究都较少,因此在进行地下结构的设计计算中,地震因素还未成为一个必须考虑的因素,更没有系统的地下结构抗震计算的理论和方法。20 世纪五六十年代以后,随着各国经济建设的发展,城市化进程加速,为解决城市建设中的各种问题,地下空间开发逐渐得到重视,地下结构的建设也逐渐增多,如地下街、地下停车场、地铁以及各种地下管线等。地下结构的抗震设计也进入人们的视野,各类地下结构的设计计算中也开始考虑地震的影响。这一阶段中对地震荷载或者说地震影响的考虑还处于较为初级的阶段,大致可分为两种:一种是从安全系数的角度(增大安全系数)进行考虑;另一种是借鉴了地面结构的抗震计算方法,即等效静载法。增大安全系数的考虑方法是以常规的方法进行荷载计算,将得出的荷载乘以一个放大系数,来笼统地考虑地震的影响。尽管不能确切地知道地震因素是如何对地下结构产生影响的,也不知道该影响是多大,但通过将荷载放大一定的倍数,人为的把结构设计安全度提高,在一定程度上增加抗震能力。如果有其他因素使得算出的荷载上需要乘以一个更大的安全系数时,地震影响就不另外考虑。例如,在 1995 年日本兵库县南部地震中遭受严重破坏的神户地铁大开站,于 1960 年前后设计施工,在进行结构计算时,将中柱的强度几乎提高到了平时使用荷载的 2~3 倍,因此这种情况下就没有另外考虑地震荷载,而认为地震荷载可以包含在这个提高的范围之内。

等效静载法大致与地面结构的抗震设计中所使用的方法类似,即把地震影响或地震荷载考虑为地震加速度在结构上产生的惯性力。与地面结构中使用的等效静载法不同的是,对于地下结构的抗震计算还需考虑周围地层的动土压力,然后按照静力计算方法对结构内力进行计算。

随着对地下结构在地震荷载下响应特征的进一步研究,一些新的概念和一些更加符合地下结构动力响应实际的设计计算理论和方法也得以提出。通过调查和模型试验等研究手段发

现,地震中地下结构主要是跟随周围地层一起运动,其变形也是随着地层一起进行。地层中地下结构存在的范围内,不同位置之间会产生相对位移,该相对位移迫使地下结构产生变形。这种层间相对位移达到一定程度时就会引起结构物的破坏。地震中地层相对于结构物的不同位置处的相对位移是主要的地震效应,在设计计算中有必要加以考虑。依据以上的理论,地层响应变形法随之产生。该方法首先计算出周围地层的变形,将变形量作为强制变形施加在结构上,从而计算出结构物的内力。

由于计算机及有限元计算方法的发展,使得地下结构与土体共同作用整体动力分析和抗震设计的方法也有了很大的进步。该方法将包含结构物在内的整个地层划分成有限元网格,考虑边界条件以后,输入地震波,进行动力响应分析,从而得出每一时刻地层和结构物中的变形、应力和应变等。

目前等效静载法虽然仍在使用,但主要用于结构形式较为简单,重要程度不高,或仅需粗略估算地震荷载的情况。在日本等一些抗震设计研究较为发达的国家,设计中主要使用的方法之一是响应变形法,该方法的适用范围是一般形式的地下结构,以及周围地层较为均匀的情况。地下停车场、地下街、地铁车站及管线的纵向结构也多采用此方法。

与以上两种计算方法相比,平面有限元整体动力计算法主要适用于地质条件较为复杂,结构形式也较为复杂,用上述静力方法进行简化处理得出的误差较大的情况,如断面情况复杂的地铁车站,重要程度高的结构物等。该方法计算成本高,步骤复杂,在使用上也受到一定的限制。

另外,目前已有采用三维动力有限元进行抗震计算的研究。一般情况下,三维是最能反映对象物体的真实受力情况的状态,三维计算可以省去将物体简化为二维时的种种假设,地层条件的适应范围也更广,结果较二维的可信程度高。但由于其计算工作量巨大,前后处理技术复杂,花费计算时间长,成本高,因此还仅限于对重要地下结构分析研究中使用。

归纳起来,地震波对长条形地下结构主要产生三种受载方式:

(1)结构纵轴的轴向拉压力;

(2)结构纵轴的弯矩;

(3)结构横断面受载。

2.抗震设计计算方法分类

地下结构抗震设计计算的理论分析方法按分析对象的空间考虑情况,可大致分为横断面抗震计算方法、纵向抗震计算方法和三维有限元整体动力计算法三种,每种分类又可进一步细分,如图 4-38 所示。

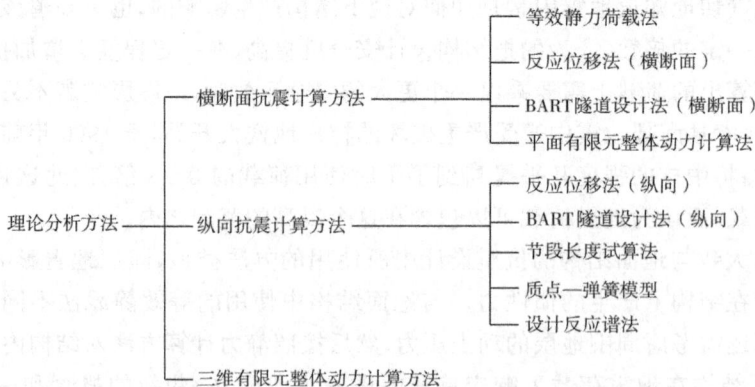

图 4-38　地下结构抗震问题理论分析方法的分类

二、横断面抗震计算方法

(一)等效静载法

1. 等效静载法的原理

等效静载法是将地震中地震加速度在结构中产生的惯性力看作地震荷载,将其施加在结构物上,计算其中的应力、变形等,进而判断结构的安全性和稳定性的方法。这种方法早年广泛应用于桥梁、高层建筑物,也用于重力式挡土墙等结构的抗震设计。照此方法,地震荷载是针对有不同质量的各部位产生的,其值用各部位的质量乘以地震加速度来求得。地震加速度也可以用重力加速度的比值来进行表示,这样可将其与结构重量直接相乘得出地震荷载。

地上结构使用该方法进行抗震设计时,对于响应加速度与基底加速度大致相等的较为刚性的结构物,可以直接采用该方法(图 4-39);但对于较柔的结构物,其固有周期较长,越往上其振动越剧烈,这时可考虑各部分的响应特征不同,设定不同的响应加速度。这种方法叫修正等效静载法。

地下结构中,纵向尺寸远大于横向尺寸的线形结构的横断面抗震计算、地下储油罐的抗震设计中,也用到该方法。这时作为地震荷载,不仅要考虑由于结构物的自重引起的惯性力,还要考虑上覆土的惯性力影响,地震时的动土压力,以及内部动水压力等(图 4-40)。地震时动土压力的计算中多采用物部·冈部公式(见下一节),该公式中考虑了设计加速度等,但其结果与实际地震中观测到的动土压力结果有较大的差别,仍存在一定的问题。另外,对于大深度地下结构,地震加速度在其深度方向的分布往往决定了计算结果,因此地层中的地震加速度的分布是应进行研究的问题之一。

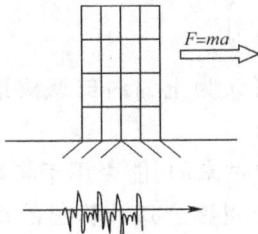

图 4-39 地上结构的等效静载法   图 4-40 地下结构的等效静力法

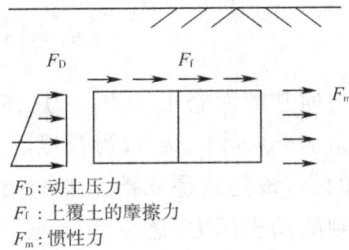

F_D:动土压力
F_f:上覆土的摩擦力
F_m:惯性力

2. 等效静载法的使用范围

等效静载法从本质上适合于地震荷载中惯性力部分占支配作用的结构物,如绝大多数地面结构物,也可适用于地下结构。当地下结构物的重力比周围地层重力大许多时,结构物自身的惯性力就起支配作用。另外对于刚度比较大的地下结构,结构的响应加速度基本上和周围地层地震加速度相等。这两种情况均可以参照适用于地上结构物的等效静载法。对于较为柔软的地下结构,或不同部位其响应明显不同的地下结构,可以考虑到结构物的这种对于地震动响应的特性,对于结构不同部位考虑采用不同的加速度,即所谓的修正等效静载法。总之,尽管该方法目前已不是地下结构抗震设计中的主流方法,但在特定的场合下还可以使用。以日本为例,采用等效静载法的设计规范有:沉管法隧道抗震设计指南(1975 年),隧道标准规范(开挖)(1996 年),给水管道设施抗震工法指南(1997 年)等。

3. 等效静载法用于地下结构时的注意事项

将等效静载法用于地下结构时,结构物承受的荷载,除结构及附带土体受地震惯性力外,地震时的土压、内部液体的动压力(地下油罐等场合)等也有必要进行考虑。

(1)地震生的惯性力

当隧道的部分结构露出地面、隧道上方有地上结构的基础等荷载时,或隧道结构条件发生突变、隧道位于软弱地基的场合、地层条件突变、隧道存在于有可能发生液化地层等的情况下，由于地震的影响，不仅要考虑上覆土压力，还要慎重考虑作用在隧道上的其他物体惯性力荷载。

（2）地震时土压力

地震时土压力的计算，可采用日本学者物部·冈部公式，该公式以库仑主动土压力公式为基础，考虑到水平地震烈度 k_h 及竖向地震烈度 k_v，对其进行修正。对重量为 W 的滑移土体，在水平、铅直方向各自加上 k_hW、k_vW。如果挡土墙的竖向高度为 H，背面土体倾斜角为 α，壁后相对于水平的倾角为 β，背后均布荷载 q，土体内部摩擦角 φ，土体与挡墙间的摩擦角为 δ 的情况下（图 4-41），根据库伦的主动土压力公式：

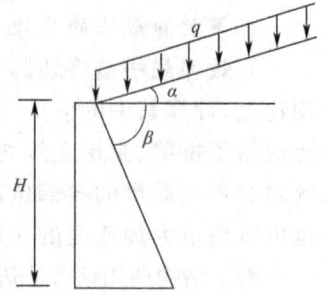

图 4-41 动土压力的计算模式

$$P_{AE} = \frac{1}{2}(1 - k_v)\left(\gamma + N\frac{2q}{H}\right)H^2\frac{K_{AE}}{\sin\alpha\sin\delta} \tag{4-1}$$

$$N = \frac{\sin\alpha}{\sin(\alpha + \beta)} \tag{4-2}$$

$$K_{AE} = \frac{\sin^2(a - \theta_0 + \varphi)\cos\delta}{\cos\theta_0\sin\alpha\sin(\alpha - \theta_0 + \delta)\left\{1 + \sqrt{\dfrac{\sin(\varphi + \delta)\sin(\varphi - \beta - \theta_0)}{\sin(\alpha - \theta_0 - \delta)\sin(\alpha + \beta)}}\right\}^2} $$

$$\theta_0 = \arctan\left(\frac{k_h}{1 - k_v}\right) \tag{4-3}$$

将此公式与通常的库仑主动土压力公式相比较，可认为土的内部摩擦角只不过在外表上减少了 θ_0，而 $\tan\theta_0 = k_h/(1 - k_v)$，为合成烈度。

需要指出的是，该公式是从挡土墙的结构形式推导过来的，能否用于各种形式的地下结构在地震时所受到的动土压力，还有待验证。已有观测表明该公式计算出的动土压力与实际测量值之间还有一定的差距，因此需要慎重使用。

（二）反应位移法

1. 概述

地下结构地震中的响应规律与地上结构有着很大的不同，主要是地下结构受周围土体约束，不会产生比周围地层更为强烈的振动。这里有以下两个原因：首先地下结构的表观密度通常比周围地层小，从而使得作用在其上的惯性力也较小；其次即使地震时地下结构产生比周围地层强烈的振动，但由于其受到土体的包围，振动会受到约束，很快收敛，并与地层的振动保持一致。目前实施的有关地下结构地震时的响应观测以及模型振动实验等，也均清楚地表明地下结构地震时跟随周围地层一起运动。因此，可以认为地下结构地震时的响应特点为：其加速度、速度与位移等与周围地层基本上保持相等，地层与结构物成为一体，发生振动。天然地层在地震时，其振动特性、位移、应变等会随不同位置和深度而有所不同，从而会对处于其中的地下结构产生不同影响。一般来说，这种不同部位的位移差会以强制位移的形式作用在结构上，从而使得地下结构中产生应力和位移。

反应位移法（Response displace method）是根据地下结构在地震中的响应特征发展起来的计算方法。20 世纪 70 年代初期，在地下管线及隧道等线形地下结构纵断面方向抗震设计方法中开始使用该方法。当时把线形地下结构模型化为支撑在地基弹簧上的杆或梁（弹性地基梁)。地基弹簧是考虑到结构刚度与地层刚度的不同,在定量表示两者间相互影响相互作用时引入的元件。作用在结构上的地震力,就是通过这一弹簧元件施加的。首先设定沿结构物轴线方向产生的地层位移分布(位移差),然后根据这一位移分布(位移差),在地层弹簧的端部施加强制位移,求得结构纵向应力和变形。20世纪70年代后期,反应位移法又用于大规模地下结构横断面方向的抗震计算中。当时,将地下结构的横断面模型化为框架式结构,周围施加上地基弹簧,将结构深度方向的位移差值作为地震荷载施加在弹簧上。

反应位移法规定地震时周围地层的变形为主要地震荷载,设计时所使用的地层变形需根据具体的地质条件沿地下结构的纵向或者横断面的深度方向进行设定,其设定方法可以按照设计规范进行,或者进行地层动力计算来求得位移值。

如上所述,反应位移法中需用到地基弹簧的力学单元。由于地基弹簧的弹性模量对抗震计算的最终结果起到非常大的影响,因此如何合理评价其弹性模量为这种方法的最难课题。另外,实际应用该方法时,对于施加在解析模型上的地震荷载有许多种考虑方法,对各种各样的方法进行统一也是很困难的。

2.反应位移法的具体应用

如上所述,反应位移法的主要思想是认为地下结构在地震时的响应取决于周围地层的运动,将地层在地震时产生的位移差(相对位移)通过地基弹簧以静荷载的形式作用在结构物上,从而求得结构物的应力等。由于这种方法考虑到了地下结构响应的特点,能够较为真实地反映其受力特征,作为一种有效的设计方法在众多的设计规范中得到了应用。如日本的石油管线技术基准(1974年)、沉管法隧道抗震设计指针(方案)(1975年)、天然气导管抗震设计指针(1982年)、共同沟设计指针(1986年)、停车场设计施工指针(1996年)、隧道标准示方书(1996年)、隧道标准示方书盾构工法篇(1996年)、给水设施抗震工法指针等。

反应位移法中,需要将对结构物最为危险的瞬时地层变形分布输入体系中进行计算。对于纵向尺寸较长的线形地下结构,通常不同位置所受到的地震动也不同,设计时要将复杂的实际位移分布进行简化。

1995年日本兵库县南部地震以后,根据该地震中地下结构尤其是地铁等的受害情况进行了调查分析,在此基础上日本有关单位研究制订了新的暂行抗震设计标准。该暂行标准中对隧道结构横断面在遭受大地震时的抗震计算方法采用了反应位移法,图4-42为其计算模式的示意图。

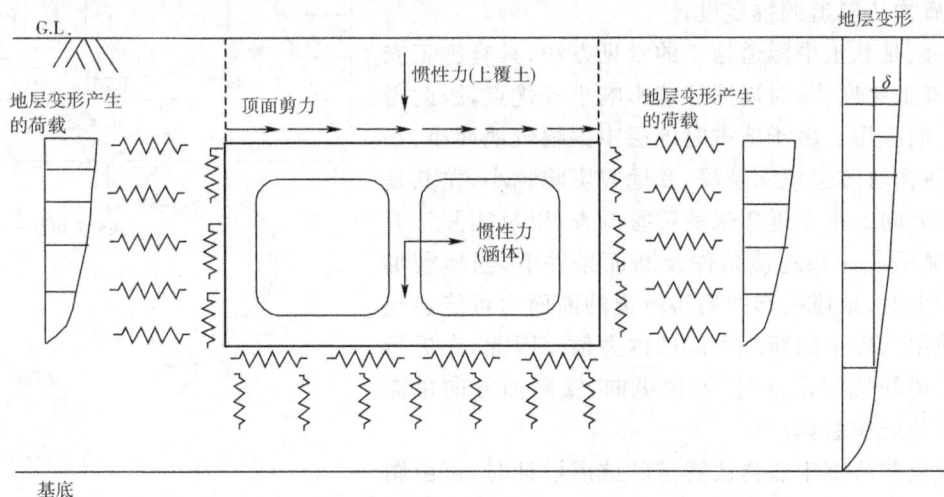

图4-42　新的暂行设计资料中的反应位移法

在计算中,对地震产生的影响主要从以下几个方面进行考虑:

①地震时的地层变形;

②上覆土的影响(必要时上覆土铅直方向的惯性力也要考虑);

③地震时的土压;

④结构本身的惯性力(必要时要考虑竖直方向的惯性力);

⑤液化的影响;

⑥水压及浮力。

其中第①项地震时的地层变形可由对自然地层进行有限元计算来求得,对分布均匀的地层也可用简易方法如一维等价线形化法等。一般取结构物的上下层之间相对位移最大时刻的位移分布。

第②项主要考虑结构顶板上表面与地层接触处所作用的剪切力,其大小可由式(4-4)来求:

$$\tau = \frac{G}{\pi H} S_v T_s \tag{4-4}$$

式中:τ——顶板表面单位面积上作用的剪力,Pa;

S_v——基底上的速度响应谱,m/s;

G——地层的剪切弹性模量,Pa;

T_s——顶板以上地层的固有周期,s;

H——顶板上方地层的厚度,m。

第③项地震时的土压力不是由古典土压力理论求得,而是由地层变形和地层弹簧来进行计算,公式如下:

$$p(z) = k_h \cdot [u(z) - u(z_B)] \tag{4-5}$$

式中:$p(z)$——地震时的土压力;

k_h——地震时单位面积上地震弹簧系数;

$u(z)$——距地表面深度为 z 处的地震时的地层变形;

z_B——地下结构底面距地表面的深度。

第④项可将结构物的质量乘以最大加速度来计算,作为集中力作用在结构形心上。

第⑤项、第⑥项要根据具体情况确定是否考虑。

(1)盾构法隧道的抗震设计

盾构法是软土中隧道施工的常见方法,具有施工安全性好,施工速度快,对周围环境影响小等优点,因此得到了广泛的应用。由于地震时地层中振幅较地面小,一般来说,盾构法隧道埋深越深,受地震影响越小,尤其是在横断面方向。由于近年来的震害调查,以及实际计算结果,均显示在一些地质条件及断面条件下,当地震加速度比较大时,地震引起的盾构隧道的断面力可能会超过平时使用条件下的荷载引起的内力值。因此,在进行盾构法隧道的抗震设计时,不仅纵向,横断面方向也需进行认真的抗震验算。

反应位移法用于盾构法隧道的抗震设计时,可由图4-43表示。根据反应位移法的基本概念,可以按照以下

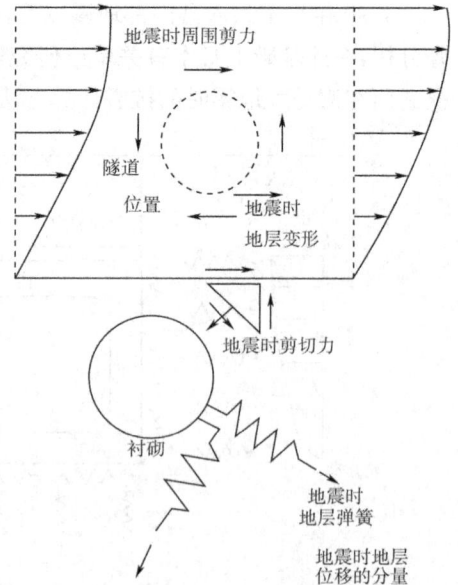

图 4-43 盾构隧道抗震计算的反应位移法

的顺序计算地震时隧道断面上产生的断面内力的增量。

①将隧道横断面简化成刚性均匀的圆环。尽管每环衬砌由若干块管片拼装而成,在接头部位刚度将有所变化,但按照一般的抗震设计标准或惯例,仍将其考虑为均一的圆环,而每块管片的弯曲刚度按照一定的比例(管片抗弯刚度的有效率)进行降低。另外,当需要考虑内衬时,可以在考虑到内衬与管片的实际结合情况后,将两者综合起来进行简化。

②为了反应隧道和周围地层间的相互作用,在圆环的周围沿法向和切向分别设置地层弹簧。

③首先进行不存在隧道结构的原始地层的地震响应解析,以求得作用在隧道上的地震荷载。地震荷载包括地层的变形、地层的内部应力以及惯性力这三种类型。当隧道的埋深较大时,衬砌的惯性力在抗震计算中影响较小,也可以忽略不计。

④在抗震计算模型上施加地震荷载,进行静力计算,从而求得圆环中产生的断面内力。

(2)地震荷载求解

首先进行地层自由场的地震响应解析。可以采用将地震波输入地层中进行动力解析的方法,也可以采用抗震计算中常用的响应谱,求出对应于地层基本固有周期的响应值。一般情况下,水平成层地层中发生水平方向振动时,会产生随深度而变化的水平加速度值、水平位移值以及剪切应力。进行动力计算时,这些值会随着时间而发生变化,一般取隧道顶部和底部位置间相对变形最大或者剪切力最大时刻的值,将该时刻发生的位移及应力作为地震荷载用于下一步的分析。

采用上述方法算出地震荷载后,在圆环上各个点的位置处将地层变形按照法线方向和切线方向进行分解,通过在各自方向上连接的地层弹簧作为强制位移作用到隧道上。对于剪切力,同样在圆环的各点上,将其分解为法线方向和切线方向,从而直接作用在圆环上。衬砌以及隧道内物体的惯性力,可以按照在其质量上乘以地层加速度来施加荷载。施加强制位移所产生的地层弹簧上的反力和剪切应力合成为隧道和地层间的相互作用力。该相互作用力超过衬砌周围地层的剪切强度时,会使得隧道和地层之间产生滑动或分离,因此有必要进行调整,使得地震荷载的上限不能超过地层的抗剪强度。

(3)地层弹簧刚度及特性

如图 4-44 所示,将隧道考虑为地层中的一个圆孔。如果知道圆孔表面的荷载和变形间的关系,就可以确定地层弹簧的值。假设地层为无限延伸的均匀弹性体,地层弹簧的常数按照下面的公式来求:

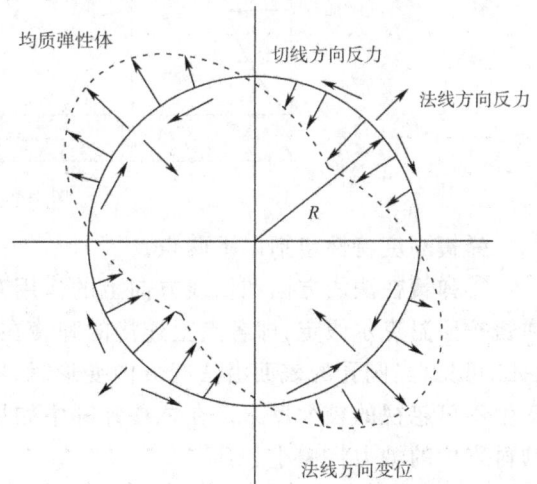

图 4-44　地层弹簧的模型(均质弹性体)

$$k_n = \frac{2G_s}{R} C_n, \quad k'_n = \frac{2G_s}{R} C'_n \tag{4-6}$$

式中:k_n——引起法线方向(或切线方向)的荷载或变形,作用在法线方向(或切线方向)时的地层弹簧系数,kN/m^3;

k'_n——引起切线方向(或法线方向)的荷载或变形,作用在切线方向(或法线方向)时的地层弹簧系数,kN/m^3;

G_s——地层的剪切弹性模量,kN/m^2;

R——圆孔的半径,m;

$$C_n = \begin{cases} 1 & n = 0 \\ 2 & n = 1 \\ \dfrac{2n + 1 - 2\nu_s(n+1)}{3 - 4\nu_s} & n \geq 2 \end{cases}$$

$$C'_n = \begin{cases} 0 & n = 0,1 \\ \dfrac{n + 2 - 2\nu_s(n+1)}{3 - 4\nu_s} & n \geq 2 \end{cases}$$

式中:ν_s——地层的泊松比;

n——隧道的变形模式的傅里叶级数,图 4-45 中为 2 级($n=2$)变形模式。

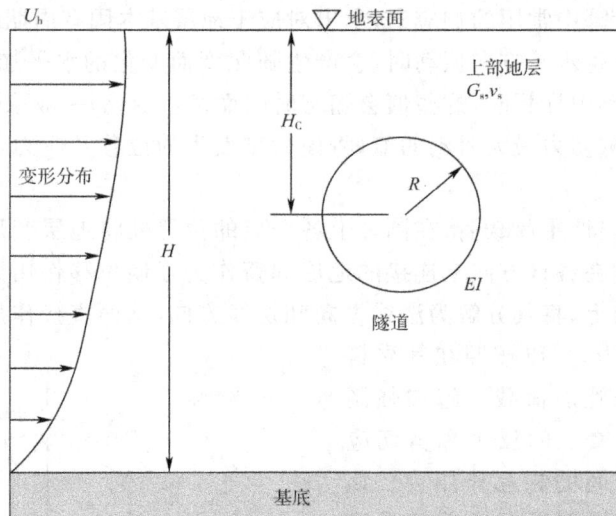

图 4-45　计算模型

弹簧刚度特性包括以下两点。

①弹簧在法线方向和切线方向上的作用互相影响。在一般情况下,反应位移法中所用的弹簧按照温克尔假定,即各点上连接的弹簧在法线方向和切线方向是互相独立的。但是由图 4-45 可见,当圆孔的表面沿法线方向变形时,在该方向上产生反力的同时,也会在切线方向上产生不可忽视的较大反力。在抗震计算中如果不考虑法线方向和切线方向相互作用,计算出的衬砌中的轴力将偏小。

②弹簧的系数随着隧道的变形模式而变化。从式(4-6)可以看出,隧道的变形模式的级数 n 越高,地层弹簧越硬。

式(4-6)中所算出的地层弹簧常数,是假定地层为均匀的无限延伸的弹性体,若地层不均匀时,或者隧道离地表面或者基岩底越近时,误差就越大。

计算地层弹簧的刚度系数时,还有一种方法是采用有限元法。将隧道部分看作一个孔洞,对地层进行网格剖分后,使孔洞部分发生变形,求得这时地层中产生的地层反力,从而求得地层弹簧的刚度系数。由于地层弹簧随隧道变形模式的不同而不同,在计算中尽可能使得孔洞的变形与地震时隧道的变形相近。使用圆环—地层弹簧模型进行计算时很难考虑法线方向和切线方向的弹簧的相互作用。因此当地层构造较为复杂时,使用动力有限元解析,能全面考虑地层和隧道的相互作用,要比单纯使用反应位移法为好。

(4)地震时断面内力增量的计算

针对如图 4-45 所示的地层以及隧道结构,用反应位移法求地震时断面内力增量用到的符号如下:

M——衬砌中产生的弯矩,kN·m/m;

Q——衬砌中产生的剪力,kN/m;

N——衬砌中产生的轴力,kN/m;

θ——自衬砌顶点开始的角度,rad;

H——表层地层(地表至基岩)的厚度,m;

H_c——地层表面至隧道中心的深度,m;

R——衬砌的图形中心半径,m;

A——衬砌(曲梁)的断面积,m^2/m;

I——衬砌(曲梁)断面二次惯性矩,m^4/m;

k——衬砌(曲梁)与断面形状有关的系数,$k \cong I/(AR^2)$;

E——衬砌的弹性模量,kN/m^2;

U_h——地表面的地层振幅,m。

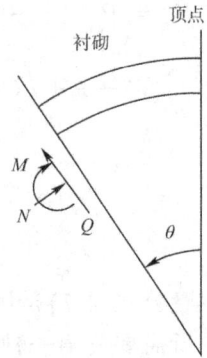

图 4-46　断面内力正号的方向

这里,M、Q、N、A 以及 I 是衬砌环纵向每单位长度上的值。断面内力的正号见图 4-46 的规定。

为了使得地震荷载能用较为简单的公式表达,同时也为使用式(4-6)算出的地层弹簧的误差尽可能小,进行下述的假设:

①地层为均质地层;

②地层以基本固有振动模式振动;

③上部地层以及衬砌的响应为线性;

④衬砌的惯性力可以忽略;

⑤上覆土厚度大于隧道直径,同时隧道底部与地层的基底有一定的距离。

通过以上的假定,可以对支撑在地层弹簧上的圆环模型,建立在地层变形和地层内力作用下的微分方程,如式(4-7)。通过解该微分方程,可以计算出发生在隧道横断面上的内力增量。地震时的断面内力增量随着地层的振动,其符号也发生正负交替。式(4-7)计算出的断面内力的符号,与图 4-46 中表示的地层向右变形时的状态相对应。

$$
\left.
\begin{aligned}
\frac{M(\theta)}{EAkU_h} &= \sum_{n=2}^{\infty} -(n^2-1)\omega_n \sin n\theta \\
\frac{EQ(\theta)}{EAkU_h} &= \sum_{n=2}^{\infty} n(n^2-1)\omega_n \cos n\theta \\
\frac{RN(\theta)}{EAkU_h} &= \sum_{n=1}^{\infty} \frac{1}{n+k\beta'_n} \Big\{ \big[(n^3 + k\beta'_n)(n^2-1) + n\beta_n - \beta'_n \big] \omega_n - \\
&\quad nP_n \Big[\beta_n (J_{n+1} + J_{n-1}) + \beta'_n (J_{n+1} - J_{n-1}) - \beta_G \Big(\frac{\pi R}{2H}\Big)(J_{n+2} - J_{n-2}) \Big] \Big\} \sin n\theta
\end{aligned}
\right\}
\quad (4\text{-}7)
$$

161

式中：J_n——第一种贝塞尔函数 $J_n\left(\dfrac{\pi R}{2H}\right)$。

$$\beta_n = \frac{R^2 k_n}{EAk},\ \beta'_n = \frac{R^2 k'_n}{EAk},\ \beta_G = \frac{RG_s}{EAk} \tag{4-8}$$

式中：k_n、k'_n——地层弹簧系数。

$$\left.\begin{aligned}
\omega_n &= \frac{F_n}{n^6 - (2 - k\beta_n)n^4 + (1 + \beta_n - 2k\beta_n)n^2 - 2\beta'_n n + (1 + k)\beta_n + k(\beta_n^2 - \beta'^2_n)} \\
F_n &= P_n\left\{ \left[n^2 + n + k(\beta_n + \beta'_n) \right]\left[(\beta_n - \beta'_n)J_{n-1} + \beta_G\left(\frac{\pi R}{2H}\right)J_{n-2} \right] + \right. \\
&\quad\left. \left[n^2 - n + k(\beta_n - \beta'_n) \right]\left[(\beta_n + \beta'_n)J_{n+1} - \beta_G\left(\frac{\pi R}{2H}\right)J_{n+2} \right] \right\}
\end{aligned}\right\} \tag{4-9}$$

$$P_n = \begin{cases} (-1)^{\frac{n+1}{2}}\cos\left(\dfrac{\pi H_C}{2H}\right) & (n\text{ 为奇数时}) \\[2mm] (-1)^{\frac{n}{2}}\sin\left(\dfrac{\pi H_C}{2H}\right) & (n\text{ 为偶数时}) \end{cases}$$

尽管公式(4-7)是用无限傅里叶级数来表示的，实际上只要计算到 $n=5$ 就已经足够了。计算中所需要的第一种贝塞尔函数的值，用计算机可以很容易地算出。

(5)近似计算公式

将第一种贝塞尔函数用近似的方法表示，同时忽略高阶的微小项，可以将式(4-7)用下面的近似公式代替。

$$\left.\begin{aligned}
M(\theta) &= \frac{3\pi EI}{2RH}U_h\sin\left(\frac{\pi H_C}{2H}\right)C\sin 2\theta \\
Q(\theta) &= -\frac{3\pi EI}{R^2 H}U_h\sin\left(\frac{\pi H_C}{2H}\right)C\cos 2\theta \\
N(\theta) &= -\frac{3\pi EI}{R^2 H}U_h\sin\left(\frac{\pi H_C}{2H}\right)\left(1 + \frac{G_s R^3}{6EI}\right)C\sin 2\theta
\end{aligned}\right\} \tag{4-10}$$

这里，$C = \dfrac{4(1 - \nu_s)G_s R^3}{(3 - 2\nu_s)G_s R^3 + 6(3 - 4\nu_s)EI}$。

上述的近似公式中，在计算隧道的断面内力时，没有考虑地震荷载沿深度方向以正弦波的形式变化的因素，只考虑与隧道中心位置产生的剪切应变的大小相对应的地层变形以及地层应力作用。

近似公式(4-10)的计算结果与原公式(4-7)相比较，不考虑隧道与地层条件中的不利组合时，其地震时断面内力的增量最大有可能相差20%。因此，在用该简化公式进行计算时，需要将计算结果乘以 1.3 的系数，使其尽可能处于安全范围内。

（三）BART 隧道抗震设计法（横断面）

美国 BART 的抗震设计细则中要求对横断面上因相对水平位移所引起的剪切变形进行验算。基岩上覆盖层中任一点的剪切角如图 4-47 和式(4-11)。

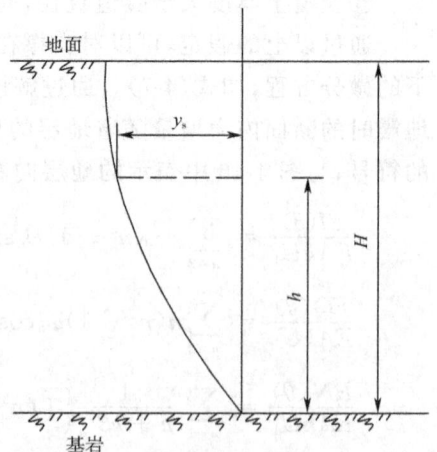

图 4-47　表土层中的剪切位移

$$\frac{y_s}{h} = 0.8 \frac{H}{v_z} \tag{4-11}$$

式中:h——所研究点距基岩的高度;

$\quad y_s$——所研究点地层的水平位移;

$\quad H$——覆盖层厚度;

$\quad v_z$——单位时间底面原点移动距离,即横波在地层中的传播速度,可按表 4-13 的值采用。

横波在土层中传播速度   表 4-13

土的种类	传播速度(m/s)	土的种类	传播速度(m/s)
紧密的粒状土	300	普通黏土	60
粉砂	150	软黏土	30

如果基岩上面的土层为层状土,则式(4-11)中的 v_z 值可如下采用:比较结构周围所接触土层的 v_1 以及全部土层的平均值 $\bar{v}$,取用二者中的较小者。

$$\bar{v} = \frac{v_1 h_1 + v_2 h_2 + L + v_n h_n}{h_1 + h_2 + L + h_n} \tag{4-12}$$

钢筋混凝土结构拐角处能承受的最大弹性转角可近似地按下式估算:

$$\alpha = \frac{1}{1\,000} \left(\frac{L_f}{5t_f} + \frac{L_w}{5t_w} \right) \tag{4-13}$$

式中:L——转动约束点之间构件的静长度;

$\quad t$——构件的厚度;

$\quad f$、w——表示板或墙。

对于框架结构,隔角点的几何关系如图 4-48 所示。

如果 $\alpha > \dfrac{y_s}{h}$,说明剪切变形满足要求,不需要特殊的抗震措施。实际上,对于粉砂、粒状土,其 $\dfrac{y_s}{h} < \dfrac{2}{1\,000}$,因此,只要板、墙的厚度小于其净宽的 1/5,一般就可满足要求。

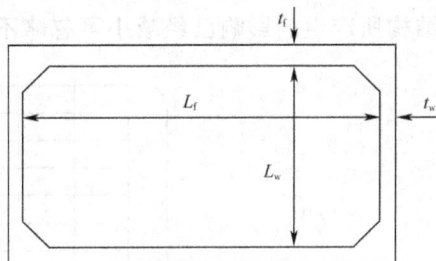

图 4-48   框架结构隔角点的几何关系

如果 $\alpha < \dfrac{y_s}{h}$,则在拐角处刚度最小的构件产生塑性变形,拐角处能承受的最大弹塑性转角可近似的按下式估算:

$$\theta = 0.001 \times \left(1.4 + \frac{L}{t} \right) \tag{4-14}$$

式中:L、t——刚度最小构件的净长度和厚度。

框架结构出现塑性变形时,结构顶板、楼板、底板与边墙、端墙间的连接必须能适应预计的结构横向振动变形,拐角处的变形缝最好设置在边墙内。在所有预计会出现塑性变形和发生特殊变形的接缝处,应采取特殊的防水措施,如设置一个局部的膨润土层等。

(四)平面有限元整体动力计算法

1.概述

平面有限元整体动力计算方法是将地层、结构体系分别根据其动力响应特性,以合适的力学模型离散化,生成网格体系,对整个体系输入设计地震波形,计算整个力学模型每时每刻的响应,从而求得作为对象的结构物在设计地震波作用下各部分的应力、变形的时间历程。

利用有限元动力分析方法来进行地下结构的抗震计算,与等效静载法、反应位移法等静力分析方法相比较,该方法能较为详细地反映周围地层的动力特性,从而使抗震计算的结果更精确。对于纵向地形或地层结构变化较大的对线形结构物,在地层震动性能也有大幅度变化时,采用动力有限元方法优点更为突出。但是,生成动力分析的模型需要大量的特殊数据,而且分析程序也未达到普及的程度,还带来专门计算人员较少、专业计算时需花费大量的演算时间和费用等诸多问题,该方法在实际中还未得到广泛的应用。目前,只有重要程度很高的核电站或者一些结构形式复杂的地下结构才采用这种方法,所以该方法的应用还有一定的局限性。

2. 平面有限元整体动力法的具体应用

(1)模型化

在进行横断面方向的动力解析时,一般划分成如图 4-49 所示的解析模型,进行二维有限元整体动力计算。通过采用类似的模型和方法,可以正确地考虑地下结构的形状、地层构造等,从而进行精度较高的计算。一般情况下,地层用平面应变单元进行模拟,而隧道、地铁车站等地下结构采用梁单元、杆单元或平面应变单元进行模拟。采用梁单元进行模拟时可以直接得到结构中的弯矩、剪力等内力,作为平面应变单元的地层单元也能算出其应力、应变等。进行模型化的范围包括基底(比如剪切波速 $v_s = 300\text{m/s}$)以上的表层地层,其横向范围取到地下结构所产生的影响已经减小可忽略不计的距离。地震波从基底面进行输入。

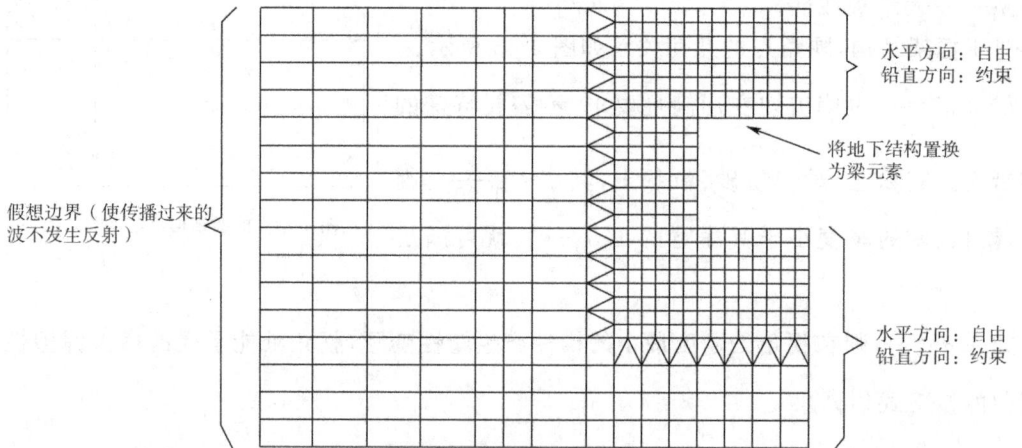

图 4-49　横断面动力解析模型

一般说来,作为模拟地层单元的平面应变单元,为使其基底入射进来的地震波能顺利传播,其分割单元尺寸大小应为主要地震波的波长的 $1/8 \sim 1/6$。例如对剪切波波速在 $v_s = 150\text{m/s}$ 左右的地层,如果考虑计算到 5Hz 的地震波,波长为 30m,因此单元尺寸就应该在 5m以下。

(2)边界条件

如图 4-50 所示的解析模型中,本来是无限延伸的地层,需要采用假想的边界条件来进行切割,将其分割为有限大小的模型,来进行计算。这种假想边界,不允许对传播过来的地震波产生反射,为此需要采取特殊处理的边界条件,如黏性边界条件或能量传导边界条件等。

黏性边界条件是在假想的边界的垂直方向和剪切方向分别对应 v_p 和 v_s 的波动阻抗(ρv_p,ρv_s)设置阻抗单元,并使其衰减与上述阻抗匹配。图 4-50 表示其概念图。

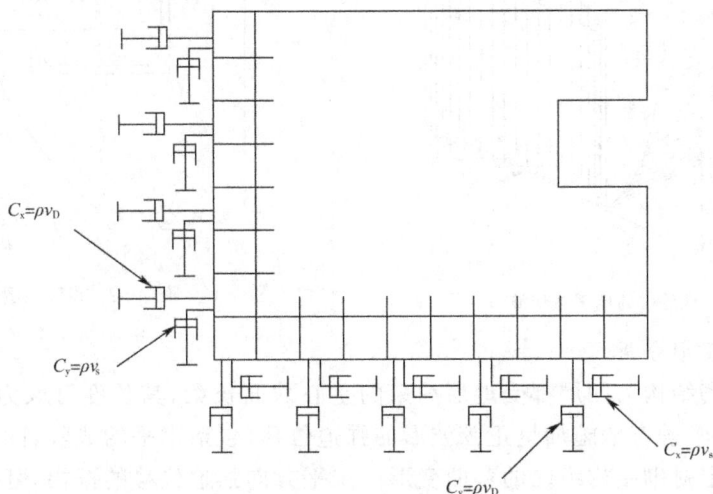

图 4-50　黏性边界条件的施加方法

能量传导边界条件则是在假想边界面上,使假定为表面波的逸散波能够传播,从而加以约束的方法。虽然对其处理起来比黏性边界困难,但这种边界条件在消除地震波传播上具有比黏性边界条件更高的效率。

(3)地层的非线性

地层中的剪切弹性系数 G,衰减系数 $n \cdot \eta$,是跟随着振动时的剪切应变而变化的。要将这一特性反映到时间历程上,就必须对每一个单元在计算的全时间历程上将其刚度等根据应变大小加以修正,总体刚度矩阵也在每一个时步重新进行计算。通过这种方法来计算处理时,需要花费大量的计算时间和工作量。实用中为了节省时间和工作量,可采用一些别的方法,比如首先假设地下结构不存在,即只以地层为对象,采用简单的一维方法进行预先计算,求出各地层的剪切刚度和衰减常数,然后在平面应变有限元计算中使用上述计算结果,从而节省计算时间。

三、纵向抗震计算方法

(一)反应位移法

研究发现,刚度较大而密度小于地层的地下结构,其纵向变形取决于隧道周围地层的位移,包括沿隧道纵轴水平向和竖直向的位移,而隧道衬砌结构则通过弹性支承链杆与地层相连或将其视为弹性地基梁。随地层位移可产生沿其纵轴水平和竖直面呈正弦波式的横向变形(横波传递方向与隧道纵轴平行时),同时出现沿隧道纵轴的拉压变形(横波传递方向与隧道纵轴垂直时),见图 4-51。沿任一方向传递的横波都可分解为这两个方向的波。分析还可发现对于浅埋隧道,沿隧道横断面高度各点的地层位移是不同的,见图 4-52。横波使隧道结构横断面也将产生剪切变形,例如,可使一个矩形横断面变为菱形。因此,采用地层位移法进行隧道衬砌结构抗震分析时,既可进行横向分析又可进行纵向分析,但横断面内的抗震分析仍以惯性力法为主。

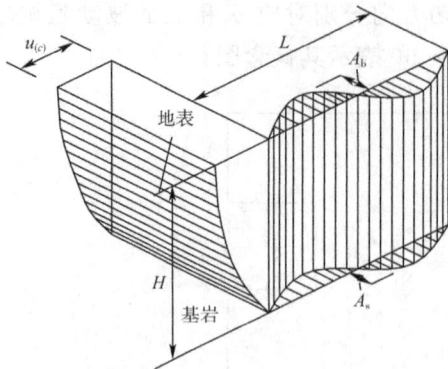

图 4-51　地层中的地震剪切波

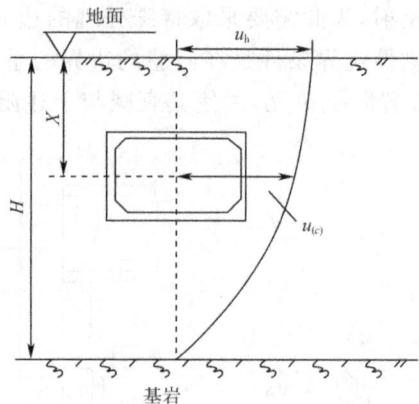

图 4-52　设计地层位移

1. 纵向挠曲变形分析

假定隧道衬砌结构为四周都受地层约束的空心截面长梁,其长度可取为两变形缝之间的距离,并沿隧道纵轴静态地施加呈正弦波形的强迫位移(包括水平的或竖直的),然后用静力弹性地基梁理论确定衬砌结构纵向的弯曲变形。水平方向强迫位移的振幅,可按《日本沉管隧道抗震设计规范》(JSCE—1975)中建议公式计算:

$$u_{(c)} = u_{h}\cos\left(\frac{\pi x}{2H}\right) \tag{4-15}$$

式中:$u_{(c)}$——隧道纵向轴线处的地层位移,见图 4-53;

　　　u_{h}——地表面的地层水平位移幅度,可利用反应谱曲线法求得,具体做法可参考上述抗震设计规范或 B. M. Das 编《土动力学原理》;

　　　H——基岩的埋深;

　　　x——隧道轴线至地表的距离。

强迫位移的波长可按两种方法确定:①波长为地表层厚度的 4 倍($L=4H$);②波长为地震运动传播速度(c)与其周期(T)的乘积($L=cT$)。

竖直面的位移幅值约为水平方向的 $1/2\sim2/3$。

2. 沿纵轴方向拉压变形分析

用弹性地基梁理论可以求出以波长为 L 的正弦波沿隧道纵轴传播时,隧道轴(纵)向的相应变形:

$$Y_{i} = \alpha_{1}u_{(c)} \tag{4-16}$$

$$\alpha_{1} = \frac{1}{1+\left(\frac{2\pi}{\lambda_{1}L'}\right)^{2}}, \lambda_{1} = \sqrt{\frac{K_{1}}{EA}} \tag{4-17}$$

式中:K_{1}——地层的轴(纵)向弹性抗力系数;

　　　EA——隧道衬砌的轴(纵)向刚度;

　　　α_{1}——地层轴(纵)向变形传递系数;

　　　L'——视波长($=\sqrt{2}L$)。

如果将上述隧道纵向弯曲变形和轴(纵)向拉压变形转换成隧道衬砌的纵向弯曲应力(σ_{B})和轴(纵)向拉压应力(σ_{L}),则可表示为:

166

$$\left.\begin{array}{l} \sigma_{\mathrm{B}} = \alpha_2 \dfrac{2\pi D u_{(c)}}{L^2} E \\[4mm] \sigma_{\mathrm{L}} = \alpha_1 \dfrac{u_{(c)}}{L} E \end{array}\right\} \tag{4-18}$$

其合成应力 σ_x 为：

$$\sigma_{\mathrm{x}} = \sqrt{\gamma \sigma_{\mathrm{L}}^2 + \sigma_{\mathrm{B}}^2} \tag{4-19}$$

式中：α_2——地层弯曲变形传递系数，可按下式求得：

$$\alpha_2 = \frac{1}{1 + \left(\dfrac{2\pi}{\lambda_2 L'}\right)^4}, \lambda_2 = \sqrt[4]{\frac{K_2}{4EI_2}} \tag{4-20}$$

$\quad K_2$——地层的横向弹性抗力系数；

$\quad EI_2$——隧道衬砌的纵向弯曲刚度；

$\quad \gamma$——考虑不同波动成分的组合系数，视情况，在 $1.00 \sim 3.12$ 之间取值。

上述计算都是针对地层水平变位而言的，按同样办法亦可得到地层竖向变位时的隧道衬砌应力有关公式。能使隧道衬砌结构产生最大纵向挠曲应变的横波，应与隧道轴线成 32 度的入射角，它既产生横向挠曲变形，又产生纵向拉压变形。

如隧道位于较硬地层中，则隧道衬砌结构可考虑为自由变形结构，可直接应用下面介绍的 BART 隧道抗震设计法。

（二）BART 隧道抗震设计法（纵向）

美国旧金山海湾区快速运输系统（BART）的抗震设计细则（1969 年）中，则采用古塞尔（R. Kuesel）提出的方法。

1. 基本假定

隧道周围土的刚度比隧道本身的刚度大，所以土在地震力作用下产生变形，将迫使隧道也产生相同的变形，不考虑土和结构之间的相互作用。

2. 设计原则

要求隧道结构有足够的延性和变形能力，来吸收由于地震作用而施加于其上的变形。

3. 水平方向振动引起的最大纵向变形

当隧道位于较硬地层中，则隧道衬砌结构可考虑为自由变形结构（如同没有地下结构物时的地层位移）。由纵向水平弯曲和伸缩变形合成得到的最大应变为：

$$\varepsilon = 5.2 \frac{A}{L} \tag{4-21}$$

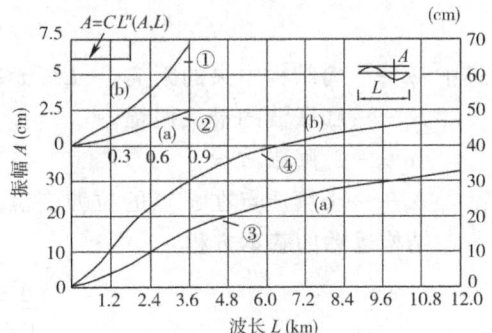

图 4-53 横向地层位移谱

① $n = 1.86, C = 2.7 \times 10^{-7}$，软土；

② $n = 1.95, C = 2.7 \times 10^{-8}$，硬土；

③ 松散沙和软黏土；

④ 紧密沙和硬黏土。

式中的振幅 A 值可按临界波长 L（L 取为 6 倍地下结构横向宽度）由图 4-53 查得。

当 $\varepsilon < 0.0001$ 时，变形属于弹性范围，此时不需要特殊的抗震接头；当 $\varepsilon \geq 0.0001$ 时，就需要有特殊抗震措施，如采用柔性接缝，它能吸收数值上等于 ε 乘以接缝间距的变形量。

（三）节段长度试算法

该法把土与结构相互作用作为准静态问题考
虑,对不同刚度的结构和土壤,以及各种节段长度的结构,提供最终最大弯矩和最大拉力的解。
此法具有一个特点,可以用结构节段长度来调整结构纵轴应变和应力,故称之为"节段长度试
算法"。下面提出两个计算模型(图4-54)。

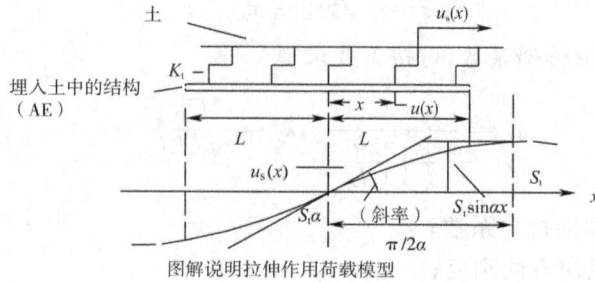

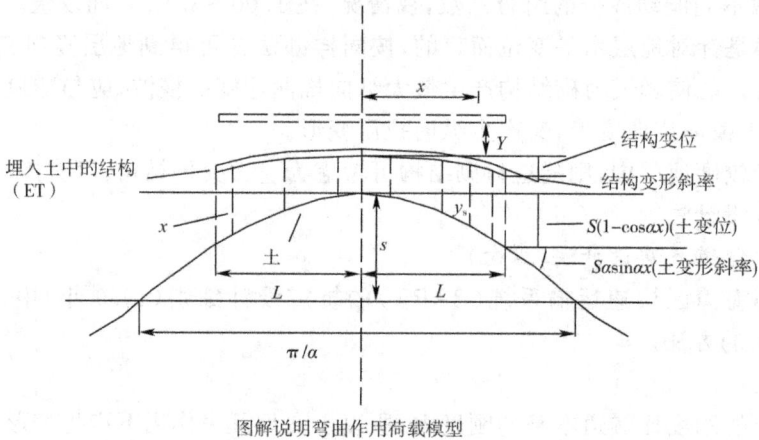

图解说明拉伸作用荷载模型

图解说明弯曲作用荷载模型

图 4-54　拉伸模型和弯曲模型

1. 拉伸模型

土壤质点在 x 点的拉伸变位为:

$$u_s = S_t \sin \alpha x \tag{4-22}$$

式中:x——离结构中央的距离,$-L \leqslant x \leqslant +L$;

　　S_t——膨胀波的最大振幅;

　　α——2/膨胀波长;

　　u_s——土壤质点在 x 点的拉伸变位。

结构运动的基本方程:

$$\frac{\mathrm{d}^2 u}{\mathrm{d} x^2} = \beta^2 (u - u_s) \tag{4-23}$$

式中:β——地基轴向相对刚度系数,$\beta^2 = \dfrac{K_t}{EA}$;

　　u——结构在 x 点的拉伸变位,$-L \leqslant x \leqslant +L$;

　　K_t——结构轴线方向的地基弹簧常数;

　　EA——结构的轴向刚度。

168

2. 弯曲模型

土壤在 x 点的弯曲变位为：

$$y_s = S(1 - \cos\alpha x), \quad -L \leqslant x \leqslant +L \tag{4-24}$$

式中：S——地震波使土壤产生的位移振幅；

y_s——土壤在 x 点的弯曲变位。

结构位移的基本方程：

$$\frac{\mathrm{d}^4 y}{\mathrm{d}x^4} = \frac{K}{EI}(y_s - y) = 4\beta^4(y_s - y) \tag{4-25}$$

式中：y——结构在 x 点的弯曲变位；

β——同式(4-24)，$4\beta^4 = \dfrac{K}{EI}$；

K——垂直于结构轴线方向的地基弹簧常数；

EI——结构的弯曲刚度。

此法提供的无量纲图表以 $\beta_t L = \sqrt{\dfrac{K_t}{EA}}L$ 和 $\beta L = \sqrt[4]{\dfrac{K}{EI}}L$ 作为自变量，αL 为曲线特征值，把 $SR = \dfrac{\text{结构最大拉伸应变}}{\text{土体最大拉伸应变}(=S_t\alpha)}$，$CR = \dfrac{\text{结构最大曲率}}{\text{土体最大曲率}(=S\alpha^2)}$ 等作为函数变量绘制的，可以利用这些图表在已知 $\beta_t L$ 和 βL 的情况下求结构最大拉伸应变和结构最大曲率，也可以在限制结构变形的情况下试算结构的节段长度。

3. 质点——弹簧模型

该模型是田村重四郎和冈本舜三于1976年提出来的，用于东京港沉管隧道的抗震设计，主要是弥补 BART 系统沉管隧道抗震设计的不足。BART 系统的抗震设计方法只求出地震波传播时波特性不变情况下沉管隧道中产生的应力和应变；没有考虑到沿沉管隧道轴向地基的不均匀性，使地震波可能产生变化的情况。

（1）基本假定

围岩是由单一的表土层和其下方的坚硬基岩组成，其自振特性不受隧道存在的影响，表土层的剪切振动基本振型对隧道在地震中产生的应变起主导作用；隧道的自身惯性力对其动力性态的影响很小，分析中可不予考虑；隧道变形可根据围岩变形计算，并视隧道为一弹性地基梁。

（2）计算模型

以下分别按沿隧道纵向(x)和横向(z)的水平振动进行分析。

在这个模型中，将表土层沿隧道纵向划分成一系列垂直于隧道轴线的单元，每一节单元均用与其自振周期相同的质点——弹簧代替，见图4-55。

设 M_{ei} 为第 i 节表土层单元的基本振型换算质量，按下式计算：

$$M_{ei} = \frac{\left[\int_0^{h_i} m_i(z)\varphi_i(z)\mathrm{d}z\right]^2}{\int_0^{h_i} m_i(z)\varphi_i^2(z)\mathrm{d}z} \tag{4-26}$$

式中：h_i——第 i 节单元表土层的深度；

z——所讨论点至地面深度；

$m_i(z)$——深度 z 处第 i 节表土层单元单位深度的质量；

$\varphi_i(z)$——第 i 节表土层单元的剪切振型。

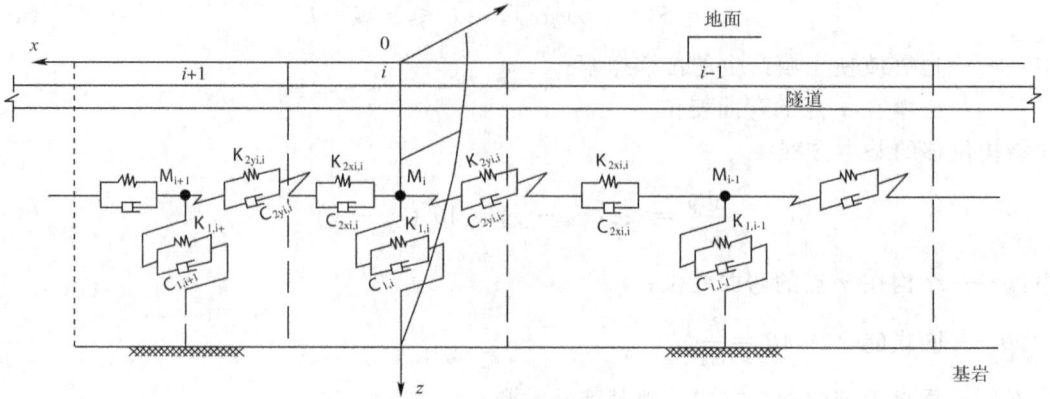

图 4-55　单质点—弹簧计算模型

联结质量 M_{ei} 与基岩的弹簧 S_{li} 的弹簧系数 K_{li}，可按式（4-26）和式（4-27）进行计算，应使单质点—弹簧体系的周期等于原地基（表土层）的卓越周期，即：

$$K_{li} = M_{ei}\left(\frac{2\pi}{T_i}\right)^2 = M_{ei}\omega_i^2 \tag{4-27}$$

式中：T_i——第 i 节表土层单元的剪切振动自振周期；

ω_i——第 i 节表土层单元的剪切振动自振频率。

两相邻质点 i 和 $i+1$ 被弹簧 $S_{2x}(i,i+1)$ 和 $S_{2y}(i,i+1)$ 所连接，其中，S_{2x} 模拟抵抗相邻单元轴向位移的弹簧，S_{2y} 模拟抵抗相邻单元剪切位移的弹簧，其弹簧系数按式（4-28）、式（4-29）计算：

$$K_{2x}(i,i+1) = \frac{1}{L_{i,i+1}}\int_0^{h_i} E_i f_{xi}(z)\,\mathrm{d}z \tag{4-28}$$

$$K_{2y}(i,i+1) = \frac{1}{L_{i,i+1}}\int_0^{h_i} G_i f_{yi}(z)\,\mathrm{d}z \tag{4-29}$$

式中：　　$L_{i,i+1}$——M_{ei} 和 M_{ei+1} 间的距离；

E_i、G_i——第 i 节表土层单元在深度 z 处的弹性模量和剪切模量；

$f_{xi}(z)$、$f_{yi}(z)$——第 i 节表土层单元质量中心处产生单位位移时第 i 节表土层在深度 z 处沿 x 方向和 y 方向位移，按式（4-30）计算：

$$f_i(z) = \frac{\int_0^{h_i} m_i(z)\,\mathrm{d}z}{\int_0^{h_i}\varphi_i(z)\,\mathrm{d}z}\varphi_i(z) \tag{4-30}$$

整个质点——弹簧体系的运动平衡方程如下：

$$[M]\{\ddot{u}\} + [C]\{\dot{u}\} + [K]\{u\} = -[\overline{M}]\{I_x\}\{\ddot{u}_g\} - [\overline{M}]\{I_y\}\{\ddot{u}_g\} \tag{4-31}$$

式中：$[M]$——由换算质量 M_{ei} 集合而成的总质量矩阵；

$[C]$——体系总阻尼矩阵，若采用瑞利阻尼，则为 $[C] = \alpha[M] + \beta[K]$；

$[K]$——由 K_{li} 和 K_{2xi} 或由 K_{li} 和 K_{2yi} 集合而成的总刚度矩阵；

$[\overline{M}]$——由各节点间管段质量 $\overline{M}_i$ 集合而成的总质量矩阵，$\overline{M}_i = \beta_i M_{ei}$，其中 β_i 为 M_{ei} 与

节段质量之比,简称相关因子;

$\{I_x\} = [1,0,1,0,\cdots,1,0]^T$,$\{I_y\} = [0,1,0,1,\cdots,0,1]^T$——分别对应于地震波从纵向和横向水平入射情况;

$\{\ddot{u}_g\}$——基岩面的地震加速度。

求解上述动力方程即可得到各换算质点的位移,据此可算出隧道纵轴水平面上的土层位移,然后视隧道为一弹性地基梁,其动力方程可分别按轴向(x)和横向(y)列出(忽略隧道质量的惯性力),即:

$$\text{轴向} \quad EA\frac{d^2\bar{u}_x(t)}{dx^2} - K_x[\bar{u}_x(t) - u_{gx}(t)] = 0 \qquad (4\text{-}32)$$

$$\text{横向} \quad EI\frac{d^4\bar{u}_y(t)}{dy^4} - K_y[\bar{u}_y(t) - u_{gy}(t)] = 0 \qquad (4\text{-}33)$$

式中:$\bar{u}_x(t)$、$\bar{u}_y(t)$——隧道纵向和横向位移;

$u_{gx}(t)$、$u_{gy}(t)$——土层在隧道纵轴水平面上 x,y 方向的位移,可视为弹性地基梁上的已知强制位移;

K_x、K_y——土层纵向和横向弹性抗力系数;

EA、EI——隧道轴向和挠曲刚度。

求解上述两式,可得沉管隧道轴向和横向位移:

$$\bar{u}_x(t) = Ae^{\beta_x x} + Be^{-\beta_x x} + u_{gx}(t) \qquad (4\text{-}34)$$

$$\bar{u}_y(t) = e^{\beta_y x}(\bar{A}\cos\beta_y x + \bar{B}\sin\beta_y x) + e^{-\beta_y x}(C\cos\beta_y x + D\sin\beta_y x) + u_{gy}(t) \qquad (4\text{-}35)$$

式中:A、B、$\bar{A}$、$\bar{B}$、C、D——积分常数,可利用边界条件求得。而:

$$\beta_x = \sqrt{\frac{K_x}{EA}} \quad \beta_y = \sqrt[4]{\frac{K_y}{4EI}} \qquad (4\text{-}36)$$

由 $\bar{u}_x$、$\bar{u}_y$ 即可得隧道轴向内力和弯矩:

$$N = EA\frac{d\bar{u}_x}{dx} \qquad (4\text{-}37)$$

$$M = -EI\frac{d^2\bar{u}_y}{dy^2} \qquad (4\text{-}38)$$

(四)设计反应谱法

1.反应谱方法原理

假定地震时结构的位移至多等于周围地层的位移,从土壤到结构的"位移传递比"取决于土壤和结构的刚度。所以如果地震时地层中位移分布和位移传递比已知,则地震中结构变形形状即可求得,于是抗震结构就可以设计了。这一方法提供了上限设计的可能性。

设计反应谱方法采取的假定是:①假定周围土体不破坏;②谱根据强地震运动的加速度记录算出,这个加速度波形假定是一个以恒定速度水平传播的假想波的记录形状;③把隧道作为弹性介质中的梁静态的处理方法,来计算位移传递比。

2.反应谱的设计方法

公式推导,谱的产生以及反应谱图请参见文献[2]。

(1)计算隧道的弯曲变形时

基本无阻尼自由振动方程为:

$$EI \frac{\mathrm{d}^4 u_t}{\mathrm{d}x^4} = K(u - u_t) \tag{4-39}$$

式中：EI——隧道弯曲刚度；

u、u_t——土壤和隧道在垂直于隧道纵轴方向的位移；

x——隧道纵轴；

K——土与隧道之间的垂直于隧道纵轴的弹簧常数。

隧道位移与土壤位移之间存在以下关系：

$$u_t = \frac{u}{\dfrac{EI}{K}\left(\dfrac{2\pi}{L}\right)^4 + 1} = \frac{u}{\dfrac{EI}{K}\left(\dfrac{2\pi}{v_s}\right)^4 \dfrac{1}{T^4} + 1} = \frac{u}{\left(\dfrac{\tau}{T}\right)^4 + 1} = G(\tau, T) \cdot u \tag{4-40}$$

式中：　τ——横向刚度比周期，$= \sqrt[4]{\dfrac{EI}{K}} \cdot \dfrac{2\pi}{v_s}$；

$G(\tau, T)$——土壤的弯曲位移传到结构上的传递函数，$= \dfrac{1}{\left(\dfrac{\tau}{T}\right)^4 + 1}$；

T——地层振动周期；

v_s——剪切波速度。

隧道的曲率反应谱用 $H_\rho(\tau)$ 表示。可根据刚度比周期 τ 查文献[2]中图5得到 $H_\rho(\tau)$，它的量纲是加速度$(\mathrm{cm/s^2})$。

$$H_\rho(\tau) = \left| \rho v_s^2 \right|_{\max} \tag{4-41}$$

式中：ρ——隧道最大曲率。

由此可得隧道的曲率：

$$\rho = \frac{H_\rho(\tau)}{v_s^2} \tag{4-42}$$

于是隧道弯曲应变则为：

$$\varepsilon_B = \frac{B\rho}{2} \tag{4-43}$$

式中：ε_B——隧道因弯曲产生的纤维应变；

B——隧道宽度（或直径）。

（2）计算隧道轴向变形时

基本方程：

$$EA \frac{\mathrm{d}^2 u'_t}{\mathrm{d}x^2} = K'(u'_t - u') \tag{4-44}$$

式中：EA——隧道轴向刚度；

K'——土与隧道之间隧道轴向的弹簧常数；

u'、u'_t——土壤和隧道的轴向位移。

隧道位移与土壤位移之间的关系是：

$$u'_t = \frac{u'}{\dfrac{EA}{K'}\left(\dfrac{2\pi}{L'}\right)^2 + 1} = \frac{u'}{\dfrac{EA}{K'}\left(\dfrac{2\pi}{v'_s}\right)^2 \dfrac{1}{T^2} + 1} = \frac{u'}{\left(\dfrac{\tau'}{T}\right)^2 + 1} = G'(\tau', T) \cdot u' \tag{4-45}$$

式中： τ' —— 横向刚度比周期，$\tau' = \sqrt{\dfrac{EA}{K'}} \cdot \dfrac{2\pi}{v'_s}$，$v'_s = \sqrt{2} \cdot v_s$；

$G'(\tau', T)$ —— 土壤沿结构纵轴的位移传到结构上的传递函数，$G'(\tau', T) = \dfrac{1}{\left(\dfrac{\tau'}{T}\right)^2 + 1}$。

隧道的轴向应变反应谱以 $H_\varepsilon(\tau')$ 表示。可根据刚度比周期 τ' 查相应的计算表得 $H_\varepsilon(\tau')$，它的单位为 cm/s。

于是可得隧道轴向应变：

$$\varepsilon_L = \frac{H_\varepsilon(\tau')}{2v_s} \tag{4-46}$$

最后，值得注意的是，反映谱都是根据 EL Centro N—S 分量最大加速度为 100 伽计算出来的，如果设计加速度与此不同，则应乘一系数。例如设计加速度为 250 伽，则此系数为 250/100＝2.5。

四、三维有限元整体动力计算法（包括边界条件）[3~5]

如图 4-56(a) 所示，为一个典型的地下洞室地震波作用下三维相互作用系统。系统是用三维有限元模型表示的。对于特殊情况下，几何形状和材料性质沿着结构的纵轴维持不变，这个系统在相等的空间里可理想化为平面有限元。如图 4-56(b) 所示，所有这些平面是彼此平行且垂直于结构的纵轴。

考虑一个由两个平行平面 A 和 B 所限制的块体单元，如图 4-56(b) 所示。在平面 A 上的 4 个结点以 I, J, K 和 L 表示，而在平面 B 上的相应结点以 i, j, k 和 l 表示。为了简化起见，在每个结点上将考虑三个平移自由度。对于这个单元可形成 24×24 的刚度矩阵 $[K]$，作用在这些结点上的力与结点位移有关，可用式(4-47)表示：

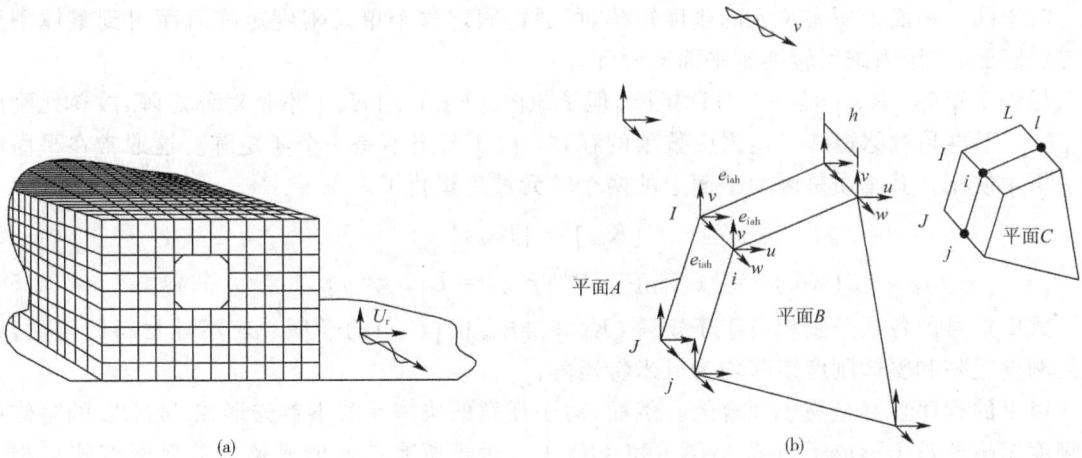

图 4-56 典型长条形地下工程土—结构相互作用动有限元系统
(a)三维模型；(b)波的传播单元

$$\begin{Bmatrix} f_a \\ f_b \end{Bmatrix} = \begin{bmatrix} K_{aa} & K_{ab} \\ K_{ba} & K_{bb} \end{bmatrix} \begin{Bmatrix} u_a \\ u_b \end{Bmatrix} \tag{4-47}$$

其中：f_a 和 f_b 分别表示作用在平面 A、B 上的力向量。类似地，u_a、u_b 分别表示这些点上的结点位移向量，K_{aa}、K_{ab}、K_{ba}、K_{bb} 是单元矩阵 $[K]$ 的 12×12 的子矩阵。由于块体单元的变形产生在平面 B 上的结点 j、k 和 l 上的力，有：

$$\{f_b\} = [K_{ab}]\{u_a\} + [K_{bb}]\{u_b\} \tag{4-48}$$

当波在纵轴方向以不变的速度传播时，存在着如下关系：

$$\{u_a\} = e^{iah}\{u_b\} \tag{4-49}$$

式中：a——波数；

h——单元厚度或两相邻平面的间距。

波数 a、速度 c 和频率 f 的关系可表示为：

$$a = \frac{f}{c} \tag{4-50}$$

应注意的是，这里的波数是波传播通过整个断面的速度和频率来表示的完全波数，并非单元材料中的波速。若几何形状和材料的性质沿着结构的纵轴不变时，将方程（4-49）代入方程（4-48）得：

$$\{f_b\} = (e^{iah}[K_{ab}] + [K_{bb}])\{u_b\} \tag{4-51}$$

类似地，由于相邻单元的变形而作用在平面 B 上的结点力，则有：

$$\{f_b\} = (e^{-iah}[K_{bc}] + [K_{bb}])\{u_b\} \tag{4-52}$$

作用在平面 B 上的总的结点力可通过方程（4-51）、方程（4-52）的联立求解：

$$\{f_b\} = (2[K_{bb}] + e^{iah}[K_{ab}] + e^{-iah}[K_{bc}])\{u_b\} \tag{4-53}$$

上式表明作用在单一平面上 4 个结点的位移和力。因此，对于波的传播单元用此 4 个结点所形成的刚度矩阵为：

$$[L] = 2[K_{bb}] + e^{iah}[K_{ab}] + e^{-iah}[K_{bc}] \tag{4-54}$$

对于同一平面上所有单元的刚度矩阵，可通过假定这个单元刚度矩阵后而得到整体刚度矩阵。因此，三维系统可转换到平面有限元。

尽管子矩阵 $[K_{bb}]$ 是一个对称矩阵，但子矩阵 $[K_{ba}]$、$[K_{bc}]$ 不是对称矩阵，故单元刚度阵 $[K]^e$ 不再是对称矩阵。还因虚数项的存在，$[L]$ 甚至不是一个实矩阵。这通常在平面应变分析中使用。其本质是因为平面上的两个单元被理想化了。

$$[K_{bc}] = [K_{ba}]^T \tag{4-55}$$

$$L_{ij} = 2(K_{bb}^{ij}) + e^{iah}(K_{ba}^{ij}) + e^{-iah}(K_{bc}^{ij}) = \bar{L}_{ij}, i \neq j, \bar{L}_{ij} \text{ 与 } L_{ij} \text{ 共轭} \tag{4-56}$$

式中括号的各项分别相应于子矩阵 $[K_{bb}]$、$[K_{ba}]$、$[K_{bc}]$ 的子项。若不计材料的阻尼，则单元刚度矩阵和整体刚度矩阵均为厄米特矩阵。

以上的程序显然是易于理解的。然而，对于任意的块体元若不首先形成 24×24 的整体单元刚度矩阵便难于形成子矩阵 $[K_{bb}]$ 和 $[K_{ba}]$。对于所有单元形成整体单元刚度阵是相当费事的。在形成刚度阵过程中将四边形单元 x-y 坐标系转换为新的坐标系，也就是，单元中任意一点的坐标用 4 个角点坐标来表示，则：

$$x(s,t) = \sum_{i=1}^{4} h_i \cdot x_i; y(s,t) = \sum_{i=1}^{4} h_i \cdot y_i \tag{4-57}$$

式中：$h_1 = \dfrac{(1-s)(1-t)}{4}$；

$$h_2 = \frac{(1+s)(1-t)}{4};$$

$$h_3 = \frac{(1+s)(1+t)}{4};$$

$$h_4 = \frac{(1-s)(1+t)}{4};$$

x_i、y_i——单元第 i 个结点的 x 和 y 的坐标。

类似地,其位移用结点位移可表示成:

$$u = \sum_{i=1}^{4} h_i \cdot u_i; \quad v = \sum_{i=1}^{4} h_i \cdot v_i; \quad \omega = \sum_{i=1}^{4} h_i \cdot \omega_i \tag{4-58}$$

式中:u、v、ω——x,y 和 z 方向的位移。

对于纵轴方向(z 向)的波的传播,整个系统的位移场可表示为:

$$u = e^{-iaz} \sum_{i=1}^{4} h_i \cdot u_i; \quad v = e^{-iaz} \sum_{i=1}^{4} h_i \cdot v_i; \quad \omega = e^{-iaz} \sum_{i=1}^{4} h_i \cdot \omega_i \tag{4-59}$$

一个平面上所有单元刚度阵形成之后,将单元刚度阵组合成整体刚度矩阵。于是运动方程为:

$$h[\boldsymbol{M}]\{\bar{u}\} + h[\boldsymbol{K}]\{u\} = \{\boldsymbol{P}\} \tag{4-60}$$

式中:$[\boldsymbol{M}]$——质量矩阵;

$[\boldsymbol{K}]$——刚度矩阵;

$\{\boldsymbol{P}\}$——外力向量。

质量阵 $[\boldsymbol{M}]$ 通常与平面应变分析相同,可用集中质量法和一致质量法,或将二者联合起来使用。外力在自由结点上为零,在有限元模型的基础结点上不为零。在自由结点上的运动可解为如下方程而得到:

$$h[M_{ff}]\{\bar{u}_f\} + h[K_{ff}]\{u_f\} = -h[M_{fr}]\{\bar{u}_r\} - h[K_{fr}]\{u_r\} \tag{4-61}$$

进一步简化为:

$$[M_{ff}]\{\bar{u}_f\} + [K_{ff}]\{u_f\} = -[M_{fr}]\{\bar{u}_r\} - [K_{fr}]\{u_r\} \tag{4-62}$$

式中:f——自由结点;

r——基础结点。

由于复数项的存在,用分解运动的傅里叶方法输入一系列的简谐运动,在主频率上求解瞬态响应:

$$\{u_r\} = \sum_{j=1}^{n} \{u_r\}_j e^{i\omega_j^i} \tag{4-63}$$

$$\{\bar{u}_r\} = -\sum_{j=1}^{n} \omega_j^2 \{u_r\}_j e^{i\omega_j^i} \tag{4-64}$$

对于响应可采用相同的处理:

$$\{u_f\} = \sum_{j=1}^{n} \{u_f\}_j e^{i\omega_j^i} \tag{4-65}$$

$$\{\bar{u}_f\} = -\sum_{j=1}^{n} \omega_j^2 \{u_f\}_j e^{i\omega_j^i} \tag{4-66}$$

在式(4-63)至式(4-66)中:n——所要考虑频率的阶数;

$\quad\quad\quad\quad\quad u_r$——输入位移的傅立叶幅值;

$\quad\quad\quad\quad\quad \omega_j$——圆频率;

$\quad\quad\quad\quad\quad u_f$——响应的傅立叶幅值。

因此,对某一特定的频率 ω_j,方程(4-62)简化为:

$$([K_{ff}] - \omega_j^2 [K_{ff}])\{u_f\} = -([K_{fr}] - \omega_j^2 [M_{fr}])\{u_r\} \quad\quad\quad (4-67)$$

对于 $\{u_f\}$ 使用迭代法或消去法,可解出这组齐次线性方程组。运用方程(4-65)和方程(4-66)迭代可得总的响应。

思 考 题

1. 简述地震的成因。结合汶川地震、唐山地震说明我国本土位于哪几个主要地震带?

2. 解释地震震级、地震裂度、纵波、横波、瑞利波、乐夫波、反应谱概念。

3. 地震对地下铁道、交通隧道、共同沟,不同类型的上下水、通信、动力管道的破坏特点。

4. 地下工程抗震分析方法有哪几类,各有何优缺点?

5. 怎么对浅埋地下箱形结构进行动力分析,怎么进行抗震设计?

6. 怎样对长条形隧道(或管道)进行抗震动力分析? 怎样进行抗震设计?

第五章　隧道及地下工程防水及排水

地下工程防水是对各类地下工程进行防水设计、防水施工和维护等综合性的技术工作。地下水一般具有水压力，任何微小的防水环节失效，均会造成地下水渗漏，影响建筑物使用，严重时，将丧失地下工程的功能。为保证地下防水工程的质量，需力求设计完善合理，施工严密精细，防水材料质量合格。

第一节　水的危害及其防治

地下工程处于地面高程以下，一方面受到地面洪涝灾害和积水回灌危害，另一方面时刻受到地下水的渗漏浸泡危害。如地下水工程防水性能不好，致使地下水渗漏到工程内部，将会带来混凝土腐蚀、钢筋生锈、地基下沉、内部装饰材料和电器设备霉变与损坏等一系列的危害。

一、地下水危害

（一）地下水对地下工程结构的危害

1. 地下水对围护结构的危害

（1）吸湿作用

任何固态物质内，表面的分子和内部的分子所处的情况并不一样，物质内部的每个分子在各个方向上被其他分子包围，作用在它上面的力彼此平衡，互相抵消。但对于表面层上的分子，里面分子对它的作用力没有被抵消，也就是说，在物质表面上保留着自由力场，因而物质就借助这种力场，从和它接触的气相或液相中，把其他分子吸引住。当物质表面积增大时，吸湿现象将增强。砖、石、混凝土等建筑材料，都是非均质的多孔材料，在空气和水中都有很强的吸湿作用。

（2）毛细作用

组成地下工程构筑物结构的大部分物质组织并不十分紧密，结构中有许多肉眼看不到的缝隙，称为毛细管。这些形状不一、粗细不同的毛细管，遇水后只要彼此有附着力，水就会沿着毛细管上升，直到水的重量超过它的表面张力才会停止。毛细管吸水现象在许多建筑材料中都可以看到，在有些材料中，可以上升到数米之高。如砖墙毛细管水上升现象，往往可以达到一层楼的高度。不仅地下水对有孔的建筑材料吸引产生毛细管上升现象，润湿的土壤也能通过毛细作用，引起潮气上升，对地下结构产生危害。

（3）侵蚀作用

地下水对构筑物的侵蚀作用主要表现在酸、盐及有害气体对各种构筑物围护结构的损害。一般，以不致密的混凝土、不坚固石材或金属衬砌的地下构筑物、房屋基础，最易于受到侵蚀的影响。

①碳酸侵蚀。普通水泥硬化后会产生大量的游离$Ca(OH)_2$，它和水中碳酸作用，在混凝土表面生产碳酸钙硬壳，对混凝土起保护作用，使内部的$Ca(OH)_2$不易与水接触，化学反应式为：

$$Ca(OH)_2 + CO_2 \longrightarrow CaCO_3 + H_2O$$

如果在地下水中含有过多的游离碳酸根CO_3^{2-}（侵蚀性碳酸），它就会破坏碳酸钙的硬壳：

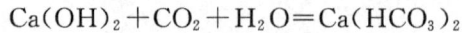

$$Ca(OH)_2 + CO_2 + H_2O = Ca(HCO_3)_2$$

为此一般规定水中游离CO_3^{2-}的含量不得超过一定值。

②溶出性侵蚀。水泥硬化后产生的大量氢氧化钙，其溶解度很大。当地下水侵入混凝土时，它首先被溶解，如果侵入的水分是有压水，就会把溶解的$Ca(OH)_2$带走。由于$Ca(OH)_2$晶体的溶出，混凝土结构就会变得疏松、透水性增强、强度降低，同时，其他几种水化产物只有存在一定浓度的$Ca(OH)_2$溶液中才能保持稳定平衡，因此随着$Ca(OH)_2$的溶出，它们也相继分解，加强了破坏混凝土的作用。

③硫酸盐侵蚀。水中含有的过多SO_4^{2-}与$Ca(OH)_2$作用生成$CaSO_4$。$CaSO_4$结晶时，体积增大，受到硬化水泥石的约束而产生应力，使混凝土毁坏。$CaSO_4$还会和水泥石的水合铝酸钙起作用，生成铝和钙的复硫酸盐（$3CaO \cdot Al_2O_3 \cdot 3CaSO_4 \cdot 30H_2O$）。这种硫铝酸钙的晶体呈细针形，结晶时体积增长两倍多，因而可在硬化混凝土中引起很大的破坏应力，故一般都称之为"水泥病菌"。因此，水中的SO_4^{2-}含量也应有一定限制。

钢筋混凝土中混凝土的腐蚀，可使钢筋同时发生锈蚀。如果混凝土有大于$0.2 \sim 0.25cm$的裂缝，钢筋锈蚀无需混凝土的化学破坏也能发生。由于电化学作用而发生的钢筋锈蚀，在体积上逐渐增大以致引起混凝土保护层的劈裂、钢筋露出，使承载能力降低，甚至完全丧失。

地下构筑物中钢筋的腐蚀主要是由于电化学作用的结果。实践证明：采用砖砌体构筑地下工程，在地下水或土壤中含有侵蚀介质时，破坏更为严重。

（4）渗透作用

在实际工程中，水的压力远远小于物质间分子的引力，由于物质分子间孔隙引起渗漏是不可能的。但是建筑工程围护结构材料，如砖、石、混凝土有大量毛细孔、施工裂缝，在水有一定压力时，水就会沿着这些孔隙流动而产生渗透作用。实测证明：地下工程埋的越深，地下水位越高，渗透压就越大，地下水的渗透作用也就越严重。

（5）冻融作用

在严寒地区的工程结构含水时，特别是砖砌体，不致密的混凝土经过多次冻融循环很容易破坏。地下工程处于冰冻线以上时，土壤含水，冻结时不仅土中水变成冰，体积增大，而且水分往往因冻结作用而迁移和重新分布，形成冰夹层或冰堆，从而使地基冻胀。冻胀使地下工程不均匀抬起，融化时又不均匀地下沉，年复一年地使地下工程产生变形，轻者出现裂缝，重者危及使用。

2.地下水位变化对结构的危害

实际中，地下水位的变化幅度是很大的，最低水位和最高水位有时能相差数米，影响地下水位的因素有很多，有天然因素（如气候条件、地质条件、地形条件、地区条件等）和人为因素（如修建水利设施、水管渗漏、大量抽取地下水等）。水位变化对地下工程可产生浮力影响、潜蚀作用影响，对地下结构耐久性和地基强度也有很大影响。

（1）浮力作用影响

地下工程位于地下水包围之中，势必受到向上的浮力，尤其是地下水位骤然上升，其浮力增大，这使地下工程很容易浮起而被破坏。如有的掘开式工程或地道的底板曾因浮力的作用而发生断裂。

（2）潜蚀作用影响

地下工程进行自流排水或机械排水降低地下水位时，容易引起潜蚀作用，掏空地基，不仅可使地下工程地基失稳，而且还会引起地表塌陷，危及地面建筑的安全。

（3）对地下结构耐久性和强度的影响

地下水位在地下工程埋置的范围内发生变化，使结构长期处在湿润和干燥交替更迭之中，这将降低结构材料的耐久性。

（4）对地基强度的影响

当地下水位上升浸蚀软化岩石，地基上的强度就发生降低，其压缩性加大，从而使地下工程产生很大变形。

（二）地下水对地下工程施工的影响

在地下水位以下开挖基坑、构筑的地下室、竖井、地道穿过含水地层时，均会有地下水渗入基坑或洞内的可能。施工中必须采取降低地下水位，防止地面水回流进入基坑引起流沙、管涌等基坑失稳事故。带水作业的工程一般其工程质量都难以保证，渗漏水较为严重。

1. 地下水对基坑工程施工影响

深基坑工程降排水是基坑工程中的一个难点，是保证深基础施工质量的关键。如果地下水处理不当可能引起以下严重事故。

（1）挡土结构上发生的事故

挡土结构未设止水帷幕或止水帷幕存在缺损（空洞、蜂窝、开叉等）时，当坑内降水开挖后在地下水作用下，水携带淤泥质土、砂质粉土和粉细砂等细粒土从基坑挡土结构的背部流入基坑内，如不及时堵漏，就会因流沙和管涌造成基坑失稳垮塌，同时产生坑周地面或路面下陷和周围建筑物沉降倾斜、地下管线断裂等灾害事故。

（2）基坑底面内发生的事故

当基坑内外侧的地下水位差较大，并且基坑下部有承压水层时，如果地下水位差超过地下水流坡度时，就会产生突涌。其二，当挡土止水帷幕桩墙未进入透水层或插入深度不够，造成地下水流路长度不足；当地下水的向上渗流力（动水压力）大于覆盖土的浮重度时，坑内降水会引起挡土结构近端的基坑底面处出现"管涌"现象，而其结果也将会使坑底出现"流沙"状态。

（3）基坑周边发生的事故

抽降软弱土层上下透水层的潜水或下部的承压水将引起软弱土层固结下沉。深基坑降水时常会带出很多土粒，同时使软弱土层产生固结下沉，加上基坑挖土，将引起基坑周围一定范围和不同程度的工程环境变化。若处理不当，严重者将对基坑附近建筑产生位移、沉降和破坏，其中最普遍的是地面建筑和地下建筑（地下室、地下储水池和地下停车场等）的沉降变形、水平位移和倾斜、道路及各种地下管沟的开裂和错位，以及边坡失稳等。

2. 地下水对隧道施工影响

地下水是影响隧道正常施工的重要因素之一。在隧道施工期间，地下水的存在不仅降低围岩的稳定性（尤其是对软弱破碎围岩影响更为严重），使得开挖十分困难，且增加了支护的难度和费用，有时需采取超前支护或预注浆堵水和加固围岩。此外，若对地下水处理不当，则可能造成更大的危害,如地下、地上水位下降及水环境的改变,将影响农业生产和生活用水。如果被迫停工,则会影响工程进展,带来巨大的损失。同时,隧道掘进过程中,若掘进前对水文地质条件和周围市政管线资料掌握得不够准确,而没有事先采取必要的措施,还有可能发生涌水事故或盾尾涌沙事故。如长沙市芙蓉路电缆隧道施工过程中就曾发生过涌水事故,事故原因是设计时资料显示隧道沿线路段与一城市排污管道相交叉,此管道底距隧道顶距离5m;事故发生后,现场实测发现此距离仅2.4m,其间为人工填土和砂卵石层,下水道底板中间有一条纵向裂缝,污水从裂缝中渗下,在砂卵石层中洗出了一条通道,直接导致隧道涌水。

近年来,随着城市轨道交通的发展,不时需要从江、河底下穿越,以满足地下交通线路走向的需要,隧道从江、河底下穿过时,地下水丰富的施工环境,给施工增加了不少风险和难度,目前水下隧道的施工主要采用沉管法和盾构法。由于沉管隧道在经济、技术上的独特优点,并随着沉管法隧道设计和施工中的关键技术问题,如结构形式、管身防水、水下基槽开挖和地基处理、管节水下对接和接头防水等的逐步解决和日趋完善,以及沉管法在世界各国的广泛采用和技术之间的经验交流,沉管隧道受到越来越多国家的重视,逐渐成为了水下大型隧道工程的首选施工方法。

盾构法施工越江隧道必须根据地质情况正确处理有关设备的选型和采用相关的施工技术,避免盾构开挖面与江水贯通。根据经验,过江段的地下水往往与岩层裂隙水连通,而且补给迅速,受江水涨落影响较大;另外,由于岩层层面起伏较大,地质交接带间也容易形成水源通道。施工前进行地基处理,封堵断层裂隙破碎带等地下水通道,保持开挖面泥水压力平衡,加强盾尾密封,控制同步注浆压力及注浆量是盾构穿越江河湖海水域施工的关键技术。

(三)地下水对地下工程设备及其使用功能的危害

在运营期间,地下水常从混凝土衬砌的施工缝、变形缝(伸缩缝和沉降缝)、裂缝甚至混凝土孔隙等通道,渗漏进隧道中。这将造成洞内通信、供电、照明等设备处于潮湿环境而发生霉变锈蚀;寒冷地区的隧道,衬砌后的地下水渗漏到隧道中,冻结成冰,悬挂在拱部成冰溜,贴附在边墙成冰柱,积聚在道床上成冰丘,都可能危及行车安全。由于结冰膨胀和侵蚀性地下水的作用,导致衬砌裂损、脱落,使衬砌受到破坏。嫩林线的岭顶隧道、兰新线乌鞘岭隧道、京原线平行关隧道,都曾因上述原因中断行车。

在隧道富水地段,由于衬砌背后没有设置环向及纵向疏水盲沟,大量地下水涌入隧道,给运营带来很大危害。如成昆线沙木拉达隧道、贵昆线梅花山隧道,施工时都设有水平导洞,当时均没考虑用作运营的排水。相反隧道交付运营后水平导洞因未衬砌而坍塌,大量积水倒灌正洞。即有隧道排水侧沟沟底位于基床底面以上,排水沟只能排除基底以上衬砌的渗漏水,隧道底部的地下水排不出去,长期积聚在基底以下。在列车动荷载作用下基底软化,沟墙开裂或倾倒,铺底或仰拱破碎,道床翻浆,隧道水害严重,导致长期限速运行。对于长大隧道,仅靠隧道内排水沟不能将流入隧道的地下水排出时,往往引起水漫道床,中断行车。如果纳隧道、京原线平行关隧道这种情况都曾多次发生。对此,一般都采用增设或疏通平行导洞的方法。

岩溶发育地区的山岭隧道,因大量涌水、涌泥导致衬砌裂损,隧底吊空,铺底或仰拱破碎,道床翻浆冒泥现象常有发生,危害严重,必须予以高度重视。

二、地下工程防水技术的进展

地下建(构)筑物的防渗漏是一项系统工程,近20年各国的防渗漏技术取得了很大进步。特别是日本,目前基本解决了地下工程的防水问题,其途径是提高防水材料的品质和改革施工工艺,提高防水设计标准和预算标准。日本为解决地下、水下工程防渗漏问题,采用复合、多道防水技术,复合衬砌防水膜－EVA(乙烯-醋酸乙烯共聚物),为解决混凝土施工缝防水,开发了异丁基础胶(中夹钢片)止水板,使用很可靠。施工过程用电脑监控,使施工质量不断提高。美国、韩国、加拿大等的地下工程目前均有采用膨润土防水,极少漏水,个别漏水点仍用膨润土修补,很少反复。

美国的建(构)筑物防渗漏问题近 20 年来也得到改善,20 世纪 90 年代初某公司新建的 100 座楼房,地下室仅有 4 座渗漏。但防水工程造价很高,一般 50～80 \$/m²,高的 100～120 \$/m²。其中一般工程的材料费约占 40%,施工费约占 40%,管理费约占有 20%。

1. 结构自防水技术

所谓结构自防水指混凝土结构本体防水,它是人为地从材料和施工等方面采取措施抑制或减少混凝土内部孔隙生成,提高混凝土密实性,从而达到防水的目的。结构自防水的主要材料是普通硅酸盐水泥、矿渣水泥、粉煤灰水泥等,这些水硬性胶凝材料的抗渗性和耐久性都比较好,但由于防水混凝土的抗拉强度低、变形小、易于收缩,往往会破坏结构的整体防水性能,而且普通防水混凝土内部的孔隙也容易形成渗水通道。因此,防水混凝土的关键是施工时必须确保混凝土密实及控制混凝土不产生裂缝。

大量工程实践表明,混凝土在水泥凝结硬化过程中由于水分蒸发引起收缩而导致混凝土结构开裂,破坏整体防水功能。对此,我国相继开发了膨胀剂补偿收缩混凝土技术,取得较好的防水效果。所谓补偿收缩混凝土就是在水泥中添加膨胀剂或使用膨胀水泥,使混凝土的收缩得到补偿。中国建筑材料科学研究院研制的 UEA 膨胀剂掺入混凝土中取代等量水泥,UEA 与水泥水化产物生成结晶钙矾石使混凝土产生膨胀,在钢筋和临位限制下,这种膨胀抵消或削弱了混凝土在收缩过程中的开裂。不仅使混凝土密实性增加,也使抗拉强度提高,可使混凝土结构不开裂或把裂缝控制在无害范围(小于 0.2mm)以内,混凝土的抗渗能力提高 2 倍以上。同时,以加强带取代温度伸缩缝,可以实现连续浇筑百米以上的地下工程结构混凝土,减少了混凝土接缝,有利于防渗漏。

2. 膨润土防水毯(板)防水技术

膨润土的矿物学名称为蒙脱石,其粒径为 10^{-10}～10^{-8} m(1nm $=$ 10^{-9}m),国外称其为天然纳米(10^{-9}～10^{-7}m)材料。具有遇水膨胀的特性,钙膨润土膨胀时,约为自身体积的 3 倍;钠膨润土膨胀约为自身体积的 15 倍,能吸收 5 倍于自身重量的水。膨胀后的膨润土所形成的胶体具有排斥水的性能。利用这个性能,人们用膨润土来作防水材料。

膨润土类防水卷材通常指两种材料,一是膨润土防水板(以下简称膨润板),另一种是膨润土防水毯(以下简称膨润土毯)。膨润土板是将膨润土颗粒按照设计重量要求均匀分层喷胶黏结在一定厚度的聚乙烯膜表面形成的防水卷材。膨润土毯是将钠膨润土填充在聚丙烯织布和无纺布之间,将上层的非织布纤维通过针压的方法将膨润土夹在下层的织布上而做成的,然后利用针刺的方法加以固定成型的防水卷材。国外一般将膨润土板设置在结构的侧墙,膨润土毯设置在结构的底板。

膨润土毯(板)的材料特点如下。

(1)膨润土防水毯是一种环保建材

由于材料的组成成分膨润土是一种天然黏土物质,不会对周围环境产生任何污染,所以它是完全环保的材料。

(2)低透水性

天然的钠基膨润土具有遇水膨胀的天然特性,且膨胀倍率高,膨胀系数为 $20\sim25$;当它的膨胀受到局限时,可以形成一道致密的不透水胶凝体,透水系数为 $k=\alpha\times10^{-9}\,cm/s(\alpha=1\sim9)$。膨润土毯的透水系数更是达到 $\alpha\times10^{-10}\,cm/s$,单层铺设,可达到一级防水的设计要求。

(3)良好的防水耐久性

首先是因为膨润土是一种天然黏土物质,不存在老化问题;其次,它同时也是无机物,不会受到地下任何物质的侵蚀;最后,它遇水膨胀的过程是可逆的,干湿循环不影响它的防水功效。

(4)施工简便

施工基面要求简单,可直接施工于潮湿的混凝土基层,在低温下(如 $-32℃$)亦可正常施工并发挥防水效果;不需要找平层及保护层,仅在局部凹凸较大处找平即可;施工时采用钢钉作机械固定,施工简单,速度快;对于穿墙管线、地下桩头等穿过防水层的部位处理简便。

(5)具有自愈修补裂隙的功能

地下工程施工条件复杂,许多防水材料在施工过程中容易被扎破、穿孔,而失去防水效果;但膨润土毯(板)却能适应这种施工条件,这是由于天然钠基膨润土具有独有的高膨胀性,使其能修补细小的裂缝空隙。所以,对于施工过程中,由于意外原因而对材料产生的微小损坏,不会对材料的防水效果产生根本的影响,这也是立面上可用钢钉固定的原因。同时,遇水膨胀从有纺土工布一侧渗出的膨润土,还可以修补混凝土结构的毛细裂缝。

(6)有效阻止窜水

膨润土毯有纺土工布一侧的纤维能够和现浇混凝土有效地结合成一体,再加上膨润土遇水膨胀后形成的致密的胶凝体,从而有效地阻止了在防水层和结构主体之间的窜水现象。

(7)能适应混凝土结构的伸缩变形

由于材料是自然搭接,所以,材料的延展性及适应混凝土结构伸缩变形的能力,要比黏接或焊接的材料好得多。

正是由于膨润土毯(板)的诸多优点,国外地下工程多采用膨润土(纳米)毯(板)做永久防水层,新建的大型地下建(构)筑物防水材料多选用膨润土防水板(毯),而相对较少采用 PVC 或 EPDM(三元乙丙橡胶)卷材、涂膜、密封料等。世界上用膨润土板(毯)做地下工程防水层最多的是美国、加拿大、日本、韩国、新加坡、马来西亚等国家。例如,韩国仁川隧道、我国香港新机场地铁、华盛顿蓝线地铁、日本横滨地铁、新加坡地铁、瑞典地铁、雅典地铁暗挖段等工程都选用了该类防水材料。近年来,北京地铁工程也开始大规模应用膨润土防水材料。上海轨道交通六号线 20 标部分区段、出入口就采用了膨润土复合防水毯进行防水施工。

第二节　防水设计基本原理与方法

一、防水的内容

地下工程的防水是一项综合性技术,它包括结构防水、注浆防水、排水以及渗漏水处理等。其中结构防水又可细分为:混凝土结构主体防水、混凝土结构细部构造防水、采用特殊施工法的结构防水。地下工程防水的内容见表 5-1。

分部工程	分项工程	
	名　　　称	内　　　容
结构防水	混凝土结构主体防水	防水混凝土,水泥砂浆防水层,卷材防水层,涂料防水层,塑料防水板防水层,金属防水层等
	混凝土结构细部构造防水	施工缝,变形缝,后浇带,穿墙管,埋设件,预留通道接头,桩头,孔口
	采用特殊施工法的结构防水	盾构法隧道,沉井,地下连续墙,逆筑结构,锚喷支护
注浆防水	预注浆,后注浆,衬砌裂缝注浆	
排水	渗排水,盲沟排水,隧道、坑道排水	
渗漏水处理	抹面堵漏,灌浆堵漏	

二、地下工程防水的分类

地下工程防水的分类,可根据设防的部位、设防的方法、所采用的防水材料性能和品种来进行分类。

1. 按设防方法分类

(1)复合防水是指采用多种防水材料和多种防水方法进行综合防水的防水技术。在设防中利用各自具有的特性,发挥各种防水材料的优势,做到"刚柔结合、多道设防、综合治理"。如在节点部位,可用密封材料或性能各异的防水材料与大面积的一般防水材料配合使用,形成复合防水。对于防水等级高的地下工程,采用单一方法难以奏效,常采用复合的方法。如除整体结构进行钢筋混凝土自防水外,局部涂料防水和外贴卷材防水。

(2)构造自防水是通过改善混凝土级配达到结构自防水,在纵横向一定间距设置变形缝释放构造应力防止开裂渗漏水的做法。如地铁车站为防止侧墙渗水,常采用叠合墙结构,即在连续墙和内衬墙之间夹防水层。其内衬墙为补偿收缩防水钢筋混凝土,侧墙有时增设诱导缝,顶板和底板有时设置后浇带。当地下水位很高时,为解决地下结构工程漂浮问题,可在底板下设置的倒滤层(渗排水层)代替抗拔桩。

2. 按设防材料的品种分类

地下防水按设防材料的品种可以分为:卷材防水、涂膜防水、密封材料防水、混凝土和水泥砂浆防水、塑料板防水、金属板防水等。

3. 按设防材料的性能分类

按设防材料的性能可分为刚性防水和柔性防水。

刚性防水是指采用防水混凝土和防水砂浆作为防水层。防水砂浆防水层是利用抹压均匀、密实的素灰和水泥砂浆分层交替施工,以构成一个整体防水层。由于分层相间抹压,各层残留的毛细孔道互相不贯通,因此具有较高的抗渗能力,但其抗变形能力较差。

柔性防水是利用具有抵抗一定变形能力,又有防水作用的柔性材料作外包防水层,如卷材防水层、涂抹防水层、密封材料防水层等。

三、地下工程防水原则

(1)地下工程防水应遵循"防、排、截、堵相结合,因地制宜,综合治理"的原则。

"防"是工程结构自防水或采用附加防水层等防水设施,使工程具有一定防水渗入的能力。

"排"是采用自流排水或机械排水的方法,将地下工程内外积水及时排走,降低水头压力,为防水创造有利条件。

"截"是指在工程所在地的周围,设置排水沟、截洪沟、导排水系统,将地表水、地下水流经通道截断,防止和减少雨水下渗,减少地下裂隙水进入工程。

"堵"是指在围岩有裂隙水存在时,采用注浆和嵌填等方法堵住孔洞和裂隙。在工程建成后对渗漏水段,采用注浆、嵌填、防水抹面等方法将渗水通道堵塞。

(2)地下工程的防水,应积极推广和采用经实践检验行之有效的新材料、新结构、新技术。

(3)地下工程防水要体现综合设防原则,必须贯穿勘查、设计、施工和维修及选材的每个环节,灵活比选各类防水方法,以达到不同等级地下工程的防水要求。

四、地下工程防水设计的一般规定

(1)地下工程施工前应进行防水设计,工程防水等级应定级准确、方案可靠、施工简便、经济合理。

(2)地下工程的防水设计,应考虑地表水、地下水、毛细管水等的作用,以及由于人为因素引起的附近水文地质改变的影响。单建式的地下工程应采用全封闭、部分封闭防排水设计;附建式的全地下或半地下工程的防水设防高度,应高出室外地坪高程500mm以上。

(3)地下工程的钢筋混凝土结构,应优先采用防水混凝土,并根据防水等级的要求采用其他防水措施。

(4)地下工程的变形缝、施工缝、诱导缝、后浇带、穿墙管(盒)、预埋件、预留通道接头、桩头等细部构造,应加强防水措施。

(5)地下工程的排水管沟、地漏、出入口、窗井、风井等,应有防倒灌措施,寒冷及严寒地区的排水沟应有防冻措施。

(6)地下工程防水设计基本资料包括:

①最高地下水位的高程和出现的年代,近几年的实际水位高程和随季节变化情况;

②地下水类型、补给来源、水质、流量、流向、压力;

③工程地质构造,包括岩层走向、倾角、节理及裂隙,含水地层的特性、分布情况和渗透系数,溶洞及陷穴,填土区、湿陷性土和膨胀土层等情况;

④历年气温变化情况、降水量、地层冻结深度;

⑤区域地形、地貌、天然水流、水库、废弃坑井以及地表水、洪水和给水排水系统资料;

⑥工程所在区域的地震烈度、地热、含瓦斯等有害物质的资料;

⑦施工技术水平和材料来源。

(7)工程防水设计内容包括:

①防水等级和设防要求;

②防水混凝土的抗渗等级和其他技术指标,质量保证措施;

③其他防水层选用的材料及其技术指标,质量保证措施;

④工程细部构造的防水措施,选用的材料及其技术指标,质量保证措施;

⑤工程的防排水系统,地面挡水、截水系统及工程各种洞口的防倒灌措施。

(8)其他要求包括:

①城市给水排水设施与地下工程的水平距离宜大于2.5m,限于条件不能满足这一要求时,地下工程应采取有效的防水措施;

②地下工程在施工期间对工程周围的地表水,应采取有效的截水、排水、挡水和防洪措施,防止地面水流入工程或基坑内;

③地下工程进行防水混凝土和其他防水层施工时应有防雨措施;

④明挖工程的结构自重应大于静水压头造成的浮力,在自重不足时必须采用锚桩或其他措施;抗浮力安全系数应大于1.05~1.1;施工期间应采取有效的抗浮力措施。

五、防水等级确定

各类地下工程应根据工程的重要性和使用中对防水的要求确定防水等级。地下工程的防水等级,按围护结构允许渗漏水量划分为四级,见表5-2。

地下工程防水等级

表5-2

等级	标　准	适用范围
一级	不允许漏水,围护结构无湿渍	人员长期停留的场所;因有少量湿渍会变质、失效的储物场所及严重影响设备正常运转和危及工程安全运营的部位;极重要的战备工程
二级	1. 不允许漏水,结构表面可有少量湿渍; 2. 工业与民用建筑:总湿渍面积不应大于总防水面积(包括顶板、墙面、地面)的1/100;任意100m²的防水面积上,湿渍不超过1处;单个湿渍的最大面积不大于0.1m²; 3. 其他地下工程:总湿渍面积不应大于总防水面积的6/100;任意100m²的防水面积上,湿渍不超过4处;单个湿渍的最大面积不大于0.21m²	人员经常活动的场所;在有少量湿渍的情况下不会使物品变质、失效的储物场所及基本不影响设备正常运转和危及工程安全运营的部位;重要的战备工程
三级	1. 有少量漏水点,不得有线流和漏泥沙; 2. 任意100m²的防水面积上,湿渍不超过7处;单个漏水点的最大漏水量不大于2.5L/d;单个湿渍的最大面积不大于0.3m²	人员临时活动的场所;一般战备工程
四级	1. 有漏水点,不得有线流和漏泥沙; 2. 整个工程平均漏水量不大于2L/(m²·d);任意100m²的防水面积上平均漏水量不大于4L/(m²·d)	对渗漏水无严格要求的工程

地下工程的防水设防形式,应根据使用功能、结构形式、环境条件、施工方法及材料性能等因素合理确定,具体设防要求参见表5-3、表5-4。

暗挖法地下工程防水方式及设防等级

表5-3

工程部位		主　体				内衬砌施工缝					内衬砌变形缝、诱导缝				
防水措施		复合式衬砌	离壁式衬砌	贴壁式衬砌	喷射混凝土	外贴式止水带	遇水膨胀止水条	防水嵌缝材料	中埋式止水带	外涂防水涂料	中埋式止水带	外贴式止水带	可卸式止水带	防水嵌缝材料	遇水膨胀止水条
防水等级	一级	应选一种			—	应选一种					应选	应选二种			
	二级	应选一种				宜选一至二种					应选	应选一至二种			
	三级	—	应选一种			宜选一至二种					应选	宜选一种			
	四级	—	应选一种			宜选一种					应选	宜选一种			

工程部位	主体						施工缝					后浇带				变形缝、诱导缝						
防水措施 防水等级	防水混凝土	防水砂浆	防水卷材	防水涂料	塑料防水板	金属板	遇水膨胀止水条	中埋式止水带	外贴式止水带	外抹防水砂浆	外涂防水涂料	膨胀混凝土	遇水膨胀止水条	外贴式止水带	防水嵌缝材料	中埋式止水带	外贴式止水带	可卸式止水带	防水嵌缝材料	外贴防水卷材	外涂防水涂料	遇水膨胀止水条
一级	应选	应选一至二种					应选二种					应选	应选二种			应选	应选二种					
二级	应选	应选一种					应选一至二种					应选	应选一至二种			应选	应选一至二种					
三级	应选	宜选一种					宜选一至二种					宜选	宜选一至二种			应选	应选一至二种					
四级	宜选	—					应选一种					应选	宜选一种			应选	宜选一种					

第三节　地下工程主体自防水

地下工程多为钢筋混凝土结构,经过多年的工程实践,地下工程结构自防水已普遍为地下工程界所接受,《地下工程防水技术规范》(GB 50108—2008)规定地下工程的钢筋混凝土结构,应采用防水混凝土。

防水混凝土因自身的密实性、憎水性而有一定的防水能力,这类地下工程仅仅依赖防水混凝土结构自身防水能力达到防水设计要求,常称之为混凝土结构自防水。它同时具有承重、围护和防水三种功能,还可以满足一定的耐冻融和耐侵蚀要求。

一、防水混凝土的分类

防水混凝土按其组成成分及级配的不同,主要分为普通混凝土、掺外加剂防水混凝土和膨胀水泥防水混凝土三大类型。它们各自具有不同的特点,可根据不同的工程要求参考表 5-5 选择使用。

防水混凝土的分类及使用范围　表 5-5

种　类	最大抗渗压力(MPa)	技术要求	适用范围
普通防水混凝土	3.0	水灰比 0.5~0.6; 坍落度 30~50mm,渗外加剂或采用泵送混凝土时不受此限; 水泥用量≥320kg/m³; 灰砂比 1:2~1:2.5; 含砂率≥35%; 粗骨料粒径≤40mm; 细骨料为中砂或细砂	一般工业、民用建筑及公共建筑的地下防水工程

种　　类		最大抗渗压力（MPa）	技术要求	适用范围
外加剂防水混凝土	引气剂防水混凝土	2.2	含水率3%～6%； 水泥用量为250～300kg/m³； 水灰比0.5～0.6； 含砂率28%～35%； 砂石级配、坍落度与普通混凝土相同	适用于北方高寒地区对抗冻性要求较高的地下防水工程及一般的地下防水工程；不适用于抗压强度＞20MPa或耐磨性要求高的地下防水工程
	减水剂防水混凝土	2.2	选用加气型减水剂，根据施工需要分别选用缓凝型、促凝型、普通型的减水剂	适用于钢筋密集或薄壁型防水构筑物，对于混凝土凝结时间和流动性有特殊要求的地下防水工程（如泵送混凝土）
	三乙醇胺防水混凝土	3.8	可单独掺用三乙醇胺，也可与胺化钠复合使用，也能与氯化钠、亚硝酸钠两种材料复合使用，对重要的地下防水工程以单掺三乙醇胺或与氯化钠、亚硝酸钠复合使用为宜	适用于工期紧迫、要求早强及抗渗性较高的地下防水工程
	氯化铁防水混凝土	3.8	液体相对密度在1.4以上； $FeCl_2$＋$FeCl_3$含量≥0.4kg/L； $FeCl_2$：$FeCl_3$为1：1～1：3； pH值＝1～2； 硫酸铝含量占氯化铁含量的5%，渗量一般占水泥重量的3%	适用于水中结构、无筋少筋厚大型防水混凝土工程及一般地下防水工程，砂浆修补抹面工程；薄壁结构上不宜使用
膨胀防水混凝土	膨胀水泥防水混凝土	3.6	水灰比0.5～0.52，加减水剂后0.47～0.5； 坍落度40～60mm； 水泥用量350～380kg/m³； 灰砂比1：2～1：2.5； 含砂率≥35%； 粗集料粒径≤40mm； 细集料为中砂或细砂	适用于地下工程和地上防水构造物、山洞、非金属油罐和主要工程的后浇缝、梁柱接头等
	膨胀剂防水混凝土	3.0	—	适用于一般地下防水工程及屋面防水混凝土工程

二、防水混凝土的适用条件

1. 防水混凝土的优点

（1）防水质量可靠。防水混凝土只要选料适当，级配合理，在施工中严格遵守操作规程，就能使混凝土具有可靠的抗渗性能。

（2）耐久性好。防水混凝土提高了抗冻、抗侵蚀的能力，经久耐用，且易于检查和修补。

（3）施工简便。配料、搅拌和养护基本同普通混凝土施工，不必另外增加施工工序。与其他防水方法比较，可以省去附加防水层施工，简化工序，而且不受结构形状的限制。

（4）造价较低。防水混凝土与普通混凝土相比，需要增加水泥和其他添加剂，但省去了其他防水层，从总体比较降低了造价。

2. 防水混凝土的适用条件

（1）环境温度≤100℃。

（2）裂缝宽度≤2mm。

（3）侵蚀环境中，要求抗侵蚀系数≥0.8，钢筋保护层厚度为 50mm。

（4）不适合遭受剧烈震动和冲击荷载作用的地下工程。

三、防水混凝土的设计要求

1.防水混凝土的设计抗渗等级

防水混凝土的设计抗渗等级应符合表 5-6 的规定。

2.防水混凝土结构底板的混凝土垫层

混凝土垫层强度等级不应低于 C15，厚度不应小于 100mm，在软弱土层中不应小于 150mm。

3.抗渗等级的确定

一般要求防水混凝土的抗压强度等级达到 C20～C30。抗渗等级一般不低于 S6，重要工程为 S8～S12，甚至 S20。

用 6 个圆柱体抗压试块，经过标准养护 28d 后，在抗渗仪上加水压，开始加压 0.2MPa，以后每隔 8d 加压 0.1MPa，直至 6 个试件中有 4 个试件不渗出水时的最大水压被定位抗渗等级。

4.防水混凝土的最小厚度

防水混凝土之所以能防水，因为它具有一定的密实性和厚度，才不至于被一般的水压力所渗透。防水混凝土的最小厚度参见表 5-7。

防水混凝土设计抗渗等级　表 5-6

工程埋置深度（m）	设计抗渗等级
<10	S6
10～20	S8
20～30	S10
30～40	S12

注：1. 本表适用于Ⅳ、Ⅴ级围岩（土层及软弱围岩）。

　　2. 山岭隧道防水混凝土的抗渗等级可按铁道部门的有关规范执行。

防水混凝土的最小厚度　表 5-7

项　目	条　件	最小厚度（mm）
侧墙	单筋	250
	双筋	300
顶拱	—	250

注：迎水面钢筋保护层厚度≥50mm。

5.严格控制裂缝宽度

设计配筋防水混凝土结构时，要考虑裂缝允许宽度的取值问题。在受弯截面中，当受拉区钢筋应力较高时混凝土有开裂的可能，但构件受压区产生压缩，受拉区裂缝开展不能贯穿整个截面，以阻止压力水沿缝隙的渗流。因此，在混凝土达到最小厚度时，可允许裂缝最大宽度不超过 0.2mm。除防止出现过大受力裂缝外，在设计和施工中应采取措施避免由于混凝土干缩引起裂缝。

为防止混凝土结构出现环向裂缝，以及在温差大的部位（如出入口），应增设细而密的温度筋，结构物的薄弱部位和转角处，适当配置构造钢筋，以增加结构的延性，抵抗裂缝的出现。

6.防水混凝土地下建（构）筑物的自重

防水混凝土地下建（构）筑物的自重，要求大于静水压力水头造成的浮力，当自重不足以平衡浮力时，可以采取锚桩等措施；当为多跨钢筋混凝土结构时，可将边跨加厚加重。抗浮安全系数宜采用 1.1。

7.散水坡

填埋式建筑的地表应做散水坡，以免地面积水，必要时还可以在散水坡外设置排水明沟，将地表水带走。

8.伸缩缝间距的设置

伸缩缝设置的间距与构筑物埋设条件、温度、湿度、结构形式、结构构件配筋率、混凝土配合比及施工工艺等有关。对于隧道工程,间距一般取 50～70m。伸缩缝宜不设或少设,可根据不同的工程结构类别及工程地质情况采用诱导缝、加强带、后浇带等替代措施。伸缩缝宽度一般取 20～30mm。

9.沉降缝的设置

沉降缝应设置在建筑物平面的转折部位与建筑的高度和荷载差异较大处、地基土的压缩性有着显著差异和建筑物基础类型不同以及分期建造房屋的交界处。沉降缝的宽度与结构单元的沉降差有关。最大允许沉降差值不应大于 30mm,当计算沉降差值大于 30mm 时应在设计时采取措施。宽度宜为 20～30mm。

在建筑物变化较大部位(层数、高度突然变化或荷载相差悬殊),以及土壤性质变化较大或长度较长的结构等情况,均应设置封闭严密的沉降缝。沉降缝的做法应根据工程所受水压高低、接缝两侧结构相对变形量的大小及环境、温度及水质影响,来选择合理的防水方案。

10.后浇缝

后浇缝适用于不允许设置柔性变形缝的部位,应待两侧结构主体混凝土收缩与沉降变形基本稳定后进行(一般龄期为 42d),并应采用补偿收缩混凝土,其强度应高于两侧混凝土,后浇缝应设在受力和变形较小的部位,宽度为 1m。

11.施工缝

防水混凝土应连续浇筑,尽量不留施工缝。当受到施工条件限制必须留施工缝时,应符合以下规定。

(1)顶板、底板不留水平施工缝,分段设垂直施工缝;侧墙留水平施工缝和分段垂直施工缝。侧墙水平施工缝距底板表面以上≥200mm 处,拱墙结合的水平施工缝宜留在起拱线以下 150～300mm 处。垂直分段施工缝常结合纵向伸缩缝联合配置。

(2)施工缝构造形式见图 5-1。

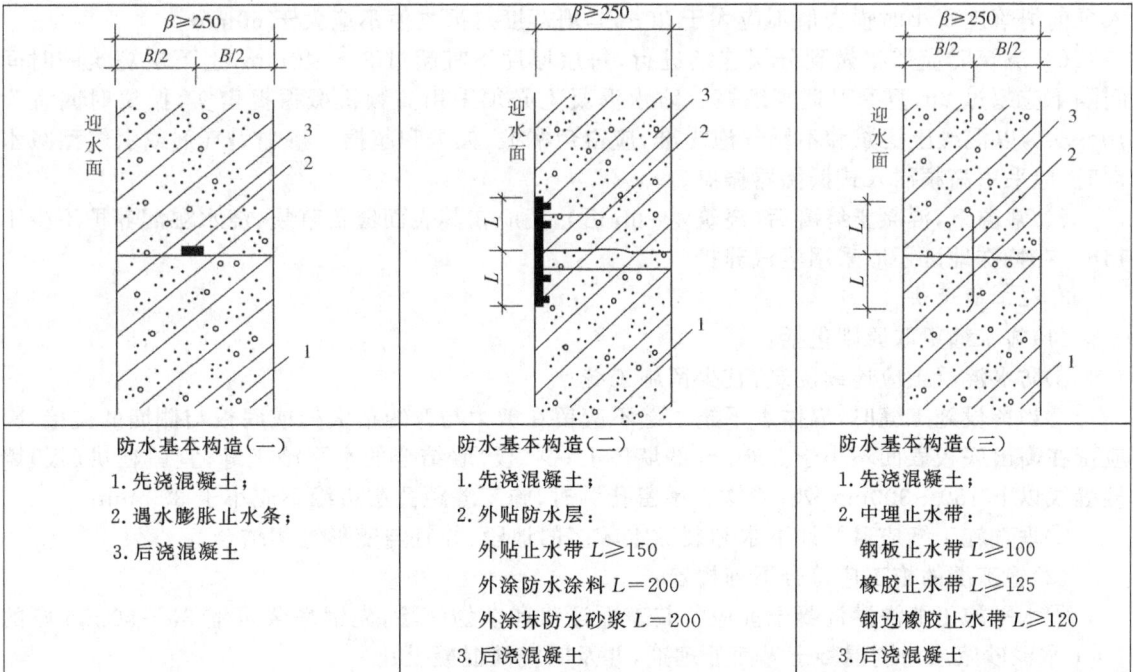

防水基本构造(一)	防水基本构造(二)	防水基本构造(三)
1.先浇混凝土;	1.先浇混凝土;	1.先浇混凝土;
2.遇水膨胀止水条;	2.外贴防水层:	2.中埋止水带:
3.后浇混凝土	外贴止水带 L≥150	钢板止水带 L≥100
	外涂防水涂料 L=200	橡胶止水带 L≥125
	外涂抹防水砂浆 L=200	钢边橡胶止水带 L≥120
	3.后浇混凝土	3.后浇混凝土

图 5-1　施工缝防水构造(尺寸单位:mm)

(3)施工缝应尽量与变形缝结合。

(4)为达到接缝处有效防水,在施工缝处可采用多道设防,如在迎水面抹聚合物防水砂浆,也可在其表面钉膨润土放水板(毯)或粘贴厚质高聚物改性沥青卷材或涂刷厚 2mm 合成高分子涂料。在混凝土浇捣前采取有效保护措施,在施工缝中部嵌贴膨润土止水条或遇水膨胀橡胶腻子。

四、防水混凝土施工

1. 防水混凝土的级配与选材

(1)水泥用量不得少于 320kg/m³,掺有活性掺和料时水泥用量不得少于 280kg/m³;

(2)砂率宜为 35%～40%,泵送时可增至 45%;

(3)灰砂比宜为 1∶1.5～1∶2.5;

(4)水灰比不得大于 0.55;

(5)掺加引气剂或引气型减水剂时,混凝土含气量应控制在 3%～5%;

(6)防水混凝土采用预拌混凝土时,缓凝时间宜为 6～8h;

(7)防水混凝土配料必须按配合比准确称量。计量允许偏差不应大于下列规定:水泥、水、外加剂、掺和料为±1%;砂、石为±2%;

(8)使用减水剂时,减水剂宜预溶成一定浓度的溶液。

2. 防水混凝土的拌和、运输、浇灌和养护

(1)防水混凝土拌和物必须采用机械搅拌,搅拌时间不应小于 2min。掺外加剂时,应根据外加剂的技术要求确定搅拌时间。

(2)拌好的混凝土要及时浇筑,常温下应在 0.5h 内运至现场,运输过程中,应尽量防止产生离析及坍落度和含气量的损失。当运送距离较远或气温较高时,可掺入适量缓凝型减水剂。防水混凝土拌和物在运输后如出现离析,必须进行二次搅拌。因坍落度损失不能满足施工要求时,应加入原水灰比的水泥浆或二次掺加减水剂进行搅拌,严禁直接加水。普通防水混凝土坍落度不宜大于 50mm。防水混凝土采用预拌混凝土时,入泵坍落度宜控制在 120±20mm,入泵前坍落度每小时损失值不应大于 30mm,坍落度总损失值不应大于 60mm。

(3)浇筑时应严格做到分层连续进行,每层厚度不宜超过 30～40mm,上下层浇筑的时间间隔不应超过 2h,夏季可适当缩短。防水混凝土必须采用高频机械振捣密实,振捣时间宜为 10～30s,以混凝土泛浆和不冒气泡为准,应避免漏振、欠振和超振。掺加引气剂或引气型减水剂时,应采用高频插入式振捣器振捣。

(4)常温下,混凝土终凝后(浇筑 4～6h 后),就应在其表面覆盖草袋,浇水湿润养护不少于 14d。在特殊地区还应采用蒸汽养护。

3. 施工缝做法

(1)施工缝留取原则包括:

①防水混凝土应连续浇筑,宜少留施工缝;

②当留设施工缝时,墙体水平施工缝不应留在剪力与弯矩最大处或底板与侧墙的交接处,应留在高出底板表面不小于 300mm 的墙体上;拱(板)墙结合的水平施工缝,宜留在拱(板)墙接缝线以下 150～300mm 处;墙体有预留孔洞时,施工缝距孔洞边缘不应小于 300mm;

③垂直施工缝应避开地下水和裂隙水较多的地段,并宜与变形缝相结合。

(2)施工缝的施工应符合下列规定:

①水平施工缝浇灌混凝土前应将其表面浮浆和杂物清除,先铺净浆再铺 30～50mm 厚的 1∶1 水泥砂浆或涂刷混凝土界面处理剂,并及时浇灌混凝土;

②垂直施工缝浇灌混凝土前,应将其表面清理干净,并涂刷水泥净浆或混凝土界面处理

剂,并及时浇灌混凝土;

③选用的遇水膨胀止水条应具有缓胀性能,其 7d 的膨胀率不应大于最终膨胀率的 60%;

④遇水膨胀止水条应牢固地安装在缝表面或预留槽内;

⑤采用中埋式止水带时,应确保位置准确,固定牢靠。

4.大体积混凝土裂缝控制

大体积防水混凝土的施工,应采取以下措施:

(1)在设计许可的情况下,采用混凝土 60d 强度作为设计强度;

(2)采用低热或中热水泥,掺加粉煤灰磨细矿渣粉等掺和料;

(3)掺入减水剂、缓凝剂和膨胀剂等外加剂;

(4)在炎热季节施工时,采取降低原材料温度减少混凝土运输时吸收外界热量等降温措施;

(5)必要时在混凝土内部预埋管道,进行水冷散热;

(6)混凝土中心温度与表面温度的差值不应大于 25℃,混凝土表面温度与大气温度的差值不应大于 25℃。否则,应采取洒水蓄水保湿,覆盖塑料薄膜和麻袋草包保温养护措施,养护时间不应少于 14d。

5.冬季施工要求

防水混凝土的冬期施工,应符合下列规定:

(1)混凝土入模温度不应低于 5℃;

(2)宜采用综合蓄热法和暖棚法等养护方法,并应保持混凝土表面湿润,防止混凝土早期脱水;

(3)采用掺化学外加剂方法施工时,应采取保温保湿措施。

6.模板工程

模板的施工要点包括:

(1)模板应平整,接缝严密,并应有足够的刚度、强度,吸水性要小,支撑牢固,装拆方便,以钢模、木模为宜;

(2)一般不宜用螺栓或铁丝贯穿混凝土墙固定模板,以避免水沿缝隙渗入;在条件适宜的情况下,可采用滑模施工;

(3)当必须采用对拉螺栓固定模板时(图 5-2),可采用工具式螺栓或螺栓加堵头,预埋套管或螺栓上应加焊方形止水环,止水环直径及环数应符合设计规定;若无设计规定,止水环直径一般为 8~10cm,且至少一环;拆模后应采取加强防水措施将留下的凹槽封堵密实,并宜在迎水面涂刷防水涂料;

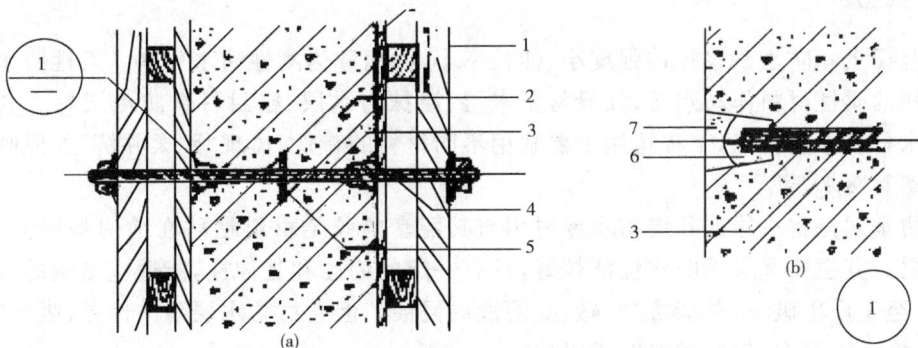

图 5-2 固定模板用螺栓的防水做法
(a)立模浇混凝土;(b)拆模后

1-模板;2-结构混凝土;3-固定模板用螺栓;4-工具式螺栓;5-止水环;6-嵌缝材料;7-聚合物水泥砂浆

（4）混凝土强度超过设计强度等级的 70％后，混凝土表面温度与环境温度之差不超过15℃时，即可拆除模板。

7. 钢筋工程

（1）钢筋绑扎。钢筋相互间应绑扎牢固，以防浇捣时绑口松散、钢筋移位、露出钢筋。

（2）摆放垫块，留设钢筋保护层。钢筋保护层的厚度应符合设计要求，一般情况下，迎水面钢筋混凝土的保护层厚度不得小于 35mm。当直接处于侵蚀介质中时，不应小于 50mm。

（3）架设铁马凳。钢筋及绑扎铁丝均不得接触模板，若采用铁马凳架设钢筋时，在不能取掉的情况下，应在铁马凳上加焊止水环。

第四节　地下工程外防水

一、水泥砂浆刚性防水层

为了弥补在大面积浇筑防水混凝土的过程中留下的一些缺陷，常在防水混凝土结构的内外表面抹上一层砂浆，以提高结构的防水抗渗能力。

砂浆是由胶凝材料、细集料、掺和料、水以及根据需要加入的外加剂，按一定的比例配合而成的建筑工程材料。应用于制作建筑防水层的砂浆称之为防水砂浆，一般是通过严格的操作技术或掺入适量的防水剂、高分子聚合物等材料，以提高砂浆的密实性，达到防渗漏水的目的。

水泥砂浆防水层适用于结构刚度较大，建筑物变形较小，埋置深度不大，在使用时不会因结构沉降、温度、湿度变化以及振动等产生有害裂缝的地下防水工程。

防水砂浆可以分为多层抹面砂浆、掺外加剂的防水砂浆和膨胀水泥与无收缩性水泥配制的防水砂浆三类。掺外加剂防水砂浆可分为掺无机盐类（氯化钙、氯化铝、氯化铁）防水砂浆、掺微膨胀剂（UEA、FS、AWA 等）补偿收缩水泥砂浆、掺聚合物防水砂浆和掺纤维防水砂浆等品种。掺聚合物防水砂浆，能克服传统防水砂浆韧性差、脆性大、极限抗拉强度低易随基层开裂的缺点，能用在长期受冲击荷载和较大振动作用下的工程，因而有较广阔的发展前景。

防水砂浆施工方法可分为两种：一种是利用高压喷枪机械施工的防水砂浆；另一种是大量应用人工抹压的防水砂浆。

二、柔性防水

防水混凝土和防水砂浆拉伸强度小、伸长率小，因而称为刚性防水材料。柔性防水是利用有防水特性的柔性材料作防水层，如卷材防水层、涂抹防水层、密封材料防水层等。刚性防水及柔性防水各有不同特点，工程运用中要利用不同材料的特性，体现"刚柔并济"的原则。

（一）卷材防水层

卷材防水层是将一层或几层防水卷材用与其配套的胶结材料粘贴在结构基层上，构成的一种防水层。其主要优点是防水性能较好，具有一定的韧性和延伸性，能适应结构的振动和微小变形，不至于产生破坏，并能抗酸、碱、盐溶液的侵蚀。但卷材防水层耐久性差，吸水率大，机械强度低，施工工序多，发生渗漏时难以修补。

1. 防水卷材层的材料性能

防水卷材种类繁多，按照材料的组成可分为沥青类防水卷材、高聚物防水卷材和合成高分子卷材三大系列。防水卷材层选用的材料须满足以下条件。

(1)卷材防水层应选用高聚物改性沥青类或合成高分子类防水卷材并符合下列规定：

①卷材外观质量、品种规格应符合现行国家标准或行业标准；

②卷材及其胶粘剂应具有良好的耐水性、耐久性、耐刺穿性、耐腐蚀性和耐菌性；

③高聚物改性沥青防水卷材的主要物理性能应符合表5-8的要求；

高聚物改性沥青防水卷材的主要性能 表5-8

项　　目		性能要求		
		聚酯毡胎体卷材	玻纤毡胎体卷材	聚乙烯膜胎体卷材
拉伸性能	拉力(N/50mm)	≥800(纵横向)	≥500(纵向)	≥140(纵向)
			≥300(横向)	≥120(横向)
	最大拉力时延伸率(%)	≥40(纵横向)	—	≥250(纵横向)
低温柔度(℃)		≤−15		
		3mm 厚，$r=15$mm；4mm 厚，$r=25$mm；3S，弯 180°，无裂纹		
不透水性		压力 0.3MPa，保持时间 30min，不透水		

④合成高分子防水卷材的主要物理性能应符合表5-9的要求。

合成高分子防水卷材的主要物理性能 表5-9

项　　目	性能要求			
	硫化橡胶类		非硫化橡胶类	合成橡胶类	纤维胎增强类
	JL_1	JL_2	JF_3	JS_1	
拉伸强度(MPa)	≥8	≥7	≥5	≥8	≥8
断裂伸长率(%)	≥450	≥400	≥200	≥200	≥10
低温弯折性(℃)	−45	−40	−20	−20	−20
不透水性	压力 0.3MPa，保持时间 30min，不透水				

(2)粘贴各类卷材必须采用与卷材材性相容的胶粘剂，胶粘剂的质量应符合下列要求：

①高聚物改性沥青卷材间的黏结剥离强度不应小于 8N/10mm；

②合成高分子卷材胶粘剂的黏结剥离强度不应小于 15N/10mm，浸水 168h 后的黏结剥离强度保持率不应小于 70%。

2.卷材防水层的设计

(1)卷材防水层为一或两层，高聚物改性沥青防水卷材厚度不应小于 3mm，单层使用时，厚度不应小于 4mm，双层使用时，总厚度不应小于 6mm；合成高分子防水卷材单层使用时，厚度不应小于 1.5mm，双层使用时总厚度不应小于 2.4mm。

(2)阴阳角处应做成圆弧或 45°(135°)折角，其尺寸视卷材品质确定。在转角处、阴阳角等特殊部位，应增贴 1~2 层相同的卷材，宽度不宜小于 500mm。

3.卷材防水层的施工

(1)卷材防水层的基面应平整牢固、清洁干燥。

(2)铺贴卷材严禁在雨天、雪天施工，五级风及其以上时不得施工；冷粘法施工气温不宜低于 5℃，热熔法施工气温不宜低于 −10℃。

(3)铺贴卷材前，应在基面上涂刷基层处理剂，当基面较潮湿时，应涂刷湿固化型胶粘剂或潮湿界面隔离剂。基层处理剂配制与施工应符合下列规定：

①基层处理剂应与卷材及胶粘剂的材性相容;

②基层处理剂可采取喷涂法或涂刷法施工,喷涂应均匀一致、不露底,待表面干燥后,方可铺贴卷材。

(4)铺贴高聚物改性沥青卷材应采用热熔法施工;铺贴合成高分子卷材采用冷粘法施工。

(5)采用热熔法或冷粘法铺贴卷材应符合下列规定:

①底板垫层混凝土平面部位的卷材宜采用空铺法或点粘法,其他与混凝土结构相接触的部位应采用满粘法;

②采用热熔法施工高聚物改性沥青卷材时,幅宽内卷材底表面加热应均匀,不得过分加热或烧穿卷材。采用冷粘法施工合成高分子卷材时,必须采用与卷材材性相容的胶粘剂,并应涂刷均匀;

③铺贴时应展平压实,卷材与基面和各层卷材间必须黏结紧密;

④铺贴立面卷材防水层时,应采取防止卷材下滑的措施;

⑤两幅卷材短边和长边的搭接宽度均不应小于100mm;采用合成树脂类的热塑性卷材时,搭接宽度宜为50mm,并采用焊接法施工,焊缝有效焊接宽度不应小于30mm;采用双层卷材时,上下两层和相邻两幅卷材的接缝应错开1/3~1/2幅宽,且两层卷材不得相互垂直铺贴;

⑥卷材接缝必须粘贴封严,接缝口应用材性相容的密封材料粘贴,其宽度不应小于10mm;

⑦在立面与平面的转角处卷材的接缝应留在平面上,距立面不应小于600mm。

(6)采用外防外贴法铺贴卷材防水层时,应符合下列规定:

①铺贴卷材应先铺平面,后铺立面,交接处应交叉搭接;

②临时性保护墙应用石灰砂浆砌筑,内表面应用石灰砂浆做找平层,并刷石灰浆,如用模板代替临时性保护墙时,应在其上涂刷隔离剂;

③从底面折向立面的卷材与永久性保护墙的接触部位,应采用空铺法施工;与临时性保护墙或围护结构模板接触的部位,应临时贴附在该墙上,或模板上卷材铺好后其顶端应临时固定;

④当不设保护墙时,从底面折向立面的卷材的接茬部位应采取可靠的保护措施;

⑤主体结构完成后,铺贴立面卷材时,应先将接茬部位的各层卷材揭开,并将其表面清理干净,如卷材有局部损伤,应及时进行修补;卷材接茬的搭接长度,高聚物改性沥青卷材为150mm,合成高分子卷材为100mm;当使用两层卷材时,卷材应错茬接缝,上层卷材应盖过下层卷材,卷材的甩茬接茬做法见图5-3。

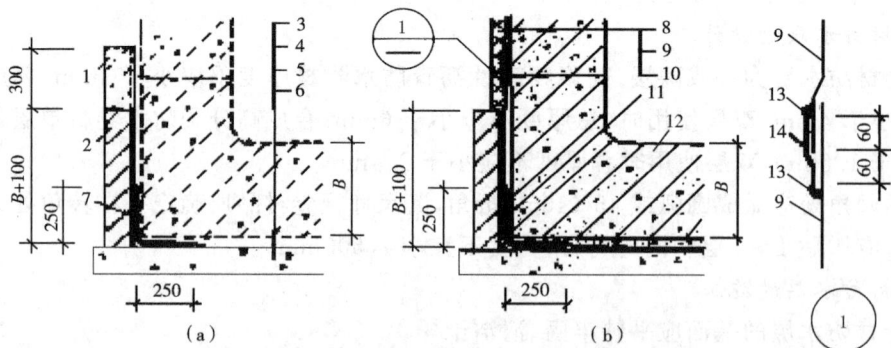

图5-3 卷材的防水层甩茬、接茬做法(尺寸单位:mm)

(a)甩茬;(b)接茬

1-临时保护墙;2-永久保护墙;3-细石混凝土保护层;4-卷材防水层;5-水泥砂浆找平层;6-混凝土垫层;7-卷材加强层;8-结构墙体;9-卷材防水层;10-卷材保护层;11-卷材加强层;12-结构底板;13-密封材料;14-盖缝条

(7)当施工条件受到限制时,可采用外防内贴法铺贴卷材防水层,并应符合下列规定:

①主体结构的保护墙内表面应抹1:3水泥砂浆找平层,然后铺贴卷材,并根据卷材特性选用保护层;

②卷材宜先铺立面,后铺平面;铺贴立面时,应先铺转角后铺大面。

(8)卷材防水层经检查合格后,应及时做保护层,保护层应符合以下规定:

①顶板卷材防水层上的细石混凝土保护层厚度不应小于70mm,防水层为单层卷材时,在防水层与保护层之间应设置隔离层;

②底板卷材防水层上的细石混凝土保护层厚度不应小于50mm;

③侧墙卷材防水层宜采用软保护或铺抹20mm厚的1:3水泥砂浆。

(二)涂料防水层

涂料防水是在自身已有一定防水能力的结构基层表面涂刷有一定厚度的防水涂料,经常温交联固结后,形成一层具有一定韧性的防水涂膜的防水方法。涂料层内可以添加加固材料和缓冲材料,能够提高涂膜的防水效果,增强防水层强度,因而得到广泛应用。

1.涂料防水层的材料性能

防水涂料在常温下呈无定型的黏稠状液态高分子合成材料,经涂刷后,通过溶剂的挥发或水分的蒸发或反应固化后,在基层表面可形成坚韧的防水膜。

涂料防水按照涂料的液态类型分类,可以分为溶剂型、水乳型、反应型三种;按照涂料的组分分类,可以分为单组分防水涂料和双组分防水涂料;按照涂料的主要成膜物质分类,可以分为合成高分子类、高聚物改性沥青类、沥青类、聚合物水泥类、水泥类。

涂料防水层性能应符合下列规定:

(1)具有良好的耐水性、耐久性、耐腐蚀性及耐霉变性;

(2)无毒、难燃和低污染;

(3)无机防水涂料应具有良好的湿干黏结性、耐磨性和抗刺穿性;有机防水涂料应具有较好的延伸性及较大适应基层变形能力。

无机防水涂料、有机防水涂料的性能指标应符合表5-10和表5-11的规定。

无机防水涂料的性能指标 表5-10

涂料种类	抗折强度(MPa)	黏结强度(MPa)	抗渗性(MPa)	冻融循环(次)
水泥基防水涂料	＞4	＞1.0	＞0.8	＞D50
水泥基渗透结晶型防水涂料	≥3	≥1.0	＞0.8	＞D50

有机防水涂料的性能指标 表5-11

涂料种类	可操作时间(min)	潮湿基面黏结强度(MPa)	抗渗性(MPa)			浸水168h后拉伸强度(MPa)	浸水168h后断裂伸长率(%)	耐水性(%)	表干(h)	实干(h)
			涂膜(30min)	砂浆迎水面	砂浆背水面					
反应型	≥20	≥0.3	≥0.3	≥0.6	≥0.2	≥1.65	≥300	≥80	≤8	≤24
水乳型	≥50	≥0.2	≥0.3	≥0.6	≥0.2	≥0.5	≥350	≥80	≤4	≤10
聚合物水泥	≥30	≥0.6	≥0.3	≥0.8	≥0.6	≥1.5	≥80	≥80	≤4	≤10

注:1. 浸水168h后的拉伸强度和断裂延伸率是在浸水取出后,经擦干即进行试验所得的值。

2. 耐水性指标是指材料浸水168h后,取出擦干即进行试验,其黏结强度及抗渗性的保持率。

2.涂料防水层的设计

(1)防水涂料品种的选择包括以下几点:

①潮湿基层宜选用与潮湿基面黏结力大的无机涂料或有机涂料,或采用先涂水泥基类无机涂料而后涂有机涂料的复合涂层;

②冬季施工宜选用反应型涂料,如用水乳型涂料,温度不得低于5℃;

③埋置深度较深的重要工程、有振动或有较大变形的工程宜选用高弹性防水涂料;

④有腐蚀性的地下环境宜选用耐腐蚀性较好的反应型、水乳型、聚合物水泥涂料,并做刚性保护层。

(2)采用有机防水涂料时,应在阴阳角及底板增加一层胎体增强材料,并增涂2～4遍防水涂料。

(3)防水涂料可采用外防外涂、外防内涂两种做法,见图5-4和图5-5。

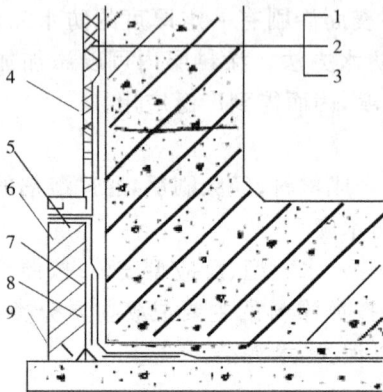

图 5-4　防水涂料外防外涂做法
1-结构墙体;2-涂料防水层;3-涂料保护层;
4-涂料防水加强层;5-涂料防水层搭接部位
保护层;6-涂料防水层搭接部位;7-永久保
护墙;8-涂料防水加强层;9-混凝土垫层

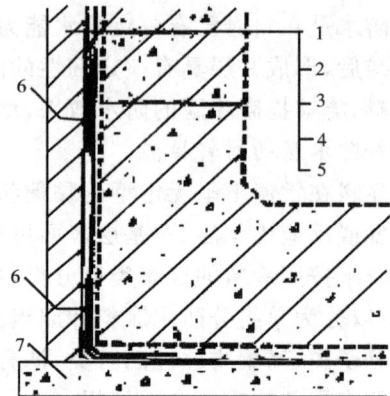

图 5-5　防水涂料外防内涂做法
1-结构墙体;2-砂浆保护层;3-涂料防水
层;4-砂浆找平层;5-保护墙;6-涂料防水
加强层;7-混凝土垫层

(4)水泥基防水涂料的厚度宜为 0.5～2.0mm;水泥基渗透结晶型防水涂料的厚度不应小于 0.8mm;有机防水涂料根据材料的性能厚度宜为 1.2～2.0mm。

3.涂料防水层的施工

(1)基层表面的气孔、凹凸不平、蜂窝、缝隙、起砂等,应修补处理,基面必须干净、无浮浆、无水珠、不渗水。

(2)涂料施工前,基层阴阳角应做成圆弧形,阴角直径宜大于 50mm,阳角直径宜大于 10mm。

(3)涂料施工前应先对阴阳角、预埋件、穿墙管等部位进行密封或加强处理。

(4)涂料的配制及施工,必须严格按涂料的技术要求进行。

(5)涂料防水层的总厚度应符合设计要求。涂刷或喷涂,应待前一道涂层干透后进行;涂层必须均匀,不得漏刷漏涂。施工缝接缝宽度不应小于 100mm。

(6)铺贴胎体材料时,应使胎体层充分浸透防水涂料,不得有空白茬及褶皱。

(7)有机防水涂料施工完后应及时做好保护层,包括:

①底板顶板应采用 20mm 厚 1:2.5 水泥砂浆层和 40～50mm 厚的细石混凝土保护,顶板防水层与保护层之间宜设置隔离层;

②侧墙背水面应采用 20mm 厚 1:2.5 水泥砂浆层;

③侧墙迎水面宜选用软保护层或 20mm 厚 1:2.5 水泥砂浆层。

（三）塑料防水板防水层

1. 塑料防水板的材料性能

（1）塑料防水板可选用乙烯-醋酸乙烯共聚物（EVA）、乙烯-共聚物沥青（ECB）、聚氯乙烯（PVC）、高密度聚乙烯（HDPE）、低密度聚乙烯（LDPE）类或其他性能相近的材料。

（2）塑料防水板规格及指标：

①幅宽宜为 2～4m；

②厚度宜为 1～2mm；

③耐刺穿性好；

④耐久性、耐水性、耐腐蚀性、耐霉变性好；

⑤塑料防水板物理力学性能应符合表 5-12 的规定。

塑料防水板物理力学性能

表 5-12

项目	拉伸强度（MPa）	断裂延伸率（%）	热处理时变化率（%）	低温弯折性	抗渗性
指标	≥12	≥200	≤2.5	−20℃，无裂纹	0.2 MPa，24h 不透水

2. 塑料防水板防水层的施工

（1）防水板应在初期支护基本稳定并经验收合格后进行铺设。

（2）铺设防水板的基层宜平整、无尖锐物。基层平整度应符合 $D/L≤1/10～1/6$ 的要求，D 为初期支护基层相邻两凸面凹进去的深度，L 为初期支护基层相邻两凸面间的距离。

（3）铺设防水板前应先铺缓冲层。应用暗钉圈固定在基层上，如图 5-6 所示。

（4）铺设防水板时，边铺边将其与暗钉圈焊接牢。故两幅防水板的搭接宽度应为 100mm，搭接缝应为双焊缝，单条焊缝的有效焊接宽度不应小于 10mm，焊接严密，不得焊焦焊穿。环向铺设时，先拱后墙，下部防水板应压住上部防水板。

（5）对矿山法施工的山岭隧道防水板的铺设应超前于内衬混凝土的施工，其距离宜为 5～20m，并设临时挡板防止机械损伤和电火花灼伤防水板。

（6）内衬混凝土施工对防水板保护要求：

①振捣棒不得直接接触防水板；

②浇筑拱顶时应防止防水板绷紧。

（7）局部设置防水板防水层时，其两侧应采取封闭措施。

（四）金属防水层

1. 金属防水层的材料

金属防水层的金属板材主要是钢板，此外还可采用铜板、铝合金板等板材。

金属防水层应按照设计要求选用材料。所用的金属板和连接材料（焊条、螺栓、型钢、铁件等），应有出厂合格证和质量证明书，并符合国家标准。

2. 金属防水层的施工要求

（1）金属板的拼接应采用焊接，拼接焊缝应严密。竖向金属板的垂直接缝，应相互错开。

（2）结构施工前在其内侧设置金属防水层，金属防水层应与围护结构内的钢筋焊牢，或在金属防水层上焊接一定数量的锚固件，见图 5-7。

金属板防水层应设临时支撑加固。金属板防水层底板上应预留浇捣孔，并应保证混凝土浇筑密实，待底板混凝土浇筑完后再补焊严密。

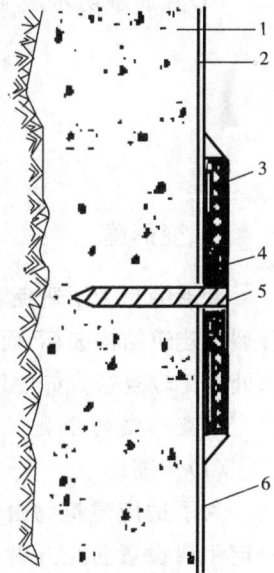

图 5-6 暗钉圈固定缓冲层示意图

1-初期支护；2-缓冲层；3-热塑性圆垫圈；4-金属垫圈；5-射钉；6-防水板

（3）在结构外设置金属防水层时，金属板应焊在混凝土或砌体的预埋件上。金属防水层经焊缝检查合格后，应将其与结构间的空隙用水泥砂浆灌实，见图5-8。

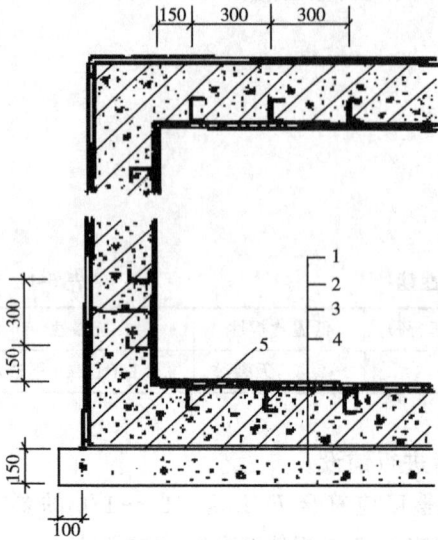

图5-7　金属板防水层（一）（尺寸单位：mm）
1-金属防水层；2-结构；3-砂浆防水层；4-垫层；
5-锚固筋

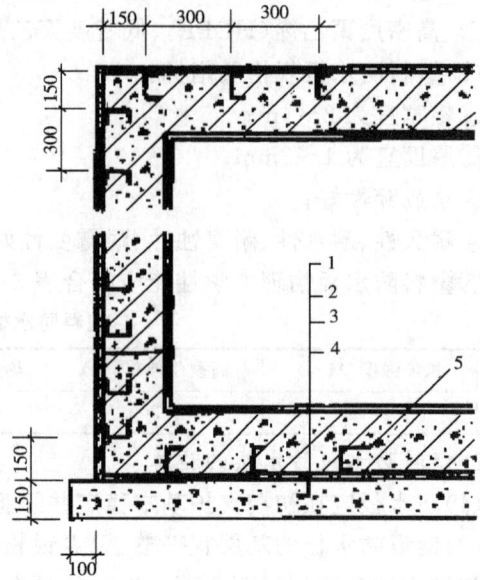

图5-8　金属板防水层（二）（尺寸单位：mm）
1-砂浆防水层；2-结构；3-金属防水层；4-垫层；5-锚固筋

（4）金属板防水层如先焊成箱体，再整体吊装就位，应在其内部加设临时支撑，防止箱体变形。

（5）金属板防水层应采取防锈措施。

第五节　地下工程接缝构造防水

一、变形缝

变形缝是为了避免建筑物由于温度变化、各部分所受荷载不同、地基和结构不同出现变形、开裂和建筑结构破坏，而设置的将其各部分分开的缝隙。变形缝是地下工程防水的薄弱环节，防水处理比较复杂。如处理不当，常出现渗漏，甚至会影响到地下工程的正常使用和使用寿命。

1. 变形缝的分类

（1）伸缩缝

为了适应建筑物由于温度、湿度变化及混凝土收缩、徐变作用引起构筑物的变形，而每隔一定距离设置防止开裂的接缝。

（2）沉降缝

为了适应构筑物各部分的不均匀沉降而设置的，可承受地基不均匀沉降而产生的垂直变化的接缝。

（3）防震缝

为了适应地震作用导致构筑物的变形影响而设置的,可吸收地震作用引起的水平及垂直两个方向的变形的接缝。

在实际工程中,上述三个缝的构造做法上差别不大,因而一般情况下是三缝合一,即一个变形缝兼具上述三个功能。

(4)引发缝(诱导缝)

缝两侧同时浇筑混凝土时,当混凝土因环境变化发生收缩变形,临近的已建成的构筑物或围岩将约束混凝土的变形,后浇混凝土体受到拉力。当混凝土本身不足以承担此收缩造成的拉力时,每间隔一定距离将出现收缩引起的裂缝。这类裂缝常可贯通结构主体,常造成混凝土自防水失败。每隔一定距离人为设置"薄弱环节",诱导阻碍混凝土收缩引发拉应力集中此处释放,故又称为诱导缝。

2.变形缝的材料

变形缝所采用的防水材料应满足密封防水、适应变形、施工方便、检查容易等要求。变形缝一般由止水带、嵌缝板、密封料三部分组成。

(1)止水带

止水带通常可以分为刚性止水带和弹性(柔性止水带)两类。由于刚性止水带的材料如钢、青铜等易于防腐,加之造价、加工的限制,在目前应用较少。弹性止水带一般可选择的材料是橡胶、塑料、其他复合材料。橡胶材料因其质量稳定,适应变形能力强,得到广泛应用。

钢边止水带是在弹性止水带的两边加钢板,其作用是增加止水带的长度和止水带的锚固力。钢边橡胶止水带的物理力学性能应符合表 5-13 的规定。

钢边橡胶止水带的物理力学性能   表 5-13

项目	硬度(邵氏 A)	拉伸强度(MPa)	扯断伸长率(%)	压缩永久变形(70℃,24h)(%)	扯裂强度(N/mm)	热老化性能(70℃×168h)			拉伸永久变形(70℃,24h 拉伸)(%)	橡胶与钢带黏合试验	
						硬度变化(邵氏硬度)	拉伸强度(MPa)	扯断伸长率(%)		破坏类型	黏合强度(MPa)
性能指标	62±5	≥18.0	≥400	≤35	≥35	≤±8	≥16.2	≥320	≤20	橡胶破坏(R)	≥6

(2)嵌缝板

选材时应注意到变形缝处的相对变形量、承受水压力的大小、与嵌缝板接触的介质、使用的环境条件、构筑物表面装修的要求等。

嵌缝板可选用聚乙烯泡沫塑料板、防腐软木板、纤维板等满足工程需要的各种材料,其中聚乙烯泡沫塑料板发展前景较好,其相关的物理力学性能要求见表 5-14。

聚乙烯泡沫塑料板物理力学性能   表 5-14

项目	单位	指标	项目	单位	指标
表现密度	g/cm³	0.10~0.19	吸水率	g/cm³	≤0.005
抗拉强度	N/mm²	≥0.15	延伸率	%	≥100
抗压强度	N/mm²	≥0.15	硬度	邵尔硬度	50~60
撕裂强度	N/mm	≥4.0	压缩永久变形	%	≤3.0
加热变形	%(+70)	≤2.0	—	—	—

(3)密封料

密封材料可选用聚硫橡胶、聚氨酯、硅胶等防水,因为它们是既有足够的变形能力,又能与混凝土良好黏结的柔性材料,并具有在地下环境介质中不老化、不变质的性能。选材时应注意到变形缝的相对变形量、承受水压力的大小、与密封料接触的介质、使用的环境条件、构筑物表面装修的要求及造价等。

3.变形缝的设计要点

(1)变形缝应满足密封防水、适应变形、施工方便、检修容易等要求。

(2)单独用于伸缩的变形缝宜不设或少设,尽可能采用诱导缝、加强带、后浇带等替代措施。

(3)变形缝处混凝土结构的厚度不应小于300mm。

(4)用于沉降的变形缝其最大允许沉降值不应大于30mm,当计算沉降值大于30mm时,应在设计时采取措施。

(5)用于沉降的变形缝的宽度宜为20～30mm,用于伸缩的变形缝的宽度宜小于该值。

(6)变形缝的几种复合防水构造形式见图5-9、图5-10和图5-11。

外贴式止水带L≥300

外贴式防水卷材L≥400

外涂防水涂层L≥400

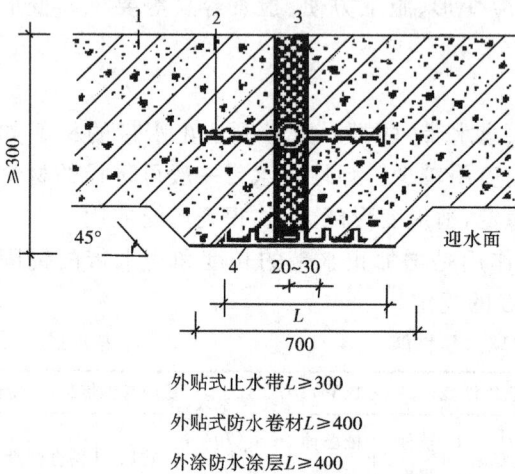

图5-9 中埋式止水带与外贴防水层
复合使用(尺寸单位:mm)

1-混凝土结构;2-中埋式止水带;3-填缝材料;4-外贴防
水层

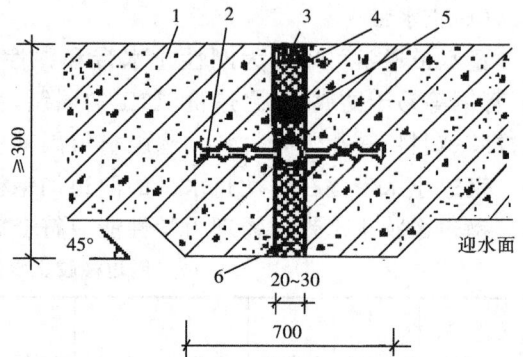

图5-10 中埋式止水带与遇水膨胀条、嵌缝材料
复合使用(尺寸单位:mm)

1-混凝土结构;2-中埋式止水带;3-嵌缝材料;4-背衬材
料;5-遇水膨胀橡胶条;6-填缝材料

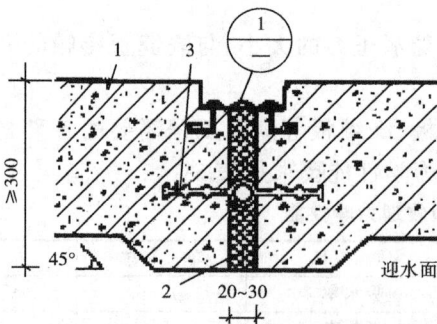

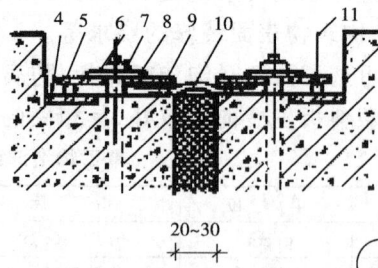

图5-11 中埋式止水带与可卸式止水带复合使用(尺寸单位:mm)

1-混凝土结构;2-填缝材料;3-中埋式止水带;4-预埋钢板;5-紧固件压板;6-预埋螺栓;7-螺母;8-垫圈;
9-紧固件压块;10-Ω形止水带;11-紧固件圆钢

4.变形缝的构造和施工

1)变形缝处混凝土断面要求

200

变形缝处的混凝土断面的宽度不得小于止水带的宽度,止水带距混凝土表面的距离不得小于止水带宽度的一半。当混凝土断面尺寸不能满足上述要求时,应将断面局部加大。如混凝土断面尺寸太小,施工不易振捣,易产生缺陷。

2)止水带、嵌缝板、密封料的施工

(1)中埋式止水带施工应注意:

①止水带埋设位置应准确,其中间空心圆环应与变形缝的中心线重合;

②顶底板内止水带应成盆状安设,止水带宜采用专用钢筋套或扁钢固定。采用扁钢固定时,止水带端部应先用扁钢夹紧并将扁钢与结构内钢筋焊牢。固定扁钢用的螺栓间距宜为500mm,见图5-12;

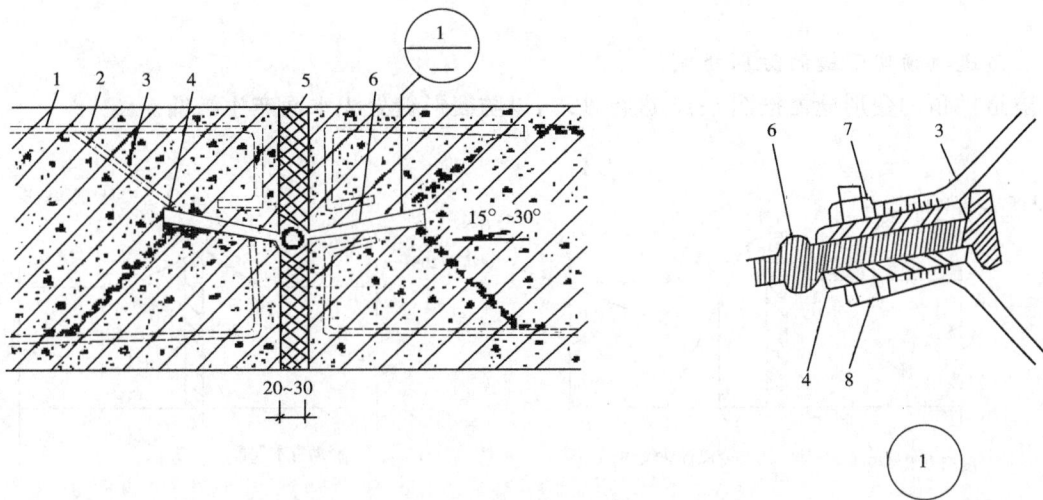

图 5-12　顶(底)板中埋式止水带的固定(尺寸单位:mm)

1-结构主筋;2-混凝土结构;3-固定用钢筋;4-固定止水带用扁钢;5-填缝材料;6-中埋式止水带;7-螺母;8-双头螺杆

③当中埋式止水带先施工一侧混凝土时,其端模应支撑牢固,严防漏浆;

④止水带的接缝应设在边墙较高位置上,不得设在结构转角处;接头宜采用热压焊;

⑤中埋式止水带在转弯处宜采用直角专用配件,并应做成圆弧形;橡胶止水带的转角半径应不小于200mm,钢边橡胶止水带应不小于300mm,且转角半径应随止水带的宽度增大而相应加大。

(2)当变形缝与施工缝均用外贴式止水带时,其相交部位宜采用图5-13所示的专用配件。外贴式止水带的转角部位宜使用图5-14所示的专用配件。

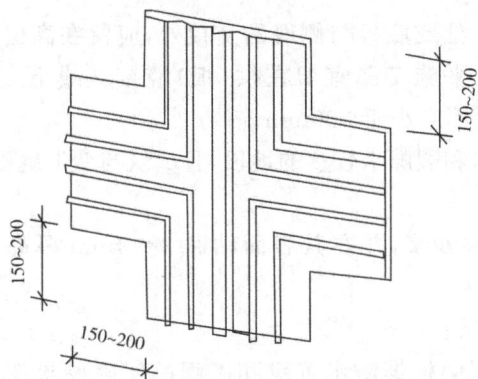

图 5-13　外贴式止水带在施工缝与变形缝相交处的专用配件(尺寸单位:mm)

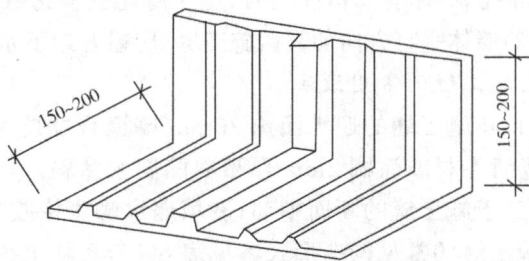

图 5-14　外贴式止水带转角处的专用配件(尺寸单位:mm)

（3）嵌缝板及密封料应注意：

①嵌缝板应在工厂中加工成需要的尺寸，现场拼接时应采用焊接或黏结；

②在安装嵌缝板时，应采取可靠的固定措施，防止在浇筑混凝土时，填缝板发生挪位；

③变形缝两侧的混凝土一般分为两次浇筑，嵌缝板应在第一侧混凝土浇筑前安装在模板内侧，而不应在浇筑第一侧混凝土之后粘贴在混凝土上；

④密封材料的填嵌时间，应尽可能地拖后；在构筑物完成部分沉降之后填充，可减少密封料所负担的变形量；

⑤填装密封材料时，必须保证缝内混凝土干净，表面干燥；操作人员应严格按照操作规程施工。

5. 隧道拱顶变形缝的防水处理

隧道拱顶的变形缝需按图 5-15 进行处理，以防变形缝处积水而产生渗漏。

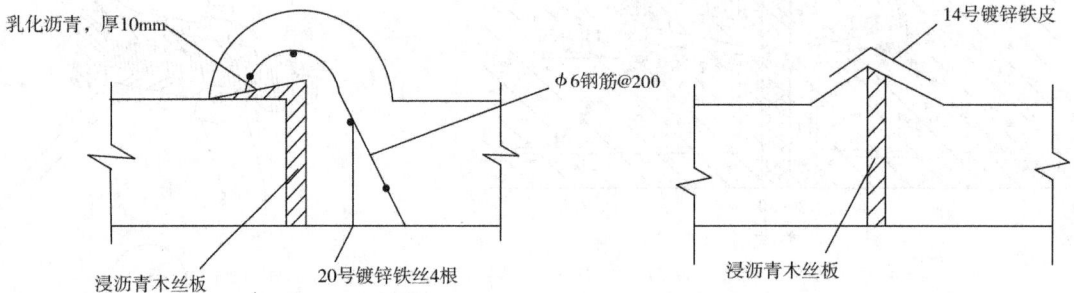

图 5-15　隧道拱顶变形缝的防水做法

二、施工缝

施工缝指因施工组织需要而在各施工单元之间留设的接缝。它并不是一种真实存在的"缝"，因为后浇筑混凝土超过初凝时间，而与先浇筑的混凝土之间存在一个结合面，该结合面习惯称之为施工缝。施工缝是混凝土结构的薄弱环节，也是地下工程容易出现渗漏的部位。

1. 施工缝的设计要点

（1）墙体水平施工缝不应留在剪力与弯矩最大处或底板与侧墙的交接处，应留在高出底板表面不小于 300mm 的墙体上，拱（板）墙结合的水平施工缝宜留在拱（板）墙接缝线下 150～300mm 处，墙体有预留孔洞时，施工缝距孔洞边缘不应小于 300mm。

（2）墙体垂直方向如需留施工缝，应避开地下水和裂隙水较多的地段，且尽量与变形缝结合。

2. 施工缝的常用做法

（1）在施工缝的迎水面抹 20mm 厚聚合物防水砂浆，并在其表面粘贴 3～4mm 厚高聚物改性沥青卷材或涂刷 2mm 厚聚氨酯防水涂料。

（2）于施工缝的断面中部，嵌填遇水膨胀橡胶条。

施工缝的常见构造形式参见表 5-15，实际工程中根据防水等级和工程的实际要求变通组合采用。

施工缝的防水构造(尺寸单位:mm) 表 5-15

防水级别		防水构造	防水级别		防水构造
1级	1	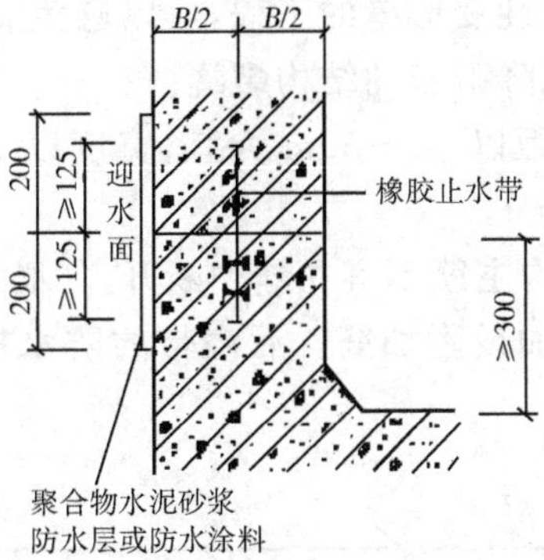	4	4	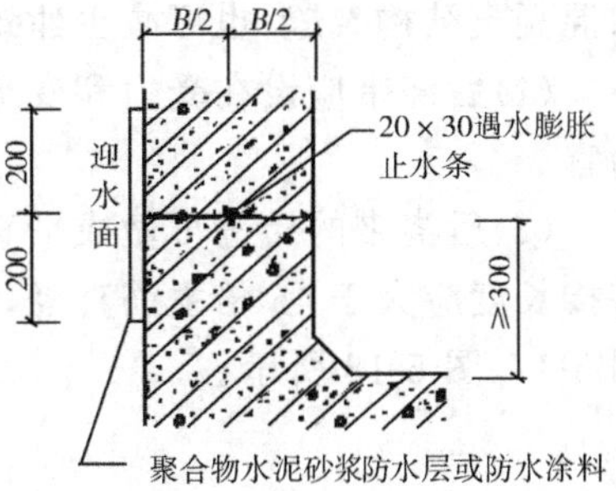
	2	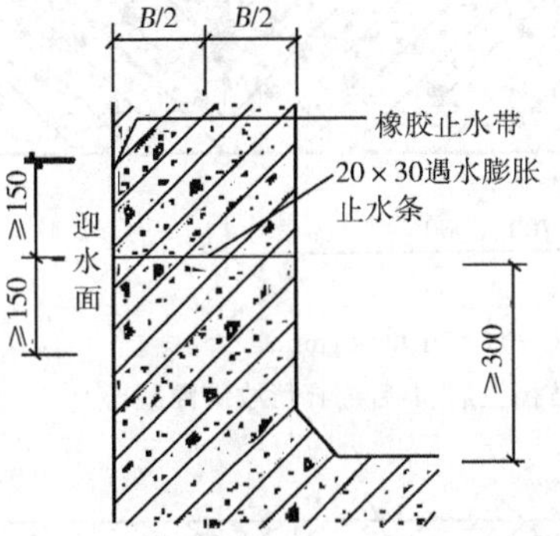	1	1	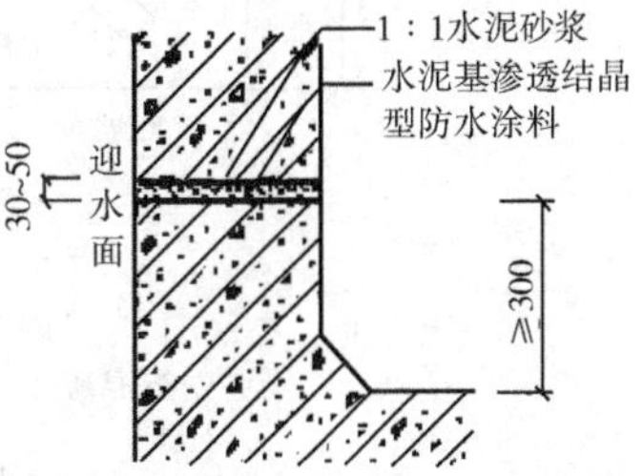
	3	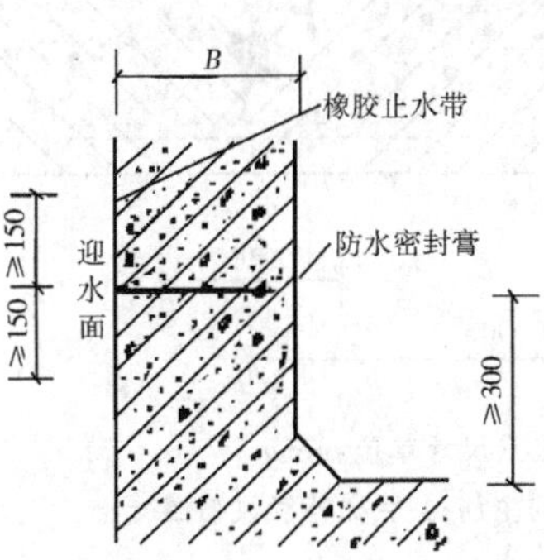	2	2	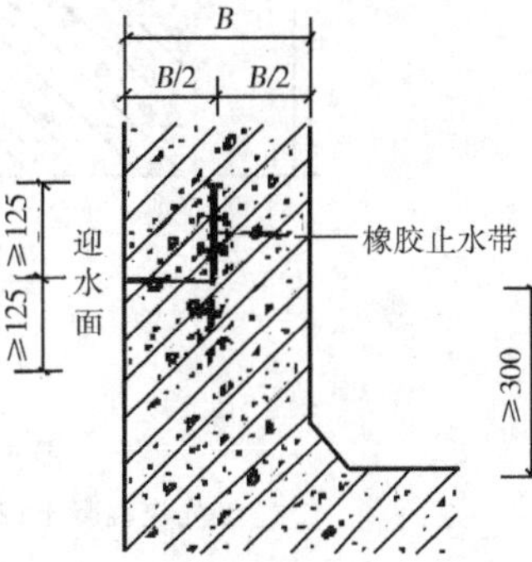
2～4 级	3	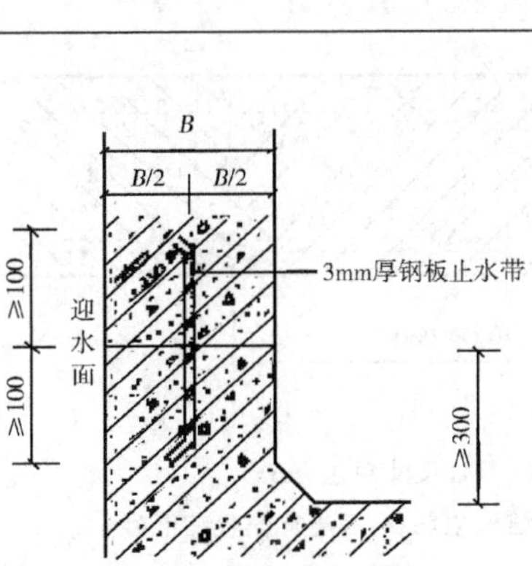	2～4 级	4	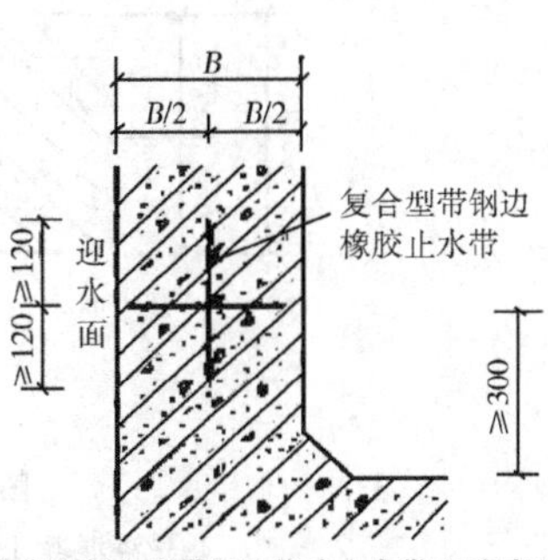 止水带为复合型带钢边橡胶止水带,只有在环境温度 >50℃或类似情况下才能使用

三、后浇带

后浇带是一种刚性接缝,适用于不允许留设柔性变形缝的工程,可以避免混凝土收缩引起的混凝土结构裂缝,也可减少建筑物各部分差异沉降引起的结构裂缝。

(1)后浇带应设在受力和变形较小的部位,间距以 30～60m 为宜,宽度以 700～1 000mm为宜。

(2)后浇带的接缝可做成平直缝或阶梯缝,结构主筋不宜在缝中断开,如必须断开,则主筋搭接长度应大于 45 倍主筋直径,并应按设计要求加设附加筋。后浇带的防水构造如图 5-16、图 5-17、图 5-18 所示。

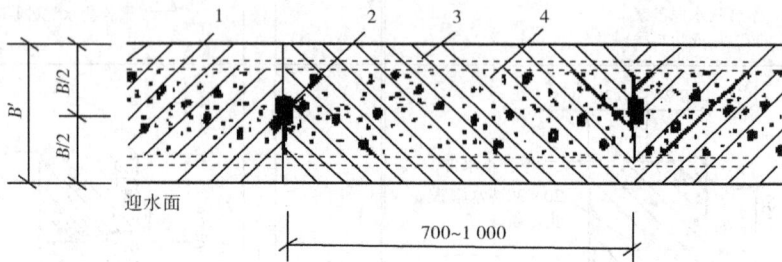

图 5-16　后浇带防水构造(一)(尺寸单位:mm)

1-先浇混凝土;2-遇水膨胀止水条;3-结构主筋;4-后浇补偿收缩混凝土

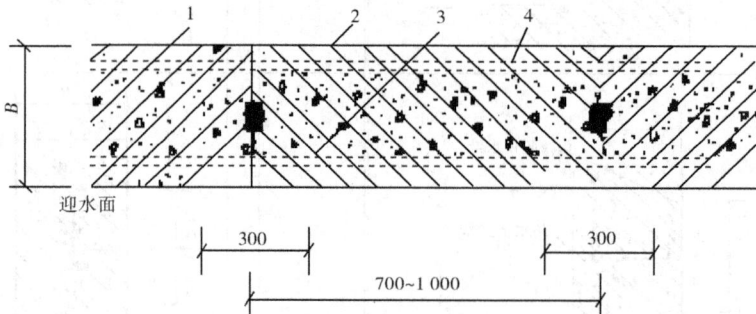

图 5-17　后浇带防水构造(二)(尺寸单位:mm)

1-先浇混凝土;2-遇水膨胀止水条;3-结构主筋;4-后浇补偿收缩混凝土

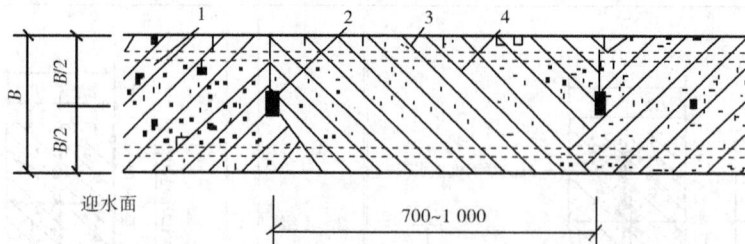

图 5-18　后浇带防水构造(三)(尺寸单位:mm)

1-先浇混凝土;2-遇水膨胀止水条;3-结构主筋;4-后浇补偿收缩混凝土

(3)若需超前防水止水时,后浇带部位混凝土应局部加强,并增设中埋式止水带,见图5-19。

（4）后浇带应优先采用补偿收缩混凝土浇筑，其等级应与两侧混凝土相同。

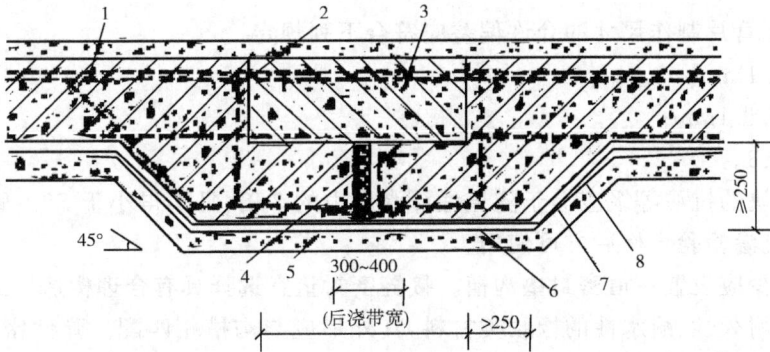

图 5-19　后浇带超前防水(尺寸单位：mm)

1-混凝土结构；2-钢丝网片；3-后浇带；4-填缝材料；5-外贴式止水带；6-细石混凝土
保护层；7-卷材防水层；8-垫层混凝土

四、特殊施工工法的结构防水

（一）盾构法隧道

盾构法是以盾构作为专用施工机械，在地面以下软土层中进行挖掘衬砌修建隧道或其他地下工程的一种施工方法。其最大的特点是机械化程度高，对地层及环境变化适应能力强，不受地面建筑物和交通的影响。

盾构顶进挖掘后，应及时进行衬砌拼装。衬砌的作用是在施工过程中作为施工临时支撑，并承受盾构千斤顶后座的顶力；施工结束后则作为永久性结构，承受周围的水土压力及其他实用阶段静动荷载，同时防止泥水的渗入，满足内部使用的功能要求。

1. 盾构法隧道防水的分类

盾构法隧道防水的分类有多种方法，按衬砌结构形式可以分为单层衬砌防水和复合衬砌防水；按衬砌的组成与连接可以分为衬砌结构自防水和衬砌接缝防水；按隧道部位可分为隧道衬砌防水和竖井接头防水；按衬砌材质可分为钢筋混凝土管片衬砌防水、铸铁管片衬砌防水、钢管片衬砌防水、钢与钢筋混凝土组合管片衬砌防水等。衬砌结构的管片自防水是根本，衬砌接缝防水是盾构隧道防水的关键。而衬砌接缝防水主要包括接缝面防水密封垫材料选择及其设置，嵌缝及堵漏等。

2. 盾构法隧道防水的基本要求

（1）盾构法施工的隧道，宜采用钢筋混凝土管片、复合管片、砌块等装配式衬砌或现浇混凝土衬砌。装配式衬砌应采用防水混凝土制作。当隧道处于侵蚀性介质的地层时，应采用相应的耐侵蚀混凝土或附加耐侵蚀的防水涂层。

（2）不同防水等级盾构隧道衬砌防水措施应符合表 5-16 的要求。

不同防水等级盾构隧道的衬砌防水措施　　　　　表 5-16

等级	高精度管片	接缝防水				混凝土内衬或其他内衬	外防水涂料
		密封垫	嵌缝	注入密封剂	螺孔密封圈		
一级	必选	必选	宜选	可选	必选	宜选	宜选
二级	必选	必选	宜选	可选	应选	局部宜选	部分区段宜选
三级	必选	必选	宜选	—	宜选		部分区段宜选
四级	可选	宜选	可选	—	—		

205

（3）钢筋混凝土管片应采用高精度钢模制作，其钢模宽度及弧弦长允许偏差均为±0.4mm。

钢筋混凝土管片制作尺寸的允许偏差应符合下列规定：

①宽度为±1mm；

②弧弦长为±1mm；

③厚度为±3。

（4）管片砌块的抗渗等级应等于隧道埋深水压力的3倍，且不得小于S8。管片、砌块必须按设计要求经抗渗检验合格后方可使用。

（5）管片至少应设置一道密封垫沟槽。接缝密封垫宜选择具有合理构造形式、良好回弹性或遇水膨胀性、耐久性、耐水性的橡胶类材料，其外形应与沟槽相匹配。弹性密封橡胶垫与遇水膨胀橡胶密封垫的性能应符合表5-17和表5-18的规定。

弹性密封橡胶垫的物理性能 表5-17

序号	项 目		指 标	
			氯丁橡胶	三元乙丙胶
1	硬度（邵氏）		$45\pm5\sim60\pm5$	$55\pm5\sim70\pm5$
2	伸长率（%）		≥350	≥330
3	拉伸强度（MPa）		≥10.5	≥9.5
4	热空气老化（70℃×96h）	硬度变化值（邵氏）	≤+8	≤+6
		拉伸强度变化率（%）	≥−20	≥−15
		扯断伸长变化率（%）	≥−30	≥−30
5	压缩永久变形（70℃×24h）（%）		≤35	≤28
6	防霉等级		达到与优于2级	达到与优于2级

注：以上指标均为成品切片测试的数据，若只能以胶料制成试样测试，则其伸长率、拉伸强度的性能数据应达到本规定的120%。

遇水膨胀橡胶密封垫的性能 表5-18

序号	项 目		指 标			
			PZ—150	PZ—250	PZ—400	PZ—600
1	硬度（邵氏A），（度①）≥		42 ± 7	42 ± 7	45 ± 7	48 ± 7
2	拉伸强度（MPa）≥		3.5	3.5	3	3
3	扯断伸长率（%）≥		450	450	350	350
4	体积膨胀倍率（%）≥		150	250	400	600
5	反复浸水试验	拉伸强度（MPa）≥	3	3	2	2
		扯断伸长率（%）≥	350	350	250	250
		体积膨胀倍率（%）≥	150	250	500	500
6	低湿弯折（−20℃×2h）		无裂纹	无裂纹	无裂纹	无裂纹
7	防霉等级		达到与优于2级			

注：1. 成品切片测试应达到标准的80%。

2. 接头部位的拉伸强度不得低于上表标准性能的50%。

3. 体积膨胀倍率＝膨胀后的体积/膨胀前的体积×100%。

4. ①硬度为推荐项目。

（6）管片接缝密封垫应满足在设计水压和接缝最大张开值下不渗漏的要求。密封垫沟槽的截面积应大于等于密封垫的截面积，当环缝张开量为 0 时，密封垫可完全压入并储于密封沟槽内。其关系符合下式规定：

$$A = (1 \sim 1.15)A_0 \tag{5-1}$$

式中：A——密封垫沟槽截面积；

A_0——密封垫截面积。

（7）螺孔防水包括：

①管片肋腔的螺孔口应设置锥形倒角的螺孔密封圈沟槽；

②螺孔密封圈的外形应与沟槽相匹配，并有利于压密止水或膨胀止水；在满足止水的要求下，其断面宜小；螺孔密封圈应是合成橡胶、遇水膨胀橡胶制品；其技术指标要求应符合表 5-16 的规定。

（8）嵌缝防水包括：

①在管片内侧环纵向边沿设置嵌缝槽其深宽比大于 2.5，槽深宜为 25～55mm，单面槽宽宜为 3～10mm；嵌缝槽断面构造形状可从图 5-20 中选定；

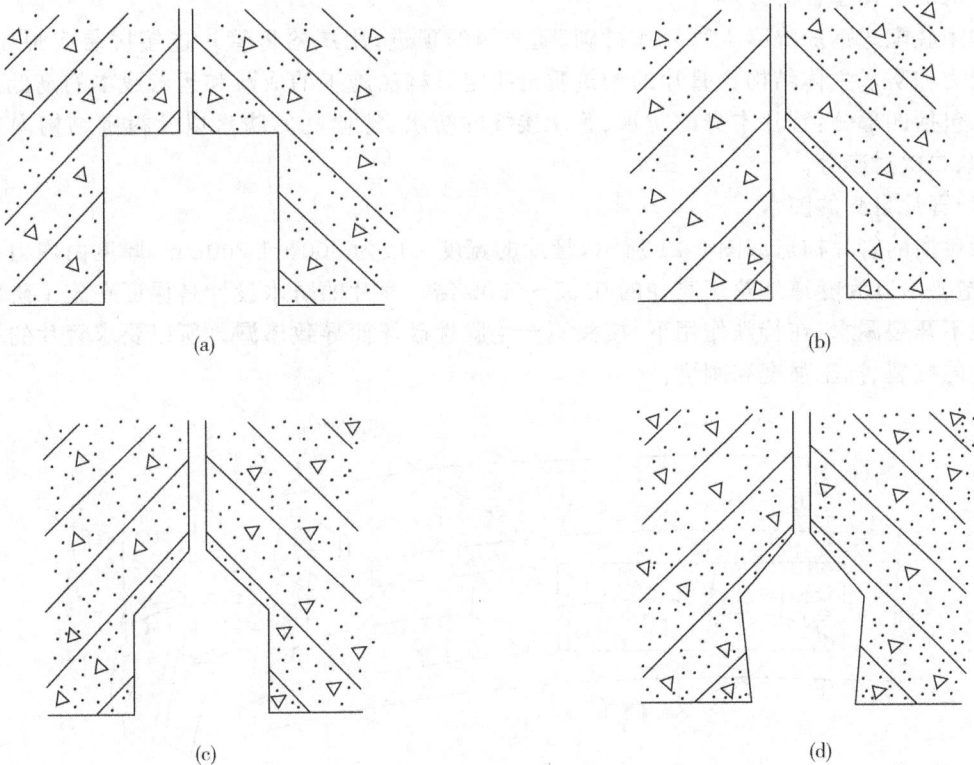

图 5-20　管片嵌缝槽构造示意图

②不定形嵌缝材料应有良好的不透水性、潮湿面黏结性、耐久性、弹性和抗下坠性；定形嵌缝材料应有与嵌缝槽能紧贴密封的特殊构造，有良好的可卸换性、耐久性；

③嵌缝作业区的范围与嵌填嵌缝槽的部位，除了根据防水等级要求设计外，还应视工程的特点与要求而定；

④嵌缝防水施工必须在盾构千斤顶顶力影响范围外进行；同时，应根据盾构施工方法、隧

道的稳定性确定嵌缝作业开始的时间；

⑤嵌缝作业应在接缝堵漏和无明显渗水后进行，嵌缝槽表面混凝土如有缺损，应采用聚合物水泥砂浆或特种水泥修补牢固；嵌缝材料嵌填时，应先涂刷基层处理剂，嵌填应密实、平整。

（9）双层衬砌的内层衬砌混凝土浇筑前，应将外层衬砌的渗漏水引排或封堵。采用复合式衬砌时，应根据隧道排水情况选用相应的缓冲层和防水板材料。

（10）管片外防水涂层包括：

①耐化学腐蚀性、抗微生物侵蚀性、耐水性、耐磨性良好，且无毒或低毒；

②在管片外弧面混凝土裂缝宽度达到 0.3mm 时，仍能抗最大埋深处水压，不渗漏；

③具有防杂散电流的功能，体积电阻率高；

④施工简便，且能在冬季操作。

（11）竖井与隧道结合处，可用刚性接头，但接缝宜采用柔性材料密封处理，并宜加固竖井洞圈周围土体。在软土地层距竖井结合处一定范围内的衬砌段，宜增设变形缝。变形缝环面应贴设垫片，同时采用适应变形量大的弹性密封垫。

3.隧道衬砌管片的防水

常用装配式钢筋混凝土管片作衬砌，随盾构的顶进，用螺栓将管片连接拼装成圆环，作为衬砌受力和防水主体结构。管片的构筑质量决定盾构法施工的成败和运营成本的高低。管片的防水包括四部分：管片本身的防水、管片接缝的防水、螺栓孔的防水以及衬砌结构内外的防水处理、二次衬砌等。

（1）管片自身的防水

最典型的管片构造如图 5-21 所示，管片的宽度一般为 300～1 200mm，厚度由内力计算确定，构造要求宜为隧道外轮廓直径的 0.05～0.06 倍。管片的防水设计是保证在施工阶段和使用阶段不开裂漏水，在特殊作用下，接头不产生脆性破坏而导致渗漏。所以要求管片的端肋应有足够的抗裂、抗压强度和刚度。

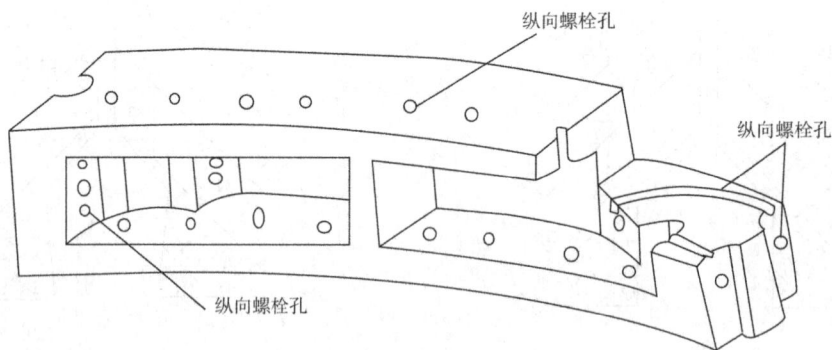

图 5-21　管片的构造

管片应采用防水混凝土，有条件时宜采用聚合混凝土或浸渍混凝土制作，以保证管片本身有高强度等级和高抗渗指标，并有足够的精度。混凝土管片采用防水混凝土其混凝土抗渗等级可达 P12 以上，抗渗系数 $K<10～11cm/s$。混凝土管片制作精度要求高，还要有严格振捣、压实、高温蒸养、喷水及水池蓄水养护等工序，才能达到管片自防水要求。

（2）管片接缝防水

盾构隧道的各种防水措施中，管片接缝的防水措施是盾构隧道防水关键，常采用密封垫接缝防水。根据密封垫的部位可分为接缝防水密封垫、承压传力衬垫和防水嵌料三部分。

①接缝防水密封垫一般分为无定型和定型两种。国内常见的混凝土管片使用的防水密封垫的基本特征见表 5-19。

防水密封垫的基本特征   表 5-19

项目	无定型制品	定型制品
形状	双液型、膏状	预制、带状
施工方法	二液混合后,用手工涂抹到管片中密封沟内,常温硬化定型	用专用黏结剂粘贴
施工难易	要求有一定的熟练程度	易掌握
特征	无施工缝,比定型产品性能好;须经 24h 硬化才能拼装;厚度不匀,作业时须控制	施工容易,粘贴 1～3h 即可使用;黏结剂涂抹与密封垫附粘的时间间隔控制不当,黏结力下降

②承压传力密封垫。为防止混凝土管片在接触面产生应力集中,需要在接触面上粘贴衬垫薄板,以分散荷载,避免局部应力超载。早期盾构隧道在环缝内夹入衬垫,调整隧道的走向和纠偏。通常采用石棉水泥板、沥青木丝板、胶乳水泥板、合成树脂改性沥青材料等做承压传力衬垫。

③嵌缝材料是对密封垫防水的补充措施,即填嵌在管片内侧预留的嵌缝槽内的防水材料。通常采用膨胀水泥砂浆、玛蹄脂、聚硫或聚氨酯密封膏。

（3）螺栓孔的防水

为防止管片拼装后从螺栓孔发生渗漏,必须对螺栓孔进行专门防水处理。

①防水密封圈。在环纵面的螺孔外设一浅沟槽,放置防水密封圈,靠拧紧螺栓帽的紧固力,达到止水的目的,见图 5-22。

②封孔止水。在肋腔内的螺栓孔中,放一锥形倒角垫圈,拧紧螺帽,弹性倒锥形垫圈被挤入螺栓孔和螺栓四周,达到止水。

③膨胀塞缝止水。在螺纹末端放入弹性垫圈,拧紧螺帽,弹性体被压实而止水。

④加止水罩防水。在螺帽外加止水铝罩防止水从螺栓孔渗入,见图 5-23。

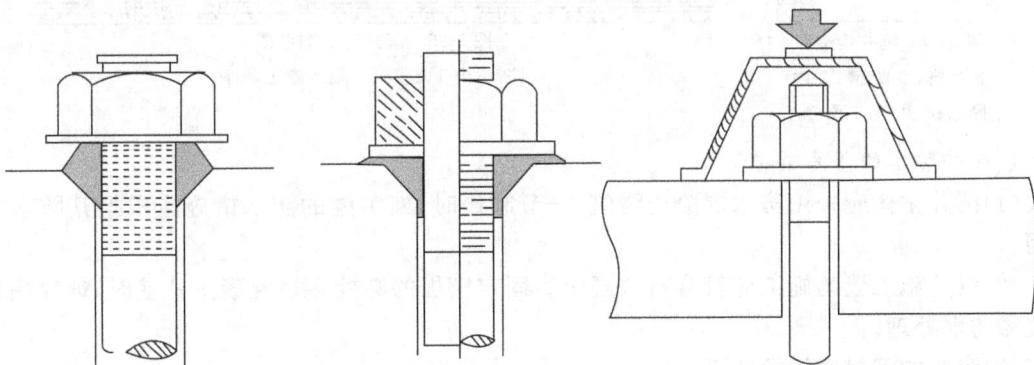

图 5-22　接头螺栓孔防水　　　　　　图 5-23　铝杯罩螺栓孔防水

4.衬砌内外综合防水处理

（1）设置内衬套防水层。构筑内衬前,通常先设置卷材防水层、涂抹防水层或喷射混凝土作为防水层,然后构筑内衬套。内衬套的形式不一,有的是构筑混凝土整体内衬砌,有的设置各种轻型衬套。不管用哪种形式,在内外衬砌间均须设置可靠的防水材料,其中积水要有及时

209

排出的管路。

（2）设置防水槽。防水槽是在内防水内侧预设螺栓孔，埋设螺栓连接杆，如遇管片接缝漏水，即在渗漏水处覆上导水板。导水板用预埋的螺栓固定，使漏水从板后流入集水井中，以便及时抽排掉，保持隧道内干燥。

（3）向衬砌外压注防水水泥砂浆或其他防水材料，在衬砌外形成防水壳体。

5. 二次衬砌防水

以拼装管片作为单层衬砌，其接缝防水措施仍不能满足止水和抗震要求时，可在管片内侧再浇筑一层混凝土或钢筋混凝土，构成双层衬砌，形成隧道衬砌复合防水层。

二次衬砌做法各异，有的在外层管片衬砌内直接浇筑混凝土，有的在外层衬砌内表面先喷筑一层 15～25mm 厚的找平层后粘贴油毡或合成橡胶类的防水卷材，再在内贴式防水层上浇筑混凝土内衬。混凝土内衬的厚度应根据防水和混凝土内衬施工的需要决定，一般为150～300mm。

（二）沉井

沉井是深基础施工的一种常用方法。其做法是将位于地下一定深度的建筑物或构筑物先在地面以上制作，形成一个筒状结构（作为地下结构的竖向墙壁，起承重、挡土、挡水的作用），然后在筒状结构内不断地挖土，借助筒体自重而逐步下沉，下沉到预先设计的高程，再进行封底，构筑筒内底板、梁、楼板、内隔墙、顶板等构件，最终形成一个能防水的地下建筑物。

沉井的构造及施工顺序分别见图 5-24 和图 5-25。

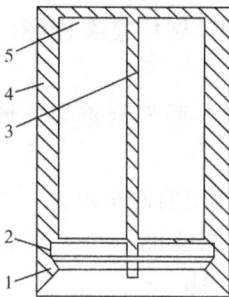

图 5-24 沉井构造图
1-刃脚；2-凹槽；3-内
隔墙；4-井壁；5-顶盖

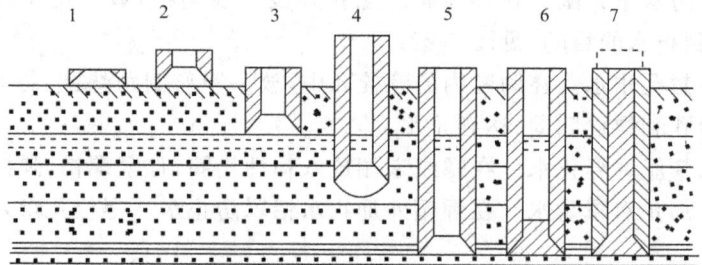

图 5-25 沉井施工顺序图
注：图中 1、2、3……表示施工顺序

1. 沉井防水的基本要求

（1）沉井主体应采用防水混凝土浇筑，分节制作时，施工缝的防水措施应根据其防水等级选用。

（2）沉井施工缝的施工应符合有关规定。固定模板的螺栓穿过混凝土井壁时，螺栓端头部位应做防水处理。

（3）沉井的干封底要求如下：

①地下水位应降至底板高程 500mm 以下，降水作业应在底板混凝土达到设计强度，且沉井内部结构完成并满足抗浮要求后，方可停止；

②封底前井壁与底板连接部位应凿毛并清洗干净；

③待垫层混凝土达到 50％设计强度后，浇筑混凝土底板，应一次浇筑，分格连续对称进行；

210

④降水用的集水井应用微膨胀混凝土填筑密实。

(4)沉井水下封底要求如下:

①封底混凝土水泥用量宜为 $350\sim400kg/m^3$,砂率为 $45\%\sim50\%$,砂宜采用中、粗砂,水灰比不宜大于 0.6,集料粒径以 $5\sim40mm$ 为宜;水下封底也可采用水下不分散混凝土;

②封底混凝土应在沉井全部底面积上连续均匀浇筑,浇筑时导管插入混凝土深度不宜小于 1.5m;

③封底混凝土达到设计强度后,方可从井内抽水,并检查封底质量,对渗漏水部位进行堵漏处理;

④防水混凝土底板应连续浇筑,不得留施工缝,底板与井壁接缝处的防水措施及施工要求应符合有关规定。

(5)当沉井与位于不透水层内的地下工程连接时,应先封住井壁外侧含水层的渗水通道。

(6)沉井穿过含水层到不透水层要做好封水工作。

2.沉井制作施工的防水

(1)井壁

沉井的井壁既是施工时的挡土和防水的围堰,又是永久的外墙,故井壁必须有足够的强度和抗渗性,使其在地层侧压力和地下水的渗透压力作用下,不致破坏而导致变形和渗漏。由于沉井是靠自重下沉的,要求井壁尽可能增加重量并减少井壁和土层之间的摩擦力。沉井井壁的厚度(不宜小于 0.4m,一般为 $0.4\sim1.5m$)主要取决于沉井的大小、下沉速度、土层的物理力学性质等,由结构计算确定。

井壁主体采用防水混凝土,其防水等级应根据工程重要性和使用中对防水的要求按《地下工程防水技术规范》(GB 50108—2008)相应条款确定。防水混凝土的抗渗等级主要根据工程埋置深度确定,一般不得小于 S6。防水混凝土裂缝宽度不得大于 0.2mm,并不得贯通。迎水面钢筋保护层厚度不应小于 50mm。

根据工程的实际情况也可以在井壁外侧加涂沥青为主要成分的涂料,其不仅可以起到防水作用,还可在下沉过程中减少摩擦。

(2)两节沉井之间的接缝

两节沉井之间的接缝设计可按防水混凝土施工缝处理,根据该缝在下沉到设计高程后所在深度及井壁厚度而定。壁厚小于 400mm 采用平缝或中埋止水带;壁厚大于 400mm 可采用凹凸缝或设置钢板止水带,也可采用腻子型遇水膨胀止水条等单一或多道防线,如图 5-26 所示。

(3)刃脚

沉井最下端都做成刀刃状的刃脚,以减少下沉阻力。刃脚应具有一定的强度,以免在下沉过程中损坏并漏水。

刃脚上面一般都有凹槽,目的是为了在沉井封底后浇筑底板时,底板能和井壁紧密连接,有利防水,有利于将封底底面反力更好地传递给井壁。一般凹槽高约 1.0m,深度为 $0.15\sim0.30m$。

沉井下沉施工时,需先将场地平整夯实,在基坑上铺设一定厚度的砂层,在刃脚位置再铺设垫木,然后在垫木上制作刃脚和第一节沉井。当混凝土强度达到 70% 时,才可拆除垫木,挖土下沉。

根据工程所处地基性质的不同,沉井下沉有不排水下沉和排水下沉两种方法。

不排水下沉适用于流沙严重的地层和渗水量大的砂砾地层,以及地下水无法排除或大量排水会影响附近建筑物安全的情况。井中水下取土有三种方法:

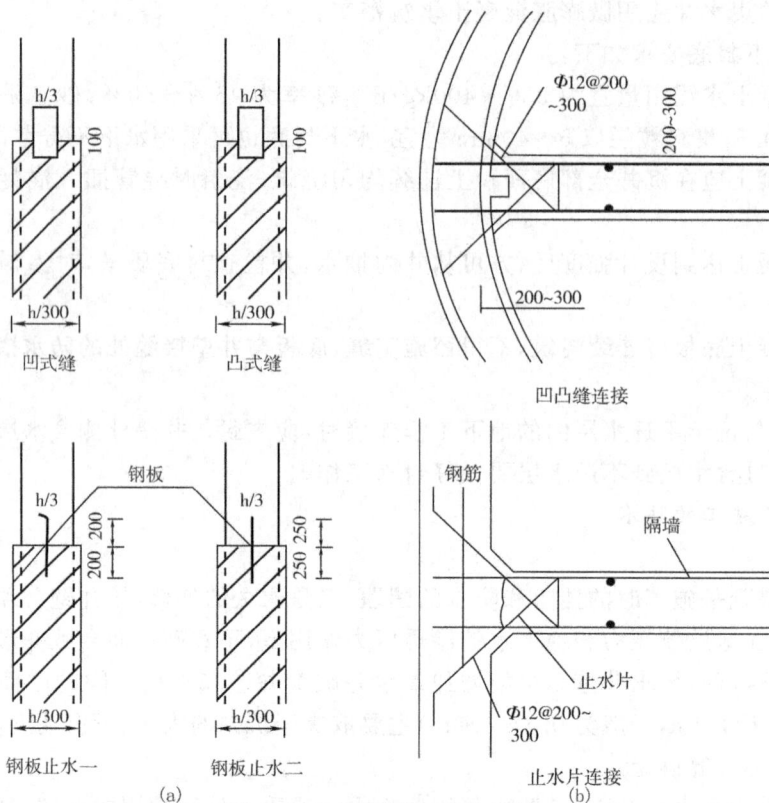

图 5-26　沉井井壁施工缝构造防水
(a)沉井壁施工缝；(b)沉井壁与内部结构连续连接缝

①用抓斗在水中取土下沉；

②用水力冲射器冲土,用空气吸泥机或用水力吸泥机抽吸水中土；

③用钻吸法排土下沉。

排水下沉适用于渗水量不大(每 $1m^2$ 出水速度不大于 $1m^3/min$)且稳定的黏性土,也可用于渗水量虽很大但排水并不困难的砂砾层。排水下沉常用的排水方法有：

①明沟集水井排水,在沉井周围处挖一圈排水明沟,设置几个集水井,在井内或井壁上设水泵,将水抽出井外并排走；

②在沉井四周设置轻型井点、电渗井点或喷射井点以降低地下水位,使井内保持干燥；

③井点与明沟排水相结合的方法,在沉井上部设置井点降水,下部挖明沟集水井设泵排水。

3.沉井封底的防水

沉井下沉到设计高程后,应进行沉降观测,待 8h 内累计下沉量不大于 10mm 时,即可进行封底。沉井封底是影响沉井降水的关键,封底有排水封底和不排水封底(即干封底和水下封底)两种方法。

(1)排水封底

排水封底是在井点降水条件下,下沉施工所采用的一种封底方法。封底时要重视排水工作,每个沉井至少设置一个集水井,一般设在井底最低处,但不能靠近刃脚,以免带走刃脚下泥沙,使沉井倾斜。集水井埋设以后,应挖数条排水沟。沟内及集水井周围应抛碎石或砾石,使从刃脚下渗入井内的水井排水沟流入集水井内。

封底前一般先浇一层 0.5～1.5m 的素混凝土垫层,浇筑时应对称进行,达到50％设计强度后,再在其上绑扎钢筋,两端深入刃脚或凹槽内,后浇筑底板混凝土。为加强防水效果,底板混凝土可采用加有抗渗结晶型外加剂混凝土,应在整个沉井底面积上分层,同时不间断地进行,并由四周向中央推进。要注意分格、连续、对称进行。

混凝土采用自然养护。待底板混凝土达到设计强度后,且沉井内部结构完成并能满足抗浮要求时,方可停止降水作业。

(2)不排水封底

不排水挖土下沉的混凝土井壁,应采用水下混凝土封底。封底前应进行水下基底测量,绘出沉井基底简图。将井底浮泥清洗干净,并铺设100～200mm厚的碎石垫层,新老混凝土接触面用水冲洗干净。选用和易性好的混凝土,宜采用坍落度18～22cm的高流动度混凝土。

封底混凝土可用导管法灌注。各导管的有效半径必须互相搭接并盖满井底全部面积,导管下端应埋在混凝土中0.5～1m。待水下封底混凝土达到设计强度后(养护期至少为7～10d),方可从沉井中抽水。

4.沉井与隧道接头封水

在不透水层中构筑深层与沉井连接的地道的出入口时,必须做好封水工作,防止含水层中的水沿井壁渗入底层地下隧道中。沉井封水有套井封水法和注浆法两种。

(1)套井封水法

套井封水法防水效果好,施工简单,不需要其他设备。但因水层以上部分须构筑内外两层井圈,故适于表土层及含水层不太厚的情况。为了加强防水效果,内外圈井壁面,都可做防水抹面,中间填塞材料除灰土外,也可夯实素土或填低强度等级混凝土。

在距隧道出入口0.5～1m处,先下沉一个外圈沉井,接着在紧贴出入口外壁现浇内圈竖井,再在竖井之间开挖出入口竖井。在外圈沉井和内圈沉井之间采取措施,封住含水层地下水下渗的通路,套井封水法其构造如图5-27。

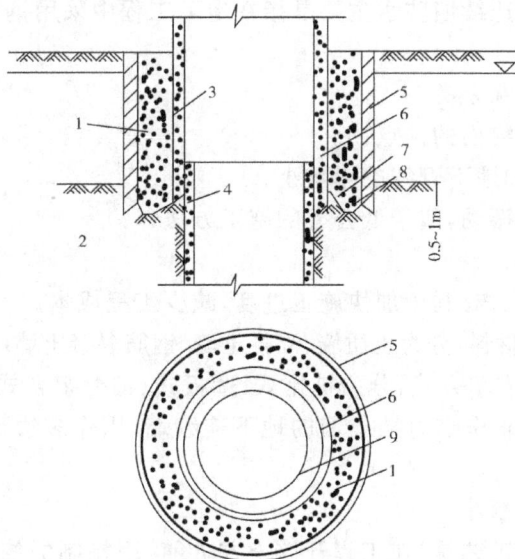

图5-27 套井封水法

1-三合土回填;2-硬化黏土;3-互层抹面防水层;4-快硬水泥内衬;5-外圈竖井壁;
6-内圈竖井壁;7-快硬水泥外衬;8-水沟;9-地道竖井壁

（2）注浆防水法

注浆防水可以紧贴井壁注浆,提高工程利用率。在注浆材料、压力、作用半径选择合适时,防水效果也较好。注浆防水的原理示意图参见图5-28。

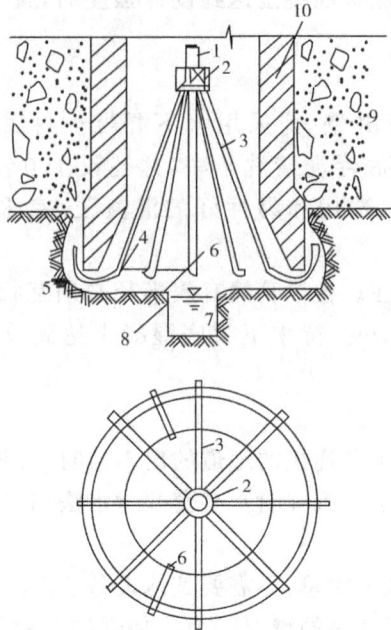

图 5-28 注浆封水示意图

1-输浆管;2-分配器;3-压浆水管;4-快干混凝土;5-挡板;6-排水管;7-集水坑;8-硬化黏土;9-含水砂砾石层;10-沉井壁

（三）地下连续墙

地下连续墙主要作为地下工程的支护结构,也可作为防水等级为1、2级工程的复合式内衬结构的初期支护。地下连续墙防水主要是指在地下工程中采用钢筋混凝土地下连续墙的形式进行截水和防水。

1.地下连续墙的特点及分类

地下连续墙具有以下突出的优点:

（1）对临近的建筑物和地下管线的影响小;

（2）施工时无噪声、无振动,属于低公害的施工方法;

（3）刚度大、整体性好;

（4）可实现逆筑法施工,有利于加快施工进度,减少工程成本。

地下连续墙按其建筑材料,分为土质墙、混凝土墙、钢筋混凝土墙(现浇地下连续墙和预制式地下连续墙)和组合墙;按成墙方式,分为桩排式、壁板式、桩壁组合式;按其用途分为临时挡土墙、抗渗墙、用作主体结构兼作临时挡土墙的地下连续墙、用作多边形基础兼作墙体的地下连续墙。

2.地下连续墙的施工顺序

地下连续墙施的施工工艺是:在工程开挖土方之前,用特制的挖槽机械在泥浆(又称触变泥浆、安定液、稳定液等)护壁的情况下每次开挖一定长度(一个单元槽段)的沟槽,待开挖至设计深度并清除沉淀下来的泥渣后,将在地面上加工好的钢筋骨架(一般称为钢筋笼)用起重机械吊放入充满泥浆的沟槽内,用导管向沟槽内浇筑混凝土。由于混凝土是由沟槽底部开始逐渐向上浇筑,所以随着混凝土的浇筑即将泥浆置换出来,待混凝土浇至设计高程后,一个单元槽段即施工完毕。各个单元槽段之间由特制的接头连接,形成连续的地下钢筋混凝土墙。

3.地下连续墙防水

(1)地下连续墙应根据工程要求和施工条件划分单元槽段,应尽量减少槽段数量。墙体幅间接缝应避开拐角部位。

(2)地下连续墙用作结构主体墙体时应符合下列规定:

①不宜用作防水等级为一级的地下工程墙体;

②墙的厚度宜大于 600mm;

③选择合适的泥浆配合比或降低地下水位等措施,以防止塌方;挖槽期间,泥浆面必须高于地下水位 500mm 以上,遇有地下水含盐或受化学污染时应采取措施不得影响泥浆性能指标;

④墙面垂直度的允许偏差应小于墙深的 1/250;墙面局部突出不应大于 100mm;

⑤浇筑混凝土前必须清槽、置换泥浆和清除沉渣,沉渣厚度不应大于 100mm,并将接缝面的泥土、杂物用专用刷壁器清刷干净;

⑥钢筋笼浸泡泥浆时间不应超过 10h;钢筋保护层厚度不应小于 70mm;

⑦幅间接缝方式应优先选用工字钢或十字钢板接头,并应符合设计要求;使用的锁口管应能承受混凝土灌注时的侧压力,灌注混凝土时不得位移和发生混凝土绕管现象;

⑧混凝土用的水泥强度等级,不应低于 32.5MPa,水泥用量不应少于 370kg/m³,采用碎石时不应小于 400kg/m³,水灰比应小于 0.6,坍落度应为 200mm±20mm,石子粒径不宜大于导管直径的 1/8,浇筑导管埋入混凝土深度宜大于 1.50m,在槽段端部的浇筑导管与端部的距离宜为 1～1.5m,混凝土浇筑必须连续进行,冬季施工时应采取保温措施,墙顶混凝土未达到设计强度的 50% 时,不得受冻;

⑨支撑的预埋件应设置止水片或遇水膨胀腻子条,支撑部位及墙体的裂缝、孔洞等缺陷应采用防水砂浆及时修复;墙体幅间接缝如有渗漏,应采用注浆嵌填弹性密封材料等进行防水处理;在渗流量较大时,注浆嵌填堵水同时必须设置引流管;

⑩顶板、底板的防水措施应按《地下工程防水技术规范》(GB 50108—2008)选用。底板混凝土达到设计强度后方可停止降水,并应将降水井封堵密实;

⑪墙体与工程顶板、底板、中楼板的连接处均应凿毛,清洗干净,并宜设置 1～2 道遇水膨胀止水条,其接驳器处宜喷涂水泥基渗透结晶型防水涂料或涂抹聚合物水泥防水砂浆。

(3)地下连续墙与内衬构成的复合式衬砌防水应符合下列规定:

①用作防水等级为一、二级的工程;

②墙体施工应符合相关规定,并按设计规定对墙面凿毛与清洗,必要时施作水泥砂浆防水层或涂料防水层后,再浇筑内衬混凝土;

③当地下连续墙与内衬间夹有塑料防水板的复合式衬砌时,应根据排水情况选用相应的缓冲层和塑料防水板;

④内衬墙应采用防水混凝土浇筑,其缝应与地下连续墙墙缝互相错开;施工缝、变形缝、诱导缝的设置与做法应符合《地下工程防水技术规范》(GB 50108—2008)。

4.地下连续墙的构造防水

(1)根据目前国内地下墙挖槽机械性能和施工能力,现浇墙的厚度一般为 500～800mm,重要建筑物一般为 600～1 000mm。预制地下墙厚度一般不大于 500mm,钻孔桩排式的设计桩径不小于 550mm,地下墙单元墙段长度一般为 4～8m。

（2）接头构造形式见图 5-29。地下墙各施工段之间的接头应防止漏土、漏水。

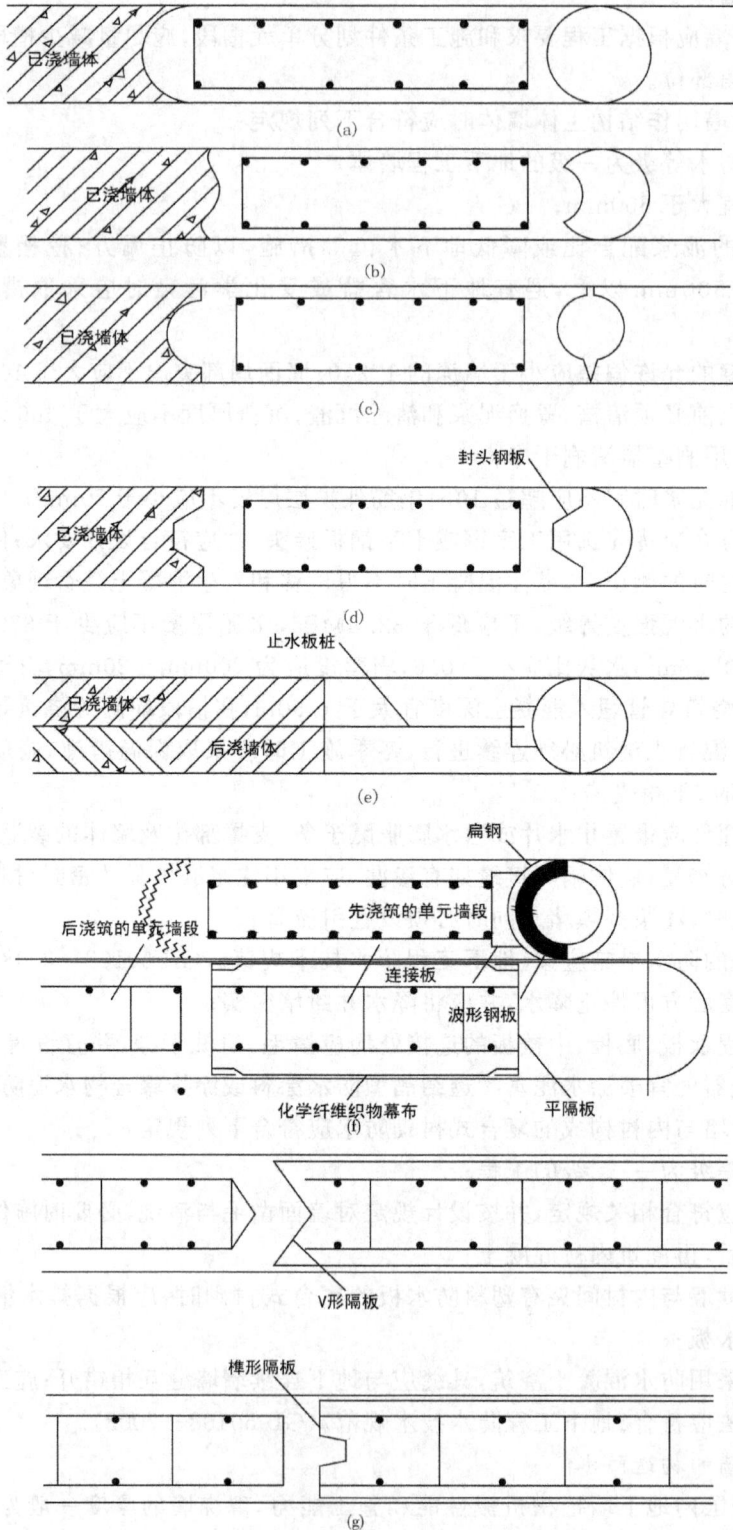

图　5-29

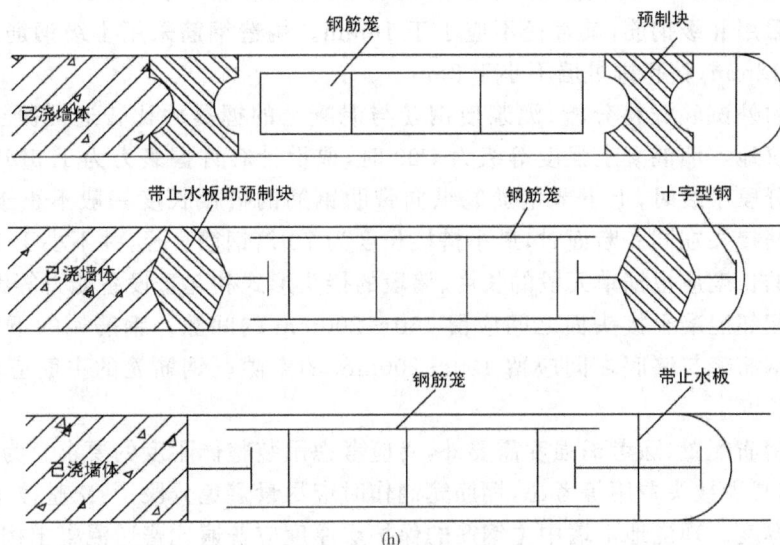

图 5-29　墙体施工接头

(a)全圆接头管;(b)缺圆接头管;(c)带翼缘接头管;(d)带榫接头管;(e)与止水板桩结合的接头管;
(f)波形接头管;(g)隔板接头;(h)预制构件接头

①现浇地下墙施工中,节段间需要设置垂直接头。为保证接头具有较好的整体性、合理性、防渗漏和经济性,接头形式应按结构的使用和受力要求,以及施工条件确定。接头形式一般由非整体接头和整体接头两类。对于单锚式地下墙,常采用非整体接头,即由接头管做成的接头。槽段成槽后,清槽及换浆合格,在端部先吊放入接头管,然后向槽段内吊放钢筋笼,安装导管并进行混凝土浇筑,完成后及时拔出接头管。在进行下一槽段吊放钢筋笼前,应采用特制的接头刷,对先期完成的墙段接头管接触的壁面泥渣进行洗刷,以保证相邻墙段接头部位混凝土的质量。这种施工方法简单、准确、使用多。接头管外径一般应不小于设计墙厚的93%。非整体式接头除采用接头管外,也有用隔板或预制构件做成的平板形、V形或榫形隔板接头形式。整体式接头(又称刚性接头),因施工复杂、造价较高,在单锚式地下墙中较少采用。

②钻孔桩排式地下墙墙体结构,根据目前国内施工条件尚采用一字形连续排列的形式。钻孔桩应尽量靠近,其缝宽不宜大于100mm。为防止桩间间隙的土体流失,墙后应设置水泥搅拌土或旋喷水泥浆防渗帷幕墙,在考虑墙后排水时,可设置反滤井方法进行接头处理。钢筋混凝土咬合桩是近年来城市地铁车站常用的支护形式。通过在两根素混凝土桩之间采用特殊的套管钻进方法成孔并浇筑钢筋混凝土桩,形成钢筋混凝土与素混凝土互相间隔互相搭接的、既能支承荷载又能防水的新的桩排墙。

③预制地下墙段之间可采用榫接或平接。

(3)现浇地下墙的混凝土由于是在泥浆下浇筑的,其强度低于空气浇筑中的混凝土。钢筋笼是预先放入有泥的槽段内,钢筋与混凝土的握裹力也有所降低。由于混凝土浇筑是采用竖管法,混凝土面自槽段底向上升高,在墙面上的强度分散性较大。因此,除预制地下墙外,为保证地下墙的混凝土质量,并具有足够的安全储备,应做到以下几点。

①现浇地下墙混凝土强度等级不应低于C20,一般采用C25~C30。有资料指出:泥浆下浇筑混凝土其抗压强度要比在标准养护条件下的混凝土等级降低10%~30%。因此,对于重要工程,断面配筋设计时,应将地下墙混凝土强度等级的各种指标乘以0.7~0.75的系数。预

制地下墙的混凝土强度等级一般同预制钢筋混凝土板桩,不应小于C30。

②受力筋采用Ⅱ级钢筋,其直径不应小于16mm。构造钢筋采用Ⅰ级钢筋,其直径:板形地下墙不小于12mm;钻孔排桩墙不小于8mm。

③根据国内外试验资料分析,泥浆使钢筋与混凝土的握裹力比普通混凝土降低10%～30%。因此建议地下墙混凝土强度等级为C20时,取设计容许握裹力为1.5MPa。当工程采用超长钢筋笼分段吊装时,上下节钢筋笼纵向带肋钢筋的搭接长度一般不小于45倍钢筋直径。当受力钢筋接头在同一断面时,最小搭接长度为70倍钢筋直径,并不小于1.5m。

④钢筋笼的长度应根据单元段的长度、墙段的接头形式和起重设备能力等因素确定,其端部与接头管和相邻混凝土接头面之间应留150～200mm的间隙。钢筋笼的下部在宽度方向宜适当缩窄。钢筋笼与墙底之间应留100～200mm的空隙。钢筋笼的主筋应伸出墙顶并留有足够的锚固长度。

钢筋笼的钢筋配置,除考虑强度需要外,尚应考虑吊装整体刚度的要求。为有利于钢筋受力、施工方便和减少接头费用等考虑,钢筋笼制作时应尽量避免分段,一次整体吊装。

⑤保护层厚度。现浇地下墙中主钢筋的保护层厚度应普遍比普通混凝土构件保护层厚度要大,一般主筋保护层采用70～100mm;预制墙主筋保护层厚度应大于30mm。

(四)锚喷支护

在地下建筑工程中,采用锚杆喷射混凝土、钢筋网喷射混凝土和锚杆钢筋网喷射混凝土等材料和构件加固围岩支护洞室,这一类支护形式统称为锚喷支护或锚喷支护结构。

锚喷支护可分为两大部分,一部分是喷混凝土,另一部分是设置锚杆。在洞室开挖后,岩石表面进行清洗,然后立即喷上一层混凝土,防止其围岩过分松动。如果这层混凝土尚不足以支护围岩,则根据具体情况及时加设锚杆或再加厚混凝土的喷层。

1.锚喷支护防水的基本要求

(1)喷射混凝土施工前,应视围岩裂隙及渗漏水的情况,预先采用引排或注浆堵水。采用引排措施时,应采用耐侵蚀、耐久性好的塑料盲沟、弹塑性软式导水管等柔性导水材料。

(2)锚喷支护用作永久衬砌时防水要求:

①适用于防水等级为三、四级的工程;

②喷射混凝土的抗渗等级,不应小于S6;喷射混凝土宜掺入速凝剂、减水剂、膨胀剂或复合外加剂等材料,其品种及掺量应通过试验确定;

③喷射混凝土的厚度应大于80mm,对地下工程变截面及轴线转折点的阳角部位,应增加50mm以上厚度的喷射混凝土;

④喷射混凝土设置预埋件时,应做好防水处理;

⑤喷射混凝土终凝2h后,应喷水养护,养护的时间不得少于14d。

(3)锚喷支护作为复合式衬砌一部分时可用于防水等级为一、二级工程的初期支护。

(4)根据工程情况可选用锚喷支护、塑料防水板、防水混凝土内衬的复合式衬砌,也可把锚喷支护和离壁式衬砌、锚喷支护和衬套结合使用。

2.锚喷支护的材料性能

(1)喷射混凝土

喷射混凝土是借助喷射机械,利用压缩空气或其他动力,将一定比例配合的拌和料,通过管道输送并以高速喷射到受喷面上凝结硬化而成的一种混凝土。

喷射混凝土由水泥、砂、石子、水、外加剂、速凝剂等组成。其水泥品种和强度等级的选择主要应满足工程使用要求,当加入速凝剂时,还应考虑二者的相容性。喷射混凝土应优先选用不低于 42.5 级的硅酸盐混凝土水泥或普通硅酸盐水泥。

喷射混凝土的细集料宜选用中粗砂,细度模数大于 2.5;粗集料采用卵石或碎石均可,以卵石为好,最大粒径不宜大于 20mm。喷射混凝土用水与普通混凝土相同,不得使用污水、pH值小于 4 的酸性水,含硫酸盐按硫酸根计量超过水重 1% 的水及海水。

为提高喷射混凝土的防水能力,可以适当掺加外加剂。常用的外加剂有减水剂、早强剂和明矾石膨胀剂等几种。

(2)锚杆和锚索

锚杆和锚索有楔缝式锚杆、胀壳式锚杆、倒楔式锚杆、预应力锚索等多种类型。锚杆和锚索按材质可分为金属锚杆、木锚杆等类别。按其受力情况,有不加预应力锚杆和加预应力锚杆等类别。

锚杆和锚索各有不同。锚杆一般都较短,不超过 10m,锚索则较长,有的可长达 30～40m;锚杆受力一般较小,每根锚杆几吨至十余吨,锚索受力则较大,一组锚索受力可达几十吨甚至上百吨。

3.锚喷支护的施工

锚喷支护的施工流程见图 5-30。

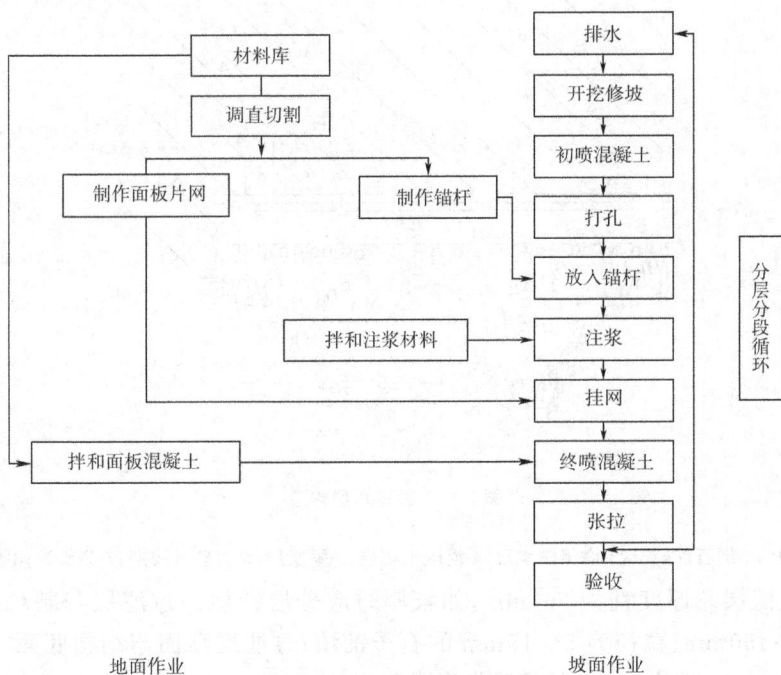

图 5-30　锚喷支护施工流程

第六节　地下工程渗漏及洪涝灾害治理

排水是采用疏导的方法,将地下水有组织地经过排水系统排走,以削弱地下水对地下工程的压力,减少水对地下结构的渗透作用,从而辅助地下工程达到防水目的的一种方法。

有自流排水条件的地下工程,应采用自流排水法。无自流排水条件且防水要求较高的地下工程,可采用渗排水、盲沟排水或机械排水。但应防止由于排水危及地面建筑物及农田水利设施。通向江河湖海的排水口高程,低于洪(潮)水位时,并应采取防倒灌措施。

隧道、坑道宜采用贴壁式衬砌,对防水防潮要求较高的应优先采用复合式衬砌,也可采用离壁式衬砌或衬套。

一、排水处理措施

(一)渗排水层排水

渗排水层排水是在地下构筑物下面铺设一层砂石或卵石作渗水层,在渗水层内再设置集水管或排水沟,从而将水排走。渗排水层排水适用于地下水为上层滞水且防水要求较高的地下防水工程。

1.渗排水层的基本要求

(1)渗排水层设置在工程结构底板下面,由粗砂过滤层与集水管组成,见图5-31。

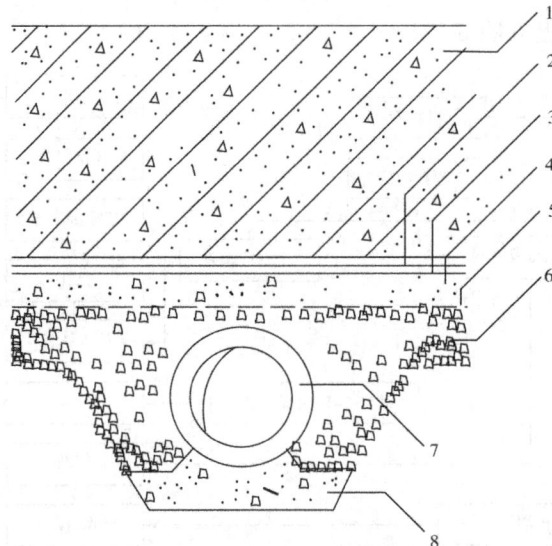

图5-31　渗排水层构造

1-结构底板;2-细石混凝土;3-底板防水层;4-混凝土垫层;5-隔浆层;6-粗砂过滤层;7-集水管;8-集水管座

(2)粗砂过滤层总厚度宜为300mm,如较厚时应分层铺填。过滤层与基坑土层接触处应用厚度为100～150mm、粒径为5～10mm的石子铺填;过滤层顶面与结构底面之间,宜干铺一层卷材或30～50mm厚的1:3水泥砂浆作隔浆层。

(3)集水管应设置在粗砂过滤层下部,坡度不宜小于1%,且不得有倒坡现象。集水管之间的距离宜为5～10m,渗入集水管的地下水导入集水井后,用泵排走。

2.渗排水层的构造

(1)设集水管系统的构造

在基底下满铺卵石作为渗水层,在渗水层下面按一定间距设置排水沟,排水沟内设置集水管,沿基底外围有渗水墙,地下水经过渗水墙、渗排水层流入渗排水沟内,进入集水管,沿管流入集水井,然后汇集于抽水泵房排出。设集水管的渗排水层构造见图5-32。

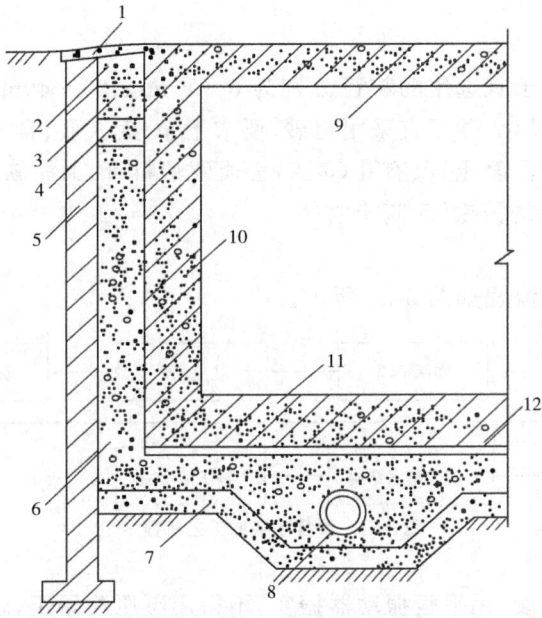

图 5-32　渗排水层（有集水管）构造

1-混凝土保护层；2-300mm 厚细砂层；3-300mm 厚粗砂层；4-300mm 厚小卵石或碎石层；

5-保护墙；6-20～40mm 碎石或卵石；7-砂滤水层；8-集水管；9-地下结构顶板；10-地下结

构外墙；11-地下结构底板；12-水泥砂浆或卷材层

（2）不设集水管的系统

基底下每隔 20m 左右设置渗排水沟，并与基底四周的渗水墙或渗排水沟相连通，形成外部渗排水系统，地下水从易透水的砂质土层流入渗排水沟中，再经由集水管流入与其相连的若干集水井中，然后汇集于排水泵房中排出。渗排水层不设集水管时，应在渗排水层与土壤之间设混凝土垫层及排水沟，整个渗排水层作 1‰ 的坡度，方可通过排水沟流向集水井，其构造见图 5-33。

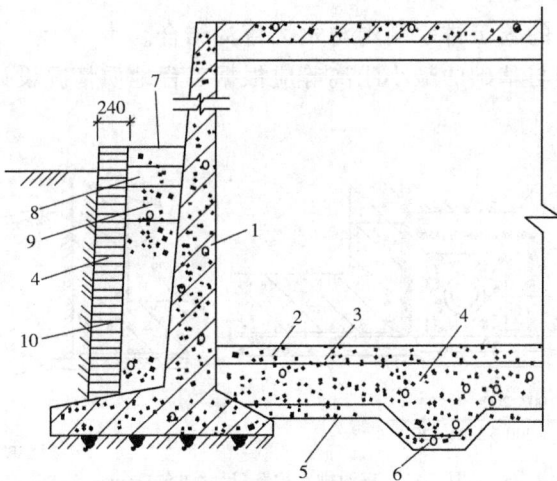

图 5-33　渗排水层（无集水管）构造

1-钢筋混凝土壁；2-混凝土地坪或钢筋混凝土底板；3-油毡或 1：3 水泥砂浆隔浆层；

4-400mm 厚卵石渗水层；5-混凝土垫层；6-排水沟；7-300mm 厚细砂；8-300mm 厚粗砂；

9-400mm 厚粒径，5～20mm 厚卵石层；10-保护砖墙

221

3.渗排水层的施工

(1)材料要求

①做滤（渗）水层的石子宜选用的粒径分别为 5～15mm、20～40mm 和 60～100mm，要求洁净、坚硬、无泥沙、不易风化；砂子宜采用粗砂，要求干净、无杂质，含泥量不大于 2%。

②集水管宜采用无砂混凝土管、有孔(Φ12)普通硬塑料管、加筋软管式透水盲管还可以采用 150～200mm 直径带孔的铸铁管、陶土管等。

(2)工艺流程

渗排水层的施工工艺流程如图 5-34 所示。

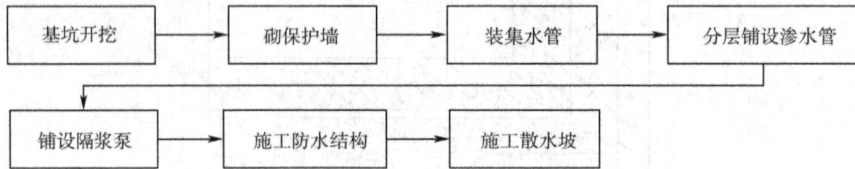

图 5-34　渗排水层的工艺流程

(3)施工注意事项

①渗排水层应分层铺设，用平板振动器振实，不得用碾压法碾压，以免将石子压碎，阻塞渗水层。渗水层厚度偏差不得超过±50mm。

②铺放渗水层时，集水管周围应铺放比渗水管管孔略大的石子，以免将渗水眼堵塞。

③采用砖墙作外部滤水层时，砖墙应与填土、填卵石配合进行；每砌一段砖墙，两侧同时填土和卵石，避免一侧回填，将墙推倒。

④作渗排水层时，应将地下水位降到滤水层以下，不得在泥水中作滤水层。

(二)盲沟排水

盲沟排水法为在构筑物四周设置盲沟，使地下水沿着盲沟向低处排走的一种渗排水方法。该方法适用于地基为弱透水性土层，地下水量不大，排水面积较小或地下建筑物室内地坪高于地下水位的工程，也可用于只是雨季丰水期的短期内稍高于地下建筑物室内地坪的地下防水工程。

1.盲沟排水的基本要求

(1)宜将基坑开挖时的施工排水明沟与永久盲沟结合。

(2)盲沟的构造类型与基础的最小距离等应根据工程地质情况设计选定，盲沟排水构造设置见图 5-35。

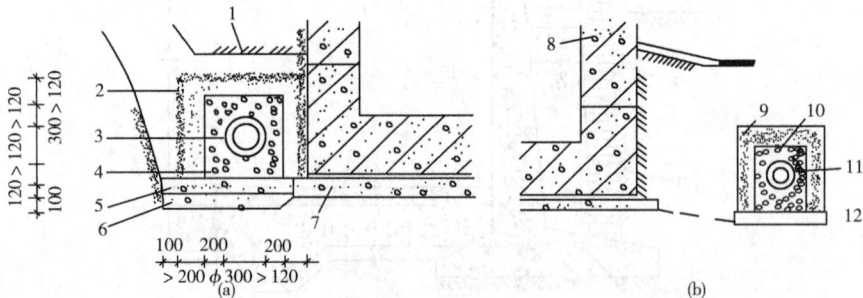

图 5-35　盲沟排水构造(尺寸单位：mm)

(a)贴墙盲沟；(b)离墙盲沟

1-素土夯实；2-中砂反滤层；3-集水管；4-卵石反滤层；5-水泥/砂/碎砖层；6-碎砖夯实层；7-混凝土垫层；8-主体结构；9-中砂反滤层；10-卵石反滤层；11-集水管；12-水泥/砂/碎砖层

（3）盲沟反滤层的层次和粒径组成应符合表 5-20 的规定。

盲沟反滤层的层次和粒径组成　表 5-20

反滤层的层次	建筑物地区地层为砂性土时	建筑物地区地层为黏性土时
第一层（贴天然土）	用 0.1～2mm 粒径砂子组成	用 2～5mm 粒径砂子组成
第二层	用 1～7mm 粒径小卵石组成	用 5～10mm 粒径小卵石组成

（4）渗排水管宜采用无砂混凝土管。

（5）渗排水管在转角处和直线段设计规定处应设检查井。井底距渗排水管底应留深 200～300mm 的沉淀部分,井盖应封严。

2.盲沟的构造

盲沟的构造可分为埋管盲沟和无管盲沟。埋管盲沟其集水管放置在石子滤水层中央,石子滤水层周边用玻璃丝布包裹,见图 5-36。无管盲沟的构造形式见图 5-37。盲沟的截面尺寸的大小依水流量的大小来确定。但从构造上讲,为使排水畅通,一般要求盲管截面尺寸宽度不小于 300mm,高度不小于 400mm,否则容易发生堵塞,失去排水作用。

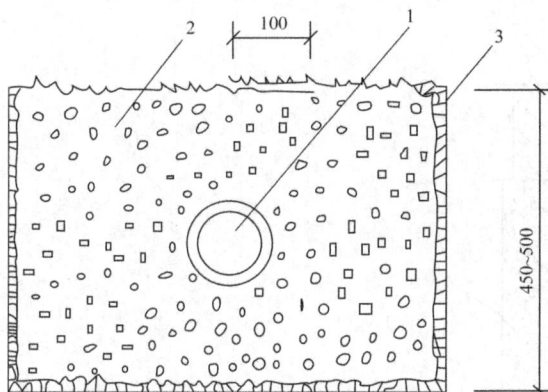

图 5-36　埋管盲沟剖面示意图(尺寸单位:mm)
1-集水管;2-粒径 10～20mm 石子,厚 450～500mm;
3-玻璃丝布

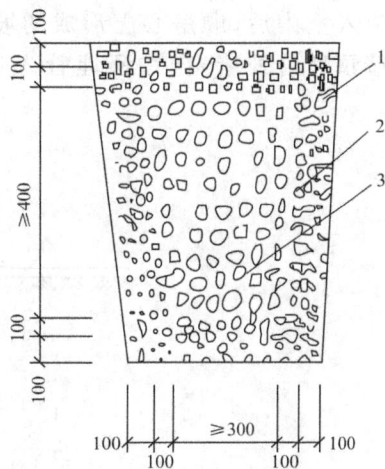

图 5-37　无管盲沟剖面示意图(尺寸单位:mm)
1-细砂滤水层;2-小石子滤水层;3-石子透水层

3.盲沟的施工要点

1）材料要求

（1）埋管盲沟的材料要求

①滤水层选用 10～30mm 的洗净碎石或卵石,含泥量不应大于 2%。

②分隔层选用玻璃丝布,规格 12～14 目,幅宽 980mm。

③盲沟集水管选用内径为 100mm 的硬质 PVC 管或加筋软管式透水盲管。排水管选用内径 100mm 的硬质 PVC 管。

（2）无管盲沟的材料要求

①石子滤水层选用 60～100mm 洁净的卵石或碎石。

②小石子滤水层。当天然土塑性指数 $I_p \leqslant 3$（砂性土）时,采用 1～7mm 粒径卵石;$I_p > 3$（黏性土）时,采用 5～10mm 粒径卵石。

③当天然土塑性指数 $I_p \leqslant 3$（砂性土）时,采用 0.1～2mm 粒径砂子;$I_p > 3$（黏性土）时,采

223

用 5～10mm 粒径卵石。

④砂石含泥量不得大于 2%。

2)工艺流程

盲沟施工的工艺流程见图 5-38。

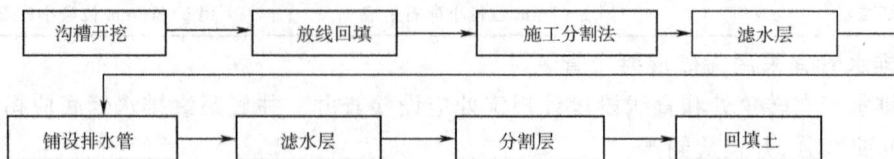

```
┌──────────┐    ┌──────────┐    ┌──────────┐    ┌──────────┐
│  沟槽开挖  │──→│  放线回填  │──→│ 施工分割法 │──→│   滤水层   │
└──────────┘    └──────────┘    └──────────┘    └──────────┘
                                                       │
                                                       ↓
┌──────────┐    ┌──────────┐    ┌──────────┐    ┌──────────┐
│  铺设排水管 │──→│   滤水层   │──→│   分割层   │──→│   回填土   │
└──────────┘    └──────────┘    └──────────┘    └──────────┘
```

图 5-38　埋管盲沟施工的工艺流程

（三）内排水法排水

内排法排水是把地下室结构外的地下水通过外墙上的预埋管流入室内的排水沟中，然后再汇集到集水坑内用水泵抽走，如图 5-39 所示。在地下构筑物室内地面，用钢筋混凝土预制板铺在地垄墙上做成架空地面，房心土上铺设粗砂和卵石，当地下水从外墙预埋管流入室内后，顺房心土形成的坡度流向集水坑，再用水泵抽走。采用内排法时，为防止外墙预埋管处堵塞，在预埋管入口处设钢筋隔栅，隔栅外用石子做渗水层，粗砂做滤水层。

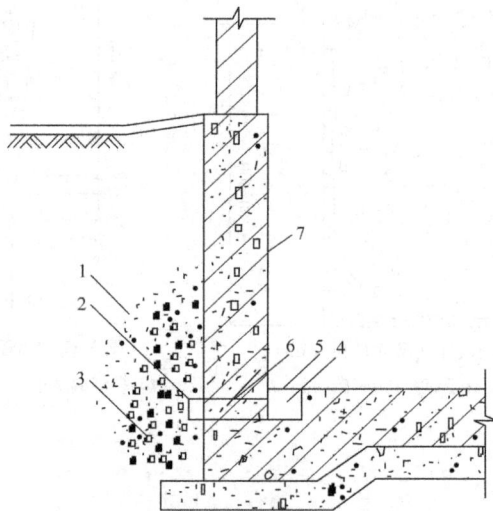

图 5-39　内排法排水

1-粗砂滤水层；2-钢筋箅子；3-石子渗水层；4-排水管；5-沟盖板；6-预埋管；7-地下结构

内排法排水比较可靠，且检修方便。当地基土为弱透水性土、地下水量较小时，采用此法较为合适。

二、渗漏水处理

由于设计、施工、使用、管理的原因，结构层中存在孔洞、缝隙和毛细孔，从而导致水从上述薄弱部位渗漏。因而在进行地下工程渗漏水的处理前必须查明渗漏的原因，确定其位置，弄清其水压力大小，方可根据不同的渗漏情况采取不同的渗漏措施。目前，渗漏水处理主要有抹面堵漏法和注浆堵漏法。

（一）抹面堵漏法

抹面堵漏法的特点是先堵漏后抹面。堵漏的原则是逐渐把大漏变成小漏、面漏变成线漏、线漏变成点漏，使漏水汇集于一点，最后集中堵塞漏水点，堵漏完后再进行抹面防水施工。

1. 大面积渗漏水堵漏

对于大面积严重渗漏水，应尽可能采取降低地下水位的措施，以保证在无水环境下工作。埋深浅时，尽可能将土体挖开，自结构的外部施加涂料或外包防水。无法开挖土层时，从结构体内部进行抹面、注浆等方法封堵。先涂抹快凝止水材料，使面漏变成线漏，线漏变成点漏，最后将漏水点堵住，再进行大面积的抹面。对于大面积慢渗，可以采用速凝材料直接封堵，再进行涂抹水泥基渗透结晶型防水涂料等。大面积渗漏水堵漏常用的材料有氯化铁防水砂浆、聚合物水泥砂浆、水泥基渗透结晶型防水涂料等。

水泥基渗透结晶型防水涂料的特点是使用方便，可以适用于任意形状的几何面的喷涂，它可渗入水泥混凝土的（砂浆）内部，与碱类物质发生作用，生成不溶于水的结晶体，堵塞混凝土的空隙，封闭毛细渗水通道，从而起到防水效果。其施工要点有：

（1）将基层面清理洁净，清洗浮浆、油污、杂物，对空隙、裂缝及破损处可用同强度等级混凝土或砂浆加强，以洁净水冲洗基层，然后除去明水，使基层保持饱和湿润状态；

（2）喷涂水泥基渗透结晶体防水涂料，要喷涂均匀，防止漏喷和漏底；

（3）喷涂防水剂未胶结凝固前注意保护，防止撕裂、刺破。

2. 孔洞堵漏

（1）直接堵塞

该堵漏方法适用于水压力不大（一般水位在 2m 左右），漏水孔洞较小情况。操作时根据漏水量大小以漏点为圆心剔成直径为 10～30mm，深 20～50mm 的圆槽，槽壁必须与基面垂直，剔完后用水冲洗干净，随即用水泥胶浆（水泥：促凝剂为 1：0.6）捻成与槽直径接近的锥形体，待胶浆开始凝固时迅速将胶浆用力堵塞于槽内，并向壁四周挤压严密，使胶浆与槽壁紧密黏合，持续挤压半分钟，检查无渗漏后再抹上防水面层。

（2）下管引流堵漏

当水压较大（水位 2～4m），漏水孔洞较大时采用。操作时根据漏水处空鼓、坚硬程度，决定剔凿孔洞的大小和深度，在孔洞底部铺碎石一层，上面盖一层油毡或铁片，并将一胶管穿透油毡埋至碎石内，以引走渗漏水；然后用水泥胶浆（水灰比为 0.8～0.9）把孔洞一次灌满，待胶浆开始凝固时立即用力沿孔洞四周胶浆压实，使其表面略低于基层面 10～20mm，经检查无渗漏后，抹上防水层的第一、二层，待其有一定强度后，拔出胶管按直接堵塞法将管孔堵塞；最后抹防水层的第三、四层即可。

（3）木楔堵漏

孔洞漏水水压很大（水位在 5m 以上）时采用。其作法是用水泥胶浆将一适当直径的铁管固定于漏水处已剔好的孔洞内，铁管外端要比基面低 20mm，管的四周用素浆和砂浆抹好。待其有一定强度时，将浸过沥青的木楔打入铁管内，并填入干硬性砂浆。表面再抹素浆及砂浆各一道，经 24h 后，检查无渗漏现象，再做好防水抹面层。

3. 裂缝堵漏

（1）直接堵漏

用于堵塞水压较小的裂缝渗漏水。其作法是沿裂缝剔成一定深度及亮度的"V"字形边槽沟,将其清洗干净后将水泥胶浆搓成条形,待胶浆开始凝固时迅速填入沟槽中,用力向槽内和沟槽两侧将胶浆挤压密实,使之与槽壁紧密结合。如果裂缝较长,可分段堵塞。检查无渗漏后,用素浆和砂浆把沟槽找平并刷成毛面,待其有一定强度后再做防水层。

(2)下线引流堵漏

该方法用于水压较大的裂缝漏水处理。操作时与裂缝漏水直接填塞法一样,先剔好沟槽,而后在沟槽底部沿裂缝放置一根线,线径视漏水量确定,线长 200~300mm。按裂缝直接堵塞法将胶浆条填塞并挤实于沟槽中,接着立即将线抽出,使渗漏水顺线孔流出。如裂缝较长,可分段堵塞,各段间留 20mm 孔隙。根据孔隙漏水量大小,在孔隙处采用孔洞漏水下钉堵漏法或下管堵漏法将其缩小。下钉法是将胶浆包在钉杆上,待胶浆开始凝固时,插于 20mm 的孔隙中并压实,同时转动并立即拔出钉杆,使漏水顺钉眼流出,经检查除钉眼外其他部位无渗漏时,再沿沟槽抹素浆、砂浆各一道。待其有强度后,再按孔洞漏水直接堵塞法将钉眼堵塞。

(3)下半圆铁片堵漏

对于水压较大的裂缝急流漏水,先把漏水的裂缝剔成八字形边坡沟槽,尺寸视漏水量大小而定,在沟槽底部每隔 500~1 000mm 扣上一个带有圆孔的半圆铁片。把胶管插入铁片孔内,然后按裂缝漏水直接堵塞法分段堵塞,让漏水顺胶管流出。经检查无渗漏后,沿沟槽抹素浆、砂浆各一道。待其有强度后,再按孔洞漏水直接堵塞法拔管堵眼,最后再把整条裂缝抹好防水层。

(二)注浆堵漏法

注浆防水是指在渗漏水的地层、围岩、回填、衬砌内,利用液压、气压或电化学原理,通过注浆管把无机或有机浆液均匀地注入,浆液以填充、渗透和挤密的方式,将土颗粒或岩石缝隙中的水分和空气排除后,占据其中位置,从而把原来疏散的土粒或裂隙胶结成一个整体。注浆防水可以分为预注浆和后注浆。预注浆是指构造物开挖前或开挖到接近含水层以前所进行的注浆,提高围岩密实度和抗渗透能力。后注浆是指井筒、隧道、地下室等构筑物砌筑后,用注浆法治理水害和地层加固。

随着高分子材料的出现和迅速发展,各种化学注浆堵漏技术得到很大发展。

1.注浆材料

注浆材料是将无机材料或有机高分子材料配制成具有特定性能要求的浆液,采用压送设备将其灌入缝隙或孔中,使其扩散、胶凝或固化,达到抗渗堵漏目的的一类防水材料。常用注浆堵漏材料的分类见图 5-40。

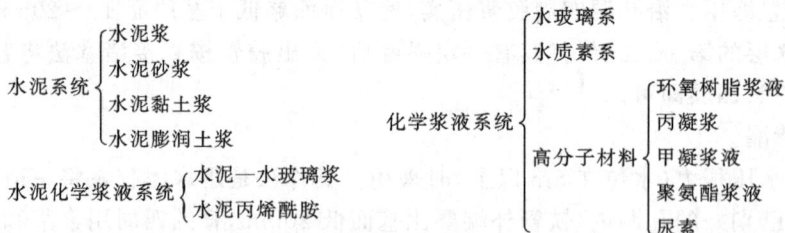

图 5-40 常用注浆堵漏材料的分类

(1)注浆材料的性能

①具有良好的可灌性。

②凝胶时间可根据需要调节。

③固化时收缩小,与围岩、混凝土、砂土等有一定的黏结力。

④固结体具有微膨胀性,强度能满足开挖或堵水要求。

⑤稳定性好,耐久性强。

⑥具有耐侵蚀性。

⑦无毒、低污染。

（2）注浆材料的选用

①预注浆和衬砌前围岩注浆,宜采用水泥浆液、水泥-水玻璃浆液,超细水泥浆液、超细水泥-水玻璃浆液等,必要时可采用化学浆液。

②衬砌后围岩注浆,宜采用水泥浆液、超细水泥浆液、自流平水泥浆液等。

③回填注浆宜选用水泥浆液、水泥砂浆或掺有石灰、黏土、膨润土、粉煤灰的水泥浆液。

④衬砌内注浆宜选用水泥浆液、超细水泥浆液、自流平水泥浆液、化学浆液。

⑤原料来源广,价格适宜。

⑥注浆工艺简单,操作方便、安全。

2.注浆堵漏防水施工

渗漏水的注浆堵漏一般属于后注浆。后注浆主要有:堵水注浆、回填注浆、固结注浆等。

（1）注浆孔的布置

回填注浆的压力较小,其浆液（水泥砂浆或水泥黏土砂浆）的黏度较大,故布孔要加密。

①竖井一般为圆筒形结构,其井壁的受力均匀,浆孔布置形式对结构影响不大,一般采取不均匀布孔,一般漏水地段孔距 3m 左右,漏水严重时 2m 左右。

②斜井和地道,可根据回填情况、渗漏水量,注浆孔排距 1～2.5m,间距 2～3m,呈梅花状排列。

（2）注浆管的埋设和注浆压力

回填注浆压力不宜过大,压力过高易引起衬砌变形,当采用注浆泵注浆时,紧接在注浆泵出口处的压力不得超过 0.5MPa。采用风动砂浆泵注浆时,压缩空气压力不要超过 0.6MPa。

（3）注浆作业

①注浆前,应清理注浆孔,安装好注浆管,并保证其畅通,必要时还应进行压水试验。

②注浆应连续作业,中间不得停泵,以防砂浆沉淀,堵塞通路。

③注浆顺序是由低处向高处,由无水处向有水处依次压注,以利于充填密实,避免浆液被水稀释离析。

④注浆时,应严格控制注浆压力,防止大量跑浆和结构裂缝漏浆。为了在衬砌外形成防水层和密实地层以保护隧道结构,应掌握压压停停,低压慢注逐渐上升注浆压力。

⑤在注浆过程中,如发现从施工缝、混凝土缝、黏石或砖的砌缝出现少量跑浆,可以采用快凝砂浆勾缝堵漏后继续注浆;当冒浆严重时,应停泵停压,待两三天后进行二次注浆。

⑥注浆结束的标准:当注浆压力稳定上升,达到设计压力,稳定一段时间后,不进浆或进浆量很少时,即可停止注浆,进行封孔作业。

⑦停泵后立即关闭孔口阀门进行封孔,然后拆除和清洗管路,待砂浆初凝后,再拆卸注浆管,并用高强水泥砂浆封堵注浆孔。

三、防洪涝灾害措施

（一）洪涝的危害

我国城市多临江河湖海分布,由于城址亲水,有供水、运输等许多便利,但也往往受到洪水的威胁。现代城市人口密集，是某一地域的政治、经济、文化中心和交通枢纽，一旦受洪水袭击，往往造成巨大的损失。

当今世界，随着城市化(城市扩展)进程的不断加快，城市洪涝灾害的成灾特性已发生了深刻变化。一是城市化的结果导致了洪灾发生频率与强度的增加，导致洪涝灾害成灾风险水平提高。城市道路及建筑物密度的增加，增大了城市不透水面积及比例，加之地表植被的破坏，致使同等降雨强度下的地表径流及排水量增加，汇流时间缩短、河道洪峰流量加大、洪灾频率、强度及影响范围增大。二是破坏性的人为活动加剧了洪涝灾害的致灾强度。非法侵占河道、过量开采地下水造成的地表沉降，导致城市排泄洪能力降低，延滞了泄洪时间，加剧了致灾强度。三是城市经济损失大幅增加。城市经济类型的多元化及资产的高密集性，致使城市的综合承灾能力脆弱；同时由于交通、供电、供水、通信及金融信息网络等为主体的城市命脉的因灾中断，使城市工业、商业、服务业及对外贸易等因灾导致的间接经济损失比重亦不断上升。

现代化的城市开始向地下发展，以缓解住宿、购物、交通的压力，但当发生洪涝灾害时这些设施将是最容易受灾的危险空间。城市地铁作为地下轨道交通设施，一旦洪水灌入，损失无法估计。城市的排洪设施有时不能及时排除特大的洪涝灾害，造成城市部分街道低洼地积水，有可能沿着城市地铁出入口向车站内倒灌。如南京地铁在新街口、珠江路等处施工的时候，曾经发生过多次附近排水管网壅塞失效，废水大量灌进车站的事情，流向区间隧道，将正在施工的盾构机淹没，影响了施工工期。1982年发生在日本长崎市的水灾被喻为"典型的现代城市水灾"，汽车、高层建筑的地下动力设备、电、水、煤气、通信等城市生命线系统的受害都非常严重；2001年，台北捷运遭遇百年一遇的大雨，大水涌入隧道导致线路瘫痪了10多个小时；2005年雨季，上海川杨河河水暴涨，局部冲破堤岸，将已施工完成的地铁6号线某区段灌满水。幸好没安装设备投入营运，损失不大。上海地铁车站曾经雨水直驱而入，造成几大段铁轨遭水淹，经济损失严重。北京地铁某车站由于临近上水管破裂，大量自来水经出入口灌进车站，运营中断，造成一定的经济损失和社会影响。

上海市滨江临海，黄浦江和苏州河贯穿市区，且处于环球两条主要自然灾害地带的交汇区，每年遭受的台风、暴雨、潮水等的侵袭时间长、频率高，经常遇到风、暴、潮三者相互碰头造成的洪涝灾害，并且有增多加重的趋势。而上海市区长期持续的地面沉降大大加重了风、暴、潮带来的洪涝灾害。为了防洪抗汛、确保城市安全，上海市区1956年开始修筑防汛墙，但是由于地面持续沉降，又不得不四次加高加固加长防汛墙，提高防洪标准。同时地面沉降使市区排涝能力不断降低，防潮排涝标准或能力的不断降低反过来又使得市区潮涝灾害的压力不断增大。这种情况在其他沿海城市也很常见。

(二)施工阶段防洪措施

防洪措施一般有工程措施和非工程措施。我国十分重视防洪工程建设，形成了庞大的防洪工程体系，但由于我国地域辽阔，洪灾频繁，加之工程能够抵抗的洪水标准较低，洪灾损失巨大，随着城市化的发展，城市防洪工程措施已不足以解决城市洪水灾害，因此大力加强非工程措施的建设更具紧迫性。

1. 工程措施

防洪的工程设施是指为控制或抵御洪水以减少洪灾损失而修建的各类工程。这一类工程设施主要包括水库、堤防、防洪墙、滞蓄洪区、泵站、水闸、河道整治工程等。工程措施是一种直接作用于洪水的防洪手段，可以说是硬措施。防洪工程措施依据其措施的本质可以划分为拦、蓄、泄、分、滞五类。防洪设计应坚持以防为主，防、排结合，因地制宜，综合治理的原则。防，指隧道结构本身具有一定的避免水灾的能力。即要求结构不会因外力而破坏,并具有防水能力。采用截、堵等手段将洪水挡在隧道之外,以减少甚至避免洪水对隧道的影响。排,是一种补充手段,主要是排出隧道内积水。

（1）竖井

对于越江隧道江中段,竖井是隧道防洪的关键部位。竖井一般宜设置在防洪大堤的背水面,其边缘距离防洪堤脚的距离不宜小于50m。竖井结构必须能够抵抗洪水的冲击,且竖井口须高于一定的高程,以防止洪水倒灌。

（2）挡水墙

在隧道洞口附近沿隧道线路两侧设置挡水墙,将洪水隔离在隧道及线路以外,避免洪水对隧道的影响。挡水墙防水为主动防水,在洪水发生前就已经处于防洪状态。

（3）防洪闸门

当发生洪水并危及隧道时,可设置防洪闸门,将洪水挡在隧道以外,以防止洪水对洞内设施的破坏。防洪闸门为被动防水,在闸门关闭之前不具有防水能力。

（4）截水沟

在隧道洞口周围附近设置截水沟,以截住地表流水,防止地表水流入隧道。截水沟应位于来水侧并能保证地表水顺畅排走。

（5）补注浆

在完成隧道的模筑衬砌后,向隧道周边地层进行补注浆,以加固松弛土体,填充土体中的空隙,以控制围岩的再变形。

（6）隧道影响范围内的江堤堤身注浆加固

在堤下隧道施工完毕后,地表不再下沉时,对堤身进行注浆加固。

另外,对正在施工的地铁车站基坑,若大量雨水涌入基坑,将不能正常施工,影响工期。因此,必要的排洪设施是必须的,一般采用临时泵站排水,雨水经雨水管进入雨水干渠,再进入内河和排水沟渠,与其他区域来水汇合后排入江河湖海。若雨水不能顺利排出,还可以通过轨道之间特别设计的排水沟输送到另外一个地段去排出。以南京火车站来说,这里由于大量的市政工程施工,地上地下给排水系统尚未全部衔接完毕,地铁站台内的积水就只好通过地下排水沟排到模范马路路段去。

2. 非工程措施

（1）洪水预报警报系统

城市洪水预报警报系统是一种重要的非工程防洪措施。通信是防汛的"耳目",建成完整可靠的防汛通信网络,为防汛的指挥调度提供准确的数据和信息,是必不可少的。城市是流域防洪重点,可以建立独立的洪水预报预警系统,根据上游流域雨情和水情预报城市河流洪水特征,通过预报作出决策。当发生超防洪标准洪水时,发布洪水警报,对于城市抗洪抢险具有重要意义。

（2）洪水风险图

洪水风险图是对可能发生的大洪水及其洪水灾害,进行包括洪水水文、水力学特征以及灾害危险程度进行描述的专业地图,是防洪减灾的重要基础工作。城市洪灾损失不仅与城市淹没范围有关,而且与洪水演进路线、到达时间、淹没水深及流速大小等有关。城市洪水风险图就是对可能发生的超标准洪水的上述过程特征进行预测,标示城市内各处受洪水灾害的危险程度,它是建立城市洪水保险的依据。

（3）城市防洪预案与抗洪抢险

城市防洪预案与抗洪抢险是为了确保城市河道行洪安全,防止城市防洪工程遭到洪水破坏、防止洪水泛滥成灾,在洪水到来时,采取的应急措施。如洪水期的险工抢修和堤防监护,洪水后的清理和救灾等善后工作。抗洪抢险方案能否顺利实施,关键是要有可靠的后勤保障。一是在防汛中要备齐所需的抢险物料,如堤防备防石、土牛,堵口需用的麻袋、草袋、编织袋、铅丝笼及救生设备等。机械设备如推土机、挖掘机、装载机、低比压运输车、机动式快速打桩机、机动式排水泵车、机动快速打井机、查漏仪器及快速灌浆机等。二是根据需要及时快速地调配抢险物料,调配物料中做到规格、品种、型号、质量、标准、数量符合抢险要求。

（三）使用阶段防洪处理预案

对于城市地面来说,通常洪水位要高于城市一般地面。以上海为例,上海的地面高程普遍较低,一般为 3.0～4.0m,人民公园与石门一路段地势较低,地面高程仅为 2.5～2.8m,浦东地势较高,在 4.0～5.0m。以黄浦江黄浦公园站潮水位频率分析,十年一遇和百年一遇的高潮位分别为 4.91m 和 5.40m,而千年一遇高潮位达 5.86m。考虑到海平面上升及地面沉降等因素,其潮位值还要增高至 6.0m 以上。就以平均潮位约 2.20m 来看,上海地区的河水位一般要在地铁隧道的 15～20m 之上,遇洪水位时此值还要增加 3～4m。从以上分析,万一遭遇水淹将会危及"高站位,低区间"的整个地铁系统。

虽然上海市区目前防洪对黄浦江而言,已经构筑达到能抵御千年一遇潮位的防汛挡潮体系,但在 1981 年及 1997 年均出现历史最高潮位。每年汛期,台风活跃,暴雨频繁,由于热带气旋引起上海地区出现有影响的高潮位。这样对于地铁,尤其是地铁 2 号线穿越黄浦江段的威胁就很大。上海随着经济建设的发展,防汛任务愈来愈繁重,目前防汛抗灾形势依然严峻,防汛工程有待进一步提高,而地铁受台风暴雨、洪灾的影响不可轻视。

现行的地下建筑设计标准,以及专门的地铁设计标准、地下车库设计标准等法规中,都对应具备的防洪涝设施如挡板、防淹门、槛槽等作了具体规定。

1.踏步

在地铁出入口及通风口处设置高出地面 150～450mm 的台阶,防止雨水进入车站。

2.门槽和挡板

为防止暴雨时地面积水涌入地铁车站,在地铁出入口门洞内设置门槽,当暴雨或潮水越过台阶时,在门槽上插入叠梁式挡板来挡水。目前大部分地铁仅设置一道插板,当遇暴雨袭击时,地铁出入口要维持正常运行尚缺安全感。

3.截水沟及排水泵房

地下车库坡道,交通隧道出入口坡道。

4.防淹门

防淹门系统作为地铁的防灾设备,主要应用在水系复杂、常年蓄水或地处海域海岛的地区,如广州、上海、香港等地。地铁在以地下路线穿越河流或湖泊等水域时,应考虑在进出口水域的隧道两端的适当位置设置防淹门,其功能主要是防止隧道内洪水流入车站或其他地铁线路,避免造成大范围的人身伤亡和财产损失,有效保护地铁车站、线路、运营中的车辆及乘客人身的安全。

5.排水设施

采取"高站位,低区间"布置,洪水进入地铁车站或区间隧道,会汇集于隧道区间的最低点,此处应设置泵站。

目前,上海的大型公共地下建筑基本上都从两方面入手做好防洪涝措施。一方面,在地铁等地下建筑的孔口(出入口)都设置有槛槽和挡板,挡板的高度一般在 50cm 以上,一旦洪水来袭,便会将挡板插入槛槽,挡住洪水侵入。另一方面,万一没挡住而导致进水,地下建筑内部还有一套排水系统,直接与整个城市管网系统相连,可及时将水排出。南京地铁充分考虑到了防洪涝的问题,备有多套措施应对。如南京地铁一号线就具有"三道防线":第一道防线是三级台阶,根据建筑标准和设计经验,每个入口处都设有三级台阶,高出地面 45cm,最高的达到60cm,防止外来雨水流入;如果雨水进入地下站台,第二道防线即排水沟把雨水汇集起来输送到地下集水井内,然后通过水泵排到城市的排水管网里面去,这个地下集水井足够大,容量按照百年一遇的大雨来设计;防汛袋是地铁防汛的最后一道防线,各个地下车站内都备有专门的防汛板、防汛专用袋等防汛设备。前者用来防止雨水进入车站,后者则能够吸水膨胀,将进入车站的水吸收掉,延长雨水渗进车站的时间。

(四)工程举例

以上海地铁为例考虑防洪对策措施,主要分为工程措施与非工程措施。其考虑原则是"以防为主,以排为辅,防排结合"。

1. 工程措施

在此以较为典型的穿越黄浦江段的地铁 2 号线为例,当发生地震等特殊情况时,黄浦江水将会灌入越江隧道内。有关的工程措施考虑如下。

(1)防淹门

穿越黄浦江段隧道,应在两端设防淹门。而整个隧道段均采用循环法施工,在此区间要考虑设置防淹门。对于门型结构及平时经常开启防淹门的储存和启闭设备的空间,无论从结构上和构造上均有一定的问题。因此宜考虑在跨越黄浦江的两端,分别在河南中路站和陆家嘴路站房内布置。而较为有利的控制断面是在车站的端头井处对上下行隧道设防淹门,而该防淹门要求在发生事故时能快速关闭,使倒灌的黄浦江水堵截在越江隧道区间内,控制两端车站和全线免遭江(潮)水淹及,这亦是作为防灾的措施之一(图 5-41)。

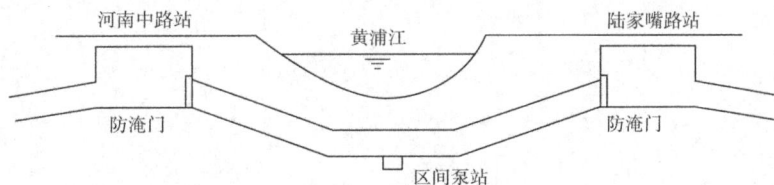

图 5-41 地铁越江及防淹设施布置方案示意图

(2)防渗漏措施

从设计上考虑,应要求车站的顶板和区间隧道等结构的顶板,不允许渗漏水,而对车站及隧道等的侧墙则控制其渗漏水量$<0.1L/(m^2 \cdot d)$。通常采取防水拢头或双层墙结构等措施,并在其底部设排水沟、槽。

(3)排水措施

工程采取"高站位、低区间"布置,因此线路隧道的渗漏水以及冲洗水和发生火警时的消防水等将会聚集到隧道区间的最低处,在此处应设置区间排水泵站。

(4)出入口防水淹措施

根据《地下铁道设计规范》在地铁车站的出入口及通风口的门洞下沿均应高出地面150~450mm,即地铁出入口踏步,要比路面高出三个台阶。上海地铁1号和2号线的各站出入口都按此设计,而且由于上海市区的地势较低,为防止暴雨时地面积水涌入地铁站内,一般在地铁站出入口门洞内墙留有约150mm宽的门槽,可在暴雨时临时插入叠梁式防水挡板。

2. 非工程措施

(1)加强预测预报

地铁的出入口被淹主要是受暴雨及地面积水的影响,因此可根据天气预报及时做好地铁出入口的临时防水淹措施。对于越江地铁隧道遇到地震或特殊灾害性天气时与有关部门,建立网络联系,加强对非常灾害的预测预报,及时做好关闭防淹门的各项措施,包括暂时中断地铁运营,疏散地铁乘客及有关人员以应付突发事故的发生,使灾害的危害程度降到最低。

(2)做好抢险预案

地铁一旦遭受洪(潮)水的淹没,其经济损失巨大,还可能造成人员重大伤亡,因此做好地铁的防灾抢险预案是非常必要的,尤其是洪灾有其历时短、影响面广、危害大的特性,故更应制订几套较为可靠的抢险预案措施以应付事故的发生。

思 考 题

1. 地下水对于地下工程及内部设备常产生哪些损害? 隧道及地下工程防水等级怎么划分?

2. 地下工程防水应遵循总的原则有哪些?

3. 为达到钢筋混凝土结构的地下工程自防水设计和施工,有哪些特别要求?

4. 为什么设置施工缝,伸缩缝,沉降缝,抗震缝,诱导缝? 怎么做好接缝的防水构造处理?

5. 常用地下工程外贴防水材料有哪些? 怎样进行施工质量的检查?

6. 怎样设计选择盾构法隧道接缝的橡胶止水密封垫? 遇水膨胀胶密封垫的主要性能指标为哪些?

第六章 战争灾害的防护

20世纪90年代以来,世界已经经历了多次高技术局部战争,特别是20世纪末至21世纪初的海湾战争、科索沃战争、阿富汗战争和伊拉克战争,给我们展示了数字化局部战争的雏形。它告诉我们现代战争进入以信息化为核心,以非接触为作战方式,以作战一体化为基本特征,以太空为战略制高点的新的质变阶段。一场世界范畴的新军事变革正加速发展,战争形态正由机械化战争转变为信息化战争,以争夺高技术质量优势为核心的新一轮军事竞争日趋激烈。

第一节 概 述

一、现代战争的特点

(一)非接触空中打击为主要作战方式

现代战略空袭可以单独摧毁对方的军事实力和战争潜力,给地面作战创造速战速决的有利条件,达成有限的军事目的。在某些情况下,甚至可以通过空袭最终结束战争。因此,空袭作战无疑将成为21世纪信息化战争的主要作战样式。

1991年1月17日凌晨,以美国为首的多国部队向伊拉克发起"沙漠风暴"空中打击作战行动,这就是海湾战争。当日凌晨,美国摧毁了伊拉克边境上的预警雷达站。同时,隐形战斗机深入到伊拉克雷达覆盖区,并于1月17日凌晨2时51分投下了"沙漠风暴"行动的第一颗炸弹,攻击了伊拉克南部一个加固的防空截击指挥中心,接着又向伊拉克西部的一个地区防空作战中心投下第二颗炸弹。与此同时,其他隐形战斗机也相继摧毁另外一些高等级目标。

在开战的第一周内,多国部队的飞机全方位地袭击了伊科各地的伊拉克战略及战术目标群,突袭了伊拉克防空雷达、通信枢纽和各个军事司令部,袭击了伊拉克机场,摧毁了飞机和弹药库,压制了伊防空系统。多国部队空中力量以80%的成功率使伊军指挥控制系统、空军基地、防空体系和导弹基地等受到严重破坏,伊军地面部队也遭到沉重打击。

从第二周开始,多国部队将空袭的重点转移到了夺取科威特战区制空权上来。与第一阶段相比,多国部队出动的飞机次数增加近50%,但损失的飞机数量却仅为前一阶段的1/7。

这次战争中,以美国为首的多国部队主要采取了大规模空中打击的战术,在对伊拉克军队进行39天空袭后才出动地面部队,其目的是确保在地面战开始前敌方的战斗力已被基本摧毁,从而尽量达到己方"零伤亡"的目标。

多国部队自1991年2月24日凌晨4时开始的"沙漠风暴"地面战役历时100小时就达到了战前的目标,并创造了一场大规模战争双方伤亡比例空前悬殊的记录。2月28日上午8时宣告战争结束。

1999年3月以美国为首的北约发动了对南联盟的科索沃战争,这是人类战争史上第一场非接触的战争。北约投入了以隐身武器、电子战武器、中远程精确打击武器为代表的高技术武器,对南联盟实施了持续78d的连续空中打击,采取了除陆战以外的海、空、天、电一体化的多军种、多国家盟军联合作战的样式,开创了进攻作战一方基本无死亡的记录。

北约的空袭大致分为三个阶段。第一阶段是3月24日到27日,共进行了四轮,目标集中在南联盟的防空体系、指挥和控制中心、军工厂和在科索沃的塞族军队。3月28日,北约开始了第二阶段空袭,目标转为对北纬44°以南的南人民军地面部队和军用物资进行攻击,企图破坏南的战争机器,迫使南屈服。4月13日,美国总统克林顿宣布对南联盟的空袭进入第三阶段,扩大空袭范围,增加空袭强度。北约对南联盟境内的所有军事目标进行24小时不间断轰炸;另一方面,为了削弱南联盟人民的抵抗意志,北约还对南联盟的民用设施,如桥梁、铁路、公路、工厂、电视台、通信系统和电力系统等进行狂轰滥炸。

据统计,北约在这次战争中飞机共出动几万架次,使用了大量杀伤性能极强的新式武器,造成南联盟大量平民伤亡。近百万人沦为难民,医院被毁,学校遭破坏,还有相当数量的桥梁、铁路、公路干线、民用机场被炸毁,39%的广播电视传播线路瘫痪,大批工厂、商店、发电厂被毁,直接经济损失超过了南斯拉夫在整个第二次世界大战中遭受的损失。

2001年的9·11事件直接导致2001年10月阿富汗战争的爆发。阿富汗战争可以说是美军新军事革命成果的第一次实战试验,也是以美国为首的西方国家发起的首场大规模反恐战争。这场战争中美军信息化武器装备的发展和运用尤为引人注目,精确制导武器已经成为美军主要的打击毁伤手段。

2003年3月20日爆发了伊拉克战争。这是21世纪一场全新样式的现代化战争。5月2日,美国总统布什在"林肯"号航母上正式宣布伊拉克战争结束。整个战争共持续44d。实际上,在4月14日美军攻占了伊拉克总统萨达姆的家乡提克里特之后,美军的大规模军事行动就基本结束。这场战争是继1991年海湾战争之后美国对伊拉克进行的第二次战争。这场战争同1991年海湾战争期间美军伤亡数字比较起来,伊拉克战争具有两大特点:地面战伤亡人数大增,至今仍然不断增加;飞机坠毁和友军误伤事故则明显减少。

美军之所以战争中实现了"低伤亡",主要是在制订作战计划时强调空军的重要作用,充分发挥空中优势,摧毁对方的重要军事、民用目标,造成对方政治经济、文化生活的瘫痪,同时避免了城市巷战,确保了整个战争的顺利结束。

(二)以信息化战争为核心

信息是高技术武器装备发挥战斗效能的关键,是实施有效指挥的保障,是衡量军事能力的重要因素。掌握信息,获取信息优势,不仅是取得战场优势的基本条件,而且是最终赢得战争胜利的重要保证。如果说当年的海湾战争还带有许多机械化战争诸多特征的话,那么伊拉克战争则进一步展示了人类战争向信息化战争迈进的历史跨越。这场战争是以信息网为支撑,以信息情报为主导,以控制对手的精神和意志为目标,以精确打击为手段的信息化战争。作为进攻方的美英等国部队自始至终从侦察、情报、指挥、控制、作战、后勤保障和空中支援等各个环节上体现了以信息为主导的原则。美军数字化师更是将信息视为灵魂,将指挥、通信、电子对抗等系统联为一体,实现了各军兵种信息资源共享,作战信息的及时交换。信息已经从协助制订计划的辅助地位,上升到引导作战进程、确定作战目标的主导地位,标志着信息化战争这一全新的战争形态正逐步趋于成熟。

信息化战争的特点是战场的网络化,作战的核心是争夺控制信息权。如果说机械化战争是打钢铁,信息化战争则是打网络。谁控制网络,谁掌握信息,谁就拥有战场的主导权。通过网络,作战信息将实现获取、传输和处理一体化,作战空间将实现多维一体化,作战力量将实现合成一体化,作战行动将实现协调一体化。空袭中,信息战是以信息渗透的方式决定火力和机动力的分配、引导、协调和控制,使信息化的武器有了人的一些思维功能,从而造成战斗力的剧增,极大地增加了作战效能,并使战争出现了许多新特点。一是战场透视透明化。科索沃战争中北约动用了多颗空间卫星,基本上实现了对南昼夜 24h 的全时空监控,扫除传统战场上的"迷雾",减少了盲目性和不确定性。二是作战力量节约化。由于战场透明,作战目标清晰,作战力量的使用可以精确化,最大限度减少力量浪费。这次攻击南诺维萨德大桥只用了一枚巡弹,而攻击中国使馆的导弹全都命中。三是指挥通信实时化。北约利用其高效灵敏的网络指挥机构,对参战的多国部队实施统一指挥与协调,北约的各级司令部也实时对南情报指挥通信和抗干扰能力进行分析研究,及时向联合司令部指挥提出策略,保证了整体指挥准确高效、迅速一致。四是协同作战一体化。这次空袭北约首次使用了"初期联合空战中心能力系统"、"北约综合数据传输系统"和"海上指挥控制系统",使指挥控制系统、通信系统互相配合,将战场指挥、控制、通信、情报以及攻击和评估连成一个整体,从而对作战的空间、时间、进程进行有效控制。两个月来,北约共出动飞机约 32 000 架次,投弹 13 000t,共有 30 多种机种参加战斗,基本上没有出现偏差。由于对南联盟实施的是一场"全维信息战",导致南大多预警雷达"致盲"、通信设备"致聋",整个战势出现一边倒的局面,使北约在整个"作战"行动中一直占据主动权。

透视这场战争得到一点启发:今天战场的优势已不再是看谁火力强,而是看谁先发现对方,谁比谁反映快和谁比对方打得准。作战成败不再仅仅取决于钢铁的数量、弹药的当量等物能对比,而是首先取决于谁以较为先进的数字化技术手段,最多最快最准的去获取和利用战场信息,有效地控制和释放战场物能。信息已成为决定战争胜负的第一要素,控制信息权是高技术战场的第一制高点,智能代替体能、网络代替阵地将是现在乃至今后战争的主导,战争无"网"而不胜。

（三）体系一体化的军事力量构成的基本形式

未来战争,主要是高技术条件下的联合作战,整个作战体系,是一个内部结构庞杂而联系紧密的完整系统。该系统由许多作用地位各不相同但功能互补、缺一不可的子系统有机构成,如武器系统、指挥系统、保障系统等,均对整个作战系统的运转具有至关重要的作用。其中任何一个子系统或一个环节出现故障,都会影响整个系统的正常运转,甚至导致系统瘫痪。因而,未来战争的打击重点将主要是战场侦察系统、指挥控制中心、高技术武器作战平台、情报网等要害目标。通过对这些系统关键点的有效打击,破坏对手的平衡,使其丧失应有的功能和作战能力,从而更及时、更准确地达成战略战役目的,推动整个作战全局向着更有利的方向发展。

作为新军事变革重要技术基础的信息技术的发展及其在军事领域中的广泛运用,不仅使信息成为军事力量新的构成要素,而且为军事力量实现真正的体系一体化提供了强有力的手段和工具。

在海湾战争以前,没有实现将情报与作战一体化,而是将侦察与打击分开同步进行。美军在阿富汗战争中反复强调"时间和精确一样重要"。海湾战争中,从获取信息到实施打击需要 3d,科索沃战争近 2h(101min),阿富汗战争 19min,伊拉克战争中美军陆海空三军指挥控制系统实现了联网,在先进侦察系统和特种兵的有力配合下,从发现目标到完成打击的时间缩短到 10min 以下,首次具备了对战场目标的就近实时打击能力。

伊拉克战争和阿富汗战争中,无人驾驶侦察机实现了侦察打击一体化。阿富汗战争中,"捕食者"无人侦察机发射"海尔法"导弹数量达 40 余枚。伊位克战争中,"捕食者"无人侦察机已发射空地导弹多枚,有效摧毁了坦克、装甲车等机动目标。

在近几次战争中,美英等国部队不仅实现了多国部队的联合作战,也实现了海军、空军、陆军、海军陆战队等多军种的联合作战。在作战行动上将太空侦察、空中打击、地面进攻、后勤保障和特种部队渗透等多方面结合起来,形成了体系一体化,产生了巨大的战斗效能。

海湾战争中,随着多国部队发起的"沙漠风暴"空中作战行动全面展开,旨在摧毁伊拉克海军和海上防御力量的"沙漠风暴",海上作战行动也在波斯湾悄然拉开帷幕。依据作战目标的不同性质,多国部队主要实施了水面攻击作战、防空作战、反水雷作战、舰炮火力支援和两栖作战等行动。根据作战需要,多国部队将战区内的所有海军力量编组成数个作战编队,分别为红海作战编队、波斯湾作战编队、中东作战编队、两栖特遣编队、后勤支援编队和地中海攻击大队,其中规模最大、战斗力最强的是红海作战编队和波斯湾作战编队,它们包括了美国 6 个战斗力较强的航母战斗群。

在伊拉克战争中,联军综合运用陆、海、空军和导弹部队等多种作战力量在陆、海、空、天、电、磁多个战场、领域对伊军进行打击。美英联军使用 157 颗在轨侦察卫星、数十架侦察机和在伊拉克的"线人",将侦察、通信、指挥和控制系统联结成一个有机的整体,使指挥员与战斗单元之间、前方部队与后方部队之间、陆海空作战行动之间联成一个紧密的整体。尽管在战场上出现了几次联军误伤现象,但整体上美英联军还是使战斗力很好地集中,提高了整体作战的能力。作战中,只要伊拉克军队袭击美英联军部队的某一部分,就有可能遭到美英联军来自四面八方的"整体部队"强大的毁灭性打击。"整体部队"的各部队可以从几千甚至上万公里远的地区,用兵器直接"瞄准"敌作战目标开火或采取其他作战行动,整个战场的作战行动呈现高度的一体化。作战力量的一体化,使所有的作战单元形成一个有机的整体,使情报侦察、通信、指挥控制、机动、火力打击、后勤技术保障各种机构和力量之间的作战行动密切协调,使作战行动更加准确实施。

(四)争夺高技术质量优势

科学技术的发展,必然导致军事技术的进步。军事技术的进步是军事领域一切变革的物质基础,一旦技术的进步用于军事目的,就必然引起作战方式和组织结构的变化。军事技术变革的出现,必然导致武器装备变革的发生。以军事信息技术为核心的军事高技术群,正在或必然将使人类进行战争的工具——武器装备发生极大的变革,即由热兵器和热核兵器阶段进入高技术兵器或信息化武器系统阶段。

自人类进入机械化战争以来,由于对火力和机动的过分追求,导致了军事力量急剧膨胀,却使军事力量的使用受到了极大的限制。

当前,世界正发生以信息技术为核心的新军事变革。这场新军事变革的企图和重要结果之一,就是要做到有区别地精确使用军事力量,即用远程精确制导武器准确打击敌人的要害和薄弱环节,迅速达到作战目的,并减少战争消耗和附带性毁伤。有区别地精确使用军事力量是一种新的作战方式,它将对传统的使用军事力量的方式产生极大的冲击。如对城市的空袭作战,将要求尽量减少城市居民的伤亡,大量使用精确制导武器,集中打击城市各级指挥机构、重要生产设施、生活设施和交通设施等目标。在武器装备的使用上,近几次局部战争有以下特点。

1. 高技术侦察和人工侦察相结合

早在科索沃战争爆发以前的 1998 年 2 月,以美国为首的北约就使用 20 多颗侦察卫星和高空侦察机,实施侦察照相,收集军事政治信息、气象资料和地形情报,为空袭作战准备目标资料。在战争开始时,动用了 50 多颗卫星、U—2 和 RC—135 侦察机、无人机以及 E—3、E—2C、E—8 预警监视飞机,还使用了 EA—6B 和 EC—130 等电子战飞机,实施电子干扰,压制和破坏前南联盟的指挥通信系统和防空雷达,使前南联盟难于组织有效的反空袭作战。

在阿富汗战争中,美军更加注意保持和利用空间信息系统的优势:不仅调用了已有的资源,还迅速发射卫星,进一步加强信息系统;充分利用民间信息资源,并将其纳入战时管制范围加以严格控制。

在伊拉克战争中,美军为了获取准确的目标打击信息,动用了 KH—11、KH—12"锁眼"系列照相侦察卫星、"长曲棍球"雷达成像卫星以及大量的通信卫星、导航卫星、气象卫星、情报信号侦察卫星等高技术太空侦察装备,广泛搜集伊拉克腹地和战场上各种情报信息。为弥补太空侦察的不足,美军多次出动 U—2、RQ—1A/B"捕食者"和 RQ—4A"全球鹰"等无人侦察机,监听敌方通信,拍摄敌方活动的现场录像,为空袭提供大量战场信息和目标指示。此外,美军还派出 1 万多名特种作战部队在伊拉克西、北部等地区搜寻"飞毛腿"导弹发射器,寻找大规模杀伤性武器,识别伊拉克政府的各种重要目标。这种综合的侦察手段提高了侦察信息的准确性。

在伊拉克战争中,美英联军利用侦察卫星、侦察预警机、无人机构建成了完整的太空、空中侦察网,而且还强调了空中远程侦察与地面低近侦察相互结合,使侦察网络从太空、空中延伸到地面和细微的部位,使战场更加单向透明,保证了打击精度的大大提高。

2. 无人侦察机的技术发展

无人机具有留空时间长,无人伤亡等优势,特别适合对危险地域的侦察。

在阿富汗战争中,"全球鹰"、"捕食者"等无人侦察机首次执行了打击任务,并在伊拉克战争中得到进一步的扩大运用,从而使无人机的作战使命从传统的侦察、监视和电子对抗,扩展到侦察打击一体化。这样大大缩短了发现目标、捕捉目标和打击目标这一过程所需的时间。从实战的使用情况来看,侦察打击一体化的无人机将有可能成为实施中远程精确打击的一种物美价廉的方案,其准确打击远距离目标的杀伤能力和经济性能都可能超过巡航导弹,并具有巡航导弹所不具有的提供实时毁伤评估的能力。

在阿富汗战争中美军部署了微型无人机:长 15cm,质量 200g,机上装有微型摄像,以 50km/h 的速度在百米上空飞行,用于巷战,对于获取详细的信息情报具有独特的优势。

在伊拉克战争中,美英联军已使用了 10 多种无人机协助对伊拉克的军事打击,使用的种类和数量是海湾战争的 3 倍。

3. 精确制导武器成功应用

精确制导武器的应用,使空袭重要目标由面积轰炸发展为远距离精确攻击,提高了武器的毁伤效能。据有关统计,在第二次世界大战期间,大约需空投 9 000 枚炸弹才能摧毁一个重要目标。越战期间,美军摧毁一个重要目标,炸弹使用数量下降到 300 枚左右。海湾战争期间,美军大约平均 2 枚精确制导武器就摧毁一个重要目标。海湾战争中,多国部队使用的精确制导弹药仅占所投射弹药总量的 8%,而摧毁的目标数占伊拉克被毁战略和战术目标总数的 40%。科索沃战争中,以美国为首的北约部队使用了 2 万多枚炸弹和导弹,其中 8 000 多枚属于精确制导弹头,占全部武器的弹药的 35%,摧毁的目标数量占南联盟被毁目标总数的 74%。美军在阿富汗战争使用的 1.2 万枚炸弹中,有 6 700 多枚是精确制导炸弹,占总数的 56%。在伊拉克战争中,美军主要使用巡航导弹、激光制导炸弹、卫星制导的联合直接攻击弹头等精确制导弹头,精确制导弹药的比率达 68%,是历次战争中最高的。在未来高技术战争中,精确制导武器将继续扮演重要角色。

精确制导武器的制导精度也在不断地提高,特别是 GPS/INS 制导装置的使用不仅具有可以不受气象条件的影响,还不受投弹高度影响,而且命中目标精度偏离约为 3m。在阿富汗战争中,首次使用了风力修正弹头,也大大地提高了轰炸精度和减少附带战斗损伤。

在近几次战争中,美英等国部队使用了如钻地弹、温压弹、电磁脉冲弹、石墨炸弹等特种炸弹。在科索沃战争中,以美国为首的北约使用了 CBU—94 石墨炸弹,导致前南联盟 70% 的电力供应瘫痪;使用的贫铀炸弹造成大面积的环境污染,贻害达数十年。在阿富汗战争中,使用了 GBU—28 和 GBU—37 激光制导钻地弹对塔利班的工事、洞穴精确的打击,其中 GBU—28/B 激光制导炸弹可以穿透 6m 的钢筋混凝土工事。为了打击塔利班躲藏在工事和洞穴里的人员,美军投掷了能产生 6 810kg/cm² 超压和将半径 600m 内的目标完全摧毁的 4 枚 BLU—82 重型航空炸弹。美军还紧急研制了 BLU—118/B 温压弹,并向阿富汗战场运送了 10 枚。在伊拉克战争中,美军大量使用了 GBU—27、GBU—28 和 GBU—37 激光制导钻地弹以及 JDAM 联合直接攻击弹药,MOAB 超级燃料空气炸弹、电磁脉冲等特种炸弹,使伊拉克的地下工程、通信设施造成严重的破坏。海湾战争中美军向伊拉克投掷的 2 枚 GBU—28 炸弹,击中位于巴格达西南方向的阿米里亚防空洞,将防空洞厚 2.15m 的钢筋混凝土层炸开一个直径达 2m 的洞,造成防空洞内人员的大量伤亡。精确制导武器具有作战威力巨大和精确打击功能,对防护工程的威胁具有十分重要的影响。

二、人民防空工程在现代战争中的地位和作用

1991 年的海湾战争,虽然美、英等多国部队取得了胜利,伊拉克遭到失败,但美、英等多国部队的胜利并非全面胜利,伊拉克也不是彻底的失败。伊拉克的作战指挥系统依然存在;地面部队在完全没有空中力量协同、导弹防空体系几乎不能发挥作用的情况下,经受多国部队持续一个多月前所未有的空中打击之后,仍然有效地生存下来;战争潜力的主要部分得以保留,这无疑在很大程度上应归功于伊拉克构筑的大量野战工事和多年苦心经营的地下工程。

1999 年以美国为首的北约发动了对南联盟的空袭行动。在 70 多天中,北约的空中打击不断升级,从攻击防空系统和重要军事设施到攻击武装部队,直到攻击包括铁路、公路、桥梁、民用机场在内的重要交通设施和民用设施,给南联盟造成了严重的损失。北约在此次空袭行动中,投入了大量的先进的海、空军高技术武器装备,与海湾战争相比,打击能力和打击质量有了许多发展和提高。然而军事势力弱小的南联盟,在强敌不断空袭下,指挥系统依旧正常运转;军事实力没有受到明显削弱;军工厂还在照常生产;反空袭作战中还取得了一定的成绩;最终打破了北约通过短期空袭迫使南联盟就范的企图。前南联盟之所以能坚持进行防空袭作战,其中极为重要的原因之一就是多年来南联盟构筑大量地下工事和民防设施,可以保障 800 万居民进入地下工事,保存大量的粮、油、武器弹药等战略物资。凭借有效的防御体系,南联盟保存下来的许多雷达和导弹,为打击敌人,坚持抗战储备了实力。

在阿富汗战争中及其以后的时间里,基地组织领导人本·拉登和塔利班领导人奥马尔利用简易的工事和山中的洞穴,通过机动、隐蔽和转移等手段,不时发布讲话,至今仍在策划基地组织在世界各地对美、英等国发动攻击。在伊拉克战争中,尽管美、英联军发动了两次"斩首"行动,但伊拉克的防护工程将萨达姆及其领导层人员保护了下来,使美军的"斩首"行动无果。在伊拉克战争主要行动结束后的半年多时间里,萨达姆就是在一片沙漠地形不利条件下,依靠防护工程、防空洞和地下室东躲西藏,直至被捕才最终消除了萨达姆给战后伊拉克可能造成的

阴影。

实践证明:完善的人民防空工程体系在高技术局部战争中具有极为重要的作用,在和平时期对于捍卫祖国领土主权完整,维护世界和平也有一定战略威慑作用。战时可有效保存有生力量和战争潜力,有效增加对方的战争消耗。民防工程的作用主要表现在以下几点。

（一）有利于实施信息化作战

数字化局部战争的最鲜明特征是通过数字化技术,将多军兵种和多国部队的作战能力以及各种作战条件和要素结合起来以形成最优的作战能力,而人民防空工程就是形成这种最优作战能力的一个场所。数字化局部战争离不开人民防空工程,先进的指挥系统需要有坚固的防护设施保护才能发挥可靠的作用,因此现代化的战略指挥工程就成了打赢数字化局部战争的神经中枢和统帅部。事实上美俄和其他先进国家的一些战略指挥工程或战区指挥工程都具有掌握全面军事信息、指挥其所属部队、组织重要战斗行动的能力。

在快速流动的战场上,使各军兵种同步作战的一个最困难问题是通信和协调。有可靠的通信设备提供有效的指挥和控制,就可以大大加强空军、导弹、火炮直瞄火力和机动作战部队的协调能力,而人民防空工程则是提供这种协调可靠场所,便于多军兵种和多国部队的配合和互补。

（二）对武器的袭击有较好的防御作用

人民防空工程与其他军事装备相比,其最大的优点是增加其结构防护层厚度和抗力时不受重量的限制,这正是不论打击武器怎样发展防护工程总能经受其打击的一个主要原因。如果将人民防空工程与现在科技和高新武器结合起来使用,就更能提高人民防空工程的作用。在精确制导钻地武器这种强大的打击能力下,目前的一般性设施或军事装备都是不太有可能提供可靠的自我防护能力,只有依靠坚固的人民防空工程才能抵抗这种打击。如果能够充分地利用人民防空工程所在的地形,结合多种防护手段和技术,完全能够有效降低精确制导钻地武器的效能。对弹体运载工具的控制系统进行干扰,或选择合适的地形地貌,对地下工程进行隐蔽、伪装、分隔、分散,使弹体无法实施正面撞击,从而达到积极防御目的。提高遮弹层表面硬度和改变几何形状,如表面做成球形的球面铸铁,使来袭弹体偏航或破坏。改变遮弹层层间的几何形状和结构,如中间夹各种截面形状的栅格或蜂窝状夹层,使侵入的弹头偏转。采用抗侵彻能力强的新遮弹层材料,如夹块石层、钢纤维混凝土板、含钢球钢纤维混凝土、高分子聚合物纤维混凝土等。

（三）与其他作战要素相结合,提高战斗及防御能力

如果将防护工程与天然地形地貌、周边环境、人工构筑物和干扰设施等结合起来使用,可以取得作战保密和保存实力的良好效果。只要灵活地设置好人民防空工程,充分地利用其他作战要素,就能使敌人难于侦察和获取情报,可以伪装好己方的行动,便于实施军事计划而达到作战保密之目的。

人民防空工程与其他作战要素相结合既有利于人民防空工程的生存,也有利于发挥其他作战要素的作用。如果人民防空工程与防空力量有机结合,可以利用防空武器打击精确制导弹、武装直升机和现代隐形飞机,同时也可利用防护工程提高这些防空力量的生存能力。在科索沃战争中,前南联盟具有比较配套的防空武器和训练有素的防空部队,又比较好地利用地形和防护工程的掩护,因此抵抗了北约空袭的"三板斧",甚至还打下了美军先进的F—117A隐形战斗机。在伊拉克战争中由于伊拉克没有将防空力量和防护工程很好地结合起来,其阵地工程受到严重的摧毁,而其防空力量也得不到保护。

（四）有利于利用作战战术，保证机动作战的胜利

在战术运用上，人民防空工程可以发挥不少的作用，为保证机动作战胜利创造许多有利的条件。第一，有利于集中兵力实施决战，大型的阵地工程体系，往往可以迫使进攻方实施迂回行动、集结兵力或暴露进攻重心，为防御方实施反击和决战赢得时间，赢得战机。第二，有助于预测战场事态的发展，通过人民防空工程可以牵制敌方，使敌方作出相应的反应，为防御方判断敌作战意图，预测战争的发展提供判断数据。第三，通过人民防空工程可以使敌方在机动和迂回中暴露弱点，有利于打击敌薄弱环节。第四，有利于己方机动作战部队实施快速机动作战。防护工程具有良好的防护、通信和情报搜集能力，它不仅为机动作战部队提供良好的作战条件，而且还有助于战役指挥官实施作战指挥和控制，并可提供一定的后勤补给。

三、应对新的军事变革，加强我国的防护工程建设势在必行

布局科学、结构合理、功能完备、与经济建设发展相适应的人民防空工程建设，对于保障国家安全与发展，提高我军的作战效能和防卫力以及保护广大人民群众和国家财产，具有重要的战略意义。因此，科学分析我国的周边国际环境，认真研究高技术局部战争的特点，探讨如何进一步搞好人民防空工程建设，已成为一项刻不容缓的任务。建国以来，为巩固与提高国防实力和国际地位，保持反侵略战争的威慑潜力和战备能力，我国把人民防空工程建设作为国家长治久安、抵御侵略的一项重要任务，并取得了很大的成绩。

人民防空工程是战时防空袭，平时防灾，掩蔽人员、物资、保护人民生命和财产安全的重要场所。加强人民防空工程建设对于提高城市防灾抗毁能力和开发地下空间具有重要的作用。

《中华人民共和国防空法》规定：人民防空建设必须坚持平战结合，要"与经济建设协调发展，与城市建设相结合"，"人民防空工程建设规划要纳入城市立体规划"，"城市的地下交通干线以及其他地下工程的建设，应当兼顾人民防空需要"。

人民防空工程建设与城市建设相结合是我国积累和创造的成功经验。抓好人民防空工程建设与城市建设结合，必须研究解决好以下几个问题：第一，要积极与城市规划部门协调配合，真正把城市建设的总体规划与人民防空建设规划落实到实处；第二，要统筹规划，真正使人民防空工程建设做到布局科学合理，各类工程配套齐全，比例协调；第三，要充分重视工程建设的周边环境，重要经济目标建设特别是化工厂、变电站、炼油厂等易产生次生灾害的厂矿、企业，要远离人口稠密区。

当前，随着我国城市现代化进程的加快，城市地面建筑和小区住宅建设速度和数量进入了稳步发展的快车道。今后二十年，是实现人民防空建设跨越式发展的战略机遇期。一方面要积极应对新的军事变革的挑战，在新的更高的起点上建设人民防空工程；另一方面要坚持科学的发展观，从中国的客观实际出发，加强我国人民防空工程建设，增强城市防空抗毁能力。

第二节　核武器的爆炸效应及防护原理

在承认高技术常规空袭是当前主要战争威胁的同时，核武器的威胁不能完全排除，毕竟世界上还存着庞大的核武器库，主要核国家仍把核武器作为其重要的战争筹码，并继续进行新型核武器的研究。一些周边国家在加速发展核武器，进行核武装。因此，人民防空工程考虑核威胁，仍然是必要的。

一、核武器及其效应

(一)核武器及爆炸的方式

利用原子核裂变反应(原子弹)或聚变反应(氢弹)时突然释放的巨大能量起杀伤破坏作用的武器称为核武器。中子弹在爆炸原理上属于氢弹类型。核武器的威力用能量与其相当的普通炸药梯恩梯(TNT,即三硝基甲苯)的重量来表示,称为当量。原子弹的当量小于几十万吨,氢弹的当量可从几十万到几千万吨。可见,氢弹的爆炸威力比原子弹大得多。

核武器在空气中爆炸时的破坏杀伤因素主要有:空气冲击波、热辐射、早期核辐射和放射性沾染及电磁效应等。除放射性沾染能在较长时间内起作用外,其余的作用时间均较短暂。

核武器爆炸后产生的各种杀伤破坏作用,取决于核爆炸时核武器装药当量与地表的相对位置。区分核武器的爆炸方式,主要以参数"比例爆高 H_s"划分。比例爆高计算公式为:

$$H_s = H / \sqrt[3]{W} \tag{6-1}$$

式中:H——爆炸高度,m;

W——核武器 TNT 当量,kt。

一般,$H_s > 40$ 时为空中爆炸,$0 < H_s \leqslant 40$ 时为地面爆炸,$H_s < 0$ 时为地下爆炸。

1. 空中爆炸

空中爆炸是指爆炸产生的火球不与地面接触的核爆炸,几乎不产生弹坑效应。空气冲击波、光辐射、早期核辐射、放射性沾染和电磁脉冲效应主要取决于爆炸高度和核装药的当量。其中空气冲击波是对工程主要的破坏因素。地冲击效应主要是由空气冲击波的能量与大地耦合产生的间接效应,一般强度不大。

高空核爆炸($H_s > 300$)是在气层以上的核爆炸。由于空气稀薄,核爆炸能量主要以光辐射而很少以冲击波的形式出现。高空爆炸对地面及地下工程不致引起破坏,但电磁脉冲则是重要的破坏因素。攻击城市地下人防工程一般不采用空中爆炸。

2. 地面爆炸($0 < H_s \leqslant 40$)

火球与地表接触的爆炸称为地面爆炸。核弹的端部或边缘与地面直接接触时又称触地爆炸($H_s = 0$)。地面爆炸时,前述的诸种爆炸效应均存在。其中空气冲击波和地冲击显得更为重要。放射性沾染比空爆时严重。这是因为地爆时把更多的地面物质及尘埃带到空中,并变得具有强烈的放射性。攻击坚固设防地域常采用核武器地面爆炸方式;攻击特别重要的军事地下工程则可能采用触地爆方式,因为触地爆产生的强烈的地冲击是摧毁埋设地层内较深的坚固防护工程的有效手段。

3. 地下爆炸($H_s < 0$)

地下核爆炸是核装料重心位于地表以下的一种核爆炸方式。地下爆炸包括两种情况,即近地表(浅层)爆炸和完全封闭式爆炸。完全封闭式爆炸时火球不冒出地表面,随着地下爆炸埋置深度的增加,爆炸的能量越来越多地消耗于形成弹坑和地冲击效应方面,而空气冲击波和辐射效应却相应地降低。封闭式地下爆炸则不产生空气冲击波效应。

军事作战上将核武器地下爆炸又称为钻地爆($H_s < 0$)。要使作战的核武器投掷到敌方并钻入地下爆炸,需要解决一系列重要技术难题。从军事理论上讲,核武器钻地爆用于攻击深埋地下的导弹发射井和特别重要的战略防护工程。

(二)核武器的爆炸效应

核武器空中爆炸时,在爆炸瞬间发生强烈的闪光,继而出现光亮的火球,随后火球上升膨胀,在几秒至十余秒时间内火球逐渐冷却。在此期间还发出不可见的早期核辐射、光辐射及强大的空气冲击波。上升的火球将地面上的尘埃掀起呈柱状上升,与火球烟云聚合成蘑菇状。烟云内的物质受强大的早期核辐射而产生感生放射现象,这些烟云随风飘散下落,形成放射性尘埃,回落地面后造成在爆心下风方向的地区放射性沾染地段。

核武器在地面附近爆炸时,地面附近岩土受高温高压弹体蒸汽的冲击,会形成弹坑,并向地内传播直接地冲击波。

1. 光辐射(热辐射)

核爆炸时,在反应区内可达几千万度高温,瞬即发生耀眼的闪光,时间极短,主要是低频紫外线及可见光。闪光过后紧接着形成的明亮火球的表面温度达 6 000℃以上,近似太阳表面的温度。从火球表面辐射出现光和红外线,时间约 1~3s。光辐射的杀伤破坏作用,主要发生在这一阶段。

光辐射的强度用"光冲量"表示。光冲量是指火球在整个发光期间与光线传播方向垂直的单位面积上的热量,单位以卡/平方厘米表示。空中爆炸时,光辐射能量约占总能量的 35%。

光辐射在冲击波到达以前就使被照射的地面物体温度升高,引起物体的燃烧和熔化。它能直接烧伤暴露着的人员皮肤或引燃衣着造成间接烧伤。直视闪光还会烧伤眼底而失明。就 100 万吨氢弹空爆而言,热辐射能使远离 15km 处的人员轻度烧伤并引起火灾。在城市由于可燃建筑物密集,会引起城市大火。

2. 空气冲击波

核武器空中爆炸时,反应区内的高温高压气团猛烈的外扩张,冲击和压缩邻近的空气,形成空气冲击波向外围传播。冲击波来到时,地面上的空气超压(超过正常大气压的那部分压力称为超压)从零瞬时升到峰值,然后随着波阵面的传播逐渐衰减到零,并紧接着出现负压,负压逐渐达到最大值后又恢复到零,如图 6-1 所示。地面冲击波超压的各个参数(超压峰值 ΔP_d、最大负压 ΔP_-、正压作用时间 t_+、负压作用时间 t_-)决定于核武器的当量、爆高以及该处地面到爆心投影点的距离。

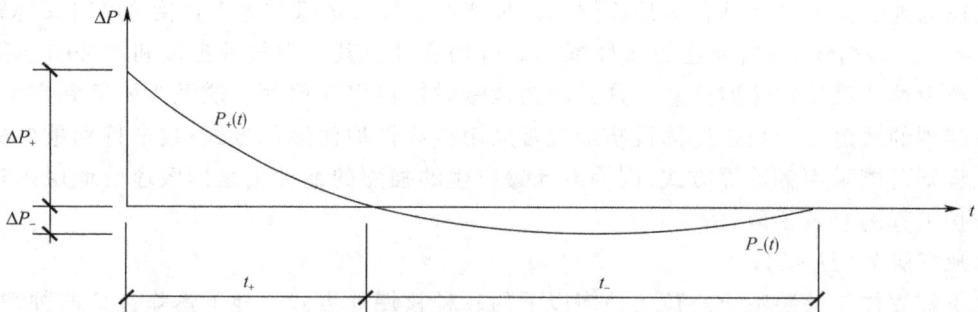

图 6-1 空气超压随核武器爆炸时间的变化过程

空气质点高速运动冲击所能产生的压力称为"动压"。动压的作用只有当空气质点运动受阻时才会表现出来。暴露于地面的人体或建筑物等,受冲击波作用时,冲击波的超压将使人体及建筑物受到挤压作用;动压将使人体和建筑物受到冲击和抛掷作用。由于冲击波的作用时间长达零点几秒至一秒以上,故它可以绕过障碍物,从出入口、通风口等孔洞进入工程内部而使人员或设备受到损伤。

空气冲击波沿地面传播时,一部分能量传入地下而在地层内形成岩(土)中冲击波,工程中又称为岩土中的压缩波,进而破坏岩土中的防护工程和其他地下工程。

空气核爆炸所释放的能量约有 50%～60% 形成了冲击波。因此,空气冲击波是对人员和防护工程主要的破坏杀伤因素。

3.早期核辐射

早期核辐射主要是由爆炸最初十几秒钟内放出的 α 射线、β 射线、γ 射线和中子流。其中 α、β 射线穿透力弱,传播距离近,在早期核辐射中对有掩蔽的人员危害不大。

早期核辐射(γ 射线和中子)具有下列特点。

(1)穿透力强:γ 射线和中子能穿透较厚的物质层,能透入人体造成伤害。

(2)引起放射性损伤:它能引起机体组织电离,使机体生理机能改变形成"放射病",严重者可以致死。早期核辐射还能使电子元(器)件失效、光学玻璃变暗、药品变质等,从而使指挥通信系统、光学瞄准系统、战时医疗工作受损。

(3)传播时发生散射:早期核辐射刚发生时以直线传播,但它在通过空气层时与空气分子碰撞而改变传播方向称为"散射",这种作用会使隐蔽在障碍物后的人员受到伤害。

(4)中子会造成其他物质发生感生放射性:例如土壤、灰尘、兵器、食物等易吸收中子而变成放射性同位素。它们在衰变过程中会发出 β 射线和 γ 射线,使人员受伤害。

(5)早期核辐射作用时间很短,仅几秒到十几秒钟。核防护中核辐射的度量单位称为"戈瑞"(Gy)。

4.放射性沾染

核爆炸产生的大量放射性物质,绝大部分存在于火球及烟云中,主要是核裂变碎片及未反应的核装料。当火球及烟云上升膨胀时,吸进来的土壤及其他物质在中子照射下变成放射性同位素(感生放射性物质)。它们随风飘散下落,又称为核沉降,在地面及附近空间形成一个被放射性物质污染的地带。此外,在核爆炸早期核辐射作用下,地面物质也会产生感生放射性。这些总称为放射性沾染。

地爆时的核反应产物混同大量的地面尘土,重新落到地面后会造成严重的放射性沾染。空爆的爆炸产物大部分漂浮空中,缓慢地下落到很大面积上,地面受到的沾染程度较轻。空爆的放射性沾染主要是地面感生放射性物质造成的。

放射性沾染杀伤人员的特点是持续时间长、伤害途径多。当人员接近被沾染的地面和物体时,可直接受到射线照射引起射线病,人员也可能因吸入污染的空气,吃进污染的食品和水,引起内照射伤害;当放射性灰尘直接落在皮肤上还会引起灼伤。

5.核电磁脉冲

核爆炸时伴随有电磁脉冲发射。另外,早期核辐射和光辐射也会引起空气电离使大气电离性质发生变化。电磁脉冲的成分大部分是能量位于无线电频谱内的电磁波。其范围大致在输电频率到雷达系统的频率之间。与闪电和无线电广播台产生的电磁波相似,具有很宽的频带。

近地核爆炸和高空核爆炸由不同的机制产生电磁脉冲。高空核爆炸由于源区的位置很高,因而干扰的脉冲场可能影响地球很大的范围,达几千公里。地下核爆炸中也会产生电磁脉冲,但由于岩土的封闭作用使武器碎片的膨胀被限制在很小的范围内,因而电磁脉冲的范围较小。

电磁脉冲可以透过一定厚度的钢筋混凝土及未经屏蔽的钢板等结构物,使位于地下工程内的电气、电子设备系统受干扰损坏。

6.直接地冲击

直接引起的地冲击,是指核爆炸由爆心处直接耦合入地层内的能量所产生的初始应力波引起的地冲击。对于完全封闭的地下核爆炸,它是实际存在的唯一的地冲击形式;对于空中核爆炸一般不存在直接引起的地冲击;对于触地爆或近地爆,直接引起的地冲击是爆心下地冲击的主要形式。

7.冲击与振动

由直接地冲击或空气冲击波沿地面传播产生的地运动,有时虽然没有造成结构破坏,但可使结构产生振动(振动位移、速度、加速度)。当振动参数值超过人员或设备可以耐受的允许限度时,会造成人员伤亡和设备损坏。这种损伤较易发生在地下浅层,承受近地或触地核爆炸的情况。

二、人民防空工程对核武器的防护措施

(一)对总体规划的要求

人防工程的位置、规模、战时及平时的用途,应根据人民防空建设和城市建设相结合规划,地上与地下综合考虑,统筹安排。人民防空工程距甲类、乙类易燃易爆生产厂房、库房以及距有害液体、重毒气体的贮罐应有一定的安全距离。这是因为一旦发生核爆炸,上述的建筑发生破坏将会产生次生灾害,严重破坏人民防空工程。

(二)光辐射和早期核辐射的防护

光辐射主要通过岩土及结构进入工程内部,如地面有密集建筑群,有可能引起大面积的持续火灾,燃烧时间可持续数小时。长时间的高温能降低覆土较薄的地下工事的强度,并使工事内部温度升高乃至断绝外部新鲜空气的供给。

人民防空工程出入口的防护(密)门、防爆活门等应采用密度大的材料制作,如钢筋混凝土、钢板制作。宜避开热辐射直接照射,门外的电缆等应埋入地下防止烧坏。设备上的外露胶条、木板等易燃物应采取保护措施,如敷以白漆、白石棉粉等浅色涂料,或裹以隔热耐高温材料。

早期核辐射对于工程本身没有破坏作用,但有穿透作用。人民防空工程应有一定的埋深,顶板及外墙应有一定的厚度,可防止早期核辐射透过土壤覆盖层和工程衬砌进入内部的危害。值得指出的是,防空地下室上面的建筑本身对削弱早期核辐射剂量是有利的。为了减少从出入口进入并穿透通道临空墙和防护门到达室内的核辐射剂量,各道防护门密闭门加起来要有一定的总厚,通道也要有一定的长度。增加通道拐弯数对削弱来自口部的辐射最为有效。与通道紧邻的个别房间如可能透入较大剂量的辐射,可以在建筑布局上安排合适的用途。

虽然早期核辐射分别通过防护层和孔口时受到衰减削弱,进入工程内部后仍剩余一定的剂量,如图6-2所示。防护工程防早期核辐射的设计任务,是保证进入工程内部的总剩余早期核辐射剂量不得超过工程的设计剂量限值。

防早期核辐射设计,一般是在防护工程进行强度设计的基础上进行验算。大致有以下步骤:

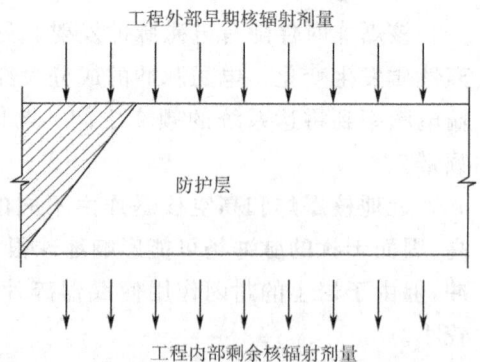

工程外部早期核辐射剂量

防护层

工程内部剩余核辐射剂量

图6-2 防护工程防早期核辐射的设计原理

（1）根据工程抗力等级、核武器当量、爆炸方式、工程所在地的平均空气密度等参数，计算工程所在位置处地面早期核辐射剂量；

（2）计算通过防护层进入工程内部的剩余辐射剂量；

（3）计算从孔口、通道进入工程内部的剩余辐射剂量；

（4）将两者的总剂量与工程的设计剂量限值比较，不超过限值则满足设计要求，如不满足则重新调整工程结构设计参数，重新进行验算直至达到要求。

对于一般抗力要求较低的人民防空工程（如防空地下室），要保证有一定出入口通道长度，覆土加顶盖要有一定的厚度。在人民防空工程设计规范中直接给出了这些参数，设计时只要满足规定的厚度要求，就可满足对早期核辐射的防护。

（三）核电磁脉冲的防护

防护工程内电力、电子系统对核电磁脉冲的防护，大体可以分为两个方面：第一是抗电磁脉冲的工程防护；第二是提高系统自身的抗电磁脉冲的能力。后者是设备的设计生产问题。本节主要讨论核电磁脉冲的工程防护。从工程建设的专业上讲，应是以电气工程专业为主，土建工程专业协助配合。对于电气工程专业提出的工程防护措施，从建筑结构上予以实现和完善。

根据前述核爆炸电磁脉冲能量进入工程的各种主要途径，科学研究和工程实践已提出多种可行的工程防护措施。总的原则有以下三个方面，即衰减、屏蔽和接地。

衰减就是提高对电磁脉冲的衰减率，例如在工程口部增加弯折段、口部安装金属波导段等。屏蔽就是利用导电或导磁材料制成屏蔽体将电磁能量限制在一定的空间范围内，使场的能量从屏蔽体的一面传到另一面时受到很大的削弱。例如利用钢筋混凝土工程结构的钢筋或钢构件连接成整体回路形成屏蔽体，以提高工程整体对电磁脉冲的防护能力；又如将重要设备房间的内壁，粘贴全封闭的钢板构造屏蔽层从而起到保护设备的作用。接地是在通常和事故的情况下，利用大地作为接地回路的一个元件，将接地处的电位固定在某一允许位值上，工程的电力设备系统一般不单独设置防核电磁脉冲接地，而是与防电接地、保护接地、工程接地一起组合一个共用接地系统。工程内的电子设备系统可以单独设置抗电磁脉冲接地系统，也可采用共用接地系统。

在工程结构上采取必要的屏蔽措施，最有效的办法是用钢板等金属板材将需要屏蔽的房间乃至整个工程结构封闭式地包起来并良好接地，或对需要屏蔽的房间用一定细密程度的钢丝网包起来。对于一般的装备及人员，电磁脉冲不致造成危害。关于各种抗电磁脉冲的工程措施的详细构造，可参阅有关的设计规程、规范。

（四）核爆炸空气冲击的防护

1. 空气冲击波的特性

爆炸是能量在瞬间内集足释放的结果。当爆炸发生在空气介质中时，反应区内瞬时形成的极高压力与周围未扰动的空气处于极端的不平衡状态，于是形成一种高压波从爆心向外运动。这是一个强烈挤压邻近空气并不断向外扩展的压缩空气层，它的前沿犹如一道运动着的高压气体墙面，前沿上的超压值最高，靠里则逐渐降低。当压缩区的前沿离开爆心一定距离以后，由于气体运动的惯性影响以及在爆心处得不到能量的进一步补充，于是在紧随压缩区之后就出现了压力低于正常大气压的空气稀疏区。紧密相连的压缩区和稀疏区脱离爆心向四周传播，这就是空气冲击波［图 6-3（a）］

图 6-3（c）是压缩区和稀疏区内的压力分布情况。压缩区的前沿与未扰动空气的分界面称

为冲击波的波阵面或波头。在波阵面上,气体的压力、密度、温度和空气分子的运动速度都突跃到最大值,这是冲击波的主要特点。波阵面以超音速向前推进,由于能量的空间扩散和消耗,离开爆心愈远,波阵面的超压不断降低,同时压缩区和稀疏区的厚度也越来越大,最后转变为普通的气流。

图 6-3(b)表示了冲击波通过空间某一点时,该处压力随时间的变化情况。冲击波来到时,该处超压瞬时由零增到峰值 ΔP_z,然后随着压缩区通过,该点压力不断减小,紧接着稀疏区通过,超压变为负值,负压逐渐增大到最大值 ΔP_- 后又逐渐减小并恢复到正常大气压。压缩区通过的持续时间称为正压作用时间 t_+,稀疏区通过的持续时间称为负压作用时间 t_-。

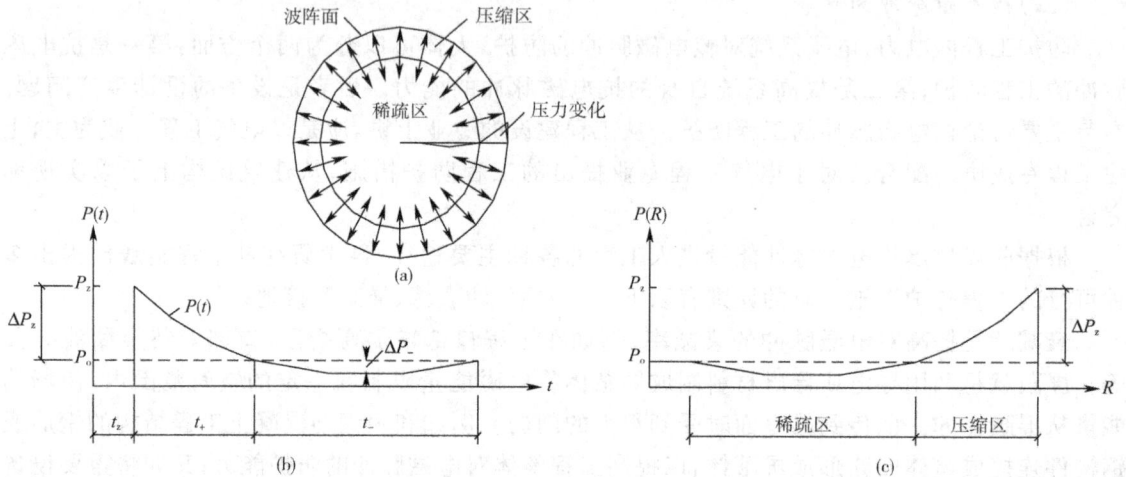

图 6-3　空气冲击波

P_z-波阵面绝对压力(kg/cm²);P_0-正常大气压力(kg/cm²);ΔP_z-波阵面超压(kg/cm²);$\Delta P_z = P_z - P_0$;ΔP-冲击波最大负压(kg/cm²);t_z-波阵面从爆心到某一固定点的时间(s);t_+-冲击波正压作用时间(s);t_--冲击波负压作用时间(s);R-离爆心距离(m)

2. 核爆炸冲击波的防护措施

核爆空气冲击波对地下工事的破坏途径主要有:

(1)破坏出入口和通风口附近的地面建筑物或挡土墙,使工事口部堵塞;

(2)直接进入工程的各种孔口,破坏口部通道、临空墙以及孔口防护设备,杀伤内部人员;

(3)压缩地表面产生土中压缩波,通过压缩波破坏工事结构。

所以工事的出入口和通风口应避开地面建筑物的倒塌范围,出入口露出地面部分宜做成破坏后易于清除的轻型构筑物。若因条件限制不能避开时,出入口的敞开段上方设置防倒塌棚架,通风口应有防堵措施。应该设置两个以上的出入口,并保持不同朝向和一定距离以减少同时遭到破坏的可能性。工程结构和口部构件要按照冲击和压缩波的动力作用进行设计,为此应尽量利用工事上方自然地层的防护能力,并应合理选择口部位置和有利地形,以减少冲击对口部的反射超压和压缩波的强度。

出入口的防护门、防护密闭门和防护密闭盖板,通风口的防爆活门可以阻挡冲击波,使其不能进入人防工程内部。

在给水、排水系统的管道口安置具有一定抗力的密闭阀门或消波装置。掩蔽部的排污口应设计成具有防冲击波作用的防爆波井。各种穿墙管均需采用良好的封堵措施。

需要注意的是在工程外墙与岩土交界面附近,由于工程和岩土介质位移的不协调,有可能在界面上发生错动而将该处的管线剪断或拉断,因此,穿墙管道的防爆装置必须有足够的抗力。

3. 结构及构件防核爆炸冲击波作用的设计

(1)计算方法

人民防空工程结构设计中常用两种动力分析方法,一种是等效静荷载法,一种是动力响应数值分析方法(有限单元法、数值积分法、振型叠加法、插分法等)。等效静荷载法是将一个真实结构,按照动力等效的原则简化为一个单自由度动力等效体系的近似分析方法。对于单跨梁板结构的动位移及动弯矩具有很好的工程精度。其基本表达式为:

$$q = \Delta P_{\mathrm{m}} \cdot K_{\mathrm{d}} \tag{6-2}$$

式中:q——等效静荷载;

K_{d}——动力系数;

ΔP_{m}——作用在结构构件上动荷载的峰值。

结构动力学已经指出,由于考虑惯性力的影响,防护结构的动应力和动位移,与等数值静荷载作用下的应力和位移值不同。此外,与一般民用工程承受的动力作用不同,作用于人民防空工程结构的动荷载是瞬息或短暂作用的,进行动力分析时,通常需要确定将动力计算转化为静力计算时所需增大的倍数(如计算等效单自由度体系的动力系数、相互作用系数等),或直接计算出结构的动应力和动位移(如按多自由度体系计算)。

众所周知,实际构件是无限多自由度的体系。尽管结构的有限元等数值分析方法及计算机的应用有了迅速的发展,鉴于防护结构设计系在变异性较大的荷载下的极限设计,以及其他一些随机因素的影响,在大多数情况下,工程上过分追求计算方法上的繁杂运算是没有必要的。实际工程设计中,人民防空工程结构通常采用近似的按等效单自由度体系计算的等效静荷载法,能保证一般的工程精度要求。因此,在人民防空工程结构设计中,仅对个别重要工程,在确有必要时,才进行比较严格的动力分析。但也应当指出,设计中虽然没有必要采取过于严格而烦琐的运算分析,这也并不妨碍进一步深入探索人民防空工程结构的工作原理和改进并完善设计计算方法。计算理论与方法的不断完善,为各类近似分析方法打下了更坚实可靠的基础。

(2)等效静荷载法的概念

对于一般人民防空工程设计,多用等效静荷载法计算冲击爆炸作用产生的荷载。在动载作用下构件的动位移为:

$$y(t) = K(t) \cdot y_{\mathrm{cm}} \tag{6-3}$$

由动力系数的概念,体系最大动挠度如式(6-4):

$$y_{\mathrm{dm}} = K_{\mathrm{d}} \cdot y_{\mathrm{cm}} \text{ 或 } K_{\mathrm{d}} = \frac{y_{\mathrm{d}}}{y_{\mathrm{cm}}} \tag{6-4}$$

K_{d} 是动力系数,更确切地表述应是"位移动力系数"。它是动荷载作用下最大动挠度与相应静荷载作用下静位移之比,即动力作用效果的放大倍数,它表示动荷载对结构作用的动力效果。K_{d} 为结构自振频率 ω 及荷载随时间变化规律 $f(t)$ 的函数。

由实际受弯构件的无限自由度体系近似分析可以知道,确定最大动位移和最大动弯矩时均可忽略高次振型,只取相应基本主振型的动位移与动弯矩,即认为构件振型不变,而且该振型通常取与动荷载值作为静荷载作用的静挠曲线相同。因此,结构在动荷载作

用下的最大动位移和最大动弯矩,将与静荷载作用时的值保持相同的线性关系。所以,最大动弯矩为:

$$M_d = K_d \cdot M_{cm} \tag{6-5}$$

式中:M_d——最大动弯矩;

K_d——动力系数;

M_{cm}——静荷载作用时的弯矩值。

这样,在实际弹性构件计算中,通常可先将动荷载最大值放大 K_d 倍记作 q_d,然后再确定 q_d 静载作用下的位移与弯矩,其值与计算的相应动荷载作用产生的最大动位移与最大动弯矩值完全相等。因而,称 q_d 为等效静荷载,其计算公式同式(6-2)。

由此可以看出,按弹性动力体系等效静荷载法进行动力分析,最后归结为动力系数的计算。求出等效静荷载后就可按静力方法进行结构内力计算。

等效静荷载法的基本假定如下:

①结构的动力系数 K_d,等于相同自振频率的等效简单质量弹簧体系中的数值;

②结构在等效静荷载作用下的各项内力如弯矩、剪力和轴力,等于动荷载下相应内力的最大值。

应当指出,等效静荷载法是一种近似的动力分析方法。因而,在等效静荷载作用下一般只能做到某一控制截面的内力(如弯矩)与动荷载下的最大值相等。实际上,动荷载产生的最大内力 M、Q、N 与动荷载最大值作为静力作用时的内力 M_{cm}、Q_{cm}、N_{cm} 的比值,三者并不完全相等(即等于 K_d),而存在有一定误差。

(3)等效静荷载的计算方法

对承受核爆炸或炸弹爆炸产生的土中压缩波作用的土中浅埋结构而言,其动力分析是一个土壤与结构动力相互作用的问题,或者说是一个波动与振动的耦合运动问题。国外对此类问题多采用基于经验基础上的拱效应法和基于一维波理论基础上的相互作用分析法。

我国设计部门习惯采用等效静荷载方法,作用在人民防空工程顶盖、侧墙和底板上的等效静载用下式计算:

$$q_1 = K_{d1} K P_h \tag{6-6}$$

$$q_2 = K_{d2} \xi p_h \tag{6-7}$$

$$q_3 = K_{d3} \eta \frac{q_1}{K_{d1}} \tag{6-8}$$

式中:q_1、q_2、q_3——分别为结构顶盖、外墙、底板的均布等效静荷载标准值,N/mm^2;

K_{d1}、K_{d2}、K_{d3}——分别为结构顶盖、外墙、底板的动力系数;

P_h——顶盖覆土深度处入射压缩波峰值压力,MPa,按人民防空工程的规范进行计算;

p_h——各层外墙中点处入射压缩波峰值压力,MPa;

K——顶盖综合反射系数;

ξ——土的侧压系数;

η——底压系数。

当确定了结构构件上的等效静载标准值后,就可以按普通结构力学的方法分析结构内力。使用上述方法的优点是使用方便;其缺点是对于复杂结构精度无法保证,对于大型结构必须考虑移动的荷载或需进行抗震分析,该方法将是无能为力的。当然,对于一般浅埋人防地下工程,这样的计算精度再加某些调整以及结构构造上的处理,能够满足工程使用要求。

①P_h的计算

P_h值与到达一定覆土深度的土中压缩波峰值及土体的性质、含水率及覆土深度有关。随着覆土的深度的增加呈现非线性的变化,其计算公式和参数参考相关人民防空工程设计规范。

②K、ζ、η的确定

K为顶盖的综合反射系数,与工程的覆土厚度、土的含气量以及顶板的形状有关。当覆土厚度大于或等于不利覆土厚度的K值,按不动刚体反射系数、结构刚体位移影响系数以及结构变形影响系数后得出的。另外,压缩波的传播及饱和土中的结构动荷载作用规律是一个复杂的问题。目前,我国的设计规范已经作了简化。ζ、η值与土的类型以及是否在地下水位以下有关,设计时,K、ζ、η都可查阅有关规范及规定。

③K_d的计算

人防工程中直接承受空气冲击波作用的结构和承受岩土中压缩波作用的结构是不同的,它们的分析方法有重大区别。

a. 直接承受空气冲击波作用的结构

这类结构有齐地表结构的顶盖、地面的结构、防护门等。

由于核爆冲击波正压作用时间通常大大超过结构达到弹性极限变位的时间,在构件达到最大动挠度及最大动内力前,压力衰减不大,所以可简化为冲击波荷载不衰减。动力系数的确定与结构构件允许延性比$[\beta]$有关。

$[\beta]$即结构构件的允许最大变位与弹性极限变位的比值。$[\beta]$值根据结构受力情况按有关设计规范、规程确定。

b. 承受土中压缩波作用的地下结构

埋在土中的掘开式工程,要计算出K_d,首先要确定结构的自振频率,这种计算比较烦琐。我国的规范对此作了简化,并给出了计算公式、图表;对于低抗力级别的人民防空工程,直接给出了各构件的等效静载标准值,供设计时查阅。

试验结果与理论分析表明,对于一般人防工程结构在动力分析中采用等效静载法,除了剪力(支座反力)误差相对较大外不会造成设计上的明显不合理,这是符合防护要求的。

(五)放射性沾染的防护

防护工程对其防护的主要目的是防止放射性物质从出入口、门缝、孔洞、进排风口进入工程内部。为此,在出入口通道要设置防护密闭门和战时人员进出洗消设施。对通风系统设排气活门,必要时采取隔绝式通风等措施。

第三节　常规武器的破坏作用及防护对策

由于高技术常规武器的破坏力空前提高,在局部战争中,常规武器可以达到核袭击同样的破坏效应。在战时,敌方对相当数量的城市同时实施核袭击的可能性是很小的,

在局部战争的主要作战区域,遭到敌方高技术常规武器袭击的可能性很大。因此,人民防空工程必须加强对常规武器破坏效应的防护。常规武器主要包括炮弹、航(炸)弹和导弹。

一、常规武器及其效应

(一)常规武器的概况

1.常规武器的分类

对防护结构产生杀伤破坏作用的常规武器主要有以下几种。

(1)轻武器,如步枪、轻重机枪、火箭筒等轻武器发射的枪弹及火箭弹等。

(2)火炮,如加农炮、榴弹炮、迫击炮、无后坐力炮发射的各种炮弹。

(3)飞机投掷的各种航空(炸)弹。

(4)常规装药的导弹、巡航导弹。

2.弹丸

在常规武器中,命中目标的弹丸中装的药可以是各种炸药。弹丸命中目标时,在其巨大的动能作用下,冲击、侵彻、贯穿目标,继而炸药爆炸以震塌和破坏工程结构和杀伤人员。一些特种炮、航弹在弹丸内装有燃烧剂(燃烧弹),还可造成地面目标发生大火。由于炸药爆炸过程是一种在极短时间内释放出大量能量的化学反应,故常规装药火炮航弹及炸药的爆炸又称为"化学爆炸(化爆)"。

常规武器对结构的破坏是由弹丸产生的,针对不同攻击目标选择破坏效应不同的弹丸,弹丸(炮弹、航弹及导弹战斗部)可分为如下几种主要类型。

(1)爆破弹型

主要依靠炸药爆炸产生的冲击波及弹片来破坏杀伤目标。

(2)半穿甲弹型

一方面依靠弹丸的冲击动能侵入目标,又同时依靠一定量装药的爆炸作用来破坏目标。

(3)穿甲弹型

主要依靠弹丸巨大的冲击比动能侵入、贯穿目标。

(4)燃烧弹型

主要依靠弹体内的凝固汽油等燃烧剂产生的高温火焰,形成目标大火来破坏目标。

(5)燃烧空气弹型

依靠弹体爆炸后内装的液体燃料与空气混合形成气化云雾,经二次引爆产生强大的冲击波来破坏目标和杀伤人员。

其他还有产生特殊破坏效应的,如炮弹中的空心装药破甲弹、碎甲弹等。

3.炮弹

对于工程而言,述及的炮弹仅指飞行投掷命中目标的部分,即弹丸部分。

炮弹有多种分类方法,按对工程目标的破坏方式,常用炮弹可分为:榴弹、混凝土破坏弹或半穿甲弹、穿甲弹等。炮弹的弹级以口径(mm)标志,如155mm榴弹。

(1)榴弹

榴弹以炸药爆炸作为破坏防护目标和杀伤人员的主要方式,是火炮的基本弹种之一。它的特点是弹壳薄(其厚度为弹径的 $1/16 \sim 1/15$);装药多(装填系数在 $10\% \sim 25\%$ 以上,装填系数=装药量/弹重);多数装有瞬发引信。榴弹利用装药爆炸的冲击波及弹壳碎片破坏抗力较低的防护结构如野战结构,以及杀伤暴露人员。它对坚硬介质如钢筋混凝土、岩石等侵入作用较差,但对土壤侵彻较深,从而在土中爆炸对土中结构产生危害。榴弹的结构见图 6-4。

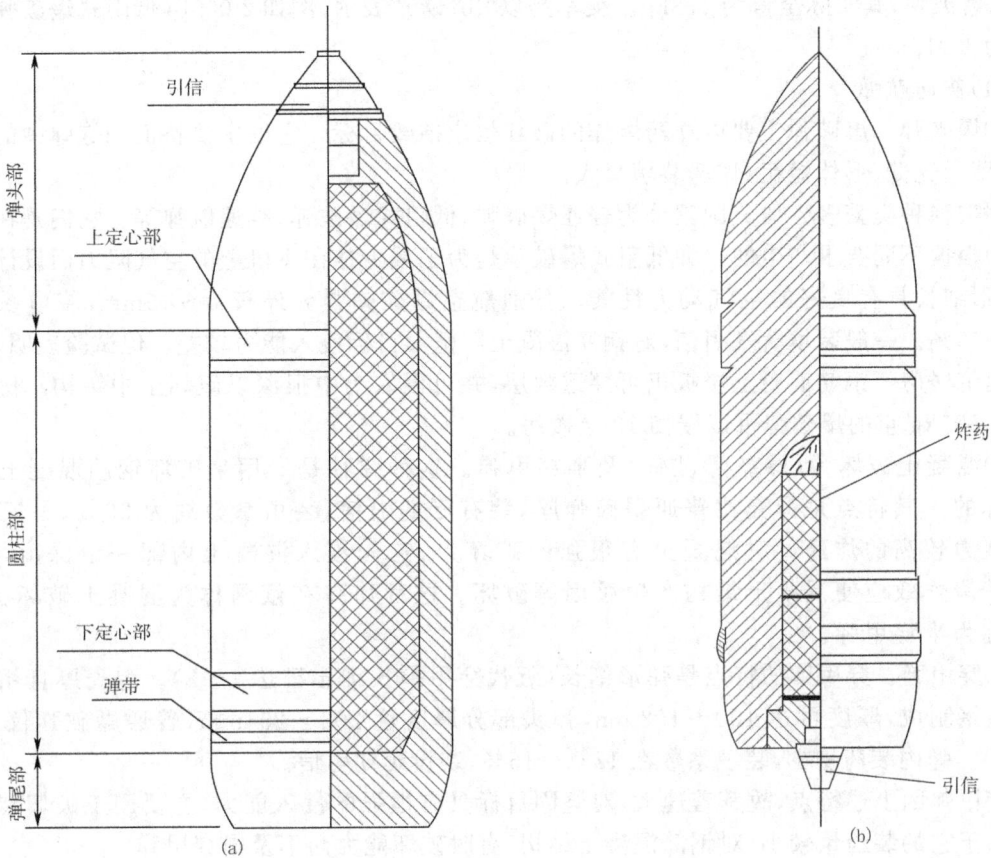

图 6-4　榴弹的结构
(a)榴弹;(b)普通穿甲弹

（2）混凝土破坏弹（半穿甲弹）

这类炮弹弹壳比榴弹厚,命中钢筋混凝土结构及岩石介质时,弹壳不会破裂;炸药装填系数比榴弹小;一般安装延期引信。因而,它可以侵入钢筋混凝土材料及岩体介质中爆炸,并具有相当大的爆炸威力。它主要用于破坏钢筋混凝土防护结构。

（3）穿甲弹

穿甲弹一般命中速度很高,比动能大(弹丸动能/弹芯断面面积),具有很强的穿透能力,可以侵入坚硬介质。它主要用于攻击装甲结构和钢筋混凝土结构。

目前穿甲弹发展很快,种类较多,穿甲原理也各异。常用的有:普通穿甲弹、次口径超速穿甲弹、超速脱壳穿甲弹、空心装药破甲弹、碎甲弹等。

4.航弹（航空炸弹）

航弹由飞机携带并投向目标,是防护工程主要抗御的常规武器。

航弹按破坏目标方式的不同,可分为爆破弹、混凝土破坏弹(又称厚壁爆破弹,与其性质类似的还有美军的低阻式爆破弹)和半穿甲弹、穿甲弹、燃烧弹、燃烧空气航弹等。

航弹按其有无制导系统,又可分为普通航弹和制导航弹。

航弹的等级是以它的名义重量来标志的。俄军的航弹级别以"kg(公斤)"表示,例如500kg爆破弹,其实际全重为478kg。美军是以"lb(磅)"表示,例如2 000lb低阻式爆破弹实际重量为1 015kg。

(1)普通航弹

①爆破弹。爆破弹主要以炸药爆炸的破坏效应摧毁目标。它的主要特征和炮弹中的榴弹类似,即弹壳薄、形体短粗、炸药装填量大。

爆破弹种类繁多。如美国就分为普通爆破弹、低阻式爆破弹、减速航弹等。它们是在运用过程中根据不同要求产生的。如低阻式爆破弹是为了减少挂在飞机上的空气阻力而设计生产的,外形细长具有良好的空气动力性能。普通航空爆破弹弹壳厚仅8～15mm,装填系数达42%～50%。一般装填瞬发引信,对钢筋混凝土等坚固目标侵入能力较差。但试验表明,对于民用建筑楼房等钢筋混凝土楼板仍可穿透数层,并可侵入土中很深以破坏土中结构。例如试验的1 500kg重的爆破弹可以侵彻10层楼房。

②混凝土破坏弹(厚壁爆破弹)及半穿甲弹。这种弹种是专用来破坏钢筋混凝土等坚固目标的。其特点是弹壳比普通爆破弹厚,装有延期引信,装填系数约为30%,一般装填爆炸威力较高的炸药。对混凝土有很强的破坏力,它先侵入混凝土内部一定深度,然后利用其爆炸效应使混凝土结构产生震塌等破坏。这种炸弹在俄国称为混凝土破坏弹,在美国称为半穿甲弹。

③穿甲弹。穿甲弹的特点是弹形细长(近代穿甲弹长细比已达7～8)。弹壳厚且用坚硬的合金钢制成,厚度可达100～152mm,弹头部分厚度达203～254mm(普通爆破弹仅10～14mm)。弹内装药量少,装填系数在12%～15%,装设延期引信。

穿甲弹因上述特点,故其着速大,对坚固目标具有很强的侵入能力,主要用于破坏装甲设施。由于它的装药量较小,对钢筋混凝土结构,有时破坏能力尚不及半穿甲弹。

④反跑道航弹(炸弹)。航弹的穿甲深度和侵彻能力与投弹高度有关,投弹愈高,命中角度愈小,侵彻愈深,但命中精度也大幅度下降。为此各国近年研制了一种适宜于低空或超低空(数十米)投掷的半穿甲弹。为了使命中角度减小,在投掷后航弹尾部张开一个降落伞,使弹体尽量垂直,进而尾部助推器点燃,使弹体增速向目标冲击。因而,这种弹具有命中精度高、威力大的特点。如国外现研制的一枚200kg级的反跑道航弹,可炸穿0.4m厚的跑道,形成直径为5m,深2m的大弹坑。这种弹种除用于破坏机场跑道外,还可用于摧毁坚固工事、城市交通干道、交通枢纽等。

⑤燃烧空气弹(云雾弹)。这种弹种装填的不是固体炸药,而是将一种液化气体燃料装填在弹体内,在距地面一定高度的空中炸开弹体,使液化气体汽化并与空气混合成爆炸气体,然后自动引爆该爆炸气体,造成大面积杀伤人员及炸毁工程结构物。

由于这种混合气体比空气重,在引爆前可能钻进壕沟、地下掩体、地下室或由通风孔进入室内、电站,并在人防结构内部爆炸,爆炸威力很高。

⑥燃烧弹。燃烧弹虽然不具备对目标的侵彻爆炸能力,但燃烧的高温可造成木质结构及地下工程口部受损以及城市火灾。

燃烧弹弹内装填的是凝固汽油、胶状燃料等混合燃烧剂。有的燃烧弹很小,仅4～10lb重,集中装于一个大弹体内,称为子母弹。下落接近地面时再分散开落下引燃。

（2）制导航弹（制导炸弹）

对典型目标的常规轰炸毁伤分析表明，当使用500kg级航弹攻击一个阵地钢筋混凝土工事，采用水平投弹时需投弹千枚以上，即使俯冲投弹也需数百枚才能将其摧毁。由于一般航弹投弹的散布面很大，所以除非采用大规模的面积轰炸来攻击群体目标，否则对于一个坚固的地下工程，其轰炸效果是很有限的。

制导航弹就是使航弹脱离飞机后通过自导或其他控制引导航弹命中目标。目前制导系统有激光制导、电视制导、红外制导、指令制导（无线电指令制导）、全球定位系统制导（GPS）等，其命中率可达50%～80%。制导航弹可以在普通航弹上改装加上制导系统。这种航弹对于重要工程构成了严重威胁。由于制导航弹的成本较贵，目前尚不能大规模普遍使用，仍限于摧毁重要的军事目标。

制导航弹就其破坏效应与普通航弹基本一致，其主要特征是命中精度的提高。

5. 导弹

导弹是由战斗部、动力装置和制导系统组成的飞行器。战斗部可以装填核装料、高能炸药、化学毒剂或带细菌的生物体等；动力装置实际上就是一枚火箭，可将战斗部运送到指定区域；制导系统是为了将导弹精确引导到预定目标上去。导弹必须具备上述三要素。

装有常规战斗部（炸药）的导弹对工程的破坏作用，与炮弹及航弹类似。

（二）炮、航弹的局部破坏效应

1. 冲击局部作用

无装药的穿甲弹命中结构，或有装药的弹丸命中结构尚未爆炸前，结构仅受冲击作用。具有动能的弹体撞击结构有两种可能：一种情况是弹体动能较小或结构硬度很大，弹体冲击结构仅留下一定的凹坑后被弹开，或者因弹体与结构成一定的角度而产生跳弹，即弹丸未能侵入结构；另一种情况是弹丸冲击结构侵入内部，甚至产生贯穿。

弹丸以一定的速度沿目标法线冲击混凝土构件的破坏特征如下。

（1）当目标厚度很大，以命中速度v命中目标时，只在目标正表面造成很小的弹痕，弹丸被目标弹回，见图6-5（a）。

（2）命中速度v不变，当目标厚度减薄时，弹丸不能侵入混凝土内，但在混凝土表面形成一定大小的漏斗状孔，这个漏斗状孔称为冲击漏斗坑，见图6-5（b）。

（3）命中速度v不变，目标厚度再减薄，则在形成冲击漏斗坑的同时，弹丸侵入目标，排挤冲压周围介质而嵌在一个圆柱形的弹坑内，见图6-5（c）。这种破坏现象称为"侵彻"。

（4）混凝土厚度再减薄，结构反表面出现裂纹。裂纹的宽度和长度随目标厚度的减薄而增大，见图6-5（d）。

（5）混凝土结构再减薄时，结构背面将出现部分混凝土碎块脱落，并以一定速度飞出，这种破坏现象称为"振塌"。当有较多混凝土振塌块飞出后，则形成振塌漏斗坑，见图6-5（e）。

（6）结构厚度继续减薄时，则出现冲击漏斗坑和振塌漏斗坑连接起来，产生"先侵彻后贯穿"的破坏现象，见图6-5（f）。

（7）结构厚度很薄时，弹丸尚未完全侵入混凝土内，就以很大的力量冲掉一块截锥状混凝土块，并穿过结构。这种破坏现象称为"纯贯穿"，见图6-5（g）。

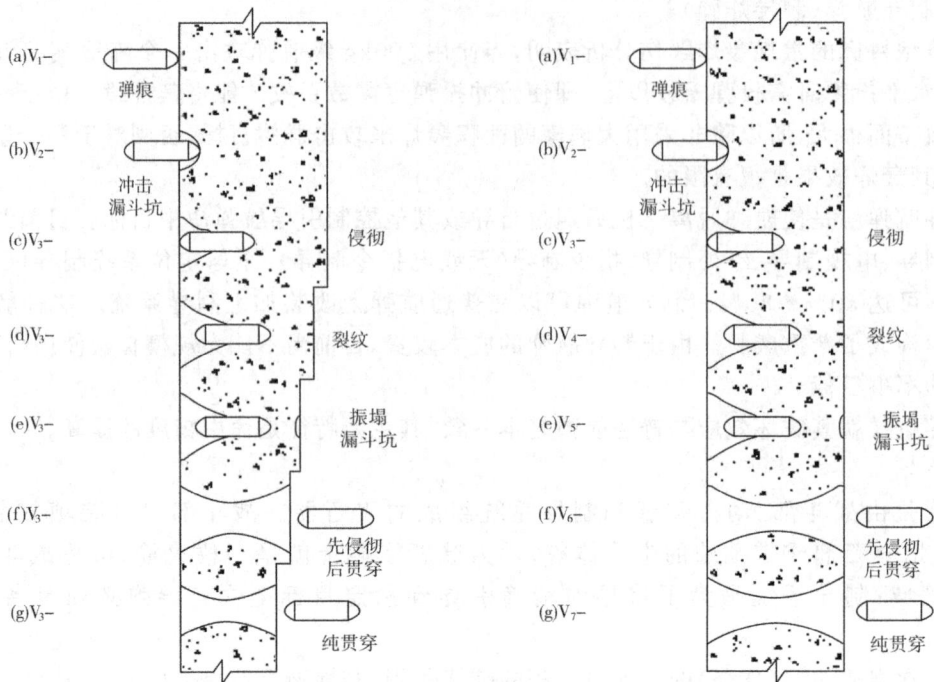

图 6-5　冲击局部破坏现象

反过来,若结构构件的厚度不变,弹丸命中速度逐渐增大时,结构的破坏特征相同。

单纯冲击引起的破坏都发生在弹着点周围或结构反向临空面弹着投影点周围。这与一般工程结构的破坏现象如承重结构的变形以至倒塌等不同。它的破坏仅发生在结构的局部范围,又是由冲击引起的,因此称冲击局部破坏。局部作用和结构的材料性质直接有关,而和结构形式及支座条件关系不大。

2. 爆炸局部作用

炮航弹一般都装有炸药,在冲击作用中或结束时装药爆炸,进一步破坏结构。图 6-6 是炸药爆炸时脆性材料组成的结构的破坏现象。

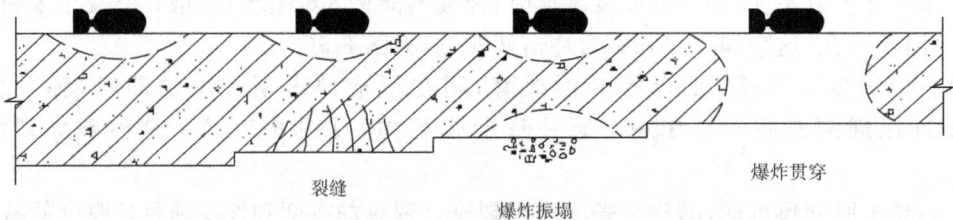

图 6-6　爆炸局部破坏现象

从图 6-6 可以看出,爆炸和冲击的局部破坏现象是十分相似的。都是由于在命中点附近的材料质点获得了极高的速度,使介质内产生很大的应力而使结构破坏,且破坏都是发生在弹着点及其反表面附近区域内,因而称局部破坏现象。炮航弹命中结构,装药爆炸可以分为三种情况:直接接触结构爆炸、侵入到结构材料内爆炸、距结构一定距离爆炸。前两种情况对结构的破坏一般是以局部作用为主,而距结构一定距离爆炸时,结构可能产生局部破坏,也可能不产生局部破坏。不产生局部破坏时,结构只承受爆炸的整体作用。

254

(三)炮、航弹的整体破坏作用

结构在遭受炮航弹的冲击与爆炸作用时,除了上述的侵彻、振塌、贯穿等现象外,炮航弹冲击、爆炸时还要对结构整体产生压力作用,一般称冲击和爆炸动荷载。在冲击、爆炸动荷载作用下,整个结构都将产生变形和内力。如梁、板将产生弯曲、剪切变形;柱的压缩及基础的沉陷等。整体破坏作用的特点是使结构整体产生变形和内力,结构破坏是由于出现过大的变形、裂缝,甚至造成整个结构的倒塌。破坏点(线)一般发生在产生最大内力的地方。结构的破坏形态与结构的形式和支座条件有密切关系,见图6-7。

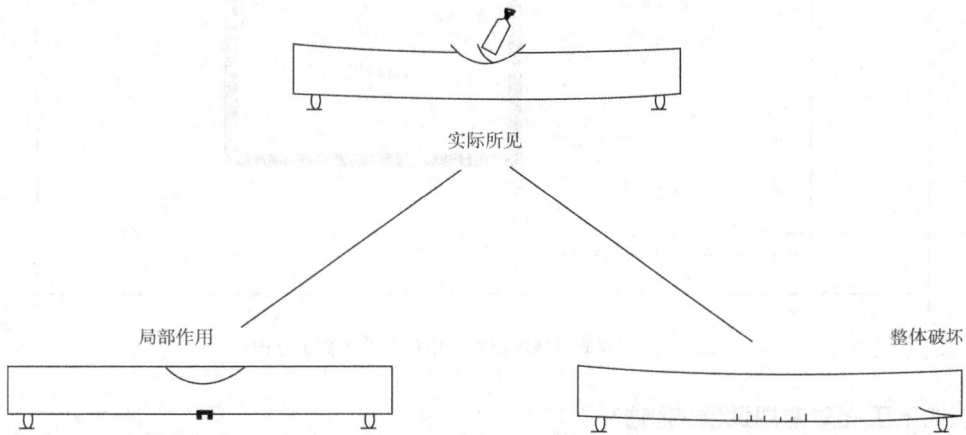

实际所见

局部作用

整体破坏

图 6-7　炮、航弹命中简支梁时的局部破坏作用和整体破坏作用

(四)接地冲击与感生地冲击

常规武器地面或地下爆炸后形成的地运动称作地冲击。当常规武器未直接命中地下工程,而离工程一定距离爆炸时,地冲击以土中压缩波的形式作用到地下结构上。

当常规武器在土中全封闭爆炸时,爆炸压缩动能全部转换为直接地冲击作用。当常规武器空中爆炸时,地冲击作用只是由作用在地面上的空气冲击波产生的感生地冲击作用引起的。当常规武器在地面或靠近地面爆炸时,爆炸的一部分能量直接传入地下,形成直接的地冲击;另一部分能量通过空气传播产生空气冲击波,形成感生的地冲击。

在地表区域,发源于爆心的直接地冲击和感生地冲击将发生复杂的叠加和混合。地表区域某一点经受的最终地冲击是感生地冲击和直接地冲击的复合。两种地冲击的相对幅值和传播顺序与地冲击通过的介质(空气和土)以及距爆炸点的距离有关。

地面爆炸由于它的复杂性,在理论上还没有得到很充分的阐述。数值模拟研究表明:当常规武器装药在距土中结构外墙一定距离处爆炸时,土中浅埋结构一般位于爆炸的表面区域,既受到土中直接地冲击的作用,又受到感生地冲击的作用。但感生地冲击与直接地冲击可以分开考虑,作用在结构上的地冲击荷载可以取两者中的较大值。顶板主要承受感生地冲击荷载。空气冲击波感生的地冲击波阵面虽与地面有一夹角,但角度不大,基本沿地表向下传播,是顶板的主要作用荷载。直接地冲击在表面区域的传播方向基本水平,其作用到顶板上的竖向分量很小,可忽略不计。外墙主要承受直接地冲击荷载,感生地冲击的水平分量峰值在大多数情况下要小于直接地冲击峰值,如图6-8所示。

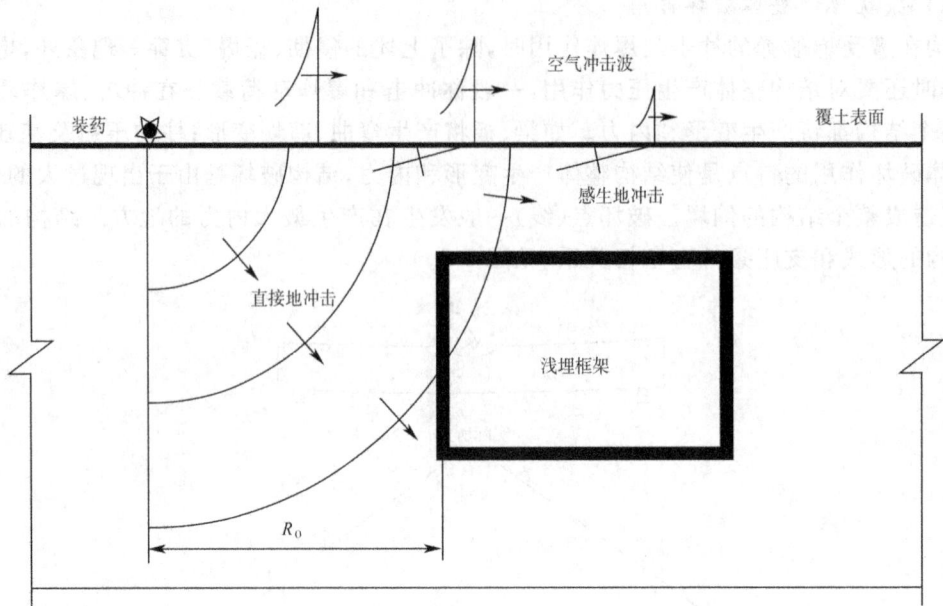

图 6-8　常规武器地面爆炸土中压缩波传播示意图

二、地下工程对常规武器的防护

无论是过去还是未来,炮、炸弹一直是用以破坏各种防护工程的主要兵器。对炮、炸弹的防护,是人民防空工程应考虑的重要问题。

实践证明:城市遭受轰炸时,人员伤亡绝大多数不是由于炸弹直接命中所造成,而是由于弹片、气浪及建筑物燃烧、倒塌所引起的。因此,大量建设低抗力等级的人民防空工程,对保护群众的生命财产安全,具有很大的作用。人防工程对常规武器的防护有以下几个方面。

1. 对总体规划的要求

在总体规划的要求上与防核武器破坏的要求类同。应结合地形地貌,做好伪装和示假,干扰敌方投弹命中率,防止炮炸弹直接命中工事。

2. 对地面建筑物的防护

对燃烧体引起的地面建筑物燃烧的防护与防核武器的抗辐射要求类同。

3. 对毒气、弹片的防护及对冲击与振动的防护

对于毒气、弹片的防护以及对冲击与振动的防护要求,均与核爆防放射性沾染防冲波动载要求类同。

4. 对炸弹的防护技术

武器命中目标对防护结构直接冲击或近距离(包括接触)爆炸时,结构响应大体可以分为两个阶段,即前期的应力波效应阶段和后期的结构整体振动效应阶段。

在应力波效应阶段,武器的作用应力首先在结构局部范围发生,然后向仍处于初始状态的结构其他部分以应力波的形态传播。特别对于梁、拱、薄板、薄壳这一类结构,有一个或两个尺寸远较其他尺寸小,应力波在尺寸最小的方向很快经过多次反射、扩展,应力波现象会迅速消失。结构的动力效应就主要表现为结构整体的应力变形随时间的变化,即结构的动力或振动效应。

应力波的传播和动力响应是弹塑性动力学的两类主要问题。前者研究局部扰动向未扰动区的传播，它是将动力效应作为一个传播过程来研究的；后者则忽略扰动的传播过程，研究结构的变形与时间的关系。上述每一类武器作用阶段中的应力等级如超过了结构材料的强度极限，都会产生结构或构件的破坏。应力波效应引起的破坏，通常发生在局部范围，与构件其他部分无关，称为局部破坏作用，动力效应的破坏则由构件整体变形相应的应力引起，与结构的整体特征（跨度与截面尺寸、材料性能、支座边界条件等）有关，故称为整体破坏作用。

在工程实践中，人民防空工程对于常规武器的防护设计有局部作用控制和整体作用控制两类情况。

1）由局部作用控制的设计

（1）当结构顶盖厚度与净跨之比大于或等于1/4时，即工程使用的净跨较小，而顶板的厚度较大时，称为整体式小跨度结构。一般抗常规武器的局部作用设计的顶盖厚度较大，起设计的控制作用。对于侧墙及底板，应根据地形设置遮弹层。其顶盖厚度的计算方法以及对侧墙及底板遮弹层要求详见相应的人民防空工程设计规范。

（2）掘开式工程的厚跨比不符合上述要求时，应优先采用成层式结构。

成层式结构的组成如图6-9所示。由图示可知，成层式结构由下列几部分组成。

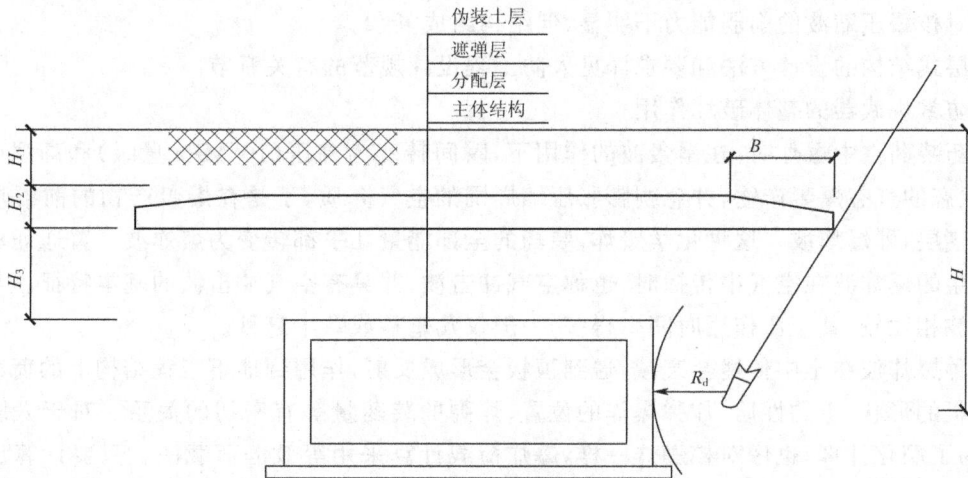

图 6-9　成层式结构示意图

①伪装层，又称覆土层。一般铺设自然土构成。主要作用是对下部防护结构进行伪装。一般厚度为30～50cm。太厚会增加对炮、航弹爆炸的堵塞作用。

②遮弹层，又称防弹层。抵抗炮、航弹的冲击、侵彻，并迫使其在该层内爆炸。遮弹层应保障炮、航弹不能贯穿。这一层由坚硬材料构成，通常采用混凝土、钢筋混凝土、块石等。采用抗侵彻能力强的高技术新材料，如钢纤维混凝土板、含钢球钢纤维混凝土和刚玉块石砌体等，可大大提高遮弹层的抗侵彻能力。采用遮弹层异表面技术，可使攻击弹体发生偏航甚至跳弹。改变遮弹层层间的几何形状，如中间夹各种截面形状的栅格板或蜂窝状夹层，可使得侵入的弹丸偏航。

③分配层，又称分散层。处在遮弹层与支撑结构之间，由砂或干燥松散土构成。它的作用是将炮、航弹冲击和爆炸荷载，分散到较大面积上去。砂或土层同时也会削弱爆炸引起的振塌作用，能对主体结构起良好的减振作用。通常将上述三层合称为成层式结构

的防护层。

④主体结构。它是成层式结构的基本部分,一般用钢筋混凝土构成。其主要作用是承受炮、航弹爆炸的整体作用和核爆炸冲击波引起的土中压缩波的作用。

对于要求既抗常规武器又抗核武器作用的防护结构而言,既要承受局部破坏作用,又要承受整体破坏作用。成层式结构就比整体式结构在结构形式上更加合理,更能充分发挥材料的抗力作用。根据对武器的抗力要求,对整体式结构而言,通常由局部作用控制结构主要的截面尺寸,一般顶盖很厚。但对结构抗整体作用来说,一般不需要如此大的截面尺寸。成层结构的特点是主要由防护层承受局部破坏作用,由主体结构来承受整体作用,兼顾上述两方面要求。

(3)成层式结构的特点包括:

①成层式结构(特别是块石成层式结构)消耗钢筋和混凝土材料较少,可就地取材,因而比较经济。

②防震、隔音较好,能有效地防止主体结构震塌现象的产生。

③防护层在构筑后还可进一步加固,受破坏后易于修复。

④因埋深较大,使用受限制,高地下水位地区构筑困难。

⑤由于埋深大,基坑开挖土方量也大,深基坑边坡支护复杂。

⑥对核爆压缩波的削弱能力不明显,但结构组成复杂。

成层式结构的设计方法和要求详见人防工程设计规范的有关章节。

2)防常规武器的整体破坏作用

炸药装药空中爆炸时,在爆轰波的作用下,瞬间转变为高压(10^4 MPa 量级)和高温(10^3 ℃ 量级)状态的气态爆轰产物,并急剧膨胀压缩周围的空气介质,于是在爆轰产物的前沿形成一压缩空气层,即爆炸波。这种化学爆炸,装药的全部能量几乎都转变为爆炸波。普通炸药装药爆炸产生的爆炸波在空气中传播时,也称空气冲击波,并具有空气冲击波的基本特征。与核爆炸冲击波相比较,其正压作用时间少得多,一般仅几毫秒或数十毫秒。

这种爆炸波在土中传播会衰减,遇到顶板会形成反射,作用到地下工程结构上的荷载值与结构顶板的形状、土的性质、炸弹爆炸的位置、炸弹的装药量等有密切的关系。对于人防工程来说,为了简化计算,也像对核爆炸一样,爆炸荷载计算采用等效静荷载法。只要计算出相应的等效静载标准值,就可采用静荷载的计算方法进行结构设计。

炸药装药爆炸时,确定爆炸参数(超压峰值等)的公式都是根据相似理论(爆炸相似律)建立的,公式中待定系数由试验确定。

具体设计时,详见人民防空工程设计规范的有关章节。在规范中,已按规定的要求计算出各种等效静荷载标准值及各种设计参数,设计时可直接套用。

5.人民防空工程口部对炮、炸弹的防护

人民防空工程出入口处顶盖应具有足够的厚度或采用其他防弹技术(如遮弹层等)。防护门宜适当后退,有条件时宜拐一个弯或设一道挡墙。为了抵御弹片的冲击破坏,门扇应有一定厚度。

为使门扇具有强度大、变形小、重量轻、易于开启等优点,常采用钢筋混凝土或钢板包裹的混凝土门扇,抗力要求高时可采用铸钢制造。门框及门框墙必须保持不低于门扇的抗力。

第四节　人民防空工程设计实例

一、工程的防护要求和设计要点

(一)工程的防护任务

人民防空工程是为保障战时人员及物资掩蔽、人防指挥、医疗救护等需要而建造的防护工程建筑,它能抵抗预定杀伤武器的破坏作用。

大多数人民防空工程的主要任务是对人员的防护,而人员的防护问题通常又是最困难的。如前所述,对防护工程袭击的常规武器和核、生、化武器,有多种杀伤破坏效应。在常规武器和核武器袭击时,既要防止人员受到直接的杀伤,又要防止结构破坏引起的间接伤害。工程还要求对早期核辐射和剩余核辐射的屏蔽,要有必要的密闭措施,既要防止冲击波超压进入结构内部使其压力增大超过允许值,还要防止其他有害化学或生物物质侵入。工程结构还必须足够稳定,使人员不受到过大的加速度和位移作用,减少冲击和震动的效应。此外,当因放射性沾染或毒剂、生物武器袭击的阻碍,人员和物资交流不能正常出入工程时,还应提供一定时间段的维持生活和工作必需的设备和物资保障,其中包括通风、空调和过滤装置、水和食物,并尽可能为进入人员提供洗消设备。常规轰炸和核袭击可能引起的火灾效应,还需提供氧气,减少一氧化碳、二氧化碳及其他有害气体的浓度,并防止内部温度过高以至形成人员无法忍受的热环境。

对于精密的仪器设备,需要提供和人员类似的防护。通常对震动引起的加速度和位移的防护要求更为严格。对重要的电子和电力系统,要考虑核爆炸初期电磁脉冲效应的损伤。对非精密设备,通常只要求防较大的飞散碎块的损坏,以及充分固定使其不发生破坏性的位移。一般来说,能对工程内人员提供的防护,也足以防护这类设备不受损伤。

(二)整体防护要求

(1)如工程既要抵抗常规武器又要求抵抗核武器作用时,分别只考虑一次作用。

(2)应能抗御核爆炸空气冲击波及热辐射、早期核辐射、放射性沾染、爆炸震动和电磁脉冲的作用。

(3)应能抗御化学武器和生物武器的作用,以及杀伤破坏武器引起的其他次生灾害的作用。

(4)人民防空工程各组成部分应具有相等的生存能力,保证工程达到整体均衡的防护。

人民防空工程是一个全封闭的地下掩蔽空间,对于人员掩蔽工程,应解决掩蔽时期防护密闭要求与通风、换气、人员进出、给水、排水、排污、排烟等生活和使用要求之间的矛盾,既要保证战时掩蔽部内的可居住性,又要达到防护密闭效果。这是人民防空工程建筑设计的特定任务,也是人民防空工程建筑设计区别于一般地下工程的主要特点。

(三)口部的防护

人民防空工程的口部常常是最易遭受袭击的部分,也是工程最薄弱的部分,核武器及常规武器的多种杀伤破坏因素最容易从口部突入工程内部,因此提高口部的防护能力,常常是提高整个人民防空工程生存能力的关键。为了提高口部的防护能力,需采用综合性技术措施,即:合理的建筑布置(大小、数量、开向、出口位置)、可靠的防护技术(合理的强度、先进的设备)、良好的伪装及精心的维护保养和使用管理等。

口部设计的基本要求是防护可靠,使用方便。出入口与地面的关系应适应城市建筑环境的要求。根据工程在战时的任务,要求口部能可靠地防护一种或几种破坏因素。为了满足平时使用要求而不能在工程修建时一次达到上述防护功能时,应做出预留设计或将平时使用的口部在战前封堵处理。

二、主体建筑设计要求

人民防空工程的建筑设计需要确定掩蔽部战时与平时的功能,两种功能的协调关系,建筑面积的合理分配使用,房间体系及分隔,工程层数、层高,结构的形式和主要细部构造,出入口大小、数量、开向,出口位置以及防护、防火单元的划分,内部环境要求等。根据人防工程的要求和特点,主体建筑设计中应注意下述问题:

(一)防护功能分区

如图 6-10 所示,在各口部的最后一道密闭门以内统称为清洁区,也就是人员掩蔽居住或工作的区域;各口部最后一道密闭门以外统称为染毒区,该区的功能实际上是对染毒人员、空气进行消毒处理,由染毒状态变为清洁状态进入内室房间的过度区域,该区域主要由出入口及设备房间体系构成。

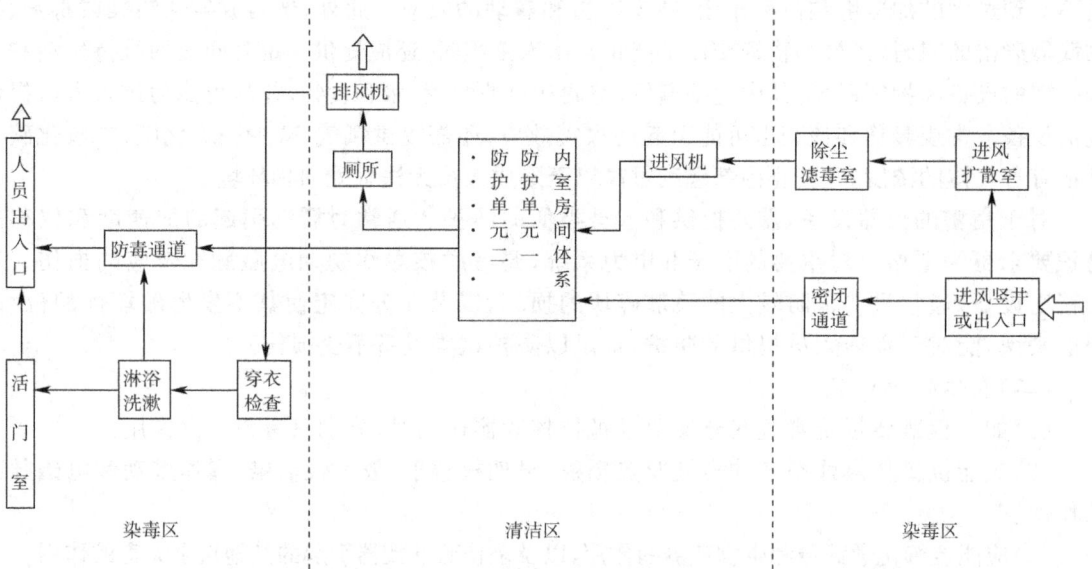

图 6-10　人民防空工程总体功能分区示意图

(二)各部分功能协调

战时和平时各部分的功能要求、战时使用与平时使用的功能转换要求,应在建筑的总体方案中协调。

(三)合理设置防护及防火单元

某一局部受到破坏或出现火灾,应使破坏范围或火灾范围限制在较小的范围内,不至于影响到工程的整体,因此应划分防护及防火单元。防护单元是针对防核武器和常规武器效应设置的,防火单元则是根据防火规范设置的,防护单元的隔墙要求能防冲击波超压和防毒。各单元的规模应根据情况合理确定,过小的防护单元带来平时使用的不方便,过大的防护单元不利于减少局部破坏作用的影响。防护单元与防火单元应结合起来考虑,相互利用。图 6-11(a)由于面积较小,整个工程为一个防护单元。

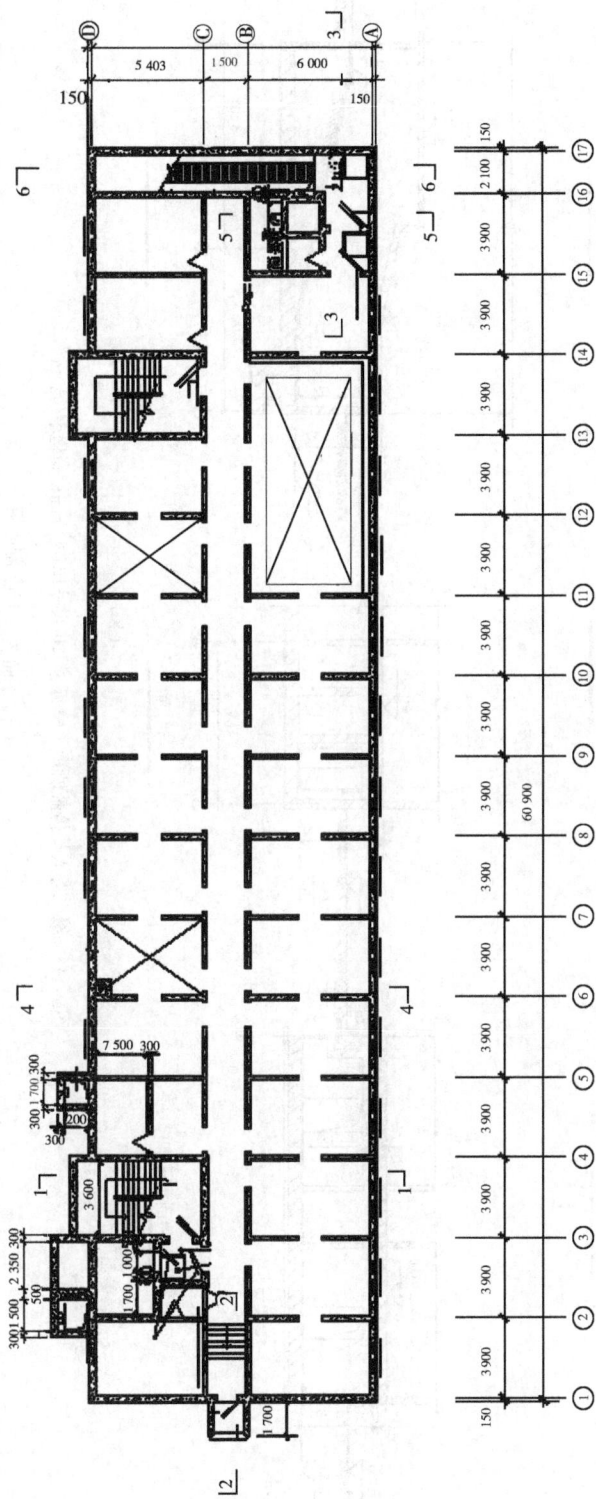

地下室平面图

图6-11(a)

注:
①地面建筑为砌体结构,防空地下室设通风通光窗(采光窗临战封堵)。
②战时为6级二等人员掩蔽所,平时为自行车库,存放238辆自行车。
③人防建筑面积850m²,掩蔽面积617m²,掩蔽人数617人。
④地面建筑的洗手间、厨房等有下水管道的房间,下面的防空地下室顶板室
局部降低500mm左右,以避免地面建筑下水管穿过防空地下室顶板。

261

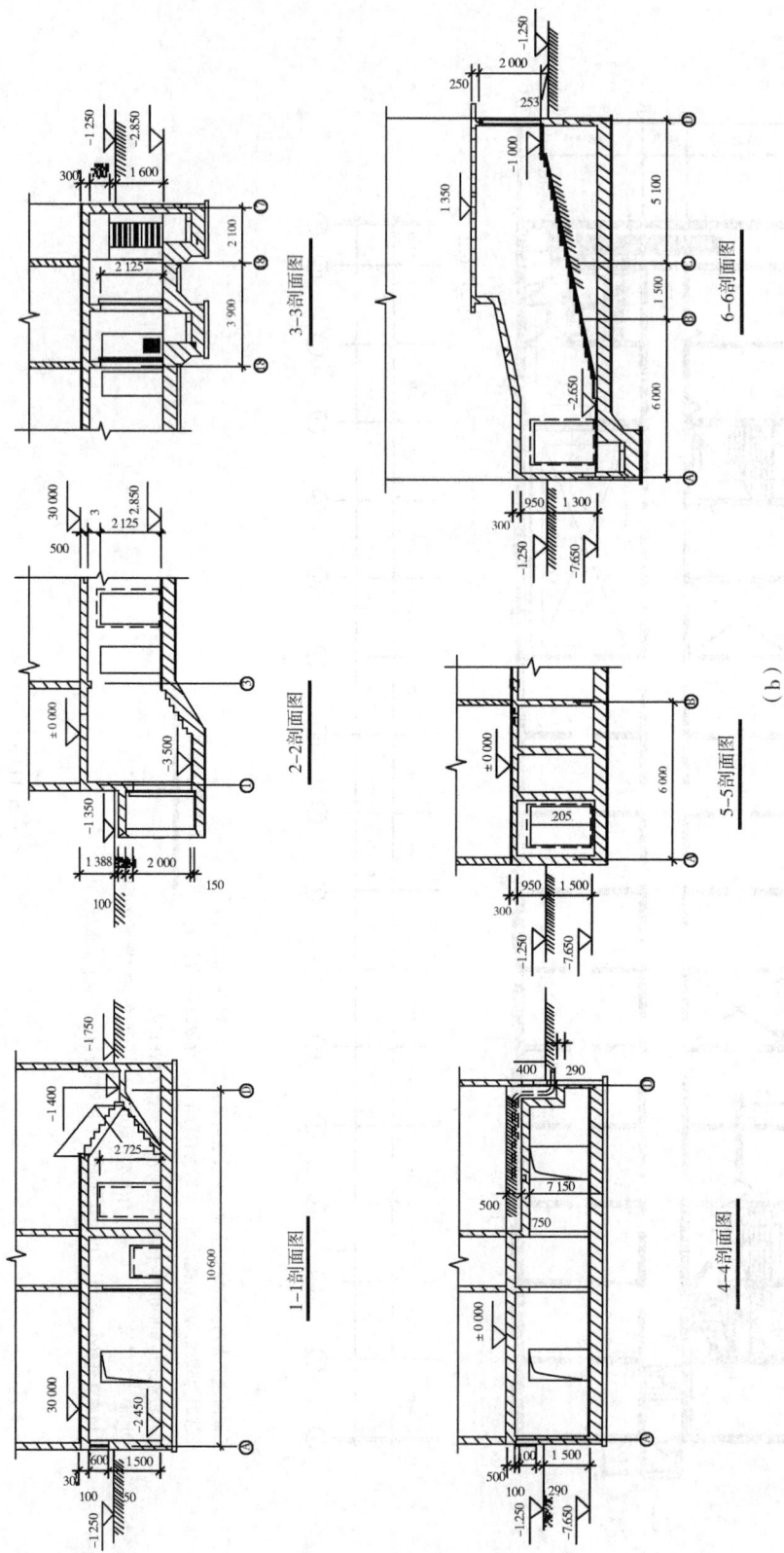

图6-11 6级二等人员掩蔽所地下室示意图(尺寸单位: mm; 高程单位: m)

（a）平面图; （b）剖面图

（四）内部房间的分隔及内部装修

（1）妥善处理房间幅员及内部净高。为了提高工程的战时生存能力,在满足使用要求的前提下,应尽量减少各部分尺寸。这需要通过合理巧妙的平断面布置及采用小巧的多功能家具设备来实现。但另一方面,又必须给人以必要的活动空间和造成宽敞的感觉。适当加宽经常使用的通道,适当设置(或共用)一些共享厅供人们在此活动、交流,小房间用透明隔断并以适当的灯光、陈设及装修来衬托,有助于消除人们压抑、孤独、被封闭的感觉。

（2）工程内部装修注意消除人们的孤独、沉闷、不安全的心理,突出宽敞、明亮、富于生机的特征。所用材料要具备防火、防潮、防霉、抗震、环保及其他特殊功能的要求。例如:人员掩蔽工程采用较高的照度,布置接近于自然光的照明,配以假窗口及视野开阔的风景画,能改善地下工程的生活环境。也可以在地下室外墙开设一些低于地坪的通风采光窗,平时使用时给人以明亮和接近大自然的感觉。临战经过封堵转换,符合战时的抗力、密闭及防核辐射等使用要求。

（3）由于工程内部与外界在视觉上无直接联系,故在工程内易于迷失方向的地方要用醒目的标记或灯光显示各部位的名称及出入方向,并应巧妙地布置应急照明灯、防火传感器等。

（五）要注意战时人员心理因素变化的影响

战时稳定人员的情绪特别重要。大批无训练的老幼妇孺和血气方刚的青年拥挤在一起易于形成反常的心理和举动,因而大容量的人员掩蔽部必须划分多个掩蔽空间以便于管理。

（六）要留有改造更换的余地

预留设计中,房间分隔,防护单元分隔,出入口处理,内部工作、生活设施更换,通风量及通风方式转换等一系列工作必须有妥善的预留安排并在预留设计中规定下来。预留设计预定的转换工程量必须以给定的工作人数在规定时间内能完成为限。

人民防空工程是一个具有复杂功能的系统,任何一部分的设计失误或不合理都可能给全局带来不利。在建筑布置、结构选型、内部环境设计、内部设备选用及安装、内部装修各方面,都必须充分考虑平时的一般要求和战时的特定要求,力求实用、安全、可靠,便于平战功能转换。

三、某6级二等人员掩蔽所示例

（一）口部的防护技术

1.进风口部（次要出入口）

如图6-11(a)所示:外界染毒期间,如果没有人员进出,仅依靠口部的防护密闭门、密闭门、进风系统上的滤毒装置,以及工程内部保持一定超压的技术,即可防止毒剂从出入口侵入掩蔽部内;①～③轴处有进风口,其工作原理是:染毒的空气通过悬摆式自动关闭的防爆波活门进入扩散室,经过设在滤毒室内的除尘、滤毒器后变为清洁空气,再用设在风机房的风机将清洁空气送入掩蔽部各房间内部。

2.排风口部（主要出入口）

在人员主要出入口,人员出入有两种情况:一是外部未染毒时,人员要出入;二是在染毒期间,允许少数人员进出。从图6-11(a)(14)～(17)可以看出,在第一种情况下,人员从外界经防毒通道直接进入工程内部,人员通过的两道具有防护密闭作用的门,总保持一道门呈关闭状态。在第二种外界已经染毒的情况下，开启门的时候，必然有染毒空气侵入，人员本身也带有毒剂污染。这时，人员进入第一道门后须通过简易洗消才能进入掩蔽工程，此时第一道门立即关闭，第二道门呈关闭状态；洗消完成后，第一道门仍然关闭，第二道门可打开。此时，防毒通道必须保持一定的通风换气次数，以便及时将人员带入及侵入的毒气排出工程之外。

还有一种情况，简易洗消间与清洁区之间设一道密闭门。此时，人员从第一道门进入简易洗消，第一道门立即关闭，第二道门始终关闭，人员完成洗消后，从简易洗消间经密闭门进入清洁区。

四、人民防空工程结构设计

(一)人民防空工程结构分析的基本内容

人民防空工程结构分析是结构设计的基础，其任务是使工程结构达到规定的防护等级，能抵抗相应武器效应的毁伤，给被掩蔽人员提供安全的掩蔽空间。人防工程结构分析包括强度分析、隔震分析、抗核电磁脉冲分析、抗核辐射的防护效能分析等内容。

对于低抗力人民防空工程，战时最重要的是强度分析，其他分析可根据需要进行。当进行图 6-12 所示各种分析之后，应取其中的控制条件为人防工程设计的依据。

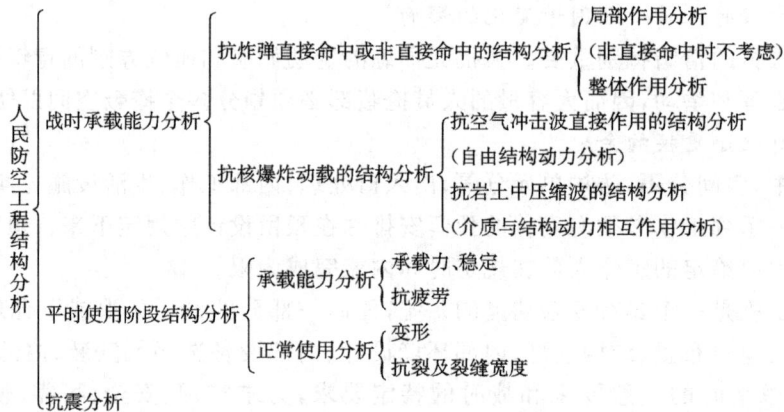

```
                    ┌ 战时承载能力分析 ┌ 抗炸弹直接命中或非直接命中的结构分析 ┌ 局部作用分析(非直接命中时不考虑)
                    │                 │                                   └ 整体作用分析
                    │                 └ 抗核爆炸动载的结构分析 ┌ 抗空气冲击波直接作用的结构分析(自由结构动力分析)
人民防空工程结构分析 ┤                                       └ 抗岩土中压缩波的结构分析(介质与结构动力相互作用分析)
                    │ 平时使用阶段结构分析 ┌ 承载能力分析 ┌ 承载力、稳定
                    │                    │             └ 抗疲劳
                    │                    └ 正常使用分析 ┌ 变形
                    │                                  └ 抗裂及裂缝宽度
                    └ 抗震分析
```

图 6-12　一般人防工程结构防护分析基本内容

(二)人民防空工程的结构特点

(1)要求结构具有整体性。由于作用于工程上的荷载大小及方向不确定，且人民防空工程本身对防毒密闭有严格的要求，因此在震动下应避免产生裂缝而渗水渗毒，在超载时应减少坍塌，这些要求结构具有良好的整体性。增强结构整体性的技术措施有用钢筋混凝土整体浇筑，加强各构件接头处的接点构造等。

(2)结构构件应具有良好的延性。具有良好延性的结构，在超载情况下，可减少脆性破坏引起的人员伤亡。

(3)允许结构在几何可变状态下工作。在结构用钢或钢筋混凝土构筑时，由于动荷载是短暂的、偶然性的，当结构成为有塑性铰或塑性铰线(能保持一定的塑性弯矩)组成的几何可变体系时，在动载消除后，只要能承担结构自重及岩土静载的作用，则结构仍是稳定的。

(4)结构材料在爆炸动载作用下强度可获得提高。人民防空设计规范中材料强度综合调整系数是考虑普通工业和民用建筑规范中材料分项系数、材料在快速加载作用下的动力强度提高系数和对人民防空工程结构构件进行可靠度分析等综合因素后确定的。

在动荷载单独作用或动荷载与静荷载同时作用下,材料的动力强度设计值取静荷载作用下材料强度设计值乘以材料强度综合调整系数,综合调整系数的取值可详见人民防空工程的设计规范。

(三)人民防空工程的承载力设计表达式

前面已经说过,对于低抗力的人防工程,在核武器爆炸作用下及常规武器爆炸作用下(考虑整体作用或非直接命中时),结构的动力分析一般采用等效荷载法,在确定等效静荷载标准值和永久荷载标准值后,其承载力极限状态设计表达式如式(6-9)和式(6-10)。

$$\gamma_0(\gamma_G S_{Gk} + \gamma_Q S_{Qk}) \leqslant R \tag{6-9}$$

$$R = R(f_{cd}, f_{yd}, a_k, \cdots) \tag{6-10}$$

式中:γ_0——结构重要性系数,可取 1.0;

γ_G——永久荷载分项系数,当其效应对结构不利时可取 1.2,有利时可取 1.0;

S_{Gk}——永久荷载效应标准值;

γ_Q——等效静荷载分项系数,可取 1.0;

S_{Qk}——等效静荷载效应标准值;

R——结构构件承载力设计值;

$R( )$——结构构件承载力函数;

f_{cd}——混凝土动力强度设计值;

f_{yd}——钢筋动力强度设计值;

a_k——几何参数标准值。

(四)结构示例

人民防空工程的设计示例。

例 6-1 一附建式甲类防空地下室,防核武器抗力等级 6 级,防常规武器抗力等级 6 级,平面及剖面布置如图 6-22 所示。其地面建筑为砌体结构,地下室平时用作自行车库,战时作为二等人员掩蔽所。地下室顶板上覆土为 0.2m,覆土顶面高出室外地坪 1.4m,室外地坪相对标高为 -1.400m,地下水位位于室外地坪下 0.5m。土质为粉质黏土,饱和土。地面建筑自重为 60kN/m²(静荷载)(假定值)。

本工程防核武器抗力等级为 6 级,地面空气冲击波最大超压值 ΔP_m 按有关规定取值。

结构设计采用等效静荷载法,结构构件的混凝土强度等级均取 C30,钢筋采用 HPB235 和 HRB335。

1. 荷载计算

1)顶板荷载

(1)确定作用于结构表面的核武器爆炸动荷载作用下的均布等效静荷载标准值:

顶板上覆土厚度为:0.2m

地面空气冲击波最大超压:按规定取值。

本工程符合地面建筑对抗震的砖砌体,钢筋混凝土楼板混合结构要求,且地面一层任何一面外墙墙面开孔面积不大于该墙面面积 50% 的条件,故按计入地面建筑影响计算。

根据某地的地质情况,以及规范规定的计算公式,求得:

土中压缩波最大压力 $P_h = 50kN/m^2$(假定值)

土中压缩波升压时间 $t_{0h} = 0.025s$

结构顶板上核爆动荷载的综合反射系数 $K = 1.0$。

结构顶板上核爆动荷载的动力系数 $K_{d1} = 1.05$

故顶板的均布等效静荷载标准值 $q_{e1} = K \cdot K_{d1} \cdot P_h = 1.0 \times 1.05 \times 50 = 52.5 kN/m^2$

(2)确定作用于结构表面的常规武器爆炸动荷载作用下的均布等效静荷载标准值：

根据有关规定及规范规定的公式算得：

常规武器地面爆炸空气冲击波在深度 0.2m 处感受的土中压缩波最大压力为：

$$P_{ch} = 0.138 N/mm^2$$

土中压缩波的升压时间为：$t_r = 0.000\ 5s$

土中压缩波按等冲量简化的等效作用时间为：$t_d = 0.006s$

土中结构顶板的均布动荷载最大压力为：$\overline{p}_{c1} = 0.138 N/mm^2$

无升压时间的三角形动荷载作用下结构构件的动力系数为：$\overline{K}_d = 0.377\ 4$

动荷载升压时间对结构动力响应的影响系数为：$\overline{\xi} = 0.999\ 8$

则顶板的动力系数 $K_{dc1} = 0.999\ 8 \times 0.377\ 4 = 0.377\ 3$

故顶板的均布等效静荷载标准值 $q_{ce1} = K_{dc1} \overline{p}_{c1} = 0.377\ 3 \times 0.138 = 0.052 N/mm^2 = 52 kN/m^2$

(3)确定战时荷载设计值：

结构应按战时常规武器爆炸等效静荷载与静荷载同时作用以及战时核武器爆炸等效静荷载与静荷载同时作用两种荷载组合进行战时工况的设计。

由上述计算结果可知,本工程作用于顶板的常规武器爆炸动荷载作用下的均布等效静荷载标准值小于核武器爆炸动荷载作用下的均布等效静荷载标准值,故战时工况应由核武器爆炸动荷载等效静荷载与静荷载同时作用的荷载组合控制。

覆土厚 0.2m 重力：$0.2 \times 18 = 3.6 kN/m^2$

顶板面面层厚 0.02m 重力：$0.02 \times 20 = 0.4 kN/m^2$

顶板厚 0.25m 重力：$0.25 \times 25 = 6.25 kN/m^2$

板下吊管重力：$0.5 kN/m^2$

$q_{静} = 10.75 kN/m^2$

战时荷载设计值为：$1.2q_{静} + 1.0q_{e1} = 1.2 \times 10.75 + 1.0 \times 52.5 = 65.4 kN/m^2$

(4)确定平时荷载设计值：

地面一层活荷载取 $2.0 kN/m^2$,根据《建筑结构荷载规范》(GB 50009—2001)第 2.3.5 条：

$1.2q_{静} + 1.4q_{活} = 1.2 \times 10.75 + 1.4 \times 2.0 = 15.70 kN/m^2$

$1.35q_{静} + 1.4 \times 0.7q_{活} = 1.35 \times 10.75 + 1.4 \times 0.7 \times 2.0 = 16.47 kN/m^2$

平时荷载设计值取大值为：$16.47 kN/m^2$

2)外墙荷载

(1)确定作用于结构表面的核武器爆炸动荷载作用下的均布等效静荷载标准值：

首先,确定土中结构外墙上的均布等效静荷载标准值,根据地质情况及规范规定的公式算得：

土中结构外墙上的水平均布核武器爆炸动荷载的最大压力值 $P_{c2} = 46.5 kN/m^2$

土中压缩波升压时间 $t_{0h} = 0.002\ 062\ 5s$

结构外墙板上核爆动荷载的动力系数 $K_{d2} = 1.316$

266

故土中结构外墙上的均布等效静荷载标准值为：

$$q_{e2} = K_{d2} \cdot P_{c2} = 1.316 \times 46.5 = 61.2 \text{kN/m}^2$$

其次，确定高出室外地坪结构外墙上的均布等效静荷载标准值，根据规范规定算得：

高出室外地坪，直接承受空气冲击波作用的外墙最大水平均布压力 $P'_{c2} = 100 \text{kN/m}^2$

高出室外地坪结构外墙板上核爆动荷载的动力系数 $K'_{d2} = 4/3 = 1.333$

故高出室外地坪结构外墙板上的均布等效静荷载标准值为：

$$q'_{e2} = K'_{d2} \cdot P'_{c2} = 1.333 \times 100 = 133.3 \text{kN/m}^2$$

(2)确定作用于结构表面的常规武器爆炸动荷载作用下的均布等效静荷载标准值：

首先，确定土中结构外墙上的均布等效静荷载标准值，根据地质情况及规范规定的公式算得：

土中结构外墙顶点处直接产生的土中压缩波最大压力为：$\sigma_0 = 22.8 \text{kN/m}^2$

土中压缩波的升压时间为：$t_r = 0.005 \text{s}$

土中压缩波按等冲量简化的等效作用时间为：$t_d = 0.1 \text{s}$

外墙综合反射系数 $K_r = 1.5$

土中结构外墙顶点处的法向动荷载最大压力为：$p = 34.2 \text{kN/m}^2$

土中结构外墙荷载均布化系数 $C_e = 0.91$，则

土中结构外墙的均布动荷载最大压力为：$\overline{p}_{c2} = 0.91 \times 34.2 = 31.12 \text{kN/m}^2$

无升压时间的三角形动荷载作用下结构构件的动力系数为：$\overline{K}_d = 1.168$

动荷载升压时间对结构动力响应的影响系数为：$\overline{\xi} = 0.941\,1$

则外墙板的动力系数：$K_{dc2} = \overline{\xi}\,\overline{K}_d = 0.941\,1 \times 1.168 = 1.099\,2$

故土中结构外墙板的均布等效静荷载标准值：

$$q_{ce2} = K_{dc2}\,\overline{p}_{c2} = 1.099\,2 \times 31.12 = 34.2 \text{kN/m}^2$$

其次，确定高出室外地坪结构外墙上的均布等效静荷载标准值，根据规范规定得：高出地面外墙等效均布静荷载标准值为 180kN/m^2。

(3)确定战时荷载设计值：

由上述计算结果可知，本工程作用于土中结构外墙板的常规武器爆炸动荷载作用下的均布等效静荷载标准值小于核武器爆炸动荷载作用下的均布等效静荷载标准值，而高出室外地坪结构外墙板的常规武器爆炸动荷载作用下的均布等效静荷载标准值大于核武器爆炸动荷载作用下的均布等效静荷载标准值，故战时工况应分别计算，设计时取两者中的较大值。

外墙板上的静荷载为静止土压力和水压力，本工程土的静止侧压力系数取0.7，则高出室外地坪外墙板的静止土压力和水压力为0。外墙板示意图如图6-13(a)。

外墙板底部的静土压力和水压力为：

$$(18 \times 0.5 + 8 \times 1.325) \times 0.7 + 10 \times 1.325 = 26.97 \text{kN/m}^2$$

战时荷载设计值为：

常规武器爆炸等效静荷载与静荷载同时作用的荷载组合下，如图6-13(b)。

高出室外地坪外墙板 $1.2q_{静} + 1.0q_{ce2} = 1.2 \times 0 + 1.0 \times 180 = 180 \text{kN/m}^2$

土中结构外墙板(自然地坪处)$1.2q_{静} + 1.0q_{ce2} = 1.2 \times 0 + 1.0 \times 34.2 = 34.2 \text{kN/m}^2$

土中结构外墙板(底部)$1.2q_{静} + 1.0q_{ce2} = 1.2 \times 26.97 + 1.0 \times 34.2 = 66.564 \text{kN/m}^2$

核武器爆炸等效静荷载与静荷载同时作用的荷载组合下，如图 6-13(c)。

高出室外地坪外墙板 $1.2q_{静}+1.0q_{e2}=1.2\times0+1.0\times133.3=133.3kN/m^2$

土中结构外墙板（自然地坪处）$1.2q_{静}+1.0q_{e2}=1.2\times0+1.0\times61.2=61.2kN/m^2$

土中结构外墙板（底部）$1.2q_{静}+1.0q_{e2}=1.2\times26.97+1.0\times61.2=93.564kN/m^2$

（4）确定平时荷载设计值：

地面超载（活荷载）取 $20kN/m^2$（假定值），则：

高出室外地坪外墙板的静土压力和水压力为：0；活荷载为：0

土中结构外墙板（自然地坪处）

$$1.2q_{静}+1.3q_{活}=1.2\times0+1.3\times20\times0.7=18.2kN/m^2$$

$$1.35q_{静}+1.3\times0.7q_{活}=1.35\times0+1.3\times0.7\times20\times0.7=12.74kN/m^2$$

荷载标准值（裂缝计算用）：$20\times0.7=14kN/m^2$

土中结构外墙板（底部）

$$1.2q_{静}+1.3q_{活}=1.2\times26.97+1.3\times20\times0.7=50.564kN/m^2$$

$$1.35q_{静}+1.3\times0.7q_{活}=1.35\times26.97+1.3\times0.7\times20\times0.7=49.149\ 5kN/m^2$$

荷载标准值（裂缝计算用）：$26.97+20\times0.7=40.97kN/m^2$

平时荷载设计值取大值为：外墙板（自然地坪处）$18.2kN/m^2$，外墙板（底部）$50.564\ kN/m^2$。平时荷载标准值为：外墙板（自然地坪处）$14kN/m^2$，外墙板（底部）$40.97kN/m^2$。如图 6-13(d)和(e)。

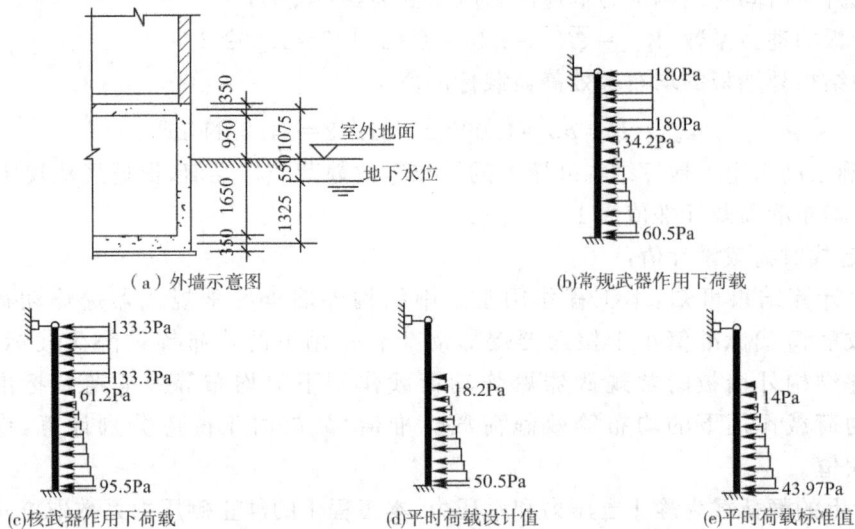

图 6-13　防空地下室外墙上不同计算工况下的荷载取值

3）底板荷载

（1）确定作用于结构表面的核武器爆炸动荷载作用下的均布等效静荷载标准值：

根据地质情况及规范规定的公式算得：

结构底板上核爆动荷载的最大压力值 $P_{c3}=45kN/m^2$

在核武器爆炸动荷载作用下，结构底板的动力系数为：$K_{d3}=1.0$

故底板的均布等效静荷载标准值 $q_{e3}=K_{d3}\cdot P_{c3}=1.0\times45=45kN/m^2$

（2）确定作用于结构表面的常规武器爆炸动荷载作用下的均布等效静荷载标准值：

由于本工程防常规武器抗力等级为 6 级，根据规范的规定，底板设计时不考虑常规武器地面爆炸的作用。

（3）确定战时荷载设计值：

由上可知，本工程战时工况下底板的设计应取核武器爆炸等效静荷载与静荷载同时作用的荷载组合控制。

底板上的静荷载为上部建筑物自重力、顶板传来静荷载及地下室墙体自重力之和，根据本工程的平面及剖面布置，地下室墙体自重折算为 $5.5kN/m^2$

上部建筑物重力：$60kN/m^2$

顶板传来静荷载：$10.75kN/m^2$

地下室墙体重力：$5.5kN/m^2$

$q_静 = 76.25kN/m^2$

战时荷载设计值为：$1.2q_静 + 1.0q_{e3} = 1.2 \times 76.25 + 1.0 \times 45 = 136.5kN/m^2$

（4）确定平时荷载设计值

地面各层活荷载之和取 $11kN/m^2$（假定值），则

平时荷载设计值为：

$1.2q_静 + 1.4q_活 = 1.2 \times 76.25 + 1.4 \times 11 = 106.90kN/m^2$

$1.35q_静 + 1.4 \times 0.7q_活 = 1.35 \times 76.25 + 1.4 \times 0.7 \times 11 = 113.72kN/m^2$

荷载标准值为（裂缝计算用）：$76.25 + 11 = 87.25kN/m^2$

平时荷载设计值取大值为：$113.72kN/m^2$

平时荷载标准值为：$87.25kN/m^2$

2. 内力计算及配筋设计

结构构件的截面设计根据现行的《混凝土结构设计规范》（GB 50010—2002）进行。战时工况下采用等效静荷载法，结构内力分析方法与一般工业民用建筑工程的静力结构设计方法相同，但可以根据各构件允许延性比 $[\beta]$ 值考虑由非弹性变形所产生的塑性内力重分布。

在动荷载作用下，材料强度设计值 f_d 可按静荷载作用下材料强度设计值 f 乘以材料强度综合调整系数 γ_d 后采用。

HPB235 级钢筋：$f_{yd} = \gamma_d f_y = 1.5 \times 210 = 315N/mm^2$

HRB335 级钢筋：$f_{yd} = \gamma_d f_y = 1.35 \times 300 = 405N/mm^2$

C30 钢筋混凝土：$f_{cd} = \gamma_d f_c = 1.5 \times 14.3 = 21.45N/mm^2$

由荷载计算可知，战时工况下结构构件的设计，均由核武器爆炸等效静荷载与静荷载同时作用的荷载组合控制，故取顶板、底板允许延性比 $[\beta] = 3.0$，外墙的允许延性比 $[\beta] = 2.0$，内墙的允许延性比 $[\beta] = 1.2$。

1）顶板

顶板厚 250mm，板的钢筋保护层厚度 20mm。取 3.9m×6.0m 的四边固定板计算，内力系数可以从一般的结构静力分析手册中查得，构件配筋可按《混凝土结构设计规范》（GB 50010—2002）中正截面受弯承载力的相关计算公式算得。

（1）在战时荷载作用下：

内力计算结果如图 6-14 所示，弯矩单位为 kN·m/m。

配筋计算结果：

水平向支座最大 $A_s=859.5\text{mm}^2$，选配 $\phi14\text{mm}@150\text{mm}$；

水平向跨中最大 $A_s=405.2\text{mm}^2<A_{s\min}$（按构造配筋），选配 $\phi12\text{mm}@150\text{mm}$；

垂直向支座最大 $A_s=633.6\text{mm}^2$，选配 $\phi12\text{mm}@150\text{mm}$；

垂直向跨中最大 $A_s=181.35\text{mm}^2<A_{s\min}$（按构造配筋），选配 $\phi12\text{mm}@150\text{mm}$。

（2）在平时荷载作用下：

内力计算结果如图 6-15 所示，弯矩单位为 kN·m/m。

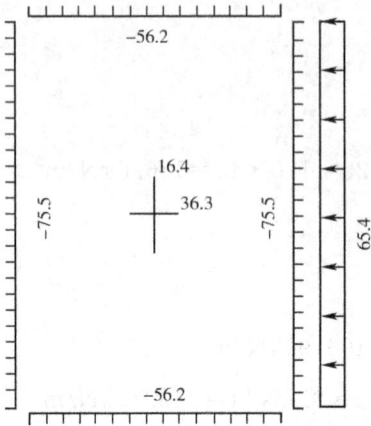

图 6-14　荷载弯矩　　　　　　　　　　图 6-15　荷载弯矩

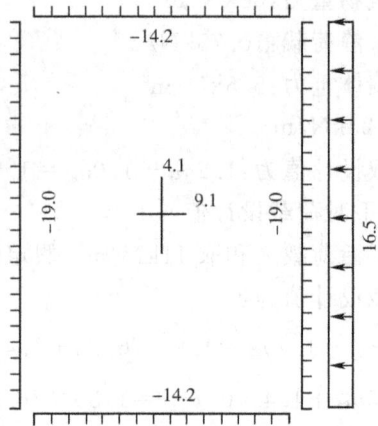

按以上内力进行断面设计，配筋计算结果为：

水平向支座最大 $A_s=285.3\text{mm}^2<A_{s\min}$（按构造配筋），选配 $\phi12\text{mm}@150\text{mm}$；

水平向跨中最大 $A_s=135.67\text{mm}^2<A_{s\min}$（按构造配筋），选配 $\phi12\text{mm}@150\text{mm}$；

垂直向支座最大 $A_s=212.5\text{mm}^2<A_{s\min}$（按构造配筋），选配 $\phi12\text{mm}@150\text{mm}$；

垂直向跨中最大 $A_s=60.91\text{mm}^2<A_{s\min}$（按构造配筋），选配 $\phi12\text{mm}@150\text{mm}$。

（3）设计时取以上两种工况的大者作为设计依据：

由以上计算结果可知，顶板的配筋由战时工况控制。

顶板：水平向支座配筋 $\phi14\text{mm}@150\text{mm}$，跨中配筋 $\phi12\text{mm}@150\text{mm}$；

垂直向支座配筋 $\phi12\text{mm}@150\text{mm}$，跨中配筋 $\phi12\text{mm}@150\text{mm}$。

其余板块的计算方法相同

支座钢筋及跨中钢筋均通长延伸，顶板中设单肢箍筋，按构造梅花形布置。

2）外墙

外墙承受顶板传来的反力、上部建筑墙体传来的轴压力，外墙自重，以及外侧土体传来的压缩波侧压及静水土压力。其中上部建筑墙体传来的轴压力在冲击波作用下由于上部结构不会倒塌，且外墙在战时荷载作用下为大偏心受压构件，计入轴力对墙体受力有利，故本工程战时工况设计时不计入此部分荷载，按受弯构件计算。

外墙板厚 250mm，板的钢筋保护层厚度与土体接触一侧取 50mm，室内一侧取 20mm。取2.9m 高、3.9m 宽，与顶板连接处为简支，其余三边为固定的板计算。

（1）战时荷载：

常规武器作用下垂直于板边和跨中弯矩计算结果如图 6-16，单位为 kN·m/m。核武器作用下垂直板边跨中弯矩计算结果如图 6-17，单位为 kN·m/m。

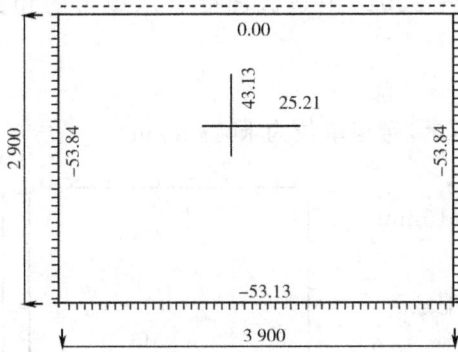

图 6-16　常规武器作用下垂直板边弯矩和跨中弯矩　　　　图 6-17　核武器作用下垂直板边弯矩和跨中弯矩

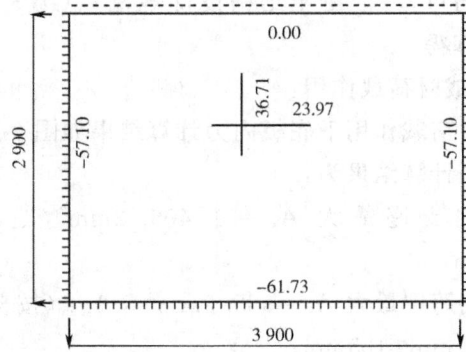

按以上结果中的控制内力进行配筋设计,其结果为:

水平向支座最大 $A_s=771.62 \text{mm}^2$,选配 $\phi12\text{mm}@150\text{mm}$;

水平向跨中最大 $A_s=279.94\text{mm}^2 < A_{smin}$(按构造配筋),选配 $\phi12\text{mm}@150\text{mm}$;

垂直向支座最大 $A_s=837.02\text{mm}^2$,选配 $\phi14\text{mm}@150\text{mm}$;

垂直向跨中最大 $A_s=483.10\text{mm}^2 < A_{smin}$(按构造配筋),选配 $\phi12\text{mm}@150\text{mm}$。

(2)平时荷载作用:

平时荷载的设计值及标准值垂直于板边和跨中弯矩计算结果如图 6-18、图 6-19 所示。

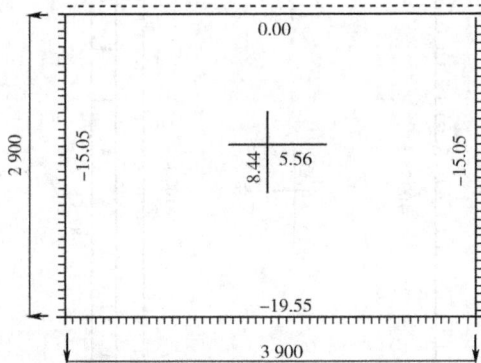

图 6-18　平时荷载设计值作用下垂直板边弯矩和跨中弯矩　　图 6-19　平时荷载标准值作用下垂直板边弯矩和跨中弯矩

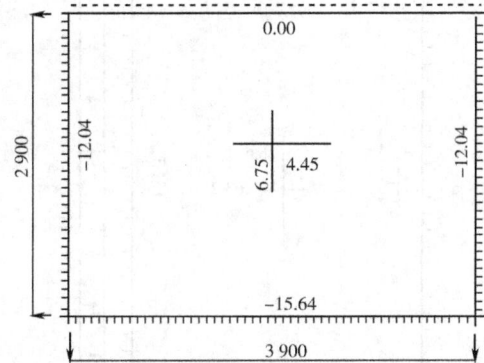

平时荷载作用下,除满足强度要求外,外墙还需要进行裂缝开展宽度验算,外墙的裂缝开展宽度迎土面应 $\leqslant0.2\text{mm}$,背土面应 $\leqslant0.3\text{mm}$。

配筋计算结果:在平时荷载作用下,计算配筋均为构造配筋,选配 $\phi12\text{mm}@150\text{mm}$,裂缝开展宽度验算均能满足上述要求。

(3)设计时取平时及战时两种工况的大者作为设计依据:

由以上计算结果可知,外墙板配筋为:

水平向支座配筋及跨中配筋均为 $\phi12\text{mm}@150\text{mm}$;

垂直向支座配筋 $\phi14\text{mm}@150\text{mm}$,跨中配筋 $\phi12\text{mm}@150\text{mm}$。

外墙板中设单肢箍筋,按构造梅花形布置。

3)底板

底板厚 350mm,板的钢筋保护层厚度与土体接触一侧取 50mm,室内一侧取 20mm。取 $3.9\text{m}\times6.0\text{m}$ 的四边固定板计算,内力系数可以从一般的结构静力分析手册中查得,构件配筋可按《混凝土结构设计规范》(GB 50010—2002)中正截面受弯承载力的相关计算公式算得。

(1)战时荷载作用：

战时荷载作用下底板内力计算结果如图 6-20 所示,弯矩单位为 kN·m/m。

配筋计算结果为：

短向支座最大 $A_s = 1\,406.2\mathrm{mm}^2$,选配 $\phi16\mathrm{mm}$@125mm；

短向跨中最大 $A_s = 585.9\mathrm{mm}^2 < A_{smin}$(按构造配筋),选配 $\phi12\mathrm{mm}$@125mm；

长向支座最大 $A_s = 1\,033.5\mathrm{mm}^2$,选配 $\phi14\mathrm{mm}$@125mm；

长向跨中最大 $A_s = 262.6\mathrm{mm}^2 < A_{smin}$(按构造配筋),选配 $\phi12\mathrm{mm}$@125mm。

(2)平时荷载作用：

平时荷载设计值作用下底板计算弯矩如图 6-21,平时荷载标准值作用下底板的计算弯矩值如图 6-22 所示。

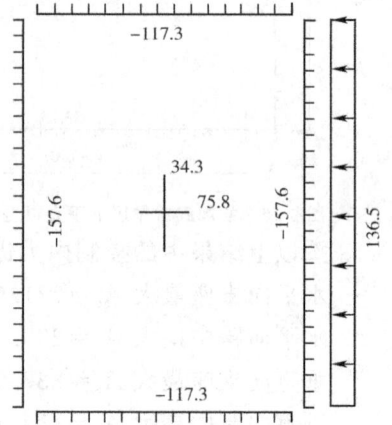

图 6-20　荷载弯矩(kN·m/m)

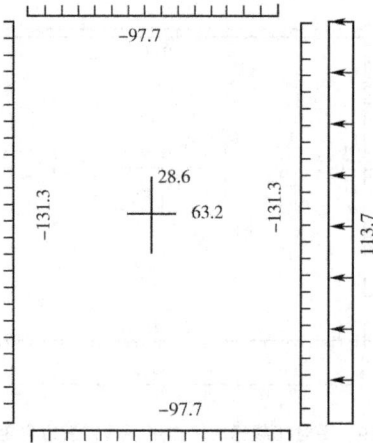

图 6-21　平时荷载设计值作用下弯矩(kN·m/m)

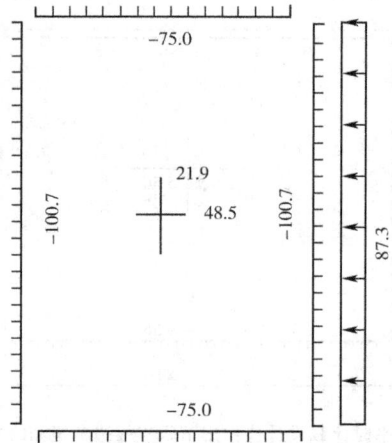

图 6-22　平时荷载标准值作用下弯矩(kN·m/m)

平时荷载作用下,除满足强度要求外,底板还需要进行裂缝开展宽度验算,底板的裂缝开展宽度迎土面应≤0.2mm,背土面应≤0.3mm。经计算平时荷载作用下底板配筋由裂缝开展宽度验算控制。

按裂缝开展宽度验算的配筋计算结果为：

短向支座最大 $A_s = 1\,598.13\mathrm{mm}^2$,选配 $\phi20\mathrm{mm}$@125mm；

短向跨中最大 $A_s = 660.22\mathrm{mm}^2 < A_{smin}$(按构造配筋),选配 $\phi12\mathrm{mm}$@125mm；

长向支座最大 $A_s = 1\,163.95\mathrm{mm}^2$,选配 $\phi16\mathrm{mm}$@125mm；

长向跨中最大 $A_s = 289.89\mathrm{mm}^2 < A_{smin}$(按构造配筋),选配 $\phi12\mathrm{mm}$@125mm。

(3)设计时取以上两种工况的大者作为控制值：

由以上计算结果可知,底板的配筋由平时裂缝工况控制。

底板:水平向支座配筋 $\phi20\text{mm}@125\text{mm}$,跨中配筋 $\phi12\text{mm}@125\text{mm}$;

垂直向支座配筋 $\phi16\text{mm}@125\text{mm}$,跨中配筋 $\phi12\text{mm}@125\text{mm}$。

支座钢筋及跨中钢筋均通长延伸,底板中设单肢箍筋,按构造梅花形布置。

4)内墙

内墙承受顶板传来的反力、上部建筑墙体传来的轴压力,内墙自重。其中上部建筑墙体传来的轴压力在6级冲击波作用下不会倒塌,且计入这一荷载对墙体受力不利,故本工程战时工况设计时完全计入此部分荷载。

内墙厚200mm,板的钢筋保护层厚度取20mm。

内墙按轴心受压构件计算,计算高度取2.9m, $l_0/b=2.9/0.2=14.5$,则 $\varphi=0.9075$。

(1)战时荷载作用:

内墙的计算轴力为:

上部建筑物传来重力: $\qquad 60\ \text{kN/m}^2\times3.9\ \text{m}=234\text{kN/m}$

顶板传来战时荷载: $\qquad 65.4\text{kN/m}^2\times3.9\text{m}=255.06\text{kN/m}$

内墙重力(0.2m 厚): $\qquad 25\times0.2\times2.6=13\text{kN/m}$

$N=1.2\times(60\times3.9+25\times0.2\times2.6)+65.4\times3.9=551.46\text{kN/m}$

每延米内墙混凝土能承受的战时工况轴向压力设计值为:(进行墙体受压正截面承载力验算时,混凝土的轴心抗压动力强度设计值应乘以折减系数0.8)

$N_{cd}=0.94\varphi f_{cd}A=0.9\times0.9075\times14.3\times1.5\times0.8\times1\ 000\times200=2\ 803\text{kN/m}>551.46\text{kN/m}$

所以内墙按构造配筋

(2)平时荷载作用:

内墙的计算轴力为:

上部建筑物传来重力: $\qquad 60\text{kN/m}^2\times3.9\text{m}=234\text{kN/m}$

顶板传来静载: $\qquad 10.75\text{kN/m}^2\times3.9\text{m}=41.925\text{kN/m}$

内墙重力(0.2m 厚): $\qquad 25\times0.2\times2.6=13\text{kN/m}$

地面各层总的活荷载: $\qquad 11\text{kN/m}^2\times3.9\text{m}=42.9\text{kN/m}$

$N=1.2\times(234+41.925+13)+1.4\times42.9=406.77\text{kN/m}$

$N=1.35\times(234+41.925+13)+1.4\times0.7\times42.9=432.09\text{kN/m}$

取大值,N=432.09kN/m

每延米内墙混凝土能承受的平时工况轴向压力设计值为:

$N_{cd}=0.9\varphi f_cA=0.9\times0.9075\times14.3\times1\ 000\times200=2\ 335.91\text{kN/m}>432.09\text{kN/m}$

所以内墙按构造配筋

(3)设计时取以上战时及平时两种工况的大者作为设计依据:

由以上计算结果可知,内墙的水平向和垂直向均按构造配筋即可。

3.裂缝宽度验算

人防地下室还应按国家现行有关标准进行结构正常使用极限状态下的验算(如变形、裂缝等),此处从略。

4.主要配筋施工图

底板、顶板、墙板的配筋图见图6-23和图6-24。

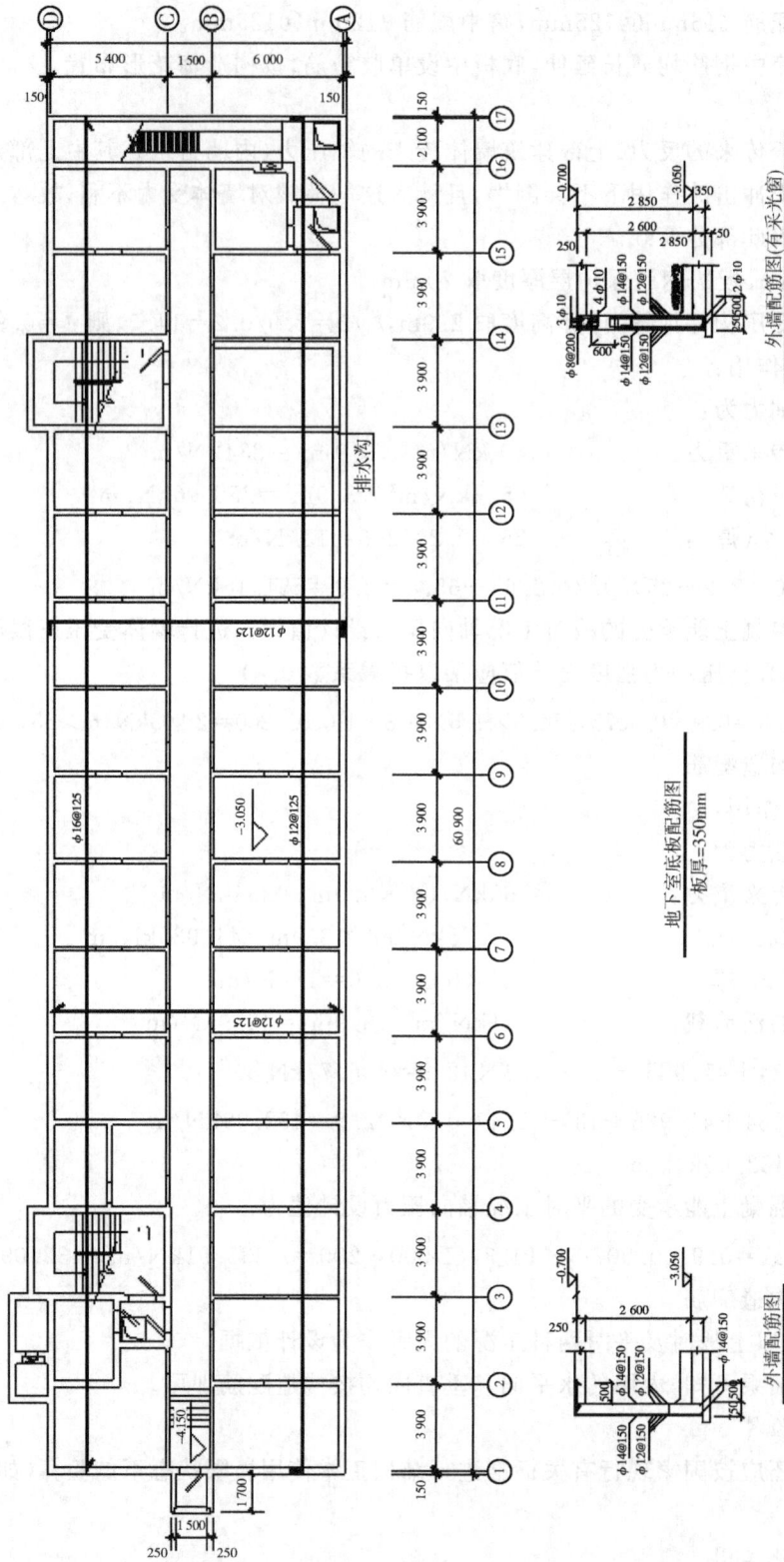

图6-23 地下室外墙及底板配筋图（尺寸单位：mm；高程单位：m）

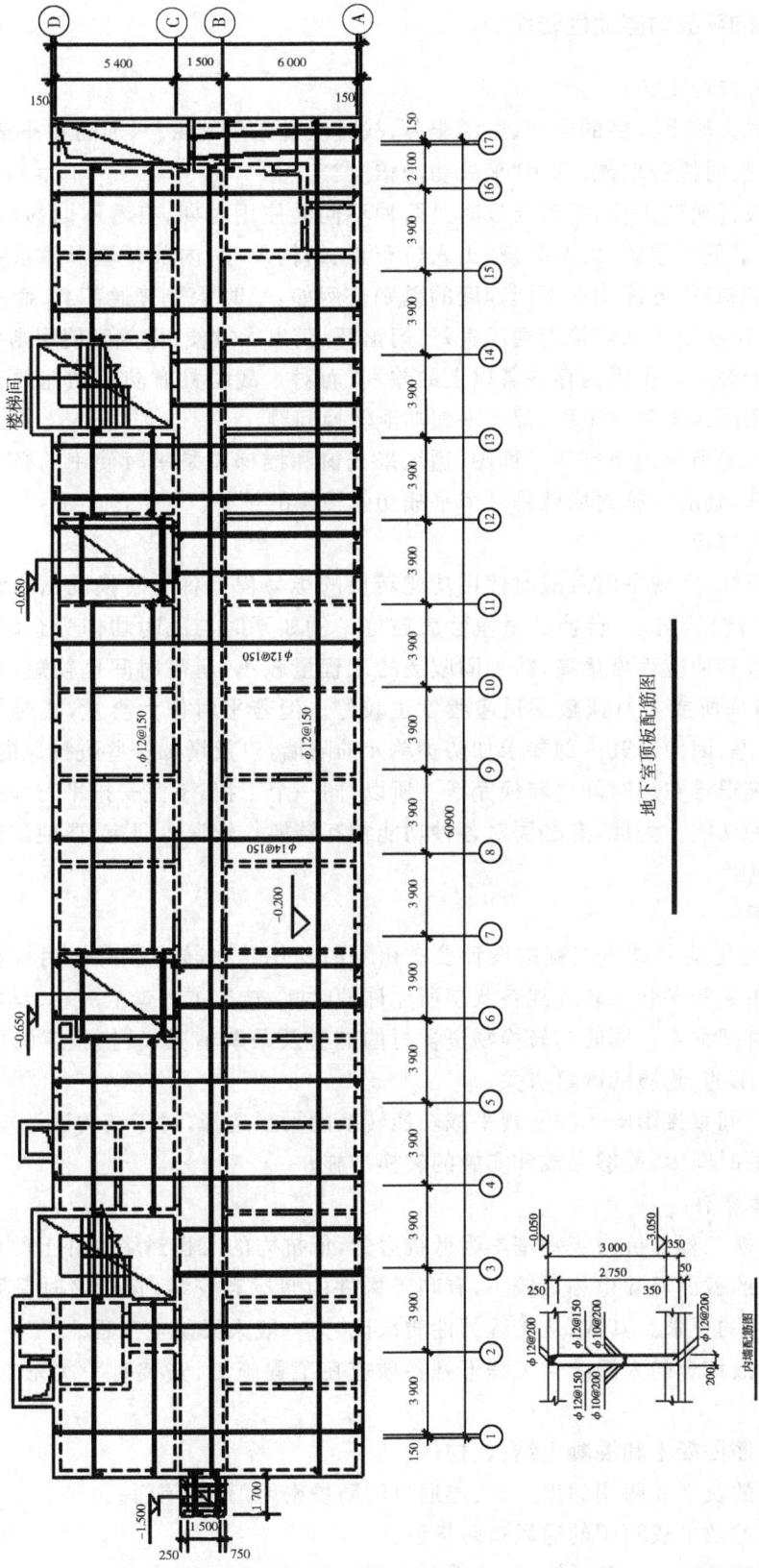

地下室顶板配筋图

内墙配筋图

图6-24 地下室顶板及内墙配筋图（尺寸单位：mm；高程单位：m）

五、人防工程的平战功能动性转换

1. 平战功能转换的定义

人防工程平时为城市人民的生产、生活服务,战时经过适量的恢复,加固和补充,达到预定的防护等级,满足战时掩蔽功能,称为"平战功能转换"。

对一个要求被转换的工程,平时与战时是两种不同的使用时期,有着不同的功能特点,在建筑物规划定点、平剖面布置、内部装修、出入口布置、结构尺寸、内部环境保障系统(供电、照明、给排水、通风空调)等方面均有不同程度的差别。例如,平时承受普通荷载,而战时承受的是爆炸动荷载;平时使用要求建筑物通风良好、门窗开阔、出入方便,而战时使用则要求防毒密闭,出入隐蔽,易于关闭。正因为存在着以上的差别,而对于战时具有防护功能的普通地下工程和平时便于使用的人民防空工程,都有平战功能转换问题。

例如:图 6-11(a)所示地下空间平面图,通风采光窗和楼梯口是平时使用的必要设施。战时作为人防掩蔽部,临战实施封堵就是一个平战功能转换的例子。

2. 转换的适应程度

对于一个建筑物,实现平时及战时使用功能转换的难易程度称为转换的适应程度。一般来说平时与战时功能越接近,转换的适应性就越好。例如平时与战时均作为仓库、均作为医院、均作为车库时,其适应程度最高,需加固改造的工程量较小,所需时间也较短;平时作地下办公室,战时作指挥所或人员掩蔽部适应程度也较好。但若平时作大会堂,战时作人员掩蔽部,适应程度就较差,因为在其内部要求加防护单元的隔墙,以及增加一些进排风的设备房间,采用一般技术措施很难在短时间内转换完毕。所以,同一个工程,不宜安排平时和战时适应程度差异较大的两种功能。为此,有必要对各种功能相互转换作较深入研究,要使建筑物尽量朝相近功能的要求转换。

3. 转换的时间

转换时间指的是某一具体工程按设计要求由平时使用状态转为战时使用状态需要的时间。它应根据城市从和平状态转入战备状态所允许的时间、转换工程量的大小、具体转换对象及工种所需要的时间估算。同时与转换物资器材的储备及采购情况、转换施工的技术手段及条件等战术的、技术的、物质的因素有关。

允许转换的时间直接影响工程实现平战功能转换的类型选择,对于结构设计来说,应选择在政府部门规定的时间内,能够完成和实施的转换措施。

4. 转换的基本条件

首先,平战转换工程的抗力级别基本为低抗力的,低抗力的工程封堵构件上的等效静荷载相对较小,其构件的截面尺寸也相对较小,有利于构件的搬运和安装,且封堵时采用焊接等措施也容易满足工程的要求。其次,从工程的性质来说,为一般人民防空工程。

规范规定:平战结合的人民防空工程下列各项应在工程施工,安装时一次完成,不得预留和二次施工。

(1)现浇的钢筋混凝土和混凝土结构、构件。

(2)战时使用的及平战两用的出入口、连通口的防护密闭门、密闭门。

(3)战时使用的及平战两用的通风口防护设施。

(4)战时使用的给水引入管、排水出户管和防爆波地漏。

5.转换的内容、要求和方法

对于允许平战转换的工程,以下部位可进行平战转换:

(1)只供平时使用,战时不使用的出入口、通风口、相邻防护单元之间隔墙上供平时通行的连通口。

(2)因平时使用的需要,在人防工程顶板或多层人防工程中的防护密闭楼板上开的采光窗、平时风管穿板孔和设备吊装口。

(3)为方便平时使用的大跨度结构。

在平战转换时,有以下要求:

(1)孔口尺寸及封堵数量有一定的限制。

(2)采取的封堵措施应保证战时的抗力,密闭及防早期核辐射的规定等防护要求。

(3)在政府部门规定的时限内完成。

平战转换的方法:

(1)可采用型钢、预制构件。

(2)安装防护密闭门及密闭门。

(3)转换设计宜优先采用标准化、通用化、定型化的防护设备和构件。

具体的做法人防规范已做了较详细的规定,且出版了相应的图集,供设计时参考。平战转换的设计应与工程设计同步完成。

第五节 恐怖袭击及其防御

近年来,由于世界各国政治和经济发展的不平衡,以及民族和宗教矛盾的尖锐化,恐怖活动在全球范围内蔓延,其手段有多种,其中以爆炸破坏作为主要手段且屡屡升级,规模不断扩大。

一、恐怖活动袭击地下工程的主要手段及特点

(一)恐怖活动袭击地下工程的主要手段

恐怖活动由来已久,且日益盛行,严重危害国家及人民生命财产的安全。特别以"9·11"事件之后,反恐怖已引起国际社会的普遍关注。据调查,1977年11月6日在莫斯科的鲍曼地铁站发生爆炸,导致6人死亡;1987年伦敦克罗斯地铁车站大火造成31人死亡;1995年3月20日东京地铁三条线路的五节车厢同时发生被称为"沙林"的神经性毒气泄漏事件,造成12人死亡,5 500多人中毒,1 036人入院治疗,震惊世界;2003年2月18日韩国大邱地铁1079号列车发生人为纵火事件,导致198人死亡,147人受伤;2004年2月6日,莫斯科地铁发生自杀性恐怖爆炸,造成死亡40余人、伤70多人,车站设施损失严重;2005年7月7日,英国伦敦发生6处地铁连环爆炸,造成至少90人伤亡……恐怖分子的手法主要通过对无辜者的伤害来达到其政治目的。恐怖袭击的主要手法是:爆炸、恐怖作战袭击,暗杀,绑架,劫机,纵火,放毒等等,但主要手段是爆炸,使已有的建筑物破坏,造成极大的经济损失和恶劣的社会影响。对地铁设施的恐怖袭击种类大致有三种:引爆爆炸可燃物,在区间正线上放置障碍物导致列车脱轨乃至倾覆,投放气态或液态有毒物质。

地下建筑主要有地下交通设施、地下商场、地下市政基础设施、管廊及人民防空工程。地下交通设施主要有地铁,地下停车库、人行通道、越江隧道,一般位于城市中心及居住小区内;

地下商场及公共娱乐场所面积都比较大,也主要分布在市中心,是恐怖分子袭击的主要目标。

(二)地下工程的主要特点

(1)每个工程虽有一定数量的出入口,但人员(物资)疏散,不如地面建筑通畅。

(2)地下工程的自然通风较差,大多采用机械通风。

(3)地下工程的采光照明差,如果没有电力照明,里面一片漆黑。

(4)地下隧道会穿越河流、各种电力、煤气、污水管道,一旦发生破坏,很容易产生次生灾害。

所以,对于地下工程来说,恐怖分子采取的破坏手段主要是:爆炸、纵火、施放毒剂。

前面列举的恐怖活动的例子主要是爆炸,爆炸会引起地下工程的破坏坍塌,造成人员的伤亡。由于地下室的出入口数量有限,且不像地面建筑那样有登高面,对人员的紧急救助比地面建筑困难得多。因此,爆炸和燃烧是对地下工程危害最大的恐怖活动。在穿越河流的地方,如果地下工程被破坏,河水灌入工程,会造成更大的人员伤亡。在穿越电力、煤气管道处,如果地下工程破坏,会造成管道渗漏,从而引起煤气中毒或间接爆炸。

韩国的大邱地铁纵火事件,由于地铁工程的通风竖井及活塞风井有烟囱的作用,火势很快蔓延引起大面积人员伤亡,并使地下工程的设备,装修及部分结构产生破坏。

由于地下工程通风较差,一旦施放毒剂,使大量毒气留在工程内伤害人员。1995年日本东京地铁恐怖事件就是一例,恐怖分子把"沙林"混合液放在容器内,把容器置于车厢里,使毒气散发。虽然没有破坏地下工程本身,但对人员的伤害极大。

二、隧道及地下工程防御恐怖袭击对策

在隧道及地下工程发生的恐怖活动中,采用爆炸物占绝大多数,投放化学毒剂,放置放射性物质和使用生物制剂进行恐怖活动的方式也日益增长,另外纵火也是恐怖活动常用的手法。以上恐怖活动方式可以通过工程防护的方案和技术进行有效的防范处理,有些是必须要采取的防护措施。在工程防护方案和技术上的主要措施有:

(一)应合理选址

重要的工程或在特殊条件下需发挥重要作用的工程应避开城市闹市区,避开主要的经济、政治、军事目标以及重要危害物、危险品储藏地,因为上述环境是恐怖袭击的主要目标。

但以上要求只是一种理想状态,地铁、地下商场及地下停车场等常常根据城市功能的需要,建在闹市区和人员居住小区内,这时,应考虑以下防护措施:

(1)加强安全检查:对于地铁地下停车库等主要地下交通设施,设置安全检查,防止易燃易爆物品带入工程内。

(2)宜将地下停车库与建筑物分开设置,地下停车场可建在小区绿化区内,即使停车场内发生汽车爆炸,也不会使建筑物发生破坏。

(3)在地铁车站和列车内安装摄像监控设备,加强地铁内警察和警犬巡逻,必要时对进出车站人员及携带物品进行安检,对保障地铁运营安全都是必要的。

(4)在硬件方面配备各种防灾报警和救援装置。从软件角度,深入研究安全管理的模式,建立不同阶段应急救援预案。

(二)应制定工程防恐怖爆炸的防护标准

防恐怖爆炸的目的是减少人员伤亡,促进和简化应急救援工作,加快爆炸后工程的修复和人民生活与工作的恢复。对于地下工程来说,最基本的要求应是使地下结构不产生倒塌破坏,

防止产生次生灾害。此外,还应对地下工程内的出入口、通道加以保护。

一般来说,工程的重要性不同,防恐怖爆炸的标准也不同。由于恐怖爆炸的不确定性和偶然性,防护标准不宜定得过高,这个问题已经得到世界各国政府部门的重视,我国也不例外。

三、地下工程的防护方案概念设计

在全世界都加强了反恐意识的今天,对地下工程的结构设计提出了新的要求。一个成功的建筑设计,应该是建筑师和结构工程师及防爆专业工程师密切合作的成果,这种合作应该从方案阶段开始直到设计完成,甚至一直到竣工。

从防护爆炸破坏的概念上说,建筑和结构总体布置应做到以下几点:

(1)为防止结构受力构件或承重墙近距离爆炸、接触爆炸乃至内爆炸产生的局部破坏后引起结构的连续坍塌,设计上应使结构体系具备整体牢固性,结构应具有多次超静定,这是抗倒塌所必须的。当部分结构或构件产生严重破坏,甚至局部倒塌时,不应导致整个结构丧失承载力,绝不允许出现结构的渐进连续倒塌。

(2)在地下结构或隧道穿越江河等危险地段处,为防止由于恐怖爆炸产生局部破坏造成江河大水灌入地下工程引起人员伤亡,在穿越江河的两端应安装防淹门,当有大水进入时,防淹门自动关闭,可有效地保护人民生命财产安全。

(3)为防止恐怖分子纵火破坏,地下工程应严格按消防要求设计,在防火问题上,反恐和消防安全完全可以按相同的标准设计。

(4)合理密闭

使用化学毒剂,生化制剂或放射物质对地下工程进行的恐怖活动造成的危害范围较大,处理难度也大。对于这些可疑的有害物质应进行密闭环境下的处理。应将地下工程分为若干防护单元,每个单元自成系统且相互密闭,以有效地缩小有害物质扩散的范围。防护单元可以结合消防单元或人防防护单元一起考虑,特别是人防防护单元本身就是一个自成系统的密闭区。

(5)地下工程有极大的可能遭受人体炸弹的袭击,在内部爆炸的冲击波作用下,内部的建筑物碎片飞散,产生的次伤害不可轻视。因此,内部的隔墙、装饰应尽量避免采用玻璃、铁皮或砖等材料。

反恐怖爆炸是一项复杂而艰巨的长期任务。随着科学技术的不断发展,恐怖分子使用的爆炸物日趋高技术化,破坏手段更加狡猾和残忍,今后防恐怖爆炸的难度越来越大。必须结合我国的反恐怖活动实际,做一些相关的技术研究工作,例如:当汽车炸弹或人体炸弹在地下工程内部爆炸时的爆炸效应研究;在遭恐怖袭击前如何加强监测,当遭恐怖袭击结构受到局部破坏后,如何快速修复等问题的研究。

思 考 题

1.简述现代化战争的特点,地下铁道怎么进行"防恐怖分子"破坏并保障运营中乘客安全?

2.核武器、常规武器、生化武器对地下工程主要的危害杀伤因素有哪些?

3.单建式、整体式、成层式地下防护工程各有何设计特点?

4.怎么样计算由冲击爆炸引起的土中压缩波?怎样做围岩与地下结构共同作用的动力分析?

5.等效静载法基本原理是什么?怎么样用等效静载法进行民防工程结构设计?

第七章 地下工程事故灾害的防护

地下工程使用功能不同,所在的工程地质及水文地质条件千差万别,周围地理环境差异很大,由此而来它的施工方法和施工技术是多种多样并且十分复杂。在岩石等坚硬地层中修建隧道及地下工程方法主要为:明挖法、矿山法(又称钻爆法)、新奥法隧凿岩机(TBM)法等;在软土地层中地下工程施工方法主要有:明挖法、浅埋暗挖法、盖挖法、沉井法、沉管法、盾构法、顶管法、微型管道(非开挖技术)顶推技术等。为了保证上述工法的顺利实施,在施工过程中,经常采用一些辅助工法,如:注浆技术、深层搅拌桩、高压旋喷桩、SMW 工法、钻孔桩(树根桩)、冻结法、气压法、人工降水等技术方法,对土体改良或对已建构筑物保护。近年来,城市地下工程向着断面形式使用功能复杂,大跨径,超深(浅埋),近距离,地质及环境条件恶劣,工期紧的趋势发展,同时地下工程的新材料、新工艺、新设备、新技术不断涌现,合理选择施工方法可以避免灾害造成的损失,达到事半功倍效果;反之施工方法选择不当,灾害事故频繁发生,事倍功半,有时不得不中途改变工法。

地下工程施工与地面建筑施工施工方法不同,各自有许多不同特点。只有充分认识地下工程施工方法特点及客观规律,才能避害趋利,安全快速经济地完成施工任务。地下工程以下特点在组织施工时,要充分引起重视。

1. 隐蔽性

由于地质条件复杂性及勘察手段局限性,在地层开挖之前,很难确切了解地层构造特征,岩体强度,完整程度,自稳能力,地应力场分布,地下水状态,有无有害气体,岩溶及岩洞等地质条件,也不知场地范围是否存在古墓穴,旧基础和桩基,旧河道,河底沉船或未引爆炮弹及航空炸弹等障碍物。因此,对长大隧道及大形深埋地下工程,开工前使用探地雷达或超声波检测,也可同时采用水平超前钻孔,小导坑超前勘察等技术。根据确切的地质参数修改支护设计,修改施工方法,对可能遇到障碍物及灾害地质特征,制定专项施工方案,才能保证工程顺利进行。地下工程一旦竣工,只能看到它的表观,其内部及结构层背后的状态是隐蔽的,建成后难于修改和撤除,要求确保工程质量,不留隐患。

2. 循环作业性强

地下工程特别是隧道通常为长条形,横断面不变,从一端开始,按一定顺序循序渐进。如钻爆法隧道施工就是按照:"钻孔—装药—爆破—通风—出渣—初次支护—铺防水板—二次浇筑混凝土"循环顺序作业。正常情况下盾构隧道施工遵循:"顶进—挖土(排渣)—管片拼装—同步注浆—二次补浆—嵌缝封手孔"顺序施工。明挖施工基坑工程一般按照:"围护结构—降水—支撑—挖土—内部结构—防水"顺序分段分块施工。遵循上述特点,尽量做到纵向分段分块,平行施工。各工种按顺序按时进入和撤出工作面,避免各工种交叉作业,相互干扰引发的工程事故。

3. 场地拥挤,作业空间狭小

城市建筑物密集,地下管线密如蛛网,经常基坑开挖边线靠近到路红线与建筑物基础,无施工临时设施用地,材料设备进出困难。在此情况下,基坑出现变形或垮塌对周围建构筑物产生很大威胁。上海市区由于地铁线路初步成网,仅2008年盾构近距离穿越已运营地铁隧道和大型上下水管道有二十几次,给盾构施工技术带来新挑战。北京,上海,广州,天津等大城市类似的在狭小空间组织地下工程施工例子会越来越多。地下工程暗挖法施工要在一定埋深岩土介质中完成,受造价影响,地下空间作业面狭小,与地面连通出入口少。开挖渣土要及时外运,建筑材料,设备,新鲜空气要及时到工作面,施工机械活动范围要有严格限制,运输工具要严格遵守限界。否则,相互碰撞造成各类伤亡事故。地下工程一旦出现塌方,火灾,人员逃生困难,外部救援人员难以到达灾害现场实施救援。

4. 围岩与支护力学行为随工况动态变化

地下工程施工过程中,随着每一步开挖,每一道支撑(每一步临时支护)架设或撤除,每次注浆及降水,每一段衬砌浇灌(拼装),都将引起围岩初始应力状态变化,支护(撑)及衬砌传力路径改变,内力与变形受时空效应影响不断变化。通过现场观察和仪表监测,一旦应力及变形达到接近结构的构件与整个体系允许限界时,及时修改支护措施和施工方案,才可避免工程灾害事故。

5. 作业环境差

地下工程在围岩介质包围的空间施工,所处环境恶劣,黑暗、潮湿、粉尘、噪声、振动、超大气压等污染严重。为此,地下工程施工要加强安全教育,加强劳动保护,防止职业病发生。有时存在瓦斯可爆燃气体,地下高承压暗河,危石掉落,支架倾覆。

6. 施工风险大

地下施工环境条件差,是类似地下采煤采矿高危风险施工行业。除经常发生滑坡,涌水,流砂,危石坠落,塌方,瓦斯可燃气体爆炸地质灾害外,还有野蛮施工,支护衬砌不及时不合理导致结构支架崩塌滑落,运输车辆出轨碰撞等设计施工管理偏差引起的事故,也还有工程事故引起的周近房屋损坏,管线断裂,交通拥塞等对城乡居民正常工作生活的干扰,产生十分恶劣的社会影响。

第一节　深基坑工程事故灾害

一、概述

(一)基坑工程特点[123]

随着我国城市建设步伐的加快,城市空间显得越来越拥挤。为解决这种矛盾,更加有效的利用城市空间,我国兴建了大量高层建筑和地下设施。相应的基坑工程越来越多,规模越来越大,施工条件与环境越来越复杂,加上岩土工程理论的不成熟,如何解决好深基坑的设计和施工问题,是建设工程中的一个重点与难点。

相较于其他建设工程,基坑工程有如下一些特征:

(1)基坑工程是个临时工程,安全储备相对可以小些,但又与地区性有关。不同区域地质条件的特点也不相同。基坑工程是岩土工程、结构工程以及施工技术相互交叉的学科,是多种复杂因素交互影响的系统工程。在理论上为尚待发展的综合技术学科。

(2)由于基坑工程造价高,开工数量多,是各施工单位争夺的重点,又由于技术复杂,涉及范围广,变化因素多,事故频繁,是建筑工程中最具有挑战性的技术上的难点,同时也是降低工程造价,确保工程质量的重点。

(3)基坑工程正向大深度、大面积方向发展,面积过万平方米的超大型基坑屡见不鲜,工程规模日益增大。

(4)随着旧城改造的推进,各城市的主要高层、超高层建筑大都集中在建筑密度大、人口密集、交通拥挤的狭小场地中,基坑工程施工的条件均很差。临近常有必须保护的永久性建筑和市政公用设施,不能放坡开挖,对基坑稳定和位移控制的要求很严。

(5)岩土性质千变万化,地质埋藏条件和水文地质条件的复杂性、不均匀性,往往造成勘察所得的数据离散性很大,难以代表土层的总体情况,并且精确度较低,给基坑工程的设计和施工增加了难度。

(6)在软土、高水位及其他复杂场地条件下开挖基坑,很容易产生土体滑移、基坑失稳、桩体变位、坑底隆起、支挡结构严重漏水、流砂管涌以致破损等病害,对周边建筑物、地下构筑物及管线的安全造成很大威胁。

(7)基坑工程包含挡土、支护、放水、降水、挖土等许多紧密联系的环节,其中的某一环节失效将会导致整个工程的失败。

(8)相邻场地的基坑施工,如打桩、降水、挖土等各项施工环节都会产生相互影响与制约,增加事故诱发因素。

(9)基坑工程造价较高,但又是临时性工程,一般不愿投入较多资金。可是,一旦出了事故,处理十分困难,造成的经济损失和社会影响往往十分严重。

(10)基坑工程施工周期长,从开挖到完成地面一下的全部隐蔽工程,常需经历多次降雨、周边堆载、振动、施工失当等许多不利条件,其安全度的随机性较大,事故的发生往往具有突发性。

(二)基坑工程事故原因[123]

基坑工程虽是个临时工程,但其施工周期长,从开挖到完成地面以下的全部工程,常常会遭遇多次降雨、周边堆载、振动等诸多外在的不利因素。近年来,基坑工程事故时有发生,据不完全统计其事故的发生率约占基坑工程数量的20%左右,个别城市甚至占到了30%左右。基坑工程事故的频繁发生,已经造成了国家重大的经济损失,引起各方面密切关注。对于事故原因,以下将分别从基坑的设计、施工、监理、勘察及项目管理等方面进行分析。

1. 设计因素

有关专家对大量基坑工程事故实例的统计分析结果表明,由于设计不当而造成的事故约占45%,主要存在问题如下:

(1)无证设计

某些工程由私人设计或不具备相应资质的施工单位设计完成,缺乏理论依据与实践经验,故难以实现经济合理和安全可靠,还因质量低劣而时常导致施工时险象环生,甚至酿成重大事故。

(2)盲目设计

某些设计人员在地形、地质、水文等资料不齐全,对周边环境又不熟悉的情况下,主观地凭经验进行设计,或胡乱套用和盲目照搬别人的资料,既缺乏科学依据,又脱离实际情况,草率出图应付施工。

（3）越级设计

某些单位并不具备相应的技术资质资格,越级承接设计往往因技术力量薄弱,水平不高和经验不足等而使设计成果达不到质量要求,容易造成事故。

（4）虚假设计

为了在工程竞投中获胜,在设计的取值、计算依据和模式等方面弄虚作假,不惜一切地压低造价,结果是既不安全也不经济,但能满足某些甲方片面追求价低者的心理。

（5）忽略对地下水的处理措施

据有关专家统计,基坑事故中由于对地下水的堵截失效或疏排不畅而直接或间接造成的比例高达70%以上,且往往会导致倒塌等严重后果。

2. 施工因素

根据对基坑工程事故实例的调查统计,因施工问题造成的事故约占42%,主要表现为支护结构产生较大位移或破坏,基坑失稳塌方及大面积滑坡,周围道路开裂和坍塌,相邻建(构)筑物和地下设施管线损坏和倒塌等。其原因如下:

（1）无施工资质或越级承包。对基坑施工中出现的复杂问题措手无策,遇突发事故时只能盲目地随意处理,应急措施不力。

（2）施工质量差。承包商以低价获得工程任务后便层层转包,施工队伍素质低,蛮干或随意修改设计、偷工减料,使得工程质量十分低劣。具体表现如下:

止水帷幕缺损(空洞、蜂窝等),在地下水压作用下,淤泥质土、砂、粉土等被冲入基坑,造成水土流失,基坑水满为患,支护结构失稳,坑壁坍塌;

支护桩桩体强度严重不足,产生过大变形而使基坑倒塌;

连续墙墙体质量差,存在严重蜂窝、露筋或空洞等;

锚杆或土钉长度不足,实际抗拔力无法达到设计能力,造成基坑变形破坏;

钢管支撑使用旧钢管或薄壁钢管,且细部焊接质量低劣,焊缝被拉裂或局部变形过大,使整个支撑体系受到影响甚至破坏;

钢筋混凝土支撑质量差,刚度或强度不足,造成杆件被压坏等。

（3）现场管理混乱,安全意识差,未严格按照施工规程和程序施工。具体表现为以下几点:

基坑开挖施工时,挖土机往往停在支护结构附近,反铲运土堆土或在基坑浇注混凝土时,混凝土搅拌车与泵车离支护结构太近,或在边坡顶堆放材料过多,均会使支护结构承受较大的动静荷载,当超出设计安全储备时便发生变形。

施工期间在基坑边缘附近搭设办公室、仓库、材料库、维修间甚至民工宿舍等工棚,对基坑支护结构产生很大的附加压力,使其发生较大变形,容易出现滑坡或倒塌。

基坑开挖不符合施工规程和程序。为了加快开挖进度而盲目地违反规定施工,边坡过陡,挖土高差过大或超挖,削弱了土体的抗剪强度,使边坡失稳而造成基坑滑坡。

基坑底面暴露时间过长。基坑开挖后长期积水,又没有采取相应的加强稳固措施。

开挖基坑时挖土机械不小心碰撞到支撑系统及支护桩(墙),使其损坏而导致事故的发生。

支撑结构的安装施工为贪图方便而"先挖后撑"或未及时加撑,违反了"先撑后挖"的原则,造成支护结构的较大变形,导致局部塌方或整体失稳。

支撑体系在拆除前未采用交替换撑或临时撑措施,致使支撑拆除后引起挡土支护结构变形过大,甚至失稳破坏。

对锚杆注浆的水灰比掌握不严,注浆体密实度不保证,影响锚固效果。

基坑内的集水坑开挖离支护桩(墙)太近且过深,致使支护桩(墙)的被动土压力严重不足;

某些施工单位为了方便出土,随意修改设计或破坏支护结构、止水帷幕,在基坑边开口或接斜坡的车道,使已封闭的止水帷幕及支护结构遭到破坏。当遇暴雨时,大量地表水和地下水夹带泥砂通过豁口流入基坑,促使基坑壁出现位移和下滑的险情。缺少暴雨期雨季施工预案。

(4)在没有征得设计单位同意的情况下,施工人员凭经验处理。如沈阳某大厦基坑,基坑深12.6m,地下水埋深6.4m,采用挡土桩喷锚支护,因施工组织原因,在施喷设备离场后基坑一角还有一段10m长桩间土没有喷混凝土,施工人员认为此工程的施工速度快、工序衔接紧,作业面短期裸露没有问题,结果未喷混凝土的地段严重渗水,造成基坑塌方。

(5)忽视施工监测和险情预报。

目前存在的主要问题一是未安排基坑施工监测或沉降观测,或不合理地削减监测内容,从而使提供的监测数据不全面,无法进行综合分析判断;二是报警不及时,因而延误了抢险时间。

3. 勘察因素

基坑工程事故中勘察方面原因造成的约占4%,也应引起有关部门的注意。主要表现在未认真细致地对场地进行实地勘察,或随意套用附近工程以往的地质勘察资料,或提供的数据不全面,使设计人员依据不足,只能凭经验估算或套用设计,造成判断失误,土压力计算结果严重失真,支护结构安全度不足,最终酿成事故。

4. 项目管理因素

由于建设单位管理上的存在问题而导致的基坑工程事故约占6%,主要有以下方面:

无计划地进行建设工程项目投资,或资金筹集不足,致使工程施工断续进行甚至停工。

未严格审查优选勘察、设计和施工单位的资质,未按规定进行招标投标,凭关系或不正当手段将工程任意发包,一些队伍的资质、技术水平低,素质差,难以承担基坑工程的施工,造成安全隐患。

发包基坑工程的设计和施工,无限度地压价,要求不合理工期,设计单位为急于出图而不顾设计质量,以致安全度偏低;施工单位也往往因工期紧标价低而偷工减料,不按图纸施工或采取边施工边设计边修改的方法,容易给工程留下事故隐患。

未按规定办理有关报建、审批和监督手续,致使质量安全监督失控。

为节省投资,不办理必需的报建审批手续,在缺乏专家论证的前提下,随意修改支护结构体系设计,造成基坑事故。

5. 施工监理因素

在基坑施工质量的监理方面主要存在以下问题:

监理人员素质不高,对业务不熟悉,甚至未经专业培训取得上岗证;

监理专业配备不全,因而无法全面到位地开展工作,加上程序不规范和没有针对性,未能发挥应有的作用;

工程总监在多个项目中挂名,因而有名无实,甚至未经注册,故不能很好地履行监理的职责;

大多数基坑工程的监理工作仅停留于施工阶段,而忽略对基坑设计质量的严格把关和对主要建材的检验与抽检工作;

对施工人员的严重错误行为和违规作业未能及时制止,因而造成事故。

引发基坑事故的原因往往不是一条两条,而是多种不利因素共同作用的结果。因此要预防事故的发生,就必须抓好建设主体各方的协调和密切配合。基坑工程设计方案的审议应由有资质有经验的设计单位承担,这是保证基坑工程成功施工的关键;为了确保工程质量,应由有相应资质、训练有素的施工单位承包基坑工程的施工任务。同时,要抓好基坑工程的前期勘察工作,并加强监督和管理,才能彻底消除基坑工程的事故隐患。

二、基坑工程事故类型及其对策

(一)基坑工程事故类型

概括地说,常见的基坑工程事故类型有如下几种:

(1)围护结构断裂破坏,基坑塌方或坍塌。

(2)基坑渗漏水,流沙,管涌。

(3)围护结构位移过大,超过允许值,威胁到基坑本身和周围环境的安全。

有时基坑本身是稳定的,而周围环境却遭到了破坏,这是由于基坑开挖改变了基坑周围建筑物和地下管线原条件和状态。例如有的基坑降水时基坑本身虽稳定,但周围建筑物却因降水引发地面沉陷而遭到破坏。

基坑工程发生事故,后果是灾难性的,导致整个基坑支护结构倒塌破坏,不仅会延误工期和耗费大量资金,而且会造成人员伤亡和财产损失,并严重威胁甚至破坏相邻建(构)筑物或地下设施及各种管线的安全。

(二)基坑工程事故对策[125]

当基坑工程发生事故时,应当根据事故原因及时采取有效对策,控制事态恶化,并及时恢复正常。以下列出一些基坑工程病害事故常用的处理措施:

(1)悬臂式支护结构围护结构内倾位移过大。可采取坡顶卸载,桩后适当挖土或人工降水,坑内桩前堆筑砂石袋或增设撑、锚结构等方法处理。这是支护结构设计不当,随便取消顶梁圈、锚杆,施工地面荷载过大等因素引起的。为减小桩后的地面荷载,基坑周边应严禁搭建施工临时用房,不得堆放建筑材料和弃土,不得停放大型施工机具和车辆,施工机具不得反向挖土,不得向基坑周边倾倒生活及生产用水。坑周地面需进行防水处理。

(2)有内撑或锚杆支护的桩墙围护结构内凸变形过大。首先在坡顶或桩墙后卸载,坑内停止挖土作业,适当增加内撑或锚杆,桩前堆筑砂石袋,严防锚杆失效或拔出。这是撑锚结构数量过少,布置不当,联结处松动,结构失效所致。

(3)基坑发生整体或局部土体滑坡失稳。首先应在可能条件下降低土中水位和进行坡顶卸载,加强未滑塌区段的监测和保护,严防事故继续扩大。这是忽视基坑整体稳定和盲目施工的结果。对欠固结淤泥土、软黏土或易失稳的砂土,应根据整体稳定验算,采用加大围护墙入土深度或预先坑内土体加固等措施,防止土体失稳。

(4)未设止水幕墙或由于施工质量而致使挡墙密封不严,造成坑周地面或路面下陷和周边建筑物倾斜、地下管线爆裂等。事故发生后,首先应立即停止坑内降水和施工开挖,迅速用堵漏材料处理挡墙的渗漏,坑外新设置若干口回灌井,高水位回灌,抢救断裂或渗漏管线,或重新设置止水墙,对已倾斜建筑物进行纠偏扶正和加固,防止其继续恶化,同时要加强对坑周地面和建筑物的观测,以便继续采取有针对性的处理措施。在水位较高地区基坑开挖时,应进行止水处理,方可开挖,坑外也可设回灌井、观察井,保护相邻建筑物。

(5)施工单位偷工减料,弄虚作假,导致支护结构质量低劣,如桩径过小、断桩、缩径、桩长等不到位等所引发的基坑事故。首先停止挖土、降水,再根据基坑深度、土质和水位等条件采取补桩、注浆或其他加固手段。预防措施:严格执行施工监理制度,由有资质单位承担施工任务。

(6)桩间距过大,发生流砂、流土,坑周地面开裂塌陷。应立即停止挖土,采取补桩、桩间加挡土板,利用桩后土体已形成的拱状断面,用水泥砂浆抹面(或挂铁丝网),有条件时可配合桩顶卸载、降水等措施。对于混凝土桩支护的基坑,桩中心间距一般不宜大于2倍桩径,灌注桩的桩径一般不宜小于500mm,挖孔桩的桩径不宜小于800mm。

(7)设计安全储备不足,桩入土深度不够,发生桩墙内倾或踢脚失稳。首先应立即停止基坑开挖,在已开挖而尚未发生踢脚失稳段,在坑底桩前堆筑砂石袋或土料反压,同时对桩顶适当卸载,再根据失稳原因进行被动区土体加固(采用注浆、旋喷桩等),也可在原挡土桩内侧补打短桩。

(8)基坑内外水位差较大,桩墙未进入不透水层或嵌固深度不够,坑内降水引起土体失稳。处理方法:首先停止基坑开挖、降水,必要时进行灌水反压或堆料反压。管涌、流砂停止后,应通过桩后压浆,补桩,堵漏,被动区土体加固等措施加固处理。基坑开挖前应补作地质勘察,查明不透水层分布情况,应确保止水桩墙进入不透水层1m以上。

(9)基坑开挖后超固结土层反弹、或地下水浮力作用时基础底板上凸、开裂,甚至使整个箱基础上浮,工程桩随地板上拔而断裂以及柱子标高发生错位。处理措施:在基坑内或周边进行深层降水,由于土体失水固结,桩周产生负摩擦下拉力,迫使桩下沉。同时降低底板下的水浮力,并将抽出的地下水回灌箱基内。堆载使箱基底反压使其回落,首层地面以上主体结构要继续施工加载,待建筑物全部稳定后再从箱基内抽水,处理开裂的底板后方可停止基坑降水。

(10)对侵入相邻场地或建筑物下影响施工或基础安全的锚杆的拆除,危及尚在施工的基坑支护结构的安全。处理措施:在锚杆被拆除剪断前,采用墙后注浆,并局部扩大锚固体断面或其他有效办法。

(11)两相邻基坑施工相互影响,引起支护结构或工程桩破坏、桩顶位移或基坑护坡坍塌。事故发生后,首先停止施工或限制施工振动影响,对破坏的支护桩采取有效的处理措施,协调施工,减少相互干扰和损坏。这是由于打桩振动引起土质液化或触变,对支护结构或边坡产生侧向挤压所致。

(12)基坑土方超挖引起支护结构损坏。应暂时停止施工,回填土方或在桩前堆载,保持支护结构稳定,再根据实际情况,采取有效措施。

(13)在有较高地下水位的场地,采用喷锚、土钉墙等护坡加固措施不力,基坑开挖后加固边坡大量滑塌破坏。首先停止基坑开挖,有条件时应进行坑外降水。无条件坑外降水时,应重新设计、施工支护结构(包括止水墙),然后方可进行基坑开挖施工。

(14)在寒冷地区或地下水位上升的土层中,锚杆的锚固体因冻融或水位上升而降低锚拉力,导致锚杆松动,失效,使支护结构产生破坏。预防措施:降低基坑外围的水位,高寒地区应尽可能避免基坑越冬。

(15)井点降水过程中,井内涌砂严重,中断作业。这主要是由于抽水层位于粉细砂层,滤料填入不妥所致。一旦发生这种现象,应立即更换滤料和包砂网,以阻止流沙的进入;对于已打成的井点,只需将泥浆洗出后,就暂停洗井,以免涌砂造成井孔周围地面塌陷,甚至影响基坑边坡稳定。当其他井点将地下水位大幅度抽降后,再重新进行洗井,此时由于水位降低,水压力减小,进入井中的流砂会大大减少。但由于成井时间长,井内泥砂沉淀较多,不易被洗出,这时可用水泵把清水注入井下将沉淀物翻动,同时不失时机地将泥砂含量很大的井水抽出,一直洗至井底。特别是自渗井点一定要将入渗层位洗通,不得有泥砂沉积井内堵塞入渗含水层。洗井后用于抽水的井点,应保持连续抽水,不要间歇和反复,以免扰动砂层,造成井孔重新涌砂。需要间隔抽水,停泵时应将水泵上提,防止埋泵。

(16)井点降水过程中,井点出水量远小于实际应该的出水量,而且洗井效果不佳。这是由于钻孔、成井时,泥浆稠、泥皮厚或洗井措施不得当的缘故。此种情况,对于轻型井点,可向井管内注入高压清水,以冲动孔内滤料,将泥浆和泥皮稀释、破坏,再送风吹扬洗井或接真空泵吸抽。对于管井,可在井孔周边 100～300mm 处用工程钻机打孔(孔径 100～150mm)至含水层部位,从孔中送入高压清水直接冲洗孔壁的滤料,或一边送水一边送气吹洗,将井孔周围的泥砂和滤料吹出地面,待送入清水畅快流入井中后,再从孔中填入新滤料,并重新进行井内洗井。

基坑病害事故发生后,首先要查明病害事故的确切原因,判断事故的发展动态,正确制定处理方案,并迅速组织力量进行抢救,避免丧失良机,酿成更严重的后果。

三、基坑工程事故案例分析

(一)基坑坍塌

【案例 1】 Nicoll 高速公路塌陷事故[126]

(1)事故描述

2004 年 4 月 20 日,新加坡 Nicoll 公路附近的 Merdeka 的大桥突然倒塌。事发时,公路附近有一条隧道正在用深基坑开挖施工,基坑约 80m 长,30m 深,17m 宽,有 9 道钢支撑。这是新加坡地铁 C824 的环线的一段隧道。事故发生后,钢支撑屈曲,基坑约 80m 长的基坑全部坍塌(图 7-1),附近的六车道的 Nicoll 高速公路塌陷长达 13m,比较幸运的是没有发生交通事故,但是不幸的是有四名施工人员死亡。2004 年 8 月,政府成立了一个调查委员会,并举行了听证会。2005 年 5 月发表了最后的调查报告。

图 7-1　基坑倒塌现场

（2）事故发生的原因

概括地说，开始时，由于支撑与圈梁连接不牢固导致了第9道支撑的屈曲破坏（图7-2）。由于发生的是脆性破坏，没有安全储备。因此第9道水平支撑先破坏，第8道支撑随即发生破坏，直至所有的支撑都破坏。没有了支撑提供支护体系，在荷载的作用下，发生了整体的坍塌。调查委员会调查发现设计的支撑与圈梁的连接方式有两个问题，一是使用了错误的确定连接处承载力的方法，二是没有使用设计的方法分配负荷。接下来，调查委员会确定了九个事故发生的主要原因如下：

图7-2　支撑与圈梁的连接

①设计规范和标准之间的不一致。

②泄压装置的考虑不充分。

③特殊的几何性质不考虑。

④电缆穿越地连墙和水泥砂浆层楼板发生的扰乱。

⑤地质条件的复杂性。

⑥渗透性系数选择的不当。

⑦切割墙隧道竖井延误。

⑧支撑间的跨度较大。

⑨在第8道和第9道支撑之间预压荷载的损失。

此外，调查委员会也列出了其他一些事故因素：

①没有通过反分析检验单根支撑的破坏。

②对于现场警告，并没有停工。

③风险评估机制未能落实。

④没有独立的设计审查机构。

⑤薄弱的工程管理。

⑥没有有效地利用监测系统。

大型土木工程不仅依据一定的安全系数来进行设计,而且还依靠施工中的监测来控制。系统中单个构件的破坏很少会导致灾难性的崩溃,通常需要多个或一系列相关的破坏。在这种情况下,灾难性的破坏是由于支撑和圈梁之间的连接的破坏并综合以上一系列相关影响因素而导致。

（3）对工程的建议

调查委员会提出了一系列建议。对于临时工程的设计,往往会降低安全系数,但是对于一些大型的临时工程,应采取与永久性工程相同的安全系数来进行设计。应当由独立机构认证的合格工程师来设计临时工程。应该有一个完善的安全和管理风险机制。一般来说,数值分析或建模不应过分依赖,它只能用来补充而不是取代健全的工程实践能力和判断。精密的电脑软件只可用于指导。岩土工程师必须基本了解土壤力学原理,并清楚地了解数值模拟及其局限性,而后从事岩土工程数值分析。

（4）监测分析

专家们认为,这些工程问题应当从监测数据来分析。无论是地面处、地下水处还是旋喷桩下面挖掘水平面处观测的位移都很大。这往往意味着会有突然的破坏发生,实际上,地下连续墙上的支撑的轴力的大小能够对突然的破坏起到征兆的作用,可惜没有进行此类的监测。

（5）对工程的评价

失败的原因最主要是支撑与圈梁的连接不适当造成。专家们做了详细的评估,达成了一个共识:如果在第 9 道支撑破坏时,就有详细的监测报告,然后能更好地控制破坏的发展,甚至能够阻止更大的事故的发生。显然,电脑程序能够容易地模拟施工过程,但是由于影响施工的因素很多,程序很容易得出一个错误结论,尤其是复杂的程序。一定要由有经验的专家来操作。这些复杂的程序最好是通过输入一些基本的可靠的数据来进行计算,但不要冒险地使用这些施工参数。正确的方法是通过手算来校核这些参数,然后通过修改这些参数,反复的对比一些其他的工程,最终得到一个最佳的施工的方案。

（6）最终结论

大型的土木工程,尤其是地下工程必须充分考虑安全系数。应当是设计好后进行校核检验,同时需要完善的监测工作,核对监测数据,并将对监测数据分析的结果反馈到设计中去。设计本身不是目的,通过检验和监测后更好的施工才是目的。应当考虑整体性设计,以避免失败,保证施工安全和设计的成功。整个系统结构体系的倒塌应当涉及不止一个错误,需要四,五个错误集合在一起才会导致整个系统的崩溃。即使个别部件损坏也不至于导致系统的破坏。同时应该健全安全施工的管理制度,职责分工应当明确,应该为了安全而制定一个详细的突发事故处理机制。

【案例 2】 海珠城广场基坑工程[127,128]

（1）工程概况

海珠城广场基坑工程位于广州江南大道与江南西路十字路口的西南角,海珠城广场基坑周长约 340m,原设计地下室 4 层,基坑开挖深度为 17m。该基坑东侧为江南大道,江南大道下为广州地铁二号线,二号线隧道结构边缘与本基坑东侧支护结构距离为5.7m;基坑西侧、北侧邻近河道,北面河涌范围为22m宽的排污箱涵;基坑南侧东部距离海员宾馆20m,海员宾馆楼高7层,采用φ340锤击灌注桩基础;基坑南侧两部距离隔山一号楼20m,楼高7层,基础也采用φ340锤击灌注桩。基坑周边环境复杂,安全等级为一级。基坑及周边环境平面位置示意图详见图7-3。

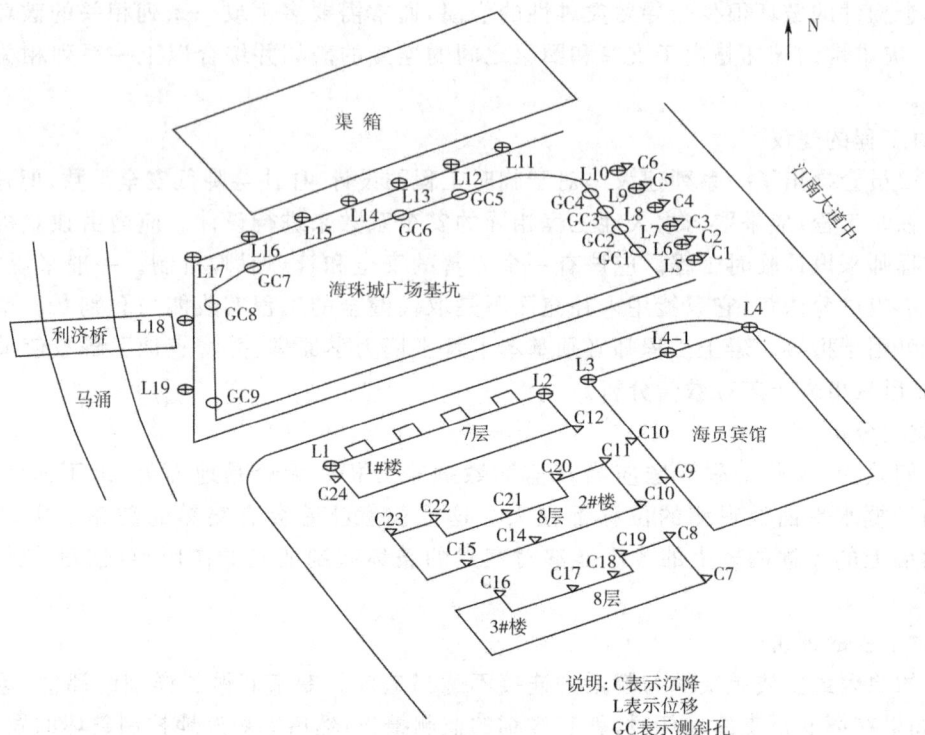

图7-3　海珠城广场基坑及周边建筑物监测点布置示意图

该工程地质情况从上至下为填土层,厚0.7~3.6m,淤泥质土层,层厚0.5~2.9m;细砂层,个别孔揭露,层厚0.5~1.3m;强风化泥岩,顶面埋深为2.8~5.7m,层厚0.3m;中、风化泥岩,埋深3.6~7.2m,层厚1.5~16.7m;微风化岩,埋深6.0~20.2m,层厚1.8~12.84m。

由于本工程岩层埋深较浅,因此,原设计支护方案如下:

基坑东侧、基坑南侧东部34m、北侧东部30m范围,上部5.2m采用喷锚支护方案,下部采用挖孔桩结合钢管内支撑的方案,挖孔桩底高程为−20.0m。基坑西侧上部采用挖孔桩结合预应力锚索方案,下部采用喷锚支护方案。基坑南侧、北侧的剩余部分,采用喷锚支护方案。后由于±0.00高程调整,后实际基坑开挖深度调整为15.3m。

该基坑在2002年10月31日开始施工,至2003年7月施工至设计深度15.3m,后由于上部结构重新调整,地下室从原设计4层改为5层,地下室开挖深度从原设计的15.3m增至19.6m。由于地下室周边地梁高为0.7m。因此,实际基坑开挖深度为20.3m,比原设计挖孔桩桩底深0.3m。

新的基坑设计方案确定后,2004年11月重新开始从地下4层基坑底往地下5层施工,至2005年7月21日上午,基坑南侧东部桩加钢支撑部分,最大位移约为4.0cm,其中从7月20日至7月21日一天增大1.8cm,基坑南侧中部喷锚支护部分,最大位移约为

15cm。

（2）基坑倒塌事故的发生过程

海珠城广场基坑在 2005 年 7 月 21 日 12:20 左右倒塌。据甲方有关人员反映，7 月 21 日上午 9 时左右，海员宾馆反映宾馆靠基坑侧的墙脚一个晚上裂缝加宽了约 2cm，甲方有关人员马上联系设计人员、施工单位负责人。10:30 左右，相关人员到现场，一起到海员宾馆看，果然发现宾馆靠基坑侧墙角 30 多米范围出现一条 1.8cm 的新裂缝。到宾馆里面看，发现墙体裂缝增大，甲方及施工单位、设计单位负责人看完宾馆后就下到基坑内继续查看基坑是否有异常情况。下基坑后，发现在基坑南边人工挖孔及喷锚面交界处，从西往东的第 3 条人工挖孔挡土桩，桩底的上 1m 左右处，桩身出现竖向裂缝。

此时，靠近宾馆的基坑顶范围，有三台机车正在工作，施工单位提出马上将机械开走。甲方公司经理打电话与另一位设计人员联系，问出土车在坑顶作业是否有问题，设计人员答复只要离开挡土桩边 3m 就没问题，实际作业的机械离基坑边至少 5m。但为慎重起见，甲方经理还是要求施工机械尽快离开基坑边，倒塌前半小时，坑顶最后一台车离开了基坑边。

至中午 12:00 时左右，甲方质安员、施工单位负责人在南侧基坑底听到"叭""叭"的声音，初始约 1 分钟 2~3 次，5 分钟之后，"叭""叭"声音越来越密，施工单位负责人就说："是锚索夹片破坏的声音，基坑不行了，快跑。"等到基坑底的人员跑到基坑北侧，还未上楼梯时，基坑就倒塌了。基坑西南角的临时建筑内的人员由于未能及时逃走，造成基坑倒塌时，5 人受伤，6 人被埋，其中 3 人被消防队员救出，另 3 人不幸遇难。基坑倒塌前 1h，施工单位测量的挡土桩加钢管内支撑部分最大位移为 4cm。监测单位在倒塌前两天测出的基坑南侧喷锚支护部分的最大位移近 15cm。基坑坍塌情况见图 7-4。

（3）基坑倒塌对周边环境的影响

地铁停运，停运时间从 2005 年 7 月 21 日 14 时 30 分至 7 月 22 日 13 时 58 分；

海洋宾馆部分倒塌、其余部分所有商户全部停业、人员迁走；

邻近隔山 1 号、2 号、3 号宿舍楼 590 名居民紧急搬迁，到临近酒店居住。

（4）抢险

①市长启动市政府重大安全事故处理紧急预案。由市长挂帅，副市长、政府秘书长、市建委领导组成临时抢险指挥部组织指挥抢险；同时由广州市建设科技委组织成立抢险专家组，协助抢险指挥部工作。

②广州市建委全体人员到现场日、夜轮班协助抢险，建委办公楼的对外办公停止近一周。

③由广州地铁总公司、广州市建筑集团有限公司、广州市政园林局、广州市消防局、卫生局、防疫局、海珠区政府、海珠区公安分局、街道派出所等政府部门每天派出近千人进行抢险。

④抢险关键是：一要保证地铁安全；二要保证邻近居民楼安全。

⑤抢险方法：采用多台广州工程界臂长最大达 48m 的混凝土泵车，对邻近地铁的位置进行泵送混凝土反压；对滑塌悬空的宿舍楼桩基，采用地泵进行混凝土泵送护脚；为防止滑坡面在雨水冲刷下进一步滑坡，采用地泵泵送混凝土护面；解决以上问题后，采用基坑回填的方法处理；为保证在滑坡面上再修改小区道路的安全，对滑坡面进行灌浆处理。

⑥对已倒塌一跨的海洋馆进行爆破拆除。

（5）海珠城广场事故对广州工程界的影响

图 7-4　基坑坍塌情况

①广州市科技委组织专家对全市 400 多个基坑进行地毯式大检查,历时半年,对 14 个存在严重安全隐患的基坑责令立即加固。对相关设计,施工单位进行通报批评,停牌处理;

②对广州市基坑工程进行严格管理:初始对基坑深度大于 5m 的严格限制使用喷锚支护方案,后经征求社会各方意见,改为基坑深度大于 9m 的严格限制使用喷锚支护方案。"7.21"事故之前,广州地区 70% 的基坑采用喷锚支护方案,现只有 1/3 的基坑采用喷锚支护方案。

(6)海珠城广场事故的社会影响

①该事故对广州市政府造成巨大的压力和负面影响。新闻媒体、网络使该事故传遍全世界。该事故是近十几年来广州最大的工程安全事故,在国内是继 2004 年上海地铁安全事故后的又一在全国产生重大影响的工程事故;

②从设计、施工、监理、建设单位到广州市建委、海珠区政府、广州市政府委办等相关政府部门的三十多位工程技术、管理人员及政府官员受处分。

(7)事故造成的损失

海珠城广场基坑倒塌事故,从直接经济损失角度考虑,其损失值超过两亿元,其中包括:基坑及土方施工费、地下室已施工的底板及一层地下室部分;倒塌的海员宾馆及相关物资损失;海员宾馆附楼中近二百户商家的财产损失;事故抢险过程中所投入的大量财力、人力、设备。事故过程中,近五百九十人的临时搬迁;1 号楼五十六户人家外迁近一个月的费用;事故发生过程中三个死者的赔偿费;建设方前期报建、设计、监理费;该场地从规划设计为商业用地到事故后变为绿化用地的土地价值损失费。直接经济损失是可以计算的清楚的,但对社会、对政府、对行业造成的间接损失影响是难以估量的。

(8)塌方六大原因

经广州市建设科技委办公室等单位在现场观察和对设计、施工、监测的调查,对导致本基坑滑塌的原因进行初步分析。

①工程设计方案有问题

有部门宣称,早在上报施工设计方案时,广州市建委科技委就已经提出,基坑设计深度达 16.2m,存在五大安全隐患,并提出方案要求调整,但是甲方全部拒绝不肯整改,反而开始无证施工。此后市建委多次发出安全警告,连施工企业都提出五次以上的安全警告,但是甲方一直无视这些警告,"甲方负责人责任重大"!

②基坑东段严重超载

事故发生前两天,在南边坑顶因施工地下室,造成东段超载达 140t,成为基坑滑坡的直接导火线。

③基坑开挖深度超"计划"

经调查,本基坑原设计深度只有 16.2m,而实际开挖深度为 20.3m,超深 4.1m,造成原支护桩成为吊脚桩,尽管后来设计有所变更,但对已施工的支护桩和锚索等构件已无法调整,这成为事故发生隐患。

④远超施工安全时限

基坑南边地层向坑里倾斜,并存在软弱透水夹层,随着开挖深度增大,导致深部滑动。本来临时支护安全期限为一年,但施工时间长达 2 年 9 个月,基坑暴露时间大大加长,导致开挖地层的软化渗透水和已施工构件的锈蚀和锚索预应力损失,强度降低,甚至失效。

⑤有滑坡前兆未予防范

而从施工纪要和现场监测结果分析,在基坑滑坡前已有明显预兆,但没有引起应有的重视,更没有采用针对性的处理措施,也是导致事故的原因之一。

⑥长时间无证施工

基坑自 2002 年 10 月 31 日在未领取建筑工程施工许可证情况下开始施工,中间多次停工,直到 2005 年 7 月 7 日才由广州市建委发给建筑工程施工许可证,7 月 15 日完成施工。可以说,历时 2 年 9 个月的时间内,这个工程几乎全部是在无施工许可证的情况下违规建设的,而且发生事故的基坑工程连一个对施工质量承担监理责任的监理单位也没有。

【案例 3】 温州温岭某基坑工程

(1)工程概况

工程位于温岭万昌北路以西,温岭市总部经济基地 A1 地块。本工程基坑呈矩形,平面尺寸约 103×69m。结构±0.00 为绝对高程+4.80m。设两层地下室,地下一层楼板设计高程为-5.080,地下二层板面高程-8.580。底板厚度为 600～800mm,基坑开挖深度为 6.88～9.18m。围护设计采用放坡卸荷+φ850SMW 工法桩内插 700×300 型钢+钢内撑围护。SMW 工法桩长:12.7～15.7m;H 型钢长:13～16m。钢支撑选用直径 φ609,厚 $d=16mm$ 钢管。北部淤泥质土层埋深较大的部位,采用单头搅拌桩加固长 3m。设计东侧和北侧安全等级为一级基坑,其余安全等级为二级基坑,如图 7-5 和图 7-6 所示。

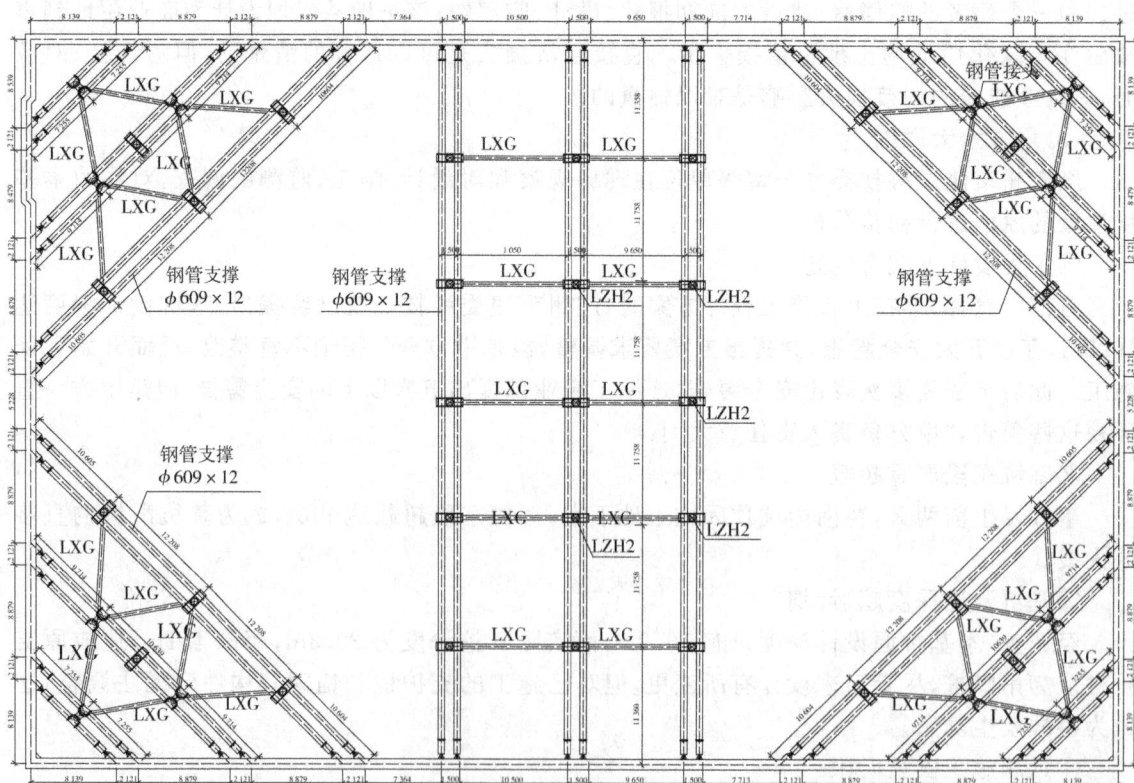

图 7-5 基坑平面图(尺寸单位:mm,高程单位:m)

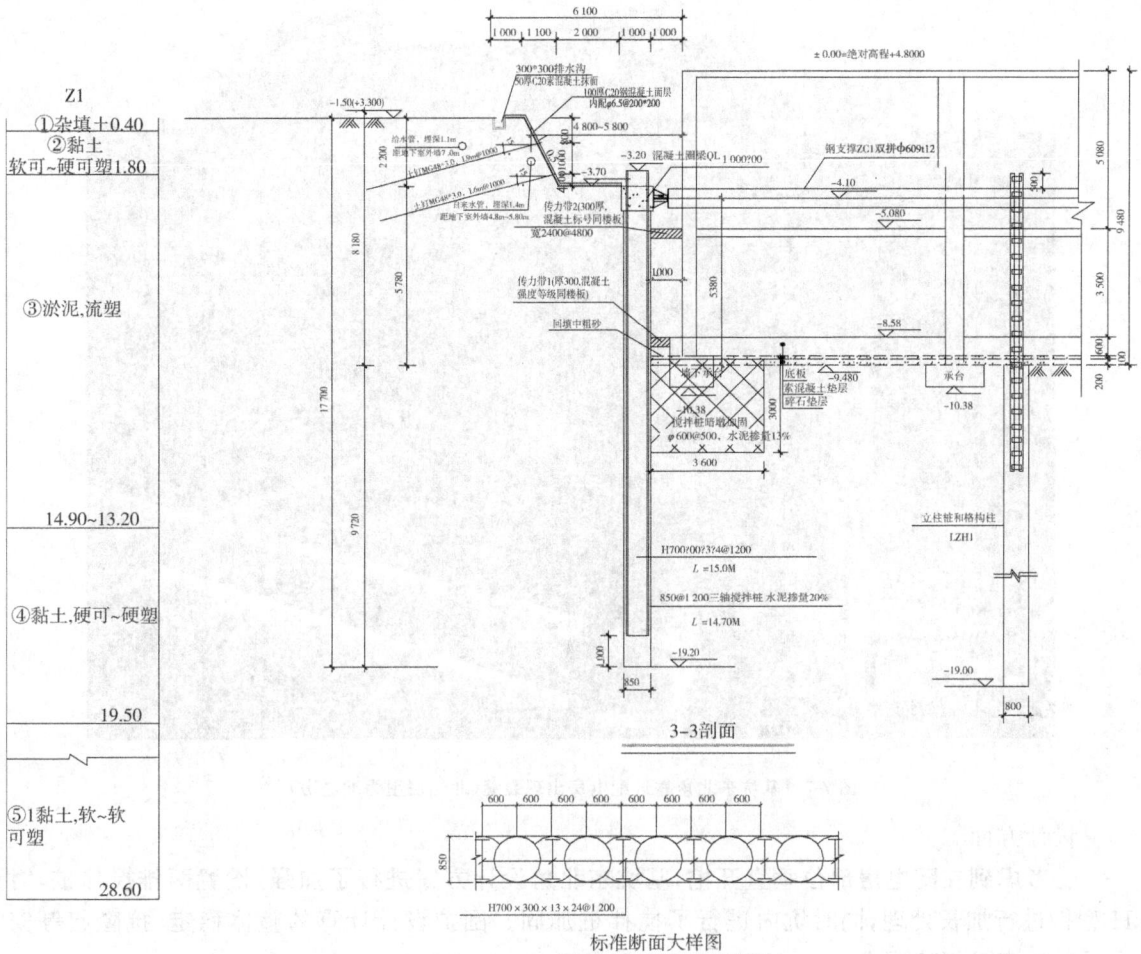

图 7-6　围护剖面(尺寸单位:mm,高程单位:m)

基坑围护所在地层自地坪以下分别为如下土层:①杂填土(厚 0.40m),②黏土(厚1.50m),③淤泥(厚 13.00m),④黏土(厚 2.50m),⑤1 黏土(10.6m)。基坑开挖面位于⑤1黏土。

(2)事故情况

2008 年 3 月 20 日,基坑西侧大半部分已开挖至基底并施工垫层。等待桩基验收和底板施工。基坑东北角 2008 年 4 月 20 日开挖到底。基坑西北角第三道斜撑靠南部的部分区域开挖至底。至 2008 年 4 月 23 日,监测数据表明,基坑向坑内最大变形位于西南角 Q7 为 26mm(位于西北角,已开挖至底),东北角 Q2 点最大变形 18.5mm。变形量在设计要求范围内。至此反映基坑处在安全状态内。

2008 年 4 月 24 日 6 点 30 分左右项目部施工员在现场检查时发现基坑东北角配电房部位土钉墙发生 50mm 左右裂缝,同时地面下沉约 50cm,万昌北路非机动车道与人行道间产生 50mm 左右裂缝,围墙局部下沉,如图 7-7~图 7-9 所示。坑外原暗河地下水向基坑内涌出。

(3)事故原因分析

295

图 7-7　基坑东北角靠近配电房出现裂缝(北侧房屋为配电房)

设计方面

①考虑到在配电房部位垂直开挖,基坑东北角设计方案进行了加强,设置两排搅拌桩,对 H 型钢进行加长处理,同时坑内进行了搅拌桩加固。围护设计计算的整体稳定、抗隆起等安全系数均满足规范要求。

②基坑挖土到底 3～4d 范围内,变形监测深层土体侧斜小于 2.0cm,同时坑内没有土体隆起现象,围护 H 型钢的垂直度亦较好。由此反映,围护结构是安全、可靠的。

③基坑南侧开挖到底有 1 个月有余,整个基坑的变形和支撑轴力监测值均较小,满足设计要求。由此判断围护形式在该类土层中应用是可行的和可靠的。

④本基坑采用 SMW 工法作为围护结构,支撑体系采用钢管支撑,支撑体系的刚度比钻孔灌注桩来的薄弱,一旦围护墙变形过大,圈梁刚度又不足时,圈梁会发生较大位移,致使支撑端部牛腿出现转动,最终导致支撑脱落,从而发生基坑坍塌。

围护结构失稳、破坏形式分析

通常在软土区进行基坑开挖,围护结构失稳、破坏形式的形式多种多样,总体来说,可以归结为以下两类:

形式 I:坑底土体先隆起,坑周近土体随之产生下沉,基坑向坑外倾斜破坏。通常由于围护桩插入深度不够,淤泥质土层深厚坑底土体加固厚度不够造成。

形式 II:围护结构的桩顶或桩身近坑底部位侧向变形大,坑外随之产生沉降,围护结构向坑内倾覆破坏。通常是由于支护体系刚度不够造成,或坑外局部超载突然增大所致。

296

（a）

（b）

图 7-8 靠近配电房支撑全部坍塌，圈梁断裂

图 7-9 万昌北路非机动车道、村道边与外地坪人行道下沉达 1.5m 左右

本工程围护结构破坏形式及原因分析

①事故现象:本工程事故区段,首先观测到的是配电房部位地基土的下沉、绿化带与人行道开裂;随后东北角最短的角撑与中间角撑部位的圈梁产生较大的侧向变形,牵引中间角撑和最外侧角撑圈梁产生向坑内的侧向变形,导致中间角撑和最外侧角撑产生较大侧向挠曲后进出破坏,围护结构随之向坑内产生倾斜。由此,配电房部位土体的下沉后侧向挤出是引起基坑围护结构破坏的诱发因素。

②事故原因分析:东北角部位布置有配电房,该部分荷载设计作为超载已进行了考虑。

根据现场施工情况,在东侧 L~H 轴部位进行工法桩施工时遇障碍物,随后进行清障,发现场内 6.0~7.0m 深度内回填物多为道渣块石等空隙率较大材料,且地下水量补给极为丰富,四台水泵不间断都无法抽干。设计方决定回填,围护形式改成钻孔灌注桩,同时坑外设高压旋喷桩止水,要求遇块石需钻孔后定位注浆,确保止水效果。

勘察报告亦描述:"在基坑东南部、沿东南侧原为一条宽约 2.5m,深 2.5~3.5m、岸高约 0.4~1.2m 的河流。现大部分用素填土回填后新建万昌北路。"勘察钻孔反映的浅部土层亦均为黏土,无块石。由此与现场实际开挖反映的土层情况有一定的出入。

现场实际施工根据障碍物开挖情况在相应部位进行了加强处理,在正常施工区段仍按照正常土层进行了围护施工。

根据在塌方区段坑外卸除荷载反映,坑外旋喷桩止水幕墙以北一定区段亦有大块石,同时坑内也有两大股清水流出,由此判定河道分部的范围向北进行了延伸。配电房部位也在河道分部范围内。

由此,由于配电房荷载大,基底土质条件复杂,含水率极大。导致坑内开挖卸土后,对配电房部位的基层土有所扰动,故首先该部位产生垂直沉降,并对坑边土体产生侧向挤出,并影响支撑系统的受力平衡。

同时,根据现场观测的破坏过程也反映出,整个事态过程,首先是由于配电房部位先出现较大沉降,继而支撑系统产生侧向变形至侧向破坏。

由此判定,东北角塌方事故主要是由于配电房部位不明地质灾害引起的。基坑开挖后产生较大沉降,坑边土体侧向挤出,导致围护体系的破坏。

【案例 4】 上海电信某基坑工程因坑外堆土导致围护滑坡

(1)工程概况

上海电信某基坑位于上海市南汇区康桥工业园区 C-3 地块内,北侧为自然河道,东、南为规划的 MR03\MR05 道路。基坑占地面积 3 982m²。为一层地下室。基坑开挖深度为 4.75m。围护结构周长约为 273m。±0.000 相当于绝对高程+4.65m。

场地属滨海平原地貌类型。场地平整前地面绝对高程一般在 3.9~4.17m,地势平坦,局部略有起伏。平整后地面平均高程为 4.20m,故设计时取场地高程为 4.20m。场地原为农田,场地空旷。

拟建场地浅层属潜水类型,受大气降水和地表径流补给。勘察期间测得地下水位埋深为 0.4~0.5m,其相应的高程为 3.60~3.67m。设计时取地下水位埋深 0.5m。

基坑围护深度范围内分布的土层有①₁ 层素填土、①₂ 层浜底淤泥、②₁ 黏土、③₁ 层淤泥质粉质黏土、③₂ 层砂质粉土、④淤泥质黏土。土层参数如表 7-1。

基坑范围内有一条明浜从中部自南而北穿过。明浜底部埋深为 4.0m。

土层序号	重度(kN/m³)	固 快		渗透系数(cm/sec)	
		c(kPa)	φ(°)	K_v	K_h
②₁	19.0	20	14.0	6.87×10^{-8}	1.06×10^{-7}
③₁	17.5	16.5	10.5	4.30×10^{-7}	8.95×10^{-7}
③₂	18.9	8	26.5	5.51×10^{-6}	1.04×10^{-5}
④	17.5	12.5	9.5	1.80×10^{-7}	3.12×10^{-7}

基坑围护采取如下方案:在暗浜位置采用 4.7m 宽双轴直径 700 的深层水泥土搅拌桩重力坝,格栅布置,桩间搭接长度 200mm。搅拌桩深度为 10.5m,水泥参量 17%。

其余位置采用复合土钉支护,其中水泥土搅拌桩为单排,桩间搭接长度 300mm,搅拌桩深度为 9m,水泥参量 13%,进入④层不透水层 2.5m 以上,土钉一般 4 道,在车道位置根据挖深逐渐减少道数。土钉采用打入式钢管(直径 48mm,厚度 3.0mm)。喷层厚度 100mm,布置钢筋网。

基坑围护平面图如图 7-10 所示,典型剖面如图 7-11 和图 7-12 所示。

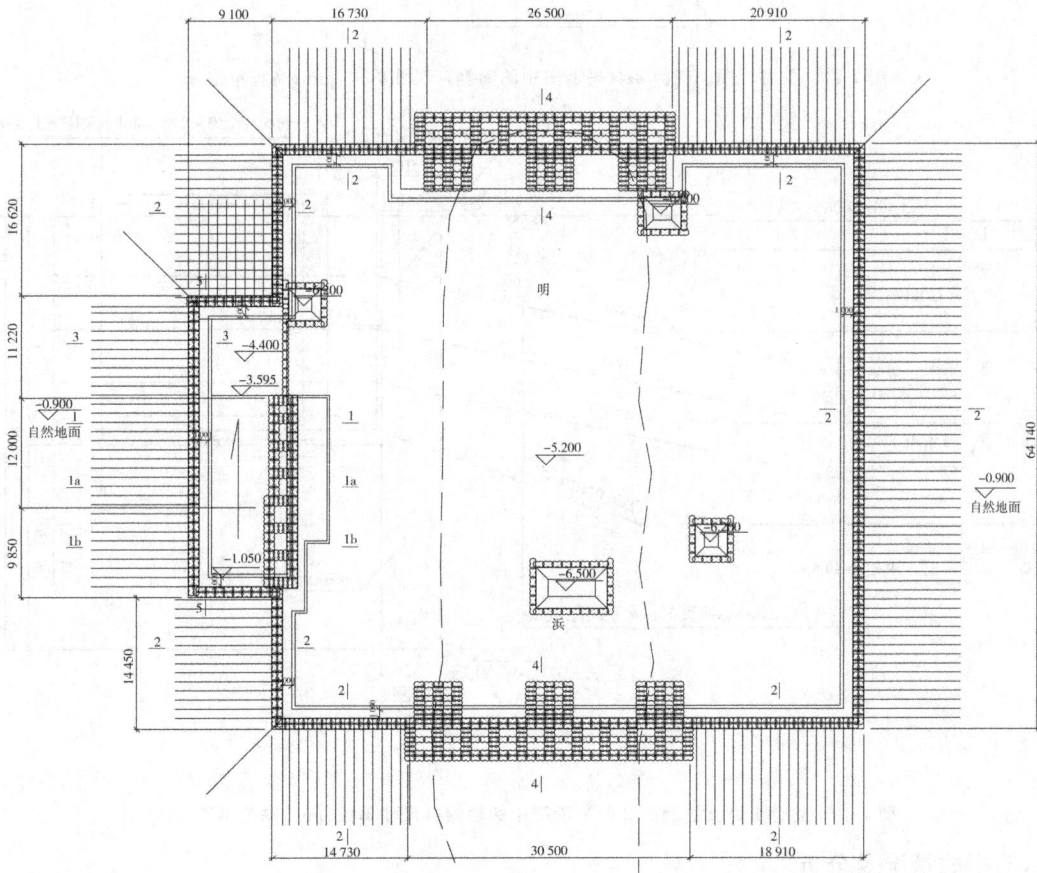

图 7-10 围护平面(尺寸单位:mm;高程单位:m)

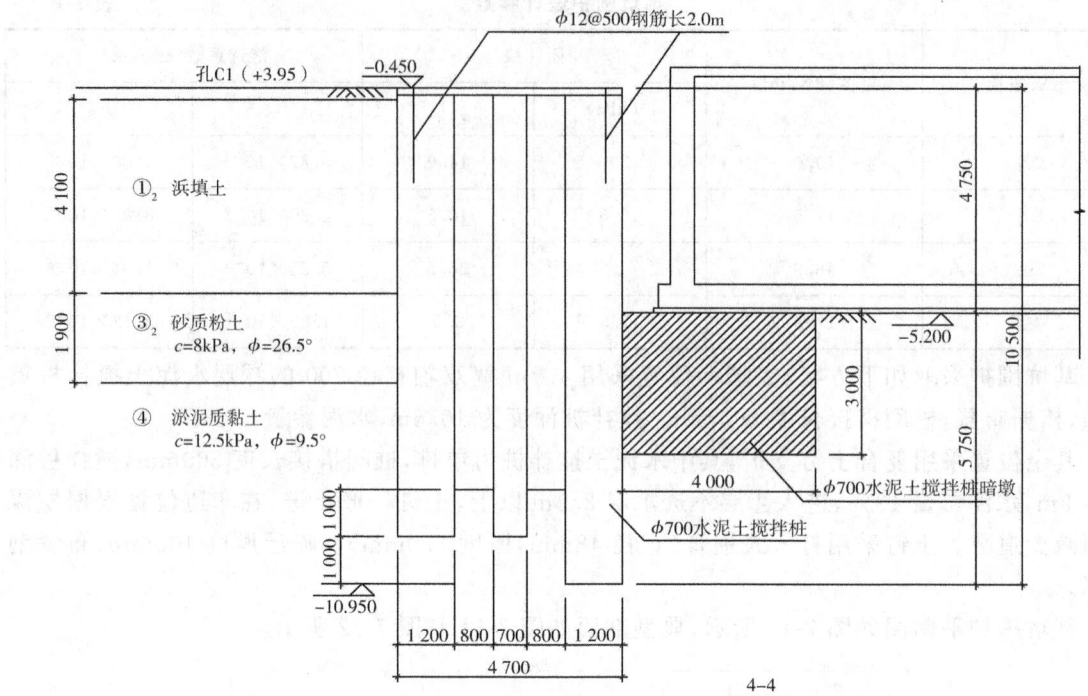

图 7-11　重力坝围护剖面 4-4(平面图中的南侧)(尺寸单位:mm;高程单位:m)

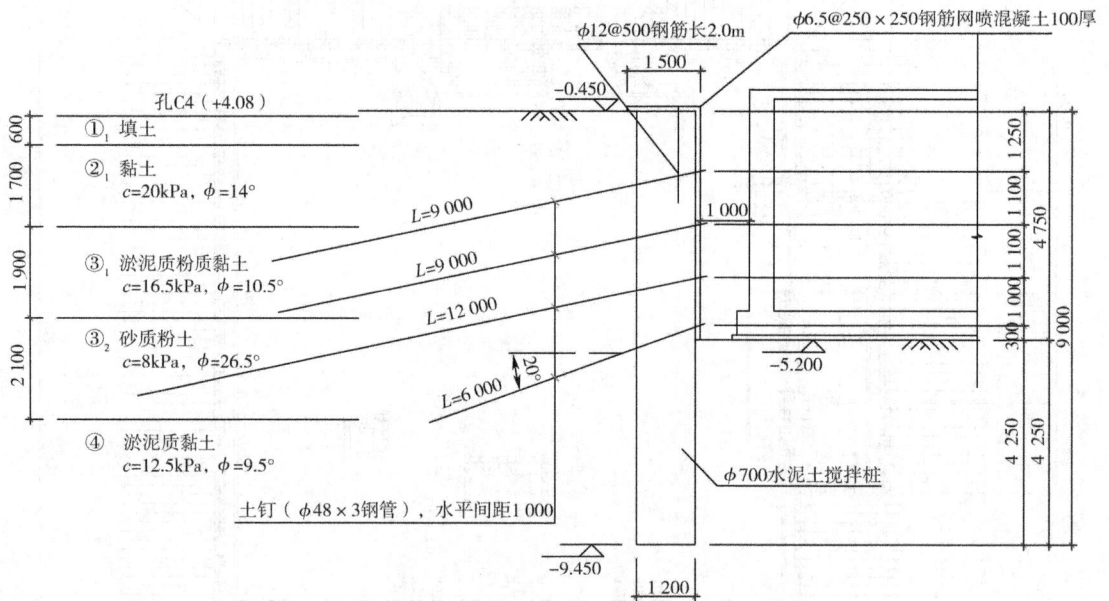

图 7-12　复合土钉支护剖面 2-2(平面图中的南侧)(尺寸单位:mm;高程单位:m)

（2）事故情况及分析

2006 年 9 月 25 日基坑开挖完成。坑外 5m 范围外为业主土方堆置区(根据设计要求,堆土区范围为 3 倍基坑深度即 15m,堆土高度在 3m 以下)。2009 年 9 月 27 日凌晨 3 点左右,处于基坑南侧出现围护墙(剖面 4-4)位移突然增大,在坑底浇筑垫层的工人迅速撤离,随后垫层隆起开裂,至凌晨 6 点左右,坝体所在滑坡体全部滑动,坝体脚趾前移,墙顶后倾,墙后土体下陷。坝体滑动剖面示意图如图 7-13 所示。之后滑坡继续发展,至上午 10 点滑移基本结束,滑坡体滑舌位置达基坑的总宽度的 2/3。受此滑坡影响,1/3 的工程桩报废。需另行打设锚杆静压桩。现场滑坡情况如图 7-14 和图 7-15 所示。

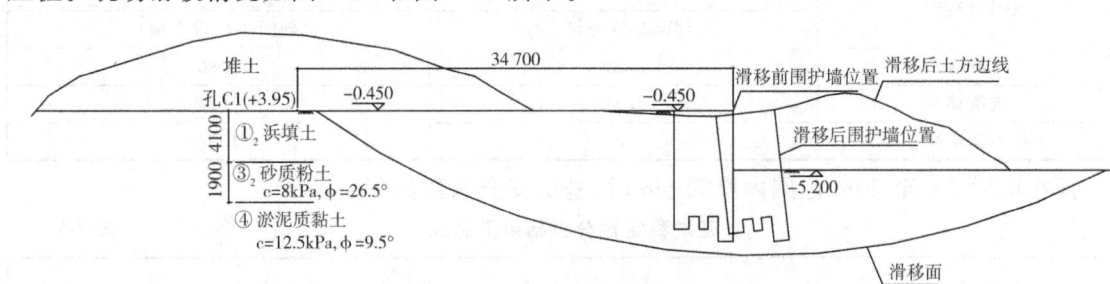

图 7-13　坝体滑移剖面示意图(尺寸单位:mm;高程单位:m)

图 7-14　现场滑坡照片(2006 年 9 月 27 日 6:00)

图 7-15　现场滑坡照片(2006 年 9 月 27 日 10:00)

基坑倒塌及滑坡的直接原因是坑外堆载超过了设计要求范围和高度。根据计算,原设计的围护有关安全系数如下表:

基坑稳定性分析结果汇总表　表 7-2

计算指标	工 况	
	剖面 2-2(土钉)	剖面 4-4(重力坝)
抗倾覆	9.89	1.30
抗滑移	1.17	1.24
整体稳定性	1.81	1.34

而在坑后 6m 至 20m 范围内堆载 5m 后,基坑安全系数如下表:

基坑稳定性分析结果汇总表　表 7-3

计算指标	工 况	
	剖面 2-2(土钉)	剖面 4-4(重力坝)
抗倾覆	1.21	0.81
抗滑移	0.72	0.75
整体稳定性	0.54	0.51

从基坑坑内隆起现象可以看出,基坑坑底为较厚的淤泥质土,是坑底滑动失稳的内在原因,该层土是灵敏度极高的土层,在预制桩施工阶段受到极大的扰动,承载力下降很大,不能提供足够的被动抗力。

(3)事故处理方案

针对本工程基坑坍塌的情况和原因,处理措施需要遵循三个原则:①立即卸去地面堆载;②在卸去地面堆载前不得开挖坑内土方,包括不得开挖滑坡体土方;③坑内报废替换不能采取对土体扰动大的桩型。为此施工单位、设计和业主讨论后,决定采取如下措施:

①卸除坑外堆土,确保 15m 范围内无堆土,30m 至 40m 范围堆土高度小于 2m。

②滑坡体采取 1:2.5 放坡。

③坑内设置排水沟;坡顶设轻型井点管,进行持续降水,直到结构处底面。

④补桩采取锚杆静压桩桩型。在底板上预留压桩孔。在结构封顶后开始施工。处理后的基坑开挖如图 7-16 所示。

图 7-16　事故处理:卸除坑外堆土,滑坡处采取大放坡

(二)管涌

【案例 5】 泰合大厦基坑涌水事故[1]

(1)工程概况

泰合大厦地处武汉商业区,东隔利济北路与民生大厦相望,东北为顺道街口,北靠人行天桥,南为居民区,多为 20 世纪 50～70 年代兴建的 6～7 层砖混结构房屋(总平面图见图7-17)。泰合大厦由主楼、南附楼组成,其中主楼地上 46 层,屋面高度为 157m,屋顶塔楼(钢结构)高 15m;南附楼地上 6 层,总高度 30.9m,地上 2 层,最大开挖深度 13m,工程占地面积 5 858m²。

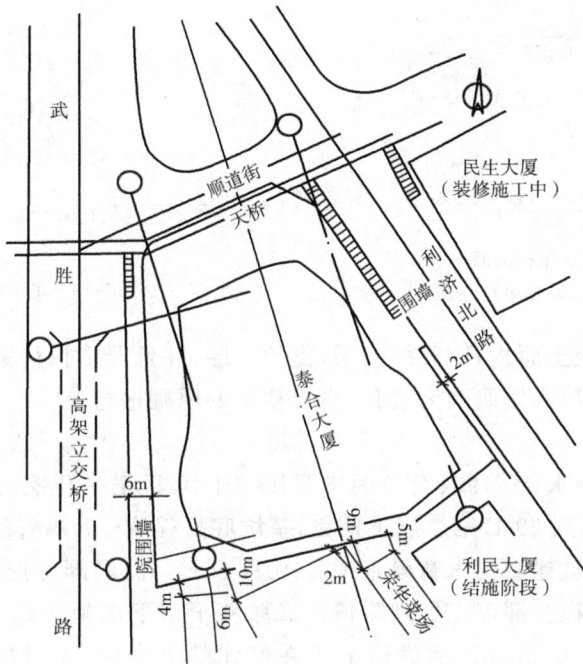

图 7-17 泰合大厦基坑总平面图

(2)工程地质

该场地位于江汉冲积平原东部,地处长江西北岸高河漫滩一级阶地之上,距汉江仅 1km。勘探表明除地表为杂填土外,下部为黏性土局部夹粉土;再下为砂性土局部夹黏土,基底为志留系泥质页岩、粉砂岩。

场地内地下水分为上层滞水和下层承压水两种类型,混合水位埋深于地表下 1.4～2.7m。上层滞水存于杂填土中,无压;承压水埋藏于场地基岩面以上的卵(砾)石层和粉细砂层中,其水位随长江、汉江水位变化。

根据工程地质勘察报告和武汉地区的经验,地基土物理力学性质取定为:地面下 12m 以内,$\gamma=19kN/m^3$,$c=22kPa$,$\phi=14°$;地面 12m 以下,$\gamma=19kN/m^3$,$c=0$,$\phi=32°$。

(3)基坑支护结构的设计与施工

泰合大厦基坑采用 $\phi1 000mm@1 200mm$ 钻孔灌注桩支护,桩长 27m,配筋 18mm$\phi25mm$均布,C30 混凝土,设 2 道锚杆,锚杆主筋为 $2\phi25$ 钢筋,孔径 $\phi130mm$,单根锚杆设计抗拔力 300kN,水平间距 1.2m。如图 7-18 所示,锚杆头与护坡桩之间用 14B 槽钢连接,并用 C20 混凝土填塞其间隙。

本工程在基坑周边做垂直止水帷幕并做深层水平封底。周边止水帷幕的做法是：先在每两个挡土桩之间的外侧作 $\phi400mm$ 素混凝土止水桩，桩长 27m，止水桩与两侧的支护桩相切，然后再在止水桩与支护桩切点的外侧用压密灌浆管灌浆封闭其间隙，深度 18m，如图 7-19 所示。深层水平封底的做法是：在开挖土方前，用高压旋喷技术，在地面下 $-16.0\sim-19.0m$ 的地层之间形成 3m 厚的连续止水底板。施工采用有效旋喷体直径 1.5m，选喷孔距 1.30m，排距 1.13m，共 3 569 孔。

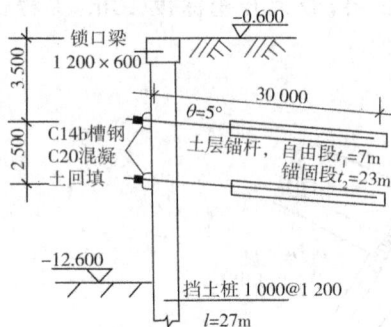

图 7-18　支护结构剖面

（尺寸单位：mm，高程单位：m）

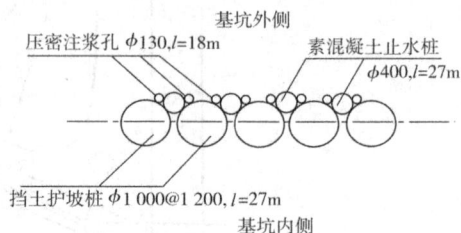

图 7-19　止水结构平面示意图

锚杆施工则是随挖土而进行，开挖一层，支护一层，并且严格执行锚杆完成后 3d 开挖下一层土体，所有锚杆施工严格按照当天成孔、当天注浆的原则进行。

（4）工程事故分析

本工程在基坑内降水，于 1994 年 9 月 6 日试挖土，8 日正式开挖，到 15 日挖完第一层土，坑底面高程约 $-3.9m$，到 28 日第二层土挖完，基坑底高程约 $-7.0m$；29 日到 10 月 4 日，由于基坑南面局部开裂，市城建委要求暂停施工。10 月 5～7 日，局部开挖第三层土方，8～14 日，因涌水涌砂量太大，工程全部停工处理险情。武胜路干道下沉最大达 20cm，70m 长范围内煤气管道下挠，弓弦矢高达 25cm。武胜路上正在修建的立交桥 51 号桥墩累计向坑侧位移达 5cm，基坑南侧居民楼下沉最大处达 8cm，部分构件开裂严重，成为危房。

本工程止水帷幕设置的主导思想是完全封闭 $-16.0m$ 深度范围内的地下水由水平方向渗入。第一层土方开挖未见明显出水，是因为第一层挖土至 $-4.0m$ 处，而地面至 $-7.0m$ 左右均属抗渗性较好的黏土，基本属不透水层，一般不会引起明显的坑内出水。开挖第二层土方在武胜路一侧和北侧共有 8 处漏水，并带出部分黄泥，现场采用水导管等堵漏后，仍有两处堵水效果较差，致使地面出现沉降。检查表明这些水是从坑外垂直止水帷幕的 $-8.0\sim-9.0m$ 透入基坑后水平流动，然后在低凹处或工程桩处受阻冒出地面。所以垂直止水帷幕在 $-8.0\sim-9.0m$ 范围没有完全封闭。开挖第三层土方后仅几天，据不完全统计，就有 86 处桩间冒水，其中 18 个点严重冒水且带有青沙，这其中有 3 个冒水点深达 1.0～1.5m，其面积达 0.3m² 左右的孔洞（最深的达 5～6m，高达 1.5m）。初步统计 10 月 7 日前每天出水量小于 300t，但 10 月 8 日～11 月 8 日期间抽水量大于 100t/d，且水面无明显下降，这表明基坑内外形成了管涌通道。局部挖至 $-10.0m$ 时，砂积明显增加。后来的坑边抢险（喷粉和深层注浆）也表明，钻杆依自重下坠，喷粉注浆材料透过垂直止水帷幕从约 $-13.0m$ 处进入基坑，冒出坑面，这说明在坑内外存在较严重的连通管涌通道。

综合以上现象，本次工程事故的原因是止水帷幕失效。在止水帷幕失效的情况下，进行基坑开挖,势必使基坑周围的地下水携带泥砂大量涌入基坑,基坑周围土体下沉,导致相邻建筑物、道路、地下管道不均匀沉降。其教训可以从以下几个方面总结:

①基坑止水帷幕设计不合理或不切实际。由于素混凝土没有侧向挤压的功能,用素混凝土桩作止水桩很难与混凝土支护桩相互密贴接合。更何况本工程基坑面积大,支护桩和止水桩的施工时间间隔长达5~6个月,即止水桩终凝后施工的,更不可能使支护桩与止水桩弥合。

②按规范对桩施工的要求,允许有1‰的垂直偏差。仅就允许偏差部分而言,16.0m深即可能产生累计32cm的空隙,而如此大的空隙又是施工规范允许偏差范围之内的,这些空隙是管涌的主要通道。

③用$\phi130$压密注浆孔注浆封闭止水桩与支护桩的间隔,实际上是不能达到完全止水的效果的。因为在止水桩与支护桩之间的间隔较大(接近320mm)时,$\phi130$注浆不能完全填塞其间隔,更为糟糕的是,注浆体偏离两桩底间隙的范围较大。

④施工工艺不合理,施工精确度不够。由于施工设备定向装置不完善,垂直度掌握不好,使得相切的支护桩、止水桩和注浆体三者不能按设计相切弥合。

⑤就整个基坑而言,止水桩与支护桩的弥合程度是不均匀的,南侧偏差较小,西侧临武胜路情况相对较差,最大处(-10.0m)出现了大于30cm的孔隙,且在锚杆施工时,连续7个护坡桩间未见止水桩处于基本位置。

(5)工程事故处理

根据出现的险情和透水原因的分析,事故处理主要采取以下措施:

①针对基坑南侧居民楼局部不均匀沉降及武胜路高架桥50号、51号桥墩的沉降情况,有重点地进行压力注浆,注浆压力1~2MPa,对居民楼打入的注浆管朝建筑物倾斜,入土深度4~5m;其他沿煤气管道马路面有下沉情况的部位及50号、51号桥墩周围均钻直孔,成孔后第二天注浆,浆液为水泥浆加水玻璃,以加速其凝固,每孔的注浆量以注满为止,有一孔竟耗用5t水泥。灌浆后效果明显,房屋沉降逐渐稳定,并有回升,特别是保证了煤气管道的安全及武胜路高架桥的按时通车,其社会效益是显著的。

②经多方面比较后,除在发现泄水处的地方采用海带,水导管等常规方法堵漏外,主要采用了在基坑内壁用高压旋喷注浆再造垂直止水帷幕的方案。沿坑壁内侧支护桩之间用高压旋喷(压力20MPa)在-8.0m至-16.5m之间形成内止水帷幕。另对沿武胜路一侧和基坑南北侧的局部,在支护桩外侧采用粉喷桩及静压注浆加固土体及止水,粉喷桩径$\phi500$mm、深16m,直接喷入干水泥,一般为互相咬合的2排桩,部分是5排,局部加厚至9排,注浆深度9~18m。

③适当调整基坑内的施工顺序,分块先完成周边较浅的承台及底板,每个承台及底板,每个承台单独局部开挖,下片石做混凝土垫层,集中兵力快速施工,在承台底与护坡桩之间用素混凝土填充,确保支护桩的稳定,最后施工最深最大的主承台。

由于采用了上述有效措施,本工程自10月14日停工抢险,于11月12日恢复挖土,12月14日整个基坑的承台底板浇筑完毕。1995年1月24日,二层地下室结构封顶。

(三)基坑围护超大变形

【案例6】 南京市进香河农贸市场大楼基坑工程事故[124]

(1)工程概况

该农贸市场大楼位于南京市,南临珠江路小学教学楼,西距进香河路4.5m,基坑深6.5~7.0m,其平面位置图见图7-20。

场地土层自上而下依次为:第一层为填土,厚 2.8m,可塑至软塑;第二层为粉质黏土,厚 1.6m,软塑;第三层为淤泥质粉质黏土,厚 9.4～13.5m,流塑;第四层为粉质黏土,厚 0.5～ 7.8m,软塑;第五层为粉质黏土,可塑至硬塑。

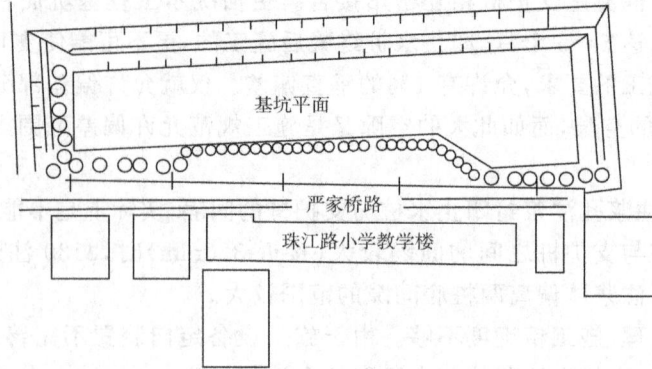

图 7-20 农贸市场大楼基坑平面图

(2)基坑设计及施工

该基坑南侧沿小学教学楼地段采用钻孔灌注桩,桩径 700mm,间距 600mm,桩长 13m,送桩 2.0m,桩顶设 500m×800m(宽×高)的钢筋混凝土圈梁,设一道长 15m,与水平面成 20°～30°的锚杆加固,间距 1.5m,锚固腰梁为桩顶圈梁。南侧与西侧均为人工挖孔桩,桩径 2.0m,间距 3m,桩长 7～8m,在桩间隙处采用压密注浆,以形成止水帷幕。基坑东侧和北侧由于场地开阔,采用两个台阶的放坡处理,坡角采用砖砌矮墙,矮墙厚 240mm,高 1.0m,M7.5 砂浆砌筑,放坡坡面拟用钢丝网和水泥砂浆抹面,以保证边坡的稳定。

方案实施过程中,坡面钢丝网和水泥砂浆未做,大型挖土机械有时就停在桩顶圈梁上,采用反铲挖土,且一次挖到设计高程。基坑部分土方开挖后,发现道路开裂,小学教学楼向北移动 9cm,沉降 11cm,教学楼南侧台阶隆起开裂,墙体也开裂,地面有多道弧形裂缝,裂宽 15cm,该教学楼暂停使用,见图 7-21。周围房屋也因不均匀沉降而开裂,住户被迫疏散,房屋拆除,剩余土方推迟开挖,并采用斜向钢支撑加固基坑边坡,才避免了房倒人伤的事故。

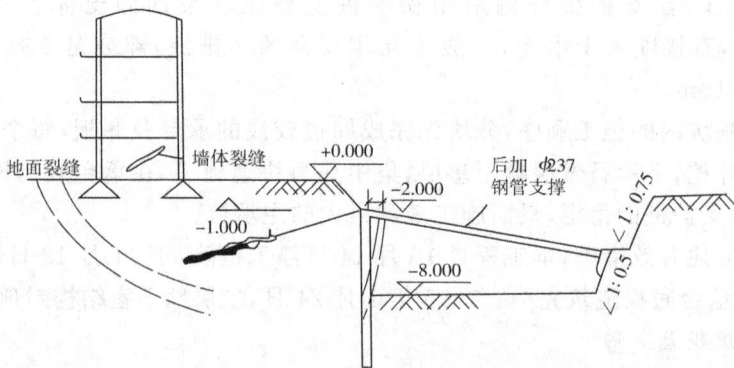

图 7-21 基坑事故示意图(高程单位:m)

(3)事故分析

①支护结构实际承受的主动土压力远大于设计值。设计支护结构时漏算地面附加荷载,

306

如土方堆载、材料堆载及运土车辆活载等。桩顶 2m 土方没有卸载即进行基坑开挖,计算模式与实际受力相差太大(图 7-22)。

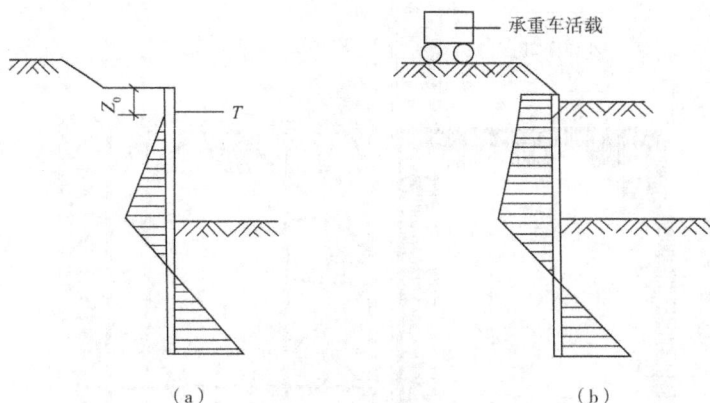

图 7-22　计算模式及受力示意图
(a)原设计模式;(b)实际受力模式

②锚杆计算错误。按照 1m 范围内的土压力计算锚杆受力,而锚杆的实际间距却为 1.5m,使得锚杆所受拉力少计算 50%,导致支护桩的变形较大。同时锚杆端部伸入房屋基础下近 3m,锚杆变形和土体蠕变引起地面裂缝和房屋的侧向变形。

③野蛮施工,大型挖土机械有时停在桩顶圈梁上,进行反铲挖土,使桩顶严重超载,桩顶变形超过 18cm。且变形量增加迅速。

④道路上的载重汽车频繁往来,使路面(原为填土)形成多处洼地,涂层锚杆横向受力,加剧锚杆的变形。同时道路下的排水管道局部破损漏水,这些不利因素增加了支护桩的主动土压力。

【案例 7】　上海市伊犁南路某基坑围护墙

(1)工程概况

工程位于上海长宁区虹桥路以南、伊犁南路以东、红宝石路以北区域。建筑基地面积约 5 140m²,地上两幢 20 层建筑,地下一层。采用筏板结合承台桩基础。工程桩采用 PHC 管桩和预制方桩。

基坑呈长方形,南北长 80m,东西宽 43m,总周长 247m,基坑总面积 3 600m²。基坑主要开挖面高程为 -5.350(底板)、-5.850(承台)、-6.100(主楼承台)。根据现场踏勘和地质报告,设计选取自然地面绝对高程为 3.70m,主体结构 ±0.0 为 4.200m,因此,自然地面相对高程为 -0.500m。因此整个基坑的开挖深度为 4.85m(底板)、5.35m(承台)。主楼承台在基坑中部,属局部超挖深坑。

基坑北侧距用地红线约 24m,西侧距离用地红线 3.7~10.6m。基坑北侧为虹桥路,西侧为伊犁南路。场地内北侧为保护建筑,砖混结构,距离基坑最近处约 3.9m,该建筑目前为业主使用。基坑南侧距离一幢 4 层砖混结构房屋约 13m。基坑东侧为广播大厦二期基坑,该基坑开挖深度 10.25~11.70m。采用钻孔桩+二道钢筋混凝土支撑。本基坑内边线与广播大厦基坑内边线距离约 8m。

基坑总平面如图 7-23 和图 7-24 所示。

本基坑采用了水泥土搅拌桩重力坝围护体系。对于开挖深度为 4.85m 的区域,重力式挡土墙宽度为 3.7m,桩长度为 11.15m。对于开挖深度为 5.35m 的区域,重力式挡土墙宽度为

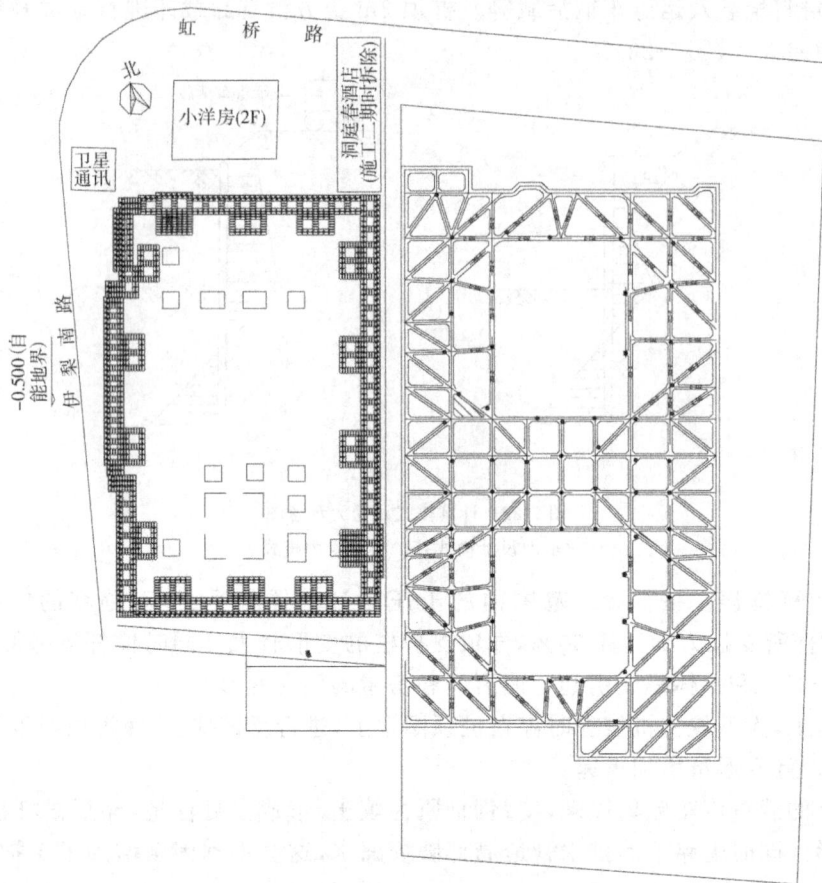

图 7-23　基坑总平面示意图（左为本基坑，右为广播大厦基坑）

图 7-24　基坑开挖平面图（左为本基坑，右为广播大厦基坑）

4.2m,桩长度为12.35m。搅拌桩采用双头直径700mm,搭接长度200mm。坑内采用水泥土搅拌桩暗墩加固。暗墩加固深度为4m,宽度4m。重力式挡土墙顶设C20压顶板,厚150mm,双向配筋 ϕ8mm@200mm。钻孔桩压顶圈梁截面1 200mm×700mm。

由于本基坑临近东侧的广播大厦基坑,因此基坑设计和施工必须考虑两个基坑的相互影响,根据两家业主协调,两基坑原来的施工计划是:本基坑先行开挖,等结构出自然地坪并回填后,广播大厦才开始开挖。

但是后来施工工况发生了变化:广播大厦开挖至第一道支撑底时,本基坑开始开挖。虽然本基坑水泥土搅拌桩坝体达到养护强度,但是在广播大厦基坑在第一道支撑推力作用下,东侧还是出现较大位移(最大达20cm),局部还出现开裂,如图7-25所示。

图7-25 坝体受邻近广播大厦支撑推力后发生大变形(坝体突出混凝土盖板)

(2)事故原因分析

根据西北综合勘察设计研究院提供的"武警上海总队后勤部机关附属用房岩土工程勘察报告[详勘-SB-439(07)]",基坑所在土层为:①杂填土(厚1.41m),②褐黄~灰黄色粉质黏土(厚1.78m),③灰色淤泥质粉质黏土(厚2.89m),④灰色淤泥质黏土(厚9.91m)。基坑开挖面位于④灰色淤泥质黏土。场地内稳定地下水位0.30~1.50m,设计计算按上海市常年平均地下水位0.5m考虑。不良地质现象:西南角填土较厚,厚度达1.7~2.90m。各土层的物理力学指标如表7-4所示。

土层物理力学指标　　　　　　　　　　　　表 7-4

土层编号	土层	层厚 h (m)	重度 γ (kN/m³)	φ (°)	c (kPa)	渗透系数 K(cm/s)
①	杂填土	1.41				
②	褐黄~灰黄色粉质黏土	1.78	18.3	18.5	19.0	4.0E－6
③	灰色淤泥质粉质黏土	2.89	17.6	15.5	13.0	4.5E－6
④	灰色淤泥质黏土	9.91	16.7	10.0	10.0	4.5E－7

根据计算,原基坑设计方案按开挖 4.85m 和 5.35m 深度的坝体安全系数见表 7-5。

基坑稳定性分析结果汇总表　　　　　　　　　　表 7-5

计算指标	工　况	
	开挖 4.85m	开挖 5.35m
坑底土体抗隆起	1.62	1.60
抗倾覆	1.46	1.38
抗滑移	1.25	1.19
整体稳定性	1.37	1.32

但是当广播大厦基坑开挖后,广播大厦第一道支撑将传递 200kN/m 的支撑轴力,如图 7-26所示。如果坝体不加处理,其安全系数明显降低,其中抗倾覆安全系数和抗滑移安全系数分别为 1.06 和 0.95。不满足规范要求。实践表明,基坑坝体发生了较大位移,且坝体背后还发生沉陷。

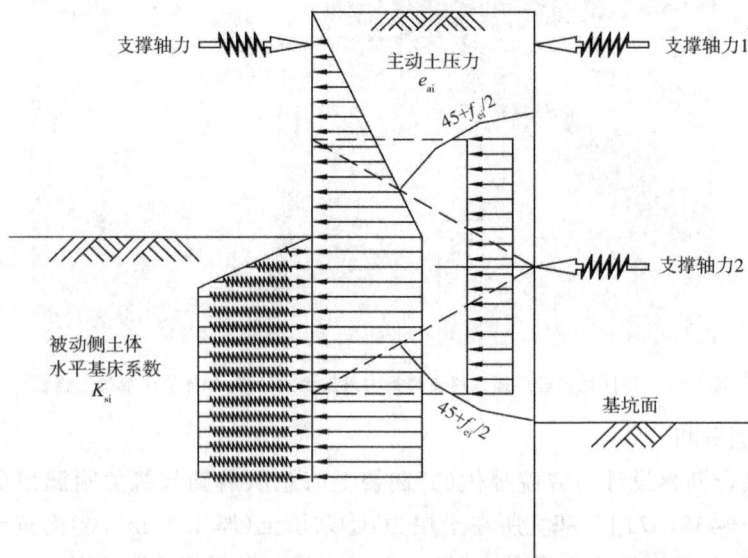

图 7-26　加固后围护结构内力和变形计算图式

因此本基坑发生事故的根本原因在于邻近基坑支撑轴力作用的结果,加上本工程基坑底位于④灰色淤泥质黏土(厚 9.91m)中,被动区土层抗力较低。

（3）事故处理

鉴于广播大厦基坑开挖的影响，沿分隔墙平行的东侧水泥土搅拌桩重力坝无法抵抗广播大厦第一道支撑传来的荷载，需要对东侧坝体进行加固。针对基坑受力工况发生变化的情况，设计提出三种方案：①基坑等广播大厦基坑第一道支撑拆除后开始开挖；②对沿广播大厦基坑一侧围护墙采取钻孔灌注桩围护，采取盆式开挖和抛撑，底板分期施工。③对沿广播大厦基坑一侧围护墙采取钻孔灌注桩围护，采取水平支撑，底板一次施工。三种方案中地下室结构处±0.000高程的工期分别为146d、80d和110d。业主考虑到工期的要求，决定采用上述方案2，即采用盆式开挖加抛撑方案。

具体设计参数如下：沿广播大厦基坑一侧采用钻孔灌注桩，直径750mm，长度15m，中心间距1 200mm。钻孔灌注桩在原坝体的靠坑内侧套打。桩顶设置钢筋混凝土圈梁，圈梁截面尺寸为1 400mm×800mm，圈梁中心高程为-1.700m。盆式开挖时留坡坝顶宽度8m，坡度按1∶1并结合降水。跑撑采用双拼ϕ609mm×16mm钢管支撑。西侧留坡位置垫层采用厚200mm，配筋8mm，间距200mm双向，随挖随浇。

施工工况：①完成钻孔桩和圈梁施工，圈梁顶砌筑挡墙，恢复路面；②留坡开挖土方，完成西半部分底板和跑撑牛腿施筑；③安装支撑，开挖留坡土方，立即浇筑钢筋混凝土垫层，垫层为200mm，配筋8mm，间距200mm双向。④施工东半侧底板。⑤保留支撑，施工结构外墙和顶板。⑥回填土方，拆除支撑。当广播大厦基坑的第一道支撑拆除之后，本基坑尚未完成外墙和顶板浇筑时，可以先拆除支撑，后施工结构外墙和顶板。

加固后基坑顺利完成，如图7-27所示。

图7-27　加固后基坑开挖情况

311

四、小结

基坑工程是高风险、多事故的工程。确保基础工程的安全与质量是一项复杂的系统工程。它涉及许多方面,包括勘察、设计、施工、监测和管理等几个密切联系的环节。确保基础工程的安全与质量不仅要求充分了解相关学科的知识,也要及时了解地质,水文和工程进程中的变化信息,而且要有丰富的施工经验和科学合理的管理办法。在设计和施工的项目管理过程中,要不断总结经验和教训,严格按规范要求进行设计和施工,这样才能减少各类基坑事故。

为减少基坑工程事故,应严格按照规范操作,以预防为主,立足于把基坑工程事故消灭在萌芽状态。为此,应从以下几个方面着手:

1. 严格把好勘察设计关

这是保证基坑工程安全的重要前提。前一个时期,基坑工程勘察未设有统一的规范可循,而是参照普通工程地质勘察规范的要求进行,深度不够。最近,国家和许多地方相继出台了一系列基坑工程设计规程,对基坑工程的勘察和设计提出了严格的要求;此外,要加强基坑工程设计的宏观管理,上海市就作出了对深度大于 70m 的基坑,必须由市建委科技委员会组织专家进行评审的规定。所有这些,都有利于基坑设计朝着科学化、规范化的方向发展。

2. 强化安全意识,抓好施工环节的管理

建立、健全各种规章制度,严格按照设计和规范的要求编制施工组织设计,确保施工方案的科学性、合理性;严格按照施工组织设计的要求安排施工,确保施工的有序开展。

3. 协调好基坑工程与周边道路、管线和建筑物的关系

在基坑设计和开挖前,要广泛收集工程周围的环境资料,认真征求有关部门对各自工程保护的要求,结合当地经验,制订详尽的保护周边环境的应急方案。

4. 重视基坑开挖工程的监测工作

周密而合理的监测方案,是基坑安全的重要保障。为此,要从思想上高度重视监测工作。基坑开挖前,设计、施工、监理、监测、管线等相关部门要协商制订一个切实可行的监测方案,确定监测要素的报警界限。基坑开挖过程中,要严格按方案的要求组织监测,准确、及时提供有关数据,正确预测基坑的发展变化趋势,及时发现施工中可能出现的问题。使作业人员理解、掌握,并按照安全和技术要求作业。

第二节 矿山法隧道工程事故灾害

一、概述

矿山法一般是指埋置于基岩,用传统钻爆法或臂式掘进机开挖隧道的方法,也称为"钻爆法"。矿山法是暗挖法中目前最为常用的一种开挖方法,一般适用于线路埋深较大、地质条件较好、围岩较为坚硬工程项目。矿山法具有施工工艺简单、应用灵活、减少拆迁和交通疏解及造价合理等优点,但矿山法也存在弊端。

采用矿山法的工程,一般位于复杂的、甚至是非常特殊的自然条件中。有些隧道所处的地形、地质条件十分复杂,不良地质现象严重,断层、岩溶、瓦斯、涌水、高地应力等问题非常突出;有些隧道位于陡峭峡谷之中,施工条件很差;有些隧道位于九度及以上地震区,且邻近活动断

裂带;采用水下隧道跨越江、河、湖、海等水域,很高的孔隙水压力会降低隧道围岩的有效应力,造成较低的成拱作用和地层的稳定性;施工遇到的主要困难是突然涌水,特别是断层破碎带的涌水,很高的渗水压力导致水在有高渗透性或有扰动区域与开阔水面有渠道相连的地层中大量流入。

二、矿山法隧道事故类型及其对策

(一)山岭隧道工程事故统计分析

随着隧道技术的不断发展,要求施工技术更趋安全化、自动化、省力化及系统化,因而隧道施工中的灾害正逐渐趋于减少,但相比与其他建设行业,其发生次数仍偏多,尤其是导致最大灾害或人员伤亡的情况较多。从1976~1996年的20年中,日本建筑工程的统计资料表明了这种情况。在隧道工程施工中常用的施工方法为矿山法、盾构法和顶管法,表7-6给出了3种工法施工中发生灾害事故的统计资料[129,130]。可以看出矿山法施工是最危险的工法,事故比例接近50%。

图7-28为日本从1976~1996年20年中对岩石隧道人员死亡灾害事故种类的统计[142]。不难发现,建设机械造成的事故最多,为总数的25.5%,其次是崩塌冒顶,为19.5%,坠落为14.5%,爆炸和火灾为11.7%,翻车为9.4%,飞石掉落为7.8%,起重机为5%,其他为5%。

日本1987~1991年隧道工程事故比较 表7-6

施工方法	次数	所占比例
矿山法	167	47.3
盾构法	109	30.9
顶管法	77	21.8

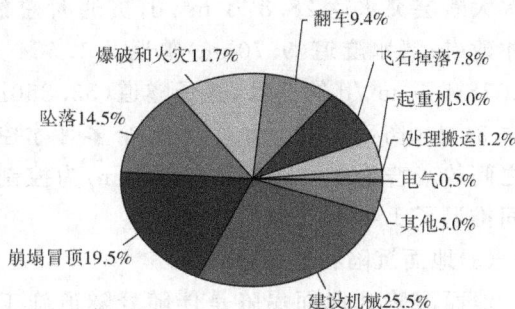

图7-28 日本1976~1996年岩石隧道事故统计

(二)山岭隧道常见灾害类型及事故原因分析

在隧道工程施工中,塌方、岩溶塌陷、涌水和突水、洞体缩径、山体变形和支护开裂、泥石流、岩爆是常见的地质灾害问题。尽管这问题发生的条件不尽相同,但对隧道施工造成的危害却是类似的。

(1)围岩变形破坏

围岩变形破坏是隧道施工中最常见的地质灾害,表现为松散、破碎围岩体的冒落、塌方,软弱和膨胀性岩土体的局部和整体的径向大变形和塌滑,山体变形,支护和衬砌结构的破坏开裂,以及坚硬完整岩体中的岩爆等现象。其中,塌方是隧道施工中最常见的灾害现象之一。由于围岩失稳所造成的突发性坍塌、堆塌和崩塌,常会造成严重的安全事故。如日本1984~1997年间,在隧道施工中死亡的220人中,因崩塌而死亡的占26%;意大利和瑞士之间的勒奇山隧道(14.6km)因坍塌死亡25人;我国成昆铁路415座隧道施工中有25%曾发生过大规模的塌方;川黔线凉风垭隧道(4.27km)因断层夹泥遇水膨胀使平行导坑及正洞遭受巨大压力,从而出现拱顶大量塌方,支撑压裂拱圈和边墙;大秦线西坪隧道(0.298km)一次塌方量达

9 000m³,塌通地面;成昆线红庙隧道因大量涌水和严重塌方被迫改线。这些灾害现象的形成和产生,主要取决于围岩体的岩性、岩体结构面和结构体的特征,同时与地应力和地下水的状况关系密切。

岩爆问题是深埋岩质隧道在无地下水条件下发生的常见现象,现场测试和研究表明,岩爆是脆性围岩体处于高地应力状态下的弹性应变能突然释放而发生的破坏现象,表现为片帮、劈裂、剥落、弹射,严重时会引起地震。而其他类型的围岩变形破坏,一般多发生在断层破碎带、膨胀岩(土)第四系松散岩层、接触不良的软硬岩接触面、不整合接触面、软弱夹层、侵入岩接触带及岩体结构面不利组合地段的地质环境中。

(2)涌水和突水

涌水和突水问题是隧道工程中的又一常见地质灾害,其中尤以突水和携带大量碎屑物质的涌水危害性最大。涌水和突水多发于节理裂隙密集带、构造形成的风化破碎带;突水灾害多发于岩溶洞穴、溶隙发育地段、含水层与隔水层交界面。

据统计,我国 1988 年前已建成隧道中的 80% 在施工中遭遇突水灾害,总涌水量达 10 000m³/d 以上者达 31 座。京广线大瑶山隧道穿越 9 号断层时突水量达 3 万 m³/d,其竖井也曾因突水被淹,损失严重;成昆线沙木拉达隧道(长 6.383km)曾发生最大达 5.2 万 m³/d 的多次突水,造成停工 32d,通车后严重漏水,多年的整治耗资近千万元。在国外,日本旧丹那隧道(7.804km)1918 年开工后曾 6 次遇到大的突水,水压高达 1.4~4.2MPa,最大一次大断层突水达 28.8 万 m³/d,贯通时总涌水量达 14.515 2 万 m³/d,导致隧道至 1934 年才建成;清水隧道(9.70km)曾遇及 1.584 万 m³/d 的突水,大清水隧道(22.22km)曾遇及 12.038 4 万 m³/d 的突水,青函隧道(53.850km)曾 4 次遇及 11.52 万 m³/d 的突水,前后共死亡 34 人,伤残 1 300 余人,经 5 个多月才控制,总工期较计划推迟 10 年之久;瑞士与意大利之间的辛普伦 1 号隧道(19.800km)为控制山体压力及地下水,比原计划多花 5 倍资金,时间推迟了 1 年半。

(3)地面沉陷和地面塌陷

地面沉陷和地面塌陷是伴随着隧道施工过程直至隧道完工之后一段时间内所出现的又一常见地质灾害。地面沉陷一般发生在埋深<30m 的隧道、城市地铁和大型地下管道等工程开挖地段;地面塌陷主要因隧道内长期涌水或大量抽取地下水造成,多发于覆盖层厚度在 5~20m 的岩溶发育地区,少数地面塌陷也可以是隧道顶板冒落、塌方而引起。这类地质灾害除了给隧道线路的施工带来极大困难外,更严重的是将恶化工程地区地面的生态环境条件,引发地面建筑物的破坏及地表水枯竭等一系列环境问题。如大瑶山隧道岩溶涌水段上方的班古坳地区约 6.0km 范围内,就发生了 200 多个塌陷,造成了地表水的枯竭等灾害;襄渝线中梁山隧道(4.98km)因长期大量突水和涌水,造成隧道顶部地表 48 处井泉干枯,29 个塌陷,8 000 亩(533 万 m²)农田失水,居民和牲畜饮水短缺等恶化生态环境的严重问题。

(4)其他隧道地质灾害问题

在隧道工程中,除了以上所述地质灾害问题外,还会发生岩溶塌陷、暗河溶洞突水、淤泥带突泥、泥石流、高地温、瓦斯爆炸和有害气体的突出等不同类型的灾害问题,对隧道的施工和人员设备的安全造成严重的威胁。

(三)几种常见灾害的防止措施

现代隧道工程规模和埋深比较大,遇到的地质条件比较复杂,尽管进行了详细的勘察研究,但开挖以后,有许多条件与勘察所得出的信息不同,有时差别较大。大量的实践表明,地面测得的大小断层仅为地下实际揭露的百分之几,地面测绘的精度再高也达不到施工的要求。这种情况下,施工过程中必然会出现预料不到的事故。这个问题可通过加强隧道施工中掌子面前方地质超前预测预报来解决。我国在大秦线军都山隧道施工中系统地开展了施工地质超前预报研究,作了施工前方地质条件的超前预报工作,准确率达到 70%,为隧道的科学安全施工和灾害的防治提供了宝贵的资料。对于不同类型和不同原因引起的地质灾害,必须针对具体情况采取不同的防治措施。

(1)塌方

对松散、破碎围岩体隧道的塌方,可采用提高围岩的整体强度和自稳性的措施加以处理,如施工中常用的超前长管棚、超前锚杆及加固注浆、超前小导管注浆等施工措施预防隧道塌方。如杭州－金华－衢州高速公路新岭隧道采用长度为 45m 的 108mm×6mm 超前长管棚＋注浆预支护措施,避免了因公路浅埋隧道跨度大、结构受力复杂、施工难度大、围岩松散破碎、自稳能力差的特点而易发生的塌方事故。对于开挖断面较大的隧道,通过软弱围岩区域可采取分步开挖,为了减少围岩的暴露时间,开挖后应立即支护,从而可提高隧道围岩体的自稳性。南昆铁路某 2 469m 长的隧道在施工中多次发生严重的塌方事故,使隧道施工受阻 7 个多月,最终确定采用大管棚双液深孔预注浆固结岩体,结合小管棚补强的微台阶大断面开挖、全断面衬砌的施工技术,顺利通过塌方体。

(2)岩爆

对于岩爆问题,应加强预报监测,采用地应力卸除、短进尺多循环分步开挖、超前高压注水、岩面湿化、喷锚挂网等方法来解除或减弱岩爆发生的危害程度。太平驿电站引水隧洞在施工期间共发生了有记录的 400 多次岩爆,在岩爆区,采用分步开挖方法,在可能发生岩爆的地方打超前锚杆,在掌子面上打短的密集锚杆加固围岩,采用钢筋网、锚杆和喷混凝土的支护方法,使围岩处于三向压缩受力状态,从而大大减少了因剪切破坏而产生岩爆的可能性。利用现场的监测预报,可有效地预防岩爆发生所带来的危害。在太平驿电站引水隧洞施工中,岩爆预报成功的实例是在 1991 年 12 月 12 日 7 时左右,2 号隧洞下游 2＋282处,当时台车已就位准备钻眼作业,由于监听到围岩内部有闷雷样的爆裂声,当即迅速撤离人员和设备,7 时 45 分在 2＋264～277 段发生了大规模的岩爆,岩爆区段长 13m,宽 3～6m,破坏厚度 0.5～1.5m,由于预报及时准确,没有造成人员伤亡和设备严重破坏的事故。对于强度大的岩爆,西康线上的秦岭隧道采用了钻孔爆破应力卸载、预钻孔并配合向孔内灌注高压水、采用分部开挖等方案来防治。

(3)涌水和突水

对隧道施工中的涌水、突水问题应分别采用排、堵或排堵相结合的措施来处理。同时,要加强对临近暗河溶洞突水部位的监测工作,通过短期和工作面前的地质超前预报,准确地判断大溶洞和暗河部位以及和隧道的相交位置。对于严重涌水、突水的非岩溶深埋隧道可以采用排水导坑、钻孔疏干等措施。对于岩溶隧道、浅埋隧道应以堵为主,采用水泥加水玻璃双液注浆封闭,以最大限度地减少地下水位的下降,避免地面塌陷、井泉干枯等生态环境平衡的破坏。为了防止突水灾害,施工组织应尽量采用先隔水层后含水层的掘进工序,或采用超前引排、超前预注浆以减弱突水灾害的程度。在深圳市向西路人行地道施工中,为安全地穿越饱和含水砂层,采用了注浆法加固地层,虽然其埋深很浅且环境条件复杂,但最终获得成功。大瑶山隧道在班古坳岩溶段施工中,采用迂回导坑 1 100m 进行排水和清淤,共排水 267 万 t;在出口端断层上盘,为探明地质情况、减压排水,增设了570m平行导坑,最大排水量达2.8万t/d,总排水190万t。

(4)地表塌陷和地面沉陷

根据产生的原因差异,岩溶塌陷可对岩溶洞穴回填或建桥来绕避,对厚度不够的洞穴顶板进行加固,对隐蔽洞穴进行注浆加固,对突水点可采用双液注浆堵漏,以防止地面塌陷及井泉枯竭等环境问题的产生。浅埋隧道的地表塌陷,往往是由隧道塌方引起的,隧道开挖后立即进行喷锚初期支护,可有效地控制隧道轮廓的变形。对于城市近地表地铁隧道的施工,在施工支护方法的选择中要严格控制地面的沉陷,加强施工中隧道变形监测,以及地表沉陷监测。盾构法施工,由于其施工设备和工艺特点,在近地表土体及软岩隧道的开挖中可有效地控制地表沉降,是城市地铁隧道、穿越江河底部隧道的优选方法。

(5)岩溶

岩溶是水对可溶性岩层进行化学溶蚀作用和机械侵蚀、崩塌综合作用而形成的地下和地表溶蚀现象的总称。由于水对可溶岩石的溶解作用,常在岩石内形成溶隙、溶管、溶槽、溶洞或暗河,造成岩石结构的破坏和变化,产生特殊的地形、地貌景观。岩溶对隧道施工的影响主要有:岩溶水大量涌向隧道,容易使隧道产生涌水、突泥;变形、坍塌,造成地表沉陷,地下水位下降,影响周围环境。

隧道内岩溶水的处理,应视隧道所在的地质条件、岩溶发育分带、水的循环、补给情况和流量大小以及隧道的防排水要求,采取大疏、小堵、疏堵结合、地表地下综合治理的方法分别处理。对于水量、水压较大的岩溶水,根据勘测中预测的涌水量大小,可能出露的部位,在施工中应配备抽水设备,特别是在隧道反坡处有涌水的情况下,尤应防止岩溶水淹没坑道。如隧道和环境允许排水,而普通侧沟无法满足排水要求,可采取加大侧沟断面、设置中心排水沟或将涌水引入平行导坑或新增排水坑道排泄。对于小股流的岩溶水,当侧沟能满足其流量排泄时,以水管引入侧沟。如能够判断岩溶水为暗河,并能够确定水流方向,可采用增设联络巷道疏通水路的方法进行排水。当暗河和溶洞水流较大时,宜排不宜堵,在查明水源流向及其与隧道位置的关系后,用暗管、涵洞、小桥等设施疏导水流。当水流的位置在隧道上部或高于隧道时,应在适当距离外,开凿引水斜洞(或引水槽)将水位降低到隧道底部位置以下,再行引排。对于一般散状裂隙岩溶水,可采用注浆封堵的方法进行处理。地表、地下综合整治:隧道内的大股涌水多随降雨量变化,如通过试验,地表水和洞内水存在的水力联系,除在隧道内施以必要的工程措施外,在地表应拦截、引排地表水,并封堵地表水的下渗通路,从而减小地表水对洞内的影响。隧道内岩溶洞穴的处理:根据岩溶洞穴的大小、位置、稳定性,分别采取相应的工程措施。应采用喷锚支护、增设护拱、拱顶回填浆砌片石和灌注混凝土或注浆加固等方法进行处理。

(6)煤与瓦斯突出

地下工程开挖过程中,在很短时间内,从煤(岩)壁内部向开挖工作空间突然喷出煤和瓦斯的现象,称为煤与瓦斯突出。瓦斯突出是一种伴有声响和猛烈力能效应的动力现象,它是由地应力、瓦斯压力、煤的物理性能三个因素共同作用而引发的。

当隧道线路穿越含煤地层时,存在发生瓦斯爆炸的可能性,探明这种隧道的工程地质条件非常重要。加强瓦斯含量的监测,从地质角度看,就是加强超前预报和短期预报。从瓦斯爆炸发生的物理条件来看,空气中瓦斯含量在5%～16%时极易发生瓦斯爆炸,所以工作面瓦斯安全含量应不超过1%。同时要加大含瓦斯隧道的工作面通风强度,及时稀释溢出的瓦斯,在钻爆法施工中,要注意加强防爆处理。淤泥带突泥是发生在我国南方岩溶发育地区隧道施工中的一种地质灾害,可采取类似于对暗河、溶洞突水一样的监测方法和治理措施,通过长期和短期超前预报,准确判断淤泥带与隧道交会的位置,并进行有效的防护。

在开挖工作面距煤层 20m 左右时,沿隧道前进方向打一穿透煤层且进入煤层底板≥0.5m 的水平探测钻孔,以掌握煤层的准确位置。在工作面距煤层位置 10m(垂距)时,打 2~3 个穿透煤层全厚且进入煤层底层≥0.5m 的探测钻孔,以确定煤层的走向、倾角、厚度及顶底板岩性等赋存情况及地质构造资料。在工作面距煤层 5m(垂距)时,打 2~3 个穿透煤层的预测钻孔,进行瓦斯涌出量和压力测定,并进行煤层突出危险性预测预报。根据综合分析结果,确定煤层的突出危险程度。煤层的突出危险性分为无突出危险,有突出威胁或具有突出危险三种程度。当预测煤层有突出威胁或有突出危险时,必须采取预防突出措施,主要包括钻孔排放、瓦斯抽放、水力冲孔、深孔松动爆破、金属骨架等措施。

三、矿山法隧道事故案例分析

(一)坍塌事故

【案例 1】 福建后祠隧道甲线塌方[131]

(1)概况

后祠隧道位于漳龙高速公路龙岩段二期 A 合同段上,为甲、乙线分离式单向双车道,甲线隧道 K80+390~K80+410 段原设计为Ⅱ类围岩,岩石裂隙发育,富含地下水,围岩整体性、稳定性差。在上导坑掘进过程中,常有小断层和砂性土出现。当上导坑掘进至 K80+396 掌子面时,见约 2.0m 厚断层破碎带,且掌子面地下水发育,拱顶部还出现砂性土质呈潮湿状并发生局部小塌方,围岩稳定性差。当对围岩施作初喷混凝土、超前锚杆时,掌子面发生坍塌。随后坍塌范围逐渐扩大,并向隧道轴向延伸。坍塌物充满整个塌腔,坍塌物多为砂性土质并夹部分强风化石,塌方压塌 K80+396~K80+406 段上拱拱架多幅,还造成 K80+390~K80+396 段初期支护拱顶破坏,出现 2 道纵向裂缝,缝宽为 0.5~1.0cm。塌方原因除岩体破碎,岩性软弱外,地下水的影响也是主要因素。由于地下水的作用致使断层破碎带软化,自稳能力更趋下降,同时拱顶部砂性土质在地下水作用下发生坍塌,其次对 K80+396~K405 段围岩判别欠准确。当该段围岩整体性、稳定性变差时,仍按原设计进行初期支护。另外,对断层破碎带的出现未做充分准备也是一个原因。

(2)处理方案

K80+390~K80+396 初期支护破坏段采取压注单液水泥浆加固措施,压浆管长 4m,管径 φ40mm,出浆孔距 30cm。压浆管沿初喷层面径向打入,间距为 1m 呈梅花形布置。注浆顺序从拱脚至拱顶由下往上逐孔压注,直至单管达饱和状态为止。

K80+396~K80+406 塌方段由于塌腔较高,腔内碴体多且松散特点,采取小导管与 12 号工字钢沿塌方断面周边相间布设打入塌体内,联合形成管棚效应,工字钢主要加强对碴体的支撑作用。随后对碴体进行注浆固结,再铺设钢筋网及钢拱架并及时浇筑护拱。如此循环通过整个塌方段,在上导支护完毕再转入下导坑施工。

【案例 2】 厦门翔安隧道左洞 ZK12+405 塌方

(1)地质情况

ZK12+400~+415 段地质情况:地表为 1~2m 厚的填土,CRD-1 部开挖范围(图 7-29 中①区)为黏土、亚黏土,CRD-2 部开挖范围(图 7-29 中②区)为全强风化花岗岩,有少量渗水,主要受降水补给。

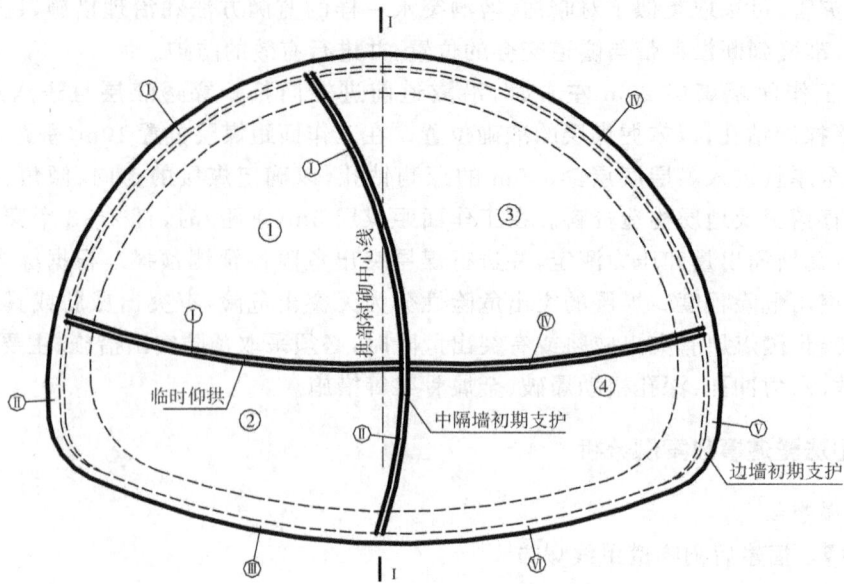

图 7-29　CRD 施工顺序示意图

（2）事故过程

采取 CRD 法施工，至 2006 年 2 月 28 日，CRD-1 部开挖掘进至 ZK12＋405，CRD-2 部开挖掘进至 ZK12＋420，CRD-3 部开挖掘进至 ZK12＋426，CRD-4 部未开挖。

2 月 17 日在 CRD-1 部 ZK12＋420～＋430 拱腰部位出现纵向开裂，用 3 根 20b 工字钢对开裂部位进行支顶，但是 2 月 23 日支顶拱腰部位的 3 根 20b 工字钢出现变形，说明该部位地压过大，并于当日又增加 2 根 20b 工字钢加强支顶，2 月 25 日 CRD-2 部抑拱闭合 2m（至 ZK12＋424.5），2006 年 2 月 25、26、27 日三日三天连续降雨（之前 2 月 17、18、19 三天连续降雨），浅埋段地层土壤被雨水渗透软化，出现沉降异常，并于 2006 年 2 月 28 日 20：20 分 CRD-1 部 ZK12＋405～＋410 出现坍塌。坍塌造成 CRD-1 部 ZK12＋410～＋423 段初期支护下沉侵陷二衬净空，洞顶地表塌方部位出现一个直径约 8m 的塌穴，深度约 4m（图 7-30）。

（3）处理方案

首先对 ZK12＋410～＋435 以 20b 工字钢斜撑拱腰，辅以 20cm 直径方木或圆木支撑，之后以长 3.5～6.0mφ42mm 钢管按纵、环向 50cm 间距注浆加固围岩，以防止塌方范围扩大，及为处理前方提供安全保障；对于前方 CRD-1 部 ZK12＋405～＋423 段，及前方 CRD-2 部 ZK12＋420～＋430 段以砂包码砌回填（因该段初期支护已破坏，并已侵入二次衬砌范围，同时考虑为稳定掌子面、拱顶、侧壁，及考虑下一步穿越塌体为超前支护提供前方支点，确保工人作业处在安全环境等因素）；本地已进入雨季，洞顶塌陷，极易造成雨水汇集灌入洞内形成更大范围的坍塌，所以地表防水至关重要，先期 C25 网喷混凝土封闭塌穴表面，然后以防水板覆盖塌穴，待洞内回填完成后，即刻以黏土回填塌穴，然后以 φ89mm 无缝钢管按 100cm×100cm 间距锚固并灌注双液浆加固地表及隧道两侧围岩（加固范围为洞顶地表下沉影响范围，见图 7-30），考虑目前地表排水不畅，及预计隧道开挖过程中洞顶地表下沉，易造成洞顶中间汇集雨水，所以在加固前，先以黏土填筑洞顶，以使洞顶中央呈拱形（按照 2% 排水坡设计），四周施作 60cm×60cm 砂浆抹面截排水沟。

砂包回填完成后,以喷射混凝土封闭掌子面,然后从初期支护未破坏并且二次衬砌厚度满足设计处(即砂包回填处)开始,按照长 6.0m、环向间距 20cm,外插角度分别为 30°～45°和 10°～15°打两排 ϕ42mm 注浆超前小导管,按搭接长度不小于 3.0m,每进尺按 0.4m 掘进,并按间距 40cm 安装 20b 工字钢支撑,每个节点设 4 根锁脚锚管,拱脚设钢筋混凝土纵向托梁,钢支撑纵向以 ϕ22mm 钢筋焊接连接,环向间距 50cm,其他按照 S5b 复合式衬砌设计施工。

图 7-30 洞顶坍塌及处理

(二)岩爆事故

【案例 3】 秦岭终南山隧道岩爆施工方法[145]

秦岭终南山特长隧道位于新建西安至安康高速公路西安至柞水段青岔乡与营盘镇之间,是我国最长的公路隧道,全长 18 020m,为两座平行的双车道特长公路隧道。隧道最大埋深 1 640m,埋深超过 1 000m 地段超过 4km。为加快施工进度,利用秦岭特长铁路隧道 II 线作为施工公路隧道东线的辅助坑道先期施工。中铁十二局集团承担东线 K75+180～K74+180 段 1 000m 的施工任务。在埋深超过 750m 的施工地段发生了轻微、中等岩爆,一度给施工造成很大的困难,对施工安全、进度构成严重威胁。通过一段时间的观察、研究,摸索出了一定的规律,采取了相应对策,取得了一定的效果,将其归纳总结。

(1)工程地质

秦岭终南山特长隧道横穿秦岭东西向构造带,该带历经了多期构造运动、变质作用、岩浆活动和混合岩化作用,地质构造和地层岩性复杂。隧道洞身通过的主要地层为混合片麻岩,夹有片麻岩和片岩残留体,混合花岗岩,含绿色矿物的混合花岗岩,间夹蚀变闪长玢岩、霏细岩、变安山岩等次火山岩脉。岩爆区主要岩性为混合片麻岩、条带状混合片麻岩、眼球状混合花岗岩、花岗岩岩脉等坚硬岩石为主,干抗压强度 78～325MPa。

该隧道段埋深大,开挖后岩体内地温很高,岩面温度高达 50℃。

(2)概况

K75＋180～K74＋799段,混合片麻岩,石质坚硬,节理不发育,片理发育,围岩呈整体块状,无水。放炮后2～3h开始,左右边墙及掌子面处发出噼啪声响,响声过后出现裂缝、空鼓或松脱掉块,呈间歇性,无岩片弹射;爆破后2～8h之内响声较频繁,以后逐渐减弱,持续时间可达2个月,属轻微岩爆。K74＋750～K75＋180段,混合片麻岩,节理不发育,围岩呈薄层——中厚层状,无水,石质脆硬,致密。放炮2h后,左右边墙及掌子面岩发出清脆的爆裂声响,似枪声,具有明显的周期性,岩石被劈裂成棱块状、板状、透镜状岩片,有相当数量的岩石松脱坠落,偶有小岩片(小于20cm)弹射。岩爆主要沿岩层剥落,但若岩爆形成"V"形凹槽,由于应力集中,岩爆会更加强烈,爆坑一般深从十几厘米至1.5m不等。一般12h之内较强烈,但是如不做支护,3～4d仍很频繁,持续时间达2个月,甚至半年,属中等岩爆。

有的地段放炮后没有岩爆,也没进行钢拱架及锚喷支护,继续掘进,过2～3个循环后,该段岩爆开始并相当强烈。

(3)岩爆施工措施

轻微岩爆危险性小,对进度影响不是太大;但中等岩爆则不然,岩爆频繁期,岩片弹射,极不安全,只能停工,只有在岩爆间歇期内,才能勉强施工,对施工安全、进度都构成很大威胁。非岩爆段日可掘进3个循环,进尺10.5m左右;中等岩爆地段日只能掘进0.5个循环左右,进尺1.8m左右;所以一度造成施工进展缓慢,工期压力非常大。

①轻微岩爆施工

轻微岩爆采用短进尺、多循环,锚喷(喷钢纤维混凝土)联合支护。由于岩爆是岩体内积聚一定的弹性应变能,爆破开挖后能量释放的反应,如进尺大,装药量多,应力二次分配段长,可能发生岩爆,缩短进尺一定程度上能改善围岩应力状态,就可能不发生岩爆。施工中也证明了这一点的正确性,轻微岩爆段,进尺大时一般会发生岩爆,缩短进尺后,有时就没有岩爆发生。

针对轻微岩爆主要是在围岩内形成空鼓或裂隙,掉块少,即使掉块也是先松懈后脱落,在听到发出噼啪声,有躲避、排危的时间这一特点。分析认为,常规初期支护基本可用,爆破后,先喷混凝土(为安全起见,喷混凝土时加大风压,喷射手离岩面远一些,如有条件,机械手喷混凝土更理想),因钢纤维混凝土具有较大的柔性和抗剪能力,能有效地抑制岩块掉落,所以最好喷钢纤维混凝土。喷5～8cm混凝土后,打锚杆、挂网就可安全操作。最后再复喷混凝土。

经过以上系统支护,岩爆仍会发生,但只会形成空鼓,不会自然掉块,消除了安全风险。过一段时间,待岩爆不再发生,再将对喷混凝土表面开裂部位松脱岩块排除,重新支护。轻微岩爆段日可掘进2个循环,进尺7m左右。

②中等岩爆施工

中等岩爆采用洒水、挖掘机斗齿撞击岩面加速岩爆,缩短周期,立钢拱架支护。

中等岩爆与轻微岩爆不同的是,岩体内弹性应变能积聚更多,开挖后能量释放更多更剧烈,靠短进尺已不可能消除岩爆,岩爆周期不能缩短。而多循环意味着岩爆的次数也增多,停工躲避时间加长,进度反而变慢,所以说短进尺不适合于中等岩爆。但是中等岩爆具有明显的周期性,岩面温度很高。为了降低岩爆对施工进度带来的影响,针对这一特点,应用热胀冷缩的原理,爆破后向岩面洒水,降低围岩表面温度,给岩面与岩体内造成一定的温差,热胀冷缩,加速岩爆。另一方面,用挖掘机斗齿(或挖掘机配液压冲击锤)撞击岩面,撞击点局部高温和强大冲击力这两种因素引发岩爆,更加加速岩爆,应力重分布进程,来缩短岩爆周期。这道理正如排危石一样,石头已经松动,迟早会掉下来,还不如早点撬下来消除安全隐患。

缩短岩爆周期,间歇时间相对延长。利用岩爆的间歇期,施工人员戴钢盔、穿防弹背心等加强防护后,进行喷钢纤维混凝土作业,然后打锚杆;但是施工中发现,对于中等岩爆打锚杆不可行,打锚杆高频振动作业极易引发新一轮岩爆发生,缩短了间歇周期;而由于凿岩机的噪声,工人听不到岩爆声,很不安全。为了解决这一矛盾,改打锚杆为立钢拱架,对围岩没有任何扰动,而且只要有岩爆发生,工人马上可以发现,及时排除。钢筋网焊接于拱架、连接筋上,如有机会,打几根锁脚锚杆,然后复喷钢纤维混凝土补平。

经过两次喷钢纤维混凝土、立拱架、挂钢筋网施作后,对岩爆的阻止作用并不大,下一周期岩爆还可能来临,但是安全有了保障,可以继续向前施工。一般情况,岩爆仍会继续,并持续很长时间,使喷混凝土大部分开裂、钢拱架松动、变形,失去支持作用。待岩爆基本不再发生,重新支护。采用这种方法,可以保证日掘进支护1个循环,进尺3.5m左右。

前面已经提到,在岩爆区段内,有时一两个循环放炮后没有岩爆发生,侥幸以为岩爆过去不再发生,没按岩爆段强支护作业;再过2~3个循环后,该段岩爆开始并相当强烈,迅速形成"V"形凹槽,应力集中,岩爆会更加强烈。这也证实了有关资料表明的观点:岩爆有两个高发生区,第一个是在距掌子面2~3m以内,往后逐渐减少,但至1倍洞跨(10m左右)外逐渐增加,到洞跨1.2~1.5倍(12~15m)处形成第二个高发区,随后逐渐减弱。

(三)岩溶、突水事故

【案例4】 别岩槽隧道突水[133]

(1)概况

宜万铁路别岩槽隧道2004年9月11日,隧道出口端上半断面开挖到DK406+422时,掌子面炮眼孔出水量增大,随即撤离洞内施工人员。12:30,掌子面爆开,突发大规模涌水,突水洪峰流量36 000m³/h,洞口涌水高度1.8m,涌水持续时间40min后稳定为500m³/h。该次突水规模大,流量急,使洞内模板、防水板、钢筋、电缆、台架、混凝土喷射机、钢筋切割机、混凝土输送泵等席卷而出,并将隧道外约10m宽度范围的施工场地冲垮,冲毁下游稻田,淤塞河道,突水后造成出口线路右侧庙坪暗河断流。

岩溶(1号)揭示后,对岩溶暗河大厅进行测绘。溶腔沿线路方向长约10m、宽约28 m、垂直高度30 m左右,成椭球体状展布。岩溶暗河大厅主要受隧道线路右侧庙坪暗河水补给。庙坪暗河补给面积大、流程长,具有复杂的大型暗河特征。庙坪暗河最大流量2.2m³/s,平均流量0.82m³/s,最小流量0.2m³/s。

(2)治理措施

①迂回导坑

工作面受阻后,为满足工程施工需要,在线路左侧距正洞15m处设置迂回导坑(图7-31),迂回导坑与正洞分别相交于DK406+530、DK406+394,断面尺寸5.2m×5.2m。在迂回导坑施工中,遭遇3号竖向岩溶管道,管道直径约1m,管道与地表连通性好,为季节性涌水,滞后地表降雨约1h。3号岩溶管道与1号溶腔顶部溶槽连通。

②泄水支洞

由于1号富水暗河溶腔规模大,为查清溶腔详细的形态、规模,以及工程地质、水文地质条件,在线路右侧距正洞15m处设置泄水支洞,泄水支洞与正洞相交于DK406+464,断面尺寸3.5m×3.5m。在泄水支洞施工中遭遇2号溶腔,溶腔沿线路长29m、宽

18m、垂直高度 20m,溶腔顶部有少量掉块,为半充填型溶腔,充填物为淤泥。2 号溶腔与 1 号溶腔通过底部溶蚀管道连通,在 2 号溶腔内抽水后,1 号溶腔水位降低。因此,停止泄水支洞施工。

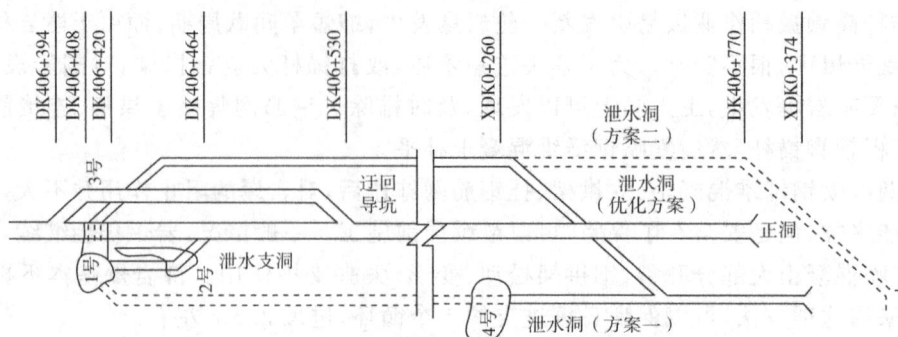

图 7-31　别岩槽隧道富水暗河溶腔治理方案示意图

③泄水洞

由于暗河与隧道正交,暗河水流量大,因此,为保证隧道结构安全和运营安全,针对暗河水采取泄水洞排水方案。

根据地形条件和排水要求,并结合现场机械特点,泄水洞以 25.94% 上坡设置,净空尺寸 2.8m×3.6m(宽×高)。泄水洞设计 2 套方案:方案一位于线路右侧 30m 处,与 1 号溶腔同侧,该方案泄水洞长度短、排水条件好,但由于泄水洞位于庙坪暗河侧,施工中遭遇另外大型溶腔的可能性大;方案二位于线路左侧 30m 处,与 1 号溶腔异侧,该方案泄水洞长度较长,排水条件比方案一略差,但由于泄水洞距庙坪暗河较远,结合隧道施工情况,在泄水洞施工中遭遇另外大型溶腔的可能性较小。经对方案比选,施工中选择了方案一。

当泄水洞施工至 XDK0+286 时,遭遇充填型溶腔,充填物为淤泥质黏性土,工作面发生突泥,随后造成地表坍陷。经进一步探测,充填型溶腔纵向发育长度 17m,处理难度大、费用高,同时,继续向前施工,同样遭遇大型溶腔的可能性仍很大,因此,及时对泄水洞方案进行优化,将泄水洞由线右调整至线左。泄水洞下穿隧道段采取大管棚超前预支护,采用短台阶法开挖,采用 40cm 厚 C30 钢筋混凝土衬砌结构。

④溶腔处理

DK406+408~DK406+420 溶腔段隧道结构方案如图 7-32 所示。

Ⅰ溶腔防护:对溶腔大厅壁采取锚喷防护,锚杆采用 2.5m 长直径小于 22mm 砂浆锚杆,布设间距 1.2m×1.2m;钢筋网采用直径小于 8mm 钢筋,网格间距 20cm×20cm;采用 C20 喷混凝土,喷射厚度 10cm。

Ⅱ"桩基+承台"基底处理:隧道基础采用"桩基+承台"结构。桩基础采用 12 根直径小于 1.25m 嵌岩桩,入岩深度 1.5m。桩间距为 3.6m×3.2m(横向×纵向)。承台采取 C30 钢筋混凝土,厚 2.5m。

Ⅲ衬砌结构:拱部及边墙岩溶空腔采用 M7.5 浆砌片石回填,回填厚度 5m。隧道二次衬砌采取双层结构,外层采用 30cm 厚 C25 防水防腐蚀混凝土,内层采用 45cm 厚 C30 防水防腐蚀钢筋混凝土。

Ⅳ承台底排水结构:清除承台下 4.37m 厚的黏性土填充物,铺设 50cm 厚 C25 钢筋混凝土底板。为确保排水通畅,由线路右侧向左侧设置成1‰排水坡度。为防止桩基础被水流常年冲刷、浸泡,对通道内桩基采用20cm厚C25钢筋混凝土护筒进行防护,护筒内采用5cm厚闭孔泡沫作为缓冲层。

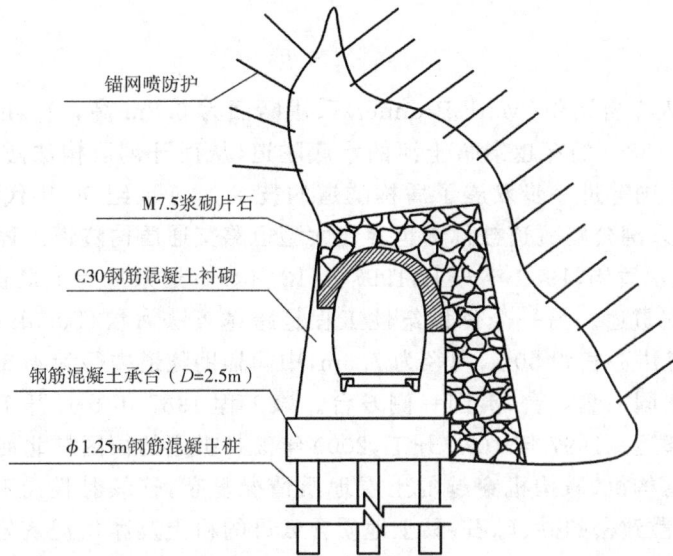

锚网喷防护

M7.5浆砌片石

C30钢筋混凝土衬砌

钢筋混凝土承台(D=2.5m)

ϕ1.25m钢筋混凝土桩

图 7-32 DK406+408～DK406+420溶腔段隧道结构方案

⑤迂回导坑内3号溶腔水排导

在迂回导坑与泄水支洞交叉处设置直径2m的排水竖井,将3号溶腔水排至泄水洞。为防止溶腔水通过迂回导坑进入隧道,在竖井旁设置高1.5m、厚50cm的C15片石混凝土挡墙。

(四)瓦斯事故

【案例5】 四川都汶高速公路董家山隧道瓦斯燃烧和爆炸事故

2005年3月6日早上6时15分,都汶高速路董家山隧道发生局部轻微瓦斯燃烧,造成正在施工的8名工人受伤。

2005年12月22日14时许[134],都江堰市境内都江堰至汶川公路建设工地发生隧道瓦斯爆炸事故,造成42人死亡11人受伤。

四、小结

(1)加强隧道选线和施工中的基础地质工作,这是预测地质灾害和采取治理措施的基础。近年来,各种各样的方法和手段在隧道工程超前预测预报中的采用,为长大隧道、深埋和浅埋隧道、复杂地质条件下的隧道施工提供了可靠的资料。

(2)针对不同的地质灾害问题应采取相应的防治方法和手段,注重新技术和方法的采用。同时应加强隧道施工信息和经验的交流,减少类似条件下地质灾害事故的发生频度。

(3)注重施工过程中的施工管理,使施工队伍从领导到职工对隧道施工中的地质灾害问题高度重视,提高施工队伍的职工素质和风险意识,严格工程操作规程,使工程中的风险在管理环节上降到最低。

第三节 盾构法隧道施工的风险灾害及对策

一、概述

1825 年法国人布鲁诺尔（Marc Brunnel）采用断面为 6.8m 高，11.4m 宽的矩形钢壳保护下，以人工开挖长 458m 的穿越泰晤士河的水底隧道，从而开创盾构法隧道的先河。随后，英国、德国、日本和中国等进一步发展了盾构隧道的技术。20 世纪 90 年代，盾构法隧道取得了惊人成就，日本东京湾公路隧道被称为世界超大型道路交通盾构隧道工程范例，使用其直径为 14.14m 的 8 台泥水盾构，1989 年开工，1997 年 12 月 8 日这条世界上最长的公路专用海底隧道（长 9.1km）道路贯通。另一个创世纪性工程是跨越英法海峡（50.5km）的快速铁路隧道。两条铁路运输隧道中心相距 30m，内径为 7.6m，中间辅助隧道内径为 4.8m。掘进隧道总共用了 11 台盾构机，法国一侧 5 台，英国一侧 6 台。该工程 1987 年 5 月开工，历时 7 年，于 1994 年夏末正式开始营运。1997 年 10 月开工，2000 年 3 月贯通的德国易北河第四隧道，采用直径 14.2m 的复合型盾构机，盾构机穿越的土层地质情况复杂，连续黏性土和非黏性土层内含有各种杂质土：即松散致密的砂、砾石、黏土地质含云母的粉土及冰川泥灰岩。21 世纪盾构隧道向着大断面、高深度、长距离、全自动化的方向发展。近年来又有一批代表性盾构隧道的范例，2001 年 11 月，荷兰"绿色心脏隧道"采用当时世界上最大的泥水加压平衡盾构建造，盾构直径达 14.87m。该工程为鹿特丹—阿姆斯特丹高速铁路支线。它穿越天然绿化、水网河流密集、传统风车遍布的风景地段。隧道长 7.156km，外径 14.5m。2002 年 3 月，日本采用三重圆形断面盾构，掘进施工东京地铁 12 号线地下车站 Iidabashi（长 321.5m，最小曲率半径 140m）。该盾构是由一种单铰接，三个切削面构成。两个外侧面直径是 8 140mm，中心面直径 8 846mm，总长 11 020mm。跨越长江口的连接沪—崇—苏公路大通道南港水域江面约 6.9km，两条长约 7km，隧道内径达 13.8m。使用两台外径为 15.4m 的泥水盾构，一次推进约 7km，克服高水头压力、流砂、沼气等灾害地质的风险，这两台盾构分别于 2006 年、2007 年从浦东工作井出发，于 2008 年 8 月全线贯通。

我国自 20 世纪 50 年代开始用盾构法修建隧道以来，已建成约三十几条直径为 2～11.2m 的公路交通、引水（排泄）、供热（供油）、电缆（通讯）等不同用途的隧道。20 世纪 90 年代起，上海、广州、北京、南京、天津、沈阳、成都、哈尔滨等城市陆续用盾构法施工地铁区间隧道，取得很大的成功。广州地铁为了适合软硬岩交互成层，局部夹有粉砂、砂砾，采用复合型土压平衡盾构。北京地铁地下水位低，以粉质、砂质黏土和砂质粉土为主，采用改进刀盘形式和开口率的土压平衡盾构。土压平衡盾构在国内最早用于上海的淤泥质黏土、粉质黏土，为了适应局部粉细砂土层，采用加泥式、加水式土压平衡的模式。正在施工中的武汉、南京、上海长江隧道，钱塘江庆春路隧道，口径大，江流急，水压高，大量的粉砂、砂砾、卵石面层，地质条件及环境条件十分恶劣。这些江底隧道大多采用泥水加压平衡盾构。据不完全统计，上海用盾构法施工的各类隧道总长可达 150km，（同时有五十几台盾构在上海市地下土层中推进），同时上海市也已成立了盾构的研发基地，经过"863"攻关计划实施，已经掌握了盾构机制造的核心技术和知识产权。上海市隧道股份有限公司制造的适用于上海地铁的土压平衡盾构机，已经有数台成功地用于上海地铁区间隧道施工。随着盾构制造安装技术逐步国产化，盾构法隧道受控于盾构机价格因素被化解,加之盾构隧道施工技术进一步的普及,用盾构法施工隧道或其他地下工程在国内会出现新的高潮。

盾构法隧道与矿山法、沉管法、明挖法隧道施工相比有多方面的优点。其中速度快、安全性能好、对环境干扰小、可适应深浅覆土、机械化程度高等均为工程界普遍认可的。事物总是一分为二的,盾构法隧道一次投入(购买盾构机,配置管片加工场)高,对断面的形式和大小有限制,要求施工队伍技术水平高,对盾构机选型及地质条件依赖性高等问题,仍然是影响盾构法隧道长足发展的不利条件。盾构法隧道虽然用刀盘和泥土稳定开挖掌子面,在盾壳保护下挖土和拼装隧道管片,相比矿山法、沉管法及明挖法均较为安全,但并不是说盾构法隧道施工不存在风险灾害,万无一失。20 世纪 80 年代国外一条海底隧道及国内一条污水排放隧道,都曾经因为粉细砂施工扰动液化,沼气等不良地质,产生冒顶通透,施工被迫中断。国内某城市使用日本人二手盾构,推进的中途盾构机核心部件主轴承断裂,盾构机无法前进。因盾构法隧道推进,引起地面的沉降造成管道开裂,房屋倾斜,道路局部沉陷仍然时有发生,盾构遇到流砂,砾石,大型障碍物,操作人员不得不进入密封舱排障更换刀具,曾发生正面土体坍塌将工人掩埋致死的事故。有的盾构机出洞时出现洞门外土体的滑移坍陷,盾构机出现磕头偏离设计轴线,也有盾构机因施工测量失误,偏离设计轴线,无法进入目标工作井,不得不改变设计路线或重建目标井,造成工期的延误及经济的损失。2007 年 12 月,南京地铁 2 号线某标段盾构出洞,工程即将完工。由于洞口加固土体失稳,产生流砂管涌,大量泥沙涌进端头工作井和隧道,大范围地面沉降,盾构机下沉,约 100m 已建成隧道解体。2008 年 3 月上海地铁 10 号线某区间隧道标段,在第一台盾构进洞推进 5m 通过加固土后,遇到一污水管道,大量污水管渗漏水穿透加固土体,产生流砂管涌,土体向工作井滑移,洞口附近大面积地面异常沉降,不得不向工作井灌水,平衡土体变形,保护已建成隧道。同是 2008 年上半年,无独有偶,武汉一条过江的西气东输盾构隧道和广东汕头一条海底电缆隧道,在进出洞时也发生类似工程事故。此外,由于操作管理不完善,拼装隧道椭圆度不合格,接缝处有大的台阶高差,缝隙太大甚至有水、泥、沙涌入,影响正常使用。运输管片及渣土的电瓶车脱轨倾翻,管片吊运安装滑落,轻则碰压伤人,重则导致施工人员生命危险。随着国内地铁及城市地下空间开发高潮的到来,盾构隧道向着大断面、近距离、高水压、超浅埋、软硬岩交互等复杂地质和环境条件拓展,许多非专业化的缺少技术素质的民工加入施工队伍,加上不同规格性能的盾构机未得到很好的保养维修即投入使用,来自建设方工期紧任务重压力等,促使盾构法隧道施工难免出现这样那样的隐患,如果得不到及时的解决,将会引起灾难性的事故,造成国家经济财产损失及人员伤亡。因此完善盾构隧道设计施工验收规范,开展盾构施工期间灾害风险识别及其应对措施研究就显得特别重要。

二、盾构法隧道工程风险隐患

(一)勘察与设计失误

1. 工程地质

(1)岩土地层变化资料不准,未发现断层破碎带。

(2)岩土的物理力学参数如 c、ϕ 值、颗粒组成、硬度、压缩特性不准确。

(3)对砂质粉土、粉细砂、基岩风化出露判断失误;对软硬交互成层、上软下硬、上硬下软,左、右土体不均匀性,大的砾石等调查不准。

2. 水文地质

(1)含有腐蚀性水。

(2)水的补给来源不清;未标明隧道轴线离开地下暗河、井口、泉眼、溶洞确切距离;河海等水底覆土层和非透水层厚度标注错误。

(3)岩土的渗透性、含水量判断失误。

(4)孔隙水压力变化不确切。

(5)水位、水压力、承压水层调查不清。

3. 设计计算

(1)安全度、耐久性、使用年限选择错误。

(2)荷载、内力、断面设计计算模型方法和精度不符合工程实际,偏差过大。

(3)线路路线、纵坡、横坡选择有误。

(4)螺栓、防水密封垫片,嵌缝和封手孔材料选择不妥。

(5)管片排版图失误,无法与设计曲线拟合。

(6)进出洞门土体加固方法,加固尺寸、参数失误。

(7)联络通道土体加固方案、施工方案选择有误,土体改良尺寸,物理力学参数计算出错。

(8)洞门洞圈尺寸位置定错,橡胶帘布袜套尺寸材料差错。

4. 对沿线环境调研判断失误

(1)未发现沿线遇到桩基、基坑支护连续墙、孤石等障碍物。

(2)各类市政管线,如供水管、排污管、通信、供电、电缆等与拟建造隧道的空间关系不清。

(3)正运营的地铁隧道、地铁车站、立交桥、地道、地下街、民防工程空间关系不明了。

(4)与地面道路、铁道的空间关系不准确。

(5)对必须穿越建(构)筑物的类型和基础特征;建筑物使用年限;结构类型;有无开裂、倾斜和破损;是否被列为文物保护工程;基础埋深,为条基,筏基,桩基;基础或基坑与隧道的空间关系等资料不掌握。

(二)盾构机选型失误

1. 开挖面平衡的模式

开挖面平衡包括:气压平衡;土压平衡;加泥(加水)土压平衡;泥水平衡;压力控制度的精度、控制方式(气垫、泥水压)。上述土压平衡模式选择与场地工程地质水文地质环境保护要求不协调。

2. 刀盘、刀具适应性

刀盘、刀具适应性包括:面盘式或幅条式;面盘的开口率;主轴承(地层反力适用性);推力和扭矩(对地层反力的适用性);螺旋输送器(对弃渣状态和进度要求适应性);盾尾密封与同步注浆压力及水土压力适应性;盘刀、滚刀、撕裂刀、鼻刀等刀具规格、材质、数量和位置。

3. 千斤顶油压系统可靠性

千斤顶油压系统可靠性包括:压力指标;渗漏油否;千斤顶冲程的顶进误差,顶升回缩的速度;分组千斤顶的同步运营的效果;千斤顶的偏心率。

4. 电器系统的可靠性

电器系统的可靠性包括:带动刀盘旋转的电机的效率、可靠性;带动旋转出土机的效率、可靠性。

5. 同步注浆及补偿注浆系统配置合理性

6. 操作系统灵敏性

水土压力采集的元件的耐久性,经历潮湿,高温,振动可能失效。数据的采集传输系统,操作台显示屏准确度,清晰度。

7. 轴线控制系统(GPS定位,陀螺仪,全站仪,导线控制测量,激光靶芯对准仪)选择轴线控制系统的精度,稳定性,耐久性,测定后反馈及时性。

如果对工程地质、水文和地面、地中的边界条件缺少充分了解,对设计要求工期的要求、环境要求缺少响应,盲目的贪图价格低廉,盾构机构配置方式及各部分性能落后,施工中出现安全和质量的事故是无法避免的。相反的过分追求现代化的盾构,脱离实际的工程条件,可能造成配置的浪费。盾构机是根据施工对象"量身定做"的,盾构机制造所依据的对象,称之为施工环境,它是基础地质、工程地质、水文地质、地貌、地面建筑物及地下管线和构筑物等特征的总和。由此可以看出,如果不详细研究施工环境,也就造不出适应性强的盾构机,也就谈不上顺利地进行盾构施工。

在施工环境的诸多因素中,基础地质和工程地质特征是最重要的,因为它们是盾构机选型及采用盾构施工工艺最重要的先决条件。在实践当中,对地质特征的研究往往被忽视。殊不知,没有什么盾构施工技术不是与地质特征有关的,尤其是在复合地层中的盾构施工费。

上海20世纪60年代施工打浦路越江隧道时,研发网格式挤压式盾构。这种盾构与土压平衡,泥水平衡盾构相比较其自动控制,机械水平要低,但是其性能稳定,耐久性好,特别适合在江、河、湖、海岸边施工引水,排污隧道,在这些地区不像城市人口密集地区,地面地下环境对施工扰动要求那样苛刻。特别是其价格优势,加之国产盾构,便于检修,上海至今仍采用挤压网格式盾构修建河流污水排放隧道,电厂引水隧道,物尽其用。相反使用性能优良,配置齐全的现代化盾构施工环境要求不甚高的隧道工程是一个浪费,配置越复杂,性能变化越多,越容易出现故障,在海滩江底恶劣环境下施工,许多敏感性的元件极易损坏。盾构机选型配置合理事半功倍,施工顺利,否则事倍功半,有时不得不改变方案重新组织施工。

(三)施工环节风险隐患

1. 盾构机的拆卸、解体、吊运和组装

国内用于城市地铁区间隧道施工的土压平衡盾构机,其外径、长度和重量相差不多。广州市轨道交通三号线的市桥—番禺广场盾构区间隧道工程使用德国海瑞克公司生产的6 280mm土压平衡式盾构机,最后装车运输出厂编号为S-242,盾体外径为6 280mm,盾体长度为12 075mm(由刀盘至螺旋机尾部),总装机重量约为500t(含后续拖车)。日本东京地铁12号环线的驰田桥坂车站使用三心圆盾构,位于中间的大盾构刀盘直径8.46m,两侧的小盾构切土刀盘直径8.14m,刀盘前后错位,相互重叠,各个刀盘可单独转动。为了保证整台机器能沿着$R=129$m曲线行进,机器有很高的连接精度。这台盾构机有四台电动机带动。隧道衬砌由特殊的柔韧性的钢管片和钢管柱组成。盾构机高8.846m,宽17.440m,长10.70m,机头重达2 600t。因盾构机盾体和刀盘的体积大、重量重、价值高,运输作业风险大危险性高,决定解体吊装。施工重点是解体切割、起吊运输设备和工具的选择、吊绳和吊耳的分布位置确定以及焊接强度是否满足要求,大型部件在车辆上固定,沿线道路桥梁和隧道通行能力调查。

2. 盾构出洞

盾构出洞时的危险表现为：土体加固不均匀，强度、稳定性、抗渗性差，洞口土体滑坡，地面沉陷，大面积坍塌；盾构机座变形；盾构后靠支撑发生位移变形；凿除钢筋混凝土封门时产生涌土、涌砂、喷水；盾构机出洞区冻结法加固温度过低，将大刀盘及螺旋出土器冻结无法转动；盾构进洞轴线偏离；盾构机出洞，出土体加固区产生磕头，姿态突变；密封袜套漏水、漏泥。

3. 盾构掘进

盾构掘进时的危险来源于：土压（泥水）平衡正面阻力过大；土压（泥水）平衡螺旋出土器（排泥管路）出土不畅；遇流砂，砂砾，工作面压力平衡丧失，地面沉陷加大（舱内渣土离析，沉淀）；遇黏土结饼，螺旋出土器放炮，喷涌；隧道脱出盾尾后，隧道上浮；纵向螺栓受拉屈服，外弧面混凝土剥裂；同步注浆压力过大，地面冒浆；浅覆土、高水头压力下开挖面塌陷通透；盾构掘进轴线偏差；盾构过量自转；盾构较长时间停推下沉；盾构后退；盾构密封装置泄漏，泥浆渣土经盾尾涌入盾构本体；盾构切口前方超量的沉降或隆起；盾构刀盘刀具过度的磨损，刀盘主轴承失效；盾构推进液压系统失效，压力低；液压系统漏油等。

4. 管片拼装

管片拼装时的危险因素：原材料不符合要求（含泥量，碱骨料）；制作，养护，堆放，检查不规范；运输过程中管片受损，缺角，丢边；圆环管片环面不平整；圆环管片真圆度不合格；管片环片与隧道设计轴线不垂直；上，下，左，右偏差超标；纵缝，环缝台阶高差，张开度过大；螺栓拧紧程度未达标；管片拼装过程中边角挤伤破损，累积就位偏差，纵向不均匀推力使管片沿纵向剪断；管片压浆孔渗漏；管片接缝渗漏；管片嵌缝，封手孔未达设计要求；对特殊部位二次补偿注浆不彻底等。

5. 穿越建筑物

穿越建筑物时的危险因素：地面沉降量过大；建筑物桩基被刀盘磨削挤压破坏，基础受损；建筑物地基下沉；建筑物倾斜量过大，门窗启闭困难；建筑结构裂缝过大；建筑物倒塌。

6. 穿越管线

穿越管线时的危险因素：地下管线水平位移过大；地下管线破损；地下煤气管破裂，爆炸，出现局部火灾；地下上下水管网断裂，地面积水，居民房屋进水，积水向隧道回灌；地下通讯电缆被切断；地下输变电管线沉降量过大，断裂，大面积停电，居民生活，商业，政治生活受影响。

7. 穿越现有隧道

穿越现有隧道时的危险因素：上穿正建隧道卸载引起隧道上浮；下穿正建隧道卸载引起隧道下沉；隧道结构变形，内部设施变形；多次扰动引起地面下沉超标；盾构轴线偏离设计轴线；超欠挖土对已建隧道变形影响；同步注浆压力量不当对正建隧道的影响。

8. 越江隧道及海底隧道

越江隧道及海底隧道的危险表现：主航道有沉船，孤石，哑炮（弹）不明障碍物；浅覆土，高水压，粉砂层产生开挖面冒顶通透；盾尾注浆冒浆密封失效引起涌水涌砂；隧道上浮；长距离推进不同围岩地层刀具更换；高水压管片接缝的渗漏水；长距离推进温度升高，污染空气的排放。

9. 联络通道施工

联络通道施工导致的危险隐患:地面沉降量过大;土体改良方法方案不恰当;土体加固有"死角""盲区",检查处理不认真;出现大量的涌水涌砂;主隧道临时支护钢支架强度不够,变形过大,主隧道失稳,垮塌;地面构筑物下沉倾斜;冷冻加固时间,制冷量不足,冻土支撑效果不明显;主隧道与联络通道接头处变形大,渗漏。

10. 内衬浇筑、装修和设备安装

内衬浇筑、装修和设备安装导致的危险隐患:轴线偏差,内衬侵入限界;内模走位,建筑侵入限界;防水板搭接不密贴,扎破,出现渗漏;设备支架固定不牢;装修材质低劣;设备(电气、环控、给排水、防灾、讯号、通信、交通标牌、监控等)系统产品不合格,安装错误。

三、盾构法隧道施工工艺

(一)盾构机分类

根据地层条件和具体施工方法的不同,在硬岩中施工的隧道掘进机一般称为硬岩隧道掘进机(即 TMB),在软岩和土层中施工的隧道掘进机称为盾构机。盾构机的分类形式很多,按开挖面的闭合程度,可分为开敞式、半开敞式和封闭式。其中,开敞式又可细分为人工开挖盾构、半机械开挖盾构、机械开挖盾构;半开敞式也有挤压盾构和网格盾构之分,而封闭式则可进一步分为泥水加压平衡盾构(含直接控制型、间接控制型两种)、土压平衡盾构(包括普通型、加泥型、加水型、泥浆型等种类)。还有将两种类型复合在一起的复合型,也包括泥水型、土压型、敞开型等多种,此外,还有适用于城市地下工程,如市政供排水、电缆管道建设的微型盾构。目前城市交通隧道和市政工程主要使用盾构机有:泥水加压平衡盾构机、土压平衡盾构机、复合型盾构机、TMB 掘进机和微型盾构机五种。

1. 按照平衡开挖面的方式
按照平衡开挖面的方式盾构机可以分成:
(1)插板式。
(2)挤压网格式。
(3)土压平衡式。
(4)泥水平衡式。
(5)加泥(水)式土压平衡盾构机。
其中第(1)、(2)类盾构主要靠机械支架平台或面板平衡开挖面。第(3)～(5)类通过密封舱内的水土压力平衡开挖面。只有千斤顶顶进速度与螺旋出土器转速同步,使密封舱内土体达到一定的密度和压力,才能维持开挖面的平衡。螺旋出土器转速快,过量出土,密封舱压力和密度降低,不能给工作面提供足够的侧向支撑力(约为工作面的静止侧压力),工作面土体塌方,地面产生沉降。图 7-33 和图 7-34 为条幅式土压平衡盾构构成示意图;图 7-35 和图 7-36为面板式泥水平衡盾构构成示意图。

2. 按照机械化程度
按照施工机械化程度盾构机分成:
(1)人工。
(2)机械化。
(3)全自动化盾构。

图 7-33　土压平衡式

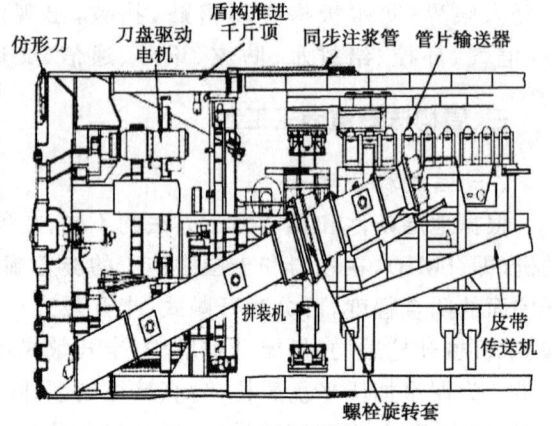

图 7-34　土压平衡式机械图

图 7-35　泥水式盾构

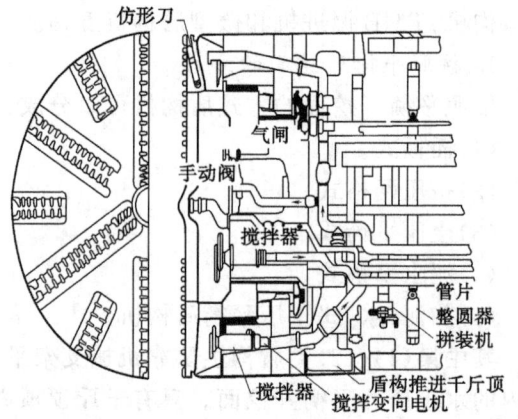

图 7-36　泥水式盾构机械图

330

现在国内普遍应用的是机械化施工盾构,人工作业盾构使用越来越少。全自动智能化盾构运用于恶劣的环境下施工,日本,德国等发达国家已经研发全自动化智能型盾构,无人驾驶,自动导向,机械化自动化出土,自动检查,自动修正,自动修复。

3. 按照施工过程中土体排放运输方式

按盾构机土体的运输排放分成:

(1)皮带传送,电瓶车加土箱。

(2)泥浆泵,管路。

(3)手工挖掘,小车推运。

第(1)类对应着土压平衡盾构,第(2)类对应于泥水平衡盾构,第(3)类对应于早期人工开挖简单盾构。

4. 按照掌子面的敞开程度

按照掌子面敞开程度分成:

(1)全敞口。

(2)半敞口。

(3)一定开口率的封闭式(面板式,条幅式)。

第(1)、(2)类相对于地下水位低,土体比较坚硬,有一定的自立性的土体,第(3)类相对于含有地下水的软土。

5. 按断面形式

按照断面形式分成:

(1)单圆。

(2)双圆。

(3)三圆。

(4)矩形。

(5)马蹄形和球形。

最常用的为单圆盾构。双圆盾构一次可以完成两车站的上下行线隧道,有一定的经济和使用价值。三圆盾构多用于深埋地铁车站。矩形和其他特殊形状的盾构,只有距离特殊用途隧道才有使用价值。图 7-37 为双圆盾构,图 7-38 为三圆盾构,双圆和三圆盾构比单圆盾构施工技术复杂很多,施工的风险更大。

(二)盾构机的选型

1. 常用盾构机特点及应用实例

(1)泥水加压平衡盾构机

泥水加压平衡盾构由盾壳、开挖机构、推进机构、送排泥浆机构、拼装机构及附属装置组成。是目前各种盾构中最复杂、价格最贵的一种。它适用范围较大,多用于含水率高的软弱土质中,是一种低沉降、较安全的施工机械,对稳定地层优点尤为明显,其工作效率要高于土压平衡盾构机,但随着土砂百分比的增加,会出现泥水分离难度增大的不足。泥水加压盾构需要庞大的泥浆和渣土沉淀分离排放系统,新鲜泥浆循环利用,泵送回工作面,达到环境要求排放标准,废渣排放到指定区域。渣土循环利用排放系统占地面积大,价格昂贵,城市地铁受此条件限制很少采用泥水盾构。只有在土体含水率丰富,透水性强,粗颗粒砂土,砂砾和卵石,开挖面无泥浆护壁不能保证开挖面稳定情况下才选择泥水加压平衡盾构。

图 7-37　双圆盾构

图 7-38　三圆盾构

在日本东京湾道路 18.8 公里海底隧道的掘进工程中就曾使用过日本石川岛播磨重工业株式会社生产的 4 台直径达到 14.14m 泥水加压平衡盾构。在上海用泥水平衡盾构机,建成 12 条穿越黄浦江公路隧道,盾构直径 10.5～15m。穿越长江、黄河、钱塘江等盾构法施工隧道,均采用不同口径泥水压力平衡盾构机。

(2)土压平衡盾构机

土压平衡盾构是在泥水加压盾构基础上开发的一种新型盾构。主要由盾壳、开挖机构、推进机构、排土机构、拼装机构及附属装置组成。土压平衡盾构通过对土压管理,保持土压或土碴量的相对平衡与稳定来进行工作。可广泛适用于对冲积黏土、洪积黏土砂质土、砂、砂砾、卵石等地质的施工,不需渣土分离装置,占地面积少,施工时的覆土层可相对较浅。土压平衡盾构机在我国城市地铁区间隧道中得到广泛应用。

(3)组合式盾构机

组合式盾构机开挖面稳定,施工方法可视土质情况的变化而转换,因此适应范围较广,根据需要可以从土压平衡转换为泥水加压方式,土料输送可由螺旋输料器转为泥浆及管道输送。

(4)复合型盾构机

将土压平衡盾构机进行刀盘、刀具、开口率调整,加大旋转扭矩和推力,使这种类型盾构不仅可用于软黏土,而且用于含软岩、砂砾、卵石复合地层。广州、深圳和成都地铁成功采用复合型盾构。

(5)微型盾构机

通常把直径小于 3m 的盾构称为微型盾构。该类机型主要用于市政供排水管道,电缆管道等的建造。

2. 盾构机发展趋势

(1)超大(或特小)盾构。开发用于海底、江底公路隧道的大口径圆形断面隧道掘进机($\phi \geqslant 16m$),实现单向 3 车道,达到高速公路车流要求;开发小口径(直径<1m)盾构掘进机,对市区密集建筑有自动导向、自动避开桩基等障碍物的功能;开发异形断面隧道掘进机,满足城市共同沟构筑和深层地铁换乘车站的要求。

(2)改进刀盘和刀具。刀盘、刀具是隧道掘进机上的重要组成部分之一。研究、开发不仅能自动更换刀盘而且刀头具有耐热、耐磨、耐腐蚀高硬度的材料,使得在隧道掘进机上安置的刀具既可切削坚硬的岩石,又可切削含水软土层(即混合型盾构),达到对多种不同性质的土层作稳定掘削。

(3)开发激光、陀螺并用的自动方向控制,新的卫星 GPS 定位系统,从而迅速准确地判断隧道掘进机姿态和设计轴线的偏差。

(4)提高隧道掘进机止水性能,加强土砂入口密封止水性能;开发新型的耐压性能和弹性止水性能良好的压力平衡式盾尾密封装置。

(5)进一步提高千斤顶推进速度(0.1m/min),控制切削速度和进切深度。增设刀盘的制冷装置;适当扩大刀盘缝隙;增加滚筒式刀头,提高对较大卵石、石块破碎能力;采用双线路排泥系统,提高泥水分离处理能力,使其与双线路排泥系统适应。这样,可大幅度地提高推进速度。

(6)开发强度高、流动性好的钢纤维混凝土衬砌系统。

(7)研制开发在大坡度、小曲率半径线路上施工的盾构。

（8）管片制作、运输、拼装的新技术和装备。

（9）开发新的接缝防水材料，更新接缝防水、堵漏的施工工艺，彻底解决隧道衬砌渗漏问题。

（10）研制盾构穿越特殊有害地层的施工工艺和技术装置。

3．盾构选型流程

盾构机选型合理，能减少工程事故和施工风险，实现快速安全施工，否则盾构机选型不当，增加事故和风险发生频率，甚至导致工程的失败。盾构机选型要综合工程地质和水文地质条件、隧道的断面长度、环境条件、衬砌类型、施工单位技术水平、工期和造价要求等因素优化对比分析做出决定。

岩石的单轴抗压强度是影响掘进效率的关键因素之一。一般掘进机最适合掘进抗压强度为 30～150MPa 的硬岩。根据统计，大多数已建工程的岩石平均单轴抗压强度为 75～175MPa，最大单轴抗压强度为 350MPa。岩石的硬度和耐磨性越高，刀具消耗和施工成本就越高，造成停机换刀次数增加，影响掘进速度，岩体的结构面发育程度，即岩体的裂隙化程度或岩体的完整程度与掘进效率有很大的关系。抗压强度、硬度、耐磨性相同或相近的岩体，若结构面发育程度不同，掘进机的纯掘进速度的差异明显。单纯的硬岩地层（如西安—安康铁路秦岭Ⅰ线隧道）。隧道断面范围内以两种岩石为主，一种是混合片麻岩，单轴抗压强度为 78～137MPa，整体性较好，裂隙较少。另一种是混合花岗岩，单轴抗压强度为 122～162MPa，节理较发育，裂隙较多。选用的盾构机是典型的硬岩掘进机，刀具全部安装滚刀，无需任何刮刀。全断面岩石掘进机一般分为敞开式和护盾式。敞开式通常用于围岩稳定的隧道（洞）的开挖。若岩石质量指数为 50%～100%、节理大于 60cm，则首选敞开式。在硬岩地层，若采用开胸模式掘进，一般无需变化成土压模式。软弱围岩用敞开式掘进机施工时支护量大，并限制了撑靴的支撑能力，影响掘进进度，因此，一般软弱围岩所占长度的比例较大时，可考虑选用护盾式掘进机。对于地质勘察不够准确的工程，用敞开式掘进机更易及时探明前方地质情况和对不良地质进行及时处理。使用敞开式掘进机重点应考虑支护设备的配置，如超前钻机、锚杆钻机、钢拱架安装器、挂网设施、混凝土喷射装置等。而护盾式掘进机需要考虑加大推进系统的推进力，设置辅助推进系统，加强护盾设计和配置衬砌管片安装器等。

对于砂土、粉土、淤泥质黏土、硬黏土、老黄土等软土类似的均一地层，如上海地铁、天津地铁、北京地铁以及过长江隧道等的施工，在环境保护要求严格的城市隧道工程中较多使用土压平衡模式，刀盘采用软土刀具，在施工过程中不需考虑是否会碰到硬岩而增加滚刀的问题。南京地铁依本地区土质特点，选用了适应软土地层的盾构机，其刀盘为平面直角型的，只安装刮刀。含水量丰富的粉砂、粉土、砂砾等粗颗粒土层，特别是水底隧道施工大多选泥水平衡盾构。尽管均一地层中其围岩物理性质也会有较大的变化，但只需在施工工艺上作出调整。均一地层并不是绝对的均质地层，这样，在地层特性改变之后，必须在施工工艺或施工参数上采取相应的措施。比如：同是在软土地层中施工，当地层是以砂层或砂粒层为主时，以土压平衡盾构机为例，则应适当添加膨润土或聚合物。若地层以黏性土为主时，则需添加适量的泡沫。如此等等，这一类工艺或施工参数上的调整并不因均一地层就可避免。

复合地层的组合方式是非常复杂多样的，但总的来说可分为三大类：一类是在断面垂直方向上不同地层的组合；一类是在水平方向上地层的不同组合；另一类是上述两者兼而有之。复合地层在垂直方向上的变化。最典型的垂直方向上的复合地层就是所谓"上软下硬"地层。即隧道断面上部是第四系的松软土层,而下部是坚硬的岩石地层;或者上部是软弱的岩层而下部是硬岩层;或者是在硬岩层中夹软岩层,或软岩层夹硬岩层等。复合地层在水平方向上的变化。在一施工段当中,可能分布着不同时代、不同岩性或不同风化程度,从而表现出不同岩土性质的地层。比如广州地铁五号线草陶区间的地层。地层在水平方向和垂直方向两者兼而有之的更为复杂的变化。

当遇到软或硬土层交叠,强或弱风化土层交叉,软土地层中夹杂较大的坚硬石块等复杂地层时,建议选择复合型盾构。在软土地层或以软土地层为主的"上软下硬"地层施工时,一般要采用"闭胸模式",而在以岩石地层,特别是自稳性较好的(包括风化程度不一)岩石地层施工时则可采用半开胸式(欠土压平衡模式)或开胸模式;在以砂层或以砂层为主的"上软下硬"地层中采用土压平衡模式施工时,可能需要通过加注膨润土等工艺转化为"泥水平衡"模式等等。经常根据地层结构来转换盾构机模式,是在复合地层中施工的一大特点。

在硬岩段施工时,通常要采用全断面滚刀破岩模式,采用的刀盘开口率会较小;当掘进在软岩或软土地段时,通常都要将部分或全部滚刀换成适应软岩或软土的刮刀,此时的开口率也相应增大。

采用的施工工艺和施工参数也要根据地层的变化而变化。这些变化主要表现在不同地层需要的添加剂的种类和数量的不同;需要的辅助设备(比如破岩机、超前钻机)的不同;盾构机姿态控制的不同等等。

对某些特殊的复合地层,可能需要一些辅助工法。采用辅助工法的主要原因是由于盾构机本身的设计功能的局限性造成的,而这种局限性在目前的技术发展阶段还较难以克服。比如,广州地区白垩系红层的粉砂岩、砂岩一般的单轴抗压强度最大为 30~45MPa,但有时在这些区间会碰到几十米或几百米长的坚硬的花岗岩,或花岗岩的球状风化体,其强度一般达到 80MPa 以上,甚至会超过 120MPa。在这种条件下,以软岩为主设计的刀盘和刀具,显然不能适应硬岩的要求,在无法更换新刀盘的情况下,采用其他可行的辅助工法,比如先采用矿山法,开挖通过坚硬岩石段,之后用盾构机拼装管片完成隧道,事实证明,这将是一种比较好的辅助选择。

对国内外盾构厂家进行使用性能、价格、关键配件供应和售后服务等方面的比较,选择性能完好、经久耐用、价格合适、服务信誉好的厂家提供盾构机。盾构机选型流程如图 7-39 和表 7-7 所示。

4. 实例

(1)英吉利海峡隧道盾构选型和施工

英吉利海峡隧道全长 49.2km,海下 37km,共有三条平行的隧道,其中两条单线铁路隧道,内径 7.6m,相距 30m,中间隧洞留作服务用,直径为 4.8m。每条主洞有一单线铁路与一人行道。服务隧洞则用作通风、维修及整体安全,而在施工期间则作为超前地质预报。

隧道线路并非直线也非水平,是依 19 世纪时已标定的蓝色白垩层而定,此种岩层坚实但不太硬,又不透水,是盾构掘进的理想地层。由古代沉积地层组成的英吉利海峡的地质状况十分稳定,无断层、无地震活动迹象、无褶皱、又无使地质情况复杂化的大断层。然而在施工期间也有若干意外情况出现。隧道靠近蓝色白垩层的平均下部三分之一层厚处。隧道的底坡不得

计划

周围条件：
- 土地利用状况
- 将来计划
- 道路种类、交通状况
- 施工用地状况
- 河川、湖沼等的状况

地质条件：
- 地层构成
- 地下水位（头）分布
- 缺氧气体、有害气体的有无
- 各层的工程性质（强度特性、变形特性、透水性）

环境条件：
- 噪声、振动
- 地基变形
- 地下水利用
- 住房、文物等

障碍物：
- 地上、地下建筑物
- 埋设物
- 水井、废井
- 旧建筑物、临时建筑物
- 其他

设计条件整理：
- 断面形状尺寸
- 延长
- 覆土
- 线路
- 工期

开挖面的稳定性：
- 自立性
- 地层构成
- 支护方式

地基条件：
- 影响范围
- 水平、铅直变形
- 邻近建筑物变形

环境保护：
- 地下水污染、地下水枯竭
- 振动、噪声
- 日照、景观
- 交通

其他：
- 障碍物处理
- 开挖土的处理
- 开挖土的搬运
- 施工用地

可能适用的方式选择：

闭胸式：
- 土压平衡式
  土压式
  泥土压式
- 泥水加压式

敞胸式：
- 手掘式
- 半机械式
- 机械式

安全
- 开挖面稳定
- 地基变形
- 环境保护
- 操作环境

经济
- 推进
- 衬砌
- 盾构
- 相关措施

工期
- 推进
- 衬砌
- 相关措施

综合评价

方法的选择

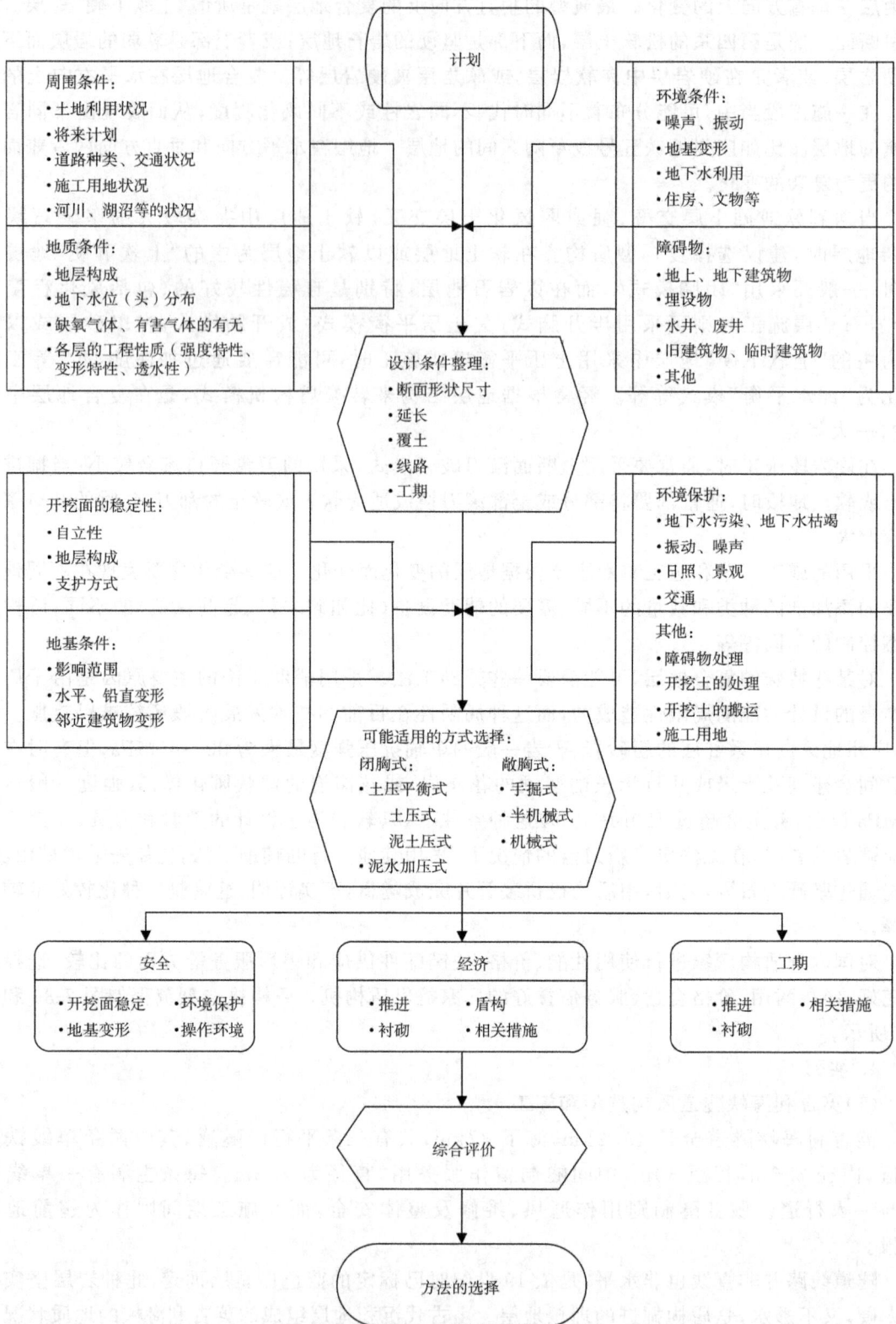

图 7-39 盾构机选型流程

大于 1.1%，在海面下的最大深度为 90m，即在海底下 40m 处。英吉利海峡两岸的地层也不对称。英国一侧海岸，地层褶皱平缓，白垩较完整。法国一侧海岸，白垩层常有裂隙，加大了地层的透水性，有碰到不稳定地层的危险性。法国侧还要穿过一层含水的灰色白垩层到达蓝色白垩层。故海峡两侧对掘进机技术性能要求不同。法国一侧，隧道掘进机可在含水层中工作，而英国一侧的隧道掘进机设计专用于干燥的地层。另一方面，挖掘长度的分配也不一样，英国海岸掘进总长为 92.4km，而法国海岸仅 57.6km。分别有五家法国承包公司和五家英国承包公司在海峡两侧工作。为赢得这场时间上的真正竞赛，有 11 台隧道掘进机同时开挖隧洞。隧道掘进机上的各班组日夜轮班不停，每一工作面有五个班组。其中三组每组 8h 轮换，第四组在休息，第五组在休假。

盾构机选型与土体关系   表 7-7

土体类 盾构种类	土 体		岩 体	
	硬黏土	黏土、粉土、粉砂	破碎岩、软岩	完整岩体
半机械化盾构				
插板式盾构				
机械式盾构				
土压平衡盾构				
泥水平衡盾构				
泥土加压式盾构				
复合型盾构				
TBM（护盾式）				
TBM（敞开式）				

隧道并不是单纯的配有铁轨的管道。随着隧道掘进的进展，或在隧道完工后，各种网路的设施都支承在隧道的壁上。整个网路包括有信号电缆、700 部电话、5000 个扩音器、4 组光纤电缆以及消防水管和照明设施等。另外，还有输送部分冰冻水流的大水管通过隧道用以降温。设有技术装备的地下房室则有专门的通风与冷却设施。英吉利海峡海底隧道工地是 20 世纪最大的工地之一。

隧道掘进机既用以开凿隧洞，又用以排出开挖土石方料，运输安放拱楔块，在拱楔块后灌浆，并置放以公里计的挂在隧洞壁上的电缆及各种管道。隧道掘进机的心脏部分——主机，长 10～13m，重达 1 200t，在切割头的后面有一个挖方料的排出系统与一个安置拱楔块的升降架。掘进机由一个厚 7cm 的金属外壳保护以临时支撑土石层。一列长 250m，重约 800t 的技术列车（后配套系统）承担一切后勤支援：排出挖方土石料，送交拱楔块，通风、供电、敷设电缆及供水，并铺设铁轨。

考虑到地层的不同性质,各隧道掘进机设计性能不同。英国一侧蓝色白垩岩层能自立不塌,可在掘进机护盾外壳后面立即铺设拱楔块。法国一侧海岸,地质钻探表明线路将遇到断层,可能有渗水。由于开挖的隧道深达海面下 90m,故应面对 $9×10^5$ Pa 的水压力。隧道掘进机设计用不透水的隔膜及高压垫圈把旋转头与隧道的其他部位分隔开。涂有专门油脂的金属刷组成的止水圈,可使掘进机护盾外壳在已安设的拱楔块上滑动,能阻止高水头压力引起渗漏。英国侧使用敞开式全断面隧道掘进机即(TBM),法国侧采用面板封闭式复合型盾构。隧道掘进机之后配套系统随掘进机一起前进,并载着全部运行设备。紧接护盾之后是操纵室,从操纵室工程师和技术员控制着前进速度,并经摄像显示机观察掌子面情况。在车厢的下层,皮带输送带载着挖方料全速输送。接着是一系列的车厢,一节车厢用以搅拌灌浆材料;而后是变压器车厢,将 20 000V 降为 380V;一节操纵千斤顶的液压系统车厢;然后一节食堂与医务室;一节水处理车厢;一节分料车厢,把挖方渣料分在两列新的皮带机上;一节载着 20 000V 电缆施放机的车厢,电缆随开挖而固定在隧道的壁面上;一节车厢装空气压缩机及渗水抽排接力设备;一节车厢用以卸下水泥砂浆(供料列车可经隧道掘进机的支柱而到达此层),一节是卸拱楔块用,这些拱楔块由专门的输送机送至工作面;一节为通风车厢(其后各车厢都有两条输送带,把挖方料卸在下面滑行的供应列车的翻斗内);一节车厢用以进行装修及补充灌浆;有两节车厢装有管道及电缆,随进展而固定于壁上;最后一节则用以安设悬挂电缆、清扫隧道底拱并敷设服务列车的铁轨。列车后面有加利福尼亚型的道岔。

导向问题是长距离隧道施工的关键技术之一,因为不仅自英吉利海峡两岸起挖通的隧洞应精密会合,而且要遵循拱楔块制造及安放要求的尺寸。隧道掘进机的位置一直由计算机按每隔 187m 安设的测量标志网计算。首先利用人造卫星测定了 10 来个地面标志点的位置。最后一个标志点上有激光装置对准隧道掘进机上的固定目标,随时向操作员指出掘进机的位置是否与存储于机上计算机内的理论轨迹相符。程序计算出修正的轨迹,依此轨迹定出作用在衬砌环圈上千斤顶的推力。

在地下经过约 20km 的进尺后,所得的在会合点的理论精确度约 25cm,即两个开挖段之间的偏差为 50cm。这正是服务隧洞在海下会合点的偏差。英国一侧的服务隧洞在地下经 8km 后出地面时仅有 4mm 的误差。从两侧掘进的隧洞在地下会合对接,当还剩下 100m待挖时,即停机并打一探测孔以检验是否在一条线上,然后以人工挖一人行孔以便两侧通讯。由于掘进机的直径大于已经衬砌的隧洞,它们既不能后退又不能向前出去。法国一侧的掘进机,回收其最大的部分而让其钢外壳留在隧洞的拱圈内,用气焊枪割下能割的部分。英国一侧的掘进机在偏离前进轴线的隧道侧边挖掘了它们自己的坟墓,就地遗弃,埋在混凝土中。

隧道内部全部衬以称之为拱楔块的钢筋混凝土的弧形板块,用以防备土石的可能下落并确保含水段的防渗。总共有 72 万块拱楔块。拱楔块的质量保证建筑物的安全与寿命(120 年)。法国一侧有 25 万块拱楔块,英国一侧有 47 万块,铺砌在隧洞内部,其尺寸精度以毫米计。标准衬砌是 1.4～1.6m 长的拱圈,法国一侧由 5 块拱楔块及一块拱顶插入块组成,英国一侧由 6 个拱楔块加一拱顶插入块组成。法国一侧的拱楔块采用氯丁橡胶接缝,以确保在 10 t 水压下的不渗漏。拱楔块先有由掘进机上的机械就位,然后即以螺栓固定,以使接缝间压紧。这些螺栓在洞壁与拱楔块之间灌注的砂浆凝固稳定后抽出。

怎样处理运出隧道的挖方土石料呢？这些挖方料的数量浩大：总共 $800 \times 10^4 m^3$，其中 $300 \times 10^4 m^3$ 来自法国一侧，其余则来自英国一侧。两侧工地再次采用不同的解决措施。

法国一侧，自工作面挖出的挖方料，由于土层里含水量的大小不同呈现不同黏稠度的泥浆。从隧道掘进机的螺旋输送机或泥浆泵送出泥浆，经各输送装置倒入运送挖方料的列车，然后送入桑加特交通井。一列车有 12 节翻斗式车厢，一次翻转 6 节，把料倾倒在井底。挖方料在井底加水经破碎机搅拌，破碎机由两带齿圆辊组成，以相反的方向旋转，然后又经一链式破碎机使之成为流态的均匀泥浆，其稠度近乎酸乳酪。4 台巨大的混凝土泵式的泥浆泵把泥浆打进一系列的管道中，扬高 130m，打到距离为 2km 的丰皮里翁处的水库。在小土坡上建一阻挡泥浆土坝，长 900m，高 38m，泥浆打到这里并逐步地填满此水库。沉淀后的水再回收，过滤，然后注入海中，工程完工后，形成的新土山，将予整治并装点景色。

英国一侧，挖出的挖方料基本上是干的，排出隧道后即倒在莎士比亚·克利夫平台处。来自工作面的装料车厢侧卸于沿铁道布置的料斗内，挖方料由链式输送装置运走，然后以每小时运 2 400t 土料的巨大输送带经交通隧洞运出地面。挖方料部分加湿以免灰尘飞扬。然后由移动式输送装置或卡车倾入五个以人工堤围起的泻湖内。这些人工堤是随工程的进展而逐渐建成的，堤由两排板桩中间填混凝土形成。挖出的土石料将在海中围垦出一块新的 $45km^2$ 的平台。

英吉利海峡隧道工程是人类在工程技术领域中一项杰出的创举。这条欧洲隧道已于 1994 年年底正式运行，成为世界上最重要最繁忙的运输系统之一。它为建立一个无国境的欧洲，对促进人类交往和经济文化交流，正在作出不可磨灭的贡献。1990 年 11 月估计的工程最终投资为 760.8 亿法郎，1986 年开工，服务隧洞的探测孔是 1990 年 10 月 30 日 20 点 25 分打通的，1993 年 12 月海峡隧道建成通车，历经 7 年 7 个月。

TBM 在长隧道中施工，万一发生事故，施工人员是难能迅速撤离出洞的。因此，TBM 必须配备可靠的安全保护系统。通常 TBM 施工的事故远比钻爆法小。例如，TBM 法施工的长 49.2km 的英吉利海峡隧道事故死亡 10 人；而钻爆法施工的长度与英吉利海峡隧道相近的日本青涵隧道长 53.9km 死亡达 34 人。

一般 TBM 施工中发生水、火灾害的风险不大，但是丹麦 GreatBelt 工程隧道 4 台 TBM 在施工中就遇到了罕见的水、火灾害。1991 年 10 月 14 日在该工程西面掘进的两台 TBM 中的南线 TBM 工作面，发生了严重的涌水事件。在没有任何前兆的情况，海水突然冲破了约 12m 的覆盖层，进入了机体，涌水形成了洪水，冲坏了西面的两台 TBM。后来又在 1994 年 6 月 11 日该工程东面的一台 TBM 发生了严重的火灾，TBM 驱动刀头的 12 台液压马达中的一台的液压管路被烧断，喷油着火，烧毁了该台 TBM。特别需要指出的是严重的火灾持续了 17 小时，周围温度高达 700° 左右，优秀的防爆系统和安全保护系统自动启动，防爆紧急电源开始工作，自动氧气罩的供氧，保证了施工人员的安全撤离。这个实例充分地说明 TBM 施工必须有可靠的安全保护系统。

(2)东京湾跨海公路隧道盾构机选型和施工

日本东京湾跨海公路西端连接产业区域的神奈川县川崎市，东端连接自然田园区域的叶县木更津市，全长 15.1km。该工程于 1966 年 4 月开始进行环境及地质调查，1989 年 5 月正式开工，1997 年 12 月竣工并投入营运，与周围的海岸高速公路、外环公路等形成公路网，大幅度改善了东京都市圈的交通状态。

该公路在方案比选阶段曾有 3 大方案:①大跨径吊桥案;②桥梁与沉埋隧道结合方案;③桥梁与盾构隧道结合方案。由于吊桥塔高及架设施工设备的高度对航空管制空中域有负面影响,故未采纳①方案,②方案存在对船舶航行、渔业、环境等的不良影响等,也未被采纳。盾构掘进技术在日本已相当发达,故决定按③方案实施。该工程主要由人工岛、盾构隧道及桥梁三部分构成,均在海岸上及海底内实施,因此工程技术相当复杂。

该公路设计车速 80km/h,4 车道各宽 3.5m(随着交通量的增加,将来可拓展为 6 车道)。隧道长 9.5km,桥梁长 4.4km,为了沉放盾构掘进机并作为施工基地,在大约隧道中部设置直径 195m 的人工岛(隧道施工完成后作为营运通风竖井),并在隧道两端设置人岛或通风竖井(其中一端为桥隧结合部)。全线预测交通量:投入使用时间约 3.3 万辆/d,20 年后约 6.4 万辆/d。总建设费用 1 004 823 亿日元(约 10 000 亿元人民币)。

隧道为双管圆形盾构隧道,外径约为 12m,隧道一次衬砌环由 11 块管片用螺栓联结而成,每块管片厚 0.65m,宽 1.5m,长约 4m,二次衬砌厚 0.35m,为钢筋混凝土结构。

在平均水深 27.5m 海底开挖隧道,结构要承受海水压 600kPa(最大)的压力。为了防止海水渗透漏入隧道,采取了一系列卓有成效的防水新材料和新技术。在管片周边粘贴遇水膨胀性止水带,该止水材料要求具有耐水压性和耐久性。在管片联结螺栓周围安设充填式防水垫圈。在(管片背面)注浆孔内设置缓膨胀性止水环,在其孔口处充填止水材料。为了防止海水进入隧道内,同时考虑减少一次衬砌与二次衬砌之间的约束力,防止二次衬砌开裂,故在一次衬砌与二次衬砌之间铺设防水层。该防水层采用聚乙烯烃塑料板(EVA),板厚 0.8mm,或聚乙烯—沥青板(ECB),其板厚 1.0mm,并与厚 3mm 的无纺布叠合呈网格状黏结(厂制)。二次衬砌不另设止水带。

该隧道在海底要承受巨大的水压力,因此作为隧道单元的管片要求具有很高的强度和密实性。管片采用高炉矿渣水泥,矿渣掺入率为 50%,从而降低了透水系数,有效控制了混凝土温度开裂,提高了管片的耐久性(长期强度)。对于加矿渣后(冬季)早期脱模强度较低和干燥收缩裂纹较多两个缺点,工程上采取了加热骨料,用温水拌和混凝土,水中养生 7 日以上,加湿保养管片等措施,取得较好效果(早期强度达到 1 500MPa)。

海水对隧道混凝土结构和金属连接器件的腐蚀影响使用寿命,是一不容忽视的问题。在海底土层中,金属件的腐蚀速度估计为 0.03mm 每年。考虑结构 100 年的耐用期,则钢材的防腐厚度为 3mm,管片混凝土表面增加 5cm(外侧)或 4cm(内侧)的防腐层,二次衬砌也考虑 4cm 的防腐层。螺栓表面采取镀锌铬或氟化乙烯树脂油漆。

东京湾是一个多地震地区,隧道主要在软弱黏土地层(冲积层)中通过,又多处与竖升等铅垂方向结构物相联结,抗震性能要求极高。

东京湾海底隧道长约 9.5km,其安全设施及营运通风非常重要。安全设施分为两类:①公路利用者自行使用的(紧急电话、手动报警装置、灭火器、消火栓、避难诱导标志、避难口);②向公路利用者通报或警告用的(隧道入口及洞内情报板、信号灯、有线广播、无线广播);③公路管理者使用的[火灾检测器、ITV 摄像器、通风(排烟)设备、路面板下部空间通风设备、给水栓、送水口、灭火器、消火栓、水泡沫喷淋装置、管理用升降口、管理人员通道、电梯、救援用直升飞机机场、船舶靠岸设施等]。

该隧道很重要的一个特点是将管理人员通道及公路利用者避难通道设于隧道路面板下部空间,避难通道入口设于隧道左侧检修道处,按每 300m 间距设置。该入口设有滑道,即人员一旦进入避难口,很快可乘滑道到达隧道下部空间(安全检查区域)。另在该入口附近还设有,由下部管理通道上到路面的管理用升降口,以用于紧急情况时灭火、救援活动的通道,还可用于隧道保养维修。

隧道内设有降烟雾用的水喷淋装置,按 5m 间距设置喷嘴,50m 为一个水喷雾区段,可在两个区段同时放水。为提高控制火灾效果,采用水性泡沫灭火药剂(3%型)与水混合的水喷雾。该喷雾装置在消防队到达现场前可有效控制火灾的蔓延。当交通事故或火灾发生时,救援人员或救援车辆从受灾车辆后面到达现场较为困难,这时可从非火灾段隧道通过川崎人工岛的车道联络通道到达现场。另外,还可以从浮岛、木更津两洞口利用管理通道(下部空间)到达现场,从而有效进行灭火、救援活动。

隧道内按每 150m 间距设置监视摄像器,可监视洞内任何位置的情况,与报警设施、灭火设施及避难设施等构成一个整体。东京湾海底隧道洞内情况,在日本道路公团东京第二管理局的交通管制室和设施控制室实行 24h 不间断监控。当火灾检测器检测到火灾发生时,要选择火灾联动方式,即自动切换到将灭火水泵、照明设备、排烟设备、下部空间通风设施、紧急报警装置等相联动的状态;另外,当用紧急电话报告或 ITV 摄像器发现火灾时,同样地由设施控制室切换到联动状态。东京湾海底隧道的安全设施及其通风系统非常先进、齐全,造价当然也高昂,这是以"以人为本"设计理念形成的。

先在川崎人工岛(隧道中央部)、木更津人工岛(桥隧结合部)、浮岛(接岸部)建立三个盾构掘进出发基地。8 台盾构机等施工机械在工作井内组装调试之后,开始进行隧道掘进。盾构掘进共分 8 个工区,即 8 个掘进面。总的工序是两端(木更津岛和浮岛)先于中央(川崎岛)掘进。

该隧道全部采用泥水加压式盾构掘进机,分别由日立造船、川崎重工、三菱重工、三井造船、小松、石川岛重工、日立建机等制造。掘进机外径 14.14m,主机长 13.5m;板厚:前仓和中仓为 70mm,尾仓为 80mm 或 40mm,盾构掘进千斤顶 48 只,推进速度 45mm/min。

该盾构掘进机在以下 5 个方面具有特点:

①管片的输送、提升、安装等工序采用全自动成套系统。

②为防止高压水进入机械仓内,在盾构机后仓尾部挡板外设置了 4 段密封帚(层)及紧急止水装置。密封帚由弹簧钢、钢丝刷、不锈钢制钢网构成,为了防锈,前二者采用氟化乙烯树脂涂层,每段密封帚长 0.25m(最外侧为 0.3m)。

紧急止水装置设在(自掘进面后)第 2 和第 3 密封帚之间的位置。为提高止水性,在各密封帚之间注入润滑脂(黄油),采用黄油注入泵连续或非连续地注入。

③为防止管片变形,设置了上下扩张式真圆保持装置。

④为探测掘进面前方有否障碍物以及监视掘进面情况,设置了地下雷达探测装置。

⑤为了便于与对方掘进机对接,设置了探查钻孔装置和冻结管等装置。整个掘进作业全面纳入计算机管理,主要由三个大的系统来承担,即 a. 盾构掘进综合管理系统;b. 掘进方向自动控制系统;c. 掘进面前方探查与控制系统。另外,为保证隧道平纵线形的正确性,在洞外测量、竖井导入测量、洞内测量、掘进控制测量等方面均采用了先进技术。

盾构机从隧道两侧掘进,对接的精度非常重要。当初从机械误差及测量误差考虑,预计对接时错位误差为 200mm,但在两台盾构机到达相对距离为 50m 处时错位误差为 180mm,经过调整,对接时仅为 5mm。对接钻探采用了无线电放射性同位素(R1)技术(犹如医生的听诊器)。

对接及贯通施工的作业顺序：

①先期到达预定位置的盾构机停止掘进，撤除盾构机封隔墙后方部分设备，安装探测钻头。

②后期到达的盾构机在相距50m处停住，先到盾构机向后到盾构机钻探，采用无线电放射性同位素（R1）技术测定两机相对错位量，即第一次钻探（探测传感器设置于钻杆前端）。

③后到盾构机根据此错位量，边修正盾构机变位量边掘进。

④后到盾构机掘进到30m处时，第二次钻探测定相对错位量。

⑤再次边修正边掘进，在对接前夕，其刀刃面非常缓慢地靠近对方刀刃面，其间空隙为0.3m。

⑥这时，对后到盾构机进行解体，并作冻土保护（地基改良）工程准备。

⑦插入放射式冻结管，对地中接合部实施冻结，使其形成冻土，同时继续进行第一次解体的工作。

⑧第一次解体工作完成后，剩下密封墙，在两盾构机刀刃盘面之间焊接。型钢制止水板（暂时留下密封墙是为了防止万一的情况发生）。

⑨钢止水板焊接工作完成后，对刀刃面周边部位进行补强，然后拆除密封墙以及盾构机其他机械部分（即第二次解体）。

⑩在地中对接部设置3环钢制管片，经铺设防水板后，浇筑二次衬砌，然后，对冻土进行强制解冻，并实施衬背注浆。

当两机之间空隙为0.3m时，对该接合部的地层施作2m厚的环状冻结处理。冻结管直径89mm，长4m，按1m间距共48根，呈放射状，从先到盾构机前面斜向插入地层中，进行冻结。另外，为了使盾构机周围地层完全达到冻结程度，在两台对向的盾构机前端分别2.5m范围内设置了紧贴式冻结管。为了缩短工期，该冻结管是在盾构机工厂制作时预先安装上去的（一般的情况是掘进完成后在现场临时安装的）。为了确认冻结温度，分别从两台盾构机各插入8根测温管。待冻结厚度达到2m时，开始拆除盾构机密封墙。

冻结后土体体积增大，是否会造成盾构机变位，或引起管片环开裂，这是冻结作业中应特别引起注意的问题。为此，设置了沉降监测器进行观测，并通过调整冻结温度和速度来控制上述影响。

送入洞内的管片由盾构机的自动装置进行组装。该装置由具有3个功能的设备构成：①洞内运送管片的绞车及输送机（能连续输送11块管片）；②升降式管片安装机（能自动完成旋转、伸缩等作业，具有自动定位功能）；③螺栓联结并紧拧装置（能自动作业）。

管片四周粘贴防水密封条和缓冲材料。密封条在抗压性、耐久性和施工性三方面均作了试验，保证能满足设计的质量要求。

防水板各接口均在现场进行烙接，烙接方法采用热式自动烙接机。为判断烙接部的止水性，在该处设置检查沟。为此采取了双列烙接，搭接宽8～10cm，烙接检查采取负压试验。铺挂防水板（含无纺布）时，需要安设钢筋锚杆作为临时吊挂支点，该处对防水板开孔，然后将螺母、垫圈、水膨胀橡胶衬圈与吊杆形成整体，并拧固。

二次衬砌工程包括仰拱、侧墙、中壁、路面板、上半拱及检修通道5部分，全部为钢筋混凝土结构。

二次衬砌每段浇筑长度为15m，其浇注接头处的施工缝或微小错台缝需要作适当补修。

混凝土浇筑后,在区段中可能发生收缩开裂,同样要作裂缝补修处理,以防止内部钢筋出现锈蚀。施工缝或收缩裂缝均取 0.5mm 为管理基准值,补修材料分别采用氨基甲酸乙酯(类)粘接剂(亦称尿烷类材料)、树脂砂浆或沥青类涂料。

东京湾跨海公路所处的水域,其水深约 30m,海底地层为淤泥或软弱厚层,又是地震多发地区,在这样严峻的自然条件下,隧道采用了安全可靠且快捷施工的新技术。开发适合在水深且大海底软弱地层中施工的大直径盾构掘进机和相应的隧道结构设计方法在当时是非常先进的。在隧道防灾技术方面也采用了新技术,例如将避难通道及管理通道设于隧道道板以下圆弧形空间,形成可避难、救援和消防的完整防灾系统。总之,东京湾跨海公路隧道工程所开发出来的许多新技术可供今后的盾构隧道工程参考应用。

(3)中国山西省万家寨引黄工程

①工程概况

万家寨引黄工程由万家寨水利枢纽、总干、南干、连接段、北干等部分组成。枢纽工程位于偏关县万家寨村西黄河上修建的一座 90m 高的混凝土重力坝,库容 $8.96 \times 10^8 m^3$,坝后建一调峰电站,装机容量 $108 \times 10^4 kW$,年发电量 $27.5 \times 10^8 kWh$。

引黄工程从万家寨水利枢纽库区取水。年引水总量 $12 \times 10^8 m^3$。由万家寨向东至偏关县下土寨村为总干线,全长 44.35km,引水流量 $48 m^3/s$;由下土寨村分水往南过偏关河穿越管涔山到宁武县头马营村为南干线,全长 102.4 公里,引水流量 $25.8 m^3/s$,每年可向太原供水 $6.4 \times 10^8 m^3$;由下土寨村往东过朔州、神头折北到大同赵家小村水库为北干线,全长 166.88km,引水流量 $22.2 m^3/s$,每年可向朔州、大同地区供水 $5.6 \times 10^8 m^3$;从宁武县头马营村南干隧洞出口到太原市接水口呼延村水厂为连接段,全长 138.60km,包括 81.20km 的天然河道和 57.40km 的输水管线。引黄工程分两期完成。一期工程建设总干线、南干线、连接段和部分机组的安装,集中解决太原地区用水,一期工程概算112.97 亿元,其中利用世界银行贷款 4.0 亿美元,其余建设资金使用水资源补偿费。二期工程建设北干线和南干泵站剩余机组的安装。工程实行国内国际招投标制。工程建成后,基本满足 2020 年前或更长一段时期山西省太原、大同、朔州等地区工业及城市生活的用水需要。

②盾构机选型及掘进施工

总干线的 6 号、7 号、8 号洞全长约 22km,已于 1993 年 3 月由意大利的 CMC 公司中标承建,使用一台目前世界上最先进的隧洞施工机械即全断面双护盾隧道掘进机(TBM)施工;开挖直径 6.125m;成洞直径 5.46m。于 1994 年 7 月至 1997 年 9 月历时 3 年 2 个月贯通。隧洞经过的地质条件大部分为石灰岩地层,局部夹有 N2 红土层;隧洞进出口部位均覆盖着 Q2、Q3 黄土层;地下水不发育,未遇到较大的地质构造。南干线的 4 号、5 号、6 号、7 号隧洞全长约 90km,由意大利的 Impregil 公司和 CMC 公司以及中国水电四局组成的万龙联营体中标承建,用四台全断面双护盾 TBM 对该工程全线进行施工。南干 4 号、5 号、6 号、7 号隧洞地质条件主要为灰岩(前 57km)和砂岩、泥页岩互层(后 33km)。6 号洞有溶洞、地下水和局部软弱层。7 号洞有地下水、煤层、膨胀岩和摩天岭大断层,其影响带约长 300m。隧洞开挖直径 $4.82 \sim 4.94m$,成洞直径 $4.20 \sim 4.30m$。南干 4 号、5 号、6 号、7号隧洞于 1997 年 9 月至 2001 年 5 月历时 3 年 8 个月贯通。

连接段 7 号隧洞长 13.5km,采用一台全断面双护盾 TBM 施工,并且已经由意大利 CMC公司中标承建。隧洞地质条件为灰岩、泥质灰岩和泥质白云岩,地下水位低于洞线。隧洞开挖直径 4.819m,成洞直径 4.14m。目前,该隧洞正在掘进中,并创造了最高日掘进 113m 和最高月进尺 1 645m 的记录。综上所述,山西省万家寨引黄工程总计采用 6 台 TBM 进行无压引水隧洞的施工,其掘进总长度为 125.5km。

掘进机是这样工作的:后盾通过紧固装置,牢牢地固定在洞壁上,而后驱动电动机在推进液压缸的作用下,带动刀头破岩,此时配套辅助设备均停留在洞内,弃渣由周边铲斗不停地铲起,通过漏斗和溜槽卸到工作面的皮带运输机上,出碴列车在皮带机底部接碴。在后盾的安装室,同时进行调运和安装混凝土管片,并在安装好的管片背后和围岩之间填充豆砾石和灌浆。在掘进过程中,可控制推进液压缸的油量来完成掘进机的转向。

当刀头与前盾向前推进完成掘进,暂停工作后,前盾借助加紧装置固定在岩壁上,后盾则通过推力液压机缸的反作用力,向前推进,后续列车由固定在刀头支架上的一组特别牵引液压机缸向前推进。在后续列车前移时,通过操纵相应的装置,自动延伸风筒、水管、电缆和轨道,至此即完成了一个循环的破岩、石渣装运,延伸管线的工作。

掘进方向的掌握是依靠安装在机头上的激光导向系统产生的激光束反映到光目标上,再反映到测斜仪上,为操作人员提供刀头和前护盾的位置信息,该信息与理论轴线的差异可以精确到毫米。根据掘进的速度及进尺每隔 100m 左右向前移动一次激光机。对 TBM 单向掘进贯通精度横向≤280mm,纵向≤570mm,竖向≤40~60mm。此外,在 TBM 上安装瓦斯探测器对可能存在的瓦斯进行监测,发出警告声,并能自动中止 TBM 的工作。

双护盾 TBM 的特点是开挖、衬砌一次完成,边开挖、边衬砌。混凝土预制管片做成六边形蜂窝状。安装程序是将预制管片由专门运输车运到距开挖工作面约 40m 处,再改由专门起吊装卸设备转运到距开挖工作面约 8~10m 的后护盾内,先装底拱片,再装边拱片,最后装顶拱片。由于形状为六边形,所以每环的底片和两侧边拱片相差半片宽度,边片和顶片也相差半片宽度。这就使得每环的环缝均不在同一断面上,各片各环间形成相互约束。

衬砌管片安装后和 TBM 掘进的洞径之间存在着 5cm 左右的空隙,这也就是 TBM 护盾壳的厚度及其对围岩的磨损形成的,必须用混凝土填充,使其密实。因此采用先回填豆砾石(粒径为 5~10mm)再用水泥浆灌注,使其成为预压骨料混凝土,既保证了施工期间管片的稳定又能使管片和围岩接触紧密,形成整体共同承受外力的作用。回填程序为先填底拱片,再填两侧边拱片,最后填顶拱片。豆砾石也是由专门罐车运入洞内,由泵通过软管及管片上的预留孔打入空隙,灌注水泥浆时压力不超过 0.2MPa。每台 TBM 有三个班组,其中一个班组每日上午进行机械检修、保养、清理、测量等工作;其他时间为正式掘进、管片安装、回填豆砾石、灌水泥浆等工作,由其余的两个班组轮换工作。

预制混凝土管片每环均分为 4 片。根据不同洞径,管片厚度分别为 22cm、25cm 和 28cm;管片宽度分别为 1.2m、1.4m 和 1.6m。其又根据围岩类别分别设计为 A、B、C 三种型号和 A、B、C、D、E 五种型号。混凝土管片在预制厂进行加工生产,根据掘进速度及进度要求,确定预制厂的生产规模及作业班次。管片厂采用蒸汽养护快速生产的工艺流程,包括钢筋加工、混凝土浇筑和养护。混凝土入仓后,通过液压振动台及人工插入振捣联合作业振捣;浇筑好一片后推入预热窑,经过 0.5h 和 50℃ 的预热后马上转入高温窑进行蒸养,温度为 80℃,养护时间为 2~3h;出窑脱模后,吊运到厂房内部的预冷场预冷一昼夜,然后再转移到露天存放或使用。在预冷期间要对每个管片进行外观检查,如发现有蜂窝、麻面、掉边角等质量问题,则马上进行修补;对不能修补或修补后仍有损强度或其他质量问题的,则运到废品处放置或作他用。双护盾 TBM 掘进时产生的岩粉,沉积在隧洞底部 120°范围内,并且岩粉被主机自重压得十分密实,水泥灌浆难能灌入岩粉层,将形成强度低于灌浆后豆砾石层的一个弱层。

由于万家寨引黄工程所用的 6 台 TBM 全部是双护盾式,只能在护盾底部或侧面观察小窗口了解围岩情况,使得地质勘察补充填图工作十分困难,这是双护盾 TBM 的缺点。

采用双护盾 TBM 并配合预制管片衬砌进行隧洞施工的工程,只适用于无压引水的水利水电工程。当然,公路和铁路的隧道不输送水,这种形式 TBM 是能充分发挥作用的。长隧道采用双护盾 TBM 进行施工,具有快速、安全、掘进和衬砌同时完成的优点。

由于长隧道在施工前的地质勘查不可能做得十分详尽,因此常常在施工中出现一些不可预见地质灾害,例如涌水、岩溶、瓦斯、断层、膨胀岩、高地应力、围岩大变形等。我国在 20 世纪 60 年代修建的成昆铁路全线共有 415 座隧道,其中发生涌水问题的占 93.5%。在危地马拉 Rio Chixoy 水电站的 27km 长的供水隧道中,因遇到岩溶,一台 TBM 被埋在一个侵蚀洞穴。委内瑞拉的 Yacambu 隧道长 27km,其围岩收敛变形每分钟达到 20cm,致使 TBM 无法完成掘进而停工。万家寨引黄工程南干 7 号隧洞遇到摩天岭大断层(影响带长达 300m),因进行工程处理而延误工期达 3 个月之久。因此,长隧洞采用 TBM 施工必须进行地质超前预测预报,否则遇到不良地质不仅会拖延工程进度,而且会使工程陷于被动。

BM 在掘进过程中,通常每天在停机维护的期间,用多方向支撑液压钻机进行超前钻探,预测可能影响掘进的问题或异常现象。但一般超前钻探约 20～30m,TBM 掘进速率每天超过 20～30m 时,则不能满足预测的需要。地质超前预报还有隧道地震预报法、高密度电阻率 CT 法和地下雷达法。在 20 世纪 70 年代末,美国科学家发明了地下雷达(又称地质雷达或探地雷达);80 年代以来,逐步臻于完善,进入了实用阶段。我国于 20 世纪 90 年代研制出了 PEIR—9001 型矿用本安型探地雷达和 TL—1A 型探地雷达。法国巴黎 Eole 工程在 TBM 掘进过程中利用地下雷达进行了超前探测。该工程共进行了 12 组雷达搜索,总长 577m,径向范围为钻孔周围 5m。地下雷达探测获得了以下三方面的信息:低非均质雷达区、指示减压区、低密度泥灰岩;局部能量反射,指示有石膏体、水囊或空穴存在;光点,说明可能有破碎带或界面变化。掘进过程证实了雷达结果。日本东京湾跨海公路隧道也利用了地下雷达进行超前探测。地下雷达的主要优点在于可无损、快速、准确探测到 TBM 前方的具体地质困难及其位置,以便及时采取有效措施进行处理。今后地下雷达必将在 TBM 施工中发挥重要的作用。

③掘进中遇到难题及对策

A. 溶洞

该工程在 TBM 掘进到总干 6 号洞时曾经遇到两处较大的溶洞,其体积约为 30～50m³。工程中采用以下方法处理:先停机,通过机头上的人孔对溶洞的情况进行观察,对底部用豆砾石或混凝土回填并使其密实。当底部全部填到洞子开挖直径的高程时,则开动机械、边前进、边安装管片。在两边管片上开凿人孔,对两侧及顶拱溶洞的其他部位进行填筑骨料灌浆或填筑混凝土,使整个溶洞都为混凝土充填密实,并且和安装的管片结合成整体,起到稳定和支撑围岩的作用。

为了预防因岩溶造成机头下沉的事故，用于岩溶发育地段施工的 TBM 应配有超前钻探设备。超前钻探的深度应大于每日的掘进长度，以确保 TBM 掘进的安全。

对于一些小溶洞，可在 TBM 掘进通过后，向衬砌管片与围岩间回填豆砾石，再进行灌浆固结处理。

B. 断层

摩天岭大断层是南干 7 号洞内一区域性大断层，其影响带长约 300m，为构造角砾岩。1999 年 5 月 28 日，掘进机开挖至摩天岭断层影响带，发生了卡机事故，不得不停止掘进。

卡机事故发生后，首先是打超前钻，进行超前化学灌浆、水泥灌浆；接着打上导洞，对 TBM 前上方进行化学灌浆和水泥灌浆；再对前方塌方体进行了水泥灌浆。1999 年 8 月 8 日，上导洞前方发现一大空洞，再用水泥回填灌浆。在对塌方体进行固结灌浆的同时，对 TBM 刀盘附近的松散岩体进行开挖，确保了 TBM 在 8 月 31 日启动成功。因松散岩层对 TBM 后护盾压力过大，造成后护盾变形，管片安装护盾的一半连接螺栓折断。工程中采取了加焊钢板的措施，使 TBM 在边掘进边处理中稳步通过。经过数天的昼夜奋战，TBM 掘进机于 9 月 7 日顺利通过大断层。

C. 膨胀岩

TBM 在通过 7 号洞 2.5km 长的膨胀岩时，遇到围岩膨胀、收缩、崩解、软化等一系列地质灾害。施工单位采取了以下措施。a. 加强衬砌支护：有关资料表明，7 号隧洞强膨胀性岩的饱和极限膨胀压力可达到 3.0MPa 以上，因此在衬砌管片的结构设计时，充分考虑围岩膨胀力对管片可能施加的荷载，确保衬砌结构安全。b. 做好止水防渗：施工时，特别注意衬砌管片接缝宽度的控制和止水条安装的质量。膨胀岩的含水率损失越小越好，可防止围岩崩解、软化而使 TBM 下沉等事故的发生。c. 增大开挖断面：为了预留一定的围岩膨胀变形量，施工时增大边缘滚刀的外凸量或在 TBM 刀盘边缘加焊铲齿，以实现扩挖的目的。扩挖量的大小应根据 TBM 通过岩层的工程性质及围岩和隧洞的稳定性监测数据来调整。

D. 土层

掘进中总干线 6 号洞遇到较长一段 N_2 红土层，而且含水率较大，形成塑性从而造成粘刀头的现象，使切削下来的黏泥不能较顺利地从出渣漏斗排出。工程中只好采用人工从出渣漏斗一点一点往外掏的办法将其排除，进度非常缓慢。当然，如果所掘进的地质条件全部属于这种地层，则可变盾构机选型。

土层中还遇到机头下沉，这在总干线 7 号洞的 Q_2、Q_3 黄土层内出现过，其中有一处最大值达 30～50cm，使洞底在此处形成低洼段。其主要是 TBM 操作者没有提前将机头上抬，使其向上爬坡以抵消其下沉，原因是没有对此类地层承载能力能否满足 TBM 机头这样大的压力估计不足所造成。

E. 错台

错台是管片安装中普遍存在的一个问题。总干 6 号、7 号、8 号和南干 4 号、5 号、6 号、7 号隧洞衬砌的每一圆环都是由 4 片管片组成，块与块间、环与环间都应严格按照设计要求组装。由于管片和围岩有 5cm 左右的间隙，要求安装管片时一是精心对缝，二是要立即回填豆砾石和灌浆，将管片和围岩间空隙填密实，使管片稳固和不产生变位。合同要求接缝平整度不超过 5mm，实际有些竟达到 20～30mm 之多。产生错台原因主要是操作不熟练和操作不认真。错台表面需用砂浆掺膨胀剂进行勾缝。

F. 密封问题

TBM 的大密封损坏是一件大事。大密封是用于封闭旋转刀盘和 TBM 护盾之间的间隙，避免灰尘杂物进入驱动缸体或护盾壳内，要求密封条应耐磨、有弹性，能适应由于弱性变形引起的密封间隙加宽现象。这要求密封材料具有最大的适应变形的能力，在温度不超过 100℃ 的情况下，材料特性保持不变。TBM 开挖时的温度一般在 40℃ 以上，加上电动机散热，使密封唇摩擦生热很快超过允许温度。因此，需用多排密封并列放置，形成环形室，再通过向环形室注油来控制密封升温，同时加强监测工作保证 TBM 正常运转。当然，有时由于护盾刀口变形超过密封允许形值，使开挖石渣进入刀头与护盾壳间，加上刀盘旋转产生的抽吸作用使密封损坏；也有时由于支撑力从刀头传递到主轴承发生偏心。

（三）盾构法隧道施工工艺流程

盾构法施工是以盾构机为隧道掘进专用设备的隧道施工方法。它以盾构机的盾壳作支护，用前端刀盘切削土体，进入密封舱内的渣土由螺旋出土器抽送排放到皮带传送机上，经皮带机滚动掉落电瓶车土箱中，再从洞口经龙门吊机垂直运送到地面临时土槽，由土方载重汽车运到渣土弃场。从混凝土预制构件厂出厂合格的镶嵌好密封橡胶垫管片、钢连接螺栓、注浆材料等，经垂直水平运输到达管片拼装机工作面，由拼装机按顺序逐块提升到位，穿上接头螺栓，由千斤顶顶推已拼装成环的隧道衬砌，带动盾构机前进。在千斤顶推进前进的同时，大刀盘启动挖土，同时注浆泵从盾壳外附设的压浆管向刚脱出盾尾管片外侧实施同步注浆，以控制地面沉降。盾构推进一个行程（等于管片宽），将重复管片拼装和同步注浆等工序。土压平衡盾构机其土压平衡原理是利用安装在盾构最前面的全断面切削刀盘，将正面切削下来的土进入刀盘后面的密封舱内，通过控制螺旋出土器排土量，使密封舱内积聚的土体压力与开挖面水土压力动态平衡，以减少盾构推进对地层土体的扰动，保持开挖面稳定，有效地减少表沉降或隆起。泥水压力平衡盾构有庞大的泥水输送处理及排放系统。高压泥浆泵将新鲜泥浆喷射到开挖面，经刀盘切削搅拌的泥水携带渣土进入密封舱，设在舱底高压泥浆泵不断将泥浆渣土泵送出井，密封舱内泥浆通过开挖面上不断生成的泥膜达到与开挖面水土压力动态平衡。土压（泥水）平衡盾构机施工步骤分成约 20 道工序，其工艺流程图如图 7-40 所示。土压平衡盾构施工过程示意见图 7-41，泥水盾构施工过程如图 7-42 所示。

（四）盾构法隧道施工工艺流程

采用盾构法建造隧道或各种地下管道，一般是在预先建造好的工作井内进行盾构的安装、调试和试运转，并将其准确地搁置在符合设计轴线的基座上，待所有施工准备工作就绪后，开始沿设计轴线向地层内掘进施工。当盾构将要到达终点时，应准确测定盾构的现状位置，并调整和控制其姿态，使盾构正确无误地进入预先建造安装好的接收井内的基座上。

盾构的进出洞工序是盾构法建造隧道的关键工序，该工序施工技术的优劣将直接影响到建成后隧道或管道的轴线质量、进出洞口处环境保护的成效及工程施工的成败。

盾构的进出洞施工技术必须根据工程所处地层的土质、水文、环境条件和环境保护要求的等级而制定。盾构进出洞施工的关键技术有：

（1）建立推进施工的良好后盾系统。后盾系统由后盾管片、支撑体系及后靠等组成，其不但要稳固牢靠，同时必须有一个准确的后座支承面和适应施工的垂直与水平运输的转折通道口。

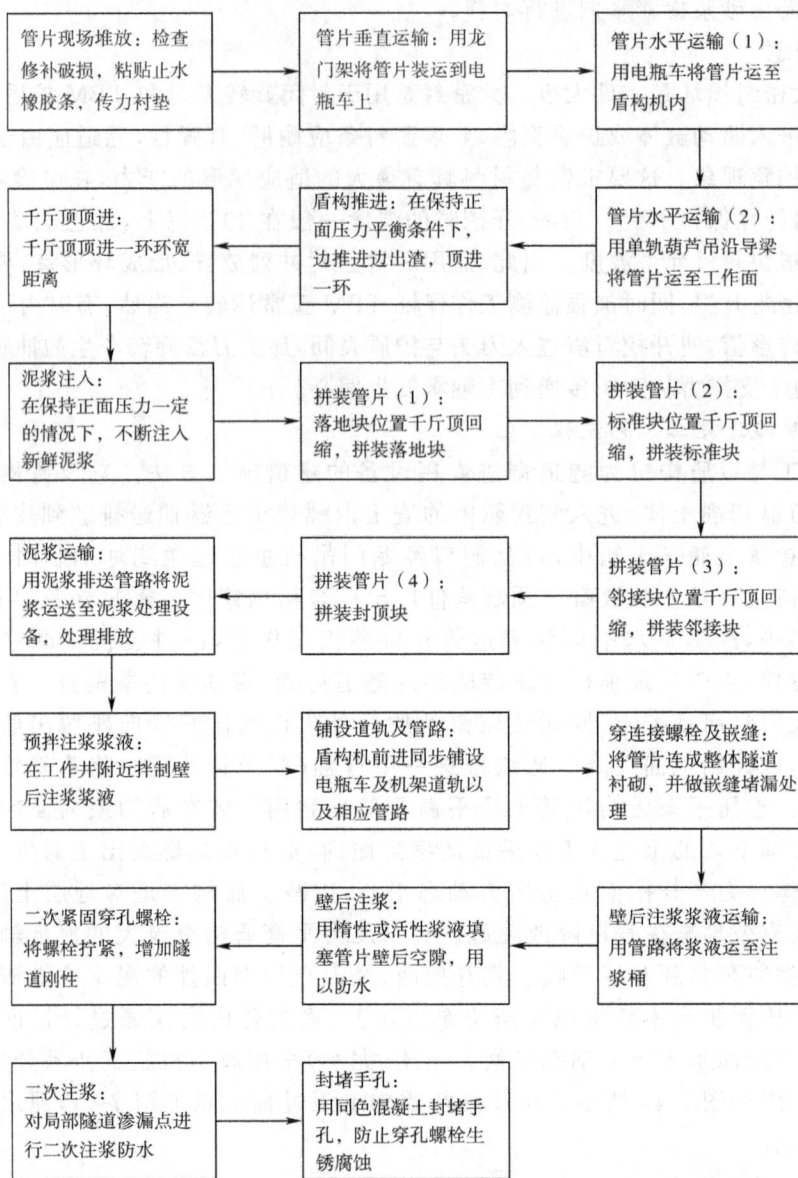

图 7-40 盾构施工工艺流程

（2）在盾构未靠上洞口处土体前，经加固后土体能保持自立，不渗漏水，保护洞口附近地面和地下构筑物稳定。盾构能顺利切入土体，并支护正面土体，从而进入正常施工状态。

（3）洞口建筑空隙的密封问题，如不妥善解决，将会引起洞口渗漏，产生地面沉降和隧道变形，后果严重。

盾工作井在含水丰富软土地层可用沉井法施工，但在建筑密集地区或大型结构物如地铁车站端头井，大多采用地下连续墙、钻孔灌注桩、SMW 工法作为围护明挖法建造。由于围护结构的不同，洞口的封门形式也不同。用沉井法施工，在制作沉井时已预留了洞口（下沉前必须将洞口封闭），洞口的封闭材料应具有一定强度和抗渗透性，虽然能抵抗洞口侧向水土压力保持稳定，但也不能有太高的强度和硬度。过高强度硬度给盾构刀盘及刀具带来损伤。20 世纪 90 年代，上海基础工程公司和同济大学共同研究，以蛭石、珍珠岩、聚氯乙烯泡沫剂、膨胀水

348

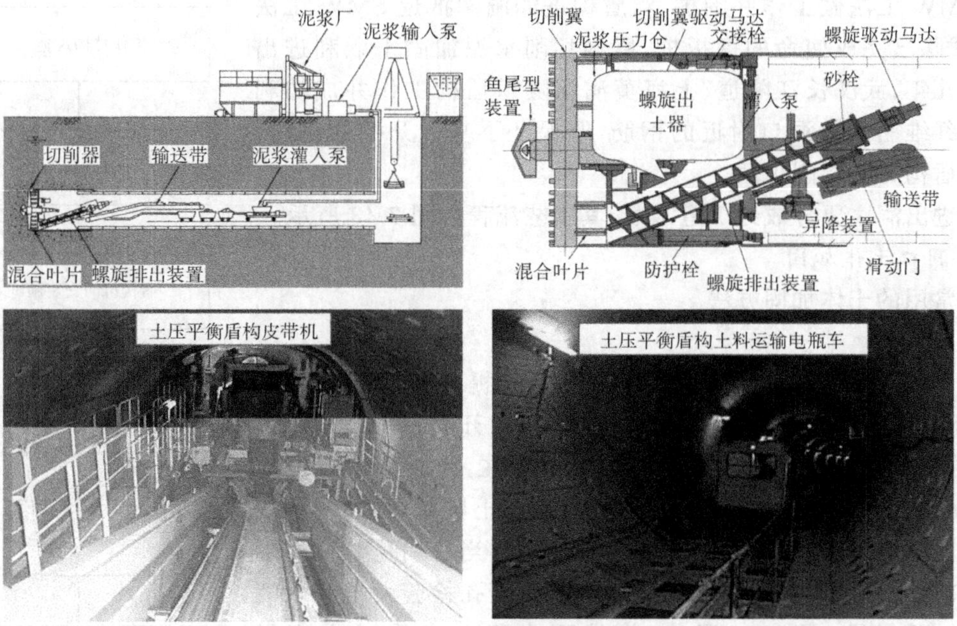

图 7-41　土压平衡盾构施工过程

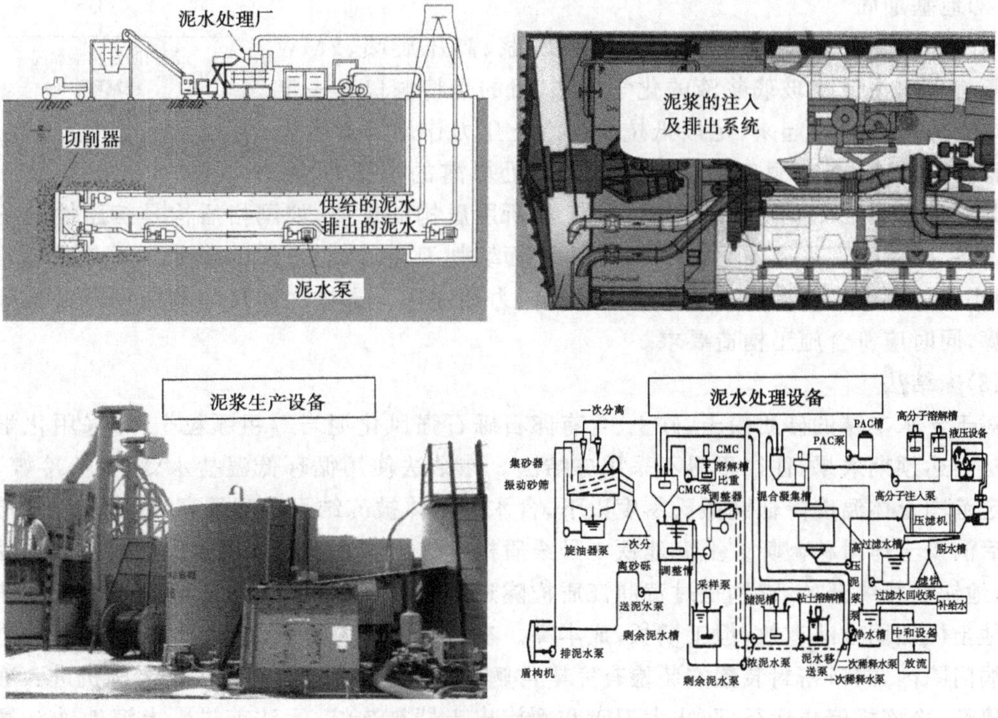

图 7-42　泥水平衡盾构施工过程

泥为主要材料配置的低标号塑性混凝土,成功用于上海闸北电厂取水隧道黄浦江浦东取水口沉井盾构封门制作。这种封门材料有效抵挡未经加固黄浦江近岸约 20m 水土压力,不渗漏,不变形,盾构机头靠近洞口方便地切削封门进入土体。上海也有用密排钢板桩固定在洞口外侧井壁上,沉井连带钢板桩一起下沉到位,当盾构机机头进如洞口,拔除板桩,盾构切土出洞。

采用 SMW 工法做工作井围护,当盾构进如洞圈抵近 SMW 工法桩时,拔除已完成使命的钢板桩,盾构切削水泥加固土顺利进出洞。近几年,武汉长江隧道、上海黄浦江隧道盾构工作井成功利用玻璃纤维筋代替洞口附近的钢筋,既保证了基坑开挖的稳定,又可为盾构刀具切削出洞。

构进出洞主要分成约 7 道工序,其工艺流程如图 7-43 所示。

1. 洞口土体加固

1)常用的土体加固方法

(1)降水

降水可有效地疏干砂性土中的地下水,提高该层土的密实度,但不能大幅度提高土体的强度。如洞口敞开面积大、埋深深、敞开时间长,仍会有土体失稳坍塌的问题存在,此时降水仅能作为辅助措施;再者降水效果还受到降水深度、土质条件、周围环境条件等的限制,所以只能在许可条件下使用。当采用化学搅拌加固,洞口处于含承压水地层,局部不能成桩,开孔检验发现漏水喷砂,应立即封孔,洞口打深井,将地下水降到出洞隧道底以下 1.5m。

(2)地基加固

地基加固主要是采用深层搅拌、压密注浆、高压旋喷、SMW工法等掺入水泥或水玻璃浆液的化学方法,目的是将洞口处一定范围内土体预先固结起来,足以抵抗侧向水土压力作用不产生土体滑移破裂强度,能在洞口封门拆除后洞口处暴露的土体自立,不渗漏泥水。在做加固设计时要考虑到工程所用盾构的性能,如网格盾构是挤压性的正面无切削设备,则就不宜采用加固技术;对于全断面切削刀盘,加固土体的强度以要考虑与刀盘扭矩、刀头切削刚度及螺旋出土器出渣输送的能力相适应。土体加固尺寸范围可由经验解析公式计算,同时应符合施工构造要求。

(3)冻结法

对于含水丰富的砂质粉土、砂土、含有卵石砾石强风化泥岩等粗颗粒土体,采用化学加固等方法难达预期效果,往往不得不采用冻结法。冻结法使用循环低温盐水、液氮等冷媒,将洞口一定范围土体温度降低到摄氏零度以下,含水的土体被冻结可达到很高强度,可以抵挡封门拆除后洞口土体滑移破坏。上海地铁 1 号线盾构机进出洞几乎都采用土体深层搅拌加固的方法,从地铁 2 号线开始,特别是过黄浦江盾构隧道,较多选用冻结加固方法。通常认为冻结法较其他土体加固方法有效,但工期长,成本高。在冻结土体保护下,拆除洞口封门,待掘进设备进入洞门圈内,洞口密封装置安装检查完毕再解冻,进入正常进出洞施工。盾构机进入冻土区不能停顿,冷冻机停止运行,防止大刀盘和螺旋出土器被冻结,无法前进。上海地铁 9 号线曾发生盾构在离进洞口 2m 被冻结,施工单位采取向螺旋出土器加热水,向开挖面送循环热水,加热大刀盘等措施,使盾构安全进洞。

2)盾构出洞段土体加固范围

(1)土体纵向加固长度 L_1

目前,对于盾构出洞纵向加固长度争议较多:一种观点认为,根据国内部分软土地段盾

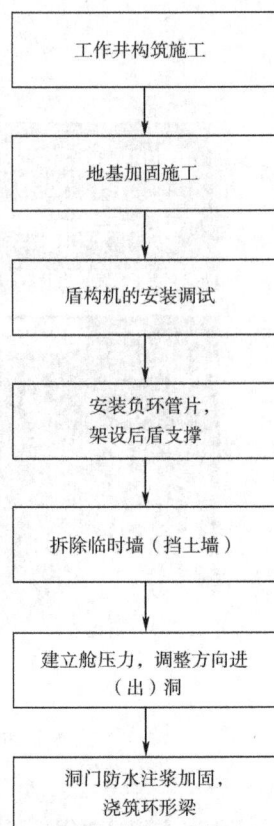

图 7-43 盾构进出洞施工工艺流程

（流程图文字：工作井构筑施工 → 地基加固施工 → 盾构机的安装调试 → 安装负环管片,架设后盾支撑 → 拆除临时墙（挡土墙）→ 建立舱压力,调整方向进（出）洞 → 洞门防水注浆加固,浇筑环形梁）

构始发端头地层加固经验,不论盾构主机长度,其端头地层纵向加固长度均应为 6m;另一种观点认为,由于始发端洞门有帘布橡胶板存在,考虑它和盾构的共同作用,可以将始发端地层纵向长度定为 3.5m;还有一种观点认为,在软土地段,特别是在盾构隧道位于地下水位线以下时,端头地层纵向加固长度应为:盾构机长加一定厚度的保护层(一般为 1.5~2m)。

加固土体长度 L_1 小于盾构主机长度 L_2 时(图 7-44),由于盾构隧道一般均位于地下水位以下,故当盾尾尚未进入洞门圈时,盾构刀盘已经脱离加固区,加固区前方隧道洞周的水土(特别是砂性或粉土地层)可能沿着盾壳与岩土之间的空隙而进入端头井(始发井),造成地层损失和地表沉降,严重时可能造成盾构始发失败,从而花费相当大的人力、物力和财力去弥补损失,对施工单位的社会效益将产生很大的负面影响。南京地铁某盾构标段,曾发生多起因始发端头地层加固不当而造成的事故。

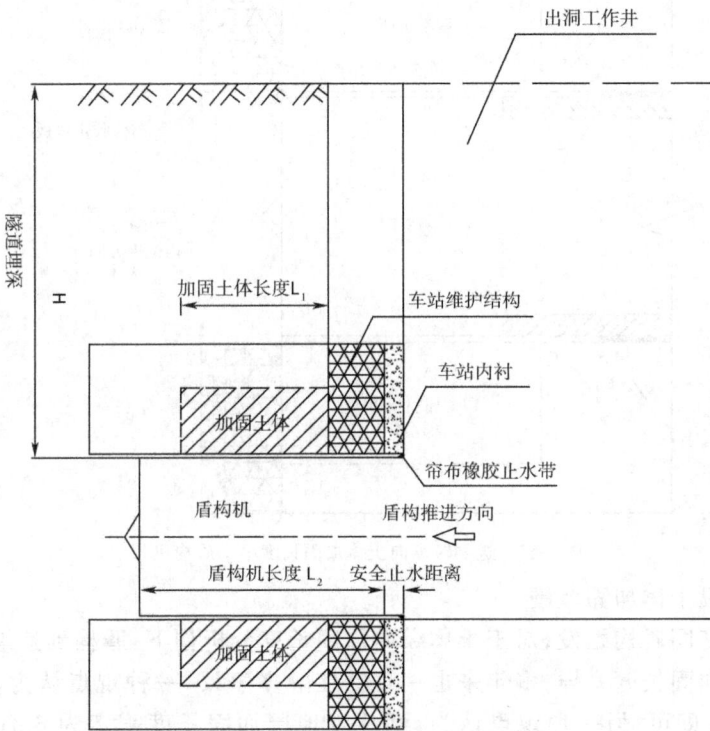

图 7-44 加固土体长度小于盾构主机长度

盾构穿越加固区长度大于盾构主机长度时,盾尾进入洞圈并开始注浆后,盾构机刀盘尚未脱离加固区土体。这样,加固区前方地层的水土完全被加固土体及隧道背衬注浆所隔断,不至于产生水土流失从而引起地层损失造成地表沉降。根据地铁施工经验,加固区长度一般大于盾构主机长度 1.5~2m 较为安全(图 7-44 中的安全止水距离)。

总之,盾构始发端头位于地下水位以下的软土地段时,该端头地层纵向加固长度应为:盾构机长加 1.5~2.0m 止水厚度。

(2)土体横向加固宽度

软土地段盾构始发端头横向加固宽度主要起止水和稳定地层的作用,横向加固区可以和盾壳共同作用抵抗周围水土压力。根据国内盾构软土地层施工经验,构造上横向加固宽度可参考表 7-8,D、B、H_1、H_2 分别如图 7-45 所示。

D	1.0≤D<3.0	3.0≤D<5.0	5.0≤D<8.0	8.0≤D<12.0	12.0≤D<15.0
B	1.0	1.5	2.0	2.5	3.0
H_1	1.5	2.0	2.5	3.0	3.5
H_2	1.0	1.0	1.5	2.0	3.0

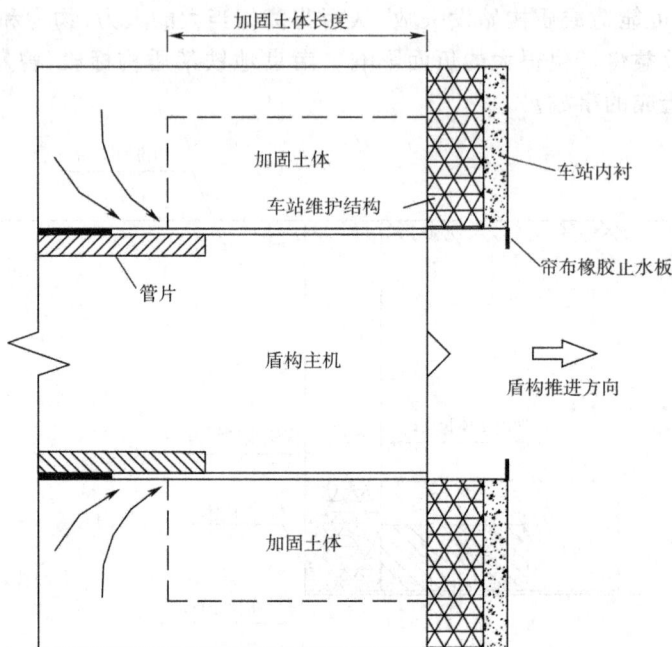

图 7-45　进洞时纵向土体加固长度小于盾构机长

3)盾构进洞段土体加固范围

横向加固长度同盾构始发,对于土体纵向加固长度分析如下:盾构到达端头地层纵向加固长度和始发纵向加固长度一样,多年来也一直存在颇多争议,一种观点认为,到达端地层纵向加固长度定为 3m 即可;另一种观点认为,到达端地层加固长度需定为 6m;还有一种观点认为,到达端头地层加固纵向长度应为盾构机长加 1~1.5m。就软土地段施工经验,盾构进洞段土体加固尺寸大体有如下规律:

(1)对于黏性土等渗透系数相对较小的软土地层,根据目前该地层成功的施工经验,加固长度一般取为 3.5m 左右,其作用主要是为了防止拆除车站或到达井围护结构时防止地层失稳。

(2)对于砂性地层等渗透系数较大的地层,从目前已采用盾构施工地铁的城市看,隧道大部分位于地下水位下方。因此对于该地层,其加固长度必须谨慎选取。若端头加固长度小于盾构主机长度,地下水土则可能沿着盾壳与加固土体的空隙流入始发井(图 7-45),造成地层沉降和构筑物的损坏,施工中须引起高度重视。对于该类地层,可有两种处理方式:其一,纵向加固长度若为盾构机长加 1~1.5m 止水层厚度,则可以很好地解决水土流失的问题;其二,纵向加固长度仍然取 3.5m 左右,在盾尾同时进行双液注浆,及时将盾壳和加固土体之间的空隙堵住,必要时可以加快推进速度,缩短盾构进洞的时间。

4)加固土体稳定性分析

(1)板块强度分析设计理论

工程中加固土体的厚度随工法的不同而不同,一般说来,采用冻结法施工土体强度较大,厚度则相对较小,而用旋喷桩、搅拌桩加固的土体厚度却较大。有研究发现,薄板公式计算出的弯曲应力比 FEM 解要大,故将薄板理论的解析解公式应用到厚板的计算中,是偏于安全的。在盾构法隧道进出洞工程中,将由薄板弯曲理论得出的解析解用于加固土体厚度的计算,是一种偏于保守的计算方法,安全性能够得到保障[4]。

假定加固土体为一整体板块,根据日本 JET GROUT 协会(JJGA)规范采用静力平衡理论的计算公式,加固体厚度 h 应为:

$$h = \left[\frac{K_0 \beta p D^2}{4\sigma_t} \right]^{\frac{1}{2}} \tag{7-1}$$

式中:p——封门中心处的侧向水土压力合力,kPa;

D——封门直径,m;

σ_t——加固土体的极限抗拉强度,kPa;

K_0、β——安全系数,K_0 取 1.5~2.0,β 取 1.2。

计算模型如图 7-46 所示。

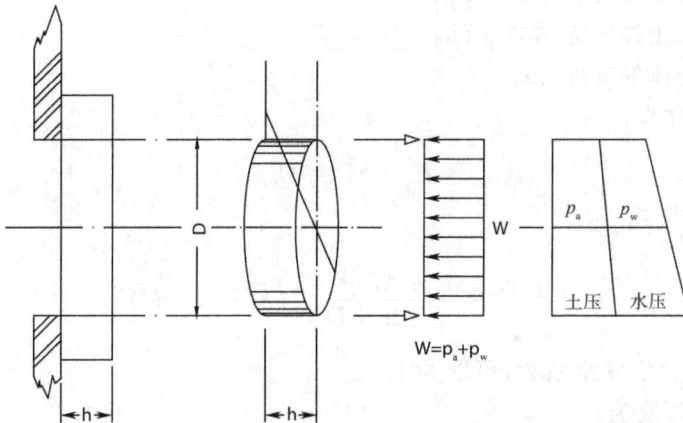

图 7-46　板块理论计算模型

以单圆为例,将加固土体视为厚度为 h 的周边自由支撑的弹性圆板,在外侧水土压力作用下,板中心处的最大弯曲应力、支座处的最大剪力,按照上述弹性力学板块理论求得,强度验算公式为:

$$\sigma_{\max} = \frac{p \cdot \left(\frac{1}{2} D \right)^2}{h^2} \cdot \frac{3}{8} (3 + \mu) \leqslant \frac{\sigma_t}{K_1} \tag{7-2}$$

$$\tau_{\max} = \frac{p \cdot D}{4h} \leqslant \frac{\tau_c}{K_2} \tag{7-3}$$

式中:K_1、K_2——分别为最大弯曲应力和最大剪应力的计算安全系数。

(2)黏性土滑移失稳理论

黏性土加固土体稳定性可采取图 7-47 所示的模型进行验算:加固土体在地面荷载 P 和上

353

部土体作用下可能沿某滑动面向洞内整体滑动,假定滑动面下部是以端墙开洞外顶点 O 为圆心、开洞直径 D 为半径的圆弧面,整个滑移面如虚线所示,则引起的下滑力矩为:

$$M = M_1 + M_2 + M_3 \qquad (7\text{-}4)$$

式中:M_1——地面荷载 p 引起的下滑力矩,$M_1 = \dfrac{PD^2}{2}$,kN·m;

M_2——上覆土体自重引起的下滑力矩,$M_2 = \gamma H \cdot \dfrac{D^2}{2}$,kN·m;

M_3——滑移圆环线内土体的下滑力矩,$M_3 = \gamma \dfrac{D^3}{3}$,kN·m。

抵抗下滑力矩为:

$$M_d = M_r + \Delta M_r \qquad (7\text{-}5)$$

式中:M_r——土体改良以前的抵抗力矩,$M_r = \dfrac{1}{2} c\pi D^2 + H \cdot c \cdot D$,kN·m;

ΔM_r——土体改良以后增加的抵抗力矩,$\Delta M_r = \Delta c \cdot \theta \cdot D^2$,kN·m;

c——加固前土体的黏结力,kPa;

Δc——加固后土体的黏结力,kPa;

H——上覆土体的高度,m。

土体的平衡条件为:

$$K_3 \cdot M = M_d \qquad (7\text{-}6)$$

将各项代入式(7-6),得:

$$\theta = \frac{K_3(M_1 + M_2 + M_3) - M_d}{\Delta c \cdot D^2} \ (\text{rad}) \qquad (7\text{-}7)$$

式中:K_3——滑移稳定安全系数,可取为 1.5。

则加固土体的厚度为:

$$h = D \cdot \sin\theta \qquad (7\text{-}8)$$

(3)土体扰动极限平衡理论

加固横端面的尺寸确定与注浆工法相同,可根据挖掘隧道时断面周围产生的塑性范围来进行确定,如图 7-48 所示。塑性范围(R)可按隧道上部松动的方法推求,在挖掘地层的情况下,地中土应力失去平衡,在掘削端面的周围将产生附加应力。在 $a < r < R$ 的范围内,根据摩尔包络线破坏条件,再从塑性松动圈应力平衡和破坏条件可得平衡方程:

$$\begin{cases} \sigma_\theta - \sigma_r = 2c \\ \dfrac{\partial \sigma_r}{\partial r} = \dfrac{(\sigma_\theta - \sigma_r)}{r} \end{cases} \qquad (7\text{-}9)$$

代入注浆加固边界条件 $r = R$,$\sigma_r = \sigma_m$,$r = a$,$\sigma_r = 0$ 得到:

$$\ln R + \frac{R \cdot \gamma_t}{2c} = \frac{H \cdot \gamma_t}{2c} + \ln a \qquad (7\text{-}10)$$

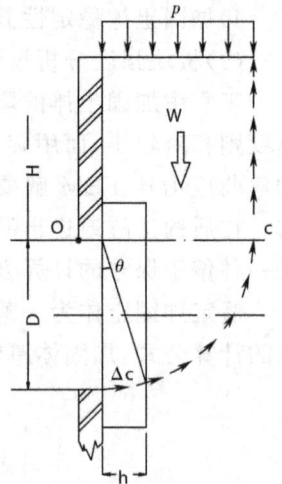

图 7-47 滑移失稳理论计算模型

式中：R——到塑性范围外侧的距离，m；

   γ_t——上覆土体的平均重度，kN/m^3；

   c——改良土体的黏聚力，kPa；

   H——到隧道中心的换算覆盖层厚度，m；

   a——盾构机外径，m。

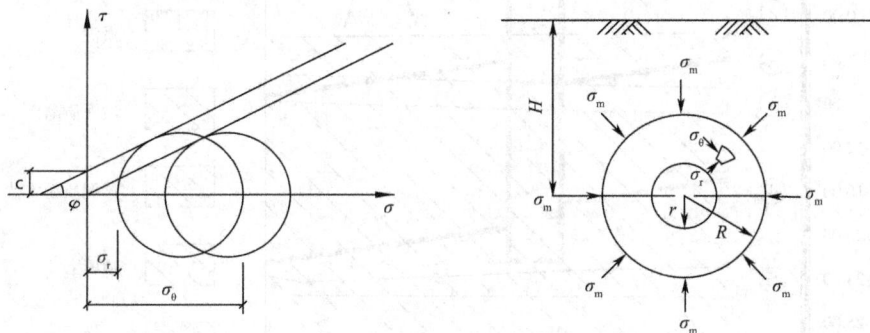

图 7-48 改良土体破坏包络线

由此，可以求出 R，则洞周上部加固土体厚度为 $R-a$，计入安全系数 K 后，$H_1 = K(R-a)$。

洞周两侧改良土体的宽度 B，根据朗金土压力理论，土体破坏角为 $\frac{\pi}{4}+\frac{\varphi}{2}$，又根据塑性松动圈观点（图 7-49），则有：

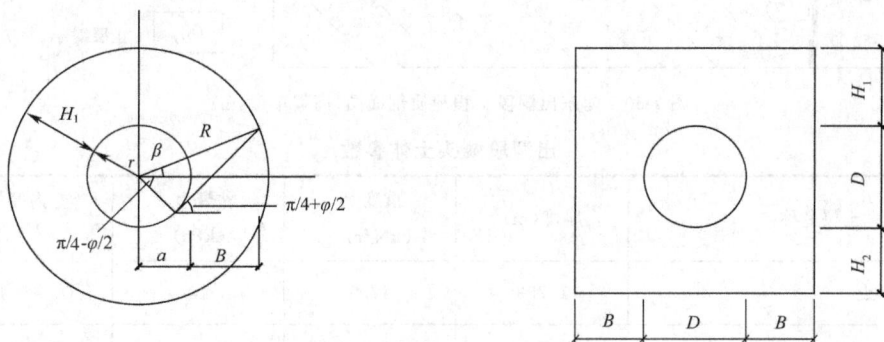

图 7-49 塑性圈与改良土体宽度

$$\beta = \arccos\left(\frac{a}{a+H_1}\right) - \left(\frac{\pi}{4}-\frac{\varphi}{2}\right) \tag{7-11}$$

$$B = (a+H_1) \cdot \cos\beta - a \tag{7-12}$$

理论计算结果应结合工程经验相加以调整。

5）算例分析

（1）某泥水盾构隧道工程概况

①地质情况

上海某长江越江隧道外径为 15.2m，盾构直径为 15.43m。如图 7-50 所示，根据上海某越江隧道段（浦东陆域部分）的岩土工程勘察报告（初勘），得知泥水盾构出洞段范围内主要涉及的土层有：第①$_1$ 层人工填土、第②$_2$ 层灰黄色黏质粉土、第②$_3$ 层灰色砂质粉土、第③$_1$ 层灰色淤泥质粉质黏土、第③$_2$ 层灰色砂质粉土、第④$_1$ 层灰色淤泥质黏土、第⑤$_{1-1}$ 层灰色黏土。各层土体采用的计算参数如表 7-9 所示。

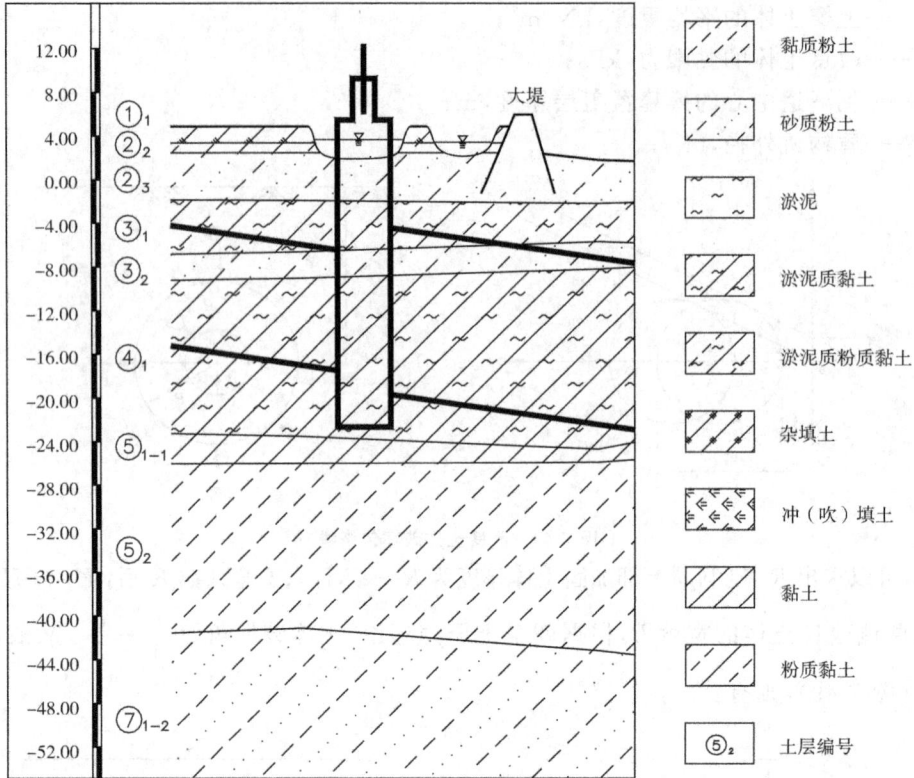

图 7-50　浦东出洞段工程地质剖面图(高程单位:m)

出洞段端头土体参数　　　　　　　　　　　　　　　　表 7-9

土层名称	厚度(m)	重度 γ_0 (kN/m³)	黏聚力 c (kPa)	内摩擦角 φ (°)
①₁ 层人工填土	1.753	17.5	10	15
②₂ 层灰黄色黏质粉土	0.876	18.3	12	26.5
②₃ 层灰色砂质粉土	4.376	18.4	9	29.5
③₁ 层灰色淤泥质粉质黏土	4.724	17.6	12	14.0
③₂ 层灰色砂质粉土	2.546	18.5	7	30.5
④₁ 层灰色淤泥质黏土	14.183	16.8	12	11.0
⑤₁₋₁ 灰色黏土	2.378	17.6	16	16.5

②盾构始发井出洞加固情况

盾构始发工作井土体加固采用冻结法加固,要求冻结后加固区的平均温度达到-10℃左右,冻结土体抗剪强度为 1.5MPa,抗弯拉强度为 1.8MPa。具体加固尺寸如图 7-51 所示。

A. 板块强度分析

a. 水土压力计算

356

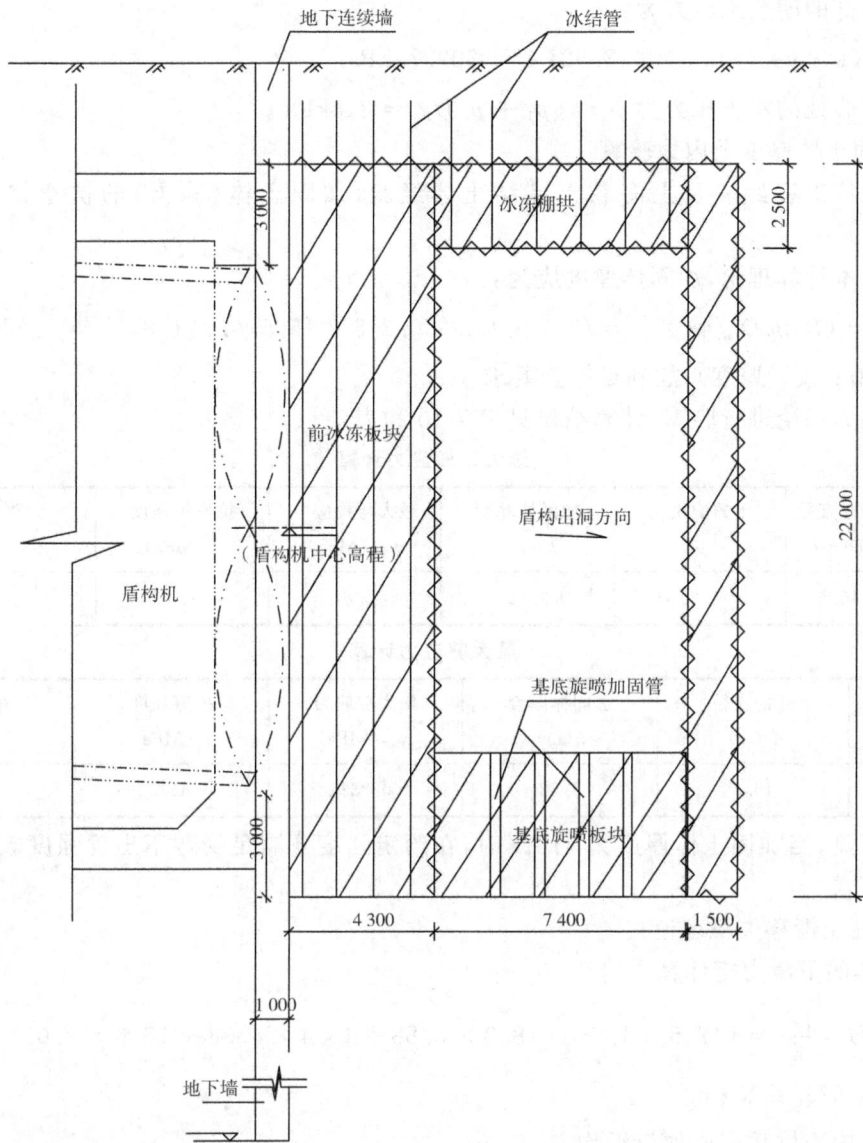

图 7-51　出洞土体加固尺寸剖面图(尺寸单位:mm)

静止土压力侧压系数取 $K_{侧} = 0.7$,采用水土合算的计算方法。

封门上部的垂直土压力为:

$$p_{上} = \sum_{i} \gamma_i \cdot h_i = 17.5 \times 1.753 + 18.3 \times 0.876 + 18.4 \times 4.376 + 17.6 \times 3.018$$
$$= 180.34 \text{kPa}$$

封门上部的朗金土压力为:

$$p_1 = K_{侧} \cdot p_{上} = 0.7 \times (180.343\,5) = 126.24 \text{kPa}$$

封门下部的垂直土压力为:

$$p_{下} = \sum_{i} \gamma_i \cdot h_i = 17.5 \times 1.753 + 18.3 \times 0.876 + 18.4 \times 4.376 + 17.6 \times 4.724 +$$
$$18.5 \times 2.546 + 16.8 \times 11.015 = 442.521\,1 \text{kPa}$$

357

封门下部的朗金土压力为：

$$p_2 = K_侧 \cdot p_下 = 0.7 \times 442.521\ 1 = 309.76\text{kPa}$$

封门中心处的水土压力为 $p = (p_1 + p_2)/2 = 218\text{kPa}$。

b. 加固土体厚度及内力验算

根据以往工程经验及上海软土冻结土体经验，加固土体（冻土）的抗弯拉强度 $C_t = 1.8\text{MPa}$。

采用日本计算理论，加固体厚度应为：

$$h = (K_0 \beta p D^2 / 4\sigma_t)^{0.5} = (1.5 \times 1.2 \times 0.218 \times 15.5^2 / 4 \times 1.8)^{0.5} = 3.62\text{m}$$

$h < 4.3\text{m}$（设计厚度），故满足安全要求。

应用静力理论进行验算，计算结果见表 7-10 和表 7-11。

最大弯曲应力计算

表 7-10

压力 p(MPa)	开挖直径 D(m)	土的泊松比 μ	加固体厚度 h(m)	最大弯拉应力 σ_{max}(MPa)	抗弯拉强度 σ_t(MPa)	计算安全系数 K_1
0.218	15.5	0.25	3.62	1.22	1.8	1.48

最大剪应力计算

表 7-11

压力 p(MPa)	开挖直径 D(m)	加固体厚度 h(m)	最大剪应力 τ_{max}(MPa)	抗剪强度 τ_c(MPa)	计算安全系数 K_2
0.218	15.5	3.62	0.233	1.5	6.44

由此可见，当加固土体厚度为 4.3m 时，在给定强度下满足受弯不出现强度破坏，其强度能够满足要求。

B. 黏性土滑移失稳理论

a. 土体的下滑力矩计算

$$M_1 = \gamma H \cdot \frac{D^2}{2} = (17.5 \times 1.75 + 18.3 \times 0.88 + 18.4 \times 4.38 + 17.6 \times 3.02) \times \frac{15.5^2}{2}$$

$$= 21\ 679.3\text{kN} \cdot \text{m}$$

滑移线内土体重度取加权平均：

$$\gamma = \frac{17.6 \times 1.71 + 18.5 \times 2.55 + 16.8 \times 11.02}{1.71 + 2.55 + 11.02} = 18.27\text{kN/m}^3$$

$$M_2 = \gamma \frac{D^3}{3} = 18.27 \times \frac{15.5^3}{3} = 22\ 678.4\text{kN} \cdot \text{m}$$

土体的下滑力矩：$M = M_1 + M_2 = 21\ 679.3 + 22\ 678.4 = 44\ 357.7\text{kN} \cdot \text{m}$

b. 土体的抵抗力矩计算

$$M_r = \frac{1}{2} c \pi D^2 + H \cdot c \cdot D$$

$$= 0.5 \times 10.93 \times 3.14 \times 15.5^2 + (1.75 \times 10 + 0.88 \times 12 + 4.38 \times 9 + 3.02 \times 12) \times 15.5$$

$$= 5\ 730.36\text{kN} \cdot \text{m}$$

设冻土加固土体内聚力 $c = 2\ 000\text{kPa}$，

$$\Delta M_r = \Delta c \cdot \theta \cdot D^2 = (2000 - 10.93) \times 3.62/15.5 \times 15.5^2 = 111\,606.7 \text{kN} \cdot \text{m}$$

抵抗下滑力矩：$M_d = M_r + \Delta M_r = 5\,730.36 + 111\,606.7 = 117\,337.1 \text{kN} \cdot \text{m}$

c. 土体的抗滑移稳定系数计算

土体的抗滑移稳定系数为 $K_3 = M_d/M = 117\,337.1/44\,357.7 = 2.65$，故加固土体能满足稳定性要求。

C. 土体扰动极限平衡理论

上覆土体平均重度：
$$\gamma_t = \frac{17.5 \times 1.75 + 18.3 \times 0.88 + 18.4 \times 4.38 + 17.6 \times 3.02}{1.75 + 0.88 + 4.38 + 3.02}$$
$$= 17.99 \text{kN/m}^3$$

代入数值，可得：$\ln R + \dfrac{R \times 17.99}{2 \times 2\,000} = \dfrac{17.656 \times 17.99}{2 \times 2\,000} + \ln 15.43$

由此可以求出 $R = 15.57$ m，则洞周上部加固土体厚度为 $R - a$，计入安全系数后，

$$H_1 = K(R - a) = 1.5 \times (15.57 - 15.43) = 0.21 \text{m}$$

根据朗金土压力理论，土体破坏角为 $\dfrac{\pi}{4} + \dfrac{\varphi}{2}$，又根据塑性松动圈观点，则有：

$$\beta = \arccos[a/(a + H_1)] - (\pi/4 - \varphi/2) = \arccos[15.43/(15.43 + 15.57)] - (45 - 30/2)$$
$$= 30°$$

$$B = (a + H_1) \cdot \cos\beta - a = (15.43 - 0.21) \times \cos 30° - 15.43 = -2.25 < 0$$

由此可见，加固土体的横向加固尺寸也可以满足强度要求，出于安全的考虑，按照构造进行选取，参考表 7-9 中不同直径的盾构隧道加固土体的横向构造尺寸，H_1 取为 3.5m，H_2 取为 3.0m，B 取为 4.0m。

(2)洞口井壁混凝土凿除

通过对检测结果分析，改良土体已达到设计要求的各项指标，再在井壁上、中、下、左、右打探孔，确信无泥水渗漏，方可开始凿除井壁混凝土。

洞口井壁混凝土凿除前，必须复核洞门中心坐标及高程，保证满足盾构机出洞的要求；洞口井壁混凝土采用高压风镐凿除，凿除工作须分两层行进，根据井壁厚度，先凿除其外层340mm(墙厚约 600mm)，并割除钢筋预埋件。外层凿除工作先上部后下部。钢筋及预埋件割除须彻底，以保证预埋门洞的直径。

里层井壁凿除方法是将剩余的1/4厚度分割成 9 块，具体做法是先在洞门中心位置上凿两条水平槽，再沿洞门周围凿一条环槽，然后开两条竖槽，其中一条凿在地坪接缝处。开槽凿除混凝土，露出井壁钢筋，同时在每一块混凝土块上凿出拴钢丝绳的位置。

拆除洞口脚手架及时改搭临时易拆操作平台，钢筋割断与混凝土块吊离应先下部后上部，先中间后两侧，割一块吊一块。合理安排割断顺序，使用长割具，防止混凝土块倾倒。尽可能缩短混凝土块吊离工作的时间，防止土体塌方。吊离完毕后盾构机须迅速进入洞门。如果采用定向爆破或膨胀微裂爆破作业技术，可以提高施工速度，减少人工作业风险。

(3)基座的设置

①基座设置前的准备

基座定位不能仅以图纸为依据,必须到现场核对实际预留洞口的位置和尺寸,洞口的内净尺寸是否满足施工要求(要考虑设备的最大尺寸),若不满足须加大洞口直径。

将洞口实际中心位置的水平方向引至洞口两侧井壁上,以等高表示;垂直方向引到洞口下部井壁上,以作基座前端定位的依据。对于内封门形式,由于实际洞口被掩盖住,因此最好能在未封洞口前就把中心位置引到不受封门影响的井壁上标识出来。

②基座轴线的测定

基座设置的条件除了洞口中心外,其坡度与平面方向还必须符合隧道设计轴线的要求。当隧道设计轴线是平曲线时,需要事先加以计算并把标识引至后井壁上方,若有条件可将基座精确地安装好。

③导向轨的设置

设在基座顶部的两根平行导轨即为导向轨,盾构搁其上面进行安装调试,其要承受盾构的安装重力,并为盾构推进的轴线导向。因此,必须使导向轨夹角中心与隧道轴线相一致,盾构的搁置方向要正确。

④基座形式

基座可以是钢结构、钢筋混凝土(整体现浇及预制装配)等形式。基座要有足够的强度和刚度,特别是钢结构形式的基座,还必须有整体稳定性能与局部稳定性,以免千斤顶后坐力作用后发生事故。

接收基座用于接收运动着的盾构。由于在安装基座时,盾构的进洞姿态是未知的,所以只能以隧道设计轴线设置平面,且高程导轨面不能超过洞圈面。当其与盾构的实际姿态不符时,则盾构在上基座后会产生姿态突变,造成洞口处成环衬砌轴线的突变、环缝拉开、圆环变形等不良现象。当盾构进入接收井洞口时,可按其实际姿态调整基座导轨轴线,符合盾构的实际轴线,将盾构逐步平稳推上基座。

(4)后座的设置

盾构在基座上开始向前掘进施工时,其前进的阻力必然传递到后靠,因此后座在受到最大施工顶力后,首先不能产生破坏及变形;其次是后座顶力面必须与隧道设计轴线相垂直,使盾构推进时有一个正确的方向,并把顶力良好地传递至后井壁。所设置的后座系统要能满足推进施工时垂直与水平运输转折空间的要求。

①后靠

后靠一般借用工作井井壁或围护结构,亦有另设支撑的,或者作用在临时建立隧道结构上。设计后靠要考虑盾构入土以后的最大推进力,使其能承受正面传递过来的所有阻力,以免出现井壁破坏、工作井移位等现象,影响掘进施工。后盾反力装置由钢反力架、146°钢弧形环、钢支撑、钢门及临时衬砌组成。反力架安装时,用经纬仪双向校正两根立柱的垂直度,使其形成的平面与推进轴线垂直。在反力架固定牢靠后,用素混凝土找平其与车站结构间的空隙。负环管片安装前,先在反力架上测出最后一环后盾管片的投影位置和纵向螺栓位置,弹好控制线,并预先把纵向螺栓焊接在反力架上,以便于今后施工。最后三环(即−12环、−11环、−10环)管片需待盾构机下井后,用吊车吊至井下安装。由于−9环管片已伸入盾构机中,因此,从−9环开始,所有负环都在盾构机中安装。后盾临时衬砌由宽度为1m的管片组成,采用通缝连接。在安装−10环管片之前,必须先涂好盾尾油脂。同时,控制好−11环管片的法面,必要时需粘贴纠偏材料。当−9环管片安装完毕后,盾构机准备前进,同时开始打开洞门。此时,橡胶帘布板已安装完毕,起重工应在洞门完全打开以前把-8环管片全部准备到位。洞门打开,迅速清理洞门垃圾,盾构机向前推进约30cm,拼装-8环管片。盾构机继续推进,管片紧随拼装。-6环拼装结束后,盾构机头部进入橡胶帘布板,开始前仓回土,再推进100cm后拼装-5环管片。-5环管片拼装结束后,再推进约30cm,安装146°钢弧形环及钢支撑。钢弧形环及钢支撑安装完毕,再推进约15cm,盾构机应已开始出土,大刀盘突尖已出洞,推进时应控制前仓压力及盾构千斤顶油泵压力,防止因切削速度过快,引起塌方。盾构机下井安排见图7-52。

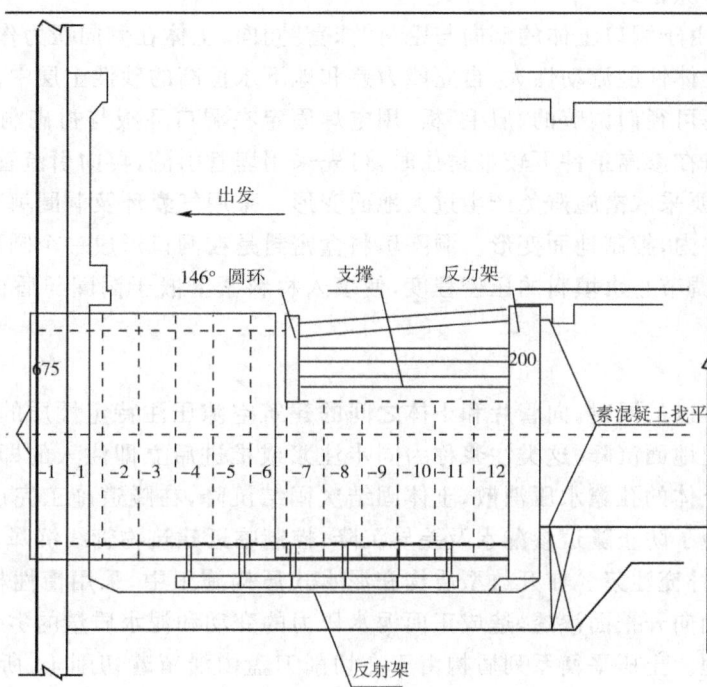

图 7-52　盾构机下井安排示意图

② 顶力的传递

一般采用后盾支撑体系将推进顶力传至后靠。该后盾支撑体系必须在最大顶力作用下不变形,保持后盾面垂直隧道设计轴线。

后盾支撑体系一般用隧道衬砌与钢支撑的混合结构,为了能在施工过程中可以垂直、水平运输,往往上半部分是开口的,这给力的传递造成了困难。为此采用上部加钢支撑作为顶力传递的途径,必须使后盾管片及钢支撑有一个良好的强度和整体稳定性,来适应施工顶力的传递。

(5)洞口间隙的密封技术

在盾构通过洞口的隧道施工过程中,洞口与盾构及隧道结构之间总有一个圆环间隙存在,若不做密封处理,洞口外土体及水就会从此间隙中流入工作井内,使洞口处土体流失,引起地层沉降变形、破坏环境,影响极大。所以,洞口间隙的密封技术也是进出洞施工中的一项重要技术。

① 出洞时的间隙密封

目前,出洞时间隙密封采用的单向铰链板加"袜套"技术,在施工中必须保证"袜套"不向井内翻出。该技术是依靠"袜套"的固紧及单向铰链板的保护,一般能阻止洞外土体向井内流失。对泥水加压平衡盾构,还是阻止不了压力泥水的渗透,难以建立切口平衡压力,所以可采用多道气囊密封技术加以补充。气囊环密封是在洞口的圈板面上安置气囊,当盾构进入洞口,向气囊内加充压力气体,使气囊膨胀,嵌于盾构与洞圈之间,封堵间隙,密封洞口。气囊用橡胶浇制,在一块圈板上可设多道环形气囊,提高密封效果。气体的压力应根据洞口处土体侧向压力通过计算设定。当盾构脱出气囊环,则气囊环嵌于衬砌与洞圈间,成为施工间隙的临时密封设施。

②进洞时的间隙密封

盾构进洞时,由于洞口土体的流向与密封"袜套"同向,土体在侧向压力作用下易向井内流失。当洞口处于土体性能流动性大、自立能力差和地下水位高的砂性土层中,较难实现洞口密封。有的工程采用可径向调节的"眉毛"板,用电焊固定在洞口环板与衬砌洞口环外弧面的预埋钢板间。当洞口在渗漏条件下较难封住时,可先采用埋管引流,再向引流管压入浆液完成洞口间隙的密封,但要采取措施避免产生过大地面变形。采用气囊环及洞圈填料盒进行密封,可以阻止泥水流入井内,控制地面变形。洞圈填料盒密封是在洞口形成一个圆形盒,盒上装有填料压紧装置,用以调节止水填料的压密程度,使填入材料紧密嵌于洞圈与盾构或衬砌之间,起到洞口密封作用。

(五)壁后注浆

在盾构向前推进的同时,向管片和土体之间的建筑空隙压注特定性质的浆液,填充空隙,防止土体下落引起地面沉降,这类注浆称为同步注浆或推进后立即注入的即时注浆。为了防止受施工扰动后土体的孔隙水压消散,土体固结次固结沉降,在隧道施工完成两周后,要进行二次补偿注浆。为了防止隧道渗漏水及差异沉降,控制临近建筑物管线沉降,随时压注活性浆液,也称隧道后期补充注浆。在开放型盾构和泥水式盾构施工中,采用惰性材料同步注浆时,由于注浆材料可能向开挖面渗透,造成正面泥水压力的变动和泥水质量的劣化,所以必须采用特别的方法来处理。土压平衡系列盾构由于在切削刀盘内滞留着切削土,所以不会造成因注浆材料向开挖面渗透而引起麻烦。

预制泡沫注浆施工法就是预先在管片背面粘贴经过特殊处理的软质聚氨酯泡沫塑料,将这种管片拼装起来,在盾构推进时通过管片环后的注浆孔注入水玻璃或水泥膨润土的施工方法。由于聚氨酯泡沫塑料具有较高的强度、弹性,以及对注浆材料的渗透性,因而能够适用于衬砌背面注浆的即时注浆方法,并能充分填满空隙。将聚氨酯泡沫塑料压缩在外层挡板内,也可作为盾尾密封材料和注浆填塞器,起到防止土体塌落和注浆材料渗入的作用。当管片通过盾尾外层挡板时即恢复原状,在接缝处保持一定的厚度,因此也能起到防止土体发生塌落的作用。因聚氨酯泡沫塑料是一种渗透性好的亲水性材料,同水玻璃水泥土体组成一个完整的背衬层,有利于抵抗隧道差异沉降。

建筑空隙发泡注浆施工法使用的注浆后发泡的材料是硬质聚氨酯泡沫塑料。这种施工法在空隙处将主剂和发泡剂两种溶液混合起来,在空隙内发泡。该发泡注浆法大致可分为以下两类:①分割注浆法是在盾构推进后产生的盾尾空隙内,按一定间隔用发泡后材料形成背衬层,然后在这些隔墙之间注入比较廉价的注浆材料,达到充分充填目的。②反力压浆法就是在盾构进行曲线施工时产生的超挖部分及早地充填泡沫材料,形成有一定强度的背衬层,用以防止盾构隧道的纵向变形和轴线偏差。在超挖量较大的部位也可以将"硬化泡沫"同轻骨料配合使用。由于材料具有速硬性,且表面的张力较大,所以能提前形成背衬层并达到稳定,不会很快向地层内扩散和渗透,能够有效地节省注浆材料和注浆施工时间。这种发泡体是由许多单独的气泡构成,止水性能好,同时具有一定的防震性能。硬质聚氨酯泡沫塑料是速硬性材料,能够向盾尾后的空隙内实施即时注浆;同时,其化学性能稳定,也可避免影响环境的公害问题。

1. 壁后注浆的作用

(1)控制地层变形减少地面沉降

由于建筑空隙的存在,如果盾尾空隙不得到及时充填,周围土体将会下塌于管片之上,势必造成地层移动、沉降变形,引起相邻结构物、地表建筑物的沉降破损。及时充填盾尾空隙,控制地层移动,保护环境是盾尾注浆最主要的目的。

(2)确保管片的稳定(管片位移)和受力均匀

盾构法隧道是一种管片衬砌与周围土体共同作用的结构稳定的构筑物,管片周围空隙被均匀、密实充填,可确保隧道结构土体共同作用,变形相互协调。密实的有一定强度的外包注浆层,可以减少隧道纵向差异沉降,减少环缝张开量。如注浆材料化学稳定性好,则能对隧道提供耐酸碱腐蚀和抗碳化能力,可延长使用期限。

(3)提高隧道的抗渗性

盾尾空隙充填浆液凝固后,一般都具有较高的抗渗性能,可以作为隧道的第一道止水防层,提供长期、均质、稳定的防水功能。

(4)对泥水盾构可防止隧道上浮

向盾尾间隙压注高密度、有一定黏稠度和瞬态强度、不易扰动液化浆液,能够约束脱出盾尾的隧道上浮。上海黄浦江复兴东路隧道和翔殷路隧道曾经发生脱出盾尾隧道上浮,引起隧道上弧面管片挤压剥落,纵向螺栓无法穿进管片预留孔。由于采用新研究高密度优质浆液,上海西藏南路越江隧道和上中路隧道有效解决了隧道上浮问题。同时,其也能防止开挖面泥水的后窜稀释浆液,保护盾尾密封钢丝刷不受污染。

(5)有利于盾构推进纠偏

由于管片位置不准确,限制了盾构千斤顶纠偏行程运动和纠偏效果,同时强行纠偏可能损伤管片。用压浆的压力来调整管片与盾构的相对位置,可使盾构达到最佳的纠偏条件。若要使盾构向右偏转,可选择右侧压浆使管片外周单侧有压力,迫使衬砌向左移动,靠足左面盾尾部,右侧盾尾内衬砌与盾壳之间的间隙加大,盾构向右侧纠偏余量加大。合理地选择压浆位置和注浆压力,可有利于盾构推进纠偏,更好地控制盾构的施工轴线与设计轴线一致。

2. 注浆材料

1)材料的性质要求

经选择的原材料拌制成的浆体要满足下列要求:

(1)流动性和易性要好。要易搅拌、易压送,在运输过程中能保持不离析、不沉淀,要具有能填补空隙的流动性。

(2)凝结时间要合适。对压浆来说,压出的浆体凝结时间是指初凝与终凝的时间,从盾构施工要求,初凝要快,终凝要慢,即要求压出的浆体在较长时间内应具有塑性,这样可防止破坏盾尾密封装置。固化时间太快,会造成注浆管堵塞。要求初凝时间要快,可使压出去的浆体在短时间内达到初凝,很快达到原状土体强度及承载能力,支撑土体不使周围土体塌落和挤入,同时保证浆体不易大量流失。

（3）要有一定的强度。压浆的作用之一是支护地层，不使地层产生沉降变形，所以要求浆体在初凝后有一定的早期强度，凝固后的强度要略高于原状土。

（4）收缩率要小。浆体凝固时产生的体积收缩要小，其目的也是为了减少地表变形。

（5）应有合适的稠度和保水性，以便不被泥水或地下水稀释。

（6）浆液固化后具有耐酸碱盐腐蚀的稳定性，在车辆冲击荷载及地震作用下不产生振动液化。

（7）材料来源要充足，价格要低廉，要尽可能地利用工业废料，环保无公害。

2）常用浆液的分类及优缺点对比

早期在美国、欧洲等国家地区都采用的小砾石加砂浆的注浆方式。在能够自立的硬土地基中对隧道衬砌背后进行充填作用时，由于小砾石骨料的存在，强度比较高，可以使衬砌和围岩形成共同作用系统。但在软土地基中，小砾石骨料不能均匀地分布到管片背后，而局部集中于注浆口处。我国山西万家寨引黄工程盾构隧道成功采用豆石混凝土浆液注浆。现阶段我国城市地铁及越江盾构隧道施工中已经很少使用此类浆液，经常采用双液注浆浆液、单液惰性浆液、单液硬（活）性浆液等新型浆液。双液注浆浆液包含 A 液和 B 液两种浆液，其中 A 液是含有水泥的砂浆，B 液是速凝剂（一般为水玻璃）。根据 A 液和 B 液的配比不同可以控制混合后浆液的硬化时间。双液型浆液是活性浆液，具有初凝时间短，早期强度以及后期强度均比较高，固结后体积无变化，不易被地下水稀释性，材料不沉淀离析，充填性好，防水性能优良等优点。双液型浆液在国际盾构施工注浆技术中应用广泛。单液型浆液又可根据浆液的性质分为单液惰性浆液和单液硬（活）性浆液。单液惰性浆液是由粉煤灰、膨润土、砂、石灰膏、水和外加剂等拌和而成，浆液中没有掺加水泥等胶凝物质，早期强度和后期强度都很低。由于单液惰性浆液价格低廉，流动性好，易于清洗，不易堵塞管路，可有效地填充盾尾间隙，因此为上海地铁 1 号线引进的法国 FCB 土压平衡盾构所采用。上述单液惰性浆液也有自身缺陷，长期不凝结硬化，浆液流失体积缩小，甚至有人怀疑在列车长期振动和地震作用下可能发生液化，不利于地铁隧道防水和长期运营的稳定。为此，近年来上海地铁盾构隧道同步注浆又开始转向单液硬（活）性浆液。单液硬（活）性浆液则在浆液中掺加了水泥等胶凝物质，由粉煤灰、砂、水泥、水、水玻璃、外加剂等在搅拌机中一次拌和而成，具备一定早期强度和后期强度。各类型盾尾注浆的优点和缺点如表 7-12 所示。

各类型盾构注浆的优缺点　　　　　　　　　　　　　　表 7-12

注浆类型	注入部位	优　点	缺　点
注惰性浆	盾尾注浆管或管片注浆孔	凝结时间长，不易堵管，注浆效率高；不用水泥，成本较低	防水效果差；对控制地面沉降和约束管片不利；强度较低
注活性浆	盾尾注浆管或管片注浆孔	凝固后能增强隧道的防水性，对地面沉降控制和管片约束有利	凝结时间短，易堵管；成本较高
注单液浆	盾尾注浆管或管片注浆孔	设备简单，成本低；若用活性浆液，后期强度较高；堵管时较易清理	凝结时间长，注浆效果发挥较慢；浆液易流失，对盾尾密封性能要求高

注浆类型	注入部位	优　点	缺　点
注双液浆	盾尾注浆管或管片注浆孔	凝结快,利于尽早发挥注浆的功效;浆液不易流失	设备较复杂,成本高;后期强度不高;堵管时不易清理;水玻璃易伤害人员或污染环境;对施工管理要求较高
盾尾注浆	盾尾注浆管	不从管片吊装孔注浆,可降低漏水的可能性;因注浆点较多,可随掘进及时、均匀注浆	布设注浆管有可能增大盾构机直径或增加盾尾的钢板厚度;堵管时较难清理,若双液注浆更需配置专门的清洗机构
管片注浆	管片注浆孔	操作比较灵活;不会增大盾构机直径或增加盾尾钢板厚度;容易清理,双液注浆时设备简单且不易堵塞	需从管片注浆孔中注浆,注浆孔可能成为潜在的漏水点,管片表面易受浆液污染;因注入点少,易导致注浆不均衡

3)常用配合比设计

可根据盾构机类型、所处土质、注浆设备、施工环境选择原材料及配合比。先在室进行多种配比小样试配,检验其物理化学性质,不断调整配比,最终选择2～3组配比。经试验室试验得到的优化配比,要到现场试用,针对存在问题进行材料用量及添加剂的调整,最后得到适合工程应用的配比。

上海、南京、深圳、广州四地部分盾构区间隧道壁后常用注浆材料配合比如表7-13所示。

上海、南京、深圳、广州地铁注浆材料配合比（kg/m^3）　　　　表 7-13

	水泥 C	粉煤灰 F	膨润土 B	砂 S	水 W	减水剂 A	水胶比 $W/(C+F)$	胶砂比 $(C+F)/S$
上海地铁(惰性浆液)		310	90	595	450			
深圳地铁一号线	180	310	37	875	310		0.63	0.56
南京地铁一期工程	100	300	75	1350	225		0.56	0.30
广州地铁三号线	122	223	248(黏土)	910	248	2.5	0.72	
广州地铁四号线	240	320	30	1100	470		0.84	0.51

表7-13中水泥、粉煤灰遇水具有胶结性,因此定义为胶凝材料($C+F$)。注浆材料配合比与地层条件、施工条件有关,但从已建或在建盾构区间所用单液硬性浆液配合比来看,常用水胶比范围在0.60～0.8之间,胶砂比范围在0.5～0.7之间。

各种材料配合比见表7-14～表7-18。

压浆材料配合比(体积比)　　　　表 7-14

序号	石灰膏	黏土	磨细粉煤灰	黄砂	原状粉煤灰	水玻璃
1	1	1～2	3～4	4～5		0.04～0.08
2	1		4～5	4～5		
3	1	0.6	2.6		2	0.125

注:一般情况不宜采用,只有在条件限制时采用。

普通砂浆类材料配合比（每立方米质量比，kg）　　　　表 7-15

序号	水泥	粉煤灰	膨润土	黄砂	混合材料	水
1	250		140	1 200		401
2	191		46	920		572
3	163			1 118	366	352
4	250	150	100	1 330	2	300

加气砂浆类材料配合比（每立方米质量比，kg）　　　　表 7-16

水泥	黏土砂	凝结剂	发泡剂	水
240	240	100	2.4	325

速凝砂浆类材料配合比（每立方米质量比，kg）　　　　表 7-17

A 液（0.5m³）			B 液（0.5m³）	
水泥	膨润土	水	硅酸钠	水
250	12～13		250	
250		436	250	

上海地铁常用的惰性浆液配合比（质量比）　　　　表 7-18

黄　砂	膨润土	粉煤灰	水
32%	11%	30%	27%

　　上海第二市政工程有限公司和同济大学共同研制了适用于上海地区泥水平衡盾构同步注浆的不含水泥、水玻璃等活性材料的优质单液惰性浆液。该浆液的优点为：①方便压注，能够充填盾尾间隙，并在早期约束管片，其密度约 2.0g/cm³；②不容易被开挖面泥浆稀释，以减少隧道上浮，稳定地层；③具有良好的动力力学性能，在地震和车辆振动等动荷载作用不产生液化的影响；④具有良好的耐化学介质性能，以抵抗硫酸盐腐蚀、氯离子腐蚀和碳化的影响；⑤每立方浆液价格约 200 元。

　　在试验室内优选的材料配比，结合上海西藏南路越江隧道试验段掘进，又在现场对浆液配比做出多方面调整，如增加减水剂、增稠剂、缓混济等添加剂，使浆液性能满足使用要求。该同步注浆材料配合比见表 7-19，可供同类盾构类似地质条件下注浆施工参考。

泥水盾构同步单液惰性浆参考质量配比（g）　　　　表 7-19

熟石灰粉	粉煤灰	砂	C2 膨润土	减水剂	硅灰	氢氧化钠	脱硫石膏	水
104	390	1 534	65	7	5	5	5	390

　　4）同步注浆施工工艺方法

　　（1）注浆方式

如图 7-53 所示,通过安装在盾构机上的注浆
管进行注浆。这种注浆方式一般用于同步注浆,
不能用于二次注浆。注浆管依在盾构壳壁上的位
置又可分为内凹式和外凸式注浆管,如图 7-54 所
示。外凸式注浆管减少了盾尾内部的占用空间,
可一定程度地减小盾构外径,从而减少盾尾空隙,
有利于减少土体扰动和控制掘进过程的地面沉
降。但由于盾壳的非圆形,不利于盾构进出洞,且
在硬土层容易磨损,一旦磨损无法修复。而内凹
式注浆管则在一定程度上增大了盾构外径和盾尾

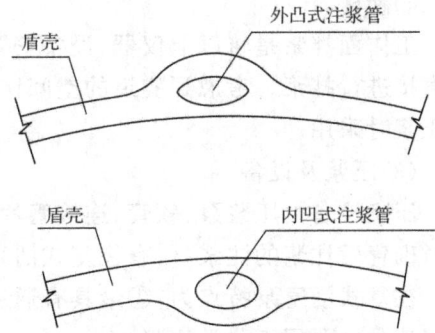

图 7-53　盾构机注浆管埋设图

空隙,相对而言,增加了盾构掘进过程对周围土体的扰动,但由于不易磨损,其地层适应性
更加广泛。对于上述两种注浆管敷设方式,都有一旦浆液固化堵管,难以清理,影响后续隧
道同步注浆的问题。

如图 7-55 所示,通过管片上的预设注浆孔注浆。这种注浆方式既可用于同步注浆,也可
进行及时注浆和二次注浆。如果用于同步注浆,其工艺相对复杂,实际施工中,若没有严格的
工序控制,往往做不到真正的同步注浆。

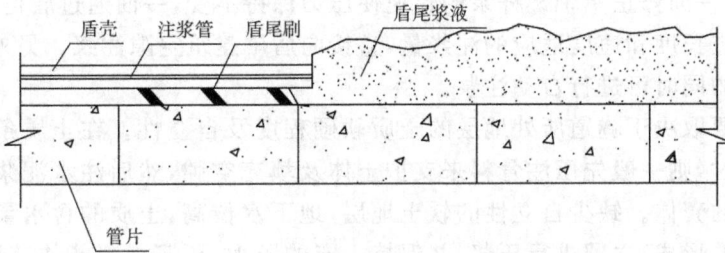

图 7-54　盾构机注浆管注浆示意图

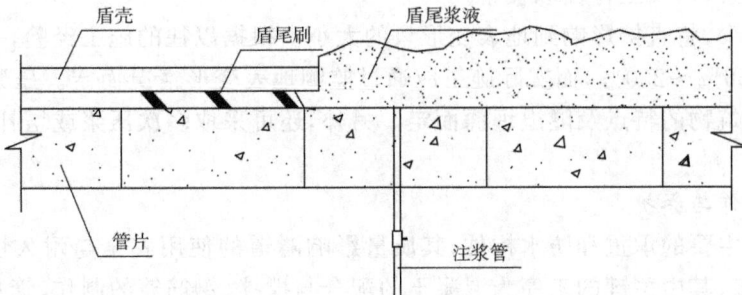

图 7-55　管片注浆孔注浆示意图

(2)拌浆及拌浆设备

一般隧道施工在地面设有拌浆站,主要用来堆放原材料,配制、拌和浆体,主要设备有:

①拌浆机,一般用强制式灰浆拌和机;

②材料起吊输送设备,如电动葫芦、斗车、运输车辆;

③气压式压浆装置,用罐式气压压浆机压注豆粒砂或轻骨料;

④浆体质量测定仪器、稠度仪;

⑤磅秤。

工作面拌浆是将以上仪器、设备安置在车架上，将所用的原材料陆续运入车架上的储存筒或直接进行拌浆。考虑到隧道的空间比较小，这种方法一般在注浆量较少的后期补压浆或局部压浆时采用。

（3）压浆及设备

压浆设备由压浆泵、软管、连接管片压浆孔的旋塞式浆嘴、管路接头、阀门等组成。用于隧道衬砌背后注浆的注浆泵，有往复式活塞泵、柱塞泵、单轴螺杆泵和挤压泵等。

往复式活塞泵特点为：①最具有通用性；②可适用于普通砂浆和冲气砂浆的长距离压送；③双液泵主要用于化学注浆。

柱塞泵的工作特点为：①高压注浆；②由于是两个泵体以上的多联式泵，而且行程也多，所以很少出现被动；③机械磨损少。

单轴螺杆泵特点为：①适用于普通砂浆和加气砂浆等的短距离压送；②因是二冲程形式，所以无波动；③适用于自动同步注浆；④比较耐用，使用硬砂浆时为 $150m^3$。

挤压泵的特点为：①适用于普通砂浆和加气砂浆的短距离压送；②压送时会产生波动；③容易保养。

当前，施工压浆泵一般采用活塞式压浆泵或自吸式压浆泵。这种注浆装置采用了注浆压力自动控制系统，一面修正单轴螺杆泵的转速使压力保持不变，一面通过盾构机上所设的喷嘴或灌浆孔按与掘进长度和速度适应的注浆量，直接向盾尾建筑空隙注浆。另外，其通过电磁流量计在监测流量的同时可进行自动注浆。

注浆工艺主要取决于隧道所处地层的土质软硬程度及自立性。在土质条件好、建筑空隙有一定稳定时间时，则一般先压注骨料来支护土体及填充空隙，然后注水泥浆，在隧道周围形成一种密实坚硬的壳体。缺少自立性的软土地层，地下水位高，土质的含水量丰富，所以应采用随盾尾后空隙的形成，立即进行压浆，并保持一定的压力，压浆材料能快速固化并达到一定强度，支撑上部土体塌落及周围土体挤入。这种压浆工艺对盾尾密封要求较高，不至于造成从盾尾向盾构内漏浆，污染工作面和设备。

压浆量的多少，将直接影响到地表变形量的大小。根据以往的施工经验，一般压浆量为理论建筑空隙的 $150\%\sim250\%$，而实际施工应通过监测地表变形情况而定。压浆采用的控制压力可根据地面建筑物的特点及隧道埋深而定。另外，还可采取多次压浆或增补压浆，以有效地控制地表变形。

（六）管片制作与养护

管片是隧道主要的承重和防水构件，其质量影响隧道的使用安全与耐久性。管片制作的主要工序有 23 步，其中关键的工序为混凝土的配合与搅拌、钢筋笼的制作、管片的蒸养与水中养护。其施工工艺流程如图 7-56 所示。

1. 浇筑混凝土前的准备工作

（1）清洗模具：组模前要对钢模进行彻底清洗，混凝土残渣必须全部铲除，内表面使用胶片配合清理，并用高压水冲洗干净；

（2）喷涂脱模油：使用雾状喷雾器喷涂，然后抹布均匀抹，使模具内表面均布薄层脱模油，如出现脱模油流淌，用棉纱清理干净；

（3）组模：模具的质量，特别是尺寸精度，对生产出合格的管片，拼装成尺寸准确的衬砌环是极其重要的，因此要严格控制组模质量；

（4）模具检查：模具组装完毕后，由专职质检员用内径千分尺在模具指定位置进行宽度检测，同时对模具的内弧面要求平整无翘曲；

（5）钢筋笼骨架入模：钢筋笼在靠模上制作完毕，用龙门吊配合专用吊具按各种规格将钢筋笼放入模具内，钢筋笼型号与模具型号要匹配，保护垫块位置准确。

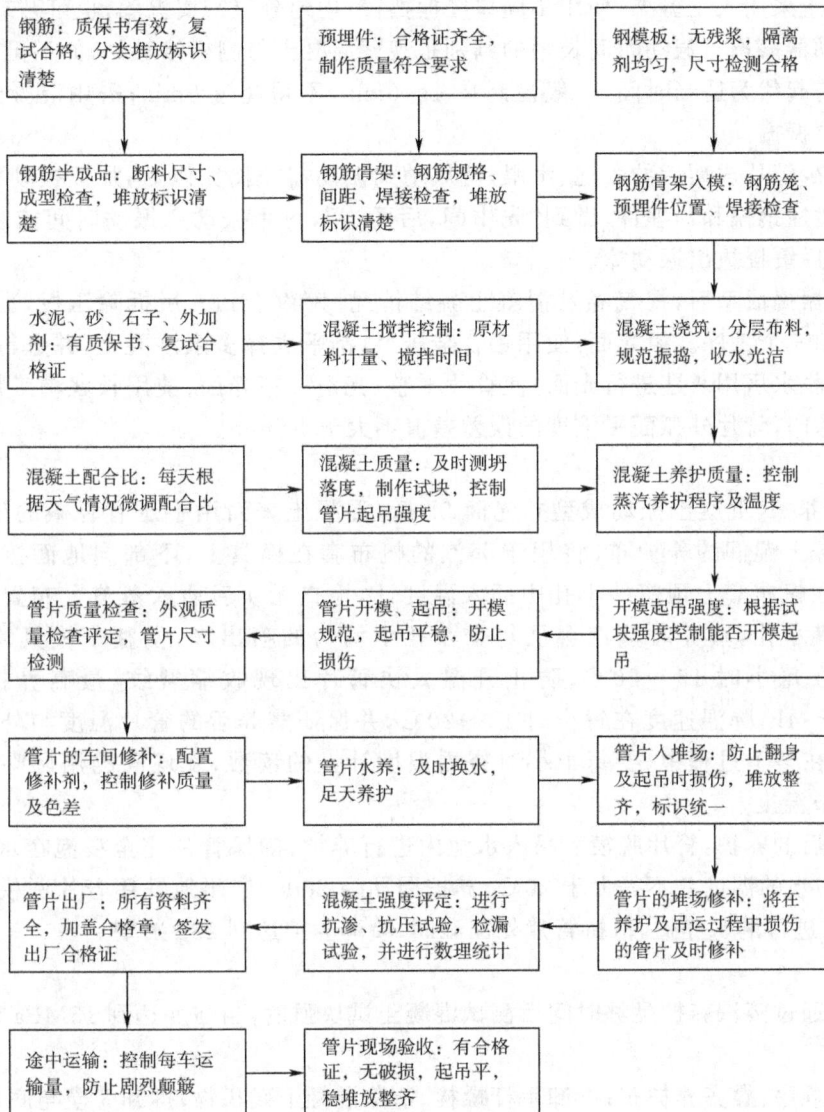

```
┌──────────────────┐   ┌──────────────────┐   ┌──────────────────┐
│钢筋：质保书有效，复 │   │预埋件：合格证齐全， │   │钢模板：无残浆，隔离 │
│试合格，分类堆放标识 │   │制作质量符合要求    │   │剂均匀，尺寸检测合格 │
│清楚              │   │                 │   │                 │
└──────────────────┘   └──────────────────┘   └──────────────────┘
         │                       │                       │
         ▼                       ▼                       ▼
┌──────────────────┐   ┌──────────────────┐   ┌──────────────────┐
│钢筋半成品：断料尺寸、│   │钢筋骨架：钢筋规格、 │   │钢筋骨架入模：钢筋笼、│
│成型检查，堆放标识清 │──▶│间距、焊接检查，堆放 │──▶│预埋件位置、焊接检查 │
│楚              │   │标识清楚          │   │                 │
└──────────────────┘   └──────────────────┘   └──────────────────┘
                                                       │
                                                       ▼
┌──────────────────┐   ┌──────────────────┐   ┌──────────────────┐
│水泥、砂、石子、外加 │   │混凝土搅拌控制：原材 │   │混凝土浇筑：分层布料，│
│剂：有质保书、复试合 │──▶│料计量、搅拌时间    │──▶│规范振捣，收水光洁   │
│格证              │   │                 │   │                 │
└──────────────────┘   └──────────────────┘   └──────────────────┘
                                                       │
                                                       ▼
┌──────────────────┐   ┌──────────────────┐   ┌──────────────────┐
│混凝土配合比：每天根 │   │混凝土质量：及时测坍 │   │混凝土养护质量：控制 │
│据天气情况微调配合比 │   │落度，制作试块，控制 │◀──│蒸汽养护程序及温度   │
│                 │   │管片起吊强度       │   │                 │
└──────────────────┘   └──────────────────┘   └──────────────────┘
         ▲                                             ▲
         │                                             │
┌──────────────────┐   ┌──────────────────┐   ┌──────────────────┐
│管片质量检查：外观质 │   │管片开模、起吊：开模 │   │开模起吊强度：根据试 │
│量检查评定，管片尺寸 │◀──│规范，起吊平稳，防止 │◀──│块强度控制能否开模起 │
│检测              │   │损伤              │   │吊               │
└──────────────────┘   └──────────────────┘   └──────────────────┘
         │
         ▼
┌──────────────────┐   ┌──────────────────┐   ┌──────────────────┐
│管片的车间修补：配置 │   │管片水养：及时换水， │   │管片入堆场：防止翻身 │
│修补剂，控制修补质量 │──▶│足天养护          │──▶│及起吊时损伤，堆放整 │
│及色差            │   │                 │   │齐，标识统一       │
└──────────────────┘   └──────────────────┘   └──────────────────┘
                                                       │
                                                       ▼
┌──────────────────┐   ┌──────────────────┐   ┌──────────────────┐
│管片出厂：所有资料齐 │   │混凝土强度评定：进行 │   │管片的堆场修补：将在 │
│全，加盖合格章，签发 │◀──│抗渗、抗压试验，检漏 │◀──│养护及吊运过程中损伤 │
│出厂合格证        │   │试验，并进行数理统计 │   │的管片及时修补      │
└──────────────────┘   └──────────────────┘   └──────────────────┘
         │
         ▼
┌──────────────────┐   ┌──────────────────┐
│途中运输：控制每车运 │   │管片现场验收：有合格 │
│输量，防止剧烈颠簸  │──▶│证，无破损，起吊平，  │
│                 │   │稳堆放整齐         │
└──────────────────┘   └──────────────────┘
```

图 7-56　管片制作工艺流程

2. 混凝土浇筑

（1）混凝土配合比必须进行试配，先在试验室试配，再到现场调整材料配比。南京地铁1号线试验段区间隧道管片生产制作对原材料控制严格，优选低碱水泥及骨料，严格检查砂石含水量率、含泥量和料粒级配，并设置专门的过筛水冲去土设备。由江苏省建科院提出初步配比，在模型试制阶段多次听取专家意见，不断优化水灰比、水泥和用各种添加剂量。在南京大地集团构件厂，第一批管片试制成功，保证隧道施工管片供应，也为其他标段管片生产积累经验。对立方体试件按规范进行正确的养护时间和抗压抗渗抗拔试验，确认混凝土配合比能否满足抗渗、设计强度、吊装孔最大抗拔能力及耐久性要求。

（2）混凝土浇筑前的准备工作完成后开始混凝土浇筑，用龙门吊将装满足坍落度 70mm±10mm、强度等级 C55、抗渗 S8 的防水混凝土的混凝土斗吊至模具上方，然后按"先模具两端后中间"进行放料。

（3）混凝土采用人工振捣，使用不同口径振捣棒，均匀分层密实捣固；也可开动模具上的附着式风动振动器振捣。振动时间长短的判别是观察混凝土与侧板接触处，如不再有喷射状气、水泡并能均匀起伏为适当时间，一般控制在 4～6min，不得超过 8min；采用混凝土分批放料，从而实现分层振捣。

（4）为减少管片成型后的气泡、水眼，待风动式振动器振捣完以后，加以振动棒振捣密实。振捣时不准碰撞钢模和预埋件，做到"先中间，后两边"，每个振动点振动时间控制在 10～20s 内，振动完成后缓慢拔出振动棒。

（5）全部振捣成型后，视气温及混凝土凝结情况，大约 10min 后拆除压板，进行光面。光面分粗、中、细三个工序。粗光面：使用铝合金压尺，刮平去掉多余混凝土，并进行粗磨。中光面：待混凝土收水后用灰匙进行光面，使管片平整、光滑。精光面：使用长匙精工抹平，力求表面光亮无灰匙印，管片外弧面平整度的误差差值不大于±5mm。

3. 养护

（1）蒸汽养护：混凝土振动成型并光面 2h 后，混凝土表面用手压有轻微的压痕时，在管片外弧面上盖上湿润的养护布，将用于蒸汽的帆布套在模具上，下部同地面接触的地方用木方压实。在帆布套上预留的小孔中插入温度计，检查无误后通入蒸汽。布置于模具底部的蒸汽管布满小孔，蒸养时蒸汽会从每个小孔中均匀的喷出来，使整个模具均匀的升温。升温时速度在每小时 15～20℃，防止升温太快管片出现收缩裂纹，最高养护温度 50～60℃；恒温 3～4h；降温速度在每小时 15～20℃，并保证蒸养后的管片温度与外界温度差不大于 20℃。在整个过程中，要每半小时查看温度计上的读数，发现问题用调整蒸汽通入量的大小来调节温度。

（2）脱模后的养护：管片脱模后吊入水池内进行养护，确保管片完全浸泡在水里。管片入池时其与池中水的温度差不得大于 20℃，养护周期为 28d。广州地铁用管片脱模后先在水池静养 7d，然后进行淋水养护，保持管片外面湿润，喷淋养护达到 28d 龄期。

4. 脱模

（1）管片通过蒸汽养护足够时间后测试混凝土试块强度，当强度达到 15MPa 以上时，开始组织脱模；

（2）拆模顺序：叠齐养护布；拆卸手杆螺栓，清除混凝土残积物；拆卸旁模与底模固定螺栓；拆卸侧模与端模连接螺栓，两侧和端模拆开后，使用专用水平起吊吊具，用龙门吊将管片吊出到管片翻身机上；

（3）拆模中严禁锤打，敲击模具等野蛮操作。管片起吊时，地面操作要由多人配合进行，确保管片垂直出模，以免损坏管片。

5. 三环试拼装

（1）按施工验收规范，管片每生产 100 环管片后，由于管模可能尺寸不够精确或生产过程中振动变形，需要进行三环试拼装，以检查管片几何尺寸和模具是否符合要求；

（2）为保证拼装质量，需制作一个钢筋混凝土平台，平台确保水平，误差控制在 2mm 以内；

（3）制作 12 个拼装支架，支架能够在高度上进行微调，以便矫正管片拼装后的水平；

（4）拼装顺序：首先在平台上画直径为管片内径和外径的两个圆，作为拼装时的参考线；先放置标准块，再邻接块，最后放入封顶块；一环拼装完后，错缝拼装另两环；

（5）检测：管片拼装完后利用不同型号的插片对管片之间的纵缝、环缝进行测量，以检测各管片之间的缝隙是否符合要求；再用水准仪分别测量各接缝的几个点，然后计算这几个点是否在同面上。

6. 管片修补

（1）在管片脱模和搬运过程中不可避免地会发生管片缺角、掉边、崩块现象，需要进行修补；

（2）管片外表面的气泡，蜂窝或漏浆：深度 5mm 时，先用锤子或凿子刮去表面微细裂痕，用水清洗基层，清除所有的浮浆、油迹、粉尘等杂物，然后装上木模板，用西卡胶皇修补拌和水泥进行修补填平，干后再涂一层混合浆液，干透后（24h）再打磨；

（3）管片露筋：基层处理，用刀刮去钢筋表面的污垢，再用高纯度酒精清洗钢筋。待干透后，使用小灰铲进行修补。修补分两次进行，先初步修补，管片周边装好木模后，涂底层浆液，再用修补剂混合水泥将修补部位填平；待表面涂一层混合浆液干透后，用砂纸进行磨平修整；

（4）边角崩块：基层处理，用锤子或凿子刮去表面微裂痕，去除油迹和灰尘。修补处理分两步进行，先装好木模，填平该修补的部位；然后在表面涂一层混合浆液，干后用砂纸磨平修整。

7. 注意事项

（1）严禁使用铁器进行内表面清模。

（2）放入钢筋笼之前必须对钢模内弧面宽度进行检测，装配好模具后必须对钢模外弧面进行检测。

（3）拆模中严禁捶打、敲击模具等野蛮操作。管片起吊时，地面操作由四人配合进行，确保管片垂直出模，以免损坏管片。

（4）拆除垫圈时不能硬撬、硬敲，以免损坏垫圈和管片。

（5）预埋件定位准确，施工振捣时不能碰撞预埋件。

（6）按规范要求应对 10% 的管片进行出场前抗渗检漏测试，其检测抗渗压力为 0.8MPa，恒压时间为 2h，以渗透深度＜1/5 管片高度为合格。用钢梁制作扁担压紧外弧面橡胶板，经吊装孔向外弧面压注承压水，并维持一定时间。

（7）管片达到 16MPa 强度后方可脱模，并在管片上印刷生产日期、型号、编号。管片堆放不得超高，要堆放平整，避免倾覆。

（8）各种吊运钢丝绳、夹具、销轴等物件使用之前必须检查，并及时修复更新。

四、盾构进、出洞

（一）盾构基座和后靠支撑变形和稳定

1. 引起的灾害及事故

盾构出洞过程中，因盾构机下卧基座偏转变形，使盾构掘进轴线偏离设计轴线；盾构刚出洞，无长距离管片隧道及四周的土体摩阻力提供盾构前进千斤顶反作用力，这一反作用力直接作用在后靠支撑体系上，支撑体系无足够的强度及刚度，将可能引起支撑的弯曲、位移，甚至滑落。

2.原因分析

(1)盾构基座和后背靠支撑体系整体刚度,稳定性不够,或局部构件和连接点强度不足。

(2)盾构机姿态控制不好,盾构推进轴线与基座轴线产生较大夹角,致使盾构基座受力不均匀。推力突然加大,或受千斤顶编组影响,造成后靠受力不均匀,不对称,出现应力集中。

(3)盾构后靠填土不密实或填充的混凝土强度太低。

(4)后靠与负环管片间的结合面不平整。

3.预防措施及灾害对策

(1)合理控制盾构的姿态,对千斤顶合理编组,使盾构的轴线与基座的中心线夹角保持一致,使千斤顶推力的合力作用线与后支撑体系的反力的作用线中心尽可能一致,使受力均衡。

(2)如洞口段隧道设计轴线为曲线时,盾构基座应沿隧道设计轴线的切线方向放置,切点必须取洞口内侧面处。

(3)基座与后背靠支撑体系经过受力计算,保证整体及各构件的强度、变形刚度及稳定性。各连接点应采用合理的连接方式以保证连接牢靠,各构件的安装要定位准确,确保电焊质量及螺栓连接的强度。

(4)用高强度等级的细石混凝土填充各构件连接处的缝隙,填充密实,使推力均匀的传递至工作井后井壁。构件受力前还应做好填充混凝土的养护。

(5)盾构基座的底面与始发工作井的底板之间要抹平垫实,连接牢固。

(6)尽快安装上部的后盾支撑构件,完善整个后盾支撑体系,以便开启盾构上部的千斤顶,使盾构支撑系统受力均匀。

(7)一旦基座产生过大的变形位移,先停止推进,对已破坏的构件加固或更换;如果基座变形破坏严重,无法加固修理,则应将盾构抬离基座,更换新的基座。

(8)如支撑构件接缝间填充混凝土碎裂,清理剔除老的混凝土,重新填充高等级的细石混凝土;对变形过大的支撑构件进行加固,补强。

(二)进出洞口土体的滑移,流失和地面的沉陷

1.可能的灾害事故

拆除洞封门时,洞门前方土体从封门间隙向井内涌水、涌砂。盾构机未及时靠向洞门,大量的土体从洞口流入井内,洞口外土体整体滑移,外侧地面大量沉降。如洞口周围有建(构)筑物及底下管线,造成建(构)筑物倾斜、开裂,甚至倒塌;管线破损,引起局部的断电、断水、煤气泄漏。上下水管道大量的渗漏水不能及时处理,可能加剧洞口土体的塌方,使井内盾构设备被掩埋。大量泄漏煤气积聚,一旦遇到明火引起煤气爆炸,酿成更严重的灾害事故。盾构机在冻结加固区推进不宜过长停顿,上海地铁一台盾构机大刀盘离开工作井不到3m即将进洞,由于较长时间的停顿,加上冻土的温度偏低,制冷机能量较大,使大刀盘与冻土冻结在一起,几次启动电机无法带动刀盘。其通过注入热水、人工解冻等综合措施才完成进洞。

2.原因分析

(1)洞口外土体加固方案选取不合理,加固土体的强度,加固土体的尺寸计算不当。例如南京地铁1号线一期某标段土压平衡盾构出洞洞口为渗透系数大的粉细砂,洞口轴线上有一承压流动性砂层,地下水十分丰富。按常规应采用冻结法出洞更为安全,施工单位为节省工期和资金,先用高压旋喷加固,大量的加固水泥浆使洞口路面抬起约1m。但经检查,在洞口中心位置有3m高度不能成桩,封门的探孔上有砂及水喷涌。后改为降水加固,轻型井点及深井井

点,真空泵井点等各种降水措施全用上了,井口水位始终无法降至盾构出洞中轴线以下。虽然强行出洞成功,但是造成了一定工期和资金的浪费。

(2)洞口土体加固质量不好,水泥掺量不够,强度低,搅拌不均,有夹泥夹砂现象。经加固土体达不到加固土的强度(一般无侧限抗压强度 $q_u = 1.2MPa$),缺少自立性,渗透系数达不到止水效果。

(3)洞门密封装置安装不精确,止水橡胶帘布带内翻,造成接缝水土流失。

(4)封门拆除工艺编制不合理或施工中发生意外,造成封门外土体暴露时间过长。

(5)洞口密封装置强度不高,经不起较高的土压力,受挤压破坏失效。

(6)盾构外壳上有突出的泛浆等物体,使密封受到影响。

(7)进洞时土压力未及时下洞,致使洞门装置顶坏,大量井外土体塌入井内。

3. 预防治理的措施

(1)根据现场土质和水文状况,制订合理的土体加固方案,并在拆除封门前设置观察孔,检测加固效果,确保土体有足够的强度、自立性、隔水性后再拆除封门。

(2)布置井点降水管,将地下水降至保证安全进出洞的位置。

(3)制订合理的封门拆除工艺,确保封门拆除快速、安全,及时跟进盾构,使盾构刀盘嵌入洞口抵挡洞口外水土压力。

(4)洞口密封圈安装要准确,在进出洞过程中,随时观察,防止刀盘外缘同边刀割伤橡胶密封圈。密封圈可涂牛油增加润滑性。洞门的扇形钢板也要及时调整,改善密封圈的受力状态。

(5)在设计和使用洞门密封时,要预先考虑到盾壳上的注浆管等凸出物体。在相应的位置设计可调节的构造,保证密封的性能。

(6)盾构进入洞土体加固区时,要降低正面的平衡压力。盾构进洞时要及时调整密封钢板的位置,及时将洞口封好。

(7)要及时将受挤压变形密封圈重新压回洞口内,恢复密封性能,及时固定弧形板,改善密封胶带工作状态。

(8)一旦发现洞门周围漏泥漏水,自洞口部位向外压浆堵漏,减少土体流失。

(三)盾构出进洞偏离设计轴线

1. 灾害事故

盾构出洞推进后由于覆土浅和上部千斤顶未开启,推进轴线上浮,难以下压坡从而偏离设计轴线较大,有时达到 $10 \sim 30cm$。盾构在曲线上出洞更加困难,盾构出洞受洞门加固土体的制约转向困难,盾尾千斤顶分组受到背靠支撑限制,难以提供转向的单侧的较大的推力。盾构出洞经加固区进入未加固区时,地基为低强度压缩的淤泥质黏土,可能产生盾构机磕头,脱离设计轴线。盾构进洞后,最后几环管片往往与前面几环管片存在明显的高差台阶,影响隧道净空尺寸。盾构偏离设计轴线,轻则使盾构隧道净空限界受影响;严重时,如果侵入限界就必须设计修改行车轴线,使车辆运营速度和安全不受影响;特别严重时,进洞洞口偏高,盾构机无法到达目标工作井,隧道使用功能丧失,工期延误,经济损失大,将出现重大工程质量事故。

2. 原因分析

(1)洞口土体加固强度太高,使盾构推进力提高。开始几环后管片为开口负环,上部后盾支撑千斤顶未安装好,上部分组千斤顶无法开启,推力主要集中下部千斤顶,使盾构产生一个向上的力矩,致使盾构姿态产生向上的趋势。

（2）盾构平衡压力设定过高，导致引起盾构正面土体上拱变形，引起盾构轴线上浮。

（3）进洞前100m或50m轴线探测检查失误，盾构机本身激光导向装置失灵。

（4）盾构进洞后，由于接收基座中心夹角与推进轴线不一致，盾构姿态突变，使盾尾中的圆环管片中心位置发生变化。最后两环管片在脱出盾尾后，由于洞口限制，与周围土体的间隙无法及时充填，加上水土流失，容易在重力作用下产生沉降。

3．预防措施及防治对策

（1）确定合理的土体加固方案、加固方法和强度，保证加固土体强度均匀，防止局部硬块等。

（2）正确设立盾构的土压，及时用不同方法测定复核盾构轴线偏差，发现偏差后缓慢纠偏。

（3）出洞时及时安装盾构上部后支撑，早日开启上部千斤顶，改善盾构推力分布状况，有利于控制盾构上浮。

（4）盾构进洞后，将进洞的最后几环管片在上半圈部位用槽钢相互连接，增加隧道纵横向刚度。

（5）在最后几环管片拼装时，注意将拼装螺栓及时紧固，提高抗变形的能力。

（6）进洞前调整盾构的姿态，使盾构的高程略高于接受基座高程。

（7）在管片拼装时加贴楔形垫片，调整管片环面与轴线垂直度，及时纠正轴线偏差，尽量利用盾壳与管片衬砌间隙作隧道轴线纠偏，减少一次纠偏量。

（8）在洞门密封钢板未焊接前，用整圆装置将下落的管片及时托起，保证其真圆度。

（9）正确操作盾构，按时保养设备，保证机械设备功能良好；匀速缓慢通过进出洞加固区，不宜较长时间停顿。

五、盾构机掘进及隧道衬砌管片拼装

盾构机掘进及管片拼装是盾构法隧道施工的关键工序。在施工中要保证隧道的实际轴线与设计轴线一致，上下和左右的偏移过大都要影响建成后隧道的使用限界；其次要控制出土量及推进速度，使其互相匹配，使工作面上的压力与盾构密封舱设定压力保持动态平衡，不致引起工作面的塌方；再次要注意加强同步注浆材料质量、注浆压力和注浆量的控制，防止地面产生较大的沉降；最后要确保管片圆环拼装的椭圆度，接缝台阶高差，使隧道不渗水、漏泥、漏砂，保证长期使用的稳定性和耐久性。

（一）可能出现的事故

（1）出土不畅，正面阻力大，扭矩增大，造成推进困难，刀盘转动扭矩超出额定的负荷，地层隆起变形大，道路开裂，地下管线断裂破损。上海地铁4号线临平路站至溧阳路站区间隧道，有一段全断面为粉细砂，工作面压力无法建立平衡，密封舱内渣土离析，螺旋出土器受阻，开挖面正面阻力和刀盘的旋转扭矩都有成倍增长，工作面地面隆沉现象明显。后来采取向工作面压注泡沫剂、肥皂水等改良渣土性质，盾构才得以顺利掘进施工。

（2）正面开挖出土量太大，不能保持密封舱压力与开挖面平衡，引起工作面坍塌下沉。20世纪90年代用网格盾构修建延安东路北线隧道，因为无法很好地建立开挖面土体的平衡，在浦东及浦西黄浦江岸段有的地方地面沉陷达到0.5～1.0m，致使一个加油站、一幢旧的砖木结构房子受损改建。近年来，在上海、南京、广州等城市盾构法施工地铁区间隧道，虽然采用了土压平衡的技术，在复杂地质及环境条件下，施工造作不当经常有局部沉降过大，甚至出现塌陷的漏斗坑。2007年7月上海地铁10号线某一个标段施工造成一幢六层混合结构楼房明显的

倾斜。

（3）轴线偏差过大。盾构"蛇行"前进，左、右、上、下摇摆前进，发生过大的偏离，影响工程使用，严重时偏离预留工作井的出洞口，出洞困难损失很大。上海20世纪90年代，采用土压平衡盾构施工一电厂引水隧道，自浦东向浦西推进，到达目标工作井时，千斤顶加大推力，盾构机头怎么也进不了预留出洞口。经检查，其轴线偏离十几厘米，盾构机头一部分抵住目标井的井壁。此后，不得不进行开挖，加大洞口，强行出洞，结果工期延误，造成经济的损失。对轴线偏差纠偏常引起管片的挤伤，缺边丢角，局部土体的超挖，土体扰动增大。

（4）管片拼装质量差

同一环管片在拼装完成后，迎千斤顶的一侧环面不在同一个平面上，不同块间有凹凸现象给下一环拼装带影响，导致环向螺栓穿进困难，造成管片因千斤顶纵向施力局部应力集中引起管片的碎裂。

由于累积的误差，拼装完成后的管片环与盾构推进轴线垂直度偏差超出允许范围，造成下一环管片拼装困难，影响推进轴线的控制。

同一环相邻管片位置发生变动，致使相邻环对应管片无法对齐，纵缝出现前后喇叭，内外张角，内弧面产生踏步，纵缝过宽，两块管片相对旋转等质量的问题。

拼装成环的管片与设计要求的拼装位置相比较，旋转了一定的角度，使盾构的后续平架及电机车轨道铺设不平整，影响了设备的运行，也增加封顶块插入难度。

螺栓的拧紧力矩未到达要求，有些螺母用手就能拧动。双头螺栓一头超出螺栓一头缩入螺母，使螺纹有效连接长度不能保证，甚至有个别螺栓没穿进，漏穿。已拼装好的管片环，千斤顶一施压或者一松动或有封顶块、邻接块滑落现象，砸伤人员与设备，究其原因大多为漏穿螺栓。

拼装完成后的相邻两环管片间内弧面不平，环高差过大。拼装完成后的管片圆环水平直径与垂直径相差过大，椭圆度超过标准，即形成通常所说的"竖鸭蛋"或"扁鸭蛋"。

拼装完成的隧道管片缺角掉边，特别错缝拼装时，管片环面不平整，相邻管片迎千斤顶面有交错现象，使后拼上的管片受力不均，管片表面会出现裂缝，盾构顶推力过大时，会顶断管片。裂缝从管片前端开裂并向后延伸，主要集中在隧道拱顶位置。裂缝从管片后端开裂并向前延伸，此类裂缝主要在隧道的两腰部位或偏上位置，

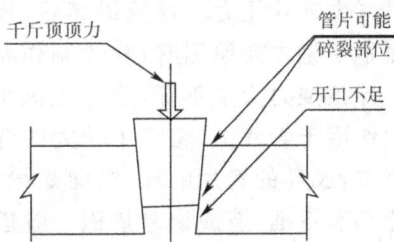

图 7-57　封顶强行挤入造成管片碎裂示意图

如图 7-57 所示。

（5）泥水盾构隧道脱出盾尾的上浮拼装完成的隧道脱出盾尾后，由于泥水中浮力过大将隧道抬起。在盾尾内的 2～3 环管片，由于盾构壳体嵌固和盾构机压与盾构处于同一设计轴线上，一脱出盾尾隧道上浮而使隧道上翘起，上半圆受拉，下半圆受压，外弧面管片碎裂。上海市复兴东路越江隧道及翔殷路越江隧道施工中有类似的情况发生。

（6）盾构施工过程中地面冒浆

土压平衡盾构由于盾尾同步注浆压力过大，地面覆土太薄，土层比较松散，都可能有浆液向地面渗漏，有的大量冒浆，造成道路污染。泥水平衡施工过程中，盾构切口前方地面出现冒浆。如果海底或江底隧道，注浆压力大，浆液击穿水底覆土，产生水体与隧道开挖面通透涌水，

将产生安全事故。

（7）盾尾密封装置泄漏

由于盾尾钢丝刷长时间与管片外弧面摩擦，钢丝刷钢板刷磨损，油脂（聚氨酯）流失，地下水、泥砂及同步注浆浆液从盾尾透过密封装置，进入盾尾盾壳及隧道内，严重污染盾尾隧道管片拼装环境，降低工程质量，甚至产生地面塌方冒顶，给工程安全带来灾难。

（8）长时间停顿，阻力增加，扭矩增加，盾构机可能后退、下沉，引起轴线偏差或其他质量事故。

（9）长期使用过程中，管片隧道接缝渗水，漏泥砂，土体固结变形，地面荷载变化，土体开挖卸载，列车运营振动砂土液化，均可导致隧道局部下沉或上浮。

（二）事故发生原因

（1）刀盘开口率过小，进土不畅；对于网格式盾构，正面水力挖土不到位；网格盾构的网格尺寸偏小，进土不畅通。土压平衡盾构螺旋出土器转速不够，出口排土不畅。泥水盾构泥浆泵功率不够，刀盘进土开口率过小，进土不畅通。盾构正面遭遇到土层变化，如由软黏土遇到全断面流砂、软岩等坚硬岩层、较大块状障碍。

（2）网格盾构开口尺寸大，土压平衡盾构和泥水平衡盾构进土开口率偏大，螺旋出土器转速快，过量出土造成正面土体崩塌。盾尾间隙未及时补浆，上部土体失去支撑下沉。

（3）盾构可能遇到上、下、左、右土层不均，轴线测量不准确，未及时纠偏，造成轴线超标，影响使用限界。

（4）管片制作尺寸误差累积，拼装时前后两环管片间夹有杂物。千斤顶的顶力过大，分配不均，伸缩跟进不同步，使环缝间的止水条压缩量不相同。国内地铁盾构隧道施工中，淤泥质黏土层中总推力为 8 000～12 000kN；细砂土地层中总推力为 12 000～15 000kN。当总推力过大时，养护不好并且配筋小的管片则有可能开裂。在千斤顶与管片接触处设置撑靴以减少管片压力。撑靴损坏后，管片局部压力增大造成管片损坏或出现裂缝。造成管片环面不平整主要原因有：管片制作精度误差，管片纠偏时贴片不平整；盾构机推进时，各区的千斤顶推力大小不等，管片之间的环缝压缩量不一致等。因管片环面不平整，盾构机千斤顶作用于管片上，将产生较大的劈裂力矩造成管片开裂。纠偏楔子粘贴部位和厚度不符合要求，成环的管片的环、纵向螺栓没有及时拧紧和复紧，拼装管片未能形成正圆，前一环管片基准不准，造成误差累积。隧道轴线与盾构实际中心不一致，盾壳嵌紧管片，只能拼成椭圆，纵横缝质量无法保证。

（5）盾构切口前方前方泥水后窜至盾尾，使管片处于悬浮状态。同步注浆浆液密度太低，注入后强度提升慢。管片纵向连接螺栓未穿进到位，未及时拧紧。推进时纠偏量大，形成较大范围的扰动土层，所遇到土层含水量丰富，经扰动极易变成流动状态泥浆。

（6）覆土层较浅，覆土层中有裂隙，工作面设定的土压力偏高，特别加注的泥浆压力高，流动性好。同步注浆压力大，注浆量偏多，沿地层松散薄弱部位向地面窜浆。

（7）密封钢丝刷钢板刷配置不合理，长距离推进未及时更换，未及时压注油脂、聚氨酯。同步注浆材料对密封钢丝刷钢板刷腐蚀、损坏。

（三）预防措施

（1）在网格盾构正面合理布置水枪，保证水枪能均匀冲刷盾构断面内土体，避免出现冲刷盲区。

（2）合理设置网格形式，优化其开口尺寸，保证出土畅通。

(3)应对盾构穿越的沿线做详细的地质勘察,摸清沿线影响盾构推进的障碍物具体位置、深度。在螺旋出土器进口(或泥浆管路进口)设大型块状障碍物的破碎装置。盾构处于不均匀地层时,适当控制推进速度,减少推进时的不均匀阻力。

(4)遇到全断面流砂或软岩、砾石层,要及时更换切削刀具,将用于软土切削的刮刀换成单刃或双刃的盘型滚刀。向开挖面压注水、膨润土或泡沫剂,改良开挖面的土性,减少大刀盘旋转扭矩及千斤顶推力。

(5)对土压平衡盾构及时调整土压的设定值、推进速度等施工参数;对于泥水盾构控制泥水质量,准确设定泥水平衡的压力、推进速度等施工参数,确保泥水输送系统正常运行。盾构在极软弱土层中推进时,应掌握推进速度与进土量的关系,控制正面土体的损失。

(6)经常检修推进千斤顶,确保其运行良好。

(7)选用有先进的方向制导的仪表的盾构机,如德国海瑞克盾构机配有激光对中监测仪并有对拼装管片的空位系统,对每一拼装的隧道环及时提供隧道中心与设计轴线左、右、上、下偏差,以及环面与轴线的交角。施工中,应勤测、勤量,多纠,一次少纠,尽量使每一环管片居中拼装。经常纠正管片的环面,使环面与盾构轴线垂直,管片始终跟随盾构的轴线,使管片与盾尾间隙保持均匀。盾构机要配置真圆的校正器,每拼接一环用真圆器整圆。拼装拱底块管片前,应对盾壳底部的垃圾进行清理,防止杂质夹杂在管片间,影响隧道轴线。对于管片存在上翘或下翻的情况,要局部加贴楔子进行纠正。封顶块拼装前,调整好开口尺寸,使封顶块管片顺利插入到位。同步注浆管配置使管片受力均匀,避免单边注浆使管片单侧受挤压偏位。盾构机在砂层掘进时,应加注泡沫剂,防止土仓内积"泥饼",减小推进扭矩和总推力,同时防止推进速度过快。检查千斤顶撑靴,对出现损坏的应及时更换。

(8)控制泥水盾构切口环泥浆压力与稠度,防止向盾尾窜进。采用高密度、瞬时可达到一定强度的单液注浆,有效抑制脱出盾尾隧道的上浮。注意纵向螺栓穿入拧紧程度。提高注浆与盾构推进的同步性,使浆液能及时充填建筑间隙,保持足够的盾尾注浆压力。加强对隧道浮沉的监测,发现隧道有上浮的较大趋势时,立即采取对已成环隧道进行补压浆措施。

(9)对运营的隧道实施长时间观测,测定其高程变化及相对高差。发现隧道差异沉降较大时,应引起足够的重视。适时从管片吊装孔中向外压注以水玻璃、水泥为主要材料补偿注浆,加固地层,防止隧道有过大的沉降和隆起。

(10)制定已运营的盾构隧道的安全保护规定,并请当地政府主管部门认可。在隧道轴线上方及一定距离内不能进行打桩、土方开挖、抽(灌)地下水等工程活动。对于浅埋水下隧道,规定轮船抛锚、停泊时应离开的距离。

六、隧道管片防水施工

1. 常遇工程事故

(1)管片压浆孔处渗漏,压浆孔周围有水渍,压浆孔周围混凝土有钙化斑点。

(2)隧道管片接缝处有水渗漏、滴漏、线漏,甚至漏泥、漏砂,致使隧道地基掏空,发生不均匀下沉。

(3)地下水、流砂沿螺栓孔经手孔渗出,有水渍及滴漏。

（4）由于管片碎裂，泥水沿裂纹、缺角丢边处向隧道内渗漏。

（5）盾构隧道与工作井接头处，与联络通道接头处出现渗漏水、漏泥砂。

（6）个别管片有沿环间或纵向受力裂纹渗水，甚至滴漏。个别管片非规则的渗漏水，甚至线漏或滴漏。

2. 事故产生原因

（1）压浆孔的闷头螺纹与预埋螺母的间隙大，压浆完毕注浆孔闷头未拧紧。

（2）管片拼装质量差，接缝中泥砂杂物未清除，管片纵缝有内外张角、前后喇叭等。管片之间的缝隙不均匀，局部缝隙太大，止水条安装不牢，在隧道成环之前遇水淋、水浸，止水条无法达到防水要求。

（3）由于管片拼装质量差，相邻管片间错位，有的螺栓无法穿进，或无法完全穿进。螺栓与螺母尺寸超差，造成螺母松动无法拧紧。螺栓未穿入防水橡胶垫圈。

（4）野蛮运输拼装，使管片边角破损；管片养护不合理，表面出现干缩龟裂纹；高水头压力沿接缝缺损部位及微细裂纹渗入。

（5）盾构隧道与工作井和联络通道之间差异沉降较大，致使连接部位开裂渗漏。

（6）管片在施工及使用阶段受力过大，产生受力裂缝。隧道管片在盾尾中的偏心量太大，盾尾挤压磕碰管片，使其开裂。拼装时凹凸榫没有对齐，千斤顶顶紧时，凸榫对凹榫产生径向分力顶坏凸榫，如图 7-58 所示。

由于管片拼装时环面偏差，管片之间未形成面接触，千斤顶靠拢时接触点处应力集中使管片局部破裂，如图 7-59 所示。

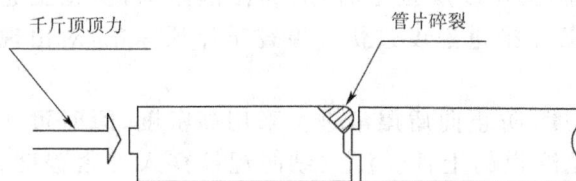

图 7-58 有凹凸榫管片定位不准导致管片碎裂　　　图 7-59 管片局部接触应力过大而碎裂

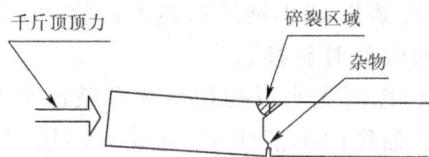

个别管片混凝土搅捣不密实，养护不合理，出现局部麻面、裂隙及孔洞。隧道在使用阶段受力状态和水文地质发生较大变化，由此产生隧道差异沉降或隆起，可能引起接缝张开，渗漏水量增加。

3. 预防措施

（1）控制好盾构推进的姿态，调整千斤顶编组情况，要使推力的变化均匀；调整好管片环面角度，管片要放置正确；千斤顶靠拢时要有足够的顶力，不使管片产生相对滑动，减少推进过程中产生转动力矩，不使管片偏转。拼装机操作时动作平缓，均速缓慢旋转，不致碰伤边角，保证拼装的椭圆度及台阶高差。及时测量已成环管片的旋转情况，变换管片拼装的顺序，使成环隧道的管片旋转，得到及时纠正。

（2）对所有的螺栓进行紧固，对未穿入或未完全穿入螺栓的管片，可采用特殊工具对螺孔进行扩孔，或者对换小直径等强的螺栓，保证螺母紧固。螺栓穿入合格的橡胶密封垫圈，借助螺帽压紧。

（3）管片运输过程中，使用弹性的保护垫将管片与管片之间隔离开，以免发生碰撞而损坏管片。在起吊过程中，防止磕坏管片的边角。

（4）按设计要求进行嵌缝及封堵手孔。高压水对接缝手孔冲洗干净浮渣、碎块，涂刷界面剂，设防止收缩开裂的"工字形"塑料压条。采用玛蹄脂、聚硫密封胶嵌缝，采用微膨胀水泥细石混凝土封手孔。

（5）经常检查隧道的渗漏水情况，针对不同的渗漏、线漏、滴漏水特点和出现的位置，采取不同的注浆堵漏的措施。通常采用开槽、埋管、引流、填充快硬水泥，压注聚氨酯防水材料，检查、剪除压注管。经过专业堵漏的队伍的防水施工，可以很好地将渗漏水事故进行处理，而且能保证一定的使用年限。

（6）精心设计、精心施工，防止管片施工和使用阶段出现超过允许范围的开裂破损。优化管片混凝土的配合比，控制蒸养升降温的速度及时间，合理保证浸水养护及喷水养护时间，保证出厂管片质量。

（7）隧道与工作井和联络通道结合部位，设置变形缝和调整纵向受力的拉杆，预先对二者接合部位进行地基的处理等综合措施，防止有过大的差异沉降。

（8）对隧道进行收敛及管片高程经常性的监测。一旦发现变形量及变化速率异常时，及时分析原因。采取打开管片注浆孔进行二次补偿注浆，增加抗浮压板抗拔锚桩等方法，控制隧道纵向变形引起的差异沉降。

七、盾构机设备故障

（一）常见事故

（1）地层变化处，推进困难，刀盘无法转动，刀具磨损厉害。从饱和黏土进入密实的粉细砂，螺旋出土机空转，盾构机千斤顶满负荷无法推进。从软土到软岩，遇到大的石块，刀盘无法转动，大石块无法进入土舱，无法进入螺旋出土器。

（2）盾构刀盘主轴承失效，刀盘无法转动，盾构失去切削功能无法推进。

（3）盾构推进千斤顶内泄漏，密封圈老化造成泄漏，无法建立需要压力，盾构推进压力无法达到推进所需的压力值。虽然盾构推进系统可以建立压力，但千斤顶无法伸缩，推进和拼装压力转换失灵。

（4）液压系统漏油，管路接头漏油，影响液压系统正常工作。

（5）皮带运输机打滑，驱动辊旋转而皮带不转，螺旋输送机排出的土堆积在皮带运输机的进料口，甚至堆积在隧道内，影响盾构推进。

（6）千斤顶行程、速度无显示，控制盾构推进困难。

（7）盾构内气动元件不动作，盾尾油脂泵、气动球阀等气动元件失灵，使盾构无法正常推进。

（8）电机超负荷运转，断路烧毁。

（9）信息采集元件受振动、潮湿、高湿等外界因素导致失灵，传输电路断损，操作台信息无显示，无法接收和发出指令。

（二）事故产生的原因

（1）地质勘察失准，盾构推进前未能完整准确地掌握沿线岩土介质物理力学参数。刀盘扭矩、开孔率、千斤顶推力及螺旋出土器出土量同岩土介质实际情况不符，相互之间不匹配。

（2）盾构刀盘轴承密封失效，砂土等杂质进入轴承内，使轴承卡死。滚柱无法在滚道内滚动，轴承损坏。轴承封腔内润滑油脂压力小于开挖面正面水土压力，致使正面的泥土或地下水夹带杂质进入轴承，使轴承磨损，间隙增大，失去密封的效果；其次，将致使保持架受外力变形破坏,使滚柱散乱,轴承无法转动。轴承润滑状态不好,使轴承磨损严重,进而损坏。

(3)千斤顶油压系统的换向阀不动作,油温过高,连锁保护开关起作用,使千斤顶无法伸缩;换向阀不动作,使千斤顶无法伸缩;刀盘未转动、螺旋输送机未转动等连锁保护开关起作用而使千斤顶不能动作;先导泵损坏,无法建立控制油压,无法对液压系统进行控制;滤油器堵塞管路内混入异物,堵塞油路,或滤油器堵塞使压液油流动不到位。液压管路因为接头振动松动,密封圈过早老化失效,油温度压力持续升高,液压油黏度下降,产生接头及回油管路泄漏。

(4)液压系统漏油的原因:油接头因液压管路振动而松动,产生漏油;"O"形圈密封失效,使油接头漏油;油接头安装位置不好,造成安装质量差,产生漏油;油温高,液压油的黏度下降,造成漏油;系统压力持续较高,使密封圈失效;系统的回油背压高,使不受压力的回油管路产生泄漏;密封圈的质量差,过早老化,使密封失效。

(5)皮带机张紧度不够,其刮板刮土不干净,黏附在皮带上的土被带到驱动辊上,使皮带打滑。皮带机传送的土体太湿,含水量大,有泥水流到皮带机的反面,引起皮带打滑。推进结束时未将皮带机上的土排干净就停机,下一次皮带运输机重载启动,使皮带打滑。

(6)施工时泥水喷溅到千斤顶行程传感器上,使其受潮损坏。拼装管片时工人踏踩在千斤顶活塞杆上,损坏了传感器元件,传感器的信号线断路等原因使传感器无法检测数据;传感器的信号线断路,无法将信号数据传送到显示器;冲水清理时有水溅到千斤顶行程传感器,使传感器损坏,无法检测数据。

(7)盾尾油脂泵和气动球阀存在严重的漏气点,压缩空气压力达不到规定的压力值。由于盾尾水汽影响,使气动控制阀的阀杆锈蚀卡住。气压太高,使气动元件的固位弹簧过载而疲劳断裂,气动元件失灵。系统存在严重漏气点,压缩空气达不到规定的压力值。

(三)预防措施

(1)提高勘测设计的质量。在设计施工不同阶段,深化对沿线工程地质、水文地质认识,例如采用探地雷达,在盾构机上装超声波的探测器,对地质急剧的变化及障碍物及时弄清楚。按照地质条件、环境条件进行盾构的选型和主要部件的配置。

(2)设计安装密封性能好、强度高的土砂密封装置,保护主轴承不受外界杂质的侵害。使密封腔内的油压设定略高于开挖面水土压力,并经常检查保持动态的平衡。经常检查轴承内润滑油的质量压力,使其保持正常的情况,减少磨损。

(3)保持液压系统的清洁;经常打开冷却系统,保证油温不致过高;经常检查油压系统,不使系统长期在较高压力下工作。

(4)保持液压油的清洁,避免杂物混入油箱内。严格操作,发现故障及时修理,不能随便将盾构的连锁开关短接,不强行启动盾构顶进设备。

(5)结构设计、安装尺寸要合理;使用冷却系统,使油温控制在合适的工作温度范围内;控制系统的压力,不使系统长时间在高压下工作;增大回油管路的管径,减少回油管路的弯头数量,使回油畅通;保证阀板、密封油箱接头连接的可靠性,发现漏点及时消除。

(6)经常检查皮带相对驱动辊的张紧程度,发现皮带变松,应将皮带张紧装置重新调节到适当的位置。经常调整刮板的位置,使刮板与皮带间的空隙保持约 $1\sim1.5\mathrm{mm}$。调整螺旋出土器排出土体的干湿度,及时清理皮带机上黏附的黏土。每次推进完毕,应将皮带传输机上的土全部排入土箱,皮带传输机启动时应是空载启动。

（7）精心施工，不使水体接触到行程速度传感器元件及线路，避免电气设备漏电、短路情况发生。设置作业平台，文明施工，拼装工不站立在千斤顶活塞杆上，不踩踏传感器的信号线路。对损坏的传感器元件及时更换，发现线路断点，重新接线，恢复系统。

（8）安装连接好气动元件管路接头，防止泄漏。经常将气包下的放水阀打开放水，减少压缩空气中的含水量，防止气动元件产生锈蚀。按要求设定正确的系统压力，保证各个气动元件处于正常的工作压力状态。

八、隧道的压浆系统

（一）常见事故

（1）浆液材料配合比不合理，运输过程中或短时间存放沉淀、离析，和易性、流动性不合格，堵管无法压注。浆液密度，瞬时强度低，隧道上浮无法纠正，地面沉降明显，隧道长期不稳定。

（2）同步注浆压力、注浆量等参数不合理，未及时补偿注浆即二次压浆，产生地面道路、临近建筑物的长期沉降开裂，地下管线损坏。隧道长期有变形发展，无法稳定，隧道接缝渗漏水现象严重。

（3）单液浆液注浆管堵塞，甚至发生注浆管爆裂的情况，严重影响施工质量和进度。

（4）双液浆浆管未及时清洗，浆液在管路中结硬，堵塞管路，压力过大时引起管道爆裂。注浆液、注浆泵压力不匹配，B 液浆压力太高而进入 A 液管路，引起 A 液管内浆液过早结硬，堵塞管道。

（二）事故发生的原因

（1）注浆浆液配比不当，与注浆工艺、盾构形式、周围土层不相适应。

（2）原材料不合格，进场原材料与配比设计材料性能差异。运输设备的性能不符合要求，无搅拌功能，使浆液在运输过程中发生离析、沉淀。管片脱出盾尾后，可能引起隧道上浮，偏离设计轴线。

（3）浆液质量不好，不能很快达到设计强度，未能起到支撑下落土体质量，浆液化学不稳定，经车辆行走振动，地下水流浸蚀，总体质量及体积缺失，引起地面变形较大。

（4）盾尾密封效果不好，注浆压力偏高，浆液从盾尾渗入隧道，造成盾尾间隙充填注浆量不足，同时进入盾尾内浆液污染管片拼装区，致使拼装达不到应有精度。

（5）单液注浆停止注浆时间太长，留在浆管中浆液结硬，引起管路堵塞。浆液中含砂量太高，沉淀在注浆管中，使注浆管通径逐渐减小，引起堵塞。在注浆管的三通部位常有浆液积存，时间长了沉淀凝固。

（6）双液注浆管浆管未及时冲洗，浆液在管路中结硬堵塞管路。两种浆液注浆泵压力不匹配，B 浆液压力过高进入 A 液管路中，引起 A 液管内浆液硬结。对管路中支管，清洗球无法清洗到该部位，使浆液沉淀而结硬。

（三）预防措施

（1）根据盾构的形式、土质的情况、环境保护控制要求及经济效益正确设计浆液配比。对采购原材料进行配合比优化，在试验室内测定密度、泌水性、流动性、黏稠度、坍落度等物理参数，同时检验不同龄期（6h、1d、3d、7d、28d）强度和固结压缩系数。对于基本选定的配比浆液检查抗地震、车辆振动及耐酸碱腐蚀化学稳定性。

（2）对拌浆材料质量进行有效管理。保证各种材料采购的渠道，附有相应质量保证单，应按规定的批量进行质量的抽验。根据现场材料的指标对配合比进行调整。

（3）选择合适的拌浆机，定期维修保养。采用管路输送浆液时，管子的直径要适当；用拌浆车输送时，拌浆车上的拌浆机应有充分的搅拌能力。

（4）正确地设定注浆量及注浆的压力，随推进及时同步均匀注浆。注浆量与推进速度相匹配。推进同时，均匀地、经常地压注盾尾密封的油脂，保证盾尾钢丝刷的使用功能。

（5）停止推进时，定时用浆液打循环回路，使管路中的浆液不产生沉淀；长期停止推进，应将管路清洗干净。定期清理浆管，清理后的第一个循环用膨润土泥浆压注，使注浆管路的管壁润滑良好。

（6）注意调整注浆泵的压力，对于已发生泄漏、压力不足的泵及时更换，保证两种浆液压力及流量的平衡。

（7）经常维修注浆系统的阀门，使它启闭灵活。对于管路中有分岔的部分，清洗球清洗不到，经常用人工对此部位进行清洗。

（8）盾壳四周的注浆管配置均匀，实施多点注浆。对于盾构机近距离穿越重要建筑物、已建成运营的隧道等构筑物时，除同步注浆外，采取后续补偿注浆。除利用吊装孔向外压浆外，有时在管片上开设梅花形布置注浆孔进行即时同步补注浆或后续补浆。通过对穿越构筑物水准、倾斜和收敛监测，以监测数据反馈指导补偿注浆压力和注浆量，能达到对建筑物更好保护、安全施工的效果。

第四节　联络通道施工风险及对策

无论是地铁还是公路隧道，长里程隧道都必须设置逃生通道。在各种逃生方式中，由一条隧道通往另一条平行隧道的联络通道是最有效、应用最广泛的一种逃生通道。世界各地的隧道灾难事故中，联络通道在救灾中均起到了极其重要的作用。

联络通道的施工方法有明挖法、暗挖法和明挖暗挖结合法。明挖法是从地面开挖、支护至设计高程，然后绑扎钢筋笼、立模、浇筑主体结构，最后回填覆土的施工方法。暗挖法从隧道里开挖施工，包括地基加固矿山法、预支护矿山法和机械化施工法。明暗挖结合法指先明挖后暗挖的施工方法（竖井法），是在两条主隧道中间施工一竖井至旁通道设计高程，再由竖井分别向两条主隧道方向采用矿山法掘进施工形成旁通道，在旁通道结构施工完毕后打开主隧道中封口的钢管片。由于受到地面条件的限制，目前大多数采用暗挖法。暗挖法的施工，除了少数理想地质条件下可以采用顶管等机械化方法施工或者管棚法等预支护法外，多数是采用地层加固后矿山法施工。常见的地层加固方法有搅拌桩、旋喷、注浆和冻结法等。除了冻结法以外，其他地基加固方法一般都在地面施工，需要地面施工条件，而冻结法可以不占地面，从隧道内施工。冻结法的地层适应性最强，是软土地区地铁隧道联络通道使用最多的工法。

以上各种施工方法都有自己的适用条件和特殊的工艺参数，施工控制不当，都可能出现险情和事故。冻结法技术成熟、应用最多，然而操作不当也会酿成大祸。由于土体改良效果达不到设计要求，开挖支护措施不当，联络通道自身施工中经常发生地面沉降、土体塌陷等工程事故，最危险的事故是已施工完成的主隧道受到连带破坏。主隧道一旦垮塌，修复十分困难，严重影响工期，损失巨大。

一、联络通道施工风险

按照规范规定,地铁区间隧道必须设计联络通道。而最令施工单位头疼的是,联络通道施工是地铁施工过程中最易出事的环节。纵观世界各地地铁施工案例,联络通道施工出事的很多,而原因各不相同。基于上述原因,施工单位在进行联络通道施工时都要格外小心,积极采取预防措施,防止发生事故给项目以及社会造成巨大的损失。

1. 风险事故

(1)冷冻管施工风险

安装冷冻管之前要进行钻孔,而钻孔容易导致管片结构受损,如钢筋被凿断、混凝土管片破裂等;同时,钻孔也可能导致喷水喷砂乃至地面沉降;此外,还可能发生管孔就位不准、尝试不够等事故。

(2)冷冻施工风险

冷冻施工的关键设备冷冻机可能产生故障,给施工带来困难。冷冻管施工期间或施工完毕后,可能发生盐水漏失致使冻结不能交圈。同时,冷冻可能引起地面隆起以及隧道挤压损伤从而导致结构受损。此外,冷冻时间不够以及监控不当也时常发生。

(3)通道开挖构筑施工风险

凿开盾构隧道上的管片时漏泥、漏砂,以至于发生管涌和塌方。凿开后可能导致开口环变形过大,而且开挖过程中还可能将冻结管损坏造成盐水漏失,以及发生支护措施不当和支撑不及时等事故。浇筑混凝土时,如果未设隔热板将使混凝土衬砌强度受到影响。

(4)解冻阶段施工风险

一方面,解冻会引起长期变形,造成地面沉降和地下管线受损;另一方面,隧道会在冻涨之后发生回缩变形从而导致渗漏水。

(5)客观方面的风险

客观方面的因素有冷冻设备、水文地质及其他方面的风险。冷冻设备风险有冷冻机的可靠性、冷冻管破裂、冷冻管结头渗漏及设备仪表失灵。水文地质风险有冻结范围存在障碍物、地下水流速异常、流砂地层、气囊及承压水。此外,还可能发生突然断电、冷冻液断货或备料不足、冷冻液质量问题及温度表失灵等情况。

2. 原因分析

联络通道施工作为事故多发环节,其产生的原因是多种多样的。

(1)钻孔导致管片结构受损,主要是因为施工或设计钻孔时没有避开管片中的钢筋(使用钢筋混凝土管片时),最终将钢筋凿断;还可能因为钻孔时操作失当而导致混凝土破裂。此外,钻孔完成后没有及时堵漏会导致喷水、喷砂,尤其是当土体自立性不强时以及地下水丰富时更易发生。施工人员的粗心以及操作失误也可能导致管孔就位不准以及钻孔深度不够。

(2)通道施工中如果突然断电或者冷冻机使用时间太久都可能导致冷冻机产生故障。安装冷冻管时,如果由于操作不当会导致冷冻管破损引起盐水漏失从而导致冻结不能交圈,影响整体的冷冻效果甚至引发工程事故。冷冻时间不够会影响开挖施工,如果监控不当发生冷冻过度也会引进地面隆起以及引起隧道挤压损伤等事故。

(3)如果冻结不够,凿开管片时就会发生漏泥、漏砂以及管涌和塌方。发生这些事故的原因还可能是凿开后暴露时间过长,没有及时开挖导致冻结效果下降。开挖过程中,由于施工人员的粗心导致无能为力防护措施不当和支撑不及时,这些都可能引起通道坍塌事故。由于混凝土在浇筑后需要适当的温度和温度进行养护,如果未设隔热板就浇筑衬砌混凝土,会因为冻土温度太低影响混凝土衬砌强度。

(4)解冻时发生地面沉陷等事故,主要是冻涨融沉的规律引起的。其主观原因是解冻时施工人员没有注浆或者没有及时足量地向地层中注浆。

(5)联络通道施工发生事故有很多客观方面的原因,但这些客观原因也和施工管理人员的疏忽分不开的。水文地质方面的原因主要是地质勘察导致的,也可能是地质勘察已经发现而施工方没有引起足够的重视。至于冷冻设备方面,则可能是因为冷冻设备使用时间太久,没有及时检修以及在施工过程中没有定时检查造成的。

二、工程对策

可采取的工程对策如下:

(1)管片开孔时孔位应避开钢筋,防止开孔过程外部水土涌入。管片开孔前可以事先安装孔口管。孔口管与管片之间的缝隙要充填密实,端部配置连接闸阀的孔口装置。钻孔过程中一旦发现涌水、涌砂情况,可立即关闭闸阀。

(2)冻结过程中隧道受冻土力的作用,会发生隧道横向断面变形,从而影响隧道的椭圆度,可在冻结前隧道内安装预应力隧道支架。

(3)布置测温孔以掌握冻土帷幕的形成过程、形成状况,以及判断冻土柱是否交圈、冻土墙厚度及其温度是否达到设计要求等。

(4)布置卸压孔以减少冻结过程中土体冻胀对地表以及隧道的影响。通过卸压孔压力的测试以及对卸压孔内水流观察,可以判断冻土的冻结情况。

(5)钢管片拆除前,检查联络通道土体冻结的帷幕墙厚度是否达到设计要求、土体强度是否达到要求等。

(6)冻土开挖后,要及时对冻结壁进行支护,以防止联络通道土体开挖引起的冻土帷幕及冻结管的变形或破坏。严格避免在冷冻时间不够的情况下进行通道开挖施工,凿开管片时要及时开挖,避免冻结土体长时间暴露在外。进行联络通道开挖施工时,要边开挖边支撑,设置适当的支撑并且要及时支撑。开挖完毕后进行衬砌混凝土施工时,要在冻土与浇筑混凝土之间设置一层保温隔热板,以确保混凝土衬砌的质量和强度。

(7)联络通道主体结构施工完毕后,停止供冷,土体解冻。为减少土体解冻产生的沉降量,可以在联络通道内部预留注浆孔,解冻前对初期支护背后进行注浆处理,同时注意地表和管线沉降、隧道收敛、隧道位移等,及时对地层进行补偿注浆。

(8)由于冻土抗拉强度低,设计中应尽量降低冻土帷幕所承受的拉应力。做好冻结和开挖的配合工作,及时封闭薄弱的冻结壁,并根据开挖后冻结帷幕变形情况及时调整开挖构筑工艺。

①由于冻土温度很低,建议初期支护混凝土和二次衬砌混凝土施工考虑防冻措施,提高混凝土施工质量。

②冻结过程应特别注意冻结质量"均匀性"的控制。

③在联络通道两侧设置防护门,一旦出现管涌,及时用砂袋等进行封堵;如封堵无效,封闭防护门,并对内注水或注浆充填,避免更大事故的发生。

④加强施工管理,严格按照冻结法的程序进行施工,在保证强度的情况下才能进行开挖。

⑤客观方面的风险,需要依靠施工技术人员在施工前和施工过程中的认真负责的态度来应对。诸如,在施工前检查冷冻机的可靠性以及设备仪表是否完好,施工过程中对冷冻管接头设置严格的防漏措施等。至于水文地质方面的风险,则需要勘察单位的配合,在详细认真地勘查之后再辅以施工单位的预防措施,能将这些风险防范于未然,以实现安全高效的施工。

三、事故案例分析

下面介绍隧道联络通道冻结法施工失效的典型案例——上海轨道交通4号线董家渡段联络通道冻结法施工失效导致区间隧道大范围坍塌。

【案例1】 上海轨道交通4号线工程事故[140][141]

1. 事故描述

上海轨道交通4号线又称明珠线二期工程,南起铁路上海站,北至外环线,全长22.3 km。按照上海市轨道交通规划委员会的设想,该线计划2003年上半年隧道贯通,2004年年底基本建成,2005年试通车。届时,它将与已建成的轨道交通3号线(明珠线一期)构成环状,并与轨道1、2号线接轨,形成"申"字形的基本网络骨架。4号线工程的特点是地铁与高架道路合二为一,建成后将大大缓解上海北区的交通问题。而且该线将创造5项"上海第一"或"国内第一"的记录。它既是上海第一条轨道交通环线,将和其他已建和将建的其中的14条轨道线形成换乘点,使之成为一条"换乘中心线"。

2003年7月1日4时许,上海轨道交通4号线——浦东南路至南浦大桥区间隧道,在用冻结法的工艺进行上、下行隧道的联络通道施工时,突然出现渗水,隧道内的施工人员不得不紧急撤离。瞬时,大量流砂涌入隧道,内外压力失衡导致隧道部分塌陷,地面也随之出现"漏斗形"沉降(图7-60)。

图7-60 地面"漏斗形"沉降

7月1日9时许,位于中山南路847号的一幢8层楼房裙房坍塌;7月2日凌晨开始,董家渡外马路段长约30m的防汛墙受地面沉降影响,开始沉陷、开裂。防汛墙开裂、沉陷时发出"咔、咔"声响,裂缝越来越大,防汛墙呈V字形摇摇欲坠。7月3日零时许,防汛墙轰然倒塌。知情人士表示,这是建国以来,在上海市区第一次发生的江堤倒塌严重事故。靠近事故现场的

20 多层的临江花园大楼也出现沉降，最紧张时，高楼 1h 沉降超过 7mm，最大累积沉降量达到 15.6mm。庆幸的是，由于报警及时，所有人员都已提前撤出，因而无人员伤亡。

2. 抢险

事故发生后，有关单位迅速采取措施。首先在直径 5.5m 的隧道口部，凿开隧道内壁，挖出钢筋，再用直径 $\phi 28mm$ 的螺纹钢与之焊接，绑扎钢筋之后，浇筑 C40 混凝土，同时加入"早强剂"。接着在封堵墙后面加筑 H 型钢，以进一步加固封堵墙。除了黄浦江底的隧道段外，紧邻其两头的另外两段隧道区间，浦东兰生路至上南路段、西藏南路至鲁班路段的隧道也已完成封堵工作。在轨道交通 4 号线浦东地下隧道，两道高 9m、厚 2.7m 的钢筋混凝土墙封住了隧道口。截止 7 月 6 日，4 号线上下行隧道都被成功封堵，险情基本得到控制。近 2km 长的轨道交通 4 号线黄浦江上下行越江隧道已筑起 8 堵水泥钢筋混凝土墙，形成四道坚固的防线，同时又向隧道实行了灌水，以恢复隧道内外的压力平衡，控制了地底流砂涌入地铁隧道，防止了地面继续沉降。

对于已经倒塌的防汛墙，设置了几道防线，首先用砂袋垒筑了一道 5～6m 高的"砂筑防汛墙"；在这防汛墙后面，施工钢板桩围堰成为第二道防线，同时灌注混凝土，形成新的防汛墙体系；然后在岸上部分积水地区填筑了砂石，并加以夯实，确保防汛安全。

3. 事故发生的原因

调查结论表明，施工单位的指挥不当和现场管理人员的违章施工，直接导致了这起事故的发生。相关责任人和责任单位领导已受到严肃处理，其中 3 人因涉嫌"重大责任事故"被正式批准逮捕。上海市政府公布，上海轨道交通 4 号线工程事故直接经济损失约为 1.5 亿元。

4. 隧道修复方案[142,143]

事故抢险结束后，即着手对现场周边工程环境进行了深入细致的调研工作。结合对原工程地质勘察和抢险后就地补勘两份报告的对比分析，同时对国内外现有施工机械、工艺水平及工程可实施性等方面进行了全面的比选研究，在现场开展了相关试验工作。在充分听取了国内相关资深专家意见和建议的基础上，对修复工程提出了原位修复和改线修复两大方案。经过深入研究和对比分析，最终决定采用原位修复方案。

原位修复以"明挖为主，暗挖为辅"为总体指导思想。其中，破损隧道范围内采用明挖方案实施，两端与完好区间隧道连接段采用土层改良后的冻结暗挖法实施。修复工程实施分为陆地段明挖、江中区域围堰明挖以及两端连接段暗挖等 3 个实施方案。修复总体方案平面布置见图 7-61。

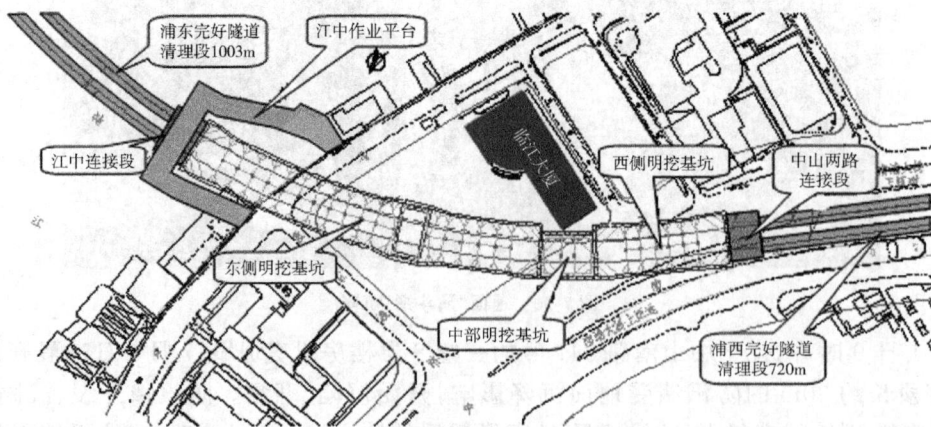

图 7-61 修复总体方案平面布置示意图

最终确定的修复工程明挖修复段的总长度为 274m。结合考虑周边需保护的建(构)筑物及下部障碍物情况等因素,采取将工程实施风险"化整为零"的方法,将整个明挖修复段基坑拆分为相对独立的东、中、西 3 个基坑分步实施,以期充分发挥小基坑"空间效应好、变形小"的优势。东、中、西基坑长度分别为 174m、27.5m 及 65m。基坑宽度端部区域约 28m,中部区域约 25m。基坑平面布置见图 7-62。

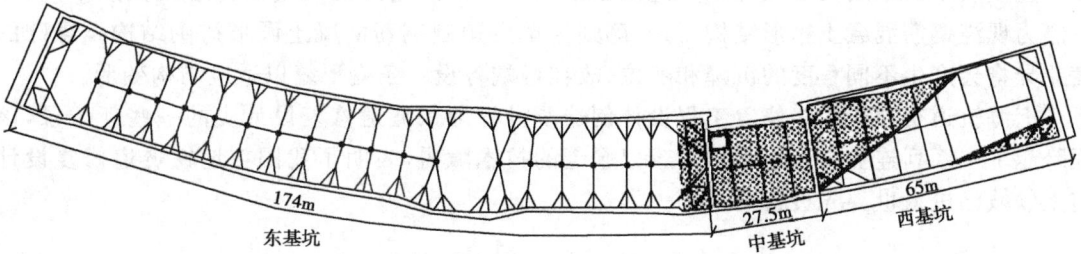

图 7-62　基坑平面布置及支撑体系示意图

基坑最大埋深达 41.5m,采用 1 200mm 厚、65m 深的地下连续墙作为超深基坑的支护墙。支撑体系全部采用钢筋混凝土支撑。沿基坑深度设置 9(10)道钢筋混凝土支撑,支撑水平间距一般为 8m。标准段除风井范围采用"X"形斜撑外,其他均为直撑,连接井处为斜撑(图 7-62)。

由于事故造成修复范围内土层塌陷,土体受到一定程度的扰动,土性变差。考虑到基坑范围内障碍物较多、开挖速度慢、坑底下原破损管片所围合的区域中可能存在一定程度的空隙及在采用了混凝土支撑体系后所带来刚度效应滞后等因素,拟对基坑进行必要的地基加固(或充填)。地基加固方案为:

(1)坑底下 3m 深度范围内采用压密注浆充填,充填后的土体指标应满足⑦层土的相关力学指标。

(2)自第 4 道支撑底面起至基坑最终开挖面深度范围内采用抽条地基加固,并辅以裙边加固(主要是为了消除混凝土支撑体系所产生的刚度滞后等不利因素)。

(3)修复场区范围内原破损区间隧道内部采取措施进行内部充填。

破损区间已伸入黄浦江中约 50m 范围。为了创造陆上修复施工的条件,需设置临时围堰及基坑施工所需的工作平台等,如图 7-62 所示。

根据修复工程实施总体方案,破损区间隧道中部区域采用明挖法修复,两端与完好隧道之间连接段修复采用冻结加固后的矿山法暗挖实施。实施分两个区段,分别为江中连接段和南浦大桥侧连接段。

江中连接段冻结采用水平冻结与垂直冻结相结合的方式实施。通过设置垂直冻土墙,以隔断完好隧道与已坏隧道之间的联系,同时也可避免基坑连续墙位置处清障施工(隧道管片切割)时,隧道发生进一步的塌陷和破坏,起到嵌固隧道管片的作用;其次,也可在隧道内临时封堵墙完成前承受水土压力。通过在基坑端部连续墙及内衬上预设的水平冻结孔向外冻结加固隧道周边土体,形成一定厚度的不透水的冻结壁。在该冻结壁保护下开挖隧道内土体,分两次支护完成隧道支护结构体系,并通过冻结前的土体改良注浆、壁后充填注浆和融沉跟踪注浆解决隧道结构的融沉注浆问题。

南浦大桥侧连接段冻结采用垂直冻结的方式实施。垂直冻结共分三期实施:一期冻结壁设计有效厚度3.6m,高度17.901m,宽度25.0m,主要用于完好隧道内试排水和西基坑端头连续墙处清障(隧道管片切割)及连续墙施工;二期冻结壁设计有效厚度5.3m,高度17.901m,宽度25.0m,用于完好隧道一侧的清淤排水及混凝土封堵墙施工;三期冻结壁设计有效厚度8.5m,高度17.901m,宽度25.0m,用于连接段的隧道水平暗挖施工。

连接段结构采用圆形现浇钢筋混凝土结构。暗挖段连接的两侧结构形式截然不同,其中一侧为现浇钢筋混凝土箱形结构,另一侧则为单层预制钢筋混凝土圆形衬砌结构。悬殊的刚度差异将会产生不同程度的沉降和变位,故在两端各设一条变形缝以适应结构变形。

上海轨道交通4号线修复工程设计创造了世界地铁隧道修复设计史的一些新记录,该工程跨越了一系列连业内人士都认为难以逾越的技术障碍,表明了我国在地铁隧道修复设计与施工领域已进入世界先进行列。

第五节 大型沉管隧道施工风险及对策

一、历史发展

1. 沉管法概述

沉管隧道,简单地说,就是在水底预先挖好沟槽,把在陆上其他地点预制的适当长度的管段,浮运到沉放现场,顺序地沉放到沟槽中,并回填覆盖而成的隧道。此施工方法称为沉管法,用此法修建的隧道称为沉管隧道。

根据国际隧道协会(ITA)成立的沉管隧道和悬浮隧道工作组于1993年提供的报告,一种当今比较普遍被认可的沉管隧道定义如下:沉管隧道(Immersed Tunnel)是由若干预制的管段,分别浮运到现场,一个接一个地沉放安装,在水下将其相互连接并正确定位在已经开挖的水下沟槽内,其后辅以相关工程施工,使这些管段组合体成为连接水体两端陆上交通的隧道型交通运输载体。

2. 沉管隧道发展的历史

19世纪末,美国首先用沉管法建成波士顿的下水道工程,之后于1910年用此法建成了底特律河水下双线铁路隧道,这是世界上最早的正规的沉管法工程。该隧道全长782m,由10节管段组成,属美国和加拿大共有,至今已有百年的历史。大约其后的30年所建造的沉管隧道都在美国。目前,世界上最长和水深最大的隧道是美国旧金山巴特隧道,沉管长度达5 825m,由57节管节组成,最大水深达41m。1941年在荷兰鹿特丹开始修建mass隧道,标志欧洲开始使用沉管隧道。从沉管隧道近100年的历史来看,美国、荷兰、日本等国家修建的沉管隧道数量较多,积累了大量的经验,在技术上处于相对领先位置。

沉管隧道的管段形式有钢壳管段和钢筋混凝土管段两种。自1910年至1980年,在北美共修建了23座沉管隧道。美国在海湾修建的沉管隧道较多,由于海湾的水深一般大于内河,采用钢壳的结构(一般为圆形),从受力角度考虑比矩形有利。美国习惯于采用钢壳的管段,早在20世纪30年代初在美国修建底特律至加拿大Windsor市隧道时就确定了钢壳隧道结构的一般形式,直至现在其结构形式并无多大变化。

荷兰于1942年修建位于鹿特丹的Mass河隧道,这是荷兰的第一座沉管隧道,也是世界上首次采用矩形钢筋混凝土管节的沉管隧道。荷兰习惯用矩形断面的沉管,他们认为矩形断面的有效空间利用率优于圆形断面,矩形断面隧道的高度和覆盖层都比圆形隧道小和薄,隧道的长度也相应减少。荷兰代表了西欧在这一领域的技术特点。管节之间水压接头的发明(采用 GINA 橡胶止水带作为初始密封,Ω 橡胶止水带作为永久密封)、大体积钢筋混凝土浇筑裂缝的控制、混凝土抗渗能力的提高等都促进了沉管隧道修建技术的高速发展。

日本于 1935 年开始修建沉管隧道。由于其地理位置的特殊性和水域跨越的多样性(既有河道穿越又有大量的海湾要连接),日本人对两种类型的隧道建设都予以了充分重视,并在近二三十年内修建了大量的大尺度管段的沉管隧道,成为继美国、荷兰之后的又一沉管隧道使用大国。

中国早在 20 世纪 60 年代初,就曾在上海开展过此工法的研究。我国大陆修建沉管隧道虽然起步较晚,但发展迅速,于 1994 年首次采用沉管法建成广州珠江隧道,1995 年宁波甬江隧道建成并投入运营,目前宁波常洪隧道和上海外环线隧道也相继投入运营。京沪高速铁路南京越江隧道、武汉连接汉口与武昌越江隧道、琼州海峡等均在进行水下沉管隧道建造方案的可行性论证、设计等工作。沉管法隧道在我国具有广阔的应用前景。

在结构的选型上,美国和日本侧重于采用圆形的钢壳或双体圆形钢壳。这主要因为这两个国家拥有丰富的钢铁产量和具备雄厚的造船工业基础设施。钢壳形式适合美国的情况。美国海湾修建的隧道较多,海湾的水深一般深于内河。欧洲国家较多的采用钢筋混凝土矩形结构形式。钢筋混凝土矩形沉管隧道与圆形钢壳沉管隧道在世界各地的分布如图 7-63 所示。

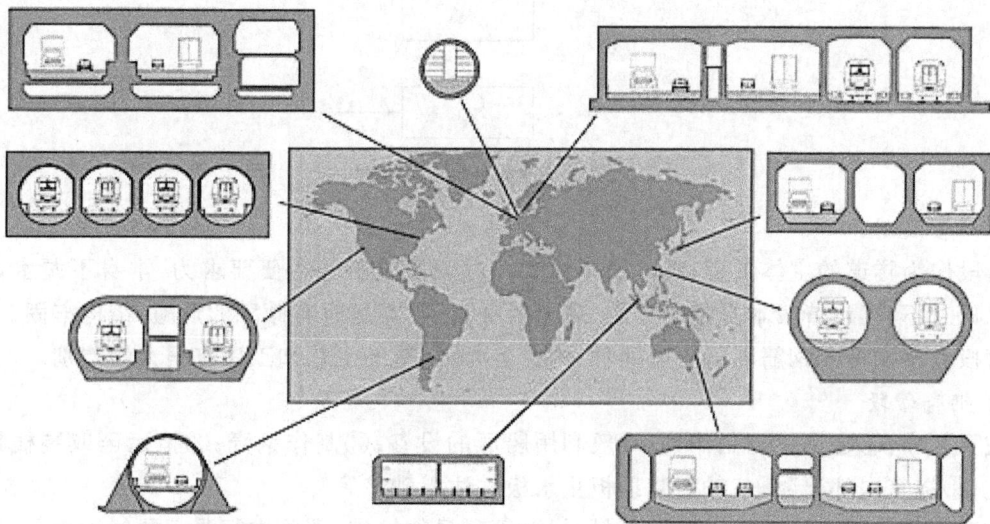

图 7-63 钢筋混凝土矩形沉管隧道与圆形钢壳沉管隧道在世界各地的分布

我国已建成的和拟建的沉管隧道隧址多位于江河的下游,水流速度不算很大,而且大部分都是多车道城市道路或城市道路与轨道运输系统共管的隧道,这样很自然考虑采用矩形钢筋混凝土的结构形式。

二、施工工艺

沉管隧道的建设是庞大而复杂的工程。其主要工程可平行、交叉作业,有利于缩短工期。一般沉管隧道的施工工艺见图 7-64。

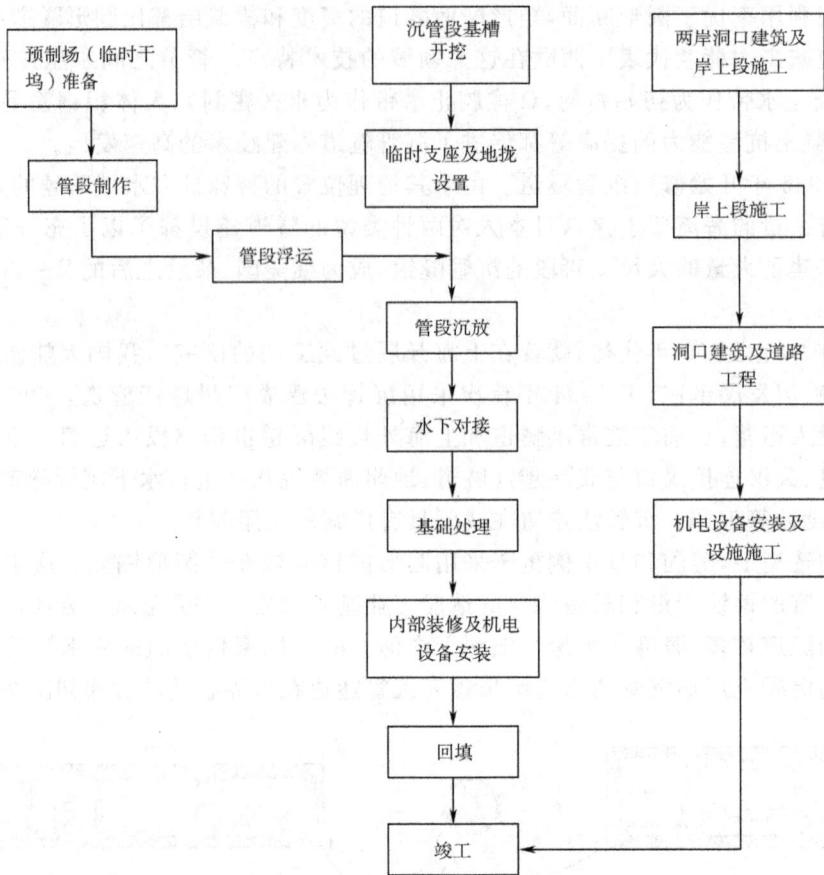

图 7-64　沉管隧道的施工程序

（一）管段制作

管段作为隧道的主体工程，造价比率最大。对管段施工的主要要求为：本身不漏水，承受最大水压时不渗漏；管段本身是均质的，质量对称，否则浮运时有倾翻的危险；结构牢固。

管段有钢壳型和钢筋混凝土型两种，构造各异，制造的工艺和工序有很大的差别。

1. 钢壳管段

主要工序：①建造钢壳制作场，一般利用船厂的设备；②制作钢壳；③拖运至舾装栈桥，并且固定；④浇筑内部混凝土；⑤安装顶板止水板并注入砂浆。

钢壳制作完后，还要进行尺寸、材料、焊缝等项目的检查，还要进行漏水漏气检查。

2. 钢筋混凝土沉管

混凝土箱型结构的管段是在干船坞内或专门建造的干坞中预先制作的，有时也简单地将具有斜坡的围堰作为隧道管段的制作现场。随着沉管隧道的发展，每节沉管管段长度越来越长，车道数越来越多。目前，世界上的沉管隧道每管段长一般在 100～130m，质量一般在 30 000～40 000t 范围内。我国新建的上海外环线沉管隧道每管段长 100～108m，横截面为 43m×9.55m，重达 45 000t。而荷兰京斯麦尔隧道仅有 4 节管节，每节长度 268m，重达 50 000t。大型沉管管段的制作成为沉管法隧道中技术含量很高、质量要求很严的项目，是沉管隧道建设中的关键技术之一。

390

（二）管段浮运与沉放

管段在干坞内预制施工完毕后，安装了全部浮运、沉放及水下对接的施工附属设备及设施后，向干坞内灌水，管段在坞内起浮，直到坞内外水位平衡为止，打开坞门（或破坞堤），管段出坞。然后，将管段拖运至工程建设的施工地点进行沉放定位。管段浮运作业的主要步骤是：选择浮运线路，制订浮运方案，安排浮运时间，然后进行浮运作业。一般采用拖轮或用岸上绞车浮运管段，当浮运距离较长，水面较宽时，宜采用拖轮拖运。当可利用的航运空间较狭小时，就需要有一个准确的、快速运转的航行系统，提供有关管段在可利用空间中的位置信息，以便实时纠正管段的位置。因为管段巨大的体积和质量会对任何校正造成可观的反应滞后，所以必须慎重考虑拖轮的种类、数量、能力以及拖轮如何布置。

浮运方式受航道条件、浮运距离、水文和气象等多种因素控制，主要有以下两种施工方案：①拖轮浮运方案；②绞车拖运、拖轮顶推方式。

管段被拖运至工程建设的施工地点后要进行沉放定位。沉管隧道管段沉放的根本目的是要满足整个隧道设计时对不同位置管段提出的定位精度目标。采用何种沉放方式需根据管段尺寸、水流速度、水位深浅以及以往的施工经验等确定。

管段沉放作业大体上可分为下列几个步骤：

1. 沉放准备

沉放前必须完成沟槽的浚挖清淤，设置临时支座，以保证管段顺利沉放到规定位置。与港务、港监等有关部门商定航道管理事项，做好水上交通管制准备。

2. 管段就位

在高潮平潮之前，将管段浮运到指定位置，校正好前后左右位置。中线要与隧道的轴线基本重合。定位完毕后，灌注压载水，至消除管段的全部浮力为止。

3. 管段下沉

下沉时的水流速度，宜小于 0.15m/s，如果流速超过 0.5m/s，需采取措施。每段下沉分三步进行，即初次下沉、靠拢下沉和着地下沉。

初次下沉按 40～50cm/min 速度将管段下沉，直到管底距离设计高程 4～5m 为止，下沉时要随时校正管段位置。靠拢下沉是将管段向前平移，至距离已沉放管段 2m 左右，然后再将管段下沉到管底设计高程 0.5～1m 左右，并校正管段的位置。着地下沉是先将管段前移至已沉放管段约 50cm 处，校正管位并下沉。最后 1m 的下沉速度要缓慢，并应随沉随测。着地时先将前端放置在定位托座上，然后将后端放置在临时支座上。放置完毕后，各吊点同时分次卸荷至整个管段的下沉力全部作用在临时支座上。

（三）管段的水下连接与沉管隧道的防水

1. 水力压接法的发展

20 世纪 60 年代以前的沉管隧道，无论是钢壳隧道还是钢筋混凝土隧道，如荷兰的玛斯隧道、古巴的哈瓦那港隧道，沉管管段之间的连接都是待管段沉放完毕后，再浇筑水下混凝土。这种方法不仅工艺复杂，施工难度大，而且每当隧道发生变形后，将立即开裂、漏水。在隧道运营时不得不反复进行堵漏。

20 世纪 50 年代末期，在加拿大迪亚斯岛隧道工程的设计与施工中，丹麦工程师利用水的压力开发了一种巧妙的水力压接法（图 7-65）。此方法工艺简单，基本上不用水下作业，而且又能适应较大的沉陷变形和不漏水。随后又有不少改进，连接性能也越来越可靠。

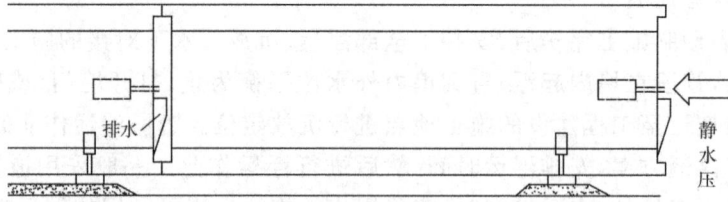

图 7-65　水力压接法

在水力压接法中,吉那(Gina)橡胶止水带发挥了重要作用(图 7-66)。吉那止水带由四部分组成:①尖肋,作第一次初步止水用,其高度一般为 38mm;②主体,是承受水压力的主体;③底翼缘;④底肋。

2. 水力压接法施工

水力压接法利用作用在管段后端(自由端)端面上的巨大水压力,使安装在管段前端(即靠近已沉放管段的一端)端面周边一圈吉那止水带发生压缩变形,构成一个水密性良好并且相当可靠的管段之间的接头。用水力压接法进行水下施工的主要工序是:对位——拉合——压接——拆除端封墙。

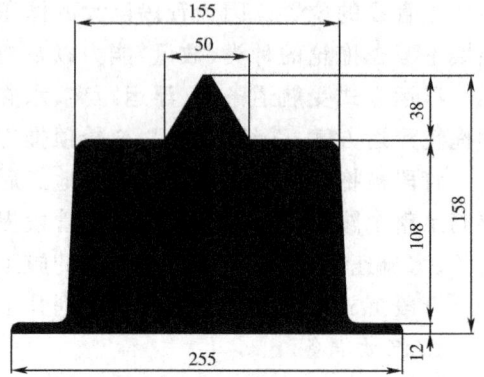

图 7-66　吉那(Gina)止水带(尺寸单位:cm)

(1)对位:着地下沉时必须结合管段连接工作的进行对位。

(2)拉合:一般是用安装与管段竖壁上的千斤顶进行拉合。拉合后,吉那止水带的尖肋产生初步变形。

(3)压接:拉合完成后,打开已沉放管段后端封墙下部的排水阀,排出前后两节管段之间被吉那止水带封闭的水。在巨大的水压力作用下,吉那止水带被进一步压缩,压缩量达止水带总高度的 1/3。

(4)拆除端封墙:压接完毕后,可拆除前后两节管段之间的端封墙。

水力压接法的优点是:充分利用自然界的巨大能量,工艺简单,施工方便;水密性切实可靠;基本上不用潜水工作;成本低;施工速度快。

(四)基础处理

沉管隧道的地基、基础沉降问题与一般地面建筑的情况截然不同,因为作用在沟槽底面的荷载不会因设置沉管而增加,相反却有所减小。因此,沉管隧道一般不需要构筑人工基础,但是为了平整沟槽,施工时仍需进行基础处理。无论采取何种挖泥设备,浚挖后沟槽底面总留有 15～50cm 的不平整度,沟槽底面与管段表面之间存在众多不规则的空隙,导致地基土受力不均匀,引起不均匀沉降,使管段结构受到较高的局部应力,以至开裂,因此必须进行适当的基础处理。

沉管隧道的基础处理方法大体可以归纳为二类:

先铺法——刮铺法,按铺垫的材料可分为刮砂法和刮石法;

后填法——灌砂法、喷砂法、灌囊法、压浆法、压混凝土法、压砂法。

1. 刮铺法

刮铺法的基本工序:

(1)在浚挖沟槽时超挖 60～80cm;

(2)在沟槽两侧打数排短桩,按设导轨以控制高程、坡度;

(3)向沟底投放铺垫材料粗砂或碎石,宽度比管段底部宽 1.5～2.0m,长度为一节管段;

(4)按导轨所规定的厚度、高度以及坡度,用刮铺机刮平;

(5)最后为压密工序。为使管底和垫层密贴,管段沉放完毕后,进行压密工序,压密可采用灌压载水或加压载石料的办法,使垫层压紧密贴。

刮铺法的缺点是干扰航运,基槽管段底宽较大时,施工困难。

2. 后填法

后填法的基本工序是:

(1)在浚挖沟槽时,先超挖 100cm 左右;

(2)在沟底安设临时支座;

(3)管段沉放完毕后,管段临时放置在临时支座上,然后往管底空间回填垫料。

三、施工中常遇灾害及风险

(一)隧道基础不均匀沉降问题

在沉管段基槽开挖时,无论采取何种挖泥设备,浚挖后沟槽底面总留有 15～50cm 的不平整度。沟槽底面与管段表面之间存在众多不规则的空隙,导致地基土受力不均匀,引起不均匀沉降,同时地基受力不均也会使管段结构受到较高的局部应力,以至开裂。另一方面,这些空隙极易形成淤泥的夹层,特别是在含泥量较大的水域,淤泥在沉管与下部基础之间形成夹层,同样会使沉管管段产生不均匀沉降。

若沉管段管段底面以下的地基土特别软弱,或在隧道轴线方向上基底土层软硬度不均,会造成管段产生不均匀沉降。地震或列车通过时的振动会使砂性基础产生液化的不良后果。

基础的不均匀沉降带来的危害主要有:

(1)在隧道部分及接头处(含沉管与陆上部分的接头)会产生较大的应力或位移,以致损坏管段与接头。

(2)如为铁路沉管隧道时,沉降会使纵向铁路线的形状发生不连续变化,而影响列车的正常运行,同时也影响隧道的整体性。沉陷严重时会导致隧道毁灭性破坏(如地震液化)。

(二)起浮与抗浮问题

沉管管段在干坞内预制完成后,自重可达万吨甚至数万吨。它能否顺利起浮是管段施工中的关键技术之一,必须认真对待。管段沉放并加上镇重后是否稳定,不再发生浮起事故是施工和日后运营中极为重要的问题,也必须慎重对待。起浮与抗浮是管段施工中相互制约的一对矛盾,应予以妥善协调处理。埃姆斯河沉管隧道有一节管段就曾发生过干坞内灌水后起浮障碍。

(三)沉管隧道的防水与接头问题

防水是沉管隧道设计与施工的难题之一。沉管隧道各管段是在岸上整体预制,其管段本体防水质量得到可靠保证,但是在施工现场有少量施工接缝以及接头处,都需要采取相应防水技术。管段防水技术与管段的结构形式有关。对钢壳管段,由于钢壳管段被钢壳完全封闭,其防水问题主要是管段之间的接缝防水。防水方法主要是接缝对准后使用钢销钉扣紧,在接缝两侧安装模板后,用导管法灌注密实的混凝土,将接缝完全包围住。

对钢筋混凝土管段,管段长度一般在 70～120m,管段之间接头处是一漏水间隙。每节管段每隔 15～20m 要设置伸缩缝。伸缩缝能防止混凝土凝结收缩而承受巨大的拉力,并允许基础不均匀沉降而承受挠曲(产生纵向位移)。伸缩缝也是一漏水点。混凝土本身也会产生裂缝,这些裂缝能造成管段的渗漏,使钢筋锈蚀,甚至危及管段本身,所以管段的防水至关重要。

(四)管段浮运、沉放、定位与水下压接问题

管段在干坞制作完毕后下水,在系泊处进行必要的施工附件安装后,将被拖轮拖运至工程建设的施工地点进行沉放定位。预制管段浮运到现场并沉放安装的整个施工过程分为五个工况:管段起浮、出坞与浮运、管段沉放与水力压接、基础构筑及覆土。其中,隧道管段的出坞与浮运、沉放、定位与水下对接是沉管隧道施工中关键的阶段,是沉管隧道施工过程中的一项重要技术。

其中,沉放是沉管施工过程中最危险的阶段。由于是水下施工,难度较大,又要求作业时间短,所以它不仅受气候河流自然条件的直接影响,还受到航道、设备条件的制约。沉放方法的选定与管段结构计算、在施工状态下的受力情况、着力点的布置、干舷及抗浮系数都有着密切的关系。隧道管段的沉放是在相对困难的条件下进行的,因为那里的大多数作业是在无法直接观察的情况下完成的。因此,作业的关键是尽可能使作业简单,尽量多地利用水的自然能力。

德国北部连接荷兰的埃姆斯河公路沉管隧道(长 1 453m,宽 27.5m,6 车道),从 1986 年 11 月至 1987 年 6 月沉埋了五节管段。在这一工程中曾因一节泊于安装码头的浮运管段由于一次极低落潮而被搁浅至不平坦的地面上,可算为该工程最严重的事故。管段不得不在隆冬有风暴的冻雨中花数小时来恢复正常。

我国上海外环线沉管隧道建设过程中,在江中段 E3 管段沉放完毕,拟进行 E4 管段沉放时,发生 E2、E3 管段接缝间大量进水事故。虽然该事故经参与单位的多方努力抢险成功,但是影响了工期,增加了建设费用。造成该工程事故的原因是多方面的,其中 E3 管段沉放精度达不到预先规定的标准,使工程不得不增加管段纵轴线纠偏的补救措施,管段纠偏增加了管段不稳定状态的时间,从而增加了管段上浮、接缝进水的危险,这是事故发生的间接原因之一。

四、施工对策

(一)隧道不均匀沉降的对策

1. 进行基础处理

沉管隧道基础处理主要是解决:①基槽开挖作业所造成的槽底不平整问题;②地基土特别软弱或软硬不均等工况,进行基础加固;③考虑施工期间基槽回淤或流砂管涌等。

沉管隧道基础处理的主要方法:

从沉管隧道基础发展来看,早期采用刮铺法(先铺法)。它是在疏浚地基沟槽后,在两边打桩并设立导轨,然后在沟槽上投放砂石,用刮铺机进行刮铺。适用于底宽较小的钢壳圆形、八角形或花篮形管段。美国早期的沉管隧道常用此法。该法有不少缺点,特别是对矩形宽断面隧道不适用,渐被淘汰,而被后填法代之。

后填法是将管段先沉放并支承于钢筋混凝土的临时垫块上,再在管段底面与地基之间垫铺基础。后填法克服了刮铺法在管段底宽较大时施工困难的缺点,并随着沉管隧道的广泛应用,不断得到改进和发展。其现有灌砂法、喷砂法、灌囊法和压注法。压注法又分为压浆法和压砂法。对几种后填法的分析对比见表 7-20。

沉管隧道基础处理后填法分析对比表　　　　　　　　　　　　表 7-20

方法	基本工艺原理	优点	缺点	适用性	应用举例
灌砂法	管段沉放完毕后，从工程船舶上通过导管在沉管管段侧面向管段底部灌填粗砂，构成纵向垫层	不需专用设备，施工方便	不能使矩形断面管段底面中部充填密实，故不适用	底宽较小的钢壳圆形、八角形或花篮形管段	美国早期的沉管隧道、阿根廷 Parana（Hernandias）隧道等
喷砂法	主要是在水面上用砂泵将砂、水混合料通过伸入管段底面的喷管向管段底部喷注，以填满其空隙。喷砂所筑的垫层厚一般为 1m	在喷砂开始前，可利用吸砂设备将基槽底面上的回淤土清除干净，适用于宽度较大的沉管隧道	喷砂台架影响通航，且设备费用昂贵；对砂子粒径要求较严，增加了费用	在欧洲用得较多，适用于宽度较大的沉管隧道	德国易北河隧道（宽 41.5m）；比利时斯海尔德隧道（1969 年），宽 47.85m；荷兰斯派克瑟地铁隧道（Spijkenisse Metro Tunnel，1984 年）
灌囊法	先在基槽底铺一层砂、石垫层，管段底事先系扣上囊袋一并下沉。管段沉放后，从工程船舶上向囊袋内灌注混合砂浆，直至管段底面以下的空隙全部充填满为止	混合砂浆的强度要求不高，适合于宽度较大的隧道	囊袋较贵，安装工艺、水上作业和潜水作业复杂	适用于宽度较大的沉管隧道	瑞典 Tingstad 隧道（1968 年）最初使用；日本的衣浦港水底隧道
压浆法	其是在灌囊法基础上进一步改进和发展而来的。压浆法是从管段内部，用通常的压浆设备，经预埋在管段底板上带单向阀的压浆孔，向管段底部空隙压注混合砂浆	不干扰航道；不受水深、流速和潮汐等水文条件影响；施工设备易得，投资少；与管段的底部结合紧密，可防止沉降	对砂浆的强度、流动性、和易性及泌水性都有较高要求	注浆浆液凝固后不液化，在可能发生地震或有其他动载作用的情况尤为合适	日本东京港第一航道水底道路隧道（Tokyo Port Tunnel，1976 年）、东京港 Dainikoro 隧道（1980 年）、东京多摩川隧道（Tama River Tunnel）、中国宁波的甬江隧道
压砂法	与压浆法相似，是在管段底板上预先设置压砂孔，沉放后通过压砂孔向基础压注砂水混合料	对粒径的要求比喷砂法低；价格便宜；不干扰航道；不受水深、流速、潮汐等水文条件影响	对基槽中回淤的要求严格	应用比较广泛，荷兰应用尤其多，是目前先进的施工方法之一	荷兰 Vlake 隧道（1975 年）、中国珠江隧道（1993 年）、澳大利亚悉尼港湾隧道（Sydney Harbour Tunnel，宽 26.1m）

　　欧洲传统上习惯采用喷砂和压砂法，美国大多数采用刮铺法，而压浆法在日本采用最多。我国宁波甬江沉管隧道为压浆基础，广州珠江隧道和上海外环线隧道采用压砂法。

395

2. 使隧道结构具有一定的柔性，以适应基础的不均匀沉降

一般在制作管段时，沿轴线每隔一定的距离（15～25m）设有变形伸缩缝，在管段与管段之间设有防水接头（刚性或柔性）。如采用柔性接头，则沉放在基础上的整座隧道就像一根链条结构，可自由地随基底土层变形而变形，从而可较好地解决防止地基不均匀沉降的问题。

（二）解决管段起浮与抗浮的对策

在干坞内使管段起浮，通常用钢质端封门将管段两端密封以形成空腔。如果管段断面不对称，还要在左侧（或右侧）空腔内灌注一定量的平衡水，调整重心使其落在中线轴上。然后往干坞内灌水使管段起浮。管段起浮后高出水面的高度 H_0 称为干舷值。

干舷值过小会增加管段浮起的困难，甚至会发生起浮障碍。那种认为干舷值越小越好，越有利于日后抗浮的观点是片面的。干舷值过大就要增加沉放的压重，沉放后由于要求达到一定的抗浮系数，从而增加抗浮的困难。在设计起浮时，往往担心管段浮不起来，有意无意地放大干舷值；起浮后又不得不增加镇重来达到抗浮的要求。根据国内外的经验，一般的管段干舷高度均在 150～250mm 的范围内[124]。

干舷值的大小主要与六种因素有关：混凝土重度、钢筋配筋率、断面上钢筋混凝土面积与空腔面积之比、干坞内起浮水重度、管段上各种各样的施工附加重、平衡水重。这些因素随施工情况的变化都有一定的变化范围，因此很难准确计算干舷值。计算干弦值的目的主要是为了起浮的顺利。一般说来，干舷值计算结果比实际值偏小，这是由于对六项变量往往取值对起浮有利的上限（或下限）作为计算数据，只有这样得出的干舷值才不会出现负干舷值而导致以后发生管段起浮困难。每节管段起浮后，实际干舷值即可量取，整节管段的实际重量也可求得，从而用来较准确地进行运营阶段的抗浮复核。

此外，还需要在管段上安装压载设施。管段的下沉是由压载设施加压实现的，压载设施一般采用水箱的形式。在端封墙安设之前，每一管段至少设置四个水箱，对称分布与管段的四角位置。管段在出坞前最后作渗漏检查并调整干舷值。

（三）防水

管段防水包括管段结构自防水、施工缝防水及管段接头防水。管段结构以混凝土结构自防水为根本，特别要求结构不允许贯穿裂缝的出现。一般大型沉管管段表面裂缝宽度要求小于或等于 0.2mm，故管段预制过程中，需采用混凝土裂缝控制的技术，另外可设置管段混凝土外防水层。

管段施工缝防水分为横向施工缝防水和纵向施工缝防水。一般，管段横向施工缝设遇水膨胀腻子止水条和钢片橡胶止水带；管段纵向水平施工缝中设止水钢板。

在软土地基的干坞中制作长大管段，先对地基进行加固处理，防止纵横向差异沉降引起超出规范允许开裂。通过调整混凝土配合比，控制夏日混凝土材料入模温度，在顶（底）板和侧墙内布置冷却水管，严密监测混凝土内外温度变化，依季节变化改变混凝土养护方法，从而保证混凝土密实度和抗渗性。上海外环线黄浦江越江隧道管段制作综合采取上述措施，所生产管段均满足管段钢筋混凝土自防水要求。

管段的接头防水是沉管隧道防水的关键部位，沉管管段中接头的设计不仅要满足接头部位在施工及运营阶段各工况下的防水要求，还要满足沉管管段沉放对接施工中接头的水力压接功能以及管段间接头的柔性功能。对于混凝土管段较普遍采用的柔性接头，要具有三种功能：一是，能使各管段沉放对接时进行接头处的水力压接；二是，能吸收各管段间的相对位移的变形性能；三是，能确保隧道的防水性能。一般，构成柔性接头的构

件有如下几种：①GINA橡胶止水带——既能防水又能承受轴向拉伸及压缩的类似弹簧作用的构件；②二次防水橡胶（Ω橡胶止水带）——可进一步提高防水性，且安全可靠；③水平和垂直抗剪键——用来防止管段在水平及垂直方向相互错位，是一个夹入衔接的缓冲橡胶，也是一个起到类似弹簧作用的构件；④接头连接钢缆或W形钢板——与GINA止水带以一起形成组合弹簧系统，以阻止接头部的开口位移；⑤GINA止水带闭锁装置——控制GINA止水带压缩位移量在容许范围内的钢制防水材料；⑥端部钢壳——既是管段的一部分，又是安装、补强GINA止水带和使端面平坦的构件。一般柔性接头的构造图、GINA止水带与Ω橡胶止水带构造见图7-67。

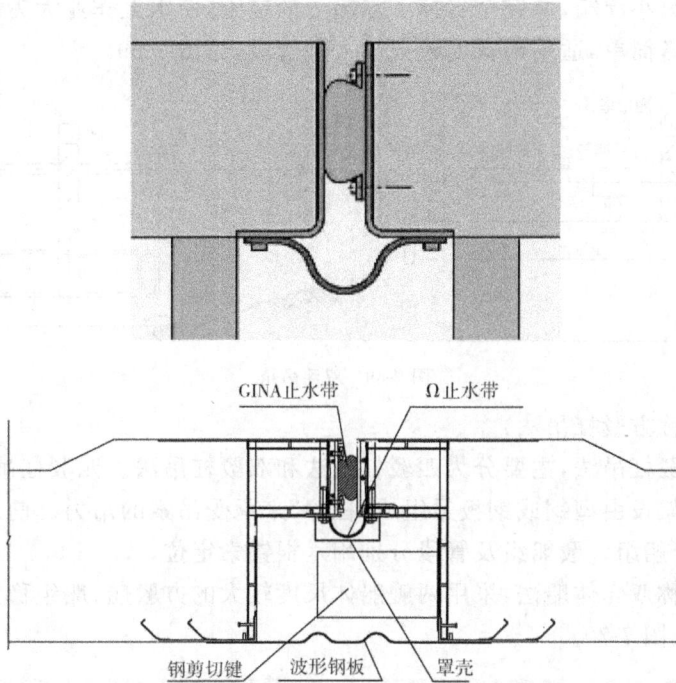

图 7-67　柔性接头构造图、GINA止水带与Ω橡胶止水带图

（四）管段浮运、沉放、定位与水下压接技术对策

1. 管段浮运技术

管段的浮运通常是通过在管节周围捆绑驳船，再辅助推船或拖船等。由于航道的限制及管段的巨大体积与质量会产生管段的难于操纵以及操纵滞后性，因此必须考虑推船或拖船的种类、数量、布置以及连接方式等。

2. 管段沉放技术

人们在沉管隧道的建设中发展了多种风格的沉放设备组合和沉放方法，如顶升平台法、浮船法（传统方法）、起重船吊挂法等，见图7-68。

（1）分吊法

①浮吊法

管段制作时，预先埋设3～4个吊点。分吊法沉放作业时分别用2～4艘100～200t的浮吊（即起重船）或浮箱，分别与吊点连接起来，通过卷扬机使之下沉，逐个将管段沉放到规定位

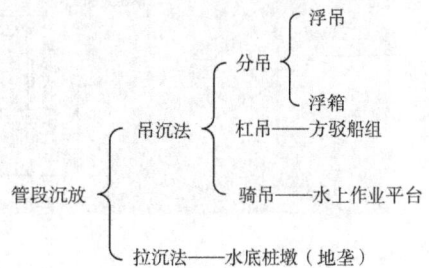

图 7-68　沉放方法分类

置。该法适用于规模较小的管段。最初的沉管隧道管段为刚壳型,规模较小,多采用这种沉放方式。

②浮箱吊沉法

浮箱吊沉法是20世纪60年代在荷兰建造柯恩隧道和陪纳勒克斯隧道时首创的,是使用历史较长和使用频率较高的一种沉放方法。这种沉放方法的设备简单、投资较省,并且便于现场控制,所以大量用于各类不同尺度管段沉放。其缺陷是不适用于沉放环境较恶劣的水域。该法的主要设备为4只100~150t方形浮箱,用四只浮箱直接将管段吊起来。四只浮箱分前后两组,浮箱很大,边长约10m左右,深约4m。随着技术的发展,现在由前后两只浮箱或改装的驳船代替原先四只小浮箱,并完全省掉了浮箱上的锚索,使水上作业大为简化。

浮箱吊沉法设备简单,适用与宽度较大的大型管段,见图7-69。

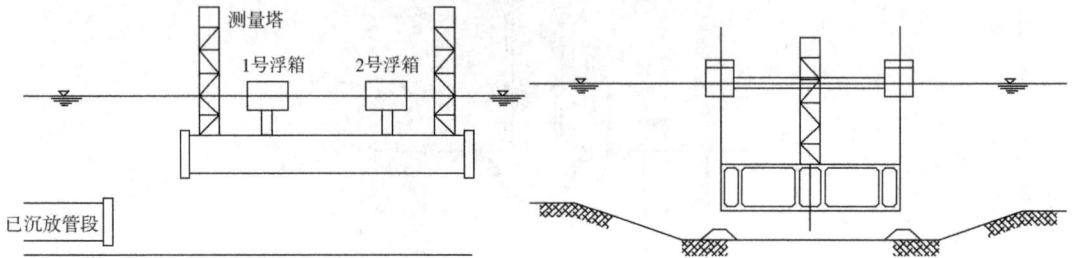

图7-69 双浮吊箱

(2)杠吊法(也称方驳杠吊法)

杠吊法也称方驳杠吊法,主要分为四驳杠吊法和双驳杠吊法。四驳杠吊法采用四艘方驳,左右两艘方驳之间架设由型钢或钢板梁组成"杠棒"来承受吊索的吊力。前后两组方驳可用钢桁架联系,组成一个船组。驳船组及管段分别用六根锚索定位。

双驳杠吊法也称双壳体船法,采用两艘船体尺度较大的方驳船,船组稳定性优于四只小方驳船组成的船组,见图7-70。

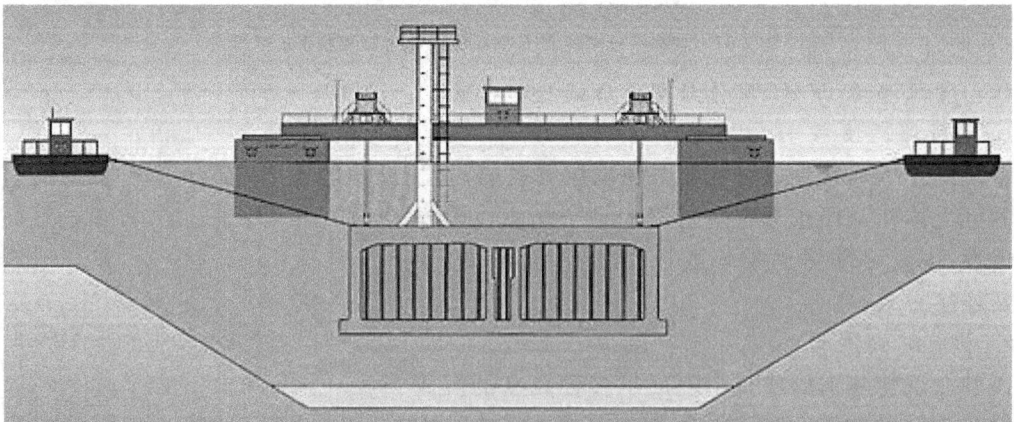

图7-70 方驳杠吊法

这种沉放方法是当今处理大型管段沉放时经常用到的方法。两艘驳船不仅通过各种不同的连接桥对称布置,而且在功能上也能对称发挥,即同时实行对管段沉放过程中的纵横两个方向的位置调整。比如目前世界上已建成的单管横截面积最大的沉管隧道——1995年日本的多摩川隧道(单管尺度128.6m×10.0m×39.7m)就是采用这种沉放方法施工的。该法的缺

398

陷在于,当遇到较恶劣的施工环境(主要是风、浪、流)时,需要锚泊设备对驳船定位,这样不可避免会造成一定的航道堵塞;另一方面,驳船和管段在施工水域的浪流作用下可能出现不易控制的运动耦合。

(3)骑吊法(SEP 吊沉法)

骑吊法的主要设备是水上作业平台(Self-Elevating Platform),原是海洋钻探和石油开采的专用设备,其工作平台实际上是个矩形钢浮箱。就位时,向浮箱内灌水加载,使四条钢腿插入海底;移位时,排出箱内储存的水,将四条钢腿拔出。沉放时,将水上作业平台"骑"在管段上方,管段被慢慢的吊放到位。

该法的优点在于:有良好的定位精度;对不良施工环境适应性强;整个沉放系统不需要占据大量水域空间的锚泊装备,作业对航道干扰小。因此,其多用于穿越水上交通繁忙的港湾、河道等地点的施工。在宽阔的外海湾地带沉放管段时,因海浪袭击,锚索难以固定,只能用此法施工;内河水流速过大时,也需要用此方法施工。其缺陷是平台自身设备费用很大,而且相应平台自身的尺度局限了其适用范围。所以该法多用于管段宽度不大的沉管隧道建设,比如香港港湾公交隧道其单管尺度为 100m×6.6m×13.1m(宽),日本东京港大场隧道单管尺度为 96.6m×8.05m×(12.68~17.53m)(宽)。在现代隧道建设中,这两者都属于小宽度的沉管隧道范例。

(4)拉沉法

利用预先设置在沟槽底面上的水下桩墩作为地垄,通过扣在地垄上的钢索,将管段慢慢拉下水。早期方法,费用较大,现已较少采用。表 7-21 列出了世界沉管隧道建设史上施工环境和隧道尺度具有代表性的一些隧道沉放的情况。

世界沉管隧道有代表性的一些隧道沉放情况表　　　　　　　　　　表 7-21

编号	隧道名称	完工年份	国家	沉放方法	特 点
1	底特律河隧道	1910	美国	浮筒控制沉放法	世界上第一条规范意义上的沉管隧道[155]
2	利尔杰霍尔姆斯维肯隧道	1964	瑞典	起重船吊放,加压载水	隧道施工水域水深最大的沉管隧道,水深达 50m
3	美国旧金山港湾捷运系统	1970	美国	主辅双驳船自抬式沉放	世界上使用中最长的沉管隧道,全长 5 825m,由 58 节管段组成
4	东 63 号街隧道	1973	美国	双驳船悬吊沉放法	隧道施工水域流速最大的隧道,流速最大达 2.7m/s
5	海姆斯普尔隧道	1980	荷兰	驳船沉放	单管长度最大的隧道(268m)
6	大场隧道	1980	日本	顶升柱腿平台沉放法	
7	亚伯尔隧道	1982	比利时	混凝土管段传统沉放法	管段单元最宽(53.1m)
8	古尔堡海峡隧道	1988	丹麦	计算机控制压载水沉放	
9	多摩川公路隧道	1993	日本	双驳船吊沉法	目前已建成隧道单管横截面积最大
10	广州珠江隧道	1993	中国	单起重船沉放法	中国大陆首建的沉管隧道
11	宁波常洪隧道	2000	中国	双浮箱吊沉法	
12	上海外环线隧道	2003	中国	双浮箱吊沉法	单管宽达 43m

采用何种沉放方式需根据管段尺寸、质量、水流速度及深浅以及以往的施工经验等确定。这是因为管段通常属长方形箱型结构物，体积庞大，加之河道宽度限制以及沉放时还需精确定位，需要考虑的因素很多。首先要考虑水流速度与方向，流速大小与方向是决定管节尺寸以及浮运沉放方式的一个重要因素；其次要考虑潮汐的影响，因为潮汐既对水流速度有影响，同时也会引起水位的变化；此外与水的密度也有关，如海水与淡水的密度不同，密度变化会引起浮力的变化；还有波浪、大风也必须考虑。由于每一隧道所处水文、地质条件不同，隧道尺度及结构形式也不同，在设计施工中遇到的有关问题有的可根据以往经验，有的则需要通过模型试验加以解决，并且有必要根据其特殊性进行受力性态分析，为安全施工提供依据。

对于管段（尤其是大型管段）的浮运沉放，由于在水中施工以及各建设水域的情况不同，还存在不同程度的困难，有待进一步的研究和解决。

第六节　冻结法及其他辅助工法工程事故灾害防范

一、冻结法施工及灾害防护

（一）概述

人工地层冻结工法（简称"冻结法"）是利用人工制冷技术，通过埋设在地层中的冻结管带走地层中的热量，使地层中的水结冰，把天然岩土变成冻土，形成具有较高强度和稳定性的冻土帷幕，隔绝地下水与地下工程的联系，以便在冻土帷幕的保护下进行地下工程掘砌施工的特殊施工方法。

冻结法的常见方法有两种，即盐水冻结和液氮冻结。生产实践中应用最多的是盐水冻结法。盐水冻结法是通过人工制冷系统制成低温盐水在冻结管内循环，利用冻结管与周围的土层的热交换吸收地层热量。液氮冻结是直接在冻结管中循环液氮，利用氮的液—气相变吸收地层热量。在应急时，液氮也可直接喷洒在需冻结的岩土表面。

冻结法可能造成的事故和灾害主要在于以下四个方面：

（1）冻结孔事故。在从地下空间向外围土体进行冻结孔施工时发生的孔口密封失效事故，可导致喷水、喷沙，严重时地下结构变形破坏，甚至淹没工程的灾害。次生灾害可能是上覆土体大面积沉陷，造成地面建筑、地下构筑物和管线的破坏。

（2）冻土帷幕事故。在开挖砌筑阶段发生的冻土帷幕失稳事故，可导致透水、流砂，严重时地下结构变形破坏，甚至工程淹没的灾害，次生灾害可能是上覆土体大面积沉陷，造成地面建筑、地下构筑物和管线的破坏。

（3）冻胀事故。冻结过程中由于土体冻胀现象引起的冻结管断裂和地下结构变形破坏事故，前者有可能造成冻土帷幕薄弱区从而导致冻土帷幕失稳事故，后者可能影响到地下结构的使用寿命。

（4）融沉事故。冻结工程完工后的冻土融沉，可能造成地下结构的不均匀沉降从而导致结构变形破坏，也可能造成地面建筑、地下构筑物和管线的破坏。

冻结法的安全保障依赖于详细、准确的地质资料，正确的冻结方案设计，可靠的冻结系统施工工艺，正常的冻结系统运转，符合设计要求的冻土帷幕性状（厚度、温度和强度等参数），有效的冻胀抑制及已有结构保护的手段，合理的开挖砌筑工序，严格的地层融沉控制措施以及准确可靠的冻结法信息化施工监控系统,任何一个环节的疏漏都可能导致事故甚至灾害。未知的地层缺陷、异常的地下水和热源都可能使得常规的冻结方案失效;冻结方案正确与否决定了设想的冻土帷幕性状、尺寸和强度能否实现,以及对冻结系统本身和地下结构是否会造成破坏;冻结系统施工中的冻结孔钻进工艺是否可靠,决定了钻孔事故能否得以防治;冻土帷幕中任何未达到设计要求的薄弱环节都可能导致致命的工程事故或灾难;冻结系统的非正常运转可能引起冻土帷幕的异常发育、形成冻土帷幕薄弱环节;开挖砌筑工序在时间和空间上的不合理性,可能引起冻土帷幕性状的恶化、形成冻土帷幕薄弱环节、发生冻土帷幕过大的变形,最终导致严重后果;地层融沉控制措施不到位会引起地层的工后长期沉降;准确性和可靠性不够的监测系统无法发现冻土帷幕的薄弱部位,可能任事故隐患存在并发展而不知,最终酿成大祸。可见,冻结法是一种高风险的工法,必须要有严密的风险对策来保障。

（二）冻结法施工事故原因分析

1. 冻结孔钻孔事故

在从地下空间向结构外围土体进行冻结孔施工时发生的孔口密封失效事故,可引起喷水、喷砂,严重时因地层损失过大导致地下结构变形破坏,造成地面建筑、地下构筑物和管线的破坏,甚至工程淹没的灾害,在冻结孔进入承压水地层时尤其危险。其主要原因是土层随钻孔循环浆液流失,或者是孔口密封装置失效。

2. 管片损坏事故

其有两种情况,即钻孔对盾构隧道管片造成过大损伤、开挖时拆除部分管片使管片隧道圆环开口导致管片的过大变形甚至失稳。

过密的冻结孔布置方案难免会切断过多的管片主筋、破坏结构的完整性,对管片造成过大损伤。开挖时,拆除部分管片使管片环丧失完整性,造成隧道开口处出现较大应力集中,导致管片的过大变形甚至失稳。

3. 冻土帷幕事故

有诸多的因素可能导致冻土帷幕事故,主要可归纳为四个方面:冻土帷幕的几何缺陷、物理缺陷、冻土帷幕性状的判断失误和施工管理不当。

（1）冻土帷幕的几何缺陷

冻土帷幕的几何缺陷指冻土帷幕几何尺寸或性状没有达到设计的要求,有如下情况:冻土帷幕自身没有形成设计的形状和厚度、已形成的冻土帷幕因某种不利因素而恶化、因地层缺陷无法形成预想的冻土帷幕。

①冻土帷幕形成不足

冻土帷幕自身形成不足的原因有冻结冷量不足、冻结管缺陷、冷量流失、地层冻结温度低和难冻地层。

冷量不足可以是设计制冷量不足、制冷设备效率低、冻结器盐水流量不足等原因引起的。制冷设备效率低除了机器本身的问题外还可能是高温季节冷却水温度过高导致制冷效率下降。盐水流量不足的原因可能是盐水配给不合理,也可能是冻结器意外堵塞或冻结器内残留空气。

冻结管缺陷主要是冻结管间距过大或长度不足,一般由钻孔偏斜或设计不合理造成。

冷量流失一般由结构散热、地下水流速过大、地层中有高导热性的异物（金属、混凝土等）和异常热源（高温管道、温泉等）,其中结构散热是最为常见。结构散热可能导致冻土帷幕温度过高、冻土帷幕与结构之间的冻着（胶结）面积不足和两者之间的冻着强度不足。

地层冻结温度低指地层结冰的温度比预料的低,导致冻土帷幕厚度小于设计厚度。这种情况多发生于黏性土和含盐土层。

难冻地层指地层冻结发展速度过低,不能在计划时间内达到设计要求。

地层含有阻冻(不易冻结)异物,如早期泄漏的盐水、先前工程遗留的聚氨酯等。

②冻土帷幕恶化

已经形成的冻土帷幕在不利条件下会产生恶化,其常见形式为冻土帷幕温度升高,出现表面融化,引起强度减弱,有时出现冻土帷幕内部的融化,形成融洞。这些现象可能造成冻土帷幕承载能力不足,或者挖开融洞导致透水事故。

冻土帷幕恶化的主要原因有盐水泄漏、结构散热、冻土开挖面散热、异常热源和冷冻机异常停机等。

盐水在冻土中泄漏会引起冻土融化。盐水泄漏可由于冻结管缺陷(如接头焊缝质量)和冻结管断裂而发生。冻结管断裂的原因有:冻土帷幕变形过大、冻胀过大、开挖变形过大、开挖损伤和冻结孔成孔弯曲导致的冻结管变形应力过大等。

结构散热主要是由于保温层失效、高温空气对流和表面冻结管(俗称"冷排管")失效等因素。结构散热引起的冻土帷幕恶化不仅表现在冻土帷幕温度升高、体积减小,更具有危害性的是减小冻土帷幕与结构之间的冻着面积和降低两者之间的冻着强度。

冻土开挖面散热也是可能引起冻土帷幕恶化的一个因素。开挖面使冻土帷幕接触空气对流而温度升高,从而使得强度降低。当开挖面暴露时间过长时,冻土帷幕较大程度恶化的可能性增大。

异常热源(如混凝土水化热、高温管道、温泉等)的热侵蚀也会引起冻土帷幕恶化。

冷冻机异常停机,供冷中断时间过长也必定恶化冻土帷幕。开挖工作完成后,过早终止冻结也可能造成冻土帷幕过早开始融化。

③地层缺陷

假如冻土帷幕设计范围内及其附近存在沼气包、溶洞和暗浜等地层缺陷,或者地层因先期工程遭到过剧烈扰动,会在冻土帷幕中形成空洞或冰体,造成冻土帷幕缺陷,有时甚至是致命的缺陷(开挖时形成冻土帷幕"开窗"导致透水事故)。

(2)冻土帷幕的物理缺陷

冻土帷幕的物理缺陷指冻土帷幕没有达到设计的强度和刚度。强度不足和刚度不足都可能导致冻土帷幕事故。

造成冻土帷幕强度和刚度不足的原因主要有冻土帷幕温度过高和低强度地层。冻土温度过高时无法达到设计强度,这是因为冻土的强度随温度的升高而下降。一些地层(如黏性土和含盐土)冻土本身的强度偏低,如果在设计冻土帷幕范围内意外出现这种地层,则会导致冻土帷幕强度无法达到设计指标。

造成冻土帷幕刚度不足的主要原因有冻土温度过高、开挖后冻土暴露时间过长、开挖空间过大、初衬失效和强蠕变地层等。

(3)冻土帷幕性状的误判

冻土帷幕的性状是不断变化的,对冻土帷幕性状的判断和对冻土帷幕安全状态的评判准确与否将直接影响到施工决策的成败。有时候冻土帷幕事故是由对冻土帷幕性状的误判造成的。

冻土帷幕的性状指冻土帷幕的性能和状态,主要由冻土帷幕的温度场、特征面温度、平均温度、厚度、形状、强度场等参数的值及其变化规律来描述。这些参数主要通过测温数据,根据冻结管的空间位置,按照合理的温度场数学模型和物理力学性质模型计算而得。因此,冻土帷幕性状判断失误的原因可以是冻结管位置误差、测点位置误差、监测数据失真、数学模型不适应、冻土性能偏差、意外地层缺陷等。

①冻结管位置误差。冻结管空间位置资料是温度场计算的基本数据,其误差可以是冻结管成孔数据的测量失真、冻结管后期变形(可由钻孔地层损失过大、冻胀和开挖等因素引起)。当冻结管间距过大或长度不足而没有发现时,则可能导致误判。

②测温点位置误差。测温点空间位置资料也是温度场计算的基本数据,测温点布置在测温孔当中,所以其误差和冻结管一样,可以是测温孔成孔数据测量失真、测温孔后期变形引起。

③温度监测数据失真。温度监测数据失真必然会导致温度场计算结果失真。监测数据失真一般有测温传感器和监测系统故障、外界干扰等因素。

④温度场数学模型不适应。不同的冻结管布置形式有不同的温度场数学模型,冻结管布置形式复杂时往往需要几种温度场数学模型联合使用,因此数学模型选用得正确与否决定了温度场计算结果的正确与否,不合适的数学模型将导致温度场的误判。

⑤冻土性能偏差。冻土性能偏差是指冻土物理力学性质、热物理性质参数的不准确。冻土力学性质的偏差将导致冻土帷幕安全状态评估的结果。严格而言,冻土性能参数必须通过本工程土层的冻土性能试验研究确定,参照采用同类条件其他工程的试验数据一般会带来误差。

需要特别注意两个因素——含水率和含盐量。含水率是影响冻土性质的一个重要因素,而不同工程中即使相同土层也经常出现含水率较大的差异。含盐量不但对冻土强度有影响,更主要的是对土层冻结温度有明显影响。含盐量越高,冻结温度越低,在相同温度下冻土帷幕的厚度就越小。若对较高含盐量土层缺乏认识而按无盐土层计算,则可能导致冻土帷幕性状的不利的误判。

⑥意外地层缺陷。冻结范围内及其附近如果存在地层缺陷(如气包、溶洞、暗浜和剧烈施工扰动等)或地层突变而不知,则将导致冻土帷幕性状的严重误判。

（4）施工管理失误

冻土帷幕事故的发生有时候是管理失误造成的。开挖时的严重超挖、出现事故征兆时的野蛮施工、缺乏可靠的紧急预案以及抢险失策等现象都是管理失误的表现。

4. 冻胀事故

冻结过程中由于土体冻胀现象引起的冻结管断裂和地下结构变形破坏事故,前者有可能造成冻土帷幕薄弱区从而导致冻土帷幕失稳事故,后者可能影响到地下结构的使用寿命。

冻胀现象是自然规律。冻胀事故发生的原因主要有冻胀敏感性地层、冻结时间过长、冻土体积过大和冻胀控制措施不力。

冻胀敏感性地层是发生冻胀的必要条件,对地层的冻胀敏感性认识不足是冻胀超出预料的原因之一。冻结时间过长是冻胀过大的常见原因。冻结时间过长必将产生过大的冻土体积,导致绝对冻胀量偏大。

控制冻胀有一系列措施,这些措施执行不力,也是冻胀发生的一个原因。

5. 融沉事故

冻土的融沉是自然规律,目前控制融沉主要通过冻土融后注浆来实现,因此注浆措施执行不力是发生融沉事故的主要原因。

采用冻土自然解冻、跟踪注浆的措施时,由于自然解冻时间相当长,工程中往往缺乏长期跟踪注浆的条件。采用强制解冻措施时,虽然可以大幅度缩短注浆周期,但工程中往往缺乏足够的解冻进程监测数据,使得注浆不能保证准确到位。

另一方面,由于种种条件的限制,注浆管难以布置到最佳位置,从而不能保证对整个冻结区域进行注浆充分的注浆。

（三）冻结法风险源及其对策

冻结法的地质勘探、冻结方案设计、冻结孔钻进、冻结系统运转、冻土帷幕性状判断、冻胀抑制与已有结构保护手段、开挖砌筑工序安排、停冻时机掌握、冻结系统拆除等各个环节,均存在一定的风险源。

1. 地质条件风险

地层中存在的对热传导和冻土力学性能不利影响的因素均为冻结法的地质条件风险源。工程地质条件中不利因素为:对冻结不利的地层类型、局部异常的地层性质、构造,土层中的异常物体。水文地质条件中不利因素为:地下水流速流向、水质（含盐）、水温（温泉）、承压水等。

冻结法地质条件风险的对策是:做好详细准确的地质勘探,并做好各种土层的冻土物理力学性能试验和必要的水质化验。

2. 冻结方案设计风险

冻结方案设计风险存在于设计依据（冻土物理力学性能）的可靠性,冻结系统参数计算的准确性,以及冻土帷幕结构参数计算的合理性等方面。

冻土物理力学性能是设计的基本依据,其不可靠性将导致冻结方案设计的失误。

不准确的冻结系统参数计算,可能导致两种相反的结果:第一,供冷量不足,不能在预计时间内形成预想的冻土帷幕性状,不能达到设计的冻土帷幕温度,导致冻土帷幕的厚度或强度不足;第二,供冷过量,导致冻结强度过大引起冻胀危害。

控制冻结方案设计风险的对策是获得可靠的冻土物理力学性能参数,全面考虑各种不利因素进行冻结系统各种参数的精心设计并正确选择冻结设备,正确估计荷载并采用合理的力学模型进行准确计算,以获得安全的冻土帷幕结构参数。

3. 冻结孔钻孔施工风险

从地下空间向结构外围土体进行冻结孔钻孔施工风险源在于钻孔循环浆液携砂量失控和孔口密封管失效。

冻结孔钻孔施工风险控制对策是:采用有效措施控制钻孔循环浆液携砂量,比如从孔口密封管旁通阀提供与地层埋深相当的压力以平衡水土压力,同时应严密监视排砂量,当地层损失过大时应利用冻结管进行地层补偿注浆;确保孔口密封管与结构之间的牢固连接,以防孔口密封管脱离结构导致突发性喷砂,这一点对于结构下方的冻结管尤其重要。

4. 冻结系统运转风险

制冷设备完好状态不佳、电力供应不足、制冷效率不足、冷媒剂流量流速不足或过足、冻结管密封状态不佳均为冻结系统运转可能导致事故的风险源。

冻结系统运转风险控制对策是:保证制冷设备的完好状态,重要工程要有备用设备;保证充足的电力供应;保证冷却水在正常温度内;严格控制冷媒剂流量、流速,通过盐水去回路温度监测和其他监控手段,定期排放冻结器内残留空气,出现异常情况时要及时调整;确保冻结孔钻孔质量和冻结管接头密封性,尽量减少冻结管接头,冻结器安装后要进行耐压试验,运转期间严密监测盐水箱水位,以便及时发现盐水泄漏现象。

5. 冻土帷幕性状判断风险

冻土帷幕性状判断失误的风险源主要存在于:冻结管空间位置资料不准确、测温点布置方案不合理、测温点空间位置资料不准确、土体温度和冷媒剂温度监测数据不可靠、冻土物理力学性质不明、温度场数学模型不正确、散热边界的考虑不充分。

冻土帷幕性状判断失误风险的控制对策是:确保准确的冻结管空间位置资料,做好冻结孔成孔测量,充分考虑可能出现的冻结管后期变形;制订合理的测温点布置方案并掌握准确的测温点空间位置资料,要考虑可能出现的测温管后期变形,注意可能出现的测温线缆在测温孔中的位置变化,以确保可靠的监测数据;保证监测系统运转正常,对系统故障要及时排除;事先进行冻土物理力学性质试验,查明各种参数;根据冻结管布置形式选用正确的温度场数学模型以及有关的参数和系数;充分考虑结构散热边界对冻土帷幕性状的不利影响。

6. 冻胀作用风险

冻胀作用风险源主要存在于冻结时间过长、冻土体积过大和冻胀控制措施不力。

冻胀作用风险的控制对策是:对地层冻胀敏感性要事先通过冻胀试验确定;避免冻结时间过长,根据冻土帷幕性状监测判断结果,一旦达到设计要求应尽快开始开挖砌筑工序,开挖砌筑期间进行维护冻结,避免维护冻结期中供冷过足;控制冻胀措施要落实到位;对可能发生过大变形的结构加以保护,例如在隧道内架设预应力支架限制管片因冻胀引起的变形。

7. 盾构隧道联络通道开挖砌筑风险

开挖砌筑阶段的风险源存在于过早开挖导致渗漏水、管片开口后变形过大甚至失稳、开挖后冻土帷幕变形过大、喇叭口部位保温措施失效、初期支护不得力,最不利情况可能导致冻土帷幕透水。

开挖砌筑阶段的风险控制对策是:严格把握开挖条件,必须在所有开挖条件均符合设计要求后方可拆除管片;拆管片前对开口周围进行管片加固;开挖过程中严禁超挖,及时支护并保证其质量,尽可能缩短冻土暴露时间;由于开挖增加了喇叭口部位冻土帷幕的散热面积,必须严密监视该部位的冻土帷幕状态,必要时要加强保温措施。

在冻结法施工过程中,特别是开挖过程中,应当采用严格的信息化施工方法。与普通地基加固方法不同,冻结法地基加固效果不是一成不变的,而是随时间不断变化的,这是因为冻土帷幕的形成和发展是一个不断变化的过程。准确可靠的冻结法信息化施工监测系统应当具有实时反映冻土帷幕性状、对冻结系统和冻土帷幕的问题及时作出报警的功能,以便在事先或第一时间发现整个冻结工程的事故隐患,为事故或灾难的规避提供及时、可靠的依据。

同时,必须做好冻土帷幕透水事故的应急方案,在通道与隧道连接处安装密封、牢固的防护门,在万一发生透水事故时关闭防护门,确保隧道的安全。

8. 冻结系统撤除风险

冻结系统撤除这一工序中,撤除的时间过早、冻结管孔口密封管割除的时间过迟和封孔不严都是这一阶段的风险源。

冻结系统撤除工序中的风险控制对策是:严格把握冷冻机停止冻结的时间,必须保证现浇混凝土达到一定强度后方可停机;冷冻机停机后,应当尽快按设计进行冻结管的割除工作,严格遵照施工组织措施施工。

(四)冻结工程事故案例分析

【案例 1】 圣彼得堡地铁 1 号线区间隧道事故

1995 年 12 月在圣彼得堡地铁 1 号线(红线)"森林"(Лесная)站和"英勇广场"(Площадь Мужества)站之间的区间隧道发生了重大事故,导致区段关闭报废。这个地铁区间于 1975 年开始运行,施工期间就曾发生过巨大的坍塌事故。运营期这段地铁隧道的内衬日渐损坏,地下水和软质土不断经由损坏的内衬流入隧道内,无法控制,最终被迫用水灌淹了区间隧道,终止列车运行。

1. 地质条件与线路规划

圣彼得堡地铁的大多数线路处于涅瓦河三角洲以下,其土质为劲性的超固结的层压黏土[136]。但是,地铁红线的一段隧道却穿过一条很深的"冲刷"带——古涅瓦河的河床(图 7-71),上宽 450m,深 122m[137]。在冲刷带内蕴藏着饱水的细砂,属具有流砂特点的粉状亚砂土,在它上面覆盖了一层软弱的粉质黏土和莫斯科冰碛层。沿着隧道线路在冲刷带区域静水压力达到 9 个大气压[137,138]。实际上,在 90m 深处有一条流动的地下河。

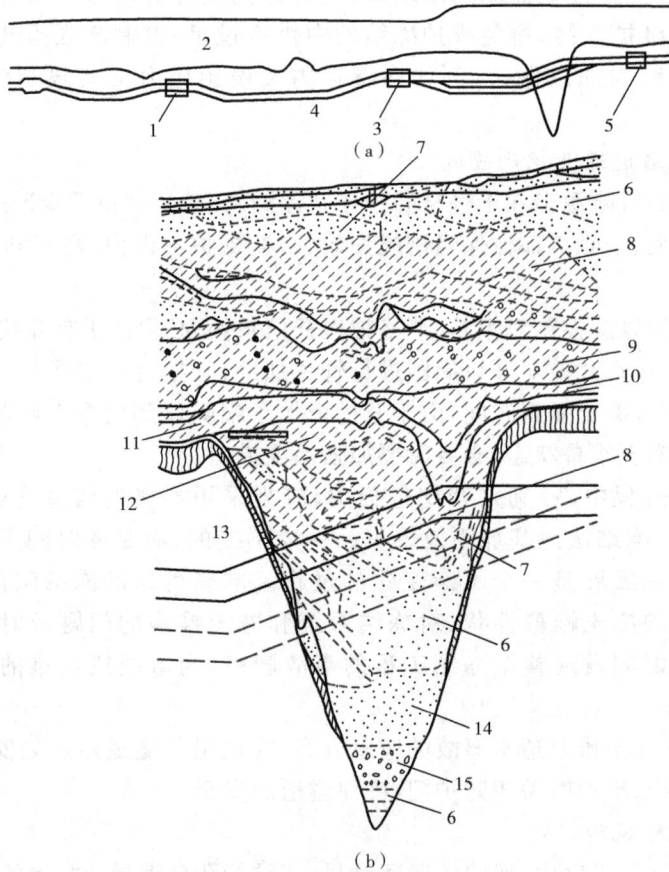

图 7-71　地铁隧道穿越的古涅瓦河河床

(a)线路纵剖面图;(b)隧道穿越地下河地质条件

1-威堡站;2-第四纪沉积层;3-森林站;4-寒武纪沉积层;5-英勇广场站;6-细砂;7-粉砂;8-砂质黏土;9-卢伽冰碛层;10-带状砂质黏土;11-莫斯科冰碛层;12-层状砂质黏土;13-黏土;14-半砂砾砂层;15-漂砾层

地铁 1 号线从"森林"车站到"英勇广场"车站区间有三种线路设计方案[151]:(1)深埋隧道到"森林"车站和"英勇广场"车站之间的冲刷带当中;(2)隧道沿着市区地表浅埋;(3)深埋隧道到冲刷带以下,再配置垂直电梯或双级扶梯。

经过讨论,得出以下结论:(1)如果隧道沿着市区地表浅埋,将拆毁很多房屋和搬迁许多工程管线。(2)如果隧道铺设在冲刷带以下,"森林"车站和"英勇广场"车站的定位将非常困难,同时必须安装双级扶梯和建造地下中继换乘厅。除此之外,在冲刷带下方的土中承压水压力很大。(3)隧道铺设在冲刷带当中就不存在上述的不足。

但是,隧道设施穿过冲刷带是一项复杂的工程,到目前为止在世界工程界中还没有类似的工程。隧道线路屡次在不同的技术部门讨论,最终交通建设部采纳了隧道穿过冲刷带的方案。

2. 工程方案与事故经过

工程开始于 1971 年,掘进通过冲刷带的隧道采用地层冻结法,在地下约 80m 深的地方掘进。为了减小冻土的体积,隧道布置成上下重叠的方式。在冲刷带内,上线隧道长 485m,下线隧道长 460m[136,137]。由于要采用冻结法施工,考虑到冻土融化后地基弱化的不利因素,设计了特殊的多层隧道衬砌结构[137]:由外直径 6m 的铸铁管片、管片内部的钢筋混凝土衬砌和金属焊接的内壳组成,金属内壳作为隔水层,其计算承受水压达到 0.4MPa,并安装了排水管以减小水压[138]。铸铁管片即时拼装,钢筋混凝土二衬滞后 15~20m 浇筑,隔水钢板锚固在钢筋混凝土内衬上[137]。

冻结法施工采用地面垂直冻结,在开挖前沿着隧道钻 6 排冻结孔,沿外侧间距 1.5m,内部间距 2m。冻结孔超出下线隧道底板 4.5~6m。冻土体宽 15~16m,高达到 86m。积极冻结期 2.5~3 个月,盐水温度 −20~−24℃[137]。

两条隧道同时施工,下线先行,上线隧道滞后 10~15m,采用掘进机掘进,风镐破土[137]。1974 年 4 月 8 日,在开掘下线隧道时开挖了一片未冻区[137],导致流砂突出,体积超过 4 万 m³,紧接着上线隧道也发生了流砂突出。隧道很快淹没,在 6h 的过程中,两条隧道从工作面到工作井(约 600m)都被疏松的砂子填满,最终在"森林"站砌筑两垛 3m 厚的封堵墙才得以控制事故。事故导致地面产生沉降,形成 400m×200m 凹槽,在流砂突出的中心部位最大沉降达 3.5m[137]。在沉降区域内,楼房和建筑物都产生了很大的变形,而且其中一部分发生了毁坏。事故发生后采用液氮冻结,这是全世界首次采用液氮进行地层冻结,当时完成了长达 70m 的冻土封堵体。1975 年继续施工时,在清理隧道的过程中揭露隧道破裂的长度达到 10m,拱顶沉降达到 40cm 左右[138]。随后,从隧道另一头("英勇广场"车站)反向掘进。1975 年 7 月在下线隧道距离第一次流砂突出点 100m 处发生了第二次流砂突出。然后用压强为 0.58MPa 的水注满下线隧道,而上线隧道用压强为 0.48MPa 的压缩空气,以此稳定隧道,并再次用液氮冻结,最终完成了隧道。

1975 年 12 月 31 日,地铁区间投入运营(列车限速在 40km/h 以下)。1976~1983 年的监测数据表明:压力的增长几乎停止;下线隧道沉降和变形值趋于稳定;上线隧道的沉降和变形也处于衰减阶段[136,137]。在 1982 年下半年进行了专门钻孔观测,钻孔表明,人工冻结的冻土体几乎完全解冻,仅仅在上线隧道拱顶上部 6~10m 以上发现零星的冻土,温度为 0~−1℃[138]。继续进行的监测工作也表明,下线隧道的沉降和变形实际上到 1983 年已经稳定,而上线隧道的沉降和变形正在终止。1983 年 6 月,由于隧道状态稳定,取消了列车限速 40km/h[138]。

从 1975 年 12 月 31 日投入运营直至 1994 年,隧道(通过钢板隔水层上的卸压排水管)不断间歇性涌水涌砂,涌砂量为 0.2~0.3dm³/d。到 1994 年 11~12 月,涌水量开始增大,涌砂量达到 0.5m³/d。从 1995 年 2 月出水里携带的泥砂剧烈增加,从裂缝的进水达到 360m³/d,并且由于钢筋混凝土二衬和钢隔水层之间环形空间中水压的升高,造成了内部钢隔水层的损坏。1995 年 3 月,下线隧道钢板隔水层个别地方应力达到极限值,钢板隔水层失去密封性,隧道内涌进大量的水(超过 400m³/d)和泥砂(0.4~1.2m³/d),9 个月内约从隧道清理了 120m³的砂土,而涌入的水达到峰值,即 800m³/d,其中上线隧道 100m³/d,下线隧道 700m³/d。从1995 年 3 月份起,列车限速在 40km/h 以下,从 4 月份起,休息日停运,之后工作日也从 22 时停运。地铁管理部门接受了局部修理钢板隔水层的建议。但是上线隧道继续沉降,在 10 个月内沉降增长了 16cm,其中最后一个月增长了 8cm,最终最大沉降量达到 30cm,日涌砂量达到30m³。1995 年 12 月 3 日夜,下线隧道大量涌水,上线隧道急剧下沉,灾难发生。1995 年 12月 4 日,隧道运营终止[137,138]。1995 年 12 月 10 日紧急状态小组会议决定,灌淹上部隧道[138]。1995 年 12 月 16 日,下线隧道也封堵灌水。

1995 年 12 月 21 日局势基本稳定,地面上大部分监测点的垂直位移都停止了或趋向稳定。最终地面最大沉降达到 90cm 左右,沉降超过 20mm 的变形区域沿着隧道轴线长 250m、宽约 220m,总面积约 45 200m²[138]。

从此以后,地铁红线被一分为二,每天超过 50 万人的长期客流要在"森林"站或"英勇广场"站转乘免费公共汽车越过被关闭的地铁段,然后再下到另一侧的地铁线继续他们的行程。

3. 事故原因分析

事故的原因无疑是多方面的,从线路规划到施工方案、运营管理都埋下了最终导致区间关闭的种种祸根,其中既有技术原因也有人为因素[139]。

(1)施工决策中的政治因素

就线路规划而言,采纳了不合理的线路。穿越地下河的方案是施工难度最大的,之所以被选中是因为该方案工期短,可以赶在苏共第二十五届代表大会这个重大日子前交工,可以因此获得奖励。其他两个提出的方案明显是欠合理的。

1974 年隧道淹没后马上开始研究修复方案。当时提出比选的方案有三个:①沿原线路在塌陷区上方布置隧道;②沿原线路在塌陷区下方布置隧道;③沿原隧道继续前进。方案①和②存在与早先比选的区间隧道三条线路的后两个方案同样的问题,而且现在的第②方案还有与建成线路对接难度大的问题。更重要的是,这两个方案都同样存在上述的政治问题。因此,决定采用第③方案——沿原隧道继续前进,这样既可以节省时间又可以不浪费已建成的隧道。可见,受政治影响的人为因素导致了不正确的决策,这种现象是值得人们引以为戒的。

(2)冻结法的问题

隧道穿越地下河段掘进采用冻结法这无疑是正确的,但是却忽略了一些冻结法相关的特殊问题,致使冻结方案存在一些缺陷。

①地质条件

首先,对采用冻结法必须考虑的地质条件认识不清。地下水流动和地层含盐均可对冻结效果带来重大影响。事故地段处于地下河之中,但地下水流动的情况并未掌握。同时,事故地点位于芬兰湾沿岸,有地层含盐量大的可能性,但缺乏相关资料。过大的地下水流速可以导致冻土帷幕无法封闭;较高的含盐量将使得土壤结冰温度降低、冻土帷幕厚度减小、冻土力学性能大幅度降低。在这种条件下采用常规的冻结方案施工,风险是很大的,必须采取专门对策。

②冻结参数

冻结孔间距偏大、盐水温度偏高。在冻结孔间距 1.5～2.0m 和盐水温度 −20～−24℃ 的参数下,冻土温度只达到 −10～−12℃,冻结强度已经不高,如果出现地下水流动或地层含盐问题,冻结效果则无法保证。

③冻土融沉问题

土壤冻融后结构发生变化、承载力降低,冻土融化后发生沉降是常见的现象。地基的沉降带动隧道结构纵向受弯变形,导致结构损坏漏水,是最终灾难发生的重要直接原因之一。技术方案考虑了冻土融沉这一问题,但仅仅在隧道结构上做了工作,而在地层加固方案未采取任何措施。如果施工后甚至施工前对地基进行加固,或许可以避免灾难。

(3)衬砌结构问题

虽然考虑冻土融沉问题设计了特殊的隧道结构,但事实证明设计考虑是不充分的。隔水层的设计承受水压为 0.4MPa,显然没有考虑埋深处的全部水压而是仅考虑部分渗压。

1995 年经过专家研究确认,在外部铸铁衬砌出现开口裂缝,而内部的大约 70% 的钢筋混凝土衬砌有过大的裂缝和剥落,致使内层隔水钢板上静水压力达到 0.7MPa,这远远超出了内层隔水钢板的设计容许限度 0.4MPa[137]。在 0.7MPa 压力的作用下,内部焊接钢板隔水层出现了变形。虽已进行了加固修复工作,但仍不能承受如此高压。为了保护钢板隔水层避免在高压下继续变形破坏,通过不断的排水来控制水压的继续高涨。这一措施显然加速了事故隐患的发展,因为隧道周围的土层随着排水不断流失,使支承隧道的土的承载能力受损,加剧了隧道的沉降和变形。

(4)地基稳定性问题

由于隧道施工期间发生的事故,地基地层遭受了剧烈扰动,地基的承载力和稳定性受到了严重折损。然而,工程人员对此没有充分认识,从而未采取任何主动的地基加固措施。

冻土自然解冻周期漫长,解冻后的土体性质将会发生承载力下降、液化可能性增大、透水性提高等一系列有害变化。冻土自然解冻过程持续了 7 年,在冻土彻底融解之前,隧道的稳定性或许在一定程度上得益于冻土的保护,表面上看隧道的变形逐渐趋于稳定。没有人意识到冻土彻底融解之后,地基性质会发生恶化,因此没有对冻融地层采取有效的恢复性加固。

(5)列车动载的问题

在运行期间,列车对衬砌有动力影响,并且列车经过时对土体有扰动,上层隧道列车动载对下层隧道有害,从而使已经不稳定的饱和地基产生液化,上部和下部隧道的支撑土体刚度下降过大,这是冲刷带内地铁隧道终止使用的基本原因。这样不可避免地导致结构最终破坏,并且不能将隧道修复到符合运行标准的程度。

1975 年 12 月 31 日,地铁区间投入运营后列车行驶速度一直控制在 40km/h 以下。1983 年 6 月,由于认为隧道状态稳定,取消了列车限速 40km/h[138]。隧道地基在施工期的透水事故中受到巨大扰动,冻土融化后土体易于液化,取消限速后的列车动载可能加速了土层液化,这也是导致隧道产生巨大沉降的重要原因。

(五)结语

圣彼得堡地铁 1 号线森林站～英勇广场站区间隧道终止运行事件的原因是多方面的,但其根本原因或许可以归结为人们对隧道穿越地下河的困难估计不足,对不利地质条件的危害性认识不充分。这导致了线路选择不合理、冻结法加固方案不完善、隧道衬砌结构设计不足等方案性失误。在运营期,由于对剧烈扰动地层和冻融后地基性质,以及列车动载作用缺乏充分认识,导致车辆运行速度控制不当造成地基液化、过量排水引起地基土流失造成地基失稳。

二、降水施工引起的灾害防护对策

(一)概述

在软土中的隧道及地下工程,无论是明挖法还是暗挖法施工,如果不能把地下水位降低并控制在基底以下,将无法保证安全和正常施工。许多地下工程灾害事故都与地下水处理不当有关。基坑工程流砂、管涌、坑底失稳和坑壁因土体滑移的坍塌,大都由人工降低地下水位失误或突降暴雨土体含水量骤增引起的。明挖的隧道由于过早停止基坑人工降水,导致隧道结构上浮的事例也时有发生。软岩中节理和裂隙水若不及时排出去,可能引起初次支护垮塌、岩体塌方。

在软土地层明挖法(或暗挖法)隧道地铁车站、高层建筑箱型基础及隧道,用井点降低地下潜水位或承压水位已成为一种必要的工程措施。井点降水在避免流砂、管涌和底鼓,保持干燥的施工环境,提高土体强度与基坑边坡滑移变形方面都有显著的作用。盾构进出工作井破除地连墙封门时,为防止土体向工作井内倒塌涌入,采用人工降低地下水位方法,或者用人工降低地下水与土体注浆(或搅拌)加固相结合的方法,往往达到既经济又安全的效果。上海地铁1号线盾构从新客站端头井进出洞,便成功采用了井点降水土体改良的方法。

通常,淤泥质饱和黏土由液态的水与固态土粒两部分组成。土层中液态水分为结合水和自由水两类。结合水是在分子引力作用下吸引在土粒表面的水体。这种引力可高达几个甚至上万个大气压。结合水通常只有在加热成蒸汽时才能和土粒分开。自由水是指土粒表面电场影响范围之外的重力水和毛细水。井点降水一般是降低土体中自由水形成的水面高程。轻型井点和喷射井点是利用真空度产生的负压将地下水抽吸上来,所以这两种降水方法适用于渗透系数小的土层;管井采用的深井泵和潜水泵本身扬程较高,所以适用于渗透系数大的土层降水;砂(砾)渗井是疏通上下含水层,将上层潜水层疏导到下层的含水层,再结合管井可以降低基础底部承压水层;电渗井点管作阴极,钢管或钢筋作阳极,联合组成通路,并对阳极施加强直流电电流,应用电压比降使带电(负)土粒流向阳极,带正电荷的孔隙水向阴极电渗井点管集中,产生电渗现象。所以电渗井点适用于透水性差、持水性强的饱和淤泥或淤泥质黏土中的降水,这种地层中单用一般的轻型井点及喷射井点无法达到疏干基坑降低地下水的效果。

降水设计是地下工程施工特别是深基坑施工组织设计的一个重要组成部分。依据基坑面积、水位降低的深度和土体的渗透系数,确定单井抽水量和整个地下工程需要的井点数。上述工程地质和水文地质的资料不齐全时,对于大型的地下工程,进行井点的抽水试验也是必要的。

人工降低地下水施工质量安全管理十分重要。井点管深度不足、冲洗不净、滤网网眼过粗都可能导致抽水失败,引发工程事故。基坑开挖过程中突然断电,中断降水,坑周地下水回流淹没基坑。地下工程底板完工后,过早封闭停止地下水降低,可能引起结构底板上浮。过量大范围的抽取地下水,往往会引起附近地面的下沉,甚至导致建(构)筑物的变形开裂和地下管线损坏。

(二)人工降水施工方法、工艺和设备

人工降低地下水位常用井点降排水方法。井点降水一般有轻型井点、喷射井点、管井井点、电渗井点和深井泵等,可按土的渗透系数、要求降低水位深度、设备条件及工程特点参考表7-22所列范围选用。井点降水方法若选择不当,将达不到降水效果,留下工程隐患。

各种井点降水适用土体的特性 表 7-22

井点类别	土层渗透系数 (m/d)	降低水位深度 (m)	井点类别	土层渗透系数 (m/d)	降低水位深度 (m)
一级轻型井点	0.10～80.00	3.00～6.00	管井井点	20.00～200.00	3.00～5.00
一级轻型井点	0.10～80.00	6.00～9.00	喷射井点	0.10～50.00	8.00～20.00
电渗井点	<0.10	5.00～6.00	深井泵	10.00～80.00	>15.00

1. 轻型井点

(1)主要设备

轻型井点系统由井点管、连接管、集水总管和抽水设备等组成。

①井点管

采用直径为 38～55mm、长度 5.0～7.0m 的钢管。井点管下端装有滤管。滤管直径与井点管直径相同,其长度为 1.00～1.70m。管壁上钻孔直径为 12～18mm,呈梅花形分布。滤管外包两层滤网,内层为细滤网,采用 30～50 孔/cm² 的黄铜丝布或生丝布,外层为粗滤网,采用 8～10 孔/cm² 铁丝布或尼龙丝布。为避免滤孔淤塞,在管壁与滤网之间用铁丝绕成螺旋形隔开,滤网的外面再包围一层 8 号粗铁丝保护网,滤管下端由一锥形铸铁头。井点管的上端用弯头与总管相连。滤管的滤网绑扎要十分精心,井点降水管抽不出水或者常携带流砂颗粒,都与滤管设备质量有关。井点管淤塞,可通过听管内流水声,水扶管壁感到振动,寒冬季节手模管子冷热,湿干等简便方法检查。如井点管淤塞太多严重影响降水效果时,逐个用高压水反冲洗或拔出重新埋设。

②连接管与集水总管

连接管用胶皮管,塑料透明管或钢管制成,直径为 38～55mm。每一个连接管均宜装设阀门,以便检修井点。集水总管一般用直径 100～127mm 的钢管分节连接,每节长 4.00m,每隔 0.8～1.6m 设一个连接井点管的接头。

③抽水设备

通常由一台真空泵、两台离心泵(一台备用)和一台气水分离器组成一套抽水机组。先由一台机械真空泵在集水箱内产生真空,将地下水通过滤网、井管、集水管和过滤室等部件吸入集水箱,箱内呈低压状态。当箱内浮筒上升一定高度时,离心泵开动降水排出箱外。水射泵轻型井点设备较简单,只需两台离心泵与喷射器即可。采用离心泵驱动水运转,当水流通过喷嘴时,由于流速突然增大,在井点周围产生真空,把地下水吸出,水箱内的水呈 0.1MPa 的天然状态。

(2)井点布置

井点系统的布置应根据基坑平面形状与大小、土质、地下水位高低与流向、降水深度要求而定。宽度小于 6m 的长条形基坑,沿单侧单排井点;宽度大于 6m 时,设双排井点降水管;对于方形、圆形、矩形大型基坑通常沿坑周环形布置。应尽可能将建(构)筑物的主体部分纳入井点系统的范围,确保主体工程的顺利进行。根据降水深度要求,确定使用井管长度(一般一级为 6～7m,不包括滤管)。当确认一级井点降水深不能达到设计要求时,应设二级井点,分层分期设管。先挖一级井点疏干土体,然后在底部安装二级井点。

（3）井点管得埋设与使用

轻型井点的施工过程分为：准备工作、井点系统的埋设、使用及拆除。安装井点管程序一般先排放总管，再埋设井点管，用弯管与井点管联通。然后安装抽水设备，井点管埋设采取边水冲洗边插入井店管方法进行。如图 7-72、图 7-73 所示，先用起重设备将直径 $50\sim70mm$ 的冲管吊起插到井点位置，开动高压水泵，将土冲松。冲孔时冲管应垂直插入土中，并做上下左右摆动，加剧土体松动，边冲边沉。

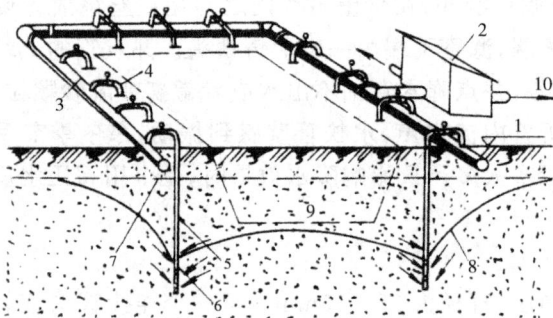

图 7-72　轻型井点降水全貌图

1-地面；2-水泵房；3-总管；4-弯联管；5-井点管；
6-滤管；7-初始地下水位线；8-降低后的地下水位
线；9-基坑；10-将水排入河道或沉淀池

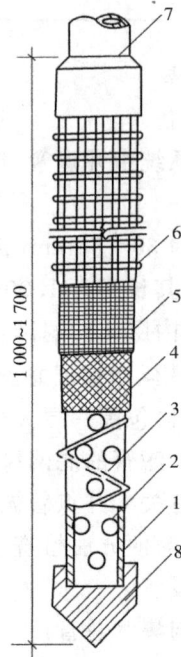

图 7-73　轻型井点的滤管构造图

（尺寸单位：mm）

1-钢管；2-管壁上的小孔；3-缠绕的塑料管；
4-细滤管；5-粗滤管；6-粗铁丝保护网；7-井
点管；8-铸铁头

2. 喷射井点

基坑开挖较深，降水深度大于 $6.00m$，而且场地狭窄，不允许设置多级轻型井点，宜采用喷射井点降水。一次降水深度可达 $10.00\sim20.00m$，适用于渗透系数 $3.0\sim50.00m/d$ 的砂土层降水。

（1）主要设备及工作原理

喷射井点分为喷水井点和喷气井点两种，其设备主要有喷射井点、高压水泵（气泵）和管路系统组成。喷水井点以压力水为工作源，喷气井点以压缩空气为工作源。

喷射井点的构造可分为同心式和并列式两种，其工作原理相同。同心式喷射井管分内、外管两部分，内管下装有喷射井点主要部件喷射器，并与滤管相接。喷射器主要由喷嘴、混合室、扩散室组成。高压泵输入的工作水流，经内外管之间的环形间隙到达喷嘴，在喷嘴处由于过水截面突然变小，使工作水流急速骤增到极大值（$30.00\sim60.00m/s$），水流冲入混合室，同时在喷嘴附近造成负压，形成真空。在真空吸力作用下，地下水经吸入管被吸入混合室，与工作水混合，然后进入扩散室，如图 7-74、图 7-75 所示。

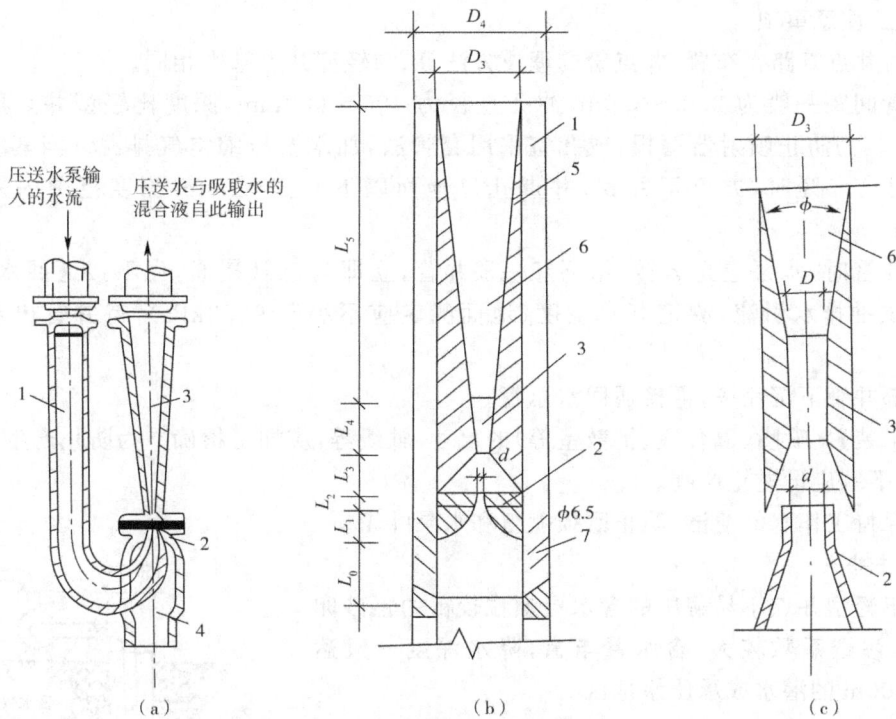

图 7-74　喷射井点构造原理

(a)外接式；(b)同心式(喷嘴 ϕ6.5mm)；(c)喷射器

1-输水导管；2-喷嘴；3-混合室；4-吸入管；5-内管；6-扩散室；7-工作水流

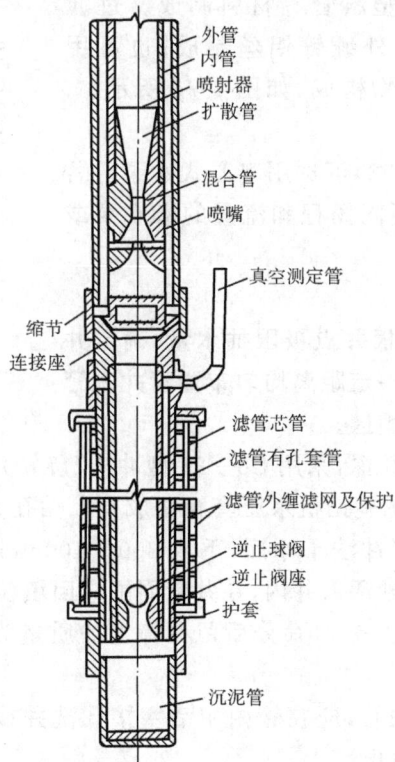

图 7-75　喷射井点管构造

（2）施工注意事项

①喷射井点管路在布置、井点管的埋设方法等，与轻型井点基本相同。

②井管间距一般为 2.0～3.0m，冲孔直径为 400～600mm，深度比轻型井点的滤管深 1.0m 以上。为防止喷射器磨损，成孔宜采用套管法，加水及压缩空气排泥。当套管内含泥量经测定小于 5% 时，方可下井管，井点孔口地面以下 0.5～1.0m 深度范围内采用黏土封口。

③下井管时，水泵应先运转，每下好一根井管，立即与总管接通，先不接通回水管，及时进行单根试抽排水引流，测定其真空度（地面测定应不小于 93.3kPa），待井管出水变清后停止。

④全部井管下沉完毕，再接通回水总管。

⑤扬水装置（喷嘴、混合室、扩散室等）的尺寸、轴线等，应加工精确。为防止产生工作水回流，在滤管下端应设逆止球阀。

⑥应保持工作水的清洁，防止磨损喷组和水泵叶轮。

3. 管井井点

适用于轻型井点不易解决的含水层颗粒较粗的粗砂卵石地层，其渗透系数较大，含水量丰富，降水深度一般达 8.00～20.00m 的潜水或承压水地区。

（1）主要设备

①井管

其由井壁管和过滤管两部分组成。井管由直径 200～350mm 的铸铁管、混凝土管、塑料管等材料制成。过滤管部分由实管上穿孔垫肋后，外缠锌铝丝制成；也可用钢筋焊接骨架，外包裹网孔织物构成，如图 7-76 所示。

②水泵

如水位降水在 7.00m 以内时，可选用离心式水泵。若降水深大于 7.0m 时，可选用不同扬程和流量的潜水泵或深井泵。

（2）施工要点及注意事项

①根据基坑总涌水量和单根井点极限抽水量，确定井的数量。采用沿基坑周边每隔一定距离均匀布置管井。管井位置避开基坑周边土体的加固区。

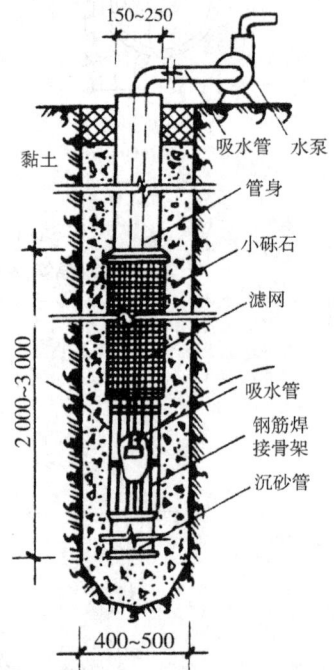

图 7-76　管井井点构造图（尺寸单位：mm）

②依据现场的土质条件和孔深，采用 C8—22 型冲击（旋转）钻机，以水压钻探成孔。管井深度在 15m 以内时，也可用长螺旋钻机水压套管法成孔。钻孔直径一般为 500～600mm。孔深达到预定深度后，将孔内泥浆冲洗干净后，下入 300～400mm 的实管和花管组成的铸铁管或水泥砾石管。为了防止粉细砂涌入井内，在井管周围应回填粒料，其厚度不得小于 100mm。回填料的粒径以含水层颗粒 d_{50}～d_{60}（筛分后留在筛上的质量为 50%～60% 时筛孔直径）的 8～10 倍最为适宜。

③洗井回填料后，对于铸铁管，应在管内用活塞接孔洗井或用空压机洗井。如用其他材料，井管用空压机洗井至水清为止。

4. 电渗井点

在饱和淤泥质黏土中,持水性强,透水性差。一般轻型井点及喷射井点难以达到降水效果,宜增加电渗井点配合轻型井点或喷射井点降水,才能达到预期效果。

(1)工作原理

利用轻型井点管(或喷射井点管)作为阴极,沿基坑外围布置,以钢管($\phi50\sim75mm$)或钢筋($\phi25mm$ 以上)作为阴极板,垂直埋设在井点内侧。阴阳极分别用电线连接成通路,并对阳极施加强直流电电荷。因电压比降使带负电的土粒向阳极移动(或称电泳作用),带正电的孔隙水向负极方向集中产生电渗现象。在电渗与真空(轻型井点)双重作用下,强制黏土中的水在井点管附近聚集,由井点管快速排出,使井点管连续抽水,地下水逐渐降低。

(2)施工要点及注意事项

①电渗井点管,可采用套管冲击成孔埋设。

②阳极板应垂直埋设,严禁与相邻阴极相碰。阳极比井点管插入土中约 50cm,外露地面上约 20~40cm。

③阴阳极间距一般为 0.8~1.50m,当采用轻型井点时为 0.8~1.00m;采用喷射井点时为 1.20~1.50m,呈平行交错排列。

④可采用直流电焊机代用直流发电机,其功率必须满足要求。

⑤为了防止电流从土表面通过,降低电渗效果,通电前应将阴阳极间地面上的金属盒其他导电物体处理干净,有条件时可涂一层沥青绝缘。

⑥在使用电渗降水时,应采用间歇通电。即通电 24h 后停电 2~3h,再通电,以节约电能和防止土体电阻增大。

5. 回灌井点

人工降水引起黏性土失水压缩、固结、浮力消减,土体产生不均匀沉降,进而影响距基坑一定距离建筑物的安全。为了尽可能减少土层的沉降,采用近基坑处降水与保护建筑物周近回灌相结合的方法已得到工程界的认可。

(1)工作原理

在降水区与邻近建筑区保护区之间设一排回灌井,采用补充地下水的方法,使降水井点影响的范围不超过回灌井点位,形成一道隔水屏幕。通过向回灌井内灌水,保持建筑物保护区内一定的水位高度,减少建筑物的差异沉降。

(2)施工要点及注意事项

①回灌用水宜采用清水。回灌量及压力大小,均需经过水井理论计算,并通过观测井实测资料加以调整。

②降水井点和回灌井点应同步起动或停止。

③回灌井点的滤管部分,应从地下水位以上 0.5m 处开始直到井管底部。注意成孔及灌砂的质量。

④回灌与降水井点之间应保持一定距离。回灌井点管埋设深度应根据透水层深度决定,以确保基坑施工安全和回灌的效果。

⑤应在降水与回灌水区域附近设置一定数量的沉降观测点及水位观测井,定时进行观测和记录,及时调整降灌水量,达到相对平衡。

(3)安全降水措施

①合理布设井点,保持坑内外水位有一个合适的高差。当围护结构外侧止水帷幕已经形

成,为了疏干基坑,常常设轻型井点、管井井点,并配合明沟排水,抽取浅层土体中滞水、非承压水。浅层滞水受地面降水、季节性影响,上海地区地下水位一般在 0.7~1.0m。要把地下水位降至开挖面以下 1.5m,基坑内土在开挖前被疏干和排水固结,使得土方机械和人员可以进入基坑,方便挖土;同时,提高了围护墙内侧土体的强度和刚度,减少土体的流变性,满足基坑稳定和控制墙体变形的要求。基坑开挖深,坑内大幅度降低地下水,造成坑内外水头差加大,围护结构外侧主动土压力增加,不得不在坑外设置降水井,并同时降低坑外的水位。在基坑开挖前,先期降水引起基坑围护墙和周围地层产生很大的位移。上海地铁 8 号线主体公园站,基坑开挖深度一般在 15m 左右,局部达 20m,围护结构采用 1m 厚的地下连续墙。前期降水引起坑周地面下沉为 10~15cm,所幸周围为一片田野,未引起工程事故。上海地铁 2 号线河南路站4 号出入口(第 15 号地铁),紧靠该基坑的东海商都地面超载 7t/mm²,基坑开挖前降水 5 个月,东海商都沉降 7~8mm。

②加强降水施工监测。降水期间注意每天每口井出水量,观测抽出的水是清水还是携带泥砂的浑浊水。大量的泥砂细颗粒随地下水抽出带走,将加速坑周土体的沉陷变形。通过观察孔,密切观测记录基坑内外水位变化、邻近基坑的构筑物、地下管线相对沉降和差异变形,测算其变形速率。当变形总量和发展速率均达到临界值时,必须停止施工,采取安全施工的对策。

③注浆加固,防止承压水突破。如果确认由于降水引起围护墙向坑内位移,坑周地面沉降,在一定范围内建(构)筑物有受损的可能,可以采取坑内围护墙内侧,基底进行双液注浆,提高土体的支撑刚度。在基坑外侧建筑物的基础下边钻孔实施双液注浆,在监测数据的指导下调整注浆压力和注浆量,使已变形倾斜墙体扶正,已发生沉陷的建筑停止下沉,甚至上隆。上海地铁 9 号线桂林路站,地下连续墙厚度为 800mm,基坑开挖深度为 12~17m。基坑一侧 5m左右有一小学的教学楼和居民住房建筑。这些建筑年代久,为混合结构的浅基础房屋,有的本身已有开裂。车站基坑开挖前降水引起上述房屋的变形明显。为了不使变形继续发展,除了加强基坑底地基加固,加强内部支撑外,采用设置注浆止水帷幕墙,建筑物下实施跟踪压注双液浆等综合措施,保证了施工的顺利进行。

坑底承压水层顶破上覆不透水层引发流砂、管涌、基底上隆是基坑工程最危险事故之一。当基坑底不透水地基不能满足高承压水水头要求时,必须采取安全技术措施。如果抽取地下水无法有效降低地下承压水,又有可能引起大范围地面下沉时,通常改深井降水为注浆加固,采用高压三垂管旋喷注浆。开挖之前于基坑开挖面一下形成一定厚度的加固地基板,与四边地连墙结合形成既能抵抗承压水,又可加固提高被土区土体抗力新的支撑体系。

20 世纪 90 年代修建的上海市河流污水一起工程彭越浦泵站,其进水总管为一长条形深基坑,坑周近距离内有多幢多层混合结构的住宅。坑长 160m,宽 5.8m,深 15m。坑底不透水层仅 5m,不能承受其下 16t/m² 承压水头压力。后采用高压三垂管旋喷注浆加固,使 5m 不透水层强度抵抗渗透的能力很大提高,保证基坑开挖和结构工程的实施。上海市中环线某标段用管幕法修建的长约 1km 地下过街隧道,其出入口引道段明挖基坑开挖深度 7.0~13m,基坑宽 34m,双向六车道。基坑采用扦入型钢的 SMW 工法,支撑采用 3~5 道钢支撑。在基坑开挖至 12m 时,坑底处地墙变形很大,发展很快,有的达到 12cm,将单撑改为双撑仍然不能控制基坑的变形。某日基坑一侧倒塌约 20m,造成邻近居民住宅、别墅损坏,地坪墙体开裂,门窗关闭困难。仔细分析原因多方面,地质变化异常,出现暗河,施工质量问题是引发事故的原因之一;片面追求速度和经济,偏离科学决策,轻率取消原设计地基满堂加固的技术措施是其中最主要的原因。类似事故还有很多。

④设置回灌井。如果基坑开挖较深,坑内外水头差较大,特别是坑内不透水层很薄时,将有产生坑底上隆的危险。大量抽取坑内地下水,可能导致:a.墙体下沉和坑内变形;b.围护墙渗透水点增多,封堵困难,易产生流砂、管涌;c.坑内大范围地面沉降明显。在离开基坑一定距离,特别是保护的建筑物周围设置一定数量的回灌井,不影响降低坑内水位方便施工的同时,及时通过回灌井向地层特别承压含水层补充水,提高相应的水位,可以达到有效保护周边建筑物的目的。20世纪80年代上海延安东路越江隧道,位于浦东2号工作井,与邻近的工厂建筑物边线差10m,离黄浦江约60m,地下水十分丰富,受黄浦江潮位涨落的影响显著。为达到疏干基坑,减少围护墙外主动水土压力,坑内外同时降水。在靠近2号工作井边1.5m处,设喷射井点降低坑外地下水。离开厂房建筑外2m设一排1.5m间距的回灌水管,用水泵加压回灌清水。在距建筑物边线4m处打设一排深层水泥土搅拌桩止水帷幕。通过回灌,既满足基坑施工时坑内降水要求,又保证离开10m的厂房建筑的使用安全,如图7-77所示。

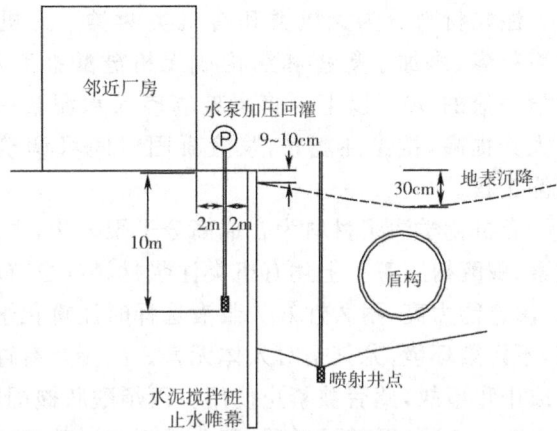

图7-77　回灌井对临近建筑物的保护

回灌井点管滤管长度要大于抽水井点管长度2~2.5m。回灌用水必须用清水,不能含有泥砂。回灌的设备要经常检查,防止管道堵塞。在回灌井点保护区内,设置水位观测井,根据地下水位变化调节回灌水量。

⑤坑四周围堰阻水,防止地面雨水径流。总管线形随基坑的形状布置,尽可能取直线、折线布置,不应过多弯曲,以免造成安装困难和漏气。总管平台宽度一般为1~1.5m,平面布置充分考虑水的排出路径,并引向基坑边缘一定距离,愈远愈好,以防回水。统一井点系统,不论直线状或环状布置的井点管,各管长度必须相同,使各井点管的滤管长度在同一高程上最大相差不容许大于10mm,以防高差过大,影响降水效果。

⑥井点系统安装完毕后,需进行试抽,以检查有无漏气现象。一旦抽水开始,中间不能停歇。时抽时停,滤网会堵塞,也易抽出土体的固体颗粒,使水浑浊。由于土体损失引起临近建筑物下沉,基坑施工现场应准备双电源供给,井点应持续工作。供电中断将导致已降低的地下水位回升,加之雨季突降暴雨,使坑内积水无法施工。真空度是判断井点系统运转是否良好的尺度,应经常检测,一般应不低于400~500mm Hg。真空度不够,通常由于管路漏气引起的,应及时修复。

⑦井点降水管拆除。井点降水通常在地下结构完成,墙内回填土方,土方回填高度达到降水前地下水位高程时才能停止、拔除并封堵井口。当地下结构地板完成后,如果要部分终止降水,必须进行抗浮验算,其安全系数应大于1.10。采用底板下设置倒滤层作为抗浮措施地下工程,应确认倒浮滤层发挥作用,能正常的汇集抽取地下水时,方可停止降水。

三、注浆施工灾害及防护

(一)概述

注浆(injection grout)技术指利用液压、气压或电化学原理,把化学浆液均匀地注入具有断层、裂隙、节理等软弱结构面岩体或者空隙率大、渗透系数高的砂性土和夹薄层粉细砂的黏土中,浆液以填充、渗透和挤密等方式,排除土体颗粒及岩体裂隙间的水分空气,并将原先松散颗粒及裂隙胶结成一个整体,使岩土体自身强度和稳定性增强,抗渗性能和防水性能有很大提高。

注浆材料分为无机类和有机类两类。无机注浆材料中主要是以水泥和水玻璃为主要注浆材料,添加水等掺和剂构成无机硅酸盐浆液。它无毒、廉价、可注性好,占目前使用的化学浆液的90%以上。将水玻璃掺入水泥浆中,不仅可改善浆液的可注性,且使结石体强度大为提高,抗渗性能好,浆液凝固时间可调整,价格便宜,广泛应用于地基加固和防渗墙堵漏工程。

有机化学注浆材料为合成高分子聚合物,主要有环氧树脂、丙凝(丙烯酰胺类)、聚氨酯、木质素、脲醛树脂等。上述有机类注浆材料各自有不同的特点,有的强度高,黏结力强;有的黏度低,渗透能力高,耐久性好。浆液选择时注重化学稳定性好,常温常压下不变质,浆液无毒无公害,不污染环境,尤其是对人体无害。丙凝具有毒性,1974年日本发生丙凝注浆引起环境污染造成中毒事故,此后被禁止使用。丙烯酰胺被国际癌症研究中心公布为302种人类致癌化合物之一。甲凝(甲基丙烯酸)其还原剂二甲苯胺(DMA)具有毒性,甲醛也为国际癌症研究中心公布人类致癌化合物之一,应禁止使用。

(二)化学注浆的施工工艺及设备

1. 注浆方法

(1)填充注浆方法,指向松散砂砾层、碎石层以及基岩体内的大孔隙,大空洞岩溶裂隙和结构物基础与地基间空隙压注特定化学浆液。盾构隧道建筑间隙回填同步注浆,矿山法隧道离壁式结构,向衬砌外分段间隔注浆,都属充填注浆。其作用充填空隙,增加密实度和自身承重能力,防止岩体的沉降变形、滑移和坍塌。

(2)渗透灌浆法,是在较小压力下浆液渗透入岩土层中的空隙和裂隙,其不破坏岩土体原有的结构和颗粒的排列,提高被灌浆土体强度、整体性和抗渗性。该方法一般适用于砂砾层及岩石裂隙注浆。

(3)压密注浆,是在较高的压力下,向土中钻孔内注入浓浆,浆液在注浆管端部附近形成浆液,浆液在压力下挤入土层,置换和挤密地基。

(4)劈裂注浆法,指在较高压力作用下,浆液克服被渗透地层的初始地应力和抗拉强度,引起土体和岩石结构的破坏和扰动,使其沿垂直于小主应力的平面上发生水劈裂作用,使地层中原有的裂隙和空隙张开,形成新的裂隙和空隙,或使原有的裂隙和空隙扩展,促使浆液流动,增加浆液的可注性和扩散半径。经劈裂注浆后,可增强岩土体软弱部位强度,达到加固地层目的。该法适用于砂层、砂砾层和黏土层。上海夹薄层粉砂的黏土及粉质黏土,水平渗透系数较大(10^{-4}cm/s),垂直渗透系数小于或等于10^{-6}cm/s,适合用压密注浆方法加固地基或基坑。对于软流塑状淤泥质黏土,渗透和压密注浆难以把浆液压入土体,要以高压喷射流强力冲击破坏原土体,通过冲切、劈裂、剪切、充填、搅拌、置换及固化等作用,使浆液和土搅拌混合凝结固化,形成有一定强度的固结体。

（5）电化学注浆法，指在施工中用带孔的金属注浆管作为阳极，用滤水管作为阴极，用一定的电极距置于土层中，分别接至直流电的正极和负极，使灌入压力与电渗方向一致。在电渗的作用下，孔隙水和裂隙水由阳极流向阴极使通电区域地层的含水率降低，形成渗流通道，从而使化学浆液随之注入地层中。

（6）混凝土压力化学注浆法，是将化学浆液注入混凝土（钢筋混凝土）的裂缝、接缝部位，起到加固补强和防渗堵漏的目的。

2. 注浆工艺参数

（1）注浆压力

注浆压力应视实际工程而定，一般用逐步提高注浆压力的办法。一般情况下，压注黏稠化学浆液要比压注悬浊的水泥注浆压力大；浅地层注浆压力损失比深地层小；孔隙或裂隙大的介质比空隙裂隙率小的介质需要的注浆压力小；渗透系数大的岩土体，要比渗透系数小的岩土体注浆压力小；高黏度浆液比低黏度浆液注浆压力大。注浆压力过大，使地面路面隆起，使邻近的建筑物挤压倾斜变形，有可能沿薄弱环节向地面回窜，污染环境。煤矿主井地面注浆一般为静水压力的 2.0～2.5 倍；混凝土裂缝中化学灌浆一般小于 1.0MPa；矿山法隧道围岩壁后注浆压力可达 6MPa；浅埋盾构法隧道同步注浆一般略高于喷浆管口所处位置垂直水土压力 1.1～1.2 倍。如果下穿越建筑物和管道，则需依据监测数据指导同步注浆施工，适量加大注浆压力注浆量，使隧道前期的沉降被略微抬起，最高可抬起达 5mm。通过控制同步注浆压力、注浆量，后续补偿注浆，上海地铁 7 号线成功地近距离穿越正运营的地铁 1 号线，地铁 4 号线成功穿越地铁 2 号线，西藏南路越江隧道成功穿越地铁 8 号线。

（2）扩散半径或有效扩散距离。注浆孔间距和布置与浆液的扩散半径或有效扩散距离密切相关。浆液的扩散距离并非是指浆液达到的最远扩散距离，而是能满足要求的扩散距离。浆液在岩土介质中各个方向的扩散速度距离不均匀，其与介质的密度、孔隙，各个方向的渗透率，注浆压力和材料有密切关系。用于加固地基的注浆孔通常呈"梅花形"布置，盾构同步注浆依靠贴附在盾壳上的注浆管压注，后续补偿注浆一般从管片吊装孔压入。注浆孔间距可用简化理论公式计算，更多靠实际工程经验的类比。

（3）注浆量。注浆量是指注浆体中注入浆液的总体积，是注浆设计和施工的重要参数之一。根据测得的岩土体的孔隙率和设计的扩散半径可算出注浆量。盾构隧道同步注浆量通常为盾尾建筑间隙体积的 150%～200%。

（4）注浆的历时。其指从开始注浆到浆液完成扩散或渗透到被注浆介质中所需的时间，也叫注浆历时。可用灌水试验测得单位时间耗水量，预估灌浆时单位时间的灌浆量，预估注完总浆量所需的时间。注浆历时是一个重要的参数，用以调节浆液的凝固时间。盾构隧道管片脱出盾尾时，要求立即使浆液填充建筑间隙，防止上部土层下落及地面的沉降，因此要求与盾构推进同步注浆并瞬态达到一定的强度。受施工扰动，要对地面道路、铁路、建筑物实施保护性注浆，并进行跟踪注浆。跟踪建（构）筑物变形发展过程，随时调整注浆参数，这样才能达到预期的对建筑物保护的效果。

（5）注浆的顺序。注浆顺序必须根据地基条件、现场环境及注浆目的确定。加固地基注浆应自下向上进行压注，间隔跳孔注浆作业，防止两孔同时注浆土体扰动引起串浆，并提高注浆效果。当遇到地层中地下动水流动情况，应从高水头一端开始注浆；对大面积注浆加固，应采用先外围封闭，再由外向内逐步推进的灌浆顺序；对混凝土裂缝化学注浆应从裂缝一端向另一端，或从裂缝的下端向上端的注浆顺序展开。

3. 注浆设备

化学注浆设备包括：钻孔设备、冲洗及压水设备、配拌浆设备、注浆管路、注浆泵、阻塞配件和检测设备。

（1）钻孔设备。常用的有地质钻机、薄壁取芯钻机、风钻及电锤。钻孔精度要求高，且需取芯的深岩基钻孔一般用常规地质钻机，如 XY—1 或 XY—1A 型岩芯钻机，或 XY—Z 型和 XY—ZB 型钻机。对钻孔精度高，有取芯要求但钻孔浅的钻孔，一般用薄壁取芯钻机，如 DZ 系列混凝土钻机、DZ—76 型多项金刚石钻机。精度不高且钻孔不深又不需取芯样，可风钻、电锤或潜孔钻。定位精度不高，入土浅的软黏土可用电锤直接冲压注浆管进入土体。

（2）冲洗设备。冲洗及压水设备主要用于冷却钻机钻头、注水洗孔、试验注水及泥浆护壁。常用的压水和冲洗设备主要有 BW600/30—1 型泥浆泵、BW—320 型泥浆泵、SGB6—10 型灌浆泵、BW—200 型泥浆泵。

（3）配浆设备。浆液的搅拌机，一般用于水泥浆和双组分化学浆液配制，其转数和拌和能力要与浆液的类型和灌浆泵排浆量相适应。

（4）灌浆泵。为浆液提供压入动力设备，分为手动注浆泵、电动注浆泵和气动泵。其根据流量分为大流量和小流量注浆泵，根据注浆方式分为单液和双液注浆泵。典型的手动灌浆泵有 IPIC—100—H 型化学注浆手动泵；灌浆泵较多采用电机为动力，相对于手摇泵灌浆质量更好，工作效率可提高 5～6 倍，如 IPIC—210—E 型化学灌浆泵、SNS—10/6 型化学灌浆泵、BW 系列注浆泵、SYB—90 型双液变比化学注浆泵、CHDB—1 型的 A 和 B 系列电动化学注浆泵（采用低压盒稳压电路控制）等；气动化学灌浆泵采用压缩空气挤压浆液进行注浆，如 CHQB—ⅡA 型双液气压灌浆泵和 CHQB—2.0/5.0 型气动化学灌浆泵；常用的双液灌浆泵有 CHDB 系列和 CHQB—ⅡA 型灌浆泵。

（5）阻塞设备。国内常用的注浆阻塞设备有手动螺旋压胀式浆塞、压力自封式止浆塞、水压气胀式浆塞和单管"三爪"止浆塞等。

化学注浆设备应向着利于注浆的环保、操作性好、安全、自动记录或可视化等方向发展。

（三）注浆施工中常发生事故及灾害

注浆技术在土木工程、交通工程、矿山工程及水电工程中都有广泛应用。深大基坑工程基底注浆加固对防止坑底隆起，增加围护墙被动区抗力起到非常显著的作用。用化学灌浆加固建筑、公路、机场及坝体软弱地基也是一种有效的方法。通过跟踪注浆阻止或纠偏因近距离施工扰动引起建（构）筑物变形，也是最常用的施工技术措施之一。改进盾构隧道的同步注浆是控制盾构施工引起的地面沉降的最有效的办法。隧道及地铁工程遇到软弱破碎带和含水层时，化学灌浆是顺利通过不良地质段的常用方法。采用化学灌浆对岩体软弱夹层、坝体软弱地基、大体积混凝土裂缝和围堰渗漏等水利水电工程常见问题处理是十分有效的方法。为了防止复杂地层中修建矿山巷道坍塌和漏水，最有效的手段也是进行化学注浆加固和防水。

（1）注浆压力过大，特别是双重管高压旋喷注浆，压力高达 30～40MPa。过高的注浆压力在管路接头处、接头松动、突然喷射的浆液可能使人体受击伤。过高压力往往使建（构）筑物移位。南京地铁一号线三山街站南端井盾构出洞，采用高压旋喷注浆对进出洞土体加固，注浆压力使中山南路十几米长路面抬高 0.5～1.0m，影响车辆的畅通。

（2）浆液在土体中渗透不均匀，注浆加固后土体抗渗性、强度提高指标、承载力提高量值缺少严格的评价指标。依据经验进行加固土体，往往引起上部建筑过大沉降或差异沉降，影响使用，有时不能达到完全封闭止水的效果。上海地区，6～7 层混合结构住宅建筑遇饱和淤泥质黏土地基,地基承载力不足,20世纪90年代往往采取注浆加固或搅拌加固地基方法处理。虽然上述方法在一些工程中取得成功,但许多建筑因为加固强度不足、土体改良不均,引起房屋差异沉降超标,房屋开裂。上海市建筑行业一度否定注浆加固用于民用住宅地基加固。如果改进注浆工艺,增加严格计量检查设备,加强质量监管,注浆和深层搅拌加固仍不失为房屋建筑地基处理的好方法。

(3)浆液向地面窜流污染环境,流入河道、湖泊污染水源。严格控制注浆量和注浆压力,及时封堵向外流窜通路,经常检查注浆工地现场,及早发现浆液外满溢。

(4)部分有机浆液含有毒性,应避免使用。必须使用有一定毒性的有机浆液时,严格按照操作规程施工,做好施工人员劳动保护,特别戴好防毒口罩、面具、手套等。严格有毒试剂管理,既要保证不对施工人员和附近居民造成任何伤害,同时防止有毒液体污染水源、土壤,给环境造成不可逆转的损伤。

四、结束语

因地制宜合理地选择冻结、降水、注浆等辅助施工工法,对地下工程安全施工有非常重要的意义。地下工程特别是盾构隧道联络通道的冻结法施工是一项高风险的工作,在施工的每一个环节,特别是在开挖砌筑阶段,必须根据冻结法的特殊性,密切监视风险因素的发展和变化,及时发现事故征兆,在第一时间采取必要的、可靠的措施,把事故消灭在萌芽状态,确保工程的安全。

思 考 题

1. 简述隧道及地下工程施工阶段主要灾害发生的机理、特点、危害性。

2. 对施工阶段地下工程灾害怎样进行监测、监控?

3. 城市深基坑工程施工中,为什么常发生塌方、流砂、管涌、支撑塌垮等灾害事故?怎么预防?

4. 矿山法山岭隧道和盾构法隧道灾害发生有何共同点及不同点?

5. 怎么防止山岭隧道施工中塌方、涌水、涌漏等灾害事故?

6. 怎么预防盾构法隧道施工中周近地表沉降、管线的断裂、房屋的倾斜等环境的灾变?

7. 怎么防止沉管隧道的接头涌漏水?怎么防止各管节差异沉降?

8. 沉井施工中怎么防止倾斜、突沉、因下沉阻力大无法下沉?

参 考 文 献

[1] 孙钧. 地下工程设计理论与实践[M]. 上海:上海科学技术出版社,1996.

[2] 孙钧等. 城市环境土工学[M]. 上海:上海科学技术出版社,2005.

[3] 孙钧,侯学渊. 地下结构[M]. 北京:科学出版社,1991.

[4] 万艳华. 城市防灾学[M]. 北京:中国建筑工业出版社,2003.

[5] 王铁梦. 工程结构裂缝控制[M]. 北京:中国建筑工业出版社,1997.

[6] 张庆贺,朱合华,庄荣. 地铁与轻轨(第二版)[M]. 北京:人民交通出版社,2006.

[7] 施仲衡,张弥等. 地下铁道设计与施工[M]. 西安:陕西科学技术出版社,1997.

[8] 陈希哲. 地基事故与预防——国内外建筑工程实例[M]. 北京:清华大学出版社,1994.

[9] 张庆贺,赖允瑾. 人防工程口部平战功能转换的理论与实践[J]. 防护工程,1991(3).

[10] 张庆贺,朱合华. 土木工程专业毕业设计指南——隧道及地下工程分册[M]. 北京:中国
水利水电出版社,1999 年.

[11] 袁勇,J. 瓦尔拉芬,叶光. Sarviceability of underground structures(地下结构服役性能)
[C]//首届地下工程服务寿命国际专题研讨会论文集. 上海:同济大学出版社,2006.

[12] 陈龙,黄宏伟. 岩石隧道工程风险浅析[J]. 岩石力学与工程学报,2005,24(1).

[13] 赵国藩,等. 结构可靠度理论[M]. 北京:中国建筑工业出版社,2000.

[14] 龚延风,陈卫. 建筑消防技术[M]. 北京:科学出版社,2002.

[15] 张兴凯. 地下工程火灾原理及应用[M]. 北京:首都经济贸易大学出版社,1997.

[16] 姜文源. 建筑灭火设计手册[M]. 北京:中国建筑工业出版社,1997.

[17] 张庆贺,朱合华,黄宏伟. 地下工程[M]. 上海:同济大学出版社,2005.

[18] 束昱. 地下空间资源的开发与利用[M]. 上海:同济大学出版社,2002.

[19] 中华人民共和国国家标准. GB 50157—2003 地铁设计规范[S]. 北京:中国计划出版社,
2003.

[20] 中华人民共和国国家标准. GB 50016—2006 建筑设计防火规范[S]. 北京:中国计划出
版社,2006.

[21] 中华人民共和国国家标准. GB 50067—97 汽车库、修车库、停车场设计防火规范[S]. 北
京:中国计划出版社,1997.

[22] 中华人民共和国国家标准. GB 50222—95 建筑内部装修设计防火规范[S]. 北京:中国
建筑工业出版社,1995.

[23] 王学谦,刘万臣. 建筑防火设计手册[M]. 北京:中国建筑工业出版社,1998.

[24] 张树平. 建筑防火设计[M]. 北京:中国建筑工业出版社,2001.

[25] 童林旭. 地下商业街规划与设计[M]. 北京:中国建筑工业出版社,1996.

[26] 童林旭. 地下汽车库建筑设计、商业街规划与设计[M]. 北京:中国建筑工业出版
社,1998.

[27] (德)海因利希·黑布根. 房屋安全手册[M]. 北京:中国建筑工业出版社,1991.

[28] 陈宜吉. 隧道列车火灾案例及预防[M]. 北京:中国铁道出版社,1998.

[29] 凤懋润. 中国公路和隧道建设[C]//国际隧道研讨会及公路建设技术交流大会论文集. 北京:人民交通出版社,2002.

[30] 李相然,岳同助. 城市地下工程实用技术[M]. 北京:中国建材工业出版社,2000.

[31] (英)巴舍.E.C,帕尼尔.A.C. 防火设计中的烟控[M]. 北京:中国建筑工业出版社,1991.6.

[32] 国外道路标准规范编译组. 公路隧道火灾及烟气控制[M]. 北京:人民交通出版社,2006.

[33] 寇鼎涛. 铁路隧道火灾特性及火灾原因分析[J]. 隧道建设,2005,25(1):72-75.

[34] 张伟,张卫国,等. 城市地下交通隧道火灾的防护[J]. 地下空间,2002,22(3):268-270.

[35] 陈立道,王锦. 道路隧道火灾防护与控制研究[J]. 地下空间,2003,23(1):72-75.

[36] 周荣义,黎忠文. 地铁火灾的防范与疏散[J]. 工业安全与环保,2005,31(11):58-60.

[37] 杨立中,邹兰. 地铁火灾研究综述[J]. 工业建设与设计,2005,(11):8-12.

[38] 陈伟红,张磊,张中华,等. 地下建筑火灾中的烟气控制及烟气流动模拟研究进展[J]. 消防技术与产品信息,2004,(10):6-9.

[39] 成剑林,邹声华,刘学涌. 地下空间火灾模拟研究[J]. 湘潭师范学院学报,2005,27(4):74-76.

[40] 闫治国,杨其新,朱合华. 易燃易爆物品车辆通过长大隧道的防火对策[J]. 地下空间与工程学报,2005,1(2):287-291.

[41] 方正,程彩霞,卢兆明,性能化防火设计方法的发展及其实施建议[J]. 自然灾害学报,2003,12(1):63-68.

[42] 李引擎. 建筑防火性能化设计[M]. 北京:化学工业出版社,2005.

[43] 朱金鹏. 建筑性能化防火设计初探[J]. 山西建筑,2006,32(2):34-35.

[44] 周荣义,黎忠文. 地铁火灾的防范与疏散[J]. 工业安全与环保,2005,31(11):58-60.

[45] 安永林,杨高尚,彭立敏. 隧道火灾浅谈[J]. 采矿技术,2006,6(1):38-40.

[46] 李引擎,边久荣,雄洪,等. 建筑安全防火设计手册[M]. 郑州:河南科技技术出版社,1998.

[47] 陈立道,王锦,吴晓宇. 道路隧道火灾控制预防与控制研究[J]. 地下空间,2003,23(1):72-74.

[48] 周旭,赵明华,刘义虎. 长大隧道火灾与防治设计研究[J]. 中南公路工程,2002,27(4):87-90.

[49] 杨向东,柴永模. 铁路隧道消防技术研究十年回顾[J]. 世界隧道,1999,(2):32-36.

[50] 刘仁存. 地下商场的火灾特点及其建筑防火设计[J]. 消防科学与技术,2005,24 增:34-38.

[51] 虞利强. 城市公路隧道防火设计的探讨[J]. 消防技术与产品信息,2002,(12):39-43.

[52] 董丹,韩丽萍. 消防安全管理的经济学分析[J]. 集团经济研究,2006(189):92.

[53] 徐梅,沈荣芳. 地下建筑消防安全综合管理模式综合框架初步研究[J]. 中国公共安全,2005,3(A):132-134.

[54] 马红霞. 浅析消防安全评价的意义及指标体系[J]. 消防科学与技术,2002,(4):57-58.

[55] 孔军,邢莉燕. 地下空间消防安全的模糊评价[J]. 消防技术与产品信息,2003,(2):3-4.

[56] 舒宁等. 算流体力学在纵向式公路隧道火灾通风中的仿真[J]. 水动力学研究与进展, 2001,16(4).

[57] 阪神. 淡路震灾调查委员会报告书[R]. 土木学会关西支部.

[58] 天津市抗震办公室,等. 唐山大地震天津市市政工程震害[M]. 天津:天津科学技术出版社,1984.

[59] 杨林德,李文艺,祝龙根,等. 上海市地铁区间隧道和车站的地震灾害与防治对策研究[R]. 同济大学,上海防灾救灾研究所,1999.

[60] Jun Tohoa,etc. Characteristic Features of Damage to the Public Sewerage Systems in the Hanshin Area[J]. Special Issue of Soils and Foundations,Japanese Geotechnical Society,Jan. ,1996.

[61] Hiroomi Iida etc. Damage to Daikai Subway Station[J]. Special Issue of Soils and Foundations,Japanese Geotechnical Society,Jan. ,1996.

[62] 郑永来,杨林德. 地下结构震害与抗震对策[J]. 工程抗震,1999.

[63] 赵成刚. 地下管线抗震问题评述[J]. 世界地震工程,1988,(4).

[64] T. e. O'Rourke,M. Eeri and M. C. Palmer. Earthquake Performance of Gas Transmission Pipelines[J]. Earthquake Spectra,No. 3,1996.

[65] Shukle D. K,等. 隧道和竖井的地震荷载分析(地下结构抗震译文选 007)[M]. 陆耀生译. 1985.

[66] 青木義典. 沉埋隧道的抗震设计谱(地下结构抗地震译文选 003)[M]. 邵根大译. 1985.

[67] Richard N. Hwang. John Lysmer,Response of Buried Structures to Traveling Waves [J]. Journal of the Geotechnical Engineering Division. GT2. 1981.

[68] J. Lysmer,T. Udaka,Tsai,C. -F,and Seed,H. B,FLUSH-A Computer Program for Approximate 3-D Analysis of Soil-Structure Interaction Problem[R]. Report No. EERC 75-30,Earthquake Engineering Research center,University of California,Berkcly,California,No. V,1975.

[69] R. Stonely. Rayleigh Waves in a Medium with two Surface Layers[J]. Monthly Notices,Geophisical Supplement,Royal Astronomical Society,1955,(7):71-76.

[70] 刘建航,侯学渊. 盾构法隧道[M]. 北京:中国铁道出版社,1991.

[71] Working Group No. 2,ITA,Guidelines for the Design of Shield Tunnel Lining[J]. 2000,15(3):303-331.

[72] 中华人民共和国国家标准. GB 50157—92 地下铁道设计规范[S]. 北京:中国计划出版社,1992.

[73] Design and Construction of Transportation Facilities[R]. Researching Report of ATRB,2000.

[74] 朱岳方. 上海城市轨道交通建设与发展探析[C]//中国土木工程学会隧道及地下工程学会地下铁道专业委员会第十四届学术交流会论文集,2001:1-3.

[75] 陈基炜,詹龙喜. 上海市地铁一号线变形测量及规律分析[J]. 城市地质,2000(2): 51-56.

[76] 王如路,周贤浩等. 近年来上海地铁监护发现的问题及对策[C]//中国土木工程学会隧道及地下工程学会地下铁道专业委员会第十四届学术交流会论文集,2001:239-242.

[77] Walter C. Grantz. 沉管隧道与悬浮隧道(3)[J]. 隧道译丛,1994(9).

[78] Walter C. Grantz. 沉管隧道与悬浮隧道(4)[J]. 隧道译丛,1994(10).

[79] Ch. J. A. Hakkaart. 沉管隧道与悬浮隧道(6)[J]. 隧道译丛,1994(12).

[80] Heinz Duddeck,Dieter Rabeet al. 沉管隧道的设计准则[J]. 隧道译丛.1990(5).

[81] 管敏鑫,等. 隧道沉埋管段的起浮于抗浮[J],隧道及地下工程,1993,(1).

[82] 沈和成. 宁波涌江水底隧道工程[J]. 隧道及地下工程,1993,(3).

[83] 蒋义康,叶立光. 涌江水底隧道沉管段的基础处理[J]. 隧道及地下工程,1996,(2).

[84] 川島一彦. 地下構造物の耐震設計[M]. 東京:鹿島出版会,1995,5.

[85] H. Iida,T. Hiroto,etc. Damage to Daikai Subway Station[J]. Special Issue of Soils and Foundations,Japanese Geotechnical Society,Jan. 1996.

[86] 日本土木学会. コンクリート標準示方書,耐震設計編,1996.

[87] 马险峰. 地下结构的震害研究[博士学位论文][D]. 上海:同济大学,2000.

[88] 中村晋. 地下鉄の被害と解析,阪神・淡路大震災に学ぶ,ライフライン地震防災シンポジウム,第3編,1997,6.

[89] 土木工学会関西支部. 大震災に学ぶ,阪神・淡路大震災調査研究委員会報告書[R]. 第5編.

[90] 中华人民共和国国家标准. GB 50108—2008 地下工程防水技术规范[S]. 北京:中国计划出版社,2008.

[91] 中华人民共和国国家标准. GB 50208—2002 地下防水工程质量验收规范[S]. 北京:中国建筑工业出版社,2002.

[92] 中华人民共和国国家标准. GB 50300—2001 建筑工程施工质量验收统一标准[S]. 北京:中国建筑工业出版社,2001.

[93] 中华人民共和国国家标准. GBJ 69—84 给水排水工程结构设计规范[S]. 北京:中国标准出版社,1984.

[94] 建筑材料工业技术监督研究中心,中国标准出版社第二编辑室. 建筑材料标准汇编——防水建筑材料[S]. 北京:中国标准出版社,2004.

[95] 中国建筑防水材料工业协会. 建筑防水手册[M]. 北京:中国建筑工业出版社,2001.

[96] 刘庆普. 建筑防水与渗漏[M]. 北京:化学工业出版社,2002.

[97] 余德池、余征. 地下防水工程便携手册[M]. 北京:机械工业出版社,2002.

[98] 鞠建英等. 实用地下工程防水手册[M]. 北京:中国计划出版社,2002.

[99] 沈春林等. 地下防水工程实用技术[M]. 北京:机械工业出版社,2005.

[100] 沈春林. 中国防水材料现状和发展建议[J]. 硅酸盐通报,2005,(5).

[101] 郑健吾. 地铁工程的防洪对策与措施研究[J]. 城市道桥与防洪,2004,(3).

[102] 龙君. 地下混凝土防水工程渗漏及防治方法的探讨[J]. 混凝土,2005,(9).

[103] 昝丽清. 高层建筑深基坑降排水施工工程中易发事故分析及其防范[J]. 科技与经济,2006,(13).

[104] 郑键吾. 地铁工程的防洪对策与措施研究[J]. 城市道桥与防洪,2004,(3).

[105] 黄淑玲,徐光来. 城市化发展对城市洪灾的影响及减灾对策[J]. 安徽大学学报(自然科学版),2006,30(2).

[106] 万德友. 运营铁路隧道水害整治[J]. 铁道建筑,2000,(12).

[107] 罗伟雄. 盾构法过江施工的风险及对策[J]. 广东建材,2005,(9).

[108] 张维然,段正梁,曾正强,等. 上海市地面沉降特征及对社会经济发展的危害[J]. 同济大学学报,2002,30(9).

[109] 郑凤华,郑建华,崔豪斌. 城市防洪非工程措施探讨[J]. 山东水利,2005,(12).

[110] 陈七林. 长江水下隧道防洪设计中有关问题的探讨[J]. 世界隧道,1998,(4).

[111] 王年桥. 防护结构计算原理与设计(第二版)[M]. 南京:解放军理工大学,2002.

[112] 钱七虎. 民防学[M]. 北京:国防工业出版社,1996.

[113] 清华大学,等. 地下防护结构[M]. 北京:中国建筑工业出版社,1982.

[114] 王胜利,方秦. 人民防空工程战术技术要求培训教材[M]. 国家人民防空办公室,2004.

[115] 岳万英. 从近几场局部战争看防护工程在未来战争中的作用和地位[C]//中国土木工程学会防护工程分会第五届理事会暨第九次学术年会论文集,2004.

[116] 朱金华,蔡太景,杨传琦,等. 伊拉克战争对我防护工程建设的启示[C]//中国土木工程学会防护工程分会第五届理事会暨第九次学术年会论文集,2004.

[117] 万希存. 对信息化战争条件下空军防护工程建设理念的思考[C]//中国土木工程学会防护工程分会第五届理事会暨第九次学术年会论文集,2004.

[118] 厉新光. 适应新军事变革要求,加速我军防护工程建设[C]//中国土木工程学会防护工程分会第五届理事会暨第九次学术年会论文集,2004.

[119] 李清献,任王军,彭全海. 高技术条件下防护工程对策研究[C]//中国土木工程学会防护工程分会第五届理事会暨第九次学术年会论文集,2004.

[120] 李晓军,张殿臣,李清献,等. 常规武器破坏效应与工程防护技术[R]. 总参工程兵科研三所,2001.

[121] 郭庆海,周顺华. 城市地下空间的防(反)恐理念初探[J]. 地下空间与工程学报,2006,2(2).

[122] 害田志敏,张同宽,张想柏,等. 主要建筑物防恐慌怖爆炸的概念设计[J]. 防护工程,2006,28(3).

[123] 唐业清,李启民,崔江余. 基坑工程事故分析与处理[M]. 北京:中国建筑工业出版社,1999.

[124] 王曙光. 深基坑支护事故处理经验录[M]. 北京:机械工业出版社,2005.

[125] 吴金水. 基坑工程事故施工问题的探讨[J]. 建材与装饰,2008.

[126] Endicott L J. Nicoll Highway Lessons Learnt. International Conference on Deep Excavations[J]. 2006,(7):28-30,Singapore.

[127] 卢波. 海珠城工地坍塌扣问建筑安全生产[J]. 中华建设,2005,(5):41-43.

[128] 陈伟,吴裕锦,彭振斌. 广州某基坑抢险监测及坍塌事故技术原因分析[J]. 地下空间与工程学报,2006,2(6):1034-1039.

[129] 陈龙,黄宏伟. 岩石隧道工程风险浅析[J]. 岩石力学与工程学报,2005,24(1):110-115.

[130] 先明其[译]. 隧道工程灾害事例调查报告[J]. 隧道译丛,1994,(5).

[131] 邱仁科. 福建后祠隧道甲线塌方处理[C]//2001年全国公路隧道学术会议论文集,2001:258-261.

[132] 高连成. 秦岭终南山隧道岩爆施工方法[J]. 公路隧道,2006,(3):29-31.

[133] 朱鹏飞. 宜万铁路别岩槽隧道岩溶及岩溶水治理技术[J]. 铁道标准设计,2008,(3)：102-107.

[134] 四川都汶高速公路瓦斯爆炸救援继续进行(组图)[N/OL]. [2005-12-30]. http://news. sohu. com/20051223/n241109578. shtml.

[135] 胡向东. 冻结法施工风险与控制对策[C]//海峡两岸轨道交通建设与环境工程高级技术论坛,2008.

[136] Wallis S. Rebuilding the Red Line at St Petersburg. T&T International,2002,January:30-32.

[137] Власов С Н, Маковский Л В, Меркин В Е. Авария на Санкт-Петербургском метрополитене в 1995 г. [А]. в кн. Аварийные Ситуации при Строительстве и Эксплуатации Транспортных Тоннелей и Метрополитенов [М]. Москва: Информационно - издательский центр《ТИМР》. 1997. 146-150.

[138] Институт ДИМЕНСтест. Как Это Было и Как Это Будет на Самом Деле[ОL]. 2001. http://metro. td. ru/index. html.

[139] 胡向东,白楠,李鸿博. 圣彼得堡地铁1号线区间隧道事故分析[J]. 隧道建设,2008,28(4):418-422.

[140]《岩石力学与工程学报》编辑部. 上海轨道交通4号线事故纪实简介[N]. 岩石力学与工程学报,2003,22(11):1938.

[141]《岩石力学与工程学报》编辑部. 上海轨道交通4号线工程事故原因查明[N]. 岩石力学与工程学报,2004,23(1):30.

[142] 王秀志,梁伟,曹文宏. 特殊环境条件下的上海轨道交通4号线修复工程设计综述——世界地铁隧道修复设计史上的一次重大突破[J]. 地下隧道与工程,2007,(4):1-14.

[143] 付军,杜峰. 地铁隧道修复施工技术综述[J]. 地下空间与工程学报,2007,3(4)：707-710.

[144] 路清泉,李孝荣. 盾构工法的出洞技术浅谈[J]. 西部探矿工程,2003,90(11):96-99.

[145] 秦爱芳,李永和. 人工土层冻结法加固在盾构出洞施工中的应用[J]. 岩土力学,2004,25(supp. 2):499-502.

[146] 孙振川. 城市地铁盾构法隧道软土段端头地层加固技术[J]. 西部探矿工程,2003,(10):81-83.

[147] 吴韬. 大型盾构进出洞施工技术及加固土体受力机理分析[硕士学位论文][D]. 上海：同济大学,2006.

[148] 张庆贺,栢炯. 上海软土盾构法隧道的理论和实践[J]. 同济大学学报,1998,26(4)：387-392.

[149] 张庆贺,唐益群,杨林德. 隧道建设盾构进出洞施工技术研究[J]. 地下空间,1994,14(2):110-119.

[150] 韦良文,吴韬,张庆贺. 大直径盾构隧道出洞段土体稳定性分析[J]. 低温建筑技术,2006(2):85-86.

[151] 杨太华. 越江隧道工程大型泥水盾构进出洞施工关键技术[J]. 现代隧道技术,2005,42(2):45-48.